U0861480

永州市地方志丛书

永州市国土资源志

（1987—2015）

永州市国土资源志编纂委员会　编

方志出版社
Publishing House of Local Records

图书在版编目（CIP）数据

永州市国土资源志．1987—2015 / 永州市国土资源志编纂委员会编．—北京 ：方志出版社，2021. 9
ISBN 978-7-5144-4869-6

Ⅰ．①永… Ⅱ．①永… Ⅲ．①国土资源—概况—永州—1987—2015 Ⅳ．①F129. 964. 3

中国版本图书馆 CIP 数据核字(2022)第155945 号

责任编辑：王品
责任校对：刘玉霞
责任印制：梅中英
出 版 者：方志出版社
地　　址：北京市朝阳区潘家园东里 9 号（国家方志馆 4 层）
邮　　编：100021
网　　址：http：//www. zgfzcb. cn
发　　行：方志出版社图书营销中心（010-67110500）
印　　刷：湖南湘衡彩印有限公司
开　　本：787 毫米×1092 毫米　　1/16
印　　张：35. 25
字　　数：720 千字
版　　次：2021 年 9 月第 1 版
印　　次：2021 年 9 月第 1 次印刷
定　　价：320. 00 元

·版权所有　翻印必究·

（如有印装质量问题，请与我社图书营销中心联系）

《永州市国土资源志(1987—2015)》编纂委员会

顾　问　欧阳元初

主　任　黄海淞　蒋良铁

副主任　杨建林　唐涨国　黄虎雄　李文乾
唐　纯　陆享国　温小新　黄湘永
杨青松　潘良荣　何　眷　蒋琳琳

委　员　(排名不分先后)
彭志君　石欢青　毛晓华　胡小明
陶然海　吕　文　贺　颖　吕名红
周　涛　张　榕　刘祖华　艾可伟
潘尚福　龙华俊　陈咸阳　刘湘永
胡战友　夏秋萍　王和春　李志辉
杨杏林　胡永红　李艳玲　刘　磊
伍黎新　张胜林　熊小艳　王麒云
危跃军　蒋琳琳　刘运程　汤　莉

《永州市国土资源志(1987—2015)》编纂人员

总　纂　王敦权

编　辑　匡兴旺　邓盛华　李忠细

资料员　(排名不分先后)

薛水亮	卢志文	王冰清	游环宇
何冬莲	匡云倩	张　威	张建捌
李宏辉	王兴元	何云姗	郑其红
周妙晴	易海荣	唐孔元	王　皓
文圣博	高海波	石仲明	李小林
林海生	何市林	李永波	吴修国
雷华红	张　雷	肖金燕	王　露
彭雅薇	易敬评	邹定邦	周锦红
叶华山	秦景开	周意生	吴雪娇
贺金晶	周雨晴	谢明月	游　勇
邓珍伟	何　川	卢莉芳	曾志芳
李　超	徐　佳	杨　君	蒋玖祥

《永州市国土资源志(1987—2015)》审稿人员

蒋政平　高　波

序

国土资源是人类生存和经济社会发展的重要基础，编纂国土资源志意义重大。2017 年 9 月，根据永州市委、市政府关于全市第二轮地方志编纂工作的统一安排部署，成立《永州市国土资源志（1987—2015）》编纂委员会和编纂办公室，历时三年，收集 2000 多万字资料及 500 余幅图片，经编纂人员提要钩玄、去伪存真，数易其稿，《永州市国土资源志（1987—2015）》终于编纂成书，即将出版发行。

一直以来，全市自然资源和规划部门认真贯彻落实市委、市政府决策部署，紧紧围绕经济发展这一核心，始终坚持“在保护中开发、在开发中保护”，为全市经济社会高质量发展提供了坚实的自然资源和规划要素保障服务。尤其是在 2019 年机构改革后，新组建的市自然资源和规划局统一行使全民所有自然资源资产所有者职责，统一行使所有国土空间用途管制和生态保护修复职责，更好地整合原分散在发改、住建、林业、水利等部门的自然资源相关管理机构和职责，统筹推进地上地下、山上山下、流域上下游自然生态各要素的整体保护、系统修复和综合治理，符合生态系统管理的完整性和系统性，在更大尺度上恢复生态完整性，提高资源管理和利用水平。

《永州市国土资源志（1987—2015）》真实地记录永州的土地利用、矿产资源、耕地保护、测绘事业发展的历史和现状，为永州国土资源管理事业的大发展、大繁荣提供客观全面的参考，值得社会各界人士阅读与收藏。

“以史为鉴，可知兴替。”我们将紧密团结在以习近平同志为核心的党中央周围，坚持以习近平新时代中国特色社会主义思想为指导，在市委、市政府和省自然资源厅的正确领导下，充分发挥《永州市国土资源志》在“资治”“存史”“教化”等方面的作用，努力奋斗，开拓创新，为全市实施“三高四新”战略、实现高质量发展做出新的更大贡献。

是为序。

永州市自然资源和规划局党组书记、局长　蒋良铁

2020 年 12 月

凡　例

一、《永州市国土资源志（1987—2015）》坚持以马克思列宁主义、毛泽东思想、邓小平理论、“三个代表”重要思想、科学发展观、习近平新时代中国特色社会主义思想为指导，坚持辩证唯物主义和历史唯物主义的立场、观点和方法，实事求是地记述永州市辖区的土地、地矿和测绘事业的历史与现状，旨在存史、资政、育人，为社会主义现代化建设服务。

二、本志记述上限为1987年专门国土管理机构成立始，考虑衔接问题，有的章节涉猎此前，下迄2015年。2019年1月，因永州市国土资源局更名为永州市自然资源和规划局，故在机构队伍和大事记中，时间下延至2018年年底。

三、本志遵循地方志诸项基本原则：横分门类，纵述史实；事以类从，类为一志；门类并列，章节统属；依时纵述，述而不论；因事系人，生不立传；述、记、志、图、表、录诸体并用。

四、志中度量衡单位，遵从法定和通用习惯，几种单位同时并用，未做强制性统一。如长度单位的米、千米、公里，质量单位的公斤、吨、千吨，面积单位的平方米、亩、万亩、公顷等混合使用。

五、本志中采用数据原则上保留小数点后两位数，只有在测绘篇中保留小数点后三位数。

六、为避免重复、节约文字版面及阅读简洁流畅，本志记述中对诸多机构和事物冗长名称，只在第一次使用时写全称。此后均使用简称，如中共零陵地区委员会，简称“地委”；零陵地区行政公署，简称“行署”；中国共产党永州市委员会，简称“市委”；永州市人民政府，简称“市政府”；江华瑶族自治县，简称“江华县”；探矿权和采矿权合称矿业权等，以体现时代特征。

七、零陵地区撤地建市前辖区范围简称“区内”，撤地建市后辖区范围简称“市内”。

八、本志所用资料，来源于《零陵要鉴》《零陵地区志》《湖南省志·国土资源志（1978—2002）》《中国区域地质志（湖南志）》及市直相关单位档案室、市档案馆、市国土资源局档案室和局内各相关业务科室机构，还有省国土资源厅信息中心、省国土资源规划院、省第一测绘院、省第二测绘院、省第三测绘院、省地质测绘院、省煤勘三队、省地勘局四〇九队、市辖各县（区）国土资源局提供的资料。除重要引文注明出处、专业技术名词作注以外，其他采用资料不在志文中一一交代来源或出处。

九、本志所用数据以政府统计部门公布的为准，如有所缺，则以相关部门为准。图表按篇章依序编号，统一排列。

永州市行政区划图

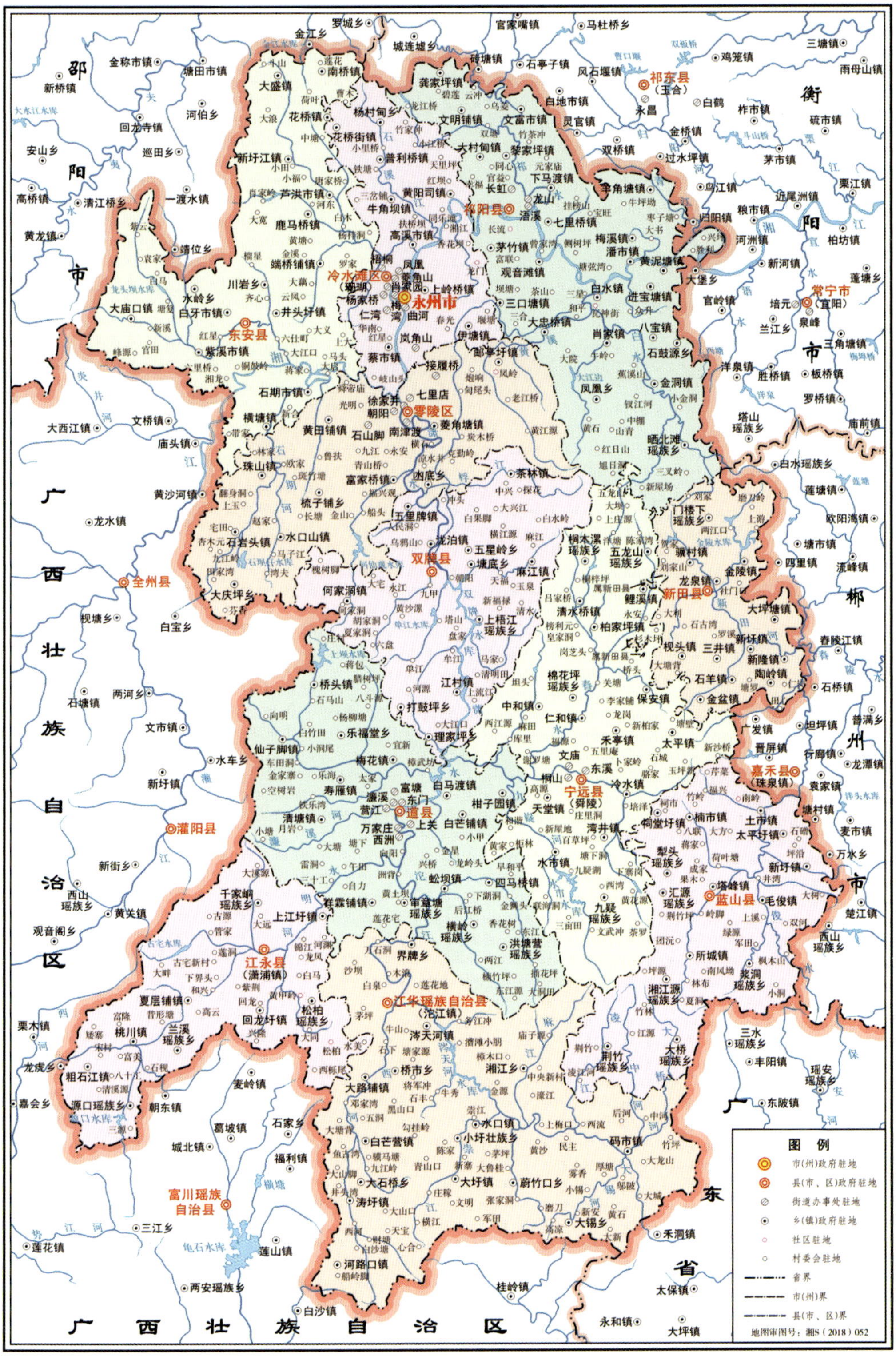

邵阳市
衡阳市
郴州市
广西壮族自治区
广东省
祁东县（玉合）
常宁市（宜阳）
嘉禾县（珠泉镇）
全州县
灌阳县
富川瑶族自治县
永州市
冷水滩区
祁阳县
东安县
零陵区
双牌县
新田县
宁远县（舜陵）
道县
蓝山县
江永县（潇浦镇）
江华瑶族自治县（沱江镇）
图例
市(州)政府驻地
县(市、区)政府驻地
街道办事处驻地
乡(镇)政府驻地
社区驻地
村委会驻地
省界
市(州)界
县(市、区)界
地图审图号：湘S（2018）052

2009年9月，永州市国土资源局新办公大楼投入使用

①2011年5月28日，国土资源部党组书记、部长、国家土地总督察徐绍史（右二）在副省长韩永文（右三）等省、市领导陪同下深入江华县河路口镇稀土矿区实地考察调研

②2011年5月28日，国土资源部部长徐绍史（左二）一行在江华县河路口镇政府会议室听取湖南省政府，江华县委、县政府以及地勘单位有关矿产资源开发方面的情况汇报

③2012年7月8日，省委书记徐守盛（左一）在江华县委书记罗建华（中）陪同下，考察海螺水泥施工现场

④2012年8月15日，省委常委、纪委书记黄建国（左一）在市委书记张硕辅（左二）陪同下，考察指导市国土资源局廉政文化进机关建设和网上招拍挂工作

⑤2014年5月13日，省委副书记、省长杜家毫（右三）一行考察中国五矿江华稀土项目

①

②

③

⑤

④

①

②

③

④

⑤

① 2009年5月26日，国土资源部扶贫领导小组副组长、人力资源中心主任纪树建（右二）到新田县三井乡谈文溪村考察指导新农村建设工作

② 2010年2月4日，国土资源部副部长王世元（左二）在省人大常委会副主任蔡力峰（右二）等省、市领导陪同下到新田县考察扶贫工作

③ 2010年2月4日，国土资源部副部长王世元（左五）在省、市领导陪同下深入新田县考察扶贫工作，并出席国土资源部新田刀疤岩地下水开发利用示范项目奠基仪式

④ 2011年12月21日，国土资源部地籍司司长朱留华（前排左三）到新田县调研

⑤ 2012年5月15日，省政协副主席、省国土资源厅副厅长杨维刚（后排中）和永州市委书记张硕辅（后排右三）等省、市领导出席省国土资源厅与永州市人民政府签署数字永州地理空间框架建设共建共享合作协议签约仪式

①　1987年，省国土管理局局长吴树真（中）到零陵地区考察县（市）国土局班子组建情况

②　1995年12月31日，省国土测绘管理局局长邓鸿璋（左六）与地区国土管理局局长唐际绍（右四）等在永州市（现零陵区）南津渡大桥上合影

③　1995年12月31日，省国土测绘管理局局长邓鸿璋（中）到永州市（现零陵区）考察国土管理工作

④　2011年12月5日，省委基层办主任江波（左三）在省、市相关部门领导的陪同下到新田县指导建整扶贫工作

⑤　2012年3月28日，省农业开发办主任李丙力（中）在副市长舒平（左二）陪同下，深入驻点村新田县新圩镇三占塘村调研硒锶产业开发工作

⑥　2012年5月23日，省委农村工作部部长、省农办主任刘宗林（右三）深入省国土资源厅驻新田县建整扶贫点新圩镇三占塘村调研

① 1996年1月2日，市委书记邹金鹫（右二），市委副书记、市长卞翠屏（右一），市人大主任郑邦淳（左一）考察中心城市建设用地情况

② 1998年，市国土管理局长唐际绍陪同市委、市政府领导参观芝山区（现零陵区）土地开发及城市建设现场。唐际绍向市委书记邹金鹫（左三）及市委副书记邓三龙（左一）介绍新城区新工厂的新产品

③ 1998年，市国土管理局长唐际绍（前排中）陪同市委、市政府领导到芝山区（现零陵区）考察指导工作，市委书记邹金鹫（前排左）听取情况汇报

④ 2011年12月5日，省委基层办主任江波（右三）到新田县新圩镇三占塘村调研

⑤ 2012年 8月4日，市委常委、副市长蒋善生（前排右二）陪同省国土资源厅党组书记、厅长方先知（前排右三）到新田县新圩镇三占塘硒锶产业园考察

⑥ 2013年12月10日，国土资源部人事司司长张陟（左二）在国土资源部挂职新田县委副书记邱烈飞（右二）等领导的陪同下考察新田县枧头老屋新农村建设

①	1987年7月，零陵地区国土管理局成立后行署副专员廖奇才（中）出席第一次全区国土系统工作会议

②	1993年10月29日，行署副专员朱泽民（右一）参加在江苏省昆山市举办的“第五期全国土地使用制度改革市长研讨班”

③	1996年，市委书记邹金鹜（左四），市委副书记孔宪访（左二）出席省国土测绘管理局局长邓鸿璋（左五）带队到永州的全省参观考察团“土地使用制度改革”经验交流会

④	2013年4月10日，市委书记陈文浩（左二）在江华县委书记罗建华（左一）陪同下，指导江华县稀土分离厂矿业工作

⑤	2013年6月13日，市委书记陈文浩（中），率市直部门负责人到市国土资源局专题调研国土资源工作

①

②

③

④

⑤

① 1996年10月，省国土测绘管理局副局长汤士荣（左二）等领导和专家到永州市冷水滩区进行土地执法检查

② 1997年4月11日，副市长张维（右三）、市政府副秘书长蔡自新（右二）到市国土管理局调研

③ 1998年3月16日，市人大常委会副主任吕芳村（中）、副市长张维（左二）、市政协副主席赵清茂（右二）、市政府副秘书长蔡自新（左一）出席永州市国土工作会议

④ 2007年7月19日，省国土资源厅副厅长颜学毛（前排左一）、土地整治局局长曹湘潭（前排左二）到永州市检查指导土地整治工作，副市长荣燕明（前排左三），市国土资源局局长黄海凇（前排右三）、党组书记秦坤（前排右二）、副局长魏军才（前排右一）等汇报工作

⑤ 2007年8月29日，省国土资源厅党组成员、纪检组组长郭秀宏（右三）到驻点村永州市新田县知市坪乡龙溪村扶贫济困

① 2007年9月16日，省国土资源厅副巡视员张瑛（左五）一行在市、县国土系统相关负责人的陪同下，到新田县三占塘村检查指导建整扶贫工作

② 2011年3月30日，省国土资源厅党组成员、总工程师彭悦（右一）带领有关处室负责人及地质勘探单位专家，在市国土资源局党组书记、局长黄海凇（左二）陪同下考察指导永州市地质勘查和建整扶贫工作

③ 2011年8月31日，省国土资源厅党组副书记、副厅长颜学毛（中）到新田县新圩镇三占塘村走访慰问困难群众

④ 2011年11月15日，省国土资源厅党组成员、副厅长厉坤（中）出席涔天河水库扩建工程奠基仪式

⑤ 2011年11月22日，省国土资源厅党组成员、副厅长胡进安（右二）带领调研组一行看望该厅驻新田县新圩镇三占塘村工作组队员，并对建整扶贫工作进行调研指导

⑥ 2011年12月1日，省国土资源厅党组成员、纪检组长易显奇（右三）带领相关处室和长沙市国土资源系统部门负责人一行到该厅对口扶贫点新田县新圩镇三占塘村指导建整扶贫工作

①

②

③

④

① 2011年11月15日，国土资源部人力资源开发中心副主任、扶贫办主任刘晞（中）出席涔天河水库扩建工程开工仪式

② 2011年11月29日，省国土资源厅党组成员、执法监察总队长范荣华（左二）等一行到宁远县指导工作

③ 2015年9月6日，省国土资源厅党组成员、副厅长金勇章（中）带领相关处室负责人在市国土资源局党组书记、局长黄海淞（右二）陪同下，调研永州测绘地理信息工作，深入国土资源所察看信息化建设情况

④ 2015年9月6日，省国土资源厅党组成员、副厅长金勇章（右二）在市国土资源局局长黄海淞（右一）陪同下，到虎岩国土所考察信息化管理工作

⑤ 2015年10月23日，省信访局副局长夏云英（左二）到市国土资源局指导土地信访工作

⑥ 2017年7月1日，省国土资源厅总工程师刘星辉（前排左四）、副市长欧阳元初（前排右四）、市国土资源局局长蒋良铁（右一）及相关领导和专家在潇湘公园地质灾害现场指导防灾救灾工作

⑤

⑥

1987年5月，零陵地区国土管理局成立大会后干部职工合影

1987年零陵地区国土管理局成立后，局长杨素美（右三）、副局长杨福（右二）组织中层干部研究宣传贯彻《中华人民共和国土地管理法》工作

1987年9月，零陵地区开展第一次非农业用地清查，图为湘南组工作人员在实地测量

1995年4月，零陵地区国土管理局局长唐际绍（第三排右十三）出席在湖南省岳阳市召开的全国土地管理宣传工作会议

1995年12月25日，零陵地区国土管理局干部职工合影

1996年5月9日，市人大常委会主任郑邦淳（左五）出席永州市国土管理局挂牌仪式

1996年10月，零陵地区代表团出席湖南省出口商品展销暨经济技术合作洽谈会（香港）

1998年5月，市国土管理局局长唐际绍（左二）同副处级纪检组组长文良军（左三）等考察复旦大学生命科学学院

①

②

① 1999年3月，永州市召开落实中央人口资源环境工作会精神座谈会。市地质矿产局局长彭峰（图中）主持会议

② 2002年3月，市国土资源局局长唐定奇（右三）、副局长唐福元（左三）、副局长陈满喜（右二）、副局长王淑姣（左一）、纪检组组长文良军（右一）等领导班子成员在研究工作

③ 2015年7月10日，市国土资源局党组成员集体学习

④ 2016年6月30日，市委副书记、市长易佳良（左）为市民颁发全市第一本不动产证

⑤ 2018年4月，桂林理工大学MPA教育中心聘请市国土资源局党组书记、局长蒋良铁（左）为校外兼职导师

③

④

① 1992年8月18日，永州市第一次土地出让拍卖会现场

② 1995年5月，冷水滩市国土局与湖南省涟邵矿务局勘测工程处合作，开展第一次城镇地籍调查

③ 1996年6月12日，市国土管理局局长唐际绍（左二）参加蓝山县百家石材加工项目开工典礼

④ 1996年6月29日，市国土管理局局长唐际绍在祁阳县拆除违法建筑现场接受电视台记者采访

⑤ 1997年，市国土管理局响应市委、市政府支农号召，局长唐际绍带领干部职工到冷水滩区岚角山镇中间庙村挖板田

⑥ 1997年8月，省国土测绘管理局和武汉测绘科技大学联合在永州市开展GPS项目测绘工作

①　2003年3月，回龙圩农场土地开发整理项目——旱土水果种植

②　2007年6月4日，市国土资源局组织干部职工下乡宣传节约集约用地工作

③　2009年5月6日，道县清塘镇土地整理项目竣工验收后现场

④　2012年3月19日，市国土资源局组织工作人员上街为群众办理土地分户手续

⑤　2013年10月28日，江华正海五矿年产2000吨高性能钕铁硼合金薄片项目开工典礼仪式

⑥　2018年8月25日，市国土资源局局长蒋良铁（右二）到市国土志编纂办公室了解情况并指导编纂工作

①

②

③

④

①　2015年2月3日，市国土资源局党组成员、副局长李文乾（右一）带领干部职工下乡分发宣传资料

②　2015年4月16日，市国土资源局组织施工队伍进行山体滑坡地质灾害治理

③　2015年4月21日，市国土资源局志愿者到冷水滩区花桥街镇开展提高土地资源利用效益宣传

④　2015年6月19日，市国土资源局组织干部职工下乡宣传第25个全国“土地日”

⑤　2016年4月12日，市国土测绘工作人员在小城镇测绘

⑥　2016年8月20日，市国土资源局志愿者服务队参加市“全民爱心大联盟”暨“爱心圆梦”慈善助学活动

⑤

⑥

① 1995年7月，地委书记邹金鸾（主席台左四）在全区耕地保护工作会议上讲话

② 1996年6月19日，省国土测绘管理局领导和专家组成员到永州市（现零陵区）进行土地详查工作验收

③ 1996年9月7日，市国土管理局在江华县组织召开全市国土部门土地法规工作会议

④ 1996年12月11日，市国土管理局局长唐际绍为全市国土系统干部职工讲课

⑤ 2007年1月27日，市国土资源局召开深入开展党的群众路线教育实践活动动员大会

⑥ 2007年3月21日，市国土资源局开展党的群众路线教育集中学习活动

①　2007年4月8日，国家土地督察武汉局副专员邓太火一行到永州市验收土地例行督察整改工作情况

②　2007年5月7日，市国土资源局召开全市县（区）第二次土地调查领导小组办公室主任会议

③　2007年5月16日，市国土资源局召开副科实职缺位干部竞争上岗演讲及民主推荐会

④　2007年5月23日，市国土资源局组织干部职工参加蒋孔吉同志先进事迹报告会

⑤　2007年7月8日，市国土资源局党组召开党的群众路线教育实践活动专题民主生活会

⑥　2008年12月18日，市国土资源局党组中心组召开集中学习专题辅导报告会

①

②

③

④

⑤

① 2015年5月28日，市国土资源局党组组织党员参加“三严三实”专题教育党课

② 2015年5月29日，市国土资源局组织干部职工观看《卡住公款送礼》警示教育片

③ 2015年6月11日，市国土资源局组织召开创建市级文明单位动员大会

④ 2015年7月29日，市国土资源局组织召开部署土地管理和矿产资源领域专项整治行动视频会议

⑤ 2015年8月28日，市国土资源局组织召开全市测绘地理信息工作会议

①

②

③

④

① 1996年5月9日，永州市国土管理局挂牌仪式

② 1997年1月18日，居民群众参观市国土局办事公开制度宣传栏

③ 1999年3月，市创建土地执法模范县活动学习班成员合影

④ 2001年4月，蓝山县国土执法监察局成立

⑤ 2007年3月26日，市国土资源局召开全市征地拆迁业务培训会

⑥ 2007年4月17日，市国土资源局举办全市地质灾害防治工作培训班

⑤

⑥

①

②

① 2007年6月29日，市国土资源局召开永州市去存量土地专项工作督察会议

② 2007年8月9日，市国土资源局召开落实国土资源部闲置土地盘活与预防专项督查调研工作会议

③ 2007年10月15日，市国土资源局组织召开国家土地督察武汉局省域例行督察整改核查情况反馈会议

④ 2012年7月25日，市国土资源局组织召开全市农村集体土地确权登记发证工作会议

⑤ 2013年4月27日，市国土资源局组织召开全市建设项目用地保障工作会议

⑥ 2015年6月12日，市国土资源局组织召开征地拆迁专项整治上下联动经验交流会

③

④

⑥

⑤

①

②

③

④

① 1991年6月，为庆祝全国第一个“土地日”，零陵地区国土管理局组织全区开展“爱我中华惜我国土”演讲比赛

② 1995年冬，零陵地区国土管理系统第三届篮球赛在祁阳县举行，地区国土局局长唐际绍（前排右）陪同行署常务副专员朱泽民（前排左）在观看比赛

③ 1995年冬，零陵地区国土管理系统第三届篮球赛在祁阳县举行

④ 2007年2月16日，市国土资源局举办永州市国土资源系统第47个世界地球日书画摄影作品展

⑤ 2007年3月19日，市国土资源局举办全市国土资源系统干部职工“2016年书法笔会”

⑥ 2010年8月19日，中国共产党永州市国土资源局直属机关第二次代表大会召开

⑤

⑥

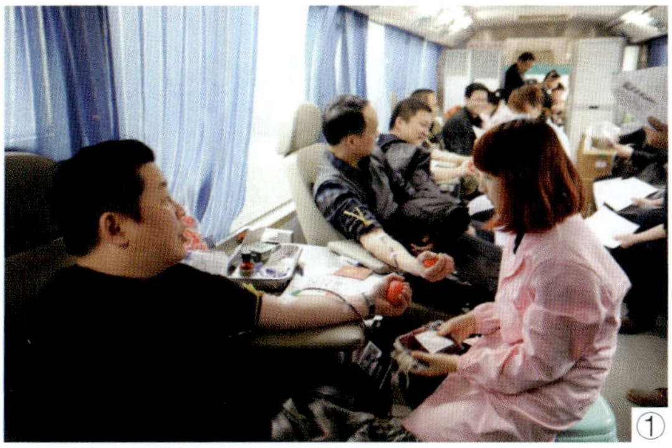

①

②

① 2015年3月13日，市国土资源局组织干部职工无偿献血

② 2015年7月20日，冷水滩区农村信用合作联社向市国土资源局送锦旗

③ 2015年8月7日，市国土资源局组织干部职工学习“道德讲堂”——乐商·快乐改变命运

④ 2015年8月28日，市国土资源局组织干部职工进行拔河比赛

⑤ 2015年9月9日，市国土资源局组织干部职工参观局机关荣誉室，进行社会主义核心价值观教育

⑥ 2015年11月5日，市国土资源局党组召开直属机关第三次代表大会

③

④

⑥

⑤

2020年8月7日，《永州市国土资源志（1987—2015）》稿评会议现场

2020年8月7日，《永州市国土资源志（1987—2015）》稿评会议的领导、专家及工作人员

目 录

概 述

永州市位于湖南省南部，南岭山脉北麓。北与衡阳市祁东县相连；东与衡阳市常宁，郴州市桂阳、嘉禾、临武县接壤；南同广东省连州、连山、连南县相邻，与广西壮族自治区贺州市、钟山县、富川县交界；西和广西壮族自治区恭城、灌阳、全州县毗邻；西北与邵阳市新宁、邵阳县相依。

永州市地理坐标为北纬24°39′~26°51′，东经110°06′~112°21′。南北径长245千米，东西相间最宽处144千米。政区总面积2.24万平方千米，占全省总面积的10.58%，呈不规则橄榄球形。永州市建置历史悠久，秦始皇二十六年（前221年）设长沙郡，置零陵县；西汉元鼎六年（前111年）置零陵郡；东汉建武元年（25年）置零陵郡治于泉陵（今零陵区北郊）。自此历代建置分合频繁，“零陵”“永州”两建置名一直沿用。到明、清时，地域与今市辖区域大致相似，设永州府，辖道州及零陵、东安、祁阳、永明、宁远、江华、新田1州7县。1949年10月，设立永州专区，辖零陵、祁阳、东安、道县、宁远、新田、江华、永明8县；1952年，将衡阳、零陵、郴州合并设湘南行政区；1962年，恢复设零陵专区。1995年11月，撤区设立地级永州市，实行市管县（区）体制，辖冷水滩区、零陵区、祁阳县、东安县、道县、双牌县、江永县、江华瑶族自治县、宁远县、新田县、蓝山县、金洞林场、回龙圩农场2区9县2场。2015年年末，全市有人口635万人。永州是一个多民族杂居地区，除汉族以外，有瑶族、壮族等48个少数民族，少数民族人口63万人，约占全市总人口的10%。

永州市是国家历史文化名城、国家卫生城市、国家森林城市。

一

永州山水秀美，风光迷人。位于中国第二阶梯（云贵高原）向第三阶梯（江南丘陵）倾降的交接地带，又是南岭山地向洞庭湖平原过渡的初始地段。五岭中的越城岭、都庞岭、萌渚岭呈东西、南北向环绕穿插，三大山系围夹零祁盆地、道江盆地，呈向东北开口倾降的“山”字形地貌轮廓。市域西北的越城岭及其余脉舜皇山、牛头寨山、四明山等矗立在永邵边境，构筑成市域西北的高山屏障；都庞岭呈南北向虎踞西部湘桂边陲，其支脉紫金山、阳明山横卧市域中部广阔地域，山峰蜿蜒达200余公里，将市区分割成南、北两个半封闭型天然丘岗盆地；萌渚岭、九嶷山屹立在市域南疆，既是湘、桂、粤三省的自然岭界，又是长江水系与珠江水系的天然分水岭。永州市以山地为主，三山围夹两盆的地形地貌，影响并形成全市土地利用地域性和地带性的明显差异。全市以林牧业用地为主的山地面积1.62万平方千米，占土地总面积的72.5%，从而构成永州市域以宽阔山地为主体的土地格局。

二

1999年，永州市贯彻实施新修订的《中华人民共和国土地管理法》，其核心是保护耕地，以规划的“土地用途”管制为切入口，建立严格、有效的耕地占补平衡保护体系。至2015年，全市耕地面积为35.89万公顷，连续16年实现耕地占补平衡。

1998—2015年，市政府先后4次行文，规定土地征用程序和补偿标准。尤其是1999年新修订的《土地管理法》和2004年《国务院关于深化改革严格土地管理的决定》出台后，土地征用实行“二公告、一登记”制度，严格实行征地告知、征地听证、征地调查结果共同确认等规定，调整提高征地补偿标准。1998年9月，市政府发布文件规定：土地补偿费，征用稻田按征地前三年平均年产值的5倍计算补偿，本次核定的平均年产值为1300元；征用水塘、水库、宅基地、成片果园按邻近稻田计算；征用旱土、经济林按邻近稻田补偿标准的50%计算；征用荒山、荒地按邻近稻田补偿标准的20%计算。2005年6月，市政府印发《永州市征地拆迁补偿安置办法》，大幅度调整提高征地补偿、安置补偿标准。征用水田、专业菜地、旱地、鱼塘（池）补偿费为该土地被征前三年平均年产值的6~8倍，征用果园、茶园、经济林、渠坝及水库分别按邻近水田补偿标准的40%~60%计算补偿，荒山、荒地及未利用地按邻近水田标准的20%补偿；征用水田、专业菜地、旱地、鱼塘（池）的安置补助费按照被征用的耕地数除以被征地单位平均每人占有的耕地数计算，每个需要安置的补助费为该耕地被征前三年平均年产值的4~6倍，但是最高不得超过15倍；征用果园、茶园、经济林分别按邻近水田安置补助费标准的70%~100%计算，征用不需恢复重建的渠坝及水库等农田水利用地，按邻近水田安置费的40%~45%计算，征用村民宅基地、乡（镇）村公共设施、企业用地按邻近水田安置费的20%补助；征用荒山、荒地不支付安置补助费。以冷水滩区为例，征用每亩稻田由以前的6500~19500元，调整为13000~32500元，最高增加13000元。2010年、2013年，市政府分别公布《永州市征地补偿标准》，均较大幅度提高征地补偿标准。2013年征地补偿标准中，中心城区冷水滩区一类地区征地，土地补偿费达每亩 52200 元。零陵区一类地区征地，土地补偿费达每亩 50000 元。

三

永州市位于南岭有色金属矿成矿带（国家级）中段北缘。区内地层出露齐全，岩浆活动强烈，成矿条件好。1949 年以前，境内发现的矿种有金、银、铜、铁、锡、锑、煤等十余种。中华人民共和国成立后，1957 年开始，经地质部门全面系统普查勘探，发现的矿种不断增多，至 1978 年，全市发现矿种 50 种，其中工业矿床 20 种；1980 年，发现 4 种；1990 年，发现矿种 65 种。至 2015 年年底，全国已有 168 个矿种，在永州市发现的矿种有 75 种，其中，已探获储量的 54 种，30 种纳入矿产资源储量平衡表。列全省第一位的矿种有锰、稀土、锂、铷、铯、熔剂灰岩。保有资源储量列全省第二、三、四、五位的有锡、铋、钨、铁、铅、锌、钼、铜等。建材用花岗岩、大理石，建筑用砂、砾石等资源丰富，后备资源充足。

1986 年前，全市矿产资源执法处于分散管理状态。1986 年以后，《中华人民共和国矿产资源法》、《矿产资源补偿费征收管理规定》和《湖南省乡镇集体企业采矿和个体采矿管理办法》等相继出台，矿产资源开发利用和保护进入有法可依的时期。

1998 年 2 月，国务院颁发《探矿权采矿权转让管理办法》，对探矿权采矿权有偿转让及管理作出明确规定。2000 年 11 月，国土资源部印发《矿业权出让转让管理暂行规定》。2001 年，省财政厅、省国土资源厅制定《湖南省矿业权招标拍卖管理实施办法》和《湖南省矿业权转让管理实施办法》，进一步规范矿业权市场。2003 年 9 月，省政府印发《关于加快推进矿业权市场建设的通知》，对实行矿业权有偿出让、规范矿业权市场秩序、加强出让收入管理以及加大勘查投入等均有了具体规定。2004 年开始，初步建立采矿权出让计划管理制度，对新设立的采矿权由市（州）根据国家产业政策、资源禀赋条件、矿产资源规划和矿产品市场需求编制采矿权出让计划。至 2015 年，永州市设立探矿权 87 个，全区持证开采的矿山有 546 个。2011—2015 年，市本级出让采矿权 31 个，出让探矿权 15 个，收取矿产资源出让金 1.53 亿元。

2001 年，组建市国土资源局，矿产资源执法职能由国土资源主管部门统一行使。通过矿产资源法规执行情况大检查、整顿和规范矿产资源开发秩序、超深越界开采矿产资源专项整治、安全生产专项行动（“打非治违”）一系列矿产资源执法专项活动和非法开采矿产资源案、越界开采矿产资源案等典型案件的查处，全市矿产资源执法工作逐步走上规范化、法制化的轨道。

2009 年，市政府按照国土资源部《关于开展第二轮矿产资源总体规划编制工作的通知》、省国土资源厅《关于开展第二轮市县矿产资源总体规划编制工作的通知》要求和《永州市国民经济和社会发展第十一个五年规划纲要》，编制《永州市矿产资源总体规划（2008—2015 年）》。该规划对全市矿产资源调查评价与勘查、矿产资源开发利用与保护、矿山生态环境保护与恢复治理等方面进行统筹规划，提出全市矿业结构与开发布局调整、优势矿产资源开发方向、矿业发展目标、指标及保证规划实施的政策与措施。

四

中华人民共和国成立后，永州市（零陵地区）基础测绘由中国人民解放军总参谋部测绘局、国家测绘总局、长江水利委员会及部分行业单位在辖区内逐步施测各等级大地控制网和 1∶5 万比例尺地形图。1974 年 1 月，湖南省测绘局成立，开展全省 1∶1 万比例尺地形图测绘。自 20 世纪 90 年代后，由于 GNSS（全球卫星导航系统）、卫星遥感航空摄影及数字化测图等新测绘技术的普及利用，颠覆了传统的测绘模式。进入 21 世纪以来，得益于高新测绘技术的广泛应用以及省、市财政的投入，永州市的基础测绘事业取得突破性进展。

1976—1978 年，湖南省测绘局地图制图室和地图印刷厂，编制印刷《零陵地区地图》和各县地图，1∶5 万全开大小、七色印刷、内部使用。这是第一次编制出版零陵地区及所属县的挂图，着重表示行政区划、道路、水系、地貌以及与农业生产关系密切的内容。1993 年 3 月，湖南地图出版社编制出版四开《零陵交通旅游图》，是零陵地区第一张公开出版发行的桌面图。该图正面为《零陵地区交通及景区景点分布》及东安、祁阳、双牌、新田、道县、江永、江华、宁远、蓝山 9 县的县城图，背面为《永州市区交通图》和《冷水滩市区交通图》。

1998 年 12 月，湖南地图出版社编制出版永州市历史上第一本地图册——《永州市地图册》。该地图册为 32 开本，资料引自 1998 年 8 月编制出版的《湖南省交通地图集》，全市及下辖 2 区 9 县各有一幅地图。为提高其经济效益，县（区）图上标注各地重要企事业单位，一定程度上促进全市的招商引资和经济发展。

2004 年 5 月，省十届人大常委会第九次会议审议通过的《湖南省实施〈中华人民共和国测绘法〉办法》规定："县级以上人民政府测绘行政主管部门负责本行政区域内测绘工作的统一监督管理。"至 2015 年年底，永州市辖区有测绘资质持证单位 42 家，其中乙级 5 家、丙级 10 家、丁级 27 家。

2006 年 12 月，以依法编制、统筹规划、统一标准、共建共享为基本原则，通过全面收集永州市的基础测绘资料并深入调查研究，编制《永州市基础测绘规划》。项目规划分近期规划、中期规划、远期规划。2011 年，市国土资源规划设计测绘院编制永州基础测绘“十二五”规划，以2011年为基准年，2011—2015年为规划期，在地域空间上分为永州市区和各县两个层次。规划的主要内容包括：建设和维护与国家测绘基准相统一的永州市测绘基准；进行永州市厘米级区域似大地水准面精化；1∶500~1∶2000基本比例尺地形图、影像图和数字化测绘产品的测制、更新及其数据库建设；数字永州地理空间框架建设、运转、维护及更新。2015年12月，市国土资源规划设计测绘院编制永州市测绘地理信息“十三五”规划，以2016年为基准年，2016—2020年为规划期，在地域空间财政预算上分为永州市区和各县两个层次。主要规划内容包括：维护和完善永州市现代化基础测绘基准体系；进一步推进全市1∶500、1∶1000、1∶2000等大比例尺基础地理信息数据建设；完成“数字城市”向“智慧城市”的升级建设。

1995—2010年，全区（市）进行2次土地资源调查和2次城镇地籍调查，查清各类土地数量及分布情况，完成《土地利用现状数据库》《基本农田数据库》以及数据管理系统建设。

2011年8月23日，市政府申请将永州市列为全国数字城市地理空间框架建设推广城市，上报省国土资源厅。省国土资源厅推荐永州市参加2011年数字城市地理空间框架建设，报送国家测绘地理信息局。国家测绘地理信息局印发《关于数字永州地理空间框架建设推广项目立项的批复》，启动数字永州地理空间框架项目建设。2012年5月15日，《数字永州地理空间框架建设工程设计书》通过专家评审。同时，湖南省国土资源厅与永州市政府签订省、市共建共享协议，明确该项目由国家测绘地理信息局、省国土资源厅、市政府三方合作，按照“需求牵引、设计统一、共同投资、资源共享”原则，由市国土资源局负责组织实施。2013年5—6月，项目的技术服务单位湖南省第二测绘院、湖南省地质测绘院、湖北金拓维信息有限公司编制各子项目的技术设计书、软件需求规格说明书等，并共同编制《数字永州基础地理数据库标准》。2014年9月25日，数字永州地理空间框架建设项目通过省国土资源厅组织的专家验收。依托该项目，建成全市多尺度、现势性强的基础地理空间数据体系；建成全市权威、唯一和通用的地理信息公共服务平台；制定长效运行的政策机制；开发土地资源综合监管、地质灾害预警、土地动态执法监察、园林绿化、财政预算审批、公众服务等6个典型应用示范。

按照国家测绘地理信息局及省委、省政府要求，2011年，永州市启动数字县域地理信息基础工程建设工作，基于数字永州“市县一体化”建设模式，采用以市带县、以市管县，分年度分批次开展数字县域地理信息基础工程建设工作。截至2015年年底，数字祁阳县（含金洞管理区）、数字新田、数字东安地理信息基础工程项目建设相继启动。

1995—2000 年，完成 2 条省界、3 条市界（邵永线、郴永线、衡永线）及 19 条县界共 24 条边界线 1525 千米全部勘定和测绘工作，为处理这 24 条边界线上 300 余处、20 多万亩的较大的边界权属争议提供法律依据。

五

1987 年，零陵地区及 11 个县（市）国土管理局成立。是年，全区国土管理部门定编 176 人，其中，行政编制 102 人，事业编制 58 人。全区 382 个乡镇共配备土地管理员 423 人，其中专职管理员 159 人、兼职管理员 264 人。专职管理员中，在职乡镇干部 129 人，离退休干部及农村基层干部 30 人。截至 2018 年年底，市国土资源局机关和直属单位共有干部职工 296 人，其中，在职 230 人，离退休 66 人；在职干部职工中大学及其以上学历的 129 人，有高级职称 1 人。全市 11 个县（区）和市经开区、金洞管理区、回龙圩管理区国土资源系统共有干部职工 2620 人，其中，在职 2120 人，离退休 500 人；在职干部职工中大学及其以上学历的 469 人，有高级职称 5 人。

截至 2018 年，永州市国土资源管理工作先后获得荣誉 133 项，其中，国土资源部、国家体育总局授予市（地区）国土管理局、市国土资源局的荣誉 3 项；省政府授予市政府的荣誉 22 项；省国土管理局、省国土测绘管理局、省地质矿产厅、省国土资源厅授予市（地区）国土管理局、市地质矿产局、市国土资源局的荣誉 30 项；市委、市政府授予市国土管理局、市国土资源局的荣誉 78 项。38 人次获得市、厅级及以上各项荣誉，其中，部、省级荣誉 13 人次；厅、市级荣誉 25 人次。15 项科技成果（学术论文或调研文章）获得市、厅级及以上各项奖励，其中，部、省级奖励 7 项；厅、市级奖励 8 项。

大事记

1987 年

4 月 17 日 零陵地区国土管理局改归零陵地区行署办公室管理。

5 月 2 日 零陵地区国土管理局挂牌成立。

5 月初 全区 11 个县（市）开展以《中华人民共和国土地管理法》为主要内容的首次国土法规宣传月活动，先后出动宣传车 218 台次，印发各类宣传资料 1.44 万份。

5 月 20 日 零陵地区国土管理局、地区计委联合召开县（市）国土管理局、县（市）计委负责人参加的全区首次非农业建设用地计划工作会议，传达贯彻省非农业建设用地计划工作会议精神，研究全区非农业建设用地计划管理。

11 月 永州、冷水滩、祁阳、东安、双牌、道县、宁远、新田、蓝山、江永、江华 11 个县（市）先后成立国土管理局，为县（市）人民政府直属局级机构。

11 月 24—25 日 全区第一次矿管工作会议召开，省地质矿产局矿管处副处长朱忠党和地区计委主任卞翠屏到会讲话。

1988 年

2 月 东安县在全区率先设立 35 个乡镇国土管理站。

4 月 1 日 零陵地区国土管理局向行署撰写《关于土地使用权制度改革的意见（试行）》，提出改革土地使用权的 3 项建议。

4 月中旬 零陵、桂林两地区首次团结协商联席会议召开，研究妥善处理边界地区土地权属纠纷问题。

5 月 8 日 零陵地区征地事务所成立，为零陵地区国土管理局直属科级事业单位。

5 月上旬 全区 11 个县（市）和金洞林场、回龙圩农场开始分批进行土地详查。

5 月下旬 地区国土管理局在永州市（县级，现零陵区）开展城区非农业用地使用权申报登记、建档发证工作试点。

6月20日—7月16日 地区国土管理局组织2个检查组，对全区11个县（市）22个乡镇非农业建设用地情况进行全面检查，针对受检乡镇存在的农民建房用地审批手续不全和越权批地等问题，逐件确定改进期限。

6月25日 全区11个县（市）采取多种形式庆祝《中华人民共和国土地管理法》颁布实施2周年。

8月 道县开始在全县范围内实行农村村民建房用地使用费收取工作。

12月 祁阳、东安等县建立矿产资源开发管理办公室，至1990年5月，全区11个县（市）均建立矿产资源开发管理办公室（局）。

1989年

4月10日 零陵地区征地事务所改为零陵地区国土管理局测绘队，为科级事业单位。

6月 全区国土系统干部职工培训班在零陵地委党校举办，参加人员500余人，培训时间7天。

6—9月 地区国土管理局组织文艺宣传队到各县（市）宣传《中华人民共和国土地管理法》。

7月7日 零陵地区国土管理局内增设法规监察科。

1—12月 中共零陵地委、零陵行署6次召开农业用地开发专题会议，地区及11县（市）均成立“开发办公室”。是年，全区投入农用地开发资金2224万元，投工1876万个，实施开发项目3.17万处，开发各种农业用地6.8万亩，其中耕地2.64万亩。

1990年

1月 道县被国家土地管理局评为1989年度全国土地管理先进县。

3月 零陵地区行政公署根据地区国土管理局对祁阳、东安、宁远、蓝山、江华5县11个乡镇21个村检查中发现的违法占用耕地的现象，要求各县（市）政府、地直有关单位切实加强国土管理工作。

3月15—16日 全区矿管工作会议在东安县召开，地区计委主任谭明顺及原地区计委主任吴普生到会讲话。会上表彰祁阳县矿管办、东安县矿管办为1989年度矿管工作先进单位，郑群生、杨波、蒋洪全、唐海燕、肖天中、尹静、蒋克顺、袁水生、欧阳美荣、李代明、陈石山、雷起姣12人为先进个人。

4月24日 省地质矿产局矿管处处长孙传书、工程师胡靖保一行到零陵地区检查矿管工作。

5月11日 衡阳市、零陵地区行署在祁阳县召开祁东、祁阳、冷水滩、永州、双牌、宁远6县（市）和国营金洞林场境界土地权属调查协调会议，并形成《会议纪要》。

5月20—21日 零陵、桂林两地区处理边界地区土地权属纠纷问题座谈会在桂林市召开。

5月22—23日 桂林、零陵两地区第四次团结协商联席会议在永州市（县级，现零陵区）召开，并形成《会议纪要》。

8月14日 零陵地区国土管理局对祁阳县大村甸、黎家坪镇、黄市乡八宝村等地违法用地情况进行实地调查后，向“地委”“行署”写出专题汇报。

10月5日 零陵地区东安县与桂林地区全州县长达73.5公里边界上涉及10个乡镇的44起5900亩土地权属纠纷妥善处理完毕，持续40多年的争执得到解决。

1991年

5月20日 零陵地区国土管理局土地行政复议委员会成立。8月7日，启用“零陵地区土地行政复议委员会办公室”印鉴。

6月25日 零陵地区国土管理局及11个县（市）国土管理局运用多种形式宣传庆祝全国第一个“土地日”。

8月 经零陵地区中级人民法院批准，新田县成立全区第一个“土地法庭”。

9月12日 祁阳、永州、冷水滩、蓝山、新田5县（市）成立土地监察大队。

1992年

1月 零陵地区矿产资源管理局建立，为副处级事业行政管理机构。

8月18日 全区首次土地使用权公开拍卖的槌声在东安县井头圩镇敲响。

9月 全区采矿登记发证51个，其中乡镇集体矿山20个，个体采矿31个。到期换证的矿山80个。

1993年

2月10日 经零陵地区中级人民法院批准，零陵地区矿产资源法规办案室建立，人员有桂昭明、刘得君、伍建柏。后蓝山、江华、永州、东安、道县分别建立矿产资源法规办案室。

2月 唐际绍任零陵地区国土管理局局长。

2月 全区举办建设用地业务培训班，参加培训的地、县（市）国土管理局主管负责人及业务骨干27人均获合格证书。

3月初 零陵行署在永州市召开全区土地使用制度改革会议。

3月12日 《零陵地区城镇国有土地使用权管理暂行办法》印发。

3月 零陵地区及所属11个县（市）国土管理局成立地价评估委员会。

3月20日 经零陵行署办公室研究，同意成立零陵地区地产公司，为独立核算、自主经营、自负盈亏的全民所有制预算外企业，归地区国土管理局直接管理。

4月初 零陵地区国土管理局与地区中级人民法院联合发文，成立零陵地区土地办案室，由国土管理局、中级人民法院分别派员组成，归局、院双重领导。

5月 地区国土管理局局长、主管副局长及8县（市）国土管理局领导参加省里举办的“地价评估学习班”。

9月7日 彭峰任零陵地区矿产资源管理局局长。

9月16日 全区11县（市）均建立起土地法庭或土地办案室、土地执行室。

9月 全区除冷水滩市外10个县（市）开始进行土地隐形市场清理整顿。

10月19日 由常务副专员朱泽民为组长，政协联工委副主任周绍宏、行署副秘书长李绍陶、地区国土管理局局长唐际绍为副组长，地区14个委、局负责人为成员的零陵地区土地利用总体规划领导小组成立，在国土管理局内设规划办公室，开始编制零陵地区土地利用总体规划。

10月下旬 零陵地区国土管理局在道县召开全区各县（市）国土管理局法规股长参加的“三无一增”（无违法批地、管地、用地，增加耕地）乡镇现场会。

10月27日 地区国土管理局局长唐际绍陪同行署副专员朱泽民参加国家土地管理局在江苏省昆山市举办的第5期全国土地使用制度改革市长研讨班。

11月25日 地区矿产资源管理局由省地质矿产局移交零陵地区行署管理。

12月 江华、江永、道县、新田4个县地价评估获地区优秀成果奖。

1994年

1月1日 全区施行国家地质矿产部制定的关于《违反矿产资源法规行政处罚办法》。

1月10日 全区矿管工作会议召开，彭峰作题为《总结经验，克服困难，努力开创全区矿管工作新局面》的报告。

1月19日 零陵地区机构编制委员会办公室发文，同意成立零陵地区土地事务所，为独立核算、自负盈亏的科级事业单位，归零陵地区国土管理局管理。

1月 地区矿产资源管理局办公地点由省地质局409队大队部迁至“地委”、“行署”联络处大院5栋。局机构设监察科、法规科和办公室。

2月25日 零陵地区矿产资源管理局党组设立，彭峰任党组书记。

6月4日 零陵地区国土管理局根据党政机关与经济实体脱钩的精神，决定将原直属该局管理的零陵地区地产公司划归零陵地区土地事务所管理。

6月 地区矿产资源管理局编制《零陵地区矿业九五发展计划及2010规划》（草案）。

7月12日 行署副专员张维主持召开有关部门参加的全区矿业清理整顿工作会议。

8月 地区机构改革，地区地质矿产局建立，由副处级单位升格为正处级单位。

9月2日 零陵地区城镇用地实行“五统一”，即统一规划、统一征用、统一开发、统一出让、统一管理。

9月中旬 零陵行署成立以常务副专员朱泽民为组长，国土、法制、财政、计划等部门领导为成员的零陵地区土地市场集中整顿领导小组，集中清理各类地产公司用地、公路沿线和城乡接合部建设用地，集中清理整顿土地市场，全区国土部门抽调100名干部职工参加集中清理整顿。

10月初 《零陵地区土地利用总体规划（送审稿）》呈报湖南省土地利用规划办验收。

10月 全区13个县（市、场）的土地详查结束，并完成《零陵地区土地利用现状调查报告》及《零陵地区土地资源》两篇文章。

10月 湖南省国土测绘管理局局长邓鸿璋率领省局机关副处及以上干部及长沙、郴州两市国土管理局干部一行70余人，先后到祁阳、东安、永州、新田、蓝山5县（市）考察地改工作。

11月 全区开展矿业秩序整顿，查处无证开采点248个，关闭违法采矿点237个，责令停产整顿101家，没收非法开采的矿产品500吨，罚款5万元，补证55个，换证630个。

11月30日至12月4日 在冷水滩市召开全省矿产信息暨采矿登记工作会议。省地质矿产厅副厅长黄永南与会，行署副专员周建国到会讲话。

1995年

2月 零陵行署及祁阳、新田、蓝山、江华、永州5县（市）政府在省政府召开的全省土地使用制度改革工作会议上介绍经验。

3月9—11日 行署召开全区矿产资源补偿费征收管理工作会议，副专员周建国到会讲话。

3月 地区国土管理局局长唐际绍出席全国土地管理宣传工作会议，并在会议上介绍零陵地区土地使用制度改革经验。

6月14—16日 省人大城市环境保护委员会副主任符国应一行4人到零陵地区检查矿产资源法执行情况。

8月 祁阳县在全区率先成立土地交易中心。

8—10月 零陵地区国土管理局局长唐际绍和副处级纪检员文良军先后应国家土地管理局的邀请，赴京为全国市、县国土管理局局长学习班讲课，内容为土地使用制度改革。

9月20日 召开全区矿业整顿及资源补偿费征收工作会议，地质矿产局局长彭峰传达在常德召开的全省地矿工作会议精神。

9月 地区召开耕地保护工作主题会议，“地委”、“行署”、人大联工委、政协联工委和军分区主要领导出席，地区国土管理局局长、监察局局长和地质有关部门主要负责人参加。

11月16日 零陵地区工商局、零陵地矿局联合发文，要求开办各类矿业企业、矿产品经营加工企业必须申请登记，由地矿部门核发营业执照。

1996年

1月 零陵地区地质矿产局随着撤区建市更名为永州市地质矿产局。

3月19日 纪念《中华人民共和国矿产资源法》颁布实施10周年，市长卞翠屏、副市长周建国分别发表电视讲话。全市于3月、5月、10月组织3次宣传活动。

4月 唐际绍任永州市国土管理局党组书记、局长。

6月17日 市地质矿产局列入市政府序列，成为市政府工作机构之一。

6月18日 永州市国土管理局设立，统一管理全市土地、地籍地政、国土整治、农业区划和测绘工作，直接管理芝山（现零陵区）、冷水滩两区城市规划区内和市属农林场所的土地。

6月21日 全市“八五”矿政工作总结表彰大会召开，市人大常委会主任郑邦淳、副市长周建国，省地矿厅副厅长黄永南到会讲话。会上，表彰祁阳县矿管局、蓝山县矿管局、芝山区矿管局、东安县矿管局为先进集体，郑群生、曾庆德等17人为记功嘉奖人员。

6月 彭峰任永州市地质矿产局局长。

8月 市委副书记谭政、副市长林克屏分别主持召开解决铜山岭矿业纠纷专题会议，并带领工作组深入矿区现场办公，调处解决矿山长期争执的资源纠纷。

8月 铜山岭矿有色金属矿回采表外矿4万吨，残矿1.9万吨，铜金属含量

1002.8吨，实现资源价值1060万元。

9月 市国土管理局党组书记、局长唐际绍参加在香港举行的湖南省进出口商品展销暨对外经济技术合作洽谈会，出席土地签约仪式。

1997年

4月28日 省地质矿产厅厅长董和金到永州市检查工作。

6月23日 全市国土工作会议召开，市委书记邹金鹭、副市长张维到会讲话。

7月5日 市长办公会议决定，市地质矿产局由原市计委管理划归市政府办管理。

9月24日 矿业秩序整顿工作会议在冷水滩召开，市政府副秘书长胡建瑞主持，市人大常委会主任郑邦淳，市委常委、常务副市长蒋桃生到会讲话。

11月29日 省地质矿产厅副厅长黄永南等3人到市地质矿产局检查矿产资源补偿费征收及局办公楼筹建工作。

12月19—27日 全市按照省国土资源厅要求，组织力量对13个县（区、场）的非农业建设用地清查工作进行验收。

1998年

2月25—26日 全市地矿工作会议召开，市地质矿产局局长彭峰传达贯彻市委经济工作会议和省地矿局局长会议精神，安排部署全市1998年地矿工作，副市长刘新普到会讲话。

5月30—31日 国土资源部地质环境司司长李烈荣、省地质矿产厅副厅长张攀华等9人在市委副书记曾昭熏、助理巡视员曾斌、市地质矿产局局长彭峰等人的陪同下，到双牌县城北唐家岭山体察看滑坡现场，并制定由国家投资350万元的治理方案，由省地质勘探局四〇九队组织施工。

9月18日 永州市矿业清理整顿工作领导小组成立，副市长刘新普任组长，市政府副秘书长胡建瑞、市政法委副书记肖斌、市地质矿产局局长彭峰任副组长。办公室设市地质矿产局，桂昭明兼任办公室主任。

9月21日 市委常委、常务副市长蒋桃生在全市矿业秩序清理整顿电话会议上讲话，安排部署全市矿业秩序清理整顿工作。

10月5日 永州市造地公司组建，为独立核算预算外企业，归口市国土管理局管理。

1999年

3月4日 市造地公司加挂“永州市土地治理中心”牌子，两块牌子、一套人马、合署办公，承担土地治理业务。

3月23—27日 全市举办创建“土地执法模范县”活动学习班，并组织参加培训的人员赴衡南、衡山县参观学习。

5月 永州市完成土地利用总体规划修编、报批工作，12月通过省级验收。

7月11日 《永州市测绘管理办法（试行）》颁布实施，市国土管理局测绘管理科联合有关执法部门开展测绘执法检查。

2000年

1月18日 市政府印发《永州市土地利用总体规划（1997—2010）》。

3月24日 永州市人民政府征地拆迁管理办公室成立，设在市国土管理局。

4月10日 市政府下发《永州市人民政府办公室关于对城市规划区非农业建设用地进行清查的通知》。

6月25日 全市购买、发放《湖南省实施〈中华人民共和国土地管理法〉办法》单行本5000本，张贴宣传挂图3000张，散发宣传资料8万份。新田县国土管理局翻印《湖南省实施〈中华人民共和国土地管理法〉办法》《基本农田保护条例》5万份，发放到村、组。

12月底 完成对全市建设用地“GPS”点登记造册、普查建档各项工作。完成56个项目测绘，面积1.1万亩。

2001年

5月28日 全市耕地保护工作会议召开。市委常委、常务副市长蒋桃生，市人大常委会副主任吕芳村到会讲话。

7月27日 省国土资源厅印发《关于集中开展土地市场清理整顿的通知》。

11月21日 市委印发《中共永州市委 永州市人民政府关于永州市城市规划区集中开展土地市场清理整顿的通知》。

12月1日 市政府印发《永州市人民政府印发〈永州市城市规划区土地市场清理整顿若干问题的处理办法〉的通知》。

10月 永州市委、市政府印发《永州市机构改革方案的实施意见》，明确不再保留永州市国土管理局、永州市地质矿产局，合并组建永州市国土资源局。

2002年

2月25日 永州市土地执法监察大队更名为永州市国土资源执法监察支队，为副处级全额拨款事业单位。

3月8日 永州市土地储备中心设立，为正科级全额拨款事业单位，归口市国土资源局管理。

3月 根据《湖南省人民政府办公厅转发省国土资源厅等单位关于整顿和规范地图市场秩序实施方案的通知》，市整顿和规范地图市场秩序工作领导小组成立，开展地图市场清理整顿工作。

4月5日 市政府印发《永州市城市规划区土地管理暂行规定》。

9月 县（区）土地开发整理规划全部通过市评审验收。10月底，永州市及县（区）土地开发整理规划在全省第一个通过专家小组评审验收。

2003年

6月2日 市政府颁布《永州市征地拆迁补偿安置办法》。

2004年

5月 市政府印发《永州市人民政府关于进一步规范矿业权有偿出让维护矿产资源管理秩序的通知》，从6月1日起，全市矿业权出让全部实行“招拍挂”。

11月22日 市政府印发《永州市人民政府关于国土资源管理体制改革的实施意见》，明确市国土资源局国土资源行政管理体制。

11月23日 全市国土资源体制改革工作会议召开，副市长刘新普到会讲话。

11月底 完成土地登记发证测绘230宗，测绘土地面积680公顷；完成2个土地开发整理项目勘测，测绘面积500公顷；完成公路带状地形图160公里，水电勘测2处；完成1∶1000城区地图测量2平方公里。

2005年

7月7日 市国土资源局转发省国土资源厅文件《关于协助做好安全生产法实施情况检查工作的通知》，要求各县（区、场）结合工作实际，贯彻执行。

8月16日 永州市土地开发整理中心成立，为市国土资源局下属全额拨款事业单位。2007年6月18日，省编办复函，同意永州市土地开发整理中心为永州市国土资源局管理的副处级事业机构。

11月18日 市国土资源局转发《国务院办公厅转发发展改革委等部门〈关于加强钨锡锑行业管理意见的通知〉》和省国土资源厅《关于加强钨锡锑资源开发管理的通知》，要求各县（区、场）贯彻落实。

12月26日 市政府印发《永州市人民政府关于开展全面整顿和规范矿产资源开发秩序的通知》，要求各县（区）成立相应的领导小组和工作机构，负责本行政区域整顿和规范矿产资源开发秩序工作。

2006年

5月11日 市政府办印发《关于调整冷水滩区国土资源管理体制的通知》，明确调整冷水滩区国土资源管理体制，永州市国土资源局冷水滩分局及其所属的乡镇国土资源所和国土资源执法监察大队、土地开发整理中心、矿产资源补偿费征收所、征地拆迁事务所、地产交易中心的人、财、物、事，成建制上收到市国土资源局，其上收行政编制8名，上收实有在职人员135人。永州市国土资源局冷水滩分局为市国土资源局的派出机构，负责冷水滩区城市规划区外的土地、矿产、测绘工作。

9月 洛湛铁路永州境内长221公里，途经6个县（区），25个乡镇，完成征地1.1万亩，拆迁房屋18.7万平方米，全部按时拨付征地拆迁补偿款计2.2亿元。

10月 二广高速公路永州境内长78公里，途经3个县（区），12个乡镇，完成征地8000亩，拆迁房屋9.6万平方米，全部按时拨付征地拆迁补偿款计1.8亿元。

2007年

2月16日 永州市国土资源系统举办第47个地球日书画摄影作品展。

4月8—11日 国家土地督察武汉局副专员邓太火一行到永州验收土地例行督察整改工作情况。

8月29日 省国土资源厅党组成员、纪检组组长郭秀宏到该厅驻点村新田县知市坪乡龙溪村访贫问苦。

12月5日 建市后第一次耕地保护暨土地开发整理工作会议召开，市政府印发《县（区）人民政府、管理区土地管理和耕地保护责任目标考核办法》，将土地管理和耕地保护纳入县（区）政府主要负责人工作业绩考核内容。

2008年

2月20日 市政府印发《永州市人民政府关于做好第二次土地调查工作的通知》。22日，市政府办印发《永州市第二次土地调查实施方案》。

2月26日 省政府印发《湖南省人民政府关于表彰2007年度全省耕地保护责任目标管理与维护矿产资源管理秩序先进单位和达标单位的通报》，永州市人民政府为达标单位。

3月31日 全市国土资源工作暨第二次土地调查动员会议召开，副市长荣燕明到会讲话。

5月26日 省委副书记、省长周强深入道县考察土地开发整理工作。

6月13日 全市遭受特大洪涝灾害，国土部门排查险情170处，安全转移群众3600人，临时转移群众1.2万人，没有出现尾矿库坝垮塌，没有出现因地质灾害造成的人员伤亡事故。

6月17日 省委书记张春贤在市委书记黄天锡等省、市领导陪同下，考察双牌县山洪地质灾害预警预报工作。

6月26日 市政府办明电《永州市人民政府办公室关于做好当前地质灾害防范工作的通知》，并印发《永州市2008年地质灾害防治方案》。

10月13日 根据省国土资源厅办公室《转发国土资源部办公室关于开展2008年度土地变更调查工作的通知》，市国土资源局转发《湖南省国土资源厅关于开展2008年度土地变更调查工作的通知》。

2009年

2月25日 省委常委、副省长徐宪平在省、市领导陪同下深入道县工业园考察。

2月 全市召开永州地区找矿座谈会，确立“三纵四横”的找矿框架。

3月14日 国土资源部副部长王世元在省、市领导陪同下深入新田县调研扶贫工作。

5月26日 国土资源部扶贫领导小组副组长、人力资源中心主任纪树建到新田县三井乡谈文溪检查、指导产业发展和新农村建设工作。

9月 永州市国土资源局新办公楼投入使用。

11月18日 市矿产事务所加挂矿产资源储量评审中心牌子。

12月22日 永州市地产交易中心更名为永州市国土资源交易中心。

2010年

2月4—5日 国土资源部副部长王世元在省人大常委会副主任蔡力峰等省、市领导陪同下深入新田县考察扶贫工作，并出席国土资源部新田刀疤岩地下水开发利用示范项目奠基仪式。

3月 《永州市矿业资源开发整合实施方案》报省政府批准，并组织实施。通过整合，减少省级发证矿业权3个，解决遗留问题1个，减少县级发证26个。

6月19日 省委书记张春贤到道县祥霖铺镇看望受灾群众。

6月26日 省委副书记、代省长徐守盛，省政府秘书长盛茂林等领导深入双牌县茶林乡全药村山洪灾害现场察看灾情，并指导灾后重建工作。

8月19日 中国共产党永州市国土资源局直属机关第二次代表大会召开。

2011年

3月30日 省国土资源厅党组成员、总工程师彭悦带领地质勘探单位专家到永州市考察指导地质勘查工作。

4月14日 市政府办印发《永州市国土资源局主要职责内设机构和人员编制规定的通知》，明确永州市国土资源局为市政府工作部门，市国土资源局对县级政府（管理区）国土资源部门进行干部管理。

5月28日 国土资源部党组书记、部长、国家土地总督察徐绍史在副省长韩永文、省国土资源厅厅长方先知等省、市领导陪同下深入江华河路口镇稀土矿区实地考察调研。

7月 市政府印发《关于加强耕地保护严禁非法占用耕地的通知》，从组织领导、工作制度、案件查处、失职渎职、责任追究等方面，进一步明确各级政府的责任。

8月10日 省国土资源厅组织59名全国知名专家深入现场论证道县祥林铺钨矿，初步估算白钨矿远景资源储量达16万吨，潜在经济价值350亿元。

8月31日 省国土资源厅党组副书记、副厅长颜学毛到新田县新圩镇三占塘村走访慰问困难群众。

11月15日 省国土资源厅党组成员、副厅长厉坤出席涔天河水库扩建工程奠基仪式。

11月22日 省国土资源厅党组成员、副厅长胡进安带领调研组一行到新田县看望该厅驻新圩镇三占塘村工作组成员，并调研指导扶贫工作。

11月29日 省国土资源厅党组成员、执法监察总队长范荣华一行到宁远县指导工作。

12月1日 省国土资源厅党组成员、纪检组组长易显奇到该厅对口扶贫点新田县新圩镇三占塘村指导建整扶贫工作。

12月21日 国土资源部地籍管理司司长朱留华到新田县调研。

2012年

2月20日 市政府办印发《永州市2011年度土地矿产卫片执法检查工作方案》。

3月28日 省农业开发办主任李丙力在副市长舒平陪同下到新田县新圩镇三占塘村调研硒锶产业开发工作。

3月31日 市政府印发《永州市人民政府关于在中心城市规划区范围内严厉打击违法违规用地和违法建设等违法行为的通告》。

4月23日 永州市国土资源局凤凰园分局设立，为市国土资源局的正科级派出机构。

5月15日 省政协副主席、省国土资源厅副厅长杨维刚和市委书记张硕辅出席省国土资源厅与永州市人民政府数字永州地理空间框架建设共建共享合作协议签约仪式。

5月23日 省委农村工作部部长、省农业开发办主任刘宗林深入省国土资源厅驻新田县扶贫点新圩镇三占塘村调研。

7月8日 省委书记徐守盛在省、市领导陪同下到江华海螺水泥施工现场考察。

7月25日 全市农村集体土地确权登记发证工作会议召开。

8月2日 市政府办印发《永州市农村集体土地确权登记发证工作实施方案》。

8月4日 省国土资源厅党组书记、厅长方先知到新田县新圩镇三占塘村考察硒锶产业园。

8月15日 省委常委、纪委书记黄建国在市委书记张硕辅陪同下，到市国土资源局指导廉政文化进机关建设和网上招拍挂工作。

9月3日 永州市矿业投资中心设立（与市矿业公司实行两块牌子，合署办公），为市国土资源局的正科级全额拨款事业单位。

12月7日 市政府办印发《永州市地质灾害应急预案》。2007年6月28日印发的《永州市地质灾害应急预案》同时废止。

2013年

4月10日 市委书记陈文浩带领市、县相关部门领导到江华稀土分离厂指导工作。

6月13日 市委书记陈文浩，市委常委、副市长蒋善生到市国土资源局调研。

12月10日 省国土资源厅党组成员、副厅长厉坤在市国土资源局局长黄海淞陪同下到新田县社下洞村查看找水项目情况。

12月18日 市委、市政府为迅速做大做强市级投融资公司，对已有市级投融资公司进行整合重组，将归口市国土资源局的永州市矿业投资中心移交给市城投集团管理。

12月31日 南津渡国土所加挂的“永州市国土资源信息中心”牌子，更名为“永州市基础地理信息中心”。

12 月 31 日 市政府印发《永州市集体土地上房屋征收与补偿安置办法》，共25 条，自 2014 年 1 月 1 日起施行。

2014 年

1 月 24 日 市政府颁发《永州市国有土地上房屋征收与补偿实施办法》，共 6 章，56 条。

1 月 28 日 市国土资源局召开安全生产专题会议。

2 月 17 日 省政协副主席、省国土资源厅副厅长杨维刚一行考察新田县国土资源部和省国土资源厅的扶贫联系点。

4 月 16 日 全市土地储备监管系统信息员培训班举办。

5 月 13 日 省委副书记、省长杜家毫到中国五矿江华稀土开发现场调研。

5 月 16 日 市政府常务会议和 5 月 28 日市委常委会对批而未供和闲置土地清理进行专题研究。6 月 3 日，市政府印发《永州市批而未供和闲置土地清理处置实施方案》和《关于清理处置闲置土地的通告》，全市启动批而未供和闲置土地清理处置专项工作。

5 月 23 日 市国土资源局印发《关于落实 2014 年度开发区土地集约利用评价工作的通知》，各开发区按计划组织实施。

7 月 9 日 启动全市基准地价体系更新。

8 月 30 日至 12 月 20 日 市委、市政府确定的重点解决中心城区 103 个住宅小区“两证”办理遗留问题，涉及住房 5.05 万套，办理土地分户证 4.98 万套。

9 月 5 日 市征地拆迁事务所更名为永州市人民政府征地管理办公室。

9 月 22 日 市国土资源局与市安监局联合印发《永州市非煤矿山“六打六治”打非治违专项行动工作方案》。

9 月 26 日 数字永州地理空间框架建设项目成果发布应用推广暨第一次地理国情普查动员会议和《永州市湘江流域禁止开采区和限制开采区设置及矿业权退出方案》评审会议召开。省国土资源厅党组成员、副厅长金勇章出席，并与市政府领导共同开启“永州市地理信息公共服务平台”及“天地图·永州”。

10 月 永州市土地管理委员会成立。市委书记陈文浩任顾问，市委副书记、市长向曙光任主任。

2015 年

1 月 1 日 市政府印发《永州市国土资源管理规定（试行）》。该规定共 10 章289 条，对土地管理、测绘行政管理、地质环境管理、执法监察等国土资源管理工作进行全面规范。

2月28日 市国土资源局印发《永州市国土资源局2015年矿业秩序专项整治实施方案》。

4月23日 省国土资源厅党组书记、厅长方先知深入双牌县茶林中学地质灾害点巡查。

9月6日 省国土资源厅党组成员、副厅长金勇章到永州市调研测绘地理信息工作。

11月2日 永州市不动产统一登记工作领导小组成立，市委副书记、市长易佳良任组长。

2016年

3月25日 《永州市测绘地理信息“十三五”规划》在全省首个通过评审，经市政府批准实施。“天地图·永州”建设项目成功实现与国家“天地图”对接。

3月29日 省国土资源厅党组副书记、副厅长颜学毛率省国土资源厅财务处、不动产登记处、省不动产登记中心相关负责人到永州督导不动产登记工作，并召开座谈会。

3月31日 《中国国土资源报》头版头条推介《闲置土地处置的“永州样本”》。

4月23日 市政府办公室印发《永州市矿产资源有偿使用管理办法（试行）》。

6月30日 市委副书记、市长易佳良出席全市不动产统一登记首证颁发仪式，并颁发第一本不动产证。

8月16日 市委、市政府印发《关于进一步加强国有建设用地供应监管工作的实施意见》，进一步规范项目招商引资、土地供应和供后监管工作。

8月20日 市国土资源局志愿者服务队参加2016永州市“全民爱心大联盟”暨“爱心圆梦”慈善助学活动启动仪式。

11月 蒋良铁任永州市国土资源局党组书记。

2017年

2月 蒋良铁任永州市国土资源局党组书记、局长。

4月19日 市政府印发《永州市矿山地质环境保护和土地复垦办法》。

5月20日 “数字永州”基础地理数据通过市电子政务办“智慧城市”实现市、县共享。国土资源业务网在全市178个乡镇国土所联通。

6月15日 省国土资源厅党组副书记、副厅长颜学毛一行深入永州市政务中心，调研不动产登记工作。

8月2日 全省农村土地承包经营权确权登记颁证成果验收和数据库成果汇交培训班在道县、宁远县举行，并把道县、宁远县确定为全省确权登记颁证数据汇交模板。

8月 全市11个县（区）2个管理区的186个乡镇、3548个村、124万户完成权属调查、外业测绘、审核公示等内外业工作，实测承包地块888万块，面积33万公顷，有11个县（区）向省确权办提交基本完成报告，在全省排名第一位。

8月 全市房产登记档案全部移交到市不动产登记中心，发证6.6万本、开具证明4.5万份。

12月19日 全市地理国情地图集编制工作完成。市国土资源规划设计测绘院通过ISO9001质量管理体系认证，组建零陵分院、永南分院，归口管理永州市国土资源局冷水滩分局测绘队，添置无人机、深度测绘仪等智能设备。

2018年

8月31日 市国土资源局驻村帮扶工作被湖南经济电视台宣传推介，在全省自然资源系统绩效考核中获得第二名。

9月13日 省国土资源厅总规划师申志军率湖南省空间规划编制工作调研组一行到永州调研，并组织召开专题调研座谈会。市政府副秘书长李黎武，市国土资源局、市发改委、市环保局、市住建局和道县人民政府负责人参加座谈会。

9月28日 宁远九嶷山获批省级地质公园。

10月10日 市政府办印发《永州市第三次国土调查工作方案》。

10月 零陵锰矿区生态修复工程入围全国第三批山水林田湖草生态保护修复工程，获批资金5.54亿元。永州市国土资源志配合开展中央环保督察反馈问题整改和“绿盾2018”专项行动，全市334家不合规黏土砖厂、自然保护区和湘江流域内54个采矿权全部按要求整改到位。

10月 全市耕地保有量和基本农田保护面积不减少的目标任务全面完成，连续19年实现耕地占补平衡。全市实施土地开发项目65个、面积2790公顷，新增耕地2353公顷。

第一篇

土地管理

第一章　土地资源

第一节　境域

永州市建置历史悠久，远在石器时代晚期，今零陵区黄田铺尚保存的人类遗址——石棚，距今约两万年。古舜帝受禅为部落联盟首领，封其弟象于有庳（今双牌县江村一带），后舜帝南巡，崩于苍梧之野，葬于江南九嶷，是为零陵而得名。

秦始皇二十六年（前221年）设长沙郡，置零陵县；西汉武帝（前111年）置零陵郡；东汉光武帝（前25年）置零陵郡治于泉陵（今永州市北郊）。自此历代建制分合频繁，“零陵”“永州”两建置名一直沿用。明清时期地域与今市辖区域大致相似，设永州府，辖道州、零陵、东安、祁阳、永明、宁远、江华、新田1州7县。1949年10月，设立永州专区，辖零陵、祁阳、东安、道县、宁远、新田、江华、永明8县；1952年将衡阳、零陵、郴州合并设湘南行政区；1962年恢复设零陵专区。1995年11月撤区设立地级永州市，辖冷水滩区、芝山区（现零陵区）、祁阳县、东安县、道县、双牌县、江永县、江华瑶族自治县、宁远县、新田县、蓝山县、金洞林场、回龙圩农场2区9县2场（管理区）。

第二节　土地资源环境

一、地貌

永州位于中国第二阶梯云贵高原向第三阶梯江南丘陵倾降的交接地带，又是南岭山地向洞庭湖平原过渡的初始地段。五岭（又称南岭）中的越城岭、都庞岭、萌渚岭呈东西、南北向环绕穿插，三大山系围夹零祁盆地、道江盆地呈向东北开口倾降的“山”字形地貌轮廓。市域西北的越城岭及其余脉舜皇山、牛头寨山、四明山等矗立在永邵边境，构筑成市域西北的高山屏障；都庞岭呈南北向虎踞西部湘桂边陲，其支脉紫金山、阳明山横卧市域中部广阔地域，山峰蜿蜒达200余公里，将市区分割成南、北两个半封闭型天然丘岗盆地；萌渚岭屹立在市域南疆，既是湘、桂、粤三省的自然岭界，又是长江水系与珠江水系的天然分水岭。市域最高点在都庞岭峰顶韭菜岭，海拔2009.3米。其中1200米以上的山峰有金字岭、九狮岭、癞子岭等750多座，山高坡陡谷深，山体切割强烈，切割深一般为300~700米，最深达800~1100米。坡度一般为25°~45°，形成了以山地为主体，丘岗、平地俱全的地貌类型。湘江河谷祁阳唐家岭的九州，海拔63米，是全市最低点。市域中山、中低山、低山面积11044.53平方公里，占总面积49.45%。永州市以山地为主，三山围夹两盆地的地形地貌，影响并形成全市土地利用地域性和地带性差异明显的状况。西北、西中、南部山地区是以林、牧业为主的地区，土地面积1.11万平方公里，占土地总面积63.96%；北部零祁、南部道江两盆地中，主要是以丘岗、溪谷冲积平地为主，土地开阔平坦，耕地集中连片，是粮食、经济作物及果菜茶产区。

二、气候

永州市属中亚热带大陆季风湿润气候，既有温光丰富的大陆性气候特色，又有雨水丰沛、空气湿润的海洋性气候特色。冬半年受西伯利亚干冷空气影响，气候寒冷干燥，秋冬降雨较少；夏半年受东南海洋副热带高压控制，气候温暖湿润，春夏雨水多，冬冷夏热，年温差较大。

（一）热量

全市累年（累年值为1981—2010年累年统计，以下同）平均气温为18.3℃，各县（区）在17.9℃~18.8℃，最高（极值，1950—2015年，以下同）是道县、江华的18.8℃，次高是宁远的18.6℃；最低（极值，截至2015年，以下同）是双牌的17.9℃，次低是零陵、蓝山的18.0℃。南部高于北部，盆地高于山区。历年平均气温最高出现在1998年道县、2007年和2013年祁阳的19.6℃，最低出现在1984年江华水口的16.7℃。

全市日平均气温稳定≥10℃时段是从3月中旬开始，到11月底止，南北有差异，累年平均江华、宁远从3月16日、3月18日开始，零陵、双牌则从3月23日、3月21日开始，双牌、蓝山在11月25日终止，道县则12月2日终止。日平均气温稳定≥10℃时段长达250天左右，全市累年平均为254天，最长为江华261天，最短为蓝山249天。其间积温为5600℃~6000℃，全市累年平均为5764℃，最多在道县为5918℃，最少在双牌为5601℃，相差317℃。其间，日照时数为1000~

1400小时，全市累年平均为1215小时，最多为江华1388小时，最少为双牌1069小时。全市严寒期短，冰雪少见；大部分年份没有连续5天或以上日平均气温≤0℃表征严寒期，各地累年平均只有1~2天日平均气温≤0℃的严寒天气，少数年份出现5~10天严寒期。各地降雪日数甚少，全市累年平均为5.1天，北部县（区）为8天，江永、江华只3天；年最多降雪日数零陵、双牌出现20天，南部略少，江华仅8天。各地冰冻日数更少，全市累年平均冰冻日为2.6天，零陵、双牌为4天，江永只有2天。最冷月全市累年1月平均气温为6.7℃，南部高于北部，道县、江华累年1月平均气温为7.4℃，零陵累年1月平均气温为6.1℃，南北相差1.3℃。零陵1977年1月平均气温出现1.5℃。冬季是一年极端最低气温出现的时段，常年极端最低气温在0℃以下，气象记录中极端最低气温祁阳1977年1月30日出现-8.4℃，江永1999年12月23日出现-7.7℃。全市常年7月上旬到8月中旬平均气温大于28℃，夏热期长达40天左右。全市日最高气温≥35℃的高温天气累年平均为24.2天，祁阳1998年7—8月出现47天高温天气，宁远1998年7月27日至8月27日出现连续32天高温天气。最热月全市累年7月平均气温为28.7℃，北部高于南部，祁阳累年7月平均气温为29.8℃，江永累年7月平均气温为27.7℃，南北相差2.1℃；2003年7月平均气温出现32.4℃。夏季是一年极端最高气温出现的时段，极端最高气温在36℃~38℃以上，有的年份最高可达40℃以上，气象记录最高为零陵1951年8月7日的43.7℃，其次为祁阳2003年8月3日的41.7℃。

（二）光能

永州市太阳总辐射年总量累年平均为4013.7小时，92.9%的年份太阳总辐射年总量在3780.0小时以上，太阳能资源丰富。永州市累年平均年日照时数为1467.2小时，最多在江华为1658.9小时，最少在双牌为1316.0小时，属日照较丰富区；历年日照时数最多在1963年零陵出现2172.4小时，最少在2015年江永出现835.2小时；夏秋较多，冬春较少，累年7月、8月平均日照时数分别为229.7、197.9小时，累年2月、3月平均日照时数分别为49.3、57.7小时，不足60小时。

累年平均年日照百分率为33%，最高在江华为37%，2003年江华日照百分率为43%；最低在蓝山、双牌为29%，2015年蓝山日照百分率为22%。永州市日照百分率≥60%日数90~130天，累年平均最多在江华为124.4天，最少在双牌为94.1天；日照百分率<20%日数为160~200天，累年平均最多在双牌为190.6天，最少在江华为157.6天。日照百分率夏秋大于冬春，7月、8月最大，2月、3月最小。累年7月、8月平均日照百分率分别为55%、50%，累年2月、3月平均日照百分率均为16%。

（三）雨量

全市累年平均降水量为1438.1毫米，蓝山最多为1595.4毫米，冷水滩最少为1302.0毫米。全市各县（区）大部分年份降水量为1100~1800毫米，南部多于北部，山区多于平丘；年降水量最多是2002年蓝山的2376.7毫米，年降水量最少是2011年双牌的813.3毫米。

永州降水量年际变化大，蓝山2002年降雨量2376.7毫米，2003年降雨量1138.8毫米，相差一倍多；新田2002年降雨量2311.2毫米，2011年降雨量仅892.0毫米，相差1419.2毫米，最少年还不到最多年的40%。

永州每年降水主要集中在春夏两季，累年3—8月平均降雨量为1016.6毫米，约占年总雨量的70%，秋冬两季（9—2月）占30%。尤以春夏之交4—6月降水最多，累年4—6月平均降雨量为601.7毫米，占全年总量的41.8%，具有明显的“五月峰（“五月”成为一年中降雨最多的月份）”特点。雨季一般开始于3月中下旬，结束于6月底7月初。降水的分布和强度直接影响到旱涝分布，降水集中造成洪涝，降水稀少造成干旱。4—8月是全年多雨期，其间，都有可能出现强降水过程，造成洪涝灾害，尤以主汛期4—6月降水最为集中，全市多数年份在春夏之交有洪涝出现。相反，雨季结束后的夏秋季节里，多数年份由于副热带高压的控制，气温高，降水少，蒸发大，造成境内的夏秋干旱。境内降水前多后少的分布造成前涝后旱，是永州市降水分布的主要特征。

三、水文

（一）地表水

全市地表水资源大致分为两个集水区。（1）长江流域洞庭湖水系，集水面积2.16万平方公里，占全市集水面积的96.5%；（2）珠江流域，集水面积765平方公里，占全市集水面积的3.5%。据1992—2015年实测径流资料，全市多年平均降雨量1513毫米，总降水量336.7亿立方米。地表水径流年均218.5亿立方米，本地自产水加从广西、广东和郴州市外来客水76.6亿立方米，全市年地表水资源总量295.1亿立方米。市域有大小河流733条，总长10515公里。河长≥5公里的有651条，其中50~100公里26条；100~500公里7条。按流域面积分：11~100平方公里568条；101~1000平方公里68条；1001~5000平方公里9条；大于5000平方公里3条。全市主要河流有以下9条。

湘江 又名湘水，发源于湖南省蓝山县紫良瑶族乡紫良工区，流经永州市蓝山县、江华瑶族自治县、道县、双牌县、零陵区，汇集大锡河、岭东河、西河、蚣坝河、永明河、宜江、宁远河、桴江、贤水，于永州市零陵区蘋岛会湘江西源后水量大增。再纳芦洪江、石溪江、祁水和白水等较大支流，在祁阳县黄泥塘镇九洲村流出永州市进入衡阳市常宁县，最后在湖南省湘阴县城西镇浩河口村注入洞庭湖。河流全长948公里，河流平均坡降0.189‰，流域面积9.47万平方公里。其中在永州市境内河长515公里，占总长的54.3%，流域面积2.44万平方公里，占总面积22.6%，多年平均出境流量为656米^3/秒。湘江老埠头站实测最大流量为14700米^3/秒，出现日期为1976年7月10日；最小流量11.7米^3/秒，出现日期为2007年11月21日。

湘江西源，又名海洋河，发源于广西壮族自治区兴安县白石乡白竹村，流至广西全州县汇入灌阳河和万乡河，于广西全州县庙头乡流入湖南永州市东安县。在永州市境内先后流经东安县、零陵区。汇集紫水河、石期河、大河坝，在永州市零陵区蘋岛与湘江相会。河流全长262公里，平均坡降为0.647‰，流域总面积9208平方公里，多年平均流量309立方米/秒。湘江西源在永州市境内河长62公里，流域面积2263平方公里。

潇水 属永州市境内河流，是湘江上游段，因其两岸树木葱绿，水流清澈幽深，故名潇水。其发源于蓝山县野狗岭南麓，流经蓝山县、江华县、江永县、宁远县、道县、双牌县、零陵区到零陵蘋岛与湘江西源汇流，干流长354公里，流域面积1.21万平方公里，多年平均流量345米^3/秒，多年平均径流量108.8亿立方米。潇水河网密布，河长在5公里以上的大小支流共308条，一级支流流域面积大于300平方公里的有9条；其出口多年平均径流总量104亿立方米。潇水流域地势南高北低，自南向北，在江华涔天河以上为上游，均是高山峻岭，属萌渚岭变质岩、花岗岩中山地貌区，河道狭窄，河宽50~150米，水流湍急；涔天河至双牌县为中游，河道行径在道江盆地和阳明山系之间，该河段溶蚀洼地，谷地、岩溶丘岗地较多，沿河尚有拐子昂至江村、镰刀湾至双牌两段高山峡谷；双牌县至零陵区河口为下游，沿河为较高的冲积台地。潇水流域沿河已修建蓄水1亿立方米以上大型水库两座（双牌水库、涔天河水库）；蓄水1000万立方米以上的中型水库21座。潇水的水资源为永州市的生产、生活、发电、航运、泄洪提供强有力的保证。

紫水河 又名紫溪河，属湘江西源一级支流，是湘江西源进入永州市后的第一大支流，发源于湖南省东安县大庙口林场，流经湖南省东安县大庙口镇、紫溪市镇、白牙市镇、井头圩镇、大江口乡，先后汇集杨江、靖位江、龙溪河、宥江，于湖南省东安县大江口乡大江口村汇入湘江西源。河流全长77公里，平均坡降4.09‰，流域面积1012平方公里，多年平均流量25.2米^3/秒。河床上游为岩板、大卵石，中下游为砂卵石组成，河宽50~80米，滩坝较多；两岸上游系高山峡谷，中、下游为丘陵地带。

芦洪江 属湘江一级支流，发源于湖南省邵阳县河伯岭林场企坪工区，流经湖南省邵阳县、东安县、冷水滩区，先后汇集龙井水、龙河水、西涧河、南涧河、石坝水、水汲江，于湖南省冷水滩区上岭桥镇枫木塘村汇入湘江。河流全长 83 公里，平均坡降 2.58‰，流域面积 1067 平方公里，多年平均流量 21.9 米^3/秒。

祁水 属湘江一级支流，发源于湖南省四明山东侧九塘坳，流向自北向南，流经湖南省祁东县、邵阳县和祁阳县，先后汇集曹家祠河、杨家洲河、双江口河、车壁塘河、燕子岩河，于湖南省祁阳县浯溪镇塔边村汇入湘江。河流全长 126 公里，平均坡降 1.20‰，流域面积 1683 平方公里，多年平均流量 30.8 米^3/秒。祁水在永州市境内河长 67.2 公里，流域面积 568 平方公里。

白水 属湘江一级支流，发源于湖南省桂阳县白水乡清溪村，流经湖南省桂阳县、常宁市、祁阳县，先后汇集猛江河、大黄溪河、昌木套河、黄花河，于湖南省祁阳县白水镇汇入湘江。河流全长 109 公里，平均坡降 2.75‰，流域总面积 1815 平方公里，多年平均流量 56.4 米^3/秒。白水在永州市境内河长 78 公里，流域面积 1071 平方公里。

永明河 属湘江一级支流，发源于湖南省江永县桃川镇大畔分场，流经湖南省江永县、道县，先后汇集油田河、大远河、马河、龙田河、洞尾河、祥林铺河，于湖南省道县祥林铺镇分江头村汇入湘江。河流全长 80 公里，平均坡降 2.56‰，流域面积 1219 平方公里，多年平均流量 39.8 米^3/秒。

宁远河 属湘江一级支流，宁远河介于阳明山系与九嶷山系之间，地势北、东、南三面高山环绕，流域地貌高山地带多为喀斯特地形，中部丘岗盆地多为黄壤、红色石灰土、黑色石灰土和沙壤土，是湘江最大的一级支流，发源于阳明山南麓，流经宁远的清水桥、仁和坝、保和、道县油湘，至青口流入湘江，全长 113 公里，坡降 2.5‰，流域面积 2606 平方公里，多年平均流量 68.4 米^3/秒，多年平均径流量 21.6 亿立方米，每平方公里年产水量 82.9 万立方米。流域内 5 公里以上支流 78 条，其中西春水、九嶷河、泠江 3 条支流最大。

新田河 属春陵水一级支流，湘江二级支流，发源于湖南省新田县金陵镇千马坪村林坑坳，流经湖南新田县、桂阳县，先后汇集日西河、油麻岭河、大圩塘河、石羊河、车溪河，于永州市新田县新隆镇马鞍坪流出永州市进入郴州市桂阳县，最后在湖南省郴州市桂阳县飞仙镇新窑村汇入春陵水。其地势西北高，东南低，河道上游为中低山地，植被覆盖一般，有肥源、金陵两座中型水库，中下游为丘岗平地，地势逐渐开阔，河宽 40~60 米。河流全长 82 公里，平均坡降 2.23‰，流域面积 1678 平方公里，多年平均流量 43.0 米^3/秒，多年平均径流量 13.6 亿立方米。新田河在湖南省永州市境内河长 75.5 公里，流域面积 982 平方公里，多年平均出境流量为 42.5 米^3/秒。

（二）地下水

市域内地下水分为 3 种类型。

地表松散岩层孔隙水　主要分布于湘江及其主要支流河漫滩和一级阶地中，含水层为泥沙层及砂卵砾石层。厚度 3~5 米。该含水层受外界气候、降水因素影响大，蓄水量年际变化明显。

山地基岩裂隙水　主要为碎屑岩裂隙水，浅变质岩风化构造节理裂隙水、岩浆岩风化孔隙裂隙水。主要分布在三大山系及其余脉阳明山、紫金山、四明山、九嶷山、姑婆山、韭菜岭等中山、中低山地区。岩石风化及构造节理裂隙发育，风化厚度 10~30 米，其含水层构造节理、裂隙、孔隙赋存基岩矿泉水，水质好，含多种矿物质及丰富微量元素，蓄水量大，是市区溪河地表水系主要的供补水源。

碳酸盐岩溶裂隙、溶洞水　市区石灰岩分布较广，出露面积占全市石灰岩总面积的 42.8%，岩石构造裂隙发育，溶洞、漏斗、洼地、地下暗河常见，有较大的富水构造 12 个，较大的地下河 199 条，枯季总水量 6.83 亿立方米/年。岩溶泉 1425 个，年产水量 2.99 亿立方米；大于 5 升/秒的岩溶大泉 356 个，年产水量 3 亿立方米。岩溶水是市域地下水资源主要类型，占总排泄量 80%，量大而埋藏不深，是农田浇灌和人畜饮用水源之一。

永州市域全为山丘区，多年平均年地下水径流模数大于 25 万米^3/平方公里的地区，主要在潇水上游；多年平均年地下水径流模数小于 15 万米^3/平方公里的地区，主要是衡邵丘陵区；以祁水黎家坪水文站以上多年平均地下水径流模数 8.74 万米^3/平方公里为最小。其他大部分地区多年平均年地下水径流模数为 15 万~25 万米^3/平方公里。

四、土壤及成土母岩

（一）土壤类型

土地资源最细微而又具体的地域差异即是土壤的差异，土壤发育于一定的自然环境，它主要反映成土过程的特点和理化性状。永州市地处南岭山脉北麓，由于受山地气候地貌形态的影响和制约，使全市土壤呈垂直地带性和地域性分布规律。依据湖南省第二次土壤普查技术规程，1984 年永州市第二次土壤普查成果资料显示，全市土壤类型划分为地带性土、岩成土、泛域土三大土纲，10 个土类，82 个土属，223 个土种，331 个变种。

地带性土 面积2058.23万亩。(1) 红壤。主要分布在700米以下的低山、丘岗地带，面积1500.27万亩。红壤是在火热的季风湿润气候条件下，灰岩、砂泥岩等成土母岩母质中长石、方解石等原生矿物分解，硅、盐基遭受淋失，铁、铝氧化物及黏粒聚集，游离铁脱水形成赤铁砂（Fe_2O_3）而呈红色，土壤呈酸性，生产适种作物广。(2) 山地黄壤。主要分布在700~1000米的中山地域，面积389.18万亩。砂泥岩、板页岩等母岩在红土化过程中处于中山地温湿的气候，氧化铁被水化而形成多水氧化铁和褐铁矿，使土体呈黄色。山地黄壤呈酸性，土壤有机质含量高，是市区杉木、松及多种用材林生产基地。(3) 山地黄棕壤。垂直分布在海拔1000~1500米的中山山体上部，面积157.36万亩。山地板页岩、花岗岩、砂泥岩等母岩母质，在高山地域低温湿重的森林灌丛覆盖环境下，枯枝落叶等有机腐殖质分解、生物积累、黏粒聚集、脱钙、离铁、弱富铝淋溶积聚强烈，发育成山地黄棕壤，其森林植被为常绿落叶针、阔叶混交林，下部有部分用材林，其上、顶部多为灌丛矮林及荒草地。(4) 山地灌丛草甸土。仅分布在1200米以上局部高山山顶较开阔地带，面积11.52万亩。在低温湿重云雾多的高山湿地环境，变质砂岩、板岩、花岗岩矿化作用弱，有机质分解缓慢，草本灌丛生长发育，土壤底层草根盘结层明显，有腐殖质积累和潴育化过程，植被差，多为荒草甸土，局部见稀疏矮小灌丛。

岩成土 316.86万亩。(1) 红色石灰土。主要分布在石灰岩丘岗坡下风化壳上或坡脚谷地带，面积128.7万亩，是灰岩红土化过程形成红壤的中间产物，土体中铁、铝含量高，含钙低，氧化铁脱水，结晶成赤铁矿而使土体呈红色，呈弱酸性。(2) 黑色石灰土。主要分布在石灰岩丘岗的岩隙和坡脚低洼处，面积122.7万亩。石灰岩经长期风化剥蚀，矿物质遭受淋溶，重碳酸盐随水流失，残留物质在岩隙缝穴中又不断受到母岩中碳酸钙盐腐蚀，而与土体中腐殖酸结合生成腐殖酸钙，即为黑色石灰土。呈微碱性，适宜喜钙林、杂木生长。(3) 紫色土。仅分布在局部丘岗紫色砂页岩风化壳上，面积65.46万亩。系由白垩系紫色砂页岩（红尘）风化发育而成。紫色砂页岩固结性差，在高温多雨条件下，物理风化剥蚀强烈，常处于幼年成土阶段，土体中碎屑物质多，有机质及氧含量低，钾含量高，紫色土体中，游离碳酸盐遭受淋溶则为酸、中性紫色土，若碳酸钙残存土中则呈碱性紫色土，一般植被差，仅有少量乌桕槐等。

泛域土 374.9万亩。(1) 水稻土。主要分布在海拔300米以下的溪谷平地及溶蚀洼地，面积367.55万亩。水稻土是由红、黄壤土及第四纪冲、沉积物等多种成土母质经长期水耕熟化而成，土壤肥沃，有机质含量高，水热条件好，是市区主要耕作型土壤。(2) 潮土。主要分布在潇湘流域及其支流的河溪冲积平地、河漫滩阶地，面积 7.35 万亩。潮土分布在低平的溪河沿岸阶地附近，河水易涨易消，泥沙反复冲洗沉淀，有机质含量丰富，含砂粒高，土质疏松，易水土流失，亦是耕作菜园土之一。

（二）成土母岩母质

母岩母质是构成土地主体骨架的基础，是决定土壤性质的关键。依其含矿物质的不同而影响土壤发育，全市成土母岩母质分 6 大类。

碳酸盐岩类　主要分布在 500 米以下丘岗地带，面积 7790.87 平方公里。碳酸盐岩化学溶蚀作用强烈，在温暖湿润的气候和地下岩溶水充沛的条件下，碳酸钙易被含弱碳酸的水溶解而流失，多形成裸露的孤峰、石林、石笋、溶洞等岩溶地貌，其风化残留物与土体中腐殖酸结合生成腐殖酸钙，形成黑色石灰土呈镶嵌分布于裸岩的岩隙及低缝洼穴中。若风化淋溶继续加强，钙、镁盐基淋失，而铁、铝相对积累，氧化铁脱水形成赤铁矿，则形成红色石灰土直至红壤，而局部含节理裂隙水少的钙质泥页岩，在炎热干燥的气候条件下，则以物理风化为主，多呈半风化状碱性钙质泥页岩。

变质岩类　主要分布在中山、中低山山体，面积 6489 平方公里。变质岩历经多次构造运动影响，节理裂隙发育，较易碎裂，物理风化作用较强，在山地暖湿气候条件下，富铝化作用明显，风化剥蚀较强烈，形成山地黄壤和黄棕壤。

岩浆岩类　主要分布在中山、中低山上部峰丛地带，面积 1372.47 平方公里。花岗岩结晶颗粒粗，晶体松散，裸露在陡峻的山体易风化剥蚀遭受淋滤，其中矿物质长石、云母、角闪石易风化成次生黏土矿物，而石英颗粒性状稳定，产生的砂粒掺杂于土体中形成含沙较多的山地黄棕壤。花岗岩黄棕壤层次明显，表土层为腐殖层，通透性好，有机质含量高；心土层为黄棕色块状砂壤；底土层为灰色母岩的半风化物，似豆渣状，呈酸性。

泥、砂岩类　主要分布在 1000 米以下的低山、丘岗地带，面积 2889 平方公里。为河湖相沉积岩类，多是岩浆岩风化剥蚀后经过硅质、铁质或泥质、钙质胶结而成，岩石稳定性强，以物理风化为主，硅、铁质砂岩结构细密坚硬，不易风化，钙、泥质砂岩风化快，风化层深厚，有机质含量中，多形成山地黄壤、黄红壤。

红岩类　俗称白垩系“红尘”。主要分布在丘岗地带，面积 1170.53 平方公里。红岩固结性差，极易风化崩解，造成水土流失，形成裸山秃岭，风化成紫色土，土质松散，有机质含量较低，钾、钙含量较高，呈碱性，局部成土龄长的钙基盐风化淋溶流失，则土体呈中、酸性。

第四纪红色黏土、河溪冲积物　主要分布在低丘岗、阶地，溪河流域的溪谷平地，溶蚀洼地，面积 2622.93 平方公里。第四纪红色黏土是间冰期冰水沉积、冲积物，在第四纪冰期炎热潮湿气候条件下，形成的红色风化壳。质地黏重，养分含量低，呈强酸性，其厚度数米至数十米不等，下部发育有红白相间的网纹层，与下覆“红层”呈假整合接触。河溪冲积物，土层疏松深厚，水热条件好，养分含量经长期水耕热化形成肥沃的田园耕作土壤。

五、植被

永州市植被属中亚热带落叶常绿阔叶林带，历史素有“松杉耸立如画，遮天蔽日”之说。2015 年，全市植被主要为乔木、灌木、草丛、蕨类、苔藓、水生植物及田园栽培植物等，有植物资源 213 科 3900 多种，其中木本树种 127 科 1542 种。

（一）森林种群

天然次生阔叶林 125.58 万亩。大多分布在偏远罕至的中低山区，建立 5 个自然保护区：九嶷山（1 万亩）、千家洞（3.9 万亩）、阳明山（0.7 万亩）、舜皇山（6 万亩）、源口（8.46 万亩）。

人工杉木林 559.56 万亩。主要分布在 400～1000 米的中、低山地中，山地黄壤、黄棕壤地带。

马尾松林 331.81 万亩。主要分布在 400～800 米的丘岗红壤及中低山林区。

经济林 347.98 万亩。主要分布在零祁、道江两盆地的山岗地区，在中低山、丘陵也有零星分布，品种主要有油茶，次为油桐、板栗、漆树、柿子等。

竹林 99.92 万亩。主要分布在 400～800 米的中低山地区，在丘岗的村庄前后及河溪岸旁也有少量种植。

木林 328.74 万亩。主要分布在 800 米以上的荒山地带，有野茉莉科、蝶形科、大戟科、蔷薇科、樟科等。

在森林植被中，属国家一级保护的有银杉、水杉、珙桐、香杉、伯乐木、苏铁 6 种，属于国家二级保护的 13 种，三级保护的 27 种。

（二）粮经作物

品种有：水稻（573.73 万亩）、小麦（11.65 万亩）、红薯（52.69 万亩）、黄豆（40.32 万亩）、玉米（16.14 万亩）等 1500 多种，还有经济作物茶叶（3.9 万亩）、烟叶（10.65 万亩）、油菜（25.5 万亩）、花生（23.8 万亩）、甘蔗（9.69 万亩）等 890 多种。

（三）水果

品种有：柑橘（51.5 万亩），香柚（7 万亩），桃、梨、枣等小水果（11.88 万亩），共 60 多种。

（四）蔬菜

有白菜、萝卜、香芋等53种，面积65.95万亩。

（五）植物类药材

有13科1654种，面积10.74万亩，其中珍稀药用植物25种。

（六）草本植物

有104种，其中藤本植物51种，纯草场158.04万亩。还有水生植物莲藕、席草、菱角等118种。

市域内中亚热带的植物品种繁多，植被繁茂，各种植被的自然群落呈明显的垂直地带性和地域性分布规律，植被覆盖率达51.6%。

第三节　土地资源特征

一、自然条件

（一）山地

越城岭、都庞岭、萌渚岭三大山系构成市域地貌的基本骨架，永州市是省内高海拔山区之一，其中高于1200米的山峰有金字岭、大界岭、九狮岭等750多座，最高峰都庞岭峰顶韭菜岭海拔2009.3米。以地貌类型划分，有中山、中低山、低山面积1.11万平方公里，丘陵3242平方公里，其中山地、丘陵面积占全市总面积的63.96%。按土地利用现状分类，全市以林牧业用地为主的山地面积1.62万平方公里，占土地总面积的72.5%，构成永州市域以宽阔山地为主体的土地格局。

（二）土壤

土壤质量直接影响着作物的生长，市域内土壤质量有如下特性。（1）耕层深厚。在耕地中，耕层10~15厘米的216.71万亩，占耕地面积的42.38%；15~20厘米211.27万亩，占耕地面积的41.32%；大于20厘米的76.98万亩，占耕地面积的15.25%；耕层小于10厘米浅土层6.41万亩，仅占耕地面积的1.25%。在山地中40~80厘米的中土层795.49万亩，占山地面积的32.4%；大于80厘米的土层1368.17万亩，占山地面积的55.45%；而小于40厘米的薄土层303.74万亩，只占土地面积的12.31%。（2）土壤质地好。耕地土壤偏黏，其中砂壤土151.62万亩，占土壤面积的29.64%；壤土74.54万亩，占土壤面积的14.58%；黏壤土230.82万亩，占土壤面积的45.14%；而粗砂土仅2.84万亩，占土壤面积的0.56%。山地土壤质地好，其中砂壤土957.59万亩，占山地面积的38.81%；壤土621.78万亩，占山地面积的25.2%；黏壤土486.08万亩，占山地面积的19.7%；而粗砂土69.58万亩，黏土332.36万亩，分别只占山地面积的2.82%和13.47%。(3) 有机质含量丰富。在耕地土壤中，有机质含量大于4%的81.28万亩，占耕地面积的15.89%；含量在3%~4%的134.01万亩，占耕地面积的26.21%；含量在2%~3%的177.32万亩，占耕地面积的4.68%；小于2%的118.76万亩，占耕地面积的23.22%。在山地土壤中有机质含量大于4%的692.6万亩，占山地面积的28.07%；含量3%~4%的475.96万亩，占山地面积的19.29%；含量2%~3%的689.39万亩，占山地面积的27.94%；含量小于2%的609.44万亩，仅占山地面积的24.7%。

（三）水资源

水资源总量为地表水资源量和地下水资源量之和。按全国第二次水资源评价统一系列（1956—2000年），永州市年地表水资源量为193.7亿立方米，折合年径流深为870.3毫米；永州市地下水资源量为34.25亿立方米，为重复计算量。

水资源的丰歉与利用直接影响着土地的利用与开发，全市水资源丰沛。(1) 降水量充沛。全市降水量多年平均为1490.2毫米，总产水量达334.3亿立方米，占全省3000亿立方米的11.1%，其中能成为径流水的年径流总量193.7亿立方米，占全省2082.4亿立方米的9.3%。(2) 地表水系发育。地表水流域面积广。有湘江及其支流等5公里以上河流651条，总长1.05万公里，集水总面积长江流域洞庭湖水系2.16万平方公里，珠江流域765平方公里。全市自产地表水资源总量年均218.5亿立方米，加外来客水76.6亿立方米，全市年地表水资源总量295.1亿立方米。(3) 水域开发利用潜力大。全市水域面积140.79万亩，人均0.3亩，较之全省其他山丘地区为多，其中纯水面133.51万亩，可养殖水面32.31万亩。(4) 水力资源丰富。全市大小河流733条，水源充沛，水流湍急，河床坡降大，落差集中，河岸坡陡谷深，岩性坚硬，有利于修建水库、坝渠，全市已修建大、中、小型水库1057座，水能理论蕴藏量218.2万千瓦，可供开发量101.5万千瓦，已开发26.95万千瓦。全市利用山塘河库蓄、引、提总水量258.9亿立方米，有效灌溉面积343.62万亩，占耕地面积的77.4%。(5) 地下水富集。全市有较大的地下富水构造12个，地下水年补给量55亿立方米，枯水季地下径流27亿立方米，有地下河199条，总水量6.83亿立方米。大于5升/秒的岩溶大泉356个，产水量3亿立方米/年。

（四）热能

温、光气候条件，直接影响着土地的利用方式。永州市地处中亚热带南缘，有温、光丰富的大陆性气候特征。热能主要表现为年温高，全市年均气温 17.6℃～18.6℃，比湘北高 1.5℃～2℃；日温≥10℃，积温在 5530℃～5860℃，比湘北多 200℃～400℃；日温≥10℃的作物生长持续期 250～280 天，无霜期 286～311 天，比湘北长 25～30 天。日最低气温零度以下仅 8～15 天。从光能来看，全市各地多年平均日照时数为 1360～1740 小时；年太阳辐射总量为每千平方厘米 101.52～113 千卡，属全省中上水平。永州市气候资源最大的优越条件是温、光、水基本同季。4—9 月间是主要作物生长季，其中平均气温 18℃～24.7℃，月太阳总辐射量每千平方厘米 8.2～15.1 千卡。

（五）物种资源

永州市位于南岭山脉北麓，物种资源丰富，有 3 个独特之处。（1）地处中亚热带南缘，亦有南亚热带的生物种群如桉树、榕树、芭蕉等；（2）在第四纪冰川期未遭受袭击，一些古孑遗生物如银杏、华东黄杉、福建柏、野生橘、野生稻有成片或零星分布；（3）由于山高岭大，高海拔山地气温寒凉，而山地还有北亚热带及至温带生物，如海拔 924 米的阳明山黄柏洞苹果生长良好，海拔 1310 米阳明山祖爷庵山地华山松长势繁茂，故而物种资源种类多分布广。

植物资源　全市有植物资源 213 科 3900 多种，其中木本树种 127 科 1542 种，属国家保护的珍稀树种有 70 多种；全市有粮食作物 1500 多种，经济作物 890 多种，药用植物 1654 种，还有草本植物数百种，如蕨类孢子植物等。

动物资源　全市有动物品种约 2000 种，其中野生动物有 1000 多种。野生珍稀品种 40 种，如华南虎、金钱豹、野牛、白鹇、锦鸡、娃娃鱼等；全市有家畜家禽 70 多种，水产类 32 科 182 种，昆虫类百余种，此外还有真菌和细菌等微生物等类型品种。

矿物资源　全市发现矿产资源品种有 75 种，探明储量有一定规模的有 54 种；共发现矿产地 653 处，达到工业矿床要求的有 109 处。

丰富的生物种群和蓄藏量较大的矿床构成永州市大自然丰厚的物质资源。

二、垂直地带性和地域性差异

永州市地处巍峨的南岭山脉北麓，五岭中的越城岭、都庞岭、萌渚岭峰峦叠嶂，山峰突兀，山地环绕穿插，岗平相嵌，三山围夹两盆地，其独特的地形地貌直接或间接地影响着市域的气候，成土母岩、土壤、植被呈垂直地带性和地域性差异明显。

（一）气候垂直地带性和地域性差异

立体气候明显　永州市地处五岭山脉，崇山峻岭穿插环绕、山体高大、地势高低悬殊，立体气候明显。据测定，平均海拔每上升 100 米，年均气温递减 0.47℃～0.63℃，则大于或等于 10℃的活动积温递减 180℃～210℃，无霜期缩短 12～14 天，降水量增加 40～80 毫米。全市 300 米以下的低丘岗平地直至 1200 米以上的中山地区，其气候垂直变化大体相当于向北推进了 10 个纬度带。如九嶷山的高塘坪，海拔 1040 米，年均温 13.5℃，相当于河南安阳的年均温 13.6℃，比较海拔 277 米的蓝山县城年均温 18.3℃要低 4.8℃。阳明山林场海拔 1300 米，山高林密，树木葱郁，空气清新，每年夏热盛暑，就有全国各地众多旅游者前去休闲避暑。

地域差异显著 三大山系纵横穿插，岭谷间夹，构成许多独特的小地形，造成气候的地域性差异。市域北部的零祁盆地和南部道江盆地，中间被紫金山、阳明山阻隔，北方寒冷气流长驱直抵零祁盆地后，被西、南、东三面高山阻挡，冷空气易进难出，致使盆地内降温，其多年平均温度为 17.8℃；盆地内黎家坪年降水量不足 1200 毫米，而南部的道江盆地，北面有高山峻岭遮挡冷气流，而对东南方沿海的暖湿气流至萌渚岭、九嶷山有抬升并产生“焚风效应”，使盆地内骤热增温，其年均温达 18.6℃，两盆地仅一山之隔，年均温相差 0.8℃。九嶷山南坡的江华竹瓦年降水量 1984 毫米，而北坡的宁远半山年降水量仅 1577 毫米，是坡向造成的降水地域差异。由于独特的山间盆地地貌，形成局部面积相当大的暖区和暖带，新田河谷盆地暖区年日照 1735 小时，为全市之首；江永桃川洞暖区年均温为 18.17℃，大于或等于 10℃活动积温 5943℃，持续天数 265 天，其热量堪称全省之冠，而同纬度蓝山县城年均温则低 0.9℃，积温少 300℃～340℃，持续天数少 11～14 天。

（二）土壤及成土母质呈垂直地带性和地域性分布

土壤发育于一定的自然环境，它依照地貌类型、海拔高度、岩性等不同而表现为垂直地带和地域性分布规律。从垂直地带性分布来看，300 米以下为水稻土及潮土、菜园土，发育于第四纪河溪冲积物及风化红土等，经水耕熟化而成；300～800 米为红壤、红色和黑色石灰土、紫色土，由灰岩、砂泥岩、紫色砂页岩经红土化或钙、铁积聚脱硅富铝化而成；800～1200 米为山地黄壤，发育于砂泥岩、板页岩，是山地温湿条件下红土化过程的早期产物；1000～1500 米为山地黄棕壤，由砂泥岩、板页岩及花岗岩类在山地低温湿重气候条件下，经长期黏粒形成与淋溶积聚发育而成；1300 米以上为山地灌丛草甸土，其成土母质为花岗岩类、变质砂页、板岩类，在高山顶部较开阔地带特殊环境下腐殖质积累和潴育化而形成。

从土壤的地域性分布来看，一是山地林业、灌丛土壤地域，主要分布在中山、中低山地区，以变质板页岩、花岗岩类为主，成土为山地黄壤、山地黄棕壤，局部零星分布山地草甸土；二是低山丘岗林农土壤地域，其成土母质，上部为变质板岩、砂页岩，中下部多为石灰岩、沙泥岩，成土以红壤为主，局部为红色和黑色石灰土、紫色土；三是溪谷盆地、洼地农业土壤地域，由第四纪河溪冲积物及风化红土经长期水耕熟化发育而成水稻土、河潮土及菜园土。

（三）植被呈地域和地带性分布

市域植被覆盖受地貌条件、气候、土壤等因素相互影响制约，呈现地域和地带性分布。在两大盆地的广阔溪河平地、河滨阶地上，是水稻、蔬菜及经济作物等农作物主要种植区；在300~800米的丘岗红壤开发区，以大面积油茶、马尾松、果木等人工或半人工林为主；而在丘岗岩溶地貌区，仅有柏、栎、紫穗槐等及少量薪炭灌木林；800~1500米的山地黄壤、山地黄棕壤，中山、中低山地带是市域的黄金宝地，以杉松、楠竹等用材林为主，为常绿阔叶、落叶阔叶混交林带；在山体上部的黄棕壤中山部位有大片的天然次生阔叶林及野生珍稀树种资源，如珙桐、白豆杉、白克木、福建柏等，并发现有北亚热带及至温带的野生苹果、华山松等；在1200米以上局部较开阔山顶处，仅复生草甸植物。

三、土地利用的多宜性

1994年，全区土地详查数据汇总、资料分析，全区土地适宜类分5大类9等。

（一）宜农地

面积545.81万亩，占全市土地面积的16.29%。

宜农一等地　面积176.84万亩，占宜农地面积的32.4%。主要是潴育性水稻土和菜园土，地势平坦开阔，坡度小于5°，水热条件好，抗旱能力45天以上，基本上能旱涝保收；土壤质地为砂壤或壤土，土地肥沃，有机质含量丰富，氮、磷、钾比例协调，耕性良好，适种作物广，产量高。此类田土是市域的高产稳产农田。

宜农二等地　面积206.32万亩，占宜农地面积的37.8%。包括淹育性、渗育性水稻土和熟化程度较高的旱地。坡度5°~15°，光热充足，但水、热条件较差，抗旱能力15~45天，土壤偏砂或偏黏，有机质含量中等，缺磷或少钾，适种作物有选择。这类田土亦是全市的主要农耕用地。

宜农三等地　面积162.65万亩，占宜农地面积的29.8%。包括潜育化、矿毒性较严重的水稻土、坡地旱土及瘠薄的可垦荒地，坡度15°~25°，水热条件差，无水利灌溉设施，抗旱能力仅15天左右，土壤瘠瘦，为砂土或黏土，缺磷少钾严重，适种性差。此类田土为待改土整治的农用地。

（二）宜林地

面积2178.21万亩，占全市土地面积的65%。

宜林一等地　面积995.88万亩，占宜林地面积的45.72%。土层深厚的山地红壤、山地黄壤，土层厚度大于40~60厘米，海拔高度小于1000米，土地肥沃疏松，砾块含量小于30%，基本无侵蚀或只有轻度侵蚀，适宜多种林木生长，是经济林、速生丰产用材林的最佳基地。

宜林二等地 面积793.96万亩，占宜林地面积的36.45%。土层厚度不一，在10~40厘米，主要是灰岩红壤，海拔高度150~250米，次为山地黄壤、山地黄棕壤，高度大于700米，坡度20°~30°，砾块含量30%~50%，有轻度面蚀或沟蚀，土壤质地粘垂或砂多，有1~2个障碍因子，对树种有一定选择。

宜林三等地 面积388.37万亩，占宜林地面积的17.83%。主要是红色和黑色石灰土、紫色土及山顶部的黄棕壤，土层浅薄，厚度小于10厘米，砾块含量大于50%，坡度大于30°，有较强面蚀及冲沟，有2~3个障碍因子，林木生长困难，树种选择性强。

（三）宜牧地

面积255.64万亩，占全市土地面积的7.63%。主要是灰岩低山丘岗灌丛草场和高海拔山地草丛类草场等，土质薄而疏松肥沃，还有些草地草场，山高坡陡风大温低，不适宜林木生长，而灌丛杂草生长繁茂，属宜牧的天然纯草地。

（四）宜其他土地

面积242.92万亩，占全市土地面积的7.25%。包括工矿用地、水域、特殊用地等，这类土地受自然条件制约或人为影响，发展农、林、牧有一定困难，仅作为某方面特殊作用，如养鱼、种药材、开石山、采矿等效果显著。

（五）不适宜地

面积127.99万亩，占全市土地面积的3.82%。主要是难以利用的裸露砾石山、陡坡、沙洲。

永州市域因自然条件差异，形成多适宜性的土地资源，有广阔的宜林地、宜农地，还有优质宜牧地，许多土地资源具有双宜性或多宜性的特点，具有综合发展农、林、牧各类经济事业的综合性土地资源。

第四节　土地分类

一、第一次土地调查

（一）土地分类系统

1988年5月，零陵地区土地利用现状调查（一调）分类，是根据1984年全国《土地利用现状调查技术规程》和1987年《湖南省〈土地利用现状调查技术规程〉实施意见》（试行），坚持以全国、全省土地利用现状分类标准的统一性，以区本级土地调查资料为基础的分类方法的科学性，以全区土地利用现状特点的分类体系的实用性为基本原则，土地利用现状分为一级8类、二级37类。

1988年零陵地区土地利用现状一览表

表1-1-1

一级分类		二级分类		含义
编号	名称	编号	名称	
1	耕地			种植农作物的土地，包括新开荒地、休闲地、轮歇地、农经作物轮作地；以种植农作物为主间有零星果树、桑树或其他树木的土地；耕种3年以上的河滩地。包括宽<1米的沟渠、路、田埂
		11	灌溉水田	有水源保证和灌溉设施，在一般年景能正常灌溉，用以种植水稻、莲藕、席草、荸荠等水生作物的耕地，包括灌溉的水旱轮作地
		12	望天田	无灌溉设施，主要依靠天然降水。用以种植水稻、莲藕、席草、荸荠等水生作物的耕地，包括无固定灌溉设施的水旱轮作地
		14	旱地	无灌溉设施，靠天然降水生长种植农作物的耕地，包括没有固定灌溉设施，仅靠引水、提水、浇灌的土地
		15	菜地	以种植蔬菜为主的耕地，包括温室、塑料大棚用以种植蔬菜的用地（不包括农民零星的自留地）
2	园地			种植以采摘果、叶、根、茎等为主的集约经营的多年生木本和草本作物。覆盖度大于50%，或每亩株数大于合理株数70%的土地（包括果树苗圃等用地）
		21	果园	种植果树的园地
		22	桑园	种植桑树的园地
		23	茶园	种植茶叶树的园地
		25	其他园地	种植黄花、苎麻、药材、苗圃等多年生作物的园地

续表1-1-1

一级分类		二级分类		含　义
编号	名称	编号	名称	
3	林地			生长乔木、经济林、灌木、竹类等林木的土地，不包括居民绿化用地，以及铁路、公路、河流、沟渠的护路和护岸林
		31	有林地	树木郁闭度>30%的天然、人工林
		32	灌林地	覆盖度>40%的灌木林地
		33	疏林地	树木郁闭度 10%～30%的疏林地
		34	未成林造林地	指造林成活率大于或等于合理造林株数的 41%，尚未郁闭，但有成林希望的新造林地
		35	迹地	森林采伐、火烧后，5 年内未更新的土地
		36	苗圃	固定的林木育苗地
4	牧草地			生长草本植物为主，用于畜牧业的土地
		41	天然草地	以天然草本植物为主，未经改良，用于放牧或割草用的草地，包括以牧为主的疏林、灌木草地
5	城乡居民及工矿用地			指城乡居民点，独立居民点以及居民点以外的工矿、国防、名胜旅游、古迹等企事业单位用地。包括其内部的交通、绿化用地
		51	城镇	县、市城镇、建制镇的居民点，不包括市、镇范围内用于农、林、牧、渔业生产用地
		52	农村居民地	乡、镇以下的居民点用地，包括散列式居民地
		53	独立工矿用地	居民点以外的独立的各种工矿企业、采石场、砖瓦窑、仓库及其他企事业单位的建设用地。不包括附属于工矿、企事业单位的农副业生产基地
		55	特殊用地	指居民点以外的国防、名胜古迹、风景旅游、草地陵园等用地
6	交通用地			居民点以外的大于 2 米宽的各种道路及其附属设施和民用机场用地。包括路沟、护路林
		61	铁路	铁道线路及站场用地。包括路堤、路堑、道沟、取土坑及护路林
		62	公路	指县级以上的国家和地方公路。包括路堤、路堑、道沟和护路林
		63	农村道路	指县级以下宽≥2 米的乡村道路
		64	机场	民用机场及其附属设施用地
		65	港口码头	专供客、货运船停靠的场所，包括河运及其码头附属物，不包括常水位以下河道部分

续表1-1-1

一级分类		二级分类		含　义
编号	名称	编号	名称	
7	水域			陆地水域和水利设施用地。包括河流、湖泊、沟渠、水库、坑塘、苇地、滩涂和水工建筑等
		71	河流水面	天然形成或人工开挖河流，常水位以下面积
		73	水库水面	人工修建总库容>10 万立方米常水位线以下的蓄水面积
		74	坑塘水面	天然或人工开挖蓄水量小于 10 万立方米，常水位线以下的蓄水面积
		76	滩涂	河流常水位至洪水位间的滩地。水库、坑塘的正常蓄水位与最大供水水位间的面积
		77	沟渠	人工修建，用于排灌的沟渠。包括渠槽、渠堤、护堤林
		78	水工建筑物	人工修建，用于水利除害兴利的闸、坝堤路林，水电厂房、扬水站等常水位岸线以上的建筑设施等
8	其他			目前尚未利用的土地，包括难以利用的土地
		81	荒草地	树木郁闭度<10%，表层为土质，生长杂草的土地。不包括盐碱地、沼泽地和裸地
		83	沼泽地	经常积水或渍水，一般生长湿生植物的土地
		84	沙地	表层为沙覆盖，基本无植被的土地。包括水系中的沙滩
		85	裸土地	表层为土质，基本无植被覆盖的土地
		86	裸岩石砾地	表层为岩石或石砾，其裸露或覆盖面积>70%的土地
		87	田坎	耕地中宽>1 米的地坎或田埂
		88	其他	其他未利用的土地

零陵地区1988年土地详查汇总土地类型分类面积一览表

表1-1-2

单位：万亩

	土地总面积	宜农类地		质量分等			按地貌类型分					按土地类型分						“八五”开发规划						
																		耕地			园地			
																			其中			其中		
		面积	占土地面积/%	一等	二等	三等	滩地	平地	岗地	丘陵	山地	红壤	黄壤	石灰土	紫色土	潮土	草甸土	总计	粮食	经济作物	小计	柑	小水果	菜园
冷水滩	183.29	15.07	8.2	2.3	6.95	5.82	0.06	2.3	10.37	2.34	—	11.76	—	1.79	1.47	0.05	—	6.25	2.00	4.25	7.35	4.85	2.50	—
永州	301.21	11.78	3.9	0.46	8.45	2.87	0.05	0.46	9.69	1.46	0.12	11.56	—	0.17	—	0.05	—	5.52	1.50	4.02	6.27	3.00	2.67	0.6
祁阳	377.91	10.64	2.8	1.09	3.16	6.39	0.26	1.09	7.71	1.58	—	5.09	—	1.75	3.54	0.26	—	4.25	1.75	2.50	2.85	2.00	0.25	0.6
东安	332.99	6.52	2.0	0.12	3.4	3.00	—	0.12	4.03	2.02	0.35	5.23	0.06	0.43	0.3	—	—	2.80	1.30	1.50	3.90	3.00	0.90	—
双牌	254.93	1.64	0.6	—	1.06	0.58	0.02	—	1.04	0.24	0.34	1.02	—	0.26	—	0.02	0.34	0.56	0.56	—	0.74	0.24	0.50	—
道县	366.27	13.99	3.8	3.13	7.08	3.78	0.05	3.24	8.74	1.84	0.12	10.19	—	2.34	1.36	0.06	0.04	7.00	2.20	4.80	5.58	2.50	2.38	0.7
江永	272.55	21.21	7.8	2.51	8.99	9.71	—	2.51	8.99	7.48	2.23	20.3	0.29	0.62	—	—	—	7.20	1.00	6.20	14.01	10.00	3.06	0.95
江华	458.30	6.97	1.5	0.13	1.86	4.98	0.04	0.17	1.78	3.89	1.09	5.65	0.67	0.14	—	0.08	0.43	1.20	0.20	1.00	—	1.00	0.34	4.00
蓝山	270.89	7.65	2.8	0.65	3.65	3.35	—	0.64	3.65	3.04	0.32	7.65	—	—	—	—	—	2.30	0.30	2.00	—	2.00	0.15	3.20
宁远	378.87	13.25	3.5	0.89	4.89	7.47	—	0.89	6.19	6.07	0.10	11.62	—	1.63	—	—	—	4.30	1.60	3.70	—	6.00	2.47	—
新田	153.36	8.53	5.3	0.13	1.00	7.40	—	0.14	4.66	3.67	0.06	5.00	—	3.53	—	—	—	1.13	0.13	1.00	—	4.00	3.40	—
地区合计	3350.57	117.25	3.5	11.41	50.49	55.35	0.48	11.56	66.85	33.63	4.73	95.57	1.02	12.66	6.67	0.52	0.81	42.51	11.96	30.55	—	38.00	12.00	10

说明：此表中永州系县级永州市，为现零陵区

（二）土地分类面积

根据国家土地管理局1993年7月26日发布的《土地利用现状调查地（市）级汇总技术规程》，在收集、整理县（市、场）及土地详查成果的基础上，1994年进行全区土地利用现状调查汇总。零陵地区土地总面积2.23万平方公里（合3350.34万亩），1级分8类，2级分37小类。

耕地 495.71万亩，占土地总面积的14.8%。在耕地类型中2级分4小类：灌溉水田321.2万亩，占耕地面积的64.79%；望天田67.13万亩，占耕地面积的13.54%；旱地104.69万亩，占耕地面积的21.12%；菜地（包括水浇地）2.7万亩，占耕地面积的0.55%。

园地 59.93万亩，占土地总面积的1.79%。在园地类型中2级分4小类：果园55.25万亩，占园地面积的92.19%；桑园面积极少；茶园4.08万亩，占园地面积的6.8%；其他园地（包括桑园）仅0.61亩，占园地面积的1.01%。

林地 2058.28万亩，占土地总面积的61.43%。在林地类型中2级分6小类：有林地1680.12万亩，占林地面积的81.6%；灌林地185.23万亩，占林地面积的9%；疏林地60.58万亩，占林地面积的2.94%；未成林造林地108.9万亩，占林地面积的5.29%；迹地23.2万亩，占林地面积的1.13%；苗圃0.24万亩，占林地面积的0.01%。

牧草地 3.53万亩，占土地总面积的0.1%。牧草地类型中仅分2级：天然草地3.53万亩，占牧草地面积的99.87%，其余尚有改良草地18.6亩，人工草地25.3亩，但在全市普遍利用灌丛草地、林间草地、草甸草地、田埂地角闲隙草地，来作为畜牧草场资源，其面积有1365.9万亩。

城镇、村庄及工矿用地 108.86万亩，为土地总面积的3.25%。其2级分4小类：城镇用地7.81万亩，占城镇、村庄及工矿用地面积的7.2%；农村居民地87.49万亩，占城镇、村庄及工矿用地面积的80.37%；独立工矿用地9.75万亩，占城镇、村庄及工矿用地面积的9%；特殊用地3.81万亩，占城镇、村庄及工矿用地面积的3.5%。

交通用地 18.57万亩，占土地总面积的0.55%。其2级分5小类：铁路用地3651.6亩，占交通用地面积的2%；公路用地6.95万亩，占交通用地面积的37.4%；农村道路用地11.2万亩，占交通用地面积的60.3%；机场用地543.7亩，港口码头用地27.9亩，两小类合占交通用地面积的0.3%。

水域用地 147.58万亩，占土地总面积的4.4%。其2级分6小类：河流水面44.19万亩，占水域面积的29.9%；水库水面13.1万亩，占水域面积的8.9%；坑塘水面54.26万亩，占水域面积的36.89%；滩涂12.71万亩，占水域面积的

8.6%；沟渠22.55万亩，占水域面积的15.3%；水工建筑物用地7708.3亩，占水域面积的0.5%。

未利用土地 457.89万亩，占土地总面积的13.67%。其2级分7小类：荒草地12.41万亩，占未利用土地面积的27.1%；沼泽地224.4亩，砂地625.6亩，合占未利用土地面积的0.02%；裸土地8.11万亩，占未利用土地面积的1.8%；裸岩、石砾地177.89万亩，占未利用土地面积的38.8%；田埂130.56万亩，占未利用土地面积的28.5%；其他未利用土地17.02万亩，占未利用土地面积的3.7%。

二、第二次土地调查

（一）土地分类系统

2001年8月，国土资源部印发《关于印发试行〈土地分类〉（二调）的通知》，根据《中华人民共和国土地管理法实施条例》，要求在1984年制订的《土地利用现状调查技术规程》和1989年制订的《城镇地籍调查规程》的基础上，制定城乡统一的土地分类标准，自2002年1月1日起试行。

（二）土地分类面积

2007年7月1日，根据国务院统一部署，市政府组织力量开展第二次土地调查（以下简称二调），并以2009年12月31日为标准时点汇总二调数据。二调首次采用统一的土地利用分类国家标准，由政府统一组织、市、县（区）国土部门组成调查工作队实地调查、分级控制成果质量，首次采用覆盖全省的航空遥感影像的调查底图，实现了图、数、实地一致，全面查清全市2.23万平方公里范围的土地利用状况。2011年主要土地分类数据为：耕地538.34万亩；园地108.74万亩；林地2135.34万亩；草地122.99万亩；城镇村及工矿用地157.19万亩；交通运输用地37.97万亩；水域及水利设施用地94.05万亩。按三大分类，全市农用地2919.57万亩，建设用地195.33万亩，未利用地（含其他草地、河流水面、裸地、沼泽地和沙地）235.44万亩。

根据《土地调查条例》，永州市在第二次土地调查成果的基础上，逐年开展年度土地变更调查。2015年，永州市国土资源局、永州市统计局联合发布《关于永州市2015年度土地变更调查主要数据成果的公报》。

耕地 36.31万公顷（544.60万亩）。其中水田29.41万公顷（441.18万亩）；水浇地19.50公顷（292.5万亩）；旱地6.89万公顷（103.39万亩）。

园地 7.06万公顷（105.89万亩）。其中果园4.1万公顷（61.43万亩）；茶园1539.36公顷（2.31万亩）；其他园地2.81万公顷（42.16万亩）。

林地　141.65万公顷（2124.76万亩）。其中有林地112.38万公顷（1685.71万亩）；灌木林地10.59万公顷（158.80万亩）；其他林地18.68万公顷（280.24万亩）。

草地　7.98万公顷（119.67万亩）。其中天然草地107.46公顷（0.16万亩）；人工牧草地0.07公顷（1.05亩）；其他草地7.97万公顷（119.51万亩）。

城镇村及工矿用地　11.07万公顷（166.09万亩）。其中城市6858.30公顷（10.29万亩）；建制镇1.5万公顷（22.55万亩）；村庄7.81万公顷（117.10万亩）；采矿地7994.32公顷（11.99万亩）；风景名胜及特殊用地2771.93公顷（4.16万亩）。

交通运输用地　2.63万公顷（39.43万亩）。其中铁路用地1537.12公顷（2.31万亩）；公路用地9659.63公顷（14.49万亩）；农村道路1.51万公顷（22.59万亩）；机场用地34.53公顷（0.05万亩）；其他港口码头0.21公顷（3.15亩）。

水域及水利设施用地　9.57万公顷（143.57万亩）。其中河流水面3.18万公顷（47.62万亩）；水库水面8233.17公顷（12.35万亩）；坑塘水面3.41万公顷（51.097万亩）；内陆滩涂6255.95公顷（9.38万亩）；沟渠用地1.47万公顷（22.04万亩）；水工建筑715.8公顷（1.07万亩）。

其他土地　6.32万公顷（94.86万亩）。其中田坎2.7万公顷（40.42万亩）；农用设施地1141.86公顷（1.71万亩）；裸地3.52万公顷（52.73万亩）。

按三大类分，农用地194.22万公顷（2913.27万亩）；建设用地13.09万公顷（196.36万亩）；未利用地15.28万公顷（229.25万亩）。

土地权属数据：全市有国有土地20.18万公顷（302.66万亩）；集体土地202.41万公顷（3036.22万亩）。

地类变化：1994年、2009年和2015年全市（零陵地区）进行3次土地调查，地类变化情况如下。

1994—2015年永州市（零陵地区）三次土地调查地类变化一览表

表1-1-3　　单位：万亩

地类	1994年	2009年	2015年
	土地利用现状调查（一调）	第二次土地调查	二调后年度变更调查数据
耕地	495.71	538.34	544.60
园地	59.93	108.74	105.89
林地	2058.28	2135.34	2124.76

续表1-1-3

地类	1994 年	2009 年	2015 年
	土地利用现状调查（一调）	第二次土地调查	二调后年度变更调查数据
牧草地	35320. 81	122. 99	119. 67
城镇村工矿用地	108. 86	157. 19	166. 09
交通用地	18. 57	37. 97	39. 43
水域用地	147. 58	94. 05	143. 57
未利用地	457. 89	235. 44	94. 86

第二章　土地制度

第一节　土地所有制

一、国有土地所有制

1986年6月通过的《中华人民共和国土地管理法》规定,在城市中通过国家征用将农村的土地转变为国家所有。根据1995年土地详查权属统计，全区有小城市2个，县级城关镇9个，乡镇建制镇61个，农林牧渔茶场75个，工矿企业单位268个，国有土地面积为349.8万亩，占全区土地面积的10.44%。2015年，全市有国有土地302.66万亩。

二、农村土地集体所有制

1984年，全区农村设54个区，21个镇，376个乡，5054个村委会，4.46万个村民小组，并在农村普遍实行农村土地家庭联产承包责任制。1995年，全区辖54个区，64个镇，124个乡，5143个行政村。1995年3月，根据中共中央、国务院《关于加强农村基层政权建设的通知》和中共湖南省委、省政府《关于全省农村精简政权、撤区并乡建镇工作的意见》，5月全区并乡建镇工作完成，全区辖108个镇，80个乡，5318个行政村（居委会）。2015年，全市辖151个乡（镇），28个街道，2960个行政村，继续实行农村土地家庭联产承包责任制。

第二节 土地使用制

一、农村土地使用制的演变

（一）农民土地使用制

1950—1953年，零陵地区基本完成土地改革运动，全区24.2万户贫雇农民分得土地95.25万亩，随着封建土地私有制的消失和农村私有土地产生，两权合一的农民土地使用制也同时形成。至1952年底，全区有64869户农民在土地及生产资料依然私有制的基础上，实行劳动互助，自愿组成9267个互助组，为互助合作奠定基础。

（二）农村土地两权分离制

1956年初，全区由互助组普遍转建初级农业生产合作社7761个，农户4269万户，在初级社中，土地所有权属农民私有，实行土地入股，而土地使用权转归合作社集体，社员集中劳动，统一经营，统一分配，开始形成农村土地所有制与使用制的两权分离。

（三）农村土地集体所有制和集体经济组织使用制两权合一

1956年底，全区开始成立高级农业生产合作社，至1957年，建立高级社5694个，入社农户占96.7%。在高级社中，土地和耕畜及大型农机具等主要农业生产资料转为合作社集体所有，实行统一经营，统一分配。自此农民走上社会主义集体经济道路，农村土地集体所有和社员集体共同使用的两权合一土地制建立。1958年，零陵地域内各高级社在上级组织的干预下短短几个月全部过渡到人民公社，是年建立127个政社合一的人民公社。1962年，又通过整风整社及社教运动，调整为417个公社。1966年，第二次社教调整为390个公社，但其依然保持着两权合一的农村土地集体所有和使用制。

（四）农村集体土地家庭联产承包责任制

1979年春，中共零陵地委根据中共中央《关于加快农业发展若干问题的决定（草案）》精神，允许农民对按时记工、定额记工和分组联产计酬3种形式进行自由选择，全区选择联产计酬承包到组的生产队有898个，占生产队总数的3.4%，这是责任制萌芽初期。1981年，零陵地委贯彻中共中央印发《关于进一步加强和完善农业生产责任制的几个问题的通知》，因势利导，尊重农民对责任制形式的自主选择，推进农村经济体制改革，全区70%的生产队实行家庭联产承包责任制。1982年，生产队实行家庭联产承包责任制发展到91.3%。1983年，全区家庭联产承包责任制进一步完善和稳定，44193个生产队全部实行家庭联产承包责任制，农民的生产积极性空前高涨。1983年全区农业生产总产值达12.279亿元（1980年不变价），比1978年增长45.4%；粮食产量达223.1万吨，比1978年增长31.8%。1983—1986年，是实行家庭联产承包责任制稳定、完善阶段，并确立延长土地承包期15~20年不变。1984年，根据中共中央文件精神，行署下发《关于稳定完善农业生产责任制》文件，土地承包期由3~5年延长到15~20年，扩大承包领域，完善承包内容，将土地所有权与生产经营权分离，土地、荒山归生产队集体所有，由农户承包经营，生产队原有耕牛、小型农机具等抵价到户，大型农用机械、农、林、园艺场、山塘、水库等归集体所有，实行个人承包经营，逐步建立完善各种形式的承包责任制。1987年，根据中共中央、省委文件和中共十一届三中全会以来有关农村改革的文件精神，“地委”“行署”制定《有关农村稳定、健全家庭联产承包责任、完善农村双层经营若干办法》，对推动家庭承包责任制，发展农村经济提供强大动力。1994年，全区农村普遍开展和完善“双层经营”工作，明确将土地承包期延长至30年，并允许土地使用权有偿转让。2000年，省政府文件明确规定，进一步稳定和完善农村土地承包关系，建立土地承包合同管理制度。2006年，国务院《中华人民共和国农村土地承包法》2004年通过的《湖南省实施〈中华人民共和国农村土地承包法〉办法》等明确规定，进一步稳定和完善农村土地承包管理新机制，实现农村土地承包规范化、制度化、法制化。为全面落实、稳定农村土地承包关系，保障农民土地合法权益，依照农业部、财政部、国土资源部、国务院法制办、国家档案局、中央农办6个部办局《关于开展农村土地承包经营权登记试点工作的意见》，2014年，全市各县（区）全面铺开农村土地承包经营权确权登记颁证试点工作，开展耕地（含水田、旱土）确权登记颁证，赋予农民对承包土地有使用、收益的合法权益。

1983年零陵地区大田责任一览表

表1-2-1　　　　单位：个

县别	公社数	大队数	生产队数	总农户数	包干到户	占比（%）	包产到户	联产到劳	专业承包	小段包工	1年的	2年的	3年的	4年的	5年的	6至10年的	11至15年的	15年以上的
合计	388	5016	44193	970316	44161	99.97	—	3	—	9	863	1308	8152	1199	2837	4641	3958	21235
零陵	68	806	7717	152840	7717	100	—	—	—	—	—	—	40	3	12	220	383	7059
祁阳	83	916	8490	185164	8490	100	—	—	—	—	846	1300	5240	1100	—	4	—	—

续表1-2-1

县别	公社数	大队数	生产队数	总农户数	包干到户	占比（%）	包产到户	联产到劳	专业承包	小段包工	1年的	2年的	3年的	4年的	5年的	6至10年的	11至15年的	15年以上的
东安	33	506	4846	105347	4846	100	—	—	—	—	—	—	—	—	—	—	—	4846
道县	35	547	4355	115465	4355	100	—	—	—	—	—	—	83	—	28	26	24	4194
宁远	42	688	6281	139623	6281	100	—	—	—	—	—	—	—	—	1408	2628	1097	1148
江永	18	229	1778	45388	1775	99.8	—	3	—	—	—	—	1764	14	—	—	—	—
江华	40	441	3171	61471	3162	99.7	—	—	—	9	—	—	491	35	195	232	1602	616
蓝山	28	324	2829	59258	2829	100	—	—	—	—	—	—	—	—	178	632	828	1191
新田	21	345	3055	74611	3055	100	—	—	—	—	—	—	457	—	1008	880	—	710
双牌	17	184	1452	25412	1452	100	—	—	—	—	—	—	—	—	—	—	—	1452
永州	3	30	219	5737	219	100	—	—	—	—	17	8	77	47	8	19	24	19

说明：表中永州是指原永州镇，直属零陵地区，管辖原零陵县东风镇和朝阳、七里店人民公社

二、土地使用制度改革

（一）国有土地无偿划拨

1950—1952年，零陵专区根据《中华人民共和国土地改革法》，把没收、征收和收归国有的土地，建立农、林、园艺等国营农业企业。

1953年至20世纪70年代，零陵行署执行政务院《关于国家建设征用土地办法》《关于对国营企业、机关、部队、学校等占用市郊土地征收土地使用费或租金问题的批复》和国务院《国家建设征用土地办法》等法规和文件。这些法规和文件规定：国家机关、企业、学校、团体及公私合营企业使用国有土地时，由当地政府无偿核拨使用；市内没有收益的空地，可以无偿使用；除原租用或借用私人的土地及地上房产外，原使用单位使用的土地系属国家财产的，就不需要给予补偿；公私合营和私营文教事业用地，获上级批准后，由当地政府代为征用①；国营企业、国家机关、学校、团体、公私合营企业和私营文教事业使用国有土地时，一律由当

① 《政务院关于国家建设征用土地办法》，1953年11月5日政务院192次会议通过。

地政府无偿核拨使用，均不须再缴纳租金或使用费①。

对批准的建设用地，用地单位可以申请一次或数次核拨。已征用的土地因故不使用或不全部使用时，必须把余下土地交由当地政府拨给其他单位或交农民耕种。②

20世纪80年代，零陵地区执行省政府颁发的《湖南省城市建设管理暂行条例》和《湖南省国家建设征地办法》规定："已经征用的土地所有权属于国家，用地单位和个人只有使用权，不得自行交换、转让、出租和买卖。经过批准征用的土地……除按照规定付给补偿费外，不准另立附加条件。"③"征用土地由用地单位付给补偿费。"补偿费包括土地补偿费、青苗、鱼、藕、果木等生产补偿和其他补偿。"国家建设使用国有荒山、荒地、滩涂以及其他单位使用的国有土地……无偿划拨。"④

（二）国有、集体土地有偿使用

1988年，湖南省确定零陵地区为改革开放过渡试验区。"地委"、"行署"抓住历史机遇，贯彻执行中共中央、国务院《关于加强土地管理、制止乱占耕地的通知》（中发〔1986〕7号）和《中华人民共和国土地管理法》，借鉴深圳、珠海、杭州等沿海地区率先推进土地使用制度改革开放的成功经验，在零陵地区城乡土地使用制度改革方面大胆探索、尝试和创新。4月1日，零陵地区国土管理局向行署递交《关于土地使用制度改革的意见（试行）》，提出改革土地使用权3项意见：(1)对城镇非农业建设实行"小区"开发。具体做法是：由县（市）人民政府按审批权限统一进行"三通一平"；按单位、个人的实际需要申请用地，县（市）政府统一审查、核定，国土部门办理土地登记手续。(2)国有土地使用权实行有偿出让。根据具体情况，可采取协议、招标、公开拍卖三种形式出让。协议出让主要适用于政府重点扶持发展的产业用地和非营利性用地；招标拍卖适用于竞争强度大，土地价位高，适用于商业、金融等盈利率较高的行业用地；土地使用权有偿出让年限分别为：娱乐用地20年，种、养殖业用地30年，工业用地40年，科、教、文、卫及商业用地均为50年。土地使用权期满，由政府无偿收回土地及地上建、构筑物，但受让人可以办理续用手续，补缴续期地价款。土地使用权可以依法转让抵押。(3)对外来投资兴办企业用地，实行优惠政策；对高科技的先进企业，经审核可免交土地使用费。

自此，各县（市）国土管理部门分别以不同形式开始进行城镇、村非农业建设

---

①《关于对国营企业、机关、部队、学校占用市郊土地征收土地使用费或租金问题的批复》，中央人民政府政务院，1954年2月24日。

②《国家建设征用土地办法》，1958年1月6日国务院公布施行。

③《湖南省城市建设管理暂行条例》，(湘政发〔1981〕111号)。

④《湖南省国家建设征地办法》，湖南省人民政府1984年5月30日颁布。

用地使用权有偿使用的改革尝试。

1990 年 5 月 19 日，国务院 55 号令颁布《中华人民共和国城镇国有土地使用权出让和转让暂行条例》规定：国家按照所有权与使用权分离的原则，实行城镇国有土地使用权出让、转让制度。土地使用权出让是指国家以土地所有者身份将土地使用权在一定年限内让与土地使用者，并由土地使用者向国家支付土地使用权出让金的行为。土地使用权出让最高年限：居住用地 70 年，工业用地 50 年，教育、科技、文化、卫生、体育用地 50 年，商业、旅游、娱乐用地 40 年，综合或其他用地 50 年。土地使用权出让可以采取协议、招标、拍卖方式。土地使用权转让是指土地使用者将土地使用权再转移的行为，包括出售、交换和赠与。未按土地使用权出让合同规定的期限和条件投资开发、利用土地的，土地使用权不得转让。《城镇国有土地使用权出让和转让暂行条例》，对城镇国有土地使用权的出让、转让、出租、抵押等方式和程序，从法律上作出严格规定。

1990 年 8 月，道县国土管理局对 8 个村农村建房用地情况进行调查，发现存在用地超标、弃旧占新、乱占乱建、无统一规划等问题，经请示县政府同意，在全县范围内实行农村新建宅基地有偿使用制度，农村土地收归集体统一管理，村民建新房统一安排用地，土地使用费由村、组集体统一收取。至 1991 年，道县 36 个乡镇全面铺开，实行宅基地有偿使用的村 180 个，占全县总村数的 31.7%。1991 年 5 月，道县国土管理局向县委、县政府递交关于城镇国有土地使用制度改革的报告。6 月，经县政府研究批准，首先在省、地属 3 个企业土地进行职工建房用地有偿使用试点工作。

1991 年，双牌县在江村镇也首试推行村民新建宅基地收取使用费。

（三）土地由协议出让转为拍卖、招标等多种形式并用

1993 年 3 月，全区召开土地使用制度改革工作会议。同时，成立零陵地区土地使用制度改革领导小组，由副专员朱泽民任组长，政府办主任李绍陶、农委主任周绍宏、国土局长唐际绍任副组长，地直有关单位负责人为成员。会议印发《零陵地区城镇国有土地使用权管理暂行办法》。办法规定：按照土地所有权与使用权分离的原则，在本区域实行城镇国有土地（指本区所辖县市城镇、建制镇、农村乡镇、独立工矿区规划范围内国有土地）使用权出让、转让、出租、抵押及划拨土地使用权管理制度。地区国土管理部门和县（市）国土管理部门分别负责其行政辖区内土地的统一管理工作。

1993 年 3 月，全区先在道县、祁阳、新田、东安 4 个县进行试点。道县拍卖出让土地 26 宗，收取出让金 129.83 万元，转让国有土地 400 平方米，收益 6 万元，租赁土地 1 幅，年租金 400 万元。祁阳县于 1993 年 4 月举行首次土地拍卖会，第一

宗地拍出土地出让金 108 万元，该县在土地出让方面始终做到“三个坚持”：（1）坚持高度垄断土地一级市场。城镇规划区内国有土地，必须由县国土代表政府高度垄断，依法出让，调控地价。（2）坚持开发出让。凡是出让的土地，一律先搞好“四通一平”基础设施建设，使土地增值后再出让。（3）坚持以拍卖方式供地为主。凡是商业投资较好、价位高的地段，主要采取公开拍卖方式，既公开、公平、公正竞争竞买，又合理合法彰显土地市场机制。到 1994 年底，全县出让土地 755 宗，面积 710 亩，收取出让金 7600 万元。其中拍卖 576 宗，占出让宗地数的 76%。新田县凭借区位优势，把“以地生财、以财建镇、以镇兴业”作为脱贫致富的“兴县工程”，1993—1995 年土地收益达 1225 万元，以这笔土地收益投入城市建设，带动相关城建投资达 1.45 亿元。1993 年全县工业总产值 2.85 亿元，财政收入达 4204 万元，县城面积由过去的 2.8 平方公里扩大到 4.2 平方公里，建成、改造主次干道十余条，长 10.6 公里，县城人均住房面积由 6 平方米提高到 14.5 平方米，进入全区先进行列。蓝山县地处湖南改革开放过渡实验区最前沿，与广东连州交界，区域位置优越。县委、县政府抓住机遇，通过土地使用制度改革，促进个体经济发展。从 1992 年起步，至 1994 年，出让土地 170 多宗，面积 440 多亩，收取出让金 1750 万元，全部投入县城建设，改善投资环境，吸引外来投入资金 2.2 亿元，吸引县内外 38 家集体企业和 960 多家私营企业办厂办店，新增年产值 2.1 亿元，超原国营企业年产值 10 倍，全县个体私营企业发展到 10224 家、股份制合作企业 759 家，成为全省发展个体私营经济和乡镇企业的先进县。永州市（县级，现零陵区）是零陵地委、行署所在地，第一次选择临街 15 间门面地皮，起拍底价 300 元/平方米，拍卖成交后平均地价 1287 元/平方米，最高达 2000 元/平方米，为当时全区土地出让价格最高纪录。1993—1994 年不到两年时间，出让土地 968 亩，获出让金 3550 余万元，聚集城市建设资金 1.3 亿元，新扩展城区面积 3 平方公里。东安县从农村集镇抓起，在井头圩、山口铺、芦洪市等乡镇出让土地 15 宗，收取出让金 80 万元。

1999 年 1 月 1 日，国家实施新的《中华人民共和国土地管理法》，实行土地用途管制。在国有建设用地方式上，改单一的出让为出让、招标、拍卖、租赁和入股等多种形式并用。

2000 年，永州市政府印发《关于加强城市规划区内土地一级市场管理的通知》。2001 年，市委印发《关于永州市城市规划区集中开展土地市场清理整顿的通知》，为加强城市规划区土地一级市场管理，规范土地市场秩序，深化土地制度改革，促进城市建设和经济发展作出具体规定。

2002 年，进一步规范土地市场，全市各县（区）国土资源系统都建立地产交易所。其中市国土资源局及蓝山、道县、祁阳等县国土资源局建立规范的交易大厅。

2010年，继续完善和规范土地交易市场，启动全市土地市场动态监测与监管系统。当年市本级依法按程序发布出让公告24个，举办19场次现场竞卖会，出让土地82宗，面积96.08公顷，实现出让收入6.3亿元。2012年，市国土资源局出台《国土资源网上交易规则》，网上交易比例达100%。全市出让国有建设用地766宗，面积4205.3亩，成交价20.6亿元，其中市中心城区出让国有建设用地25宗，面积1933.8亩，成交价8亿元。东安、蓝山两县土地出让收益突破1.5亿元。2013年，市本级网上出让国有建设用地27宗，成交价款12.47亿元。

2015年9月14日，市国土资源局印发《关于进一步加强中心城区国有建设用地供应及供后监管的实施意见》。同时，市政府印发《永州市中心城区规划区国有建设用地使用权出让实施细则》。市、县（区）国土资源部门严格按照上述文件要求，进一步规范土地市场秩序，进一步加强土地出让和监管，成效明显。当年，市本级办理出让国有建设用地109宗，面积97.24万平方米，金额11.25亿元；市本级网上成交15宗国有建设用地使用权，成交额10.02亿元；冷水滩区、市经济技术开发区、零陵区成交土地24宗，成交总额19.58亿元。

第三节 土地管理制度

1987年2月6日，零陵地区国土管理局成立，为零陵地区行政公署直属机构。同年底，全区11个县（市）相继成立国土管理局。各级国土管理部门贯彻落实十分珍惜和合理利用每一寸土地，切实保护耕地的基本国策，统一管理全区土地、城乡地籍地政工作。

1987年5月20日，零陵地区国土局、地区计委联合召开全区地、县（市）国土管理局和地、县（市）计委负责人参加的全区非农业建设用地计划管理工作会议，传达贯彻省非农业建设用地计划工作会议精神，研究下达当年全区非农业建设用地计划指标。自此，全区非农业建设用地由“无计划”“无定额”的多家分管，转变为由代表政府行使土地管理职能的国土管理局按计划审核定额，统一管理土地的新格局。9月16日，零陵地区行署召开全区非农业建设用地清理工作会议，强调各级政府一定要把清理非农业建设用地作为当前一件大事抓紧抓好，按照中共中央、国务院文件要求，对全区非农建设用地全面清理，认真查处。根据“地委”“行署”的统一部署，各县

(市)、乡镇组织由书记挂帅，主管国土的副县（市）长、乡（镇）长专抓的领导班子和专业骨干清查队伍，全区抽调各级干部 2.92 万人，清查专业队伍 2.25 万人，采取先办培训班，再进行清查试点，然后以点带面全面铺开的方式进行。至 1988 年 1 月，全区非农业用地清理工作全面结束。通过清查，全区查出 1982 年以来各种违法占地案件 5.17 万起，依法处理 4.94 万起，拆除房屋 974 栋，面积 3.8 万平方米，罚款处理 4.85 万起，罚款金额 91.5 万元，党政纪处分 8 人，结合解决村级土地权属纠纷 3912 起。

1994 年 9 月 2 日，零陵地区行署印发《零陵地区城镇用地实行“五统一”管理的暂行规定》。文件明确规定：城镇规划区范围内的土地，对单位和个人新建、扩建、改建项目建设用地，实行统一规划、统一征用、统一开发、统一出让和统一管理，简称“五统一”。(1) 土地的统一规划。城镇建设和各类开发区建设要服从土地利用总体规划和城市建设规划。(2) 土地的统一征用。城镇规划区、工矿区，各类开发区的建设用地由国土部门代表政府统一征用。(3) 土地的统一开发。土地开发由县（市）政府统一组织实施，按规划先进行“三通一平”设施建设，再建设开发项目。(4) 土地使用权统一出让。县（市）人民政府高度垄断土地一级市场，县（市）国土管理部门代表政府统一实行土地使用权出让和划拨。(5) 土地的统一管理。地、县（市）国土管理部门分别负责本行政区域范围内土地的统一管理工作。1999 年 1 月 1 日，国家实施新的《中华人民共和国土地管理法》。新的《中华人民共和国土地管理法》总则第四条规定：“国家实行土地用途管制制度。国家编制土地利用总体规划，规定土地用途，将土地分为农用地、建设用地和未利用地。严格限制农用地转为建设用地，控制建设用地总量，对耕地实行特殊保护。”① “使用土地的单位和个人必须严格按照土地利用总体规划确定的用途使用土地。”按照新《中华人民共和国土地管理法》的要求，市、县（区）国土部门严把农用地转用项目预审关。对不符合条件的，不符合规划用途转用的坚决不予报批。当年全市按规划和年度计划报批用地项目 37 个，农用地转用 586.15 公顷，其中核减占用耕地 2.75 公顷。

2004 年 8 月 28 日，第十届全国人民代表大会常务委员会第十一次会议第二次修正《中华人民共和国土地管理法》，其中国家实行土地用途管制制度的相关规定与 1999 年元月 1 日实施的《中华人民共和国土地管理法》一致。

---

① 《中华人民共和国土地管理法》，第九届全国人民代表大会常务委员会第四次会议于 1998 年 8 月 29 日修订通过，自 1999 年 1 月 1 日起施行。

第三章　土地规划

1979 年，零陵地区农业区划工作在道县试点，1980—1985 年全区各县（市）农业资源调查及农业区划工作全面完成。1986 年 6 月，国家颁发《中华人民共和国土地管理法》，将土地利用总体规划首次纳入法律条款。1989 年，省政府部署全省各地区、市、州国土规划工作，修编国土总体规划，核实经济发展战略，落实全省重大国土开发整治项目规划。1993 年 5 月至 1994 年 12 月，零陵地区编制完成首次全区土地利用总体规划；1997—1998 年，永州市完成第一轮全市土地利用总体规划修编；2006—2010 年，全面完成市、县（区）、乡（镇）三级第二轮土地利用总体规划修编；2015 年 6 月，开始进行第二轮规划的调整和完善工作。

第一节　农业区划

1978 年，全国科技大会制定《1978—1985 年全国科学技术发展纲要（草案）》，提出农业资源调查和农业区划是 108 项科技研究项目的第一项重点科学技术研究项目，要求从 1979 年起，在全国范围内分期分批开展农业资源调查和农业区划工作。1979 年，零陵地区农业区划工作在道县进行试点。“地委”、“行署”成立农业资源调查和农业区划领导小组，地委副书记谭志先任组长，计委、农委、财政、农业、林业、水利、气象、农机等地直相关单位负责人为成员，下设农业区划办公室和各专业资源调查组，指导开展县（市）农业资源调查和农业区划工作。全区抽调地、县（市）、乡（镇）、村各级干部 1 万多人，各类专业技术人员 2600 多名参加这项工作。1985 年，全区农业区划工作结束。

一、农业资源调查和农业区划

1980—1985 年，全区 11 个县（市）分 4 批先后开展农业资源调查和农业区划工作。

（一）土地资源调查（概查）

1985年，基本查清全区11大类土地利用现状分类面积。全区土地总面积2.23万平方公里，折合3350.57万亩。其中，耕地509.51万亩，占土地总面积的15.2%；山林地2428.98万亩，占土地总面积的72.5%；水域140.79万亩，占土地总面积的4.2%；城镇村庄及道路用地271.29万亩，占土地总面积的8.1%。大体是“七山半水分半田，一分道路和村镇”的格局。

（二）地貌调查及区划

1985年，查明全区地貌形态受燕山运动、喜山运动及伴随岩浆侵入，地表长期风化侵蚀等内、外力作用影响，形成以山地为主体，山、丘、岗、平俱全的地貌类型。

1985年零陵地区地貌类型一览表

表1-3-1

县（市）名称	土地总面积		人口密度（人/平方公里）	山地（万亩）				
	平方公里	万亩		合计	占总面积	中山	中低山	低山
永州	2008.06	301.21	254.7	100.5	33.36	66.13	21.57	12.8
冷水滩	1221.93	183.29	290.7	12.38	6.75	11.2	0.3	0.88
祁阳	2519.40	377.91	323.8	157.09	41.57	85.47	50.05	21.58
东安	2219.93	332.99	226.8	152.4	45.77	66.89	39.42	46.09
双牌	1699.53	254.93	79.0	223.64	87.73	100.01	82.77	40.86
道县	2441.80	366.27	223.0	163.63	44.68	106.54	15.00	42.09
江永	1817.00	272.55	129.56	108.34	39.75	98.58	5.74	4.01
江华	3055.32	458.30	106.0	317.08	69.18	302.7	13.89	0.49
蓝山	1805.93	270.89	148.7	185.22	68.37	131.00	48.41	5.81
宁远	2525.80	378.87	243.8	180.92	47.75	49.07	80.41	51.44
新田	1022.4	153.36	291.0	55.48	36.19	39.04	13.29	3.15
合计	22337.1	3350.27	211	1656.68	49.45	1056.63	370.85	229.2

续表 1-3-1

县（市）名称	丘陵（万亩）				岗地（万亩）				平原（万亩）		水面（万亩）	
	合计	占总面积(%)	高丘	低丘	合计	占总面积(%)	高岗	低岗	合计	占总面积(%)	合计	占总面积(%)
永州	56.87	18.88	21.13	35.74	64.97	21.57	29.42	35.55	61.11	20.29	17.76	5.90
冷水滩	35.53	19.38	9.68	25.85	61.73	33.68	32.57	29.16	52.50	28.64	21.15	11.54
祁阳	52.34	13.85	7.31	45.03	63.03	16.68	33.22	29.81	82.35	21.79	23.09	6.11
东安	67.60	20.30	33.07	34.53	74.08	22.25	53.00	21.08	26.06	7.82	12.86	3.86
双牌	9.30	3.65	4.72	4.58	9.10	3.57	5.08	4.02	6.05	2.37	6.85	2.69
道县	41.80	11.41	20.27	21.53	90.02	24.58	27.04	62.97	54.65	14.92	16.13	4.40
江永	54.43	19.97	26.87	27.56	61.53	22.57	44.84	16.69	41.84	15.35	6.42	2.36
江华	54.86	11.97	21.43	33.43	43.15	9.41	12.40	30.75	33.02	7.20	10.21	2.23
蓝山	33.74	12.46	17.07	16.66	22.00	8.12	13.39	8.62	26.54	9.80	3.39	1.25
宁远	57.76	15.25	36.66	21.10	58.50	15.44	20.68	37.82	74.79	19.74	6.89	1.82
新田	22.07	14.39	10.13	11.94	48.76	31.79	26.65	22.10	19.76	12.88	7.29	4.25
合计	486.3	14.51	208.34	277.95	596.87	17.81	298.29	298.57	478.67	14.29	132.04	3.94

说明：此表中永州系县级永州市，为现零陵区

零陵地区西北部越城岭（1882.4 米）及余脉舜皇山；西中部都庞岭（峰顶韭菜岭 2009.3 米）及余脉紫金山、阳明山；南部萌渚岭九嶷山（1959.2 米），三面高山环绕，山体蜿蜒 200 余公里，将中部地域割隔成北（零祁盆地）南（宁道江盆地）两个天然的丘岗盆地，构筑成三山围夹两盆，向东北开口倾斜的倒“E”字形地貌轮廓。

（三）森林资源调查及区划

1985 年，全区森林结构：天然次生阔叶林 125.58 万亩；人工杉木林 466.41 万亩；马尾松林 331.8 万亩；经济林 347.98 万亩；竹林 87.7 万亩；灌木林 193.3 万亩；还有珍稀树种 70 种，其中属国家二级保护品种有冷杉、福建柏等 13 种。

（四）水资源调查及水利化区划

零陵地区地表水资源丰富，河网水系发育。1985 年，全区有湘江及一、二级支流潇水等 733 条，水能理论蕴藏量 218.2 万千瓦，可供开发量 101.5 万千瓦，居全省第三位。

（五）农业气候资源调查及区划

1985 年，查明全区地域属于中亚热带大陆性季风湿润气候区，其南部有向南亚

热带延伸的特点，既有温光丰富，又有雨水充足的跨两区域的气候特色，是发展农业生产得天独厚的宝地。

（六）农业生产调查及区划

1984年，全区水稻播种面积591.59万亩，稻谷产量20.185亿公斤，当年全区农业总值为15.21亿元，比1949年增加5.14倍。1985年，全区有宜农土地面积545.8万亩，开垦为耕地的509.5万亩。查明全区有稻、薯、麦、豆等粮食作物1500多种，发展粮食生产是全区整个农业生产中的绝对优势。

（七）畜牧业、渔业资源调查及区划

1985年，全区有天然草场1365万亩；有河溪、库、塘各类水域面积140.79万亩，其中可养殖水面32.31万亩。全区有猪、牛、鸡、鸭等30多个畜禽品种；水产经济动物186种；水产两栖动物7科16种，水产爬行动物5种。其中有国家二类保护鱼类中华鲟等，两栖类大鲵（娃娃鱼）、珍贵水产兽华东水獭均有发现。

此外，还进行过土壤普查、水土环保、农机化、中草药材等调查及区划。

二、功能区分类

1985年，综合分析全区自然资源的优势和潜力，依据农、林、牧、渔各业发展的现状及前景，根据地域分异规律，综合自然资源特点和农业生产条件、社会经济条件，将全区11个县（市）、397个乡（镇）、5054个村的地域划分为两大类5个类型功能区：

（一）山地类

（1）越城岭—四明山山地用材林、经济林区；（2）都庞岭—阳明山山地用材林、防护林、竹、漆、畜牧区；（3）萌渚岭—九嶷山山地用材林、水源林、茶叶、油桐、药材区。

（二）丘岗盆地类

（1）零陵县、祁阳县、东安县，山岗、盆地为粮食、柑橘经济作物种养殖区；（2）宁远县、道县、江永县，丘陵、盆地为粮食、甜橙、烤烟、油料、甘蔗种植区。

三、战略设想

充分发挥农业资源优势，走“立体农业”和“生态农业”的道路，农、林、牧、副、渔全面发展。工、商、运、建、服综合经营，逐步把全区建成为稳定的、商品率高的、具有亚热带山丘特色的农村经济体系。到2000年奋斗目标是：全区农村经济总产值（按1980年不变价）比1980年的10.52亿元翻2.31番；人均年产值1040元；森林覆盖率将由45.6%上升到65%。

四、农业区划成果

1980—1985年，全区基本完成地、县（市）综合农业资源调查和区划报告12集，各专业调查和区划专题120余册1260篇，编绘县级农业区划图集3部，地、县（市）各专业图件1600多幅，汇编地、县（市）数据集60册，表格860种。

第二节　国土规划、待开发土地调查与规划

一、国土规划

1987年，省政府办公厅印发省计委、省国土局编制的《湖南省国土规划工作方案》。1988年，省国土规划办公室印发《关于编制地、市国土规划具体要求的通知》，要求各地（州、市）尽快编制好本区域国土总体规划，落实区域重大国土开发、整治项目，核实经济、社会发展战略。

1988年，零陵行署决定，零陵地区国土规划与2000年发展规划同步进行，成立《零陵地区国土规划》和《零陵地区2000年经济、科技、社会发展规划》协调委员会，对两个规划统筹安排部署。协调委员会由行署常务副专员吴海森任主任，行署办主任周绍宏、地区计委主任卞翠屏、地区国土局局长杨素美、地委政研室主任刘桂阳任副主任，地直16个有关部门主要领导为成员。下设国土规划办公室和2000年经济、科技、社会发展规划办公室，实行两个规划两块牌子、一套人马合署办公。

地区国土局抽调三分之一的干部，协同计委和有关部门组成62个专业课题小组，共同进行国土规划、土地利用总体规划和行业部门规划编制工作。

1990年1月，全面完成《零陵地区国土规划报告集》《零陵地区部门诊断报告集（一、二卷）》《零陵地区土地利用总体规划》报告集、《数据集》及图件22幅的编绘。其中部门诊断报告集，由地区农业、畜牧、水产、林业、水利、农机、乡企、农村能源、冶金、机械、化工、建材、煤炭、轻纺、二轻、食品、制药、电力、交通、邮电、矿产、饲料、财政、金融、保险、商业、药材商业、供销、人才、人口、教育、文化、卫生、广电、书店、体育、劳动部门等44个专业课题组，

从各业历史、现状发展变化、障碍因子、制约条件等方面，分析探讨治理途径和措施，充分发挥区域优势，挖掘最大潜能，确立本区域经济社会发展战略。

《零陵地区国土规划报告》内容包括五部分。（一）基本情况及资源状况。（二）发展战略。包括三方面的内容：(1) 战略方针。强化农业的基础作用，为初步工业化奠定坚实基础；以工业为主导，加快结构转变，尽快实现工业化；适当集中、加快城市化的步伐；大胆改革，努力办好改革开放过渡试验区；大力开发资源、积极保护生态环境。(2) 战略重点。开发土地资源；抓好十大商品基地建设；尽快形成十大工业支柱产业；加强基础设施建设；加快冷水滩市和永州市（县级）的建设步伐；形成科学技术与经济建设紧密结合的新机制；建立一个具有较先进水平的全民教育体系。(3) 战略目标。（三）规划布局。（四）国土整治与保护。（五）措施。

零陵地区 1990 年国土规划战略目标一览表

表 1-3-2 单位：亿元、万人

项目	1980 年	1987 年	1995 年		1987—1995 年递增速度		2000 年		递增速度		2020 年	
			方案一	方案二	方案一	方案二	方案一	方案二	方案一	方案二	产值	速度
工农业总产值	14.57	30.33	70	80	11.02	12.89	100	120	9.6	11.16	300	5.6
工业总产值	9.93	14.97	45	50	14.7	16.27	70	85	12.59	14.29	246	6.5
其中：农村工业		3.20	10	15	15.3	21.3	20	25	15.14	17.13	—	—
农业总产值	4.64	15.36	25	30	6.3	8.7	30	35	5.28	6.54	54	3
国民生产总值		31.56	65	70	9.45	10.47	85	100	8.39	9.28	225	5
国民收入	9.76	27.65	60	65	10.17	11.28	80	95	9.02	9.96	215	5
人口	440.82	492.55	550	565	1.39	1.73	600	575	1.53	1.19	680	0.98
财政收入	0.99	2.08	4.73	5.5	10.99	12.96	6.5	7.5	9.29	10.5	17	4.9

二、待开发土地资源调查与规划

1988 年 3 月，根据《湖南省县级待开发土地资源调查及开发规划实施意见》，全区 11 个县（市）相继开展待开发土地资源调查规划。

（一）待开发土地资源

全区待开发土地资源 534.25 万亩，其中海拔在 500 米以下，坡度在 15 度以下，无侵蚀或轻度侵蚀，土壤较肥沃可开发为农用地的 141.95 万亩。

（二）开发利用方向和目标

利用农业资源优势，实行开发利用与治理保护相结合，统一规划，分步实施，重点发展粮食生产，因地制宜开发林、果业经济作物，建立新的粮、林、草生产商品基地。

零陵地区 1990 年待开发农用地一览表

表 1-3-3　　单位：万亩

分类		永州	冷水滩	东安	道县	宁远	江永	江华	蓝山	新田	双牌	祁阳	全区
总量		74.44	33.76	49.13	38.48	67.90	70.37	58.37	15.92	22.63	84.46	18.79	534.25
其中：农用地	合计	28.73	14.37	10.83	13.06	12.33	26.07	4.68	12.00	4.11	3.63	12.15	141.96
	耕地	14.14	6.71	0.98	9.59	5.34	21.91	4.08	9.00	1.78	1.41	2.23	77.17
	园地	14.59	7.66	9.85	3.47	6.99	4.16	0.60	3.00	2.33	2.22	9.92	64.79

说明：此表中永州系县级永州市，为现零陵区

零陵地区 1990 年待开发土地开发规划及目标一览表

表 1-3-4　　单位：万亩、万元、万个

开发方向		耕地			园地	林地	牧草地	可养殖水面	建设用地	其他	合计
		小计	水田	旱土							
1995 年前	开发面积	46	18	28	39.3	130	—	6	5	—	272.3
	总投资	32000	18000	14000	39300	39000	—	3000	—	—	145300
	总投工	3200	1800	1400	2358	3900	—	300	—	—	12958
1996 年后	开发面积	31	17.8	13.2	25.5	124	120	—	5	0.57	288.27
	总投资	24400	17800	6600	25500	37200	24000	—	—	—	135500
	总投工	2440	1780	660	1530	3720	6000	—	—	—	16130
每亩投资（元）			1000	500	1000	300	200	500	—	—	—
每亩投工（个）			100	50	60	30	50	50	—	—	—

第三节　土地利用总体规划

1987 年，国务院办公厅转发国家土地局《关于开展土地利用总体规划工作报告的通知》。遵照中共中央、国务院《关于加强土地管理、制止乱占耕地的通知》

精神，“各地要尽快制定和完善土地利用总体规划”的要求，1993 年，零陵行署下发《关于开展全区土地利用总体规划工作报告的通知》，部署开展全区土地利用总体规划。

1993 年至 1994 年 10 月，零陵地区编制完成地、县（市）两级土地利用总体规划；1997—1998 年，全市编制完成市本级及县（区、场）两级 13 个单位的第一轮土地利用总体规划修编；2006—2010 年，完成全市辖域内市本级、县（区、场）和乡（镇）三级第二轮土地利用总体规划修编。2015 年，开始实施第二轮规划的调整和完善工作。通过连续 10 年 3 次进行地区（市）、县（区）、乡（镇）三级土地利用总体规划编制和修编，使土地管理由指令性计划限量管理转变为指导性科学规划调控管制。

一、第一轮土地利用总体规划

1993 年 10 月，遵照国务院办公厅转发《关于开展土地利用总体规划工作报告的通知》，零陵地区行署办公室下发文件，部署全区各县（市）开展土地利用总体规划编制工作。同月零陵地区成立由常务副专员朱泽民为组长，行署副秘书长李绍陶、地区国土局局长唐际绍任副组长，地直 14 个委（办、局）负责人为成员的土地规划领导小组，领导小组办公室设在地区国土局，负责地、县（市）规划编制的组织和协调工作。同时组建 14 个专业课题组。各县（市）抽调精干的专业技术人员组成相应的课题组。全区投入干部 20274 人，其中县（处）级以上领导干部 61 人，科局级干部 535 人，投入高、中级技术人员 587 人。全区筹集规划专用经费 110. 8 万元，其中由各级财政拨款 65 万元，各级国土部门自筹款 45. 8 万元。

1994 年 9 月，基本完成《零陵地区土地利用总体规划》和基本农田保护、林业、农业、水利等 14 个专业（专题）研究规划以及县（市）级土地利用总体规划工作。

《零陵地区土地利用总体规划》以 1990 年为基期年，1991—2000 年为规划年，主要指标和重大项目展望到 2010 年。

规划目标：全区保护耕地面积基本稳定在（1990 年）494. 25 万亩，至 2000 年，略增到 495. 75 万亩；园地面积从 1990 年的 55. 5 万亩增加到 207. 9 万亩；森林覆盖率由 1990 年的 43. 3%提高到 60%；城乡基础设施、交通、水利各类建设用地由 1990 年的 215. 85 万亩增加到 250. 35 万亩；开发未利用地 214. 8 万亩；加强水土流失治理，到 2000 年，流失面积控制在小于 675 万亩，治理速度提高 4. 8%以上。展望到 2010 年，全区由于城镇建设的迅速扩大，交通、水利等基础设施发展，建设用地将增加到 375 万亩。其中各项建设占用的耕地及灾毁退耕等减少耕地，将通过开发补充后备土地资源，保持耕地总量动态平衡。

土地利用分区：为充分发挥区域优势，因地制宜指导土地的合理利用，依据经济、社会、科技发展规划和国土规划的分区原则，把全区 11 个县（市）划分为北、南两大土地利用功能区。

（一）北部区

包括永州（县级）、冷水滩两市，祁阳、东安两县。该区人口密度大，土地开发程度高，城镇化水平高，经济相对比较发达，规划期间主要实现永、冷两市连城，祁阳扩城建市，东安辐射发展强县。充分发挥永、冷、祁“湘南小金三角”中心枢纽城市的功能，加快城镇、近郊交通路网基础设施建设，稳定耕地，扩大发展农、果、蔬、畜牧高效商品农业，重建绿色旅游零陵古城永州新貌。

（二）南部区

包括双牌、道县、宁远、江永、江华、蓝山、新田 7 个县。该区域林牧山地面积大，宜开发土地潜力大；毗邻两广经济发达区，是全区贯通两广的经济发展走廊。规划期间要快速发展交通、水利工程设施，加快湘南综合农业开发步伐，加强用材林、经济林和果茶园基地建设，把南部区域打造成生产基地、商品加工仓库和物资销售交流中心。

二、第一轮土地利用总体规划修编

1997 年 10 月，根据《湖南省人民政府办公厅关于认真做好土地利用总体规划修编工作的通知》要求，全市开展市、县（区）、乡（镇）三级土地利用总体规划修编工作。

1997 年 10 月 20 日，成立以副市长张维为组长，市政府副秘书长蔡自新、市国土局局长唐际绍为副组长，计委、建委、财政、农业、林业、水利等市直相关 15 个部门负责人为成员的市规划修编领导小组。下设办公室，由唐际绍兼任办公室主任。市国土局负责并承担规划修编主要工作，同时组建 15 个课题研究组。课题研究组广泛收集土地调查、土地开发、土地统计等各专业各部门调查研究资料，收集国民经济和社会发展“九五”计划和 2010 年远景规划纲要，并进行汇总分析论证。确定本次规划土地利用现状面积以 1996 年 10 月 31 日省核定的土地变更调查数为准。在广泛、深入对汇集的基础资料、各专业资料进行分析研究和论证后，提出 3 套供选方案。同时，召集领导、专家参加评议会议，对供选方案再进行比较、评价、研究，拟定实施规划的配套措施，反复进行 3 次较大的修改，最后由市修编领导小组审查决定，确定用第二方案。

永州市 2010 年土地利用规划方案比较一览表

表 1-3-5

项目	方案一	方案二	方案三
一、土地利用	1. 突出农业，扩大耕、园地，稳定林地、牧草地，适当发展城镇和交通、水利水电事业，适量开发土地后备资源 2. 实现耕地动态平衡，满足省定指标并较多增加。补充耕地 38000 公顷，控制减少耕地 28200 公顷，净增耕地 9800 公顷 3. 增加园地 28000 公顷，较快发展水果生产 4. 建设用地增加 15339 公顷，其中占用耕地控制在 4867 公顷以内 5. 开发未利用地 43139 公顷，其中开复耕地 15000 公顷	1. 加强农业强市建设，稳定并适量增加耕地、林地、牧草地，扩大园地，加强基础设施和城镇建设，适量开发土地后备资源 2. 实现耕地动态平衡，满足省定指标并略有增加。补充耕地 38000 公顷，控制减少耕地 36587 公顷，净增耕地 1413 公顷 3. 增加园地 36096 公顷，快速发展水果生产 4. 建设用地增加 24405 公顷，其中占用耕地控制在 4867 公顷 5. 开发未利用地 62943 公顷，其中开复耕地 19997 公顷	1. 在稳定粮食生产的基础上，大力调整农业内部结构，大面积增加园地、林地、牧草地，突出城镇和交通水利建设，大量开发土地后备资源 2. 实现耕地动态平衡，满足省定指标不再增加，补充耕地 38000 公顷，控制减少耕地 36867 公顷，净增耕地 1133 公顷 3. 大量增加园地 88000 公顷，林地 11000 公顷，牧草地 10000 公顷 4. 建设用地增加 33413 公顷，其中占用耕地控制在 4867 公顷 5. 开发未利用地 143546 公顷，其中开复耕地 25000 公顷
二、土地利用结构	1. 农用地 1869935 公顷，占总面积 84.02% （1）耕地 353649 公顷，占 15.8% （2）园地 73273 公顷，占 3.29% （3）林地 1365673 公顷，占 61.36% （4）牧草地 2340 公顷，占 0.1% （5）水面 75000 公顷，占 3.37% 2. 建设用地 117331 公顷，占土地总面积的 5.27% （1）城镇村及工矿用地 72094 公顷，占 3.24% （2）交通用地 16587 公顷，占 0.75% （3）未利用地 238265 公顷，占 10.71%	1. 农用地 1881138 公顷，占土地总面积的 84.53% （1）耕地 345262 公顷，占 15.51% （2）园地 81333 公顷，占 3.7% （3）林地 1372340 公顷，占 61.7% （4）牧草地 6667 公顷，占 0.3% （5）水面 75536 公顷，占 3.39% 2. 建设用地 117353 公顷，占土地总面积的 5.27% （1）城镇村及工矿用地 76051 公顷，占 3.42% （2）交通用地 18837 公顷，占 0.85% （3）水利设施用地 22465 公顷，占 1.01% （4）未利用地 227040 公顷，占 10.2%	1. 农用地 1942232 公顷，占土地总面积的 87.27% （1）耕地 344982 公顷，占 15.5% （2）园地 1376673 公顷，占 5.99% （3）林地 1376673 公顷，占 61.86% （4）牧草地 12340 公顷，占 0.55% （5）水面 75000 公顷，占 3.37% 2. 建设用地 145414 公顷，占土地总面积的 6.53% （1）城镇村及工矿用地 87856 公顷，占 3.95% （2）交通用地 22184 公顷，占 1% （3）水利设施用地 35365 公顷，占 1.59% 3. 未利用地 137885 公顷，占 6.2%

续表1-3-5

项目	方案一	方案二	方案三
三、土地利用预测	1. 粮食产量达到315万吨，人均525公斤，农业总产值实现145亿元 2. 除粮食、水果产量增长较多外，其他各业发展平稳 3. 城镇及交通等各项建设因受发展影响，用地增加不多 4. 土地后备资源得到一定开发，利用率达到89.3% 5. 生态环境有所改善，森林覆盖率达到62%	1. 粮食产量达到300万吨，人均500公斤，农业总产值实现150亿元 2. 在加强农业的基础上，各业得到协调发展 3. 城镇及交通等各项建设发展较快，用地增加较多 4. 土地后备资源得到积极开发，利用率达到90.2 5. 生态环境较好，森林覆盖率达到63.6%	1. 粮食产量达到280万吨，人均467公斤，农业总产值实现165亿元 2. 在稳定粮食生产的基础上，各业迅速发展 3. 城镇及交通等各项建设发展迅速，用地大量增加 4. 土地后备资源得到大量开发，利用率达到93.8% 5. 生态环境良好，森林覆盖率达65%
四、土地利用可行性分析	1. 土地后备资源开发留有余地 2. 投资少，风险小，效益低 3. 应变能力一般，可操作性强 4. 各方接受程度一般	1. 土地后备资源开发较为充分 2. 投资适度，风险小，效益较好 3. 应变能力强，可操作性强 4. 各方接受程度高	1. 土地后备资源开发过度，现有科技水平及财力难以支撑 2. 投资大，风险大，效益高 3. 应变能力弱，可操作性差 4. 各方接受程度低

1998年5月，基本完成全市的规划文本、数据和图件成果，上报省修编办审批。

1998年12月，省修编办下达《永州市土地利用总体规划（1997—2010）评审意见》。依照该意见又进行修改，1999年9月，由市政府上报省政府审批，10月，省政府批准实施。

本规划以1996年为基期年，2000年为规划阶段目标年，2010年为规划目标年，展望到2030年。

土地利用目标：

（一）耕地总量动态平衡

1997—2010年，建设占用耕地4593公顷，退耕8994公顷，灾毁减少耕地1000公顷，耕地减少控制在1.46万公顷；通过土地开发8000公顷，整理复垦8000公顷，补充增加耕地1.6万公顷，净增耕地1413公顷。至2010年，耕地总量达到34.53万公顷，基本农田保护面积29.75万公顷，保护率为86.5%。

（二）有效控制建设用地

1997—2010年，规划控制各项建设用地2.71万公顷；规划期间，净新增建设用地 1.34 万公顷，其间，减少建设用地 1.38 万公顷。规划期末，2010 年建设用地总面积控制在 11.74 万公顷以内。

（三）土地利用率和产出率

土地利用率由 1996 年的 87%提高到 2010 年的 89.8%；土地产出率由 1996 年的每公顷国内生产总值 8400 元提高到 2010 年的 31453 元。

（四）低产田改造

1997—2010 年，改造低产耕地 5.57 万公顷，占低产耕地总面积的 43%。

（五）土地生态环境治理

2010 年，水土流失和工业污染得到基本控制。规划期间，新增林地 6667 公顷。是年，林地达到 137.23 万公顷，森林覆盖率达 63.6%，自然保护区面积达 20 万公顷，占全市土地总面积的 9%。

土地利用分区：根据永州市域山地、丘岗盆地的自然条件和社会经济条件的不同及农业地域差异，将本市域划分为 3 个区域，即中北部城市近郊平岗工贸菜果区；北部山地、中西部山地、南部山地林牧土地利用区（包括 3 个小区）；中北部丘岗、中南部丘岗盆地的粮、经、果土地利用区（包括 2 个小区）。

规划成果：第一轮土地利用总体规划修编，规划成果共 22 项。即《永州市土地利用总体规划》《永州市土地利用总体规划说明书》《永州市土地利用总体规划数据集》《永州市土地利用现状图》《永州市土地利用总体规划图》《永州市城区土地利用规划图》《永州市基本农田保护区规划》《永州市土地开发、复垦规划》《永州市土地整理规划》《永州市农业用地规划》《永州市林业用地规划》《永州牧、渔业用地规划》《永州市水利、水电建设用地规划》《永州市交通用地规划》《永州市电力、电网工程用地规划》《永州市市区建设用地规划》《永州城乡居民点建设用地规划》《永州市土地利用现状研究》《永州市土地整理研究》《永州市耕地可持续利用研究》《永州市建设用地预测研究》《永州市土地利用总体规划实施的政策法规研究》。

三、第二轮土地利用总体规划修编

2005 年 8 月 19 日，省政府召开电视电话会议，部署全省新一轮规划修编工作。省国土资源厅转发国土资源部《土地利用现状数据确认技术规范》，规定土地利用现状（数据）统一时点为 2004 年 10 月 31 日，统一采用农用地、建设用地、未利用地 3 大类，16 个二级类，71 个三级类进行土地利用分类统计。并颁发《湖南省土地利用总体规划（2006—2020 年）大纲》。2006 年 5 月，永州市成立土地利用总体规划修编领导小组，副市长荣燕明为组长，市国土资源局局长秦坤任副组长，市发改委、市规划建设局、市交通局、市水利局、市农业局、市林业局、市环保局、市商务局等16个政府主要职能部门负责人为成员。领导小组办公室制定永州市规划修编工作方案和技术方案。6月，根据国土资源部《关于做好土地利用总体规划修编前期工作中“四查清、四对照”工作有关问题的通知》要求，永州市全面完成市、县（区）两级“四查清、四对照”工作。2007年9月，在整理核实基础资料的基础上，规划编制技术人员与专家一起开展《永州市土地利用与区域经济发展协调研究》《永州市土地集约与节约利用研究》《永州市城镇发展战略与土地利用研究》《永州市城乡建设用地结构和布局优化研究》《永州市耕地和基本农田保护研究》《永州市土地利用与生态环境建设协调研究》等8个方面的专题研究，并组织技术人员和专家评论审查以及市直各职能部门会审，对专题研究成果多次修改完善，上报省国土资源厅评审验收。2008年6月1日，在专题研究的基础上，结合永州市各职能部门编制的《永州市交通用地专项规划》《永州市水利用地专项规划》《永州市林业用地专项规划》等13个主要用地部门专项规划，提出永州市规划修编指导思想和土地利用战略，拟定规划期内永州市主要的土地利用调控目标，最终形成《永州市土地利用总体规划（2006—2020）大纲》，大纲成果经市规划修编领导小组和省国土资源厅组织专家评审，报省政府批复。

该规划以2005年为基期年，2010年为近期目标年，2020年为规划目标年，规划期限为2006—2020年。规划范围为永州市行政辖区内冷水滩区、零陵区、祁阳县、东安县、双牌县、道县、宁远县、蓝山县、新田县、江华县、江永县、金洞林场管理区、回龙圩农场管理区13个县（区），土地总面积2.23万平方公里。

土地利用调控目标：

（一）耕地和基本农田保护目标

2006—2010年，减少耕地4.11万公顷，其中建设占用耕地2218公顷，生态退耕3.87万公顷，灾毁耕地150公顷；补充增加耕地6027.61公顷，增减相抵，净减耕地3.5万公顷，2010年，耕地保有量33.1万公顷。2010—2020年，减少耕地4606公顷，其中建设占用耕地4436公顷，灾毁耕地170公顷；补充增加耕地9095.09公顷，增减相抵，净增耕地4489公顷，2020年，耕地保有量不低于33.55万公顷。规划期内，全市基本农田保护面积28.99万公顷。

（二）建设用地控制目标

建设用地总规模2010年不突破10.19万公顷，2020年不突破10.7万公顷。城乡建设用地规模2010年不突破7.99万公顷，2020年不突破8.31万公顷。城镇工矿用地规模2010年不突破2.55万公顷；2020年不突破3.25万公顷。新增建设用地规模到2010年控制在4551公顷，其中占用农用地控制在3321公顷以内，占用耕地控制在2218公顷以内。

（三）土地整改复垦开发补充耕地目标

土地开发、整理、复垦补充耕地到2010年任务量不少于2218公顷，2020年任务量不少于5095公顷。

（四）土地利用效率目标

土地利用率由2005年的89.46%提高到2020年的90.96%。

土地产出率由2005年生产总值162.1万元/平方公里，提高到2020年生产总值716.68万元/平方公里。

（五）土地生态保护目标

森林覆盖率由2005年60.17%提高到2020年62.86%，各类森林公园、自然保护区及生态保护区面积达到66.77万公顷，占土地总面积的30%。

土地利用功能分区：根据土地资源禀赋、土地生态环境承载能力和土地利用功能定位，将全市土地划为基本农田集中区、城镇发展区、自然与历史文化遗产保护区、生态环境安全控制区和一般农业发展区五大功能区。

（一）基本农田集中区

为基本农田分布集中度较高，优质基本农田比例相对较大区域。主要分布在市域北部的零祁盆地及南部的宁道江盆地，面积69.63万公顷，占全市土地总面积的31.29%。管制规则：按照基本农田管制政策进行管护，土地管理复垦资金优先投入本区，不得在区内挖鱼池、挖沙、采石取土，不得破坏、污染区内土地。

（二）城镇发展区

主要为永州市中心城区（包括冷水滩区、零陵区）和各县城区及建制镇范围内用于城镇建设的区域，面积3.65公顷，占全市土地总面积的1.64%。管制规则：严格执行城镇总体规划，因地制宜划定城镇用地边界，加大存量建设用地挖潜、闲散用地整理、少占或不占耕地和水域、避让基本农田、泄洪、滞洪区和重要生态用地区。

（三）自然与历史文化遗产保护区

指依法认定的自然保护核心区、森林公园、地质公园及历史文化古迹。主要包括九嶷山、阳明山、舜皇山、金洞、千家洞5个国家森林公园；都庞岭、月岩国家级自然保护区；江永源口、祁阳小侻2个省级自然保护区和蓝山板塘、祁阳观音滩、江华大龙山、新田秀峰岭等20个县级保护区，面积17.87万公顷，占全市土地总面积的8.03%。管制规则：本区土地服从生态保护需要，严格执行保护区总体规划和有关法律政策。禁止其他各类建设等损毁生态景观资源的行为。

永州市 2006—2020 年耕地动态平衡一览表

表 1-3-6　　单位：公顷

规划期限	期初耕地面积	减少耕地				增加耕地									期末耕地面积
		新增建设占用耕地	生态退耕	灾毁耕地	合计	土地开发补充耕地		土地整理				土地复垦		合计	
								耕地整理		农村居民整理					
						开发面积	增加耕地	整理面积	增加耕地	整理面积	增加耕地	复垦面积	增加耕地		
2006—2010 年	366068. 3	2218. 0	38704. 91	150. 00	41072. 91	4615. 28	3230. 69	54538. 77	1636. 16	879. 07	615. 35	779. 15	545. 41	6027. 61	331023. 00
2011—2020 年	331023. 0	4436. 0	0. 00	170. 00	4606. 00	6964. 03	4874. 82	82290. 03	2468. 70	1326. 44	928. 51	1175. 67	822. 97	9095. 00	335512. 00
2006—2020 年	366068. 3	6654. 0	38704. 91	320. 00	45678. 91	11579. 31	8105. 52	136828. 80	4104. 86	2205. 51	1543. 86	1954. 82	1368. 38	15122. 61	335512. 00

（四）生态环境安全控制区

指河湖水库及泄洪、滞洪区、重要水源保护区。主要包括双牌水库、涔天河水库等大中型水库饮用水源区和灌区以及湘江、潇水、祁水、新田河等2级水源支河流及泄洪、滞洪区，面积15.7万公顷，占全市土地总面积的7.06%。管制规则：保障生态环境安全，维系河道、湖滨、库区地带自然生态环境，保留水系、蓄水、泄洪通道畅通开阔。保护恢复生态湿地系统。

（五）一般农业发展区

除上述4个区域外的区域，该区主要用于农业生产及直接为农业生产服务的用地，国家能源、交通、水利、国防等重点建设用地应按土地利用总体规划、用途管制严格审批用地。

四、第二轮土地利用总体规划调整完善

2014年，根据省国土地资源厅《关于印发〈湖南省土地利用总体规划调整完善工作方案〉的通知》和《永州市政府关于〈永州市土地利用总体规划调整完善工作实施方案〉的批复》，2015年6月，全市开始实施第二轮土地利用总体规划的调整完善工作。

该次规划调整以二调成果及连续变更到2014年的土地数据为基础，按统一标准分类和要求，开展土地利用总体规划目标实施评估工作，并编制评估报告，提交省国土资源厅审查。

主要规划指标：

（一）耕地保有量目标

到2020年，永州市耕地保有量不低于33.55万公顷，规划实施到2014年末，耕地为36.34万公顷，较规划目标多2.78万公顷。

（二）基本农田保护面积

到2020年，永州市基本农田保护面积不低于28.99万公顷，规划实施到2014年末，基本农田保护面积29.16万公顷，较规划目标多1628.72公顷。

（三）建设用地总规模

到2020年，控制在13.32万公顷以内。规划实施到2014年，建设用地规模12.95万公顷，为规划目标的97.25%。

（四）城乡建设用地规模

到2020年，控制在10.81万公顷以内，规划实施到2014年，城乡建设用地规模10.66万公顷，为规划控制目标的98.69%。

（五）城镇工矿用地规模

到2020年，控制在4.48万公顷以内。规划实施到2014年末，城镇工矿用地2.87万公顷，为规划目标的64.1%。

第四节　土地利用专项规划

按照1987年中共中央、国务院《关于开展土地利用总体规划工作报告的通知》精神，永州市分别于1993年10月、1997年10月、2005年6月3次开展市、县（区）、乡（镇）三级土地利用总体规划编制工作。遵循切实保护耕地，严格控制占用基本农田，节约和集约用地，加强土地开发、复垦和整理，提高土地利用率，保护和改善生态环境，保障土地永续利用的原则，编制耕地和基本农田保护规划，土地开发、复垦和整理规划，土地利用与生态环境建设协调研究等专项规划。

一、永州市耕地与基本农田保护规划

（一）第一轮耕地与基本农田保护规划（1990—2000年）

耕地利用现状　零陵地区1990年耕地面积33.55万公顷，占全省耕地面积的8.27%，居全省第4位；占全区土地面积的15.02%。其中水田26.33万公顷，占耕地面积的78.4%；旱土7.04万公顷，占耕地面积的21.10%；菜地0.18万公顷，占耕地面积的0.5%。

耕地质量分等　一等耕地面积26.27万公顷，主要是潴育性水稻土、菜园土，有机质含量丰富，适种作物广，产量高，能满足本地粮棉油菜消费和完成国家购销任务；二等耕地面积5.12万公顷，包括淹育性、渗育性水稻土和熟化程度高的旱土，有机质含量中等，为一般控制区；三等耕地为过渡保护区，为其他各项建设、农业结构调整的耕地，面积1.66万公顷。

耕地动态规划　根据农业内部结构调整和非农业用地预测，1990年规划基期年耕地面积32.95万公顷，至2000年规划目标阶段期，耕地略增至33.05万公顷。其中规划期内，退耕还林0.2万公顷，扩园改制0.5万公顷，兴修水利和低洼地改鱼池0.26万公顷，交通、工矿及乡镇非农业建设用地0.57万公顷，共减少耕地1.53万公顷；开发、复垦和整理补充耕地1.62万公顷。增减两抵，净增耕地0.09万公顷。

基本农田保护　1990—2000年规划目标年，全区基本农田保护面积由26.33万公顷上升至31.39万公顷，保护率达到94.98%。

（二）第一轮规划修编（1996—2010年）

耕地利用现状　永州市1996年耕地面积34.38万公顷，占全市土地面积的15.29%。其中水田26.21万公顷，占耕地面积的75.22%；旱土8.17万公顷，占耕地面积的24.78%。

耕地质量分等　一等耕地面积11.79万公顷，占耕地面积的34.29%；二等耕地面积13.75万公顷，占耕地面积的39.99%；三等耕地面积8.84万公顷，占耕地面积的25.71%。全市有可开发为耕地后备资源3.2万公顷。

耕地动态规划　1996年规划基期年耕地面积34.39万公顷，至2010年规划目标年耕地达到34.53万公顷，净增1413公顷。其中规划期内，退耕还林8994公顷，灾毁1000公顷，非农业建设占用耕地4593公顷，共减少耕地14587公顷；规划期内开发耕地8000公顷，整理复垦耕地8000公顷，共补充耕地16000公顷，增减两抵，净增耕地1413公顷。

基本农田保护　1996—2010年规划目标年基本农田保护目标由26.33万公顷上升至29.75万公顷，保护率86.5%。

（三）第二轮规划修编（2006—2020年）

耕地利用现状　2005年永州市耕地面积37.03万公顷，占全市土地面积的16.64%，其中灌溉水田24.14万公顷，占耕地面积的65.17%；望天田5.03万公顷，占耕地面积的13.59%；旱地7.7万公顷，占耕地面积的20.8%；菜地1629.2公顷，占耕地面积的0.44%。

耕地质量分等　一等耕地面积10.88万公顷，占耕地面积的32.4%；二等耕地面积12.69万公顷，占耕地面积的37.8%；三等耕地面积10万公顷，占耕地面积的29.8%。

耕地动态规划　（1）规划前期耕地变化。永州市耕地从1997年至2005年9年净减耕地8736.53公顷，平均每年减少耕地915.17公顷。从历年数据变化分析，2003年耕地减少幅度最大，达4491.75公顷，主要原因是当年生态退耕达到4439.2公顷，大部分变更为未成林人造林地和有林地。耕地减少情况是：1997—2005年，全市减少耕地1.01万公顷，其中各项非农业建设占用耕地1708.52公顷，占17.06%；生态退耕6680.95公顷，占66.71%；灾毁耕地363公顷，占3.63%；农业结构调整减少耕地1262.08公顷，占12.6%。耕地增加情况是：1997—2005年，全市增加耕地1778.01公顷，其中土地整理新增耕地339.65公顷，占19.10%；土地开发增加耕地1295.34公顷，占72.85%；复垦增加耕地56.86公顷，占3.20%；

农业结构调整增加耕地86.16，占4.85%。1997—2005年，全市耕地增减两抵，总量减少8236.53公顷。（2）规划期耕地动态分析预测。耕地减少情况预测：根据永州市历年城乡建设用地规模和用地布局分析研究，永州市非农业建设占用耕地预计2006—2010年新增建设用地占用耕地4749.42公顷，2006—2020年占用耕地8947.02公顷。参查永州市历年灾害次数、政府救灾措施等情况，综合考虑自然灾害的突发性和难以预测性，预测永州市灾毁耕地2006—2010年为150公顷，2006—2020年为320公顷。永州市2006—2010年耕地总量减少4899.42公顷，2006—2020年耕地总量减少9267.02公顷。补充耕地预测：根据历年土地开发、整理和复垦规模，省级下达开发整理耕地指标，资金投入状况等因素，2006—2020年全市补充耕地为9270公顷，其中通过耕地整理增加耕地320公顷，通过农村居民点整理补充耕地3236.72公顷，通过土地开发补充耕地4875.92公顷，通过土地复垦补充耕地837.36公顷。

永州市1997—2005年耕地变化一览表

表1-3-7 单位：公顷

年份	年内耕地净增（减）面积	年份	年内耕地净增（减）面积
1997	-574	2002	-237.25
1998	-128.69	2003	-4491.75
1999	120.14	2004	-1856.71
2000	-757.53	2005	-115.93
2001	-194.71	合计	-8236.53

永州市1997—2005年耕地减少一览表

表1-3-8 单位：公顷、%

年份	年内减少	各项建设占用		生态退耕		灾毁		农业结构调整和其他	
	耕地面积	面积	比重	面积	比重	面积	比重	面积	比重
1997	590.44	201.1	34.06	57.4	9.72	23.35	3.95	308.59	52.26
1998	188.38	113.07	60.02	0	0	46.59	24.73	28.72	15.25
1999	116.39	56.16	48.25	0	0	1.38	1.19	58.85	50.56
2000	859.96	795.12	92.46	0.49	0.06	1.29	0.15	63.07	7.33
2001	436.66	203.15	46.52	148.95	34.11	63.56	14.56	21	4.81
2002	578.85	77.17	13.33	228.06	39.4	226.67	39.16	46.95	8.11
2003	4793.45	67.71	1.41	4439.2	92.61	0	0	286.54	5.98

续表1-3-8

年份	年内减少	各项建设占用		生态退耕		灾毁		农业结构调整和其他	
	耕地面积	面积	比重	面积	比重	面积	比重	面积	比重
2004	2022. 65	112. 35	5. 55	1594. 87	78. 85	0. 16	0. 01	315. 27	15. 59
2005	427. 75	82. 69	19. 33	211. 97	49. 56	0	0	113. 09	31. 11
合计	10014. 54	1708. 52	17. 06	6680. 95	66. 71	363	3. 63	1262. 08	12. 6

永州市规划期间（2006—2020 年）耕地变化一览表

表 1-3-9　单位：公顷、%

年份	期初耕地面积	耕地增加量	耕地减少量	耕地变化量	期末耕地面积
2006—2010 年	370340. 52	4900	4899. 42	0. 58	370341. 1
2011—2020 年	370341. 1	4370	4367. 61	2. 39	370343. 5
2006—2020 年	370340. 52	9270	9267. 02	2. 98	370343. 5

耕地保有量目标　永州市 2005 年耕地保有量为 37. 03 万公顷，规划期间非农业建设占用及灾毁减少耕地 9267. 02 公顷；开发、整理及复垦补充耕地 9270 公顷，确定 2020 年末耕地保有量为 37. 03 万公顷。

基本农田保护目标　根据永州市土地利用总体规划，考虑永州市未来的社会经济发展，结合各县（区）基本农田现状规模测算，确定 2005—2020 年永州市各县（区）基本农田规模。

永州市各县（区）2020 年基本农田规模一览表

表 1-3-10　单位：公顷

行政区域	2005 年	2020 年	2006—2020 年
零陵区	31846. 36	31000	-846. 36
冷水滩区	27647. 62	26500	-1147. 62
祁阳县	48565. 7	48510. 14	-55. 56
东安县	35508. 89	36200. 83	691. 94
双牌县	7463. 99	7609. 44	145. 45
道县	38768. 76	38663. 2	-105. 56
江永县	17101. 17	17434. 41	333. 24
江华县	22690. 53	23132. 69	442. 16
蓝山县	16796. 96	17124. 28	327. 31

续表1-3-10

行政区域	2005 年	2020 年	2006—2020 年
新田县	16619.82	16943.68	323.86
宁远县	34490.2	34381.35	-108.86
永州市	297500	297500	0

二、永州市土地开发复垦和整理规划

按照中共中央、国务院关于大力推进土地开发、整治的决策部署和省政府对规划工作的统筹安排，永州市在分阶段开展土地利用总体规划的同时，开展并完成各阶段的土地开发复垦和整理规划。

（一）第一轮土地开发复垦整理规划（1990—2000 年）

资源现状 1988 年，通过待开发土地资源调查，全区有待开发土地 35.62 万公顷，占土地面积的 15.95%。按成因分类，有荒坡隙地 34.17 万公顷，占待开发土地面积的 95.92%；农村废弃地 8078.4 公顷，占待开发土地面积的 2.27%；工矿废弃地 927.3 公顷，占待开发土地面积的 0.26%；河滩地 5511 公顷，占待开发土地面积的 1.55%。在待开发土地中，海拔 500 米以下，坡度 15 度以下，无侵蚀或轻度侵蚀，土壤比较肥沃的宜农地有 9.48 万公顷。

待开发土地潜力 全区有可开发为耕地的待开发土地面积为 5.14 万公顷，占待开发土地面积的 14.44%；可开发为果园的待开发土地面积 4.32 万公顷，占待开发土地面积的 12.13%；可开发为林地的待开发土地面积 16.99 万公顷，占待开发土地面积的 47.71%；可开发为牧草地的待开发土地面积 7.98 万公顷，占待开发土地面积的 2.41%。

规划开发利用目标 到 2000 年，扩大耕地面积 5.13 万公顷、扩大园地面积 4.32 万公顷、扩大林地面积 16.93 万公顷、扩大牧草地面积 3.33 万公顷。规划后期，随着待开发土地资源的利用，全区用 3.33 万公顷种粮，可增产粮食 1.375 亿公斤；全区仅新开发土地资源每年可新增产值 5.1 亿元（据 1980 年不变价）。

（二）第一轮土地开发复垦整理规划修编（1997—2010 年）

土地开发、复垦和整理资源现状 1996 年，永州市有未利用土地面积 28.14 万公顷，占全市土地面积的 12.65%；其中荒草地 7.86 万公顷，占未利用地面积的 27.94%，裸岩、石砾、砂地 11.67 万公顷，占未利用地面积的 41.45%；田坎、地埂 7.01 万公顷，占未利用地面积的 24.90%；其他 1.1 万公顷，占未利用地面积的 3.89%。全市有未复垦废弃地 1.5 万公顷，其中农村废弃地 8046 公顷、工矿废弃地

883公顷、水毁待垦地6043公顷。

资源潜力分析 土地资源开发潜力：全市有可开发利用的土地后备资源8.41万公顷，其中可开发为耕地的有3.2万公顷，可开发为园地的有2.6万公顷，可开发为林地的有2万公顷。土地复垦潜力：全市有可复垦利用废弃地8200公顷，其中农村可复垦废弃地4000公顷、工矿可复垦地600公顷、水毁可复垦农用地3600公顷。其中能复垦成耕地的有2200公顷，能复垦成园地的3000公顷，可复垦成其他地类的有3000公顷。土地整理潜力：全市耕地中的田坎地埂面积7.01万公顷，相当于耕地面积的31.07%。按土地调查规程规定的田坎、地埂系数计算，耕地整理最大潜力达1.73万公顷，相当于耕地面积的7.64%。通过农村居民点整理，全市有可整理补充农用地面积1.1万公顷，其中整理可增加耕地6000公顷。

土地开发复垦和整理规划目标 1997—2010年，永州市开发、复垦和整理土地后备资源总目标是：全市开发土地后备资源52782公顷。其中开发耕地4999公顷、园地9611公顷、林地34845公顷、牧草地3327公顷。全市土地废弃地复垦规划目标为2667公顷，其中复垦为耕地667公顷、复垦为园地2000公顷。全市土地整理规划目标为1.63万公顷，其中通过田坎整理增加耕地5333公顷，通过村庄整理增加耕地2000公顷，通过村庄整理增加园地9008公顷。

（三）第二轮土地开发复垦整理规划修编（2011—2020年）

土地利用现状 2010年，永州市土地面积222.55万公顷，其中耕地面积35.98万公顷，占土地面积的16.16%；基本农田面积28.1万公顷，占土地面积的13.03%；园地面积7.19万公顷，占土地面积3.23%；林地面积142.23万公顷，占土地面积的63.90%；草地面积8.16万公顷，占土地面积的3.66%；城镇村及工矿用地面积10.61万公顷，占土地面积的4.77%；交通运输用地面积2.53万公顷，占土地面积的1.14%；水域及水利设施用地面积9.61万公顷，占土地面积的4.32%；其他土地面积为6.28万公顷，占土地面积的2.82%。

土地整治潜力 农用地整治潜力：永州市农用地待整治区面积21.87万公顷，新增耕地潜力0.7万公顷。其中一级区待整治耕地面积8.73万公顷，新增耕地潜力2794.53公顷；二级区待整治耕地面积8.58万公顷，新增耕地潜力2744.49公顷；三级区待整治耕地面积4.56万公顷，新增耕地潜力1458.48公顷。宜耕未利用地开发潜力：全市有宜耕地后备资源8.05万公顷，在确保生态环境不受破坏的前提下，新增耕地潜力6.74万公顷。其中一级宜耕待开发土地面积5.23万公顷，新增耕地潜力4.53万公顷，新增耕地系数85.91%；二级宜耕待开发土地面积1.65万公顷，新增耕地潜力1.42万公顷，新增耕地系数85.90%；三级宜耕待开发土地面积1.09万公顷，新增耕地潜力7626.54公顷，新增耕地系数70.18%；四级宜耕待开发土地面积378.88公顷，新增耕地潜力284.16公顷，新增耕地系数75%。

损毁土地复垦潜力 全市损毁土地面积4358.37公顷，可复垦为耕地的有2772.87公顷，新增耕地潜力2218.3公顷。其中土地复垦潜力一级区待垦土地1540.17公顷，新增耕地潜力1232.14公顷；土地复垦潜力二级区待垦土地718.49公顷，新增耕地潜力574.79公顷；土地复垦潜力三级区待垦土地303.21公顷，新增耕地潜力242.57公顷；土地复垦潜力四级区待垦土地211公顷，新增耕地潜力168.8公顷。农村建设用地整治潜力：到2020年，永州市农村建设用地待整治区面积6912.86公顷，可补充耕地潜力3436.46公顷。其中整治潜力一级区待整治建设用地4102.37公顷，新增耕地潜力1846.06公顷；整治潜力二级区待整治建设用地786.99公顷，新增耕地潜力472.2公顷；整治潜力三级区待整治建设用地2023.5公顷，新增耕地潜力1118.2公顷。

土地整治规划战略目标 以增加耕地面积、提高耕地质量、改善农村生产生活条件和生态环境为目标，重点开展集中连片的“田、水、路、林、村”综合整治和宜耕后备土地资源开发，优化土地利用结构与布局，强化耕地与生态环境的保护与建设，促进农业现代化和社会主义新农村建设。

土地整治规划总量目标 2011—2015年，全市完成土地整治规模8.76万公顷，补充耕地面积1.06万公顷。其中以建设高标准基本农田的农用地整治7.68万公顷，补充耕地2766公顷；农村建设用地整治1058公顷，补充耕地550公顷；损毁土地复垦1743公顷，补充耕地887公顷；宜耕未利用地开发7980公顷，补充新增耕地6384公顷。2011—2020年，全市完成土地整治建设规模19.6万公顷，补充耕地面积2.59万公顷。其中以建设高标准基本农田的农用地整治面积16.94万公顷，补充耕地6438公顷；农村建设用地整治1923公顷，补充耕地1000公顷；损毁土地复垦4358公顷，补充耕地2218公顷；宜耕未利用土地开发2.03万公顷，补充新增耕地1.62万公顷。至规划期末，确保全市耕地保有量不低于33.55万公顷。

规划效益分析 规划期内，通过土地整治重大工程实施，可新增耕地2.59万公顷，同时，经整治耕地质量平均提高一个等级，粮食产能每亩提高100公斤以上；基本实现市域内耕地“占补平衡”，提高土地节约集约利用水平，改善农村人居环境，推进社会主义新农村建设；提高抵御自然灾害的能力，改良土壤质量，提高土地肥力，增加土地综合生产能力，有效预防“三废”污染，改善生态环境质量，有效保障自然生态平衡。

三、土地利用与生态环境建设协调研究

2005年6月4日，国务院办公厅转发《国土资源部关于做好土地利用总体规划

修编前期工作的意见》的通知，将“协调土地利用与生态环境建设”作为六大土地利用重大问题之一，要求各地在修编前期工作中对此深入调查研究，提出解决问题的措施和建议。

2006年，永州市通过资料收集和现场调查，经过土地利用的环境影响效益分析，找出全市在土地利用过程中存在的主要环境问题，结合新一轮土地利用总体规划中对环境建设和环境保护的要求，确定土地利用现状环境影响评价指标体系；指标体系确定后，选取合适的数学模型对永州市11个县（区）进行土地利用环境敏感度评价，将各县（区）划分为不同的土地利用环境敏感区；结合土地利用环境敏感度评价结果和各县（区）存在的主要环境问题，提出各县（区）在新一轮土地利用总体规划中土地利用对策，并提出土地利用与生态环境协调发展战略，制定永州市土地利用总体规划修编（2006—2020）专题规划之土地利用与生态环境建设协调研究报告。

土地利用现状　2005年，永州市土地面积222.55万公顷，其中农用地为189.23万公顷，占土地面积的85.03%；建设用地为9.86万公顷，占土地面积的4.43%；未利用地为23.46万公顷，占土地面积的10.54%。

土地利用动态变化　1997—2005年永州市土地利用面积变化：建设用地有较大增长，增加4737.96公顷，动态度达到0.58%；农用地减少529.06公顷，动态度0.01%；未利用地减少4208.9公顷，动态度0.18%。这种动态变化趋势与永州市的经济发展，工业化和城镇化建设过程中占用大量农用地和未利用地相关联。1997—2005年永州市农用地面积动态变化：耕地减少8236.53公顷，动态度为0.27%；其他农用地减少1321.92公顷，动态度为0.11%。主要是农业结构调整退耕还林，增加园地及建设占用所致，因而园地、林地面积均有增加。

土地利用现状环境影响评价　构建指标体系：通过对各县（区）实地调查的基础资料进行整理分析，确保基础资料的准确、可靠。从全市土地利用现状环境影响的实际需求和主要环境问题出发，确定全市土地利用现状环境影响评价指标体系，见下图。

评价指标值标准化：土地利用现状环境影响评价指标确定后，由于各指标之间的量纲不统一，没有可比性，直接用指标实测数据对环境的影响程度是困难的。为此，必须对评价指标进行处理，用标准化方法将其量化分级，以反映环境敏感度从低到高的变化。此专题采用极差标准化方法进行数据处理后，所有指标的实际值均转化为无量纲化指标标准值。

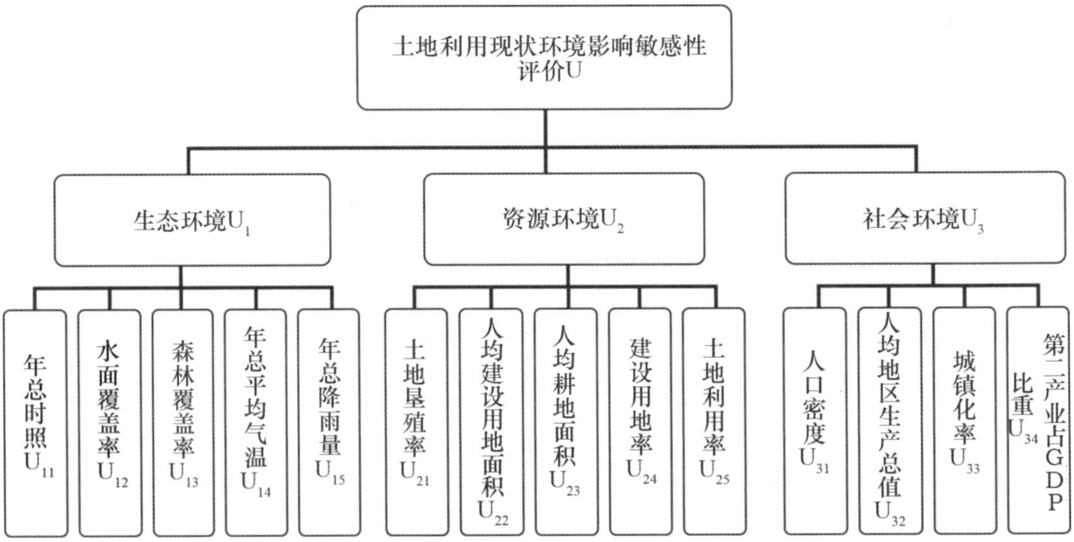

永州市 2005 年生态环境指标标准值一览表

表 1-3-11

指标	U_{11}	U_{12}	U_{13}	U_{14}	U_{15}
零陵区	0.60	0.42	0.87	0.84	0.57
冷水滩区	0.77	0.00	1.00	0.39	0.62
祁阳县	0.95	0.30	0.58	0.16	0.51
东安县	0.90	0.65	0.79	0.82	0.54
双牌县	1.00	0.82	0.00	1.00	1.00
道县	0.40	0.63	0.44	0.00	0.24
江永县	0.66	0.85	0.56	0.49	0.00
江华县	0.00	0.87	0.12	0.04	0.28
蓝山县	0.93	1.00	0.21	0.64	0.67
新田县	0.38	0.75	0.89	0.51	0.50
宁远县	0.49	0.81	0.43	0.25	0.28

永州市 2005 年资源环境指标标准值一览表

表 1-3-12

指标	U_{21}	U_{22}	U_{23}	U_{24}	U_{25}
零陵区	0.65	0.90	0.47	0.57	0.39
冷水滩区	1.00	1.00	0.44	1.00	0.59

续表

指标	U_{21}	U_{22}	U_{23}	U_{24}	U_{25}
祁阳县	0.72	0.34	0.13	0.55	0.99
东安县	0.61	0.76	0.52	0.46	0.11
双牌县	0.00	0.79	0.00	0.00	1.00
道县	0.58	0.09	0.39	0.22	0.55
江永县	0.38	0.41	0.10	0.07	0.00
江华	0.15	0.46	0.21	0.06	0.54
蓝山县	0.26	0.16	0.15	0.09	0.94
新田县	0.62	0.34	0.07	0.50	0.22
宁远县	0.49	0.00	0.03	0.24	0.45

永州市2005年社会环境指标标准值一览表

表1-3-13

指标	U_{31}	U_{32}	U_{33}	U_{34}	U_{35}
零陵区	0.60	0.59	0.54	0.49	0.97
冷水滩区	1.00	1.00	1.00	1.00	1.00
祁阳县	0.93	0.31	0.33	0.55	0.96
东安县	0.53	0.47	0.12	0.49	0.92
双牌县	0.00	0.32	0.00	0.821	0.30
道县	0.57	0.31	0.18	0.25	0.91
江永县	0.18	0.35	0.16	0.00	0.81
江华县	0.14	0.00	0.00	0.19	0.00
蓝山县	0.31	0.16	0.23	0.45	0.88
新田县	0.84	0.06	0.09	0.14	0.04
宁远县	0.69	0.00	0.01	0.19	0.10

确定评价等级　2015年采用客观赋权法对生态环境、资源环境和社会环境三个子环境要素层做整体分析，得到3个环境要素层的权重矩阵 W，$W=(W_1\ W_2\ W_3)=(0.24\quad 0.34\quad 0.42)$；同样采用客观赋权法，分别对上述3个环境子要素层中的各个指标进行分析，得到3个环境要素层中各个指标的权重矩阵；选取降（升）半梯形分布，建立一元线性隶属度函数，分别求出3个环境要素的评价矩阵；由3个环境要素中指标的权重系数的量和评价矩阵，经过合成运算得出永州市各县（区）土地利用现状环境影响评价敏感性分等综合评价。

永州市 2005 年土地利用环境敏感性评价结果一览表

表 1-3-14

指标	等级	敏感分区
冷水滩区	I_1	非敏感区
零陵区	I_2	非敏感区
祁阳县	II_1	弱敏感区
东安县	II_2	弱敏感区
双牌县	III_1	轻敏感区
新田县	III_2	轻敏感区
宁远县	III_3	轻敏感区
道县	IV_1	较敏感区
蓝山县	IV_2	较敏感区
江永县	V_1	敏感区
江华县	V_2	敏感区

土地利用与生态环境协调发展战略目标　（1）总体目标。以改善生态环境和土地利用为根本目标，土地资源利用高效、结构优化，努力实现自然生态环境、经济生态环境、社会生态环境的可持续发展；实现土地资源开发利用与保护相协调，推动经济社会与资源环境协调发展。加强农田水利等基础设施建设，提高抗衡自然灾害的能力；降低对土壤、水域和大气的污染；大力进行绿化，积极进行自然保护区和生态保护区建设，建立良性循环的自然生态系统，打造优化宜居环境、绿色生态永州。（2）具体目标。环境质量指标：水环境——城市集中饮用水源水质达标率100%，地表水环境功能区达标率 95%以上；大气环境——市城区和各县城镇空气质量优良天数大于 300 天/年，酸雨的强度和发生频率有所降低；声环境——市城区和各县城镇区 90%区域环境噪声功能区达标，城市和县城 80%的道路交通噪声小于 20 分贝；生态环境——国家自然保护区和生态示范区达到规范化建设要求，城镇人均公共绿地面积达到 12 平方米；辐射环境——废放射源收储率达到 100%，密封放射源受控率、放射性废源收储率达到 100%，核技术领域放射性废物安全处置率达 95%，退役铀矿山及核设施的环境监测管理达 100%。污染控制指标：危险、医疗、放射性废物得到安全处置，中心城市污水处理率达 75%，生活垃圾无害化处理率达到 100%，县城生活垃圾无害化处理率达到 60%，重点污染工业废水排放率达到 90%，废气排放达标率 80%，规模化集中养殖场（区）粪便综合利用率 70%，污水排放达标率达到 60%，机动车尾气排放达标率 90%。循环经济指标：工业用水

重复利用率达到 75%，工业固体废物综合利用率达到 85%，单位 GDP 化学耗氧量排放小于 8.5 千克/万元，单位 GDP 二氧化硫小于 9.5 千克/万元，最终废气物减少量 15 万吨/年。环保管理建设指标：市级环境监察、监测、信息宣教机构达到标准化建设水平，60%以上县级环境机构达到标准化建设，建成市级空气质量自动监测网络，初步形成生态环境和辐射环境监测网络体系，新增重点污染源自动在线监测设施，新增环保科学基础建设和环境课题研究。

第四章　土地调查

1949 年，零陵行署开展“土地改革运动”，“土改”工作队和农民群众在“土改”中进行过简单的田亩勘丈，登记造册。

1980—1985 年，零陵地区各县（市）在开展农业资源调查及农业区划中，先后完成土地资源调查（概查）和土地普查工作，基本查清土地资源的数量、质量及分布。

1988 年 3—10 月，全区各县（市）开展待开发土地资源调查和研究，重点查清待开发土地（水田、旱土、园地）的数量、质量、分布和开发利用方向。

1988 年 5 月至 1994 年，全区各县（市、场）分 4 批先后完成县级土地利用现状调查（土地详查），全面查清全区土地利用现状分类面积，完成行政村级土地权属界线的勘查调处工作。

2006 年 7 月至 2011 年 1 月，永州市域各县（区、场）深入开展第二次农村土地、城镇工矿、开发园区各类土地面积及土地权属和基本农田的调查，并建立信息数据库。

2012 年 8 月，永州市启动农村集体土地所有权确权工作，至 2015 年 8 月，全面完成任务。全市农村集体土地所有权确权登记土地面积 202. 78 万顷、28. 02 万宗、权属界线 58. 63 万条。

第一节　土地资源调查（概查）及土壤普查

农业资源调查和农业区划是《1978—1985 年全国科学技术发展纲要（草案）》提出的 108 项中的第一项重点科学技术研究项目。

1979 年 6 月，国务院下发文件，要求各省、市、自治区在原有调查资料的基础上，应用卫片和航片进行调查，编制各类土地资源的数量、质量及其潜力，在 1985 年前分批完成全国各县土壤普查和土地资源调查的数量统计和质量评价。

一、农业资源调查及农业区划

1980年，全区11个县（市）分4批先后铺开农业资源调查及农业区划工作，并同期开展土地资源调查（概查）和土壤普查。专业技术人员利用航拍照片和万分之一地形图资料在山地林间、田、地、路、沟渠及山塘水库处进行实地调绘各类土地界线、图斑，然后业内进行转绘，采用“方格法”“薄膜称重法”“求积仪法”，量算各类土地面积，再经野外抽查实测验证，其土地面积量算精度达到99.2%。通过土地概查，基本查清全区土地利用现状分类面积，并依据各类土地对农、林、牧业的生产适宜性划分为五大类九等。

零陵地区1986年土地利用现状（概查）分类面积一览表（一）

表1-4-1　　单位：万亩

县（市）名称	土地面积	耕地		园地		林地		疏林草地		草地	
		面积	%	面积	%	面积	%	面积	%	面积	%
永州	301.21	77.75	25.81	1.71	0.57	180.02	59.76	—	—	7.43	2.47
冷水滩	183.29	58.08	31.69	0.67	0.37	92.98	50.73	包括在林地中	—	—	—
祁阳	377.91	93.66	24.78	7.17	1.90	218.48	57.81	—	—	7.84	2.06
东安	332.99	74.68	22.43	2.72	0.82	175.45	52.69	14.56	4.37	25.23	7.58
双牌	254.93	16.97	6.66	0.26	0.10	210.25	82.47	11.55	4.53	0.06	0.02
道县	366.27	71.48	19.51	4.12	1.12	220.69	60.25	7.00	1.91	25.17	6.87
江永	272.55	44.80	16.44	2.13	0.78	169.68	62.24	32.69	11.99	10.78	3.95
江华	458.30	43.39	9.47	0.91	0.20	346.39	75.58	9.82	2.14	33.72	7.36
蓝山	270.89	40.31	14.88	2.43	0.90	178.60	65.93	9.20	3.4	21.33	7.87
宁远	378.87	80.96	21.37	1.46	0.38	254.95	67.29	—	—	20.89	5.51
新田	153.36	38.45	25.07	0.5	0.33	79.87	52.08	15.15	9.88	5.59	3.65
合计	3350.57	640.53	19.12	24.07	0.72	2127.36	63.49	99.97	2.98	158.04	4.72

零陵地区1986年土地利用现状（概查）分类面积一览表（二）

表1-4-2　　单位：万亩

县（市）名称	城乡居民用地		交通用地		水域		工矿用地		特殊用地		难利用土地	
	面积	%	面积	%	面积	%	面积	%	面积	%	面积	%
永州	9.05	3.00	1.28	0.42	19.36	6.43	0.80	0.26	0.13	0.04	3.68	1.22

续表1-4-2

县（市）名称	城乡居民用地		交通用地		水域		工矿用地		特殊用地		难利用土地	
	面积	%	面积	%	面积	%	面积	%	面积	%	面积	%
冷水滩	6. 62	3. 61	0. 99	0. 54	21. 12	11. 52	0. 20	0. 10	0. 51	0. 28	2. 12	1. 16
祁阳	14. 10	3. 73	2. 24	0. 59	28. 22	7. 47	0. 45	0. 12	0. 04	0. 01	5. 71	1. 51
东安	15. 68	4. 71	6. 69	2. 01	12. 87	3. 86	0. 18	0. 05	0. 20	0. 06	4. 73	1. 42
双牌	4. 53	1. 77	0. 80	0. 30	6. 99	2. 74	0. 08	0. 03	—	—	3. 45	1. 35
道县	7. 83	2. 14	1. 71	0. 47	16. 44	4. 49	1. 63	0. 44	—	—	10. 20	2. 78
江永	4. 42	1. 62	0. 77	0. 28	6. 45	2. 37	0. 40	0. 15	0. 02	0. 007	0. 41	0. 15
江华	7. 50	1. 64	1. 52	0. 33	10. 31	2. 25	0. 11	0. 03	0. 09	0. 02	4. 54	0. 99
蓝山	3. 47	1. 28	0. 83	0. 30	3. 39	1. 25	0. 18	0. 07	7. 50	2. 77	3. 66	1. 35
宁远	7. 75	2. 05	0. 67	0. 18	8. 35	2. 21	0. 20	0. 05	0. 15	0. 04	3. 47	0. 92
新田	4. 04	2. 63	0. 82	0. 54	7. 29	4. 75	0. 01	0. 006	—	—	1. 64	1. 07
合计	84. 99	2. 54	18. 32	0. 55	140. 79	4. 2	4. 24	0. 13	8. 64	0. 26	43. 61	1. 3

说明：此表中永州系县级永州市，为现零陵区

零陵地区 1988 年土地适宜性分类一览表

表 1-4-3　　单位：万亩

地形	一等地	二等地	三等地	合计
宜农地	176. 84	206. 32	162. 65	545. 81
宜林地	995. 88	793. 96	388. 37	2178. 21
宜牧地	—	—	—	255. 64
宜其他地	—	—	—	242. 92
不宜地	—	—	—	127. 99

1980 年 10 月，全区开展第二次土壤普查。普查以土地利用现状图结合地形图为调绘底图，对耕地、园地、林地、牧草地等进行野外普查，在图上分类布点，实地挖取土壤剖面，提取土壤化验样本，内业测算土壤腐殖质、氮、磷、钾含量，汇集调查、测算、分析化验数据，绘制土壤普查专题图件。历经 6 年，至 1985 年 4 月，按照国家和省土壤普查技术规程的要求，全面完成全区第二次土壤普查任务；编辑完成地、县级《土壤志》《土壤普查报告》《土种资料汇编》《专题报告集》等成果报告 60 余册；编绘地、县级“土壤图”“土地利用现状图”“土壤改良利用分区图”“土壤有机质、全氮、速效磷、速效钾养分含量图”等 18 种共 9450 幅；编制统计土壤分类面积表及各类表格共 25 种 400 多项，数据达 1000 万多个，野外

挖取剖面 13.27 万个，室内化验标本 75 万项次，基本上达到农业部关于第二次土壤普查“资源查清、精度合格、图表清晰、数据准确、成果齐全”的目的要求。

零陵地区 1985 年土壤普查土壤分类面积一览表（一）

表 1-4-4　　单位：万亩

县（市）	红壤		黄壤		黄棕壤		草甸土		紫色土		石灰土	
	面积	%	面积	%	面积	%	面积	%	面积	%	面积	%
永州	120.20	39.86	15.64	5.19	3.59	1.19	0.02	—	3.71	1.22	36.15	12.00
冷水滩	50.26	27.42	1.62	0.88	0.10	0.05	—	—	2.42	1.32	27.93	15.24
祁阳	195.17	51.65	13.56	3.59	5.20	1.38	1.06	0.28	13.69	3.62	8.89	2.35
东安	180.51	54.21	15.93	4.78	5.65	1.70	0.33	0.10	3.15	0.95	11.63	3.49
双牌	136.42	53.51	63.37	24.86	24.41	9.57	0.79	0.30	—	—	2.59	1.01
道县	168.83	46.10	34.00	9.29	18.09	4.94	3.06	0.83	12.22	3.34	38.98	10.64
江永	126.49	46.41	22.06	8.09	20.31	7.45	0.12	0.04	—	—	40.94	15.02
江华	193.40	42.20	111.69	24.37	26.80	5.85	0.33	0.07	5.91	1.29	15.17	3.31
蓝山	98.38	36.32	66.15	24.43	30.24	11.16	5.81	2.14	13.65	5.04	5.58	2.06
宁远	172.07	45.42	40.92	10.80	22.97	6.06	—	—	10.28	2.71	35.88	9.47
新田	58.69	39.29	4.24	2.76	—	—	—	—	0.43	0.28	27.69	18.06
合计	1500.27	44.78	389.18	11.62	157.36	4.70	11.52	0.34	65.46	1.95	251.40	7.50

零陵地区 1985 年土壤普查土壤分类面积一览表（二）

表 1-4-5　　单位：万亩

县（市）	潮土		水稻土								其他	
	面积	%	面积	%	其中						面积	%
					淹育性	渗育性	潴育性	潜育性	沼泽性	矿毒性		
永州	1.14	0.37	48.00	15.94	4.19	—	34.84	8.87	—	0.10	72.94	24.23
冷水滩	0.44	0.24	34.80	18.99	1.88	—	24.02	8.89	—	0.01	65.71	35.86
祁阳	0.86	0.23	63.12	16.70	1.96	—	45.43	15.79	—	—	76.35	20.20
东安	0.93	0.28	47.03	14.12	3.15	—	36.72	7.15	—	0.01	67.83	20.37
双牌	0.37	0.14	8.75	3.44	2.84	—	5.58	0.32	—	—	18.61	7.31
道县	1.71	0.47	44.34	12.10	5.79	—	32.66	5.72	—	0.17	45.00	12.29
江永	1.13	0.42	23.34	8.57	1.29	—	21.56	0.46	—	0.03	38.16	14.00
江华	0.56	0.12	21.94	4.79	0.39	—	21.22	0.32	—	0.01	82.49	18.00

续表1-4-5

县（市）	潮土		水稻土								其他	
	面积	%	面积	%	其中						面积	%
					淹育性	渗育性	潴育性	潜育性	沼泽性	矿毒性		
蓝山	—	—	19.54	7.21	1.5	—	12.18	2.32		3.54	31.54	11.64
宁远	0.13	0.03	38.54	10.18	1.81	—	32.47	3.98	—	0.28	58.07	15.33
新田	0.08	0.05	18.15	11.83	1.09	—	13.73	3.30	—	0.03	44.08	28.74
合计	7.35	0.22	367.55	10.97	25.83	—	280.42	57.13	—	4.17	600.44	17.92

说明：此表中永州系县级永州市，为现零陵区

第二节　待开发土地资源调查

1988年3—10月，根据省农业区划委员会和省国土管理局制定的《县级待开发土地资源调查及开发规划实施意见》，在原有土地概查成果资料的基础上，全区11个县（市）相继开展待开发土地资源调查和开发研究。1988年，地区国土局先在宁远县进行调查试点，后全区各县（市）全面铺开，抽调1000多名乡镇、村干部和技术人员，以行政村为基本单位，利用万分之一土地利用现状图和地形图实地调绘，重点调查地块面积在0.15亩以上、坡度在25度以下、林木郁闭度在0.3以下的荒坡隙地、废弃地、荒滩、荒水域的宜待开发水田、旱地、园地、水面的数量、质量及分布。

通过待开发土地资源调查，基本查清全区各县（市）待开发土地资源534.26万亩，其中可开发耕地77.16万亩，占待开发土地面积的14.4%；可开发果园64.79万亩，占开发土地面积的12.13%；可开发林地254.89万亩，占待开发土地面积的47.71%；可开发牧草地119.71万亩，占待开发土地面积的22.41%；可开发养殖水面6.04万亩，占待开发土地面积的1.12%；可开发其他用地11.66万亩，占待开发土地面积的2.19%。依据待开发土地资源调查成果，1988—1990年，零陵地区湘南农业开发立项117个，开发各类土地169.51万亩，其中开发耕地4.04万亩、林地148.73万亩、园地16.16万亩、养殖水面5800亩。

第三节　第一次土地调查

1988年5月，零陵地区开始在新田县进行土地详查试点，随后，全区分三批进行。1989年，开展第一批祁阳县、金洞林场、回龙圩农场土地详查；1990年，开展第二批永州市（县级，即现零陵区）、冷水滩市、东安县、双牌县、道县土地详查；1991年，开展第三批江永县、江华县、蓝山县土地详查。1993年，全面完成全区13个县（市、场）的土地详查（一调）工作，并通过省级检查验收。

1988年，成立地区土地详查工作领导小组，由行署副专员朱泽民任组长，地区有关委、办、局主要负责人为成员。领导小组下设办公室，地区国土局副局长杨福任办公室主任。各县（市、场）分期分批成立土地详查工作领导班子，组织专业技术人员队伍。全区参与土地详查的人员达10万人次，其中厅级领导7名，处级干部100多人，科局级干部1500多人；专业技术人员中有高级工程师40名，中、初级技术人员900多人。

1988—1989年，地区和县（市、场）分别派业务骨干8人参加省国土局举办的2期土地详查培训班。1988年、1990年、1991年地区国土局分别在新田县、双牌县、江华县举办3期土地详查培训班。各县（市、场）均在开展土地详查的前期，相继举办土地详查试点和业务培训。全区先后举办各类详查培训班25期，培训1.8万人次。全区筹集土地详查工作经费800万元，购置调绘图片、仪器设备。全区召开各级动员会、工作部署安排会、座谈会、协调会等6087场次，广播及幻灯片宣传1100场，出动宣传车2100台次，举办宣传橱窗、墙报242期，书写各种标语、横幅5248条。

1988年6月至1992年12月，开展外业调查。外业调查包括地类调绘、土地权属、境界调查。地类调绘，是使用航片或影像图结合地形图资料在农村实地对山、水、田、林土地利用现状类型进行图上界线勾绘。土地权属调查，组织相邻权属双方村组责任人共同踏界定点，并签写协议文书。全区调绘外业地类图斑150.92万个，调查毗邻两广境界线15段长678公里，省内地市境界线3条12段长682.8公里，地区内县级境界线19条长1359公里，调查土地权属单位5511个，其中行政村5168个，农村牧、渔、茶场75个，独立工矿268个，签订土地权属文书19285份。根据国家、省土地详查对调查耕地、田、地埂扣除系数的规定和要求，全区13个县（市、场）单位根据本地地貌特征、地块类型，在实地量测时扣除系数样点。

1991—1992年，全区13个县（市、场）土地详查先后进入内业阶段工作，主要是对外业调绘资料进行室内整理、分类、技术处理等。

（一）航片转绘

航片转绘是把外业航片调绘的地类图斑线状地物、权属界址、界线等通过专业仪器转绘到1∶10000聚酯薄膜底图上。全区由于使用的调查航片种类规格比例不一，县本级专业技术力量弱，因此采取对外专业队伍承包和招聘、引进专业人员完成该项工作。

（二）图斑面积量算和汇总

主要是采用先进的、高精度的电子计算机等硬件设备和软件系统，应用计算机量算、配合格网法、求积法，以图幅为基本控制分别2~3次量算土地分类图斑面积，按面积比例平差，按行政村—乡（镇）—县（市、场）逐级行政单位自下而上汇总出各类土地利用现状面积。

（三）图件编绘

1∶1万国际分幅土地利用现状图是土地分类面积量算，编制县（市、场）、乡（镇）土地利用现状图、土地权属图的基础图件，全区编制1834幅；1∶1万分幅土地权属界线图，主要标绘行政村及国营农、林、牧、渔、茶场和居民点以外的独立工矿等企事业单位的权属界线，插花地、飞地权属界线，全区编制1834幅；1∶1万乡（镇）土地利用现状图是根据各乡（镇）土地面积大小和形状，按乡（镇）行政境界范围及图廓线在薄膜上展点蒙绘，全区编制乡（镇）级土地利用现状图398幅；县（市、场）土地利用现状图是根据各县（市、场）土地面积大小和行政境界范围形状，由1∶1万分幅土地利用现状图按比例缩绘而成，全区完成编绘1∶5万县（市、场）土地利用现状图及土地利用分区图12幅，1∶10万县级土地利用现状图及土地利用分区图1幅。

（四）撰写各县（市、场）土地详查报告

主要依据《湖南省县级土地详查报告编写纲要》编写，全区编撰县（市、场）级土地详查报告13套，工作技术总结13套，乡（镇）级土地详查说明书398套。

（五）检查验收

1992年8月，根据《湖南省土地详查成果检查验收实施办法》及补充规程，地、县（市、场）建立严格的质量检查验收制度，按五级检查三级验收程序进行，全区各县（市、场）验收合格。

1993 年零陵地区县级土地详查外业调绘质量检查一览表

表 1-4-6

分类图斑调绘			权属调查					零星地物调查			线状地物调绘			航片接边		
抽查图斑（个）	错漏图斑（个）	合格率（%）	抽查权属界线（条）	抽查权属拐点（个）	合格率（%）	抽查权属文书（份）	合格率（%）	检查零星地物（处）	错漏零星地物（处）	合格率（%）	抽查线状地物（条）	错漏线状地物（条）	合格率（%）	抽查接边航片（张）	检查接边要素（个）	合格率（%）
3742	183	95.1	248	659	94.7	248	94.7	438	9	97.9	225	13	94.1	146	1898	98.0

1993 年零陵地区县级土地详查转绘成果检查一览表

表 1-4-7

数学精度		转绘点中误差		图斑变化情况			线状地物移位			权属界线移位			图幅接边检查		
抽查图幅（幅）	综合合格率（%）	抽查对象点（个）	合格率（%）	抽查图斑（个）	超限（个）	合格率（%）	检查（条）	合格（条）	合格率（%）	检查（条）	超限（条）	合格率（%）	检查图幅（幅）	检查接边（条）	合格率（%）
57	93.4	94	98.2	1275	62	95.1	77	73	96.1	94	5	94.6	72	504	95.0

1993 年零陵地区县级土地详查面积量算汇总与初始登记一览表

表 1-4-8

控制面积量算			局部面积量算						汇总统计				初始统计登记			
													初始统计		初始登记	
抽查图幅（幅）	检查控制块（个）	合格率（%）	抽查图斑（个）	合格率（%）	线状地物（条）	合格率（%）	耕地图斑坡度检查（个）	合格率（%）	抽查汇总村（个）	合格率（%）	抽查汇总乡（个）	合格率（%）	检查乡（个）	合格率（%）	检查乡（个）	合格率（%）
52	231	99	1968	95.1	402	95.0	274	94	510	100	140	100	45	100	14	100

1993年零陵地区县级土地详查图件成果检查一览表

表1-4-9

1:1万分幅土地利用现状图			1:1万分幅权属界线图			1:1万乡镇土地利用现状图			县级土地复查现状图		
抽查图幅（幅）	需修改的（幅）	合格率（%）	抽查图幅（幅）	需修改的（幅）	合格率（%）	抽查图幅（幅）	需修改的（幅）	合格率（%）	抽查图幅（幅）	需修改的（幅）	合格率（%）
147	1	99.3	121	2	98.0	43	0	100	11	0	100

1993年零陵地区县级土地详查村水田测量丈量验证对照情况表

表1-4-10　　单位：亩

县（市）名称	乡（镇）名称	村名	详查量算面积	丈量面积	精度	
					增减面积	%
永州市	华源乡	大夫庙村	1931.6	1922.4	-9.2	99.51
	华源乡	老坝村	1223.3	1232.2	+8.9	99.28
冷水滩市	花桥街乡	灯塘村	1308.9	1298.5	-10.4	99.2
	楠木冲乡	长冲村	906.1	896.8	-9.3	98.9
东安县	芦洪市镇	镇东中村	793.8	801.9	+8.1	98.99
双牌县	上梧江乡	青春村	797.1	788.7	-8.4	98.9
道县	融江乡	阳家村	532.3	539.3	+7.0	98.59
江永县	千家峒乡	凤岩山村	1593.8	1581.7	-12.1	99.24
	上江圩乡	白巡村	892.3	900.4	+8.1	99.10
江华县	东田乡	谢家塆村	863.3	871.2	+7.9	99.09
	东田乡	周家寨村	553.6	560.1	+6.5	98.84
蓝山县	龙须乡	胡镇村	673.5	665.3	-8.2	98.78
	龙须乡	保岗村	1218.2	1226.7	+9.7	99.31
宁远县	柏家坪镇	岭脚洞村	1080.7	1071.1	-9.6	99.11
	幕投乡	和平村	1617.5	1605.2	-12.3	99.25
	中心铺乡	朱日村	449.1	455.6	+6.5	98.57
新田县	莲花乡	新屋场村	680.4	657.5	+7.1	98.97

续表1-4-10

县（市）名称	乡（镇）名称	村名	详查量算面积	丈量面积	精度	
					增减面积	%
祁阳县	梅溪镇	珠溪村	641.4	648.4	+7.0	98.92
	大忠桥镇	新马村	783.2	775.0	−8.2	98.95
	白水镇	向阳村	640.7	647.8	+7.1	98.90
总计	20个乡镇	20个村	19180.8	19175.8	−5	99.97

说明：此表中永州系县级永州市，为现零陵区

县（市、场）三级检查县（市）级验收　各县（市、场）在进行详查工作各阶段，随机抽查40%~50%。1992年，各县（市、场）先后基本完成土地详查内、外业各项任务，随即进入县（市）级详查检查验收阶段。县（市）级验收抽检外业调绘样点30%，内业航片转绘、地类面积量算、制图等各抽检30%。至1993年，先后完成县（市）级土地详查初级验收。

四级检查地二级验收　县（市、场）级土地详查初级验收后，地区分期对各县（市、场）详查成果，按照地类面积总量、行政村土地权属单位总数15%~20%的比例，进行四级检查地二级验收。1993年底，相继全面完成地级详查验收程序，并分批次申报省级验收。

1993—1994年，省详查办组织专家组，对零陵地区各县（市、场）土地详查成果，按县（市、场）图幅总数的5%~10%的比例进行五级检查、省级验收。全区13个县（市、场）土地详查成果，相继全面通过省级验收。

1994年，经过省专家组对全区13个县（市、场）土地详查各项成果的检查验收，永州市（县级，现零陵区）、道县、宁远县、江永县（含回龙圩农场）、双牌县、蓝山县、东安县8个县（市、场）为省级优秀成果；祁阳县（含金洞林场）、冷水滩市、新田县、江华5个县（市、场）为省级优良成果。其主要成果资料有数、图、综合报告三大项。

1995年，经省级专家鉴定评审，并上报国家参与评选，宁远县获国家土地调查优秀成果奖，其他县（市、场）获省科技成果一等奖5个、二等奖5个、三等奖2个。

（六）主要成果

数据整理　1995年10月，完成各项数据成果汇总。零陵地区一级分类面积汇总表；零陵地区（按乡镇）一级分类面积汇总表；零陵地区（按乡镇）二级分类面积汇总表；零陵地区土地利用现状一级分类面积按权属性质表；零陵地区土地利用现状一级分类（按乡镇）权属性质表；零陵地区国有土地按部门一级分类面积汇

总表；零陵地区国有土地（分县市）按部门一级分类面积汇总表；耕地坡度分段面积汇总表；飞入地一级分类面积汇总表；飞入地二级分类面积汇总表；境界争议地一级分类面积汇总表；境界争议地二级分类面积汇总表；土地详查面积与统计面积对比表；零陵地区人均各类用地统计分析表；土地详查航卫片及地形图使用情况统计表；境界与土地权属调查情况统计表；零陵地区土地详查人力、经费使用情况统计表共 17 种，400 多份表格，500 多万个基础数据编汇成零陵国土数据集。

图件成果 1995 年 10 月，完成各项图件成果汇编。零陵地区标准分幅（5 万分之 1）土地利用现状图（薄膜黑图）1 套；零陵地区标准分幅（5 万分之 1）土地利用现状图（彩色图）1 套；零陵地区土地利用现状图（薄膜图）1 套；零陵地区土地利用现状图（彩色挂图）1 套 3 份；零陵区地图幅控制面积接合图 1 套 2 份；零陵地区土地利用分区图 1 套 2 份。

文字成果 1995 年 10 月，形成文字材料：《零陵地区土地资源》《零陵地区土地利用现状调查报告》。

1995 年零陵地区土地利用现状一级分类详查面积情况表

表 1-4-11

单位：亩

行政辖区名称	辖区面积	1. 耕地		2. 园地		3. 林地		4. 牧草地		5. 居民点及工矿用地		6. 交通用地		7. 水域		8. 未利用土地	
		面积	%	面积	%	面积	%	面积	%	面积	%	面积	%	面积	%	面积	%
零陵地区	33503392. 5	4957097. 6	14. 8	599304. 8	1. 79	20582764. 4	61. 43	35320. 8	0. 11	1088641. 1	3. 25	185661. 7	0. 55	1475753. 2	4. 40	4578848. 9	13. 67
永州市	2950843. 9	566296. 9	19. 19	70843. 7	2. 40	1447126. 1	49. 04	—	—	137814. 3	4. 67	20937. 6	0. 71	183376. 7	6. 21	524448. 6	17. 77
冷水滩市	1827237. 5	485569. 5	26. 57	42078. 5	2. 30	711310. 0	38. 93	—	—	126057. 3	6. 90	13775. 5	0. 75	170378. 5	9. 32	278068. 2	15. 22
东安县	3324137. 0	591557. 0	17. 8	80332. 5	2. 42	1666465. 0	50. 13	—	—	145771. 8	4. 39	16640. 2	0. 50	143680. 5	4. 32	679690. 0	20. 44
道县	3661540. 2	642469. 2	17. 55	59451. 6	1. 62	2180919. 4	59. 56	148. 8	—	108034. 9	2. 95	26426. 7	0. 72	180397. 2	4. 93	463692. 4	12. 66
宁远县	3761545. 6	551575. 8	14. 66	38233. 4	1. 02	2363949. 1	62. 84	—	—	116935. 3	3. 11	21507. 0	0. 57	138257. 0	3. 68	531088. 0	14. 12
江永县	2448922. 5	311777. 4	12. 73	74751. 7	3. 05	1432908. 9	58. 51	—	—	38072. 5	1. 55	18553. 1	0. 76	84516. 1	3. 45	488342. 8	19. 94
江华县	4919921. 4	372628. 3	7. 57	38660. 0	0. 79	3691876. 3	75. 04	5830. 4	0. 12	88080. 5	1. 79	26867. 4	0. 55	131806. 7	2. 68	564172. 1	11. 47
蓝山县	2715214. 1	266729. 1	9. 82	19170. 9	0. 71	2065080. 5	76. 06	28144. 7	1. 04	55796. 4	2. 05	11234. 2	0. 41	50145. 7	1. 85	218912. 6	8. 06
新田县	1505976. 9	265456. 0	17. 63	18194. 9	1. 21	833060. 9	55. 32	—	—	55525. 0	3. 69	6429. 0	0. 43	49908. 5	3. 31	277402. 6	18. 42
双牌县	2608985. 6	122796. 2	4. 71	18745. 1	0. 72	2215714. 1	84. 93	23. 9	—	34184. 1	1. 31	7797. 5	0. 30	77524. 6	2. 97	132200. 1	5. 07
祁阳县	3779067. 8	780242. 2	20. 65	138842. 5	3. 67	1974354. 1	52. 24	1173. 0	0. 03	182369. 0	4. 83	15493. 8	0. 41	265761. 7	7. 03	420831. 5	11. 14

说明：此表中永州系县级永州市，为现零陵区

1995年零陵地区土地利用现状一级分类面积按权属性质情况表

表1-4-12　　单位：亩

行政辖区名称	辖区面积	G. 国家所有		J. 集体所有		H. 未定权属	
		面积	%	面积	%	面积	%
零陵地区	33503392.5	3498000.9	10.44	29715360.0	88.69	290031.6	0.87
永州市	2950843.9	184870.2	6.26	2716764.8	92.07	49208.9	1.67
冷水滩市	1827237.5	106274.3	5.82	1718744.4	94.06	2218.8	0.12
东安县	3324137.0	342407.4	10.3	2981729.6	89.7	—	—
道县县	3661540.2	364477.1	9.95	3297063.1	90.05	—	—
宁远县	3761545.6	101063.0	2.69	3637154.8	96.69	23327.8	0.62
江永县	2448922.5	635328.5	25.94	1737838.9	70.97	75755.1	3.09
江华县	4919921.4	420526.5	8.55	4366839.0	88.76	132555.9	2.69
蓝山县	2715214.1	442657.2	16.30	2272556.9	83.7	—	—
新田县	1505976.9	65437.0	4.35	1433574.8	95.19	6965.1	0.46
双牌县	2608985.6	345849.8	13.6	2263135.8	86.74	—	—
祁阳县	3779067.8	489109.9	12.94	3289957.9	87.06	—	—

说明：此表中永州系县级永州市，为现零陵区

1995 年零陵地区国有土地按部门一级分类面积汇总情况表

表 1-4-13　　　　单位：亩

部门名称	合计	其中							
		1. 耕地	2. 园地	3. 林地	4. 牧草地	5. 居民点及工矿用地	6. 交通用地	7. 水域	8. 未利用土地
	3498000. 9	33220. 8	46162. 7	2526818. 5	26474. 6	149845. 2	68119. 9	569529. 2	77830. 0
农业部门	197605. 3	22028. 0	34111. 4	98583. 2	—	6608. 0	2729. 1	9637. 9	23907. 7
林业部门	2478271. 5	7995. 7	5305. 7	2372848. 4	26452. 2	5143. 7	3797. 9	16650. 8	40077. 1
水利部门	471141. 5	503. 9	333. 3	3379. 6	—	3251. 7	151. 7	462819. 2	702. 1
交通部门	60506. 2	17. 9	7. 7	26. 8	—	2060. 6	58295. 7	89. 9	7. 6
工矿部门	67148. 7	360. 3	584. 6	36844. 5	—	24971. 3	202. 5	463. 2	3722. 3
其它部门	223327. 7	2315. 0	5820. 0	15136. 0	22. 4	107809. 9	2943. 0	79868. 2	9413. 2

1995 年零陵地区耕地坡度分级面积汇总情况表

表 1-4-14　　单位：亩

行政辖区名称	耕地面积	平地	坡地及梯田面积											
		≤2°	2°～6°			6°～15°			15°～25°			>25°		
		面积	合计	坡地	梯田	合计	坡地	梯田	合计	坡地	梯田	合计	坡地	梯田
零陵地区	4957097.6	2170851.5	1781433.4	439836.3	1341597.1	761923.4	326822.8	435100.6	190687.9	79153.4	111534.5	52201.4	26726.1	25475.3
永州市	566296.9	208426.5	223008.5	23678.0	199330.5	109348.3	24415.3	84933.0	20166.5	6314.2	13852.3	5347.1	1865.5	3481.6
冷水滩市	485569.5	200500.0	169084.0	34493.1	134590.9	87877.0	46785.4	41091.6	18972.0	10649.7	8322.3	9136.5	5726.9	3409.6
东安县	591557.0	326290.5	188365.4	25462.1	162903.3	56305.2	31421.4	24883.8	17267.1	6341.5	10925.6	3328.8	—	3328.8
道县	642469.2	431165.5	149873.5	76161.7	73711.8	45870.1	30220.8	15649.3	13277.7	5812.4	7465.3	2282.4	233.6	2048.8
宁远县	551575.8	235768.6	231532.8	66002.4	165530.4	64577.8	39521.8	25056.0	9906.5	5860.0	4046.5	9790.1	8854.0	936.1
江永县	311777.4	177955.8	100067.9	33280.2	66787.7	27887.7	15811.1	12076.6	4677.5	4204.7	472.8	1188.5	1088.0	100.5
江华县	372628.3	132290.2	172281.8	45063.2	127218.6	63378.9	31958.8	31420.1	4675.4	2810.5	1864.9	2.0	2.0	—
蓝山县	266729.1	37048.7	95995.8	15608.9	80386.9	81352.3	29221.7	52130.6	48571.4	18039.4	30532.0	3760.9	1810.9	1950.0
新田县	265456.0	136000.5	92454.2	36200.1	56254.1	34670.2	23196.4	11473.8	2321.7	1891.3	430.4	9.4	—	9.4
双牌县	122796.2	50552.3	24669.8	3816.4	20853.4	23840.1	5525.2	18314.9	17301.7	3508.6	13793.1	6432.3	1326.2	5106.1
祁阳县	780242.2	234852.9	334099.7	80070.2	254029.5	166815.8	48744.9	118070.9	33550.4	13721.1	19829.3	10923.4	5819.0	5104.4

说明：此表中永州系县级永州市，为现零陵区

1995 年零陵地区境界争议地一级分类面积汇总情况表

表 1-4-15　　单位：亩

本行政辖区	相邻行政辖区	争议地总面积	其中							
			1. 耕地	2. 园地	3. 林地	4. 牧草地	5. 居民点及工矿用地	6. 交通用地	7. 水域	8. 未利用土地
合计		340935.7	12023.5	2206.7	253583.8	1545.1	622.1	542.5	3980.3	66431.7
零陵地区	外省	169129.5	8605.4	1837.5	110089.6	—	417.8	437.4	2842.9	44898.9
零陵地区	广东	44937.7	64.1	—	44152.4	—	15.7	106.7	106.9	491.9
蓝山	连县	4650.1	25.0	—	4154.8	—	2.5	19.2	3.2	445.4
江华	连南	20925.4	—	—	20855.7	—	—	39.5	30.2	—
江华	连山	17710.5	26.2	—	17534.0	—	13.2	46.8	73.5	16.8
江华	连县	1651.7	12.9	—	1607.9	—	—	1.2	—	29.7
零陵地区	广西	124191.8	8541.3	1837.5	65937.2	—	402.1	330.7	2736.0	44407.0
江华	贺县	7163.3	870.4	12.4	4919.0	—	68.8	19.3	82.0	1191.4
江华	富川	48907.5	3073.7	101.1	21321.2	—	202.1	152.5	1759.3	22297.6
双牌	全州	853.1	32.5	—	806.6	—	—	—	—	14.0
江永	富川	47361.1	3169.2	1269.7	30284.0	—	62.0	121.8	554.0	11900.4
永州	全州	12176.6	853.5	—	6074.8	—	19.1	37.1	83.0	5109.1
东安	全州	7730.2	542.0	454.3	2531.6	—	50.1	—	257.7	3894.5
零陵地区	本省其它地区	40314.4	963.7	189.6	32836.1	1534.9	20.5	4.6	234.3	4530.5
零陵地区	邵阳市	27008.7	309.1	64.3	24433.8	—	18.1	—	41.6	2141.8
东安县	新宁县	22979.4	65.7	—	21765.1	—	2.5	—	7.9	1138.2

续表1-4-15

本行政辖区	相邻行政辖区	争议地总面积	其中							
			1. 耕地	2. 园地	3. 林地	4. 牧草地	5. 居民点及工矿用地	6. 交通用地	7. 水域	8. 未利用土地
东安县	邵阳县	4029. 3	243. 4	64. 3	2668. 7	—	15. 6	—	33. 7	1003. 6
零陵地区	郴州	13305. 7	654. 6	125. 3	8402. 3	1534. 9	2. 4	4. 6	192. 7	2388. 7
蓝山县	临武县	6452. 1	190. 1	15. 1	4403. 0	238. 2	2. 2	2. 8	4. 6	1596. 1
蓝山县	嘉禾县	3565. 2	368. 3	110. 2	2221. 4	418. 1	0. 2	1. 8	7. 0	438. 2
宁远县	嘉禾县	315. 2	—	—	25. 9	—	—	—	—	289. 3
新田县	嘉禾县	498. 3	—	—	498. 3	—	—	—	—	—
新田县	桂阳县	2474. 9	87. 6	—	1253. 7	883. 7	173. 6	—	11. 8	64. 5

说明：此表中永州系县级永州市，为现零陵区

第四节 土地详查后续工作

1993年7月26日，国家土地管理局发布《土地利用现状调查地（市）级汇总技术规程》。1995年，根据省国土测绘管理局统一部署，零陵行署召开地区土地详查领导小组会议，决定地、县（市、场）各级土地详查领导班子机构不散，技术力量加强，全区各县（市、场）全面铺开土地详查后续工作，首次开展变更调查登记，要求土地详查汇总数据，统一变更截止于1994年12月31日，并建立乡（镇）级土地统计台账。从3个方面实施并检查验收，完成土地详查后续工作。

1995年1月，全区各县（市、场）分别召开县（市、场）、乡（镇）、村三级干部动员大会，宣讲开展境界、土地权属调查接边、协调处理好各级边界纠纷的重要意义和进行调查接边的有关重要事项，重新组建乡镇、村组负责干部及老农代表和专业队员，按照实地踏界确定拐点、航片与图幅调绘界线、土地权属协议书填写三者吻合一致。2—8月，各县（市、场）按照逐村组、逐图幅、逐地类图斑重新复查，按照原调绘地类图斑及变更后的地类界线，进行修改、补绘、逐次测算、统计汇总，建立村级土地变更调查统计登记台账，直到乡（镇）、县（市、场）、地级土地详查后续汇总各级理论控制面积统一。

1995年9月至1996年4月，依据土地变更调绘后的航片及图幅资料，对1：1万国际分幅土地利用现状原图件进行修改、补绘，形成新的土地变更调查后基础图件，再逐级绘制乡（镇）、县（市、场）、地级土地利用现状图、土地权属接边图等成果图件。

1996年5月，全面完成地、县（市、场）土地详查后续工作，初步建立乡（镇）级土地统计台账398套；地、县（市、场）变更调查登记统计汇总数据集14套；编绘成果图件4080幅；进行境界、土地权属界接边调查行程2719.8公里，签写土地权属文书1.93万份，调处边界土地权属纠纷4489处；编写文字报告426份。

第五节　耕地后备资源调查评价

2001年8月，根据省政府办公厅《关于开展土地资源调查评价工作的通知》，按照国土资源部和省国土资源厅的要求，永州市全面开展土地后备资源调查评价工作。以土地详查和土地变更调查（数据、图件）为基础，利用全市农业区划、自然资源考察、土壤普查、农业普查、人口普查等成果资料信息，采取内业填表与外业核查相结合的办法，查清全市耕地后备资源的数量、质量、类型、分布和利用现状，通过自然、经济和社会环境影响评价和土地适宜性评价，分析耕地后备资源开发、复垦的可行性，并在计算机技术支持下，进行汇总，按照《湖南省土地资源调查评价技术细则》具体要求操作。市土地调查评价领导小组组织全体技术人员进行数据汇总、图件绘制、文字编写，并逐项全面检查、校对、验收，确保成果质量准确无误。

一、耕地后备资源类型

2001年，全市通过调查汇总，不分权属有耕地后备资源51.7万亩，其中国有9684.2亩，占总量的2.1%；集体50.7万亩，占总量的97.9%。各县（区）分布情况为：新田县11.69万亩、道县10.19万亩、零陵区5.62万亩、江永县4.14万亩、江华县3.92万亩、冷水滩区3.46万亩、祁阳县3.61万亩，其他各县在3万亩以下。在耕地后备资源总量中，可开垦土地为51.44万亩，占总量的99.5%；可复垦土地只有2640.5亩，占0.5%，主要分布在祁阳、冷水滩、宁远等县（区）。在可开垦土地中，以荒草地为主，面积为49.58万亩，占可开垦土地96.4%，其他可开垦的未利用土地为13.2万亩，占2.6%；滩涂地5341.4亩，占1.04%，以祁阳县、冷水滩区较多，其次为宁远县、江华县。在可复垦土地中，塌陷地908.1亩，废弃地608.7亩。

永州市 2001 年耕地后备资源汇总情况表

表 1-4-16　　单位：亩

行政区划名称	合计	可开垦土地	荒草地	盐碱地	沼泽地	苇地	滩涂	其他可开垦的未利用土地	可复垦土地	废弃压占地	塌陷地	自然灾害损毁地
永州市	517015.2	514374.7	495794.7	24.1	13.5	—	5341.4	13201.0	2640.5	608.7	908.1	11
零陵区	56146.5	56146.5	56142.1	4.4	—	—	—	—	—	—	—	—
冷水滩区	34567.2	34112.0	33102.5	—	—	—	1009.5	—	455.2	32.6	161.6	2
东安县	15045.0	15024.8	9751.6	—	—	—	140.7	5132.5	20.2	9.2	—	—
道县	101849.0	101849.0	101849.0	—	—	—	—	—	—	—	—	—
宁远县	26882.9	26518.7	25666.8	4.0	—	—	847.9	—	364.2	—	15.0	3
江永县	41352.1	41352.1	41352.1	—	—	—	—	—	—	—	—	—
江华县	38963.6	38963.6	36504.2	—	—	—	446.5	2012.9	—	—	—	—
蓝山县	21662.6	21622.6	20843.9	—	—	—	—	778.7	—	—	—	—
新田县	116928.2	116928.2	116928.2	—	—	—	—	—	—	—	—	—
双牌县	29898.7	29898.7	29823.8	—	—	—	4.1	70.8	—	—	—	—
祁阳县	33759.5	31958.6	23830.6	15.7	13.5	—	2892.7	5206.1	1800.9	566.9	731.5	5

说明：调查区为全部调查区；权属性质为不分权属

永州市 2001 年耕地后备资源汇总情况表

表 1-4-17　　单位：亩

行政区划名称	合计	可开垦土地	荒草地	盐碱地	沼泽地	苇地	滩涂	其他可开垦的未利用土地	可复垦土地	废弃压占地	塌陷地
永州市	9684.2	9575.4	8739.1	—	—	—	690.2	146.1	108.8	108.8	—
零陵区	817.6	817.6	817.6	—	—	—	—	—	—	—	—
冷水滩区	798.6	798.6	466.3	—	—	—	332.3	—	—	—	—
宁远县	30.4	30.4	30.4	—	—	—	—	—	—	—	—
江永县	4406.2	4406.2	4406.2	—	—	—	—	—	—	—	—
江华县	2268.0	2268.0	2123.4	—	—	—	—	144.6	—	—	—
蓝山县	273.9	273.9	273.9	—	—	—	—	—	—	—	—
新田县	306.2	306.2	306.2	—	—	—	—	—	—	—	—
双牌县	278.6	278.6	278.6	—	—	—	—	—	—	—	—
祁阳县	504.7	395.9	36.5	—	—	—	257.9	1.5	108.8	108.8	—

说明：调查区为全部调查区；权属性质为国有

永州市 2001 年耕地后备资源汇总情况表

表 1-4-18

单位：亩

行政区划名称	合计	可开垦土地	荒草地	盐碱地	沼泽地	苇地	滩涂	其他可开垦的未利用土地	可复垦土地	废弃压占地	塌陷地
永州市	507331.1	504799.4	487055.7	24.1	13.5	—	4651.2	13054.9	2531.7	499.9	908.1
零陵区	55328.9	55328.9	55324.5	4.4	—	—	—	—	—	—	—
冷水滩区	33768.6	33313.4	32636.2	—	—	—	677.2	—	455.2	32.6	161.1
东安县	15045.0	15024.8	9751.6	—	—	—	140.7	5232.5	20.2	9.2	—
道县	101849.0	101849.0	101849.0	4.0	—	—	—	—	—	—	—
宁远县	26852.5	26488.3	25636.4	—	—	—	847.9	—	364.2	—	15.0
江永县	36945.9	36945.9	36945.9	—	—	—	—	—	—	—	—
江华县	36695.6	36695.6	34380.8	—	—	—	446.5	1868.3	—	—	—
蓝山县	21348.7	21348.7	20570.0	—	—	—	—	778.7	—	—	—
新田县	116622.0	116622.0	116622.0	—	—	—	—	—	—	—	—
双牌县	29620.1	29620.1	29545.2	—	—	—	4.1	70.8	—	—	—
祁阳县	33254.8	31562.7	23764.1	15.7	13.5	—	2534.8	5204.6	1692.1	458.1	731.5

说明：调查区为全部调查区；权属性质为集体

2001年，永州市耕地后备资源分级连片统计，50亩~100亩的有1248片、7.68万亩，以新田县、道县最多，分别是239片、1.82万亩，205片、1.4万亩；依次是零陵区134片、9370亩，江永县94片、6790.7亩，冷水滩区92片、6258.2亩，祁阳县247片、5978.5亩，江华县76片、5363.9亩。其他各县均在5000亩以下。面积≥101~≤200亩的有656片、7.71万亩，以新田县最多，167片、2.36万亩；其次是道县，77片、1.08万亩；再次是零陵区、祁阳县、江永县，分别为52片、7352.7亩，56片、7058.1亩，47片、6607.4亩；冷水滩区有37片、5260.8亩；江华县有33片、4538.2亩；双牌县有31片、4164.5亩。其他县均在4000亩以下。面积≥201~≤500亩的有383片，9.34万亩；面积≥501~≤1000亩的有57片，3.73万亩；面积≥1001~≤2000亩的有23片，3.32万亩；面积≥2001亩的有16片，5.33万亩。全市大部分耕地后备资源地势平坦，坡度在25度以下；土层厚度在50~80厘米，有的达1米以上；土壤除少量石灰土和紫色土外，以红、黄壤为主，酸碱度为5.7~7；有机质含量为1.2%~1.81%，石砾含量小于15%，地下水位大于1米，土质肥沃，适应性广，有利于多种作物的种植。

永州市 2001 年耕地后备资源分级连片汇总情况表

表 1-4-19

区县名称	片数	≥50～≤100 亩	片数	≥101～≤200 亩	片数	≥201～≤500 亩	片数	≥501～≤1000 亩	片数	≥1001～≤2000 亩	片数	≥2001 亩
永州市	1248	76830. 4	656	77049. 9	383	93359. 9	57	37293. 6	23	33179. 7	16	53326. 5
零陵区	134	9370. 0	52	7352. 7	14	4388. 7	8	5255. 6	1	1734. 0	2	6887. 6
冷水滩区	92	6258. 2	37	5260. 8	27	7851. 0	2	1367. 9	—	—	—	—
东安县	19	1419. 0	10	1502. 6	10	2737. 5	—	—	3	4208. 6	1	2395. 0
道县	205	14084. 6	77	10812. 6	41	13027. 8	11	6526. 9	2	2605. 9	3	6768. 1
宁远县	52	3468. 6	26	3406. 4	8	2826. 4	4	2514. 2	—	—	—	—
江永县	94	6790. 7	47	6607. 4	28	8209. 1	8	5528. 0	1	1460. 2	—	—
江华县	76	5363. 9	33	4538. 2	23	7109. 7	2	1326. 6	—	—	1	2126. 5
蓝山县	30	1904. 3	20	2764. 3	2	673. 6	—	—	2	2671. 4	2	8378. 1
新田县	209	18165. 3	167	23582. 3	100	29891. 6	13	8968. 5	7	10632. 5	2	4835. 2
双牌县	60	4027. 4	31	4164. 5	24	6906. 1	4	2587. 9	2	2420. 2	—	—
祁阳县	247	5978. 5	156	7058. 1	106	9738. 4	5	3218. 0	5	7446. 9	5	21936. 0

二、耕地后备资源的地域分布

2001年，各县（区）耕地后备资源按乡镇统计结果：零陵区以菱角塘镇最多，1.64万亩；其次为邮亭圩镇8812.2亩，富家桥镇5129.5亩；再次为珠山镇、大庆坪乡及朝阳办事处，面积在3000亩以上；梳子铺乡、水口山镇、黄田铺镇及七里店办事处面积在2000亩以上。冷水滩区普利桥镇有1.03万亩，黄阳司镇有6684亩，竹山桥镇有4649.7亩，牛角坝镇有3714.4亩，蔡市镇有2892亩。东安县面积最大的是紫溪镇，有4548.9亩；大江口乡、端桥铺镇面积在2000亩以上。道县主要分布在下蒋、审章塘、清溪、横岭、东门、寿雁、梅花、白马渡、上关等乡镇，面积在5000亩以上，其次为新车、祥霖铺、清塘、驷马桥、柑子园、洪塘营等乡镇，面积在3000亩以上。宁远县面积最大的是保安乡4743亩，其次是柏家坪镇、中和镇、舜陵镇及冷水镇，面积在3000亩以上。江永县潇浦镇有6738.2亩，上江圩镇有5834.4亩，黄甲岭乡、桃川镇、夏层铺镇在4000亩以上，松柏乡及回龙圩农场在3000亩以上。江华县最多的是河路口镇有7966.9亩，白芒营镇有6156.3亩，大路铺镇、沱江镇、涛圩镇在3000亩以上，界牌乡、桥头铺镇、码市镇及采育场面积在2000亩以上。蓝山县主要分布在田心、火市、新圩、祠市等乡镇，面积在2000~4500亩。新田县大坪塘乡、新隆镇、十字乡、毛里乡面积在9000亩以上，枧头镇、冷水井乡、知市坪乡、莲花乡、新圩乡、茂家乡、城东乡等面积在5000亩以上。双牌县理家坪乡有7796.7亩，五里牌镇有7400.7亩，江村镇有5738.8亩，泷泊镇有3722.6亩。祁阳县最多的是潘市镇有6263.2亩，龚家坪镇有6201.7亩；其次为茅竹镇有4481.2亩，羊角塘镇有3132.3亩，文富市镇有2970亩，梅溪镇有2594.9亩。

永州市2001年耕地后备资源各县（区）分乡镇一览表

表1-4-20

单位：亩

区县名称	资源数量	区县名称	资源数量	区县名称	资源数量	区县名称	资源数量	区县名称	资源数量	区县名称	资源数量
零陵区	56146.5	冷水滩区	34567.2	东安县	15045.0	道县	101849.0	洪塘营乡	3958.5	宁远县	26518.7
接履桥镇	1350.3	上岭桥镇	910.4	白牙市镇	692.9	万家庄乡	1485.4	蚣坝镇	8100.4	水市镇	1684.4
梳子铺乡	2345.3	仁湾镇	821.4	水岭乡	548.9	新车乡	3047.6	白马渡镇	6655.5	禾亭镇	617.5
石岩头镇	1241.9	岚角山镇	425.0	紫溪市镇	4548.9	祥林铺镇	4380.0	井塘乡	1308.0	舜陵镇	3556.3
黄田铺镇	2467.0	蔡市镇	2892.0	大庙口镇	509.5	下蒋乡	8480.1	上关乡	5037.5	湾井镇	570.0
水口山镇	2687.1	伊塘镇	824.6	石期市镇	575.2	审章塘乡	9304.8	道江镇	701.2	仁和镇	109.5
珠山镇	3653.0	竹山桥镇	4649.7	大江口乡	2427.4	清溪乡	7712.0	桥头林场	794.5	清水桥镇	89.6
大庆坪乡	3265.0	牛角坝镇	3714.4	横塘镇	191.6	富塘乡	2583.2	月岩林场	96.6	冷水镇	2993.6
石山脚乡	1242.7	普利桥镇	10318.5	井头圩镇	450.0	仙子脚镇	2300.3	—	—	太平镇	2502.6
富家桥镇	5129.5	黄阳司镇	6684.0	川岩乡	72.9	桥头乡	1321.5	—	—	保安乡	4743.0
凼底乡	833.1	高溪市镇	1431.6	鹿马桥镇	141.9	清塘镇	3284.3	—	—	中和镇	3354.3
邮亭圩镇	8812.2	杨村甸镇	80.6	端桥铺镇	2049.3	四马桥镇	3316.3	—	—	九嶷山乡	73.1
福田茶场	817.6	珊瑚乡	73.3	芦洪市镇	1597.2	横岭乡	6996.4	—	—	天堂镇	261.3
菱角塘镇	16354.2	花桥镇	1741.7	新圩江镇	20.0	柑子园乡	3245.0	—	—	鲤溪镇	1990.6
七里店办事处	2089.2	—	—	花桥镇	245.2	东门乡	5237.9	—	—	柏家坪镇	3969.9
朝阳办事处	3692.5	—	—	大盛镇	399.8	寿雁镇	7386.9	—	—	—	—
南津渡办事处	165.9	—	—	南桥镇	464.2	乐福堂乡	100.9	—	—	—	—
—	—	—	—	黄泥洞林场	110.1	梅花镇	5174.1	—	—	—	—

续表 1-4-20

区县名称	资源数量	区县名称	资源数量	区县名称	资源数量	区县名称	资源数量	区县名称	资源数量
新田县	116928.2	枧头镇	8271.8	双牌县	29991.4	祁阳县	36079.3	七里桥镇	695.1
城东乡	7743.7	十字乡	10091.4	龙泊镇	3722.6	龚家坪镇	6201.7	羊角塘镇	3132.3
田家乡	4980.8	—	—	江村镇	5738.8	观音滩镇	592.7	—	—
骥村镇	2766.7	—	—	五里牌镇	7400.7	黎家坪镇	536.0	—	—
三井乡	3468.4	—	—	平福头乡	898.0	梅溪镇	2594.9	—	—
新圩乡	8583.1	—	—	尚仁里乡	351.8	潘市镇	6263.3	—	—
茂家乡	5002.7	—	—	麻江乡	311.8	文富市镇	2970.0	—	—
莲花乡	5911.1	—	—	永江乡	1348.6	文明铺镇	1586.1	—	—
陶岭乡	4669.3	—	—	凼底乡	42.7	茅竹镇	4481.2	—	—
石羊镇	4394.8	—	—	上梧江乡	0.9	白水镇	1522.1	—	—
大圩塘乡	12342.1	—	—	家坪乡	7796.7	肖家镇	1925.3	—	—
金陵镇	2663.0	—	—	五星岭林场	252.9	进宝塘镇	687.4	—	—
知市坪乡	5605.0	—	—	打鼓坪林场	779.9	大忠桥镇	28.4	—	—
新隆镇	9229.2	—	—	阳明山林场	18.4	三口塘镇	699.5	—	—
高山乡	3928.5	—	—	—	—	八宝镇	1025.8	—	—
金盆圩乡	2376.2	—	—	—	—	黄泥塘镇	430.4	—	—
毛里乡	9568.6	—	—	—	—	大村甸镇	107.1	—	—
冷水井乡	5331.8	—	—	—	—	浯溪镇	600.3	—	—

第六节　第二次土地调查

根据2006年12月《国务院关于开展第二次全国土地调查的通知》和2007年《湖南省人民政府关于做好第二次土地调查工作的通知》精神，2007年10月，永州市第二次土地调查工作（简称二调）启动，该次调查的主要任务：农村土地调查，城镇土地调查，基本农田调查，各级土地利用数据库建设。

2007年7月9日，市政府成立以副市长荣燕明为组长，市政府副秘书长王衡平、市国土资源局局长黄海淞为副组长，市发改委、市财政局、市林业局、市水利局、市民政局、市统计局等部门负责人为成员的永州市第二次土地调查领导小组，下设办公室，配备工作人员15人（其中专职6人）。各县（区）政府也分别成立二调工作领导小组及二调办公室，全区配备调查工作人员301人。筹集二调工作经费4645万元，其中市本级（含冷水滩区）1000万元、零陵区600万元、祁阳县256万元、东安县496万元、双牌县300万元、道县358万元、江华县530万元、江永县264万元、宁远县360万元、新田县120万元、蓝山县286万元、金洞管理区35万元、回龙圩管理区40万元（以上均未含省拨付专项资金）。2008年2月20日，根据《第二次全国土地调查技术规程》和《湖南省第二次土地调查实施方案》，结合永州市实际情况，市政府制订并印发《永州市第二次土地调查实施方案》。(1)调查的目的和意义：全面查清全市土地利用现状，掌握真实的土地基础数据，并对调查成果实行信息化网络化管理，从而满足经济社会发展、土地宏观调控及国土资源管理的需要。(2)调查的目标与任务。具体目标是逐块查清农村部分的集体土地所有权和国有土地使用权状况，确权达到90%以上；依据基本农田划定调查资料，查清全市基本农田的数量、分布，完成基本农田的上图、登记、造册；完成全市建成区和县（区）所在的城镇和建制镇的地籍调查；在土地调查的基础上，完成全市土地利用现状数据、基本农田数据和城镇地籍调查数据的市、县（区）两级土地调查数据库的建设。主要任务是开展农村土地调查，查清全市农村各类土地利用现状，农村集体土地所有权和国有土地使用权；开展城镇土地调查，重点查清市建成区和县（区）政府所在地城镇及建制镇内部各宗土地的界址、范围、数量、用途等土地利用状况；开展基本农田状况调查；建设市、县（区）土地调查数据库。

按照国家第二次土地调查的部署和省、市政府的安排，以县（区）为单位开展二调工作。(1)农村土地利用现状调查分两批进行。第一批调查实施单位：新田县，2007 年 10 月开始；第二批调查实施单位：东安县、双牌县、道县、江永县、回龙圩农场、宁远县、蓝山县、江华县、零陵区、冷水滩区、祁阳县、金洞林场等 12 个县（区），2008 年开始。（2）从 2007 年 10 月开始，全面开展全市县（区）为单位城镇地籍调查。（3）2009 年 6 月底前，完成包括土地利用现状数据、基本农田数据和城镇地籍调查数据的市、县（区）二级土地利用数据库的建设，建立土地利用数据库及管理系统。

至 2008 年底，基本完成全市各县（区）农村土地及基本农田调查；至 2009 年，全面完成各县城区城镇地籍调查；至 2010 年底，完成各级土地利用数据库建设。

2008 年 12 月 1—4 日，市二调办与省二调办质量检查组到零陵、祁阳、金洞、双牌、道县、宁远、蓝山、江永、江华、冷水滩 10 个县（区）进行外业过程检查，并对宁远、江华、江永 3 个县进行市级复查，分别提出了整改意见。2008 年 12 月 20—21 日，市二调办对东安县、江华县农村土地利用现状外业调查进行复查，认为两县基本资料齐全，调查质量优秀，同意申报省二调办预检。

2010 年 4 月 8—9 日，市二调办对全市 13 个县（区）二调数据库成果进行复查，复查程序严格按照《第二次全国土地调查数据库建设技术规范》和《湖南省第二次土地调查数据成果预检办法》的要求进行复查，其主要成果如下：

数据库成果：符合国家相关技术规范数据库标准，运行正常。文字报告：二调数据库建设报告、二调工作报告、二调技术报告、二调成果分析报告、二调基本农田调查报告、二调数据衔接分析报告。图件成果：标准分幅土地利用现状图、县级土地利用现状挂图、标准分幅基本农田分布图、乡级基本农田分布图、县级基本农田分布图、标准分幅耕地坡度分级图、图幅理论面积与控制面积接合图表。表格成果：农村土地利用现状一级及二级分类面积汇总表、农村土地利用现状按权属性质汇总表、耕地坡度分级面积汇总表、基本农田统计表、飞入地土地利用现状一级及二级面积汇总表、耕地田坎系数测算数据表、土地利用现状变更一览表。其他资料：原始调查图件、调查记录手簿、图历簿、检查复查记录及报告。

市二调办复查认为，各县（区）的数据成果均符合规定要求，成果齐全，质量优秀，同意向省二调办申报预检。

2010 年 9—11 月，市政府办、市二调领导小组办发出通知，对县（区）二调成果分两批进行省级验收。

2011 年 1 月 12—13 日，市二调办发出通知，分别对全市 13 个县（区）二调城镇地籍调查成果进行省级验收。省级验收认为，永州市各县（区）二调各阶段工作扎实，技术路线正确，调查方法科学，调查资料齐全、完整，图、数、实地三者一致，调查成果质量优秀，验收合格。

二调的主要数据成果：永州市各县（区）二调土地利用现状一级面积汇总表；永州市各县（区）二调耕地坡度分级面积汇总表；永州市二调各县（区）基本农田调查汇总表；永州市二调土地一级分类面积按权属划分表；永州市二调资料成果表。

永州市各县（区）2010年二调土地利用现状面积一览表

表1-4-21　　　　单位：公顷

项目 行政辖区	耕地面积	耕地	园地	林地	草地	居民及工矿用地			交通用地	水域	未利用地
						城镇	农村居民点	独立工矿			
永州市	364408.17	364411.17	68813.97	1415653.86	78496.49	110110.14	102114.07	7996.07	26581.66	89166.64	231335.44
零陵区	39986.36	39986.36	5809.1	105799.25	9282.34	15938.4	12164.23	3774.17	2759.6	10249.73	25566.26
冷水滩区	32178.87	32178.87	3680.89	48434.34	4954.04	14059.96	13423.63	636.33	2589.48	10023.24	19765.93
祁阳县	53651.44	53651.44	7684.14	135226.36	9169.68	17871.19	17258.20	612.99	3231.75	17823.19	34624.82
东安县	43165.84	43168.84	4300.92	137253.54	4110.45	13123.35	12563.71	559.64	2444.09	9049.11	19213.33
双牌县	9381.54	9381.54	1211.47	149319.52	1309.67	3009.2	2969.73	39.47	1547.74	4852.82	7757.46
道县	46639.10	46639.10	5804.07	145307.5	16895.06	10401.28	9646.43	754.85	3251.65	10170.28	31826.87
江永县	25295.04	25295.04	12282.71	104378.47	7751.14	3927.19	3803.62	123.57	1903.2	5204.54	14589.13
宁远县	41728.39	41728.39	12307.33	161874.91	8487.01	10887.69	10446.56	441.13	3254.04	7274.57	19369.02
蓝山县	21521.91	21521.91	2168.83	137425.21	2289.13	5707.22	5362.74	344.48	1894.73	3195.80	10757.53
新田县	21428.45	21428.45	5408.35	51310.24	5662.88	5781.89	5583.78	198.11	996.65	3255	14710.72
江华县	29431.23	29431.23	8156.16	239324.52	8585.09	9402.77	8891.44	511.33	2708.73	8068.36	33154.37

永州市各县（区）2010年二调耕地坡度分级面积一览表

表1-4-22　　　　单位：公顷

行政辖区	耕地总面积	其　中				
		≤2.0	2°~6°	6°~15°	15°~25°	>25°
永州市	364266.08	149765.23	148893.2	55858.71	7510.7	2238.24
零陵区	39986.36	12691.54	19518.41	7403.67	287.35	85.39
冷水滩区	32178.87	10878.98	15085.69	5782.07	372.19	59.94
祁阳县	53651.44	18303.11	26318.45	8075.81	841.05	113.02
东安县	43165.84	13430.75	21440.4	7257.18	791.04	246.47
双牌县	9442.33	2088.84	2427.24	2211.25	1847.63	867.37
道县	46639.10	25486.26	15140.86	4996.00	789.11	226.87

续表1-4-22

行政辖区	耕地总面积	其中				
		≤2.0	2°~6°	6°~15°	15°~25°	>25°
江永县	25295.04	18441.5	4581.4	1749.11	404.2	118.83
宁远县	41728.39	22968.67	13141.48	5197.66	388.89	31.69
蓝山县	21521.91	6541.24	7602.11	6163.61	1041.90	173.05
新田县	21428.45	5359.73	11805.07	4218.71	39.68	5.26
江华县	29246.35	13574.61	11832.09	2821.64	707.66	310.35

永州市二调各县（区）2010年基本农田调查一览表

表1-4-23　　单位：公顷

行政辖区	合计	基本农田		
		水田	旱地	水域地
永州市	290661.53	248547.85	42110.01	3.67
零陵区	30325.49	29283.76	1041.73	0
冷水滩区	25050.21	23528.67	1521.54	0
东安县	34809.58	32715.53	2094.05	0
道县	38047.05	27868.70	10178.35	0
宁远县	34088.12	27239.11	6849.01	0
江永县	17270.57	12840.05	4426.85	3.67
江华县	22803.77	17806.93	4996.84	0
蓝山县	16550.89	12980.92	3569.97	0
新田县	16708.74	13586.25	3122.49	0
双牌县	7400.47	6914.56	485.91	0
祁阳县	47606.64	43783.37	3823.27	0

永州市二调土地2010年一级分类面积按权属划分一览表

表1-4-24　　单位：公顷

地类 权属	合计	耕地	园地	林地	牧草地	城镇村工矿用地	交通用地	水域水利用地	其他
国家所有	200738.56	3170.69	2643.54	114431.17	1191.11	22866.45	11194.97	43859.02	1381.61
集体所有	2025181.51	360178.25	68331.81	1302507.5	78802.91	86539.16	15030.17	51933.37	61858.34
合计	2225920.07	363348.94	70975.35	1416938.67	79994.02	109405.61	26225.14	95792.39	63239.95

永州市二调 2010 年资料成果一览表

表 1-4-25

单位	1：10000 影像图（幅）	图班（个）	图幅（幅）	完成时间	合作单位
冷水滩区	56	42597	56	2010. 09	省地质测绘院
零陵区	92	68740	92	2010. 09	省规划设计院、天源国土资源勘测有限公司
祁阳县	107	63023	107	2010. 10	省第一测绘院、省遥感中心
双牌县	91	48328	91	2010. 09	武汉科岛地理信息工程有限公司、长沙风雅信息科技有限公司
道县	124	73410	124	2010. 09	省第一测绘院
江华县	156	93815	156	2010. 10	省遥感中心
江永县	83	44428	83	2010. 10	湖南天源国土资源勘测有限公司
宁远县	114	87500	114	2010. 10	省第一测绘院、天源国土资源勘测有限公司
蓝山县	92	52113	92	2010. 10	武汉科岛地理信息工程有限公司、长沙风雅信息科技有限公司
新田县	54	31968	54	2010. 09	省资源规划设计院、省资源规划勘测院
东安县	109	76930	109	2010. 09	省规划设计院
回龙圩管理区	11	3173	11	2010. 09	省规划设计院
金洞管理区	27	14646	27	2010. 09	省资源规划勘测院

第七节　农村集体土地确权

2012 年 3 月，永州市成立农村集体土地确权登记发证工作领导小组，市委常委、副市长蒋善生任组长，市政府副秘书长王衡平、市财政局局长李光富、市国土资源局局长黄海淞、市农业局局长周进松任副组长，市直相关单位负责人为成员。2012 年 8 月，市政府印发《永州市农村集体土地确权登记发证工作实施方案》，启动农村集体土地确权登记工作。

在农村产权制度改革工作中，国土资源部门主要负责农村集体土地所有权确权工作，主要任务是 2014 年 6 月底前完成农村集体土地确权到组，2015 年 8 月底前完成集体土地所有权数据库建设。

全市确定省地质测绘院等21个单位为技术实施单位，采用航拍1∶2000高清正射影像图作为工作底图，确保土地确权工作准确性。同时，通过实地指界，形成确权成果，进行外业调查确权，最终内业编辑上图。

2015年8月，全市按照“先试点探索，后全面推进；先外业地籍调查，后内业资料整理；再公示确权，最后登记上图”原则，全面完成农村集体土地确权登记工作。全市确权登记土地面积202.78万公顷，涉及5193个行政村、4.54万个村民小组，涉及土地28.02万宗，权属界线58.63万条，有争议土地2314宗，调处争议土地2103宗；外业地籍调查、内业资料整理、县（区）界线接边工作全部完成，通过省级验收；数据库建设全部完成。

永州市 2015 年农村集体土地确权情况一览表

表 1-4-26

县市区	基本情况					技术单位	数据库建库情况		历年来发证到村一级情况			经费情况		
	行政区域面积（公顷）	农村集体土地面积（公顷）	行政村个数	村民村个数	宗地数		建库软件	建库进展情况（建库完成率）	应发证宗地数（到村一级）	已发证宗地数（到村一级）	发证率（%）	预算经费（万元）	落实经费（万元）	到位经费（万元）
永州市	2241407. 94	2027781. 16	5193	45436	280147	—	—	—	3904	3726	94. 869	25882. 528	8061. 09	4792. 8
凤凰园开发区	10359. 72	9419. 43	25 个村 2 个社区	192	1100	湖南省地质测绘院	有	100	—	53	—	—	—	—
零陵区	196413	194568	510	4445	17780	湖南省地质测绘院	有	100	510	504	99	1260	0	70
东安县	220444	213978. 35	519	4860	29821	湖南省第三测绘院、省资源规划勘测院	有	100	700	630	90	3491	600	600
冷水滩区（不含凤凰园）	111353	101345	290	3170	11384	湖南省地质测绘院	有	100	307	273	89	3467. 88	2571	1145
祁阳县	203308. 66	186206. 94	871	8527	25557	省遥感中心	有	100	—	0	—	7165. 6	700	700
江永县	162915. 04	118152. 55	213	1570	48000	湖南省资源规划勘测院	有	100	—	—	—	388	120	120
宁远县	250086. 52	238804. 69	680	6454	37077	核工业衡阳第二地质工程勘察院湖南省地质矿产勘查开发局四〇九队、中国冶金地质总局中南局长沙地质勘查院、湖南天源国土资源勘查有限公司	有	100	680	638	93. 82	1404. 458	1000	1000
新田县	102200	94203	376	3073	14913	湖南省第一测绘院	有	100	—	—	—	877. 19	820. 59	537. 8

续表1-4-26

县市区	基本情况					技术单位	数据库建库情况		历年来发证到村一级情况			经费情况		
	行政区域面积（公顷）	农村集体土地面积（公顷）	行政村个数	村民村个数	宗地数		建库软件	建库进展情况（建库完成率）	应发证宗地数（到村一级）	已发证宗地数（到村一级）	发证率（%）	预算经费（万元）	落实经费（万元）	到位经费（万元）
江华县	323423	315995	507	3581	17905	省一院、测绘科技研究所、天源公司	有	100	507	481	95	4078.9	498	10
金洞管理区	63500	27392.2	73	533	12800	湖南天源国土资源勘查公司	有	100	73	73	100	528	411	0
道县	244780	236331	574	4424	41215	湖南省第一测绘院、衡阳市湘一测绘科技有限公司	有	100	574	545	95	1151	400	400
双牌县	172625	141002	195	1554	7770	湖南天源国土资源勘查公司	有	100	195	194	99	1430	300	60
蓝山县	18000	150383	358	3053	14825	中国冶金地质总局湖南地质勘查院	有	100	358	335	93	640.5	640.5	150

续表 1-4-26

县市区	集体土地所有权地籍调查情况（外业进展情况）											外业预检情况			
	已开展集体土地所有权地籍调查面积（公顷）	完成率（%）	已开展地籍调查村个数	完成率（%）	已开展地籍调查村民组个数	完成率（%）	已开展地籍调查宗地数	完成率（%）	调查权属界线条数	争议地宗地数	处理争议宗地数	是否经过质检组过程检查	是否通过县级自检	是否通过市级复查	是否通过省级预检
永州市	2021116.93	—	5179	100	45105	100	278196	100	586292	2314	2103	—	—	—	—
凤凰园开发区	9419.43	100	27	100	192	100	928	100	1691	46	163	是	是	是	是
零陵区	194448	100	507	100	4415	100	17660	100	153000	300	147	是	是	是	是
东安县	213978	100	519	100	4860	100	29821	100	60291	56	152	是	是	是	是
冷水滩区（不含凤凰园区）	101345	100	286	100	2936	100	11384	100	43500	837	132	是	是	是	是
祁阳县	183803.06	100	871	100	8493	100	25503	100	60597	187	153	是	是	是	是
江永县	118152.55	100	213	100	1569	100	48000	100	25039	130	184	是	是	是	是
宁远县	238804.69	100	680	100	6454	100	37077	100	55107	270	185	是	是	是	是
新田县	94203	100	376	100	3073	100	14913	100	43054	81	155	是	是	是	是
江华县	315995	100	507	100	3581	100	17905	100	0	0	160	是	是	是	是
金洞管理区	27392.2	100	73	100	533	100	12800	100	21000	0	169	是	是	是	是
道县	236331	100	574	100	4424	100	41215	100	79436	216	166	是	是	是	是
双牌县	136862	100	188	100	1522	100	6165	100	10764	112	170	是	是	是	是
蓝山县	150383	100	358	100	3053	100	14825	100	32813	79	167	是	是	是	是

第五章　地籍管理

1984 年，零陵地区实施土地利用现状调查（简称土地概查）。在此基础上，重新建立土地登记、统计制度。1987 年，地区国土管理局成立后，城镇地籍调查、土地登记、土地统计各项工作相继开展。在信息技术的推动下，土地监测、地籍信息系统逐步建立和完善。

第一节　地籍调查

一、地籍测量

（一）冷水滩市城区地籍测量

1995 年 2 月，冷水滩市政府发布《关于开展城镇地籍调查的通告》，开始城区地籍测量工作，至 1996 年 3 月，圆满完成各项任务。

地籍测量　应用 GDP 卫星定位技术的四等平面控制网点 20 个，精度 2. 56 ~ 2. 81 厘米之间。一级测距导线设于市区主干道，共 58 个点；二级导线沿街区及街坊外围加密共布设闭附合导线 18 条，单结点网 2 个，双结点网 1 个共计 22 个点；加密布设一级图根导线 496 个点，二级图根导线 1090 个点；控制网点图一幅，完成控制测量 17. 8 平方公里。

地籍图测绘　冷水滩市城区地籍测绘，全部采用 RDCS 数字测图技术完成。以数字的形式记录和保存测区内一切地籍、地貌要素的三维坐标，即碎步点数据，整个过程由计算机完成。共绘制 1 : 500，40 厘米×500 厘米矩形分幅 0. 07 毫米涤纶薄膜地籍图 402 幅。

成果资料　控制点成果表 1 本；界址点成果表 14 本；以街坊为单位宗地面积汇总表 5 本；以街坊为单位宗地面积分类统计表 5 本；城镇土地面积分类统计表一本；图件一级导线点展点图 1 张，街坊分布图 2 张，地籍图分幅接合图 2 张，地籍

图402张，宗地图4654张；地籍调查工作方案1本，地籍调查测绘工作技术设计书1本，地籍调查测绘工作技术总结1本，地籍调查工作总结报告1本，地籍调查工作成果汇编1本，地籍图微机资料转盘6盒。1996年10月，通过省专家组检查验收。

（二）合级联网

1996年，根据省国土测绘管理局《关于组织开展"GPS技术建立行政区多城镇不均匀合级联网"项目研究通知》，武汉测绘科技大学地测学院组成专业项目组，依据"GPS技术建立行政区多城镇不均匀合级联网"实施方案，在省国土测绘管理局的领导下，在永州市国土管理局及所辖各县（区）国土管理局的配合下，于1997年7月完成永州市及各县（区）项目联网的各项数据采集工作。随即，进行外业观测数据并进行内业平差计算，于1998年8月全面完成永州市及各县（区）GPS测量试验网，观测GPS点位386个，其中芝山区（现零陵区）、冷水滩区GPS点位92个。

1998年8月25日，经国防科工委总装备部航天科技装备局专家组验收，认为上述项目资料齐全，合级布测的技术方法布点灵活，精度均匀，符合使用部门需要，适合于局域地籍测量控制网的建立。

二、土地权属及城镇地籍调查

（一）土地调查

土地利用现状调查　根据国务院和省政府统一部署，零陵地区1988—1993年先后分4批完成全区13个县（市、场）的土地详查工作，基本查清全区八大类37小类土地利用现状分类面积；并调处省、地、县行政境界线长2719.8公里土地权属，调处行政村及独立工矿企事业土地权属单位5511个，签写土地权属文书1.93万份，调处边界权属纠纷4489处。

第二次土地调查　根据国务院《关于开展第二次全国土地调查的通知》和省政府文件精神，2007年7月1日，全市第二次土地调查工作启动，首次采用统一的土地利用分类国家标准，采用覆盖全省遥感影像调查附图。2009年，全面完成全市13个县（区、场）农村土地利用现状调查和市城区、建制镇及各个开发园区地籍调查，并完成市、县（区、场）两级土地调查数据库建设。

（二）城镇地籍调查

第一次城镇地籍调查　1995年，在首轮土地利用现状调查完成之后，全区11个县（市）相继开展城镇地籍调查。

1995年4月至1996年3月，冷水滩市国土局与湖南省涟邵矿务局勘测工程处合作，开展地籍调查。完成1∶500地籍测量面积17.803平方公里、绘制地籍图402幅、宗地图4564幅，形成面积量算、汇总统计及其勘测资料95本。调查宗地4755宗，调处权属纠纷213起，绘制宗地草图4755幅。

永州市（现零陵区）的第一次地籍调查于1995年开始，1996年结束。技术合作单位同为湖南省涟邵矿务局勘测工程处，所采用的测量方式和成图技术均与冷水滩市相同，完成1∶500地籍测量面积16平方公里。

1996年，完成全区11个县（市）城镇地籍调查及25个建制镇城镇地籍调查工作。调查土地分类总面积1.84万公顷，其分类面积为：（1）商业金融用地404公顷，占总面积的12.2%；（2）工业仓储用地924公顷，占总面积的5%；（3）市政公用设施用地464公顷，占总面积的2.5%；（4）公共建筑用地1356公顷，占总面积的7.37%；（5）住宅用地733公顷，占总面积的4%；（6）交通用地901公顷，占总面积的4.9%；（7）特殊用地229公顷，占总面积的1.2%；（8）水域用地3647公顷，占总面积的19.8%；（9）农用地2213公顷，占总面积的12%；（10）其他用地1435公顷，占总面积的7.8%。综合用地还不到1%。

城镇地籍变更调查 城镇地籍调查后，凡发生土地所有权、土地使用权变更者，必须实施变更调查。城镇土地所有权、使用权的变更一般有下列情况：征用集体土地、划拨国有土地、转让国有土地使用权，继承、交换、收回、承包国有土地使用权，宗地分割、合并，土地使用者更名，城市改造拆迁，土地权属界址调查，他项权利变更等。凡需土地变更登记者，事前必须实施变更调查。按照全省的统一部署，2003年，永州市城镇地籍变更调查完竣。全市1个城市，变更面积14平方公里；93个建制镇，变更面积10.11平方公里。

第二次城镇地籍调查 第二次城镇地籍调查，是指对城镇范围以内的土地以1∶500比例尺地籍原图充分运用全球定位系统、全站仪等进行地籍测量，依据《第二次全国土地调查技术规程》和《城镇地籍调查技术规程》，充分利用第一次城镇地籍调查成果，重点查清市、县建成区、建制镇内部各类土地使用状况，确定每宗土地的界址、范围、权属、数量、用途等，进行逐块登记，再汇总建制镇内各类土地面积数据，建立市、县（区）城镇地籍数据库。

城镇地籍调查土地分类采用城乡一体化的《土地利用现状分类》国家标准。

城镇地籍调查单元：冷水滩区由市政府组织调查，市国土资源局具体组织实施；零陵区城镇范围区由零陵区国土资源局组织实施；各县（场）政府、管理区所在建制镇和其余建制镇，由县（场）政府（管理区）组织实施调查，并招标选择项目承包技术单位。

按照国家第二次土地调查的部署和省、市政府的安排，永州市城镇地籍调查，与农村土地调查一并进行，优先安排城镇土地调查。全市从2007年10月起，全面开展城镇地籍调查工作。

2008年6月至2009年9月，冷水滩区开展第二次城镇地籍调查，技术承担单位为湖南省地质测绘院。完成地形地籍图测绘面积86.7平方公里，40厘米×50厘米标准图幅2305幅，施测一级GPS点616个、二级导线点298个、图根控制点1.06万个、五等水准线路280.5公里，完成权属调查1.91万宗地。

2008年10月至2009年10月，零陵区开展第二次城镇地籍调查，技术承担单位为湖南天源国土资源勘查有限公司。完成地形地籍图测绘面积30.1平方公里，施测E级GPS点18个，一、二级导线点538个，四等水准线路66.66公里，完成权属调查1.2万宗地。

2009年12月，市检查验收组分别对各县（场）的城镇地籍调查内外业成果资料进行检查，并对外业进行实地抽检。2010年，省国土资源厅进行预检。2011年，省二调办组织检查验收。

第二次城镇地籍调查主要成果：永州市城镇各类用地汇总表；永州市第二次城镇地籍调查成果统计表；永州市各县（区、场）城镇地籍调查成果汇总资料。

永州市2011年城镇各类用地规模一览表

表1-5-1　　单位：公顷

单位	地类	面积
永州市	商用用地（05）	1872.82
	工矿仓库用地（06）	4101.66
	住宅用地（07）	4621.5
	公共管理与公共服务用地（08）	3229.21
	特殊用地（09）	361.56
	交通运输用地（010）	2508.32
	水域及水利设施用地（011）	492.87
	其他用地（012）	1350.18
合计	—	18538.12

永州市2011年第二次城镇地籍调查成果一览表

表1-5-2

单位	面积（平方公里）	完成时间
冷水滩区	80.25	2011.01
零陵区	25	2010.01
祁阳县	34	2011.01
双牌县	7.38	2011.01
道县	17.8	2011.01
江华县	18	2011.01
江永县	18.33	2011.01
宁远县	18	2011.01
蓝山县	16	2011.01
新田县	9	2011.01
东安县	12.3	2011.01
回龙圩管理区	2	2010.12
金洞管理区	3	2010.12
合计	261.06	—

永州市2011年城镇地籍调查成果一览表

表1-5-3

成果资料		
资料类型	内容及要求	
数据库成果	—	光盘1套
文字报告	城镇地籍数据库建设报告	纸质1套
	城镇土地利用状况分析报告	纸质1套
图件成果	图幅接合图表	纸质1套
	地籍总图	纸质1套
	1∶500地籍图	纸质1套
表格成果	城镇土地调查土地利用一级分类面积汇总表	纸质1套
	城镇土地调查土地利用二级分类面积汇总表	纸质1套
	城镇土地调查土地利用现状一级分类面积按权属性质汇总表	纸质1套
	城镇土地利用汇总表	电子数据
	城镇土地使用权类型汇总表	电子数据
	专业统计表	电子数据
	经行政许可的地方独立坐标和80坐标的首级控制点成果	电子数据
	地方独立坐标系与西安80坐标系转换参数	电子数据
其他成果	城镇地籍建库设计书	纸质1套

第二节　土地登记、发证

一、日常办证

根据1988年5月18日国家土地管理局下发的《关于扩大土地登记发证试点和开展城镇国有土地使用权申报工作的通知》精神，零陵地区国土管理局在永州市（县级，现零陵区）城区开展城镇国有土地使用权申报登记、发证试点工作。9月，地区国土局对永州市（现零陵区）城区非农业用地清查、申报、登记工作进行检查，认为永州市（现零陵区）城区国有土地使用权经申报，已达到权属合法、界址清楚、面积准确的登记、发证标准。10月16日，地区国土局向省国土局呈送《申请发放永州市城区国有土地使用证报告》。12月17日，经国家土地管理局批准，省国土局下达批复，同意永州市（现零陵区）国土局报请永州市人民政府（县级）对城区国有土地审定登记发证。是年，永州市（现零陵区）城区3个办事处登记城镇居民2850户，工商企事业单位78个，发放国有土地使用证3120本。

1989年1月12日，冷水滩市国土局按照地区国土局统一部署，根据市政府《关于对国有和集体土地进行申报登记、发证的通知》要求，基本完成城区4个办事处及4个建制镇和驻市中央、省、地属单位、公司土地申报登记工作，其城区居民2730户，发证2510本，占91.4%；建制镇居民1233户，发证1052本，占87.69%；驻市中央、省、地单位43个，发证37本，占86.4%；市属公司、单位422个，发证370本，占87.69%。冷水滩市城镇国有土地使用权申报登记总面积2788.76万平方米。

1989年5月，地区国土局向省国土局呈报《关于申请发放道县等九县城镇土地使用证的报告》，请示在道县、宁远等9个县同时进行城镇国有土地使用权扩大申报登记发证工作试点，至1990年7月，经申报登记共发放国有土地使用证1460本，集体土地建设用地使用证3240本。

1991年8月30日，零陵地区国土局下发《关于结合农村宅基地有偿使用、搞好登记发证的几点意见》，部署全区各县（市）进行农村宅基地有偿使用、登记发证试点。冷水滩市在马路街乡马路街村试点，286户农户通过申报登记，全部发放集体土地建设用地使用证；祁阳县在天马街试点，对该村14个组374户全部发放集体土地建设用地使用证；双牌县在城关镇江西村试点，给该村278户5.94万平方米农村宅基地全部绘图登记，发放宅基地使用证书。1992 年 6 月 24 日，零陵地区国土局印发《零陵地区土地登记发证实施细则（试行）》，就土地登记发证的依据，土地登记的范围及对象，土地登记发证的程序、原则、政策界限、审批权限以及土地登记发证中有关问题的处理作出明确规定。9 月 16 日，地区国土局向全区发布《零陵地区土地登记发证公告》，要求城乡土地使用者，都必须在公告发布之日起 2 个月内，按照国土部门的要求，自觉向国土部门申请土地登记，送交使用土地的权属资料，出席现场踏界，接受国土部门调查，交纳土地调查、勘测和登记发证费用，领取土地证书。1994 年，省国土局、省物价局发布《关于国土系统行政事业性收费项目和标准》，文件规定不得对农村农民收取土地登记费，因而部分县（市）延缓农村宅基地登记发证工作。至 1994 年底，全区农村宅基地发证 10 万本，城镇国有土地使用权发证 5.6 万本。其中，租赁发证 1.09 万本。1995 年，地籍初始登记、发证基本进入规范化、日常化轨道。全区 407 个乡镇，完成 310 个乡镇初始登记、发证工作。当年地、县（市）国土管理部门工作重点是开展土地利用现状调查（详查）及城镇地籍调查等基础性工作。在查清城乡土地资源家底的基础上，又开始进行变更土地登记发证工作。1998 年，全市各县城城关镇及市辖区城镇地籍调查全面完成，同时为全市 3.16 万户土地使用者（其中城区 1000 余户）进行登记发证。

1999 年，按照国土资源部的部署，在全市范围内全面开展土地证书年检换证工作。市政府发布公告，组织召开全市土地证书年检、换证工作大会，举办年检操作技术规程培训班。当年，全市完成国有土地证书年检用地单位（户）达 5.4 万宗。

2002 年，全市加快城镇、住房用地的登记发证速度，全年核发“房改房”土地使用权证 142 个单位 1.15 万宗，完成清查土地登记发证 1539 宗，完成清查土地换证 1050 本。

为进一步贯彻落实《中华人民共和国土地管理法》，加强农村土地产权制度建设，强化耕地保护机制，依法保护国家和农民集体土地权益。2001 年 11 月，国土资源部印发《关于依法加快集体土地所有权登记发证工作的通知》。按照国家统一部署和《湖南省人民政府办公厅关于加快农村集体土地所有权登记发证工作的通知》文件精神，从 2002 年开始，用 3 年时间基本完成全省农村集体土地所有权登记发证工作。

永州市 1998 年城镇国有土地登记情况一览表

表 1-5-4　　　　面积单位：平方公里

县、市名称	城镇土地初始登记情况						城镇土地变更登记情况								已发集体土地建设用地使用证（本）
	开展城镇		完成城镇		应发证（本）	已发证（本）	转让		出租		抵押		出让土地		
	个数	面积	个数	面积			（宗）	已登记（宗）	（宗）	已登记（宗）	（宗）	已登记（宗）	（宗）	已登记（宗）	
芝山区	1	12	1	12	2806	2789	116	116	—	—	1	1	98	98	67896
冷水滩区	1	17.8	1	17.8	4755	1200	258	258	—	—	290	190	720	650	72538
祁阳县	20	23	2	15	9218	8487	427	372	528	401	127	78	651	631	199831
东安县	13	30	10	25	5800	3400	207	207	400	400	15	15	800	300	80000
双牌县	1	4	1	4	1043	572	90	54	260	60	28	28	50	28	19628
道县	1	9	1	9	600	3500	20	20	—	—	—	—	—	—	80000
江永县	1	6.6	1	6.6	1678	270	118	118	—	—	2	2	121	86	12500
江华县	12	5.	3	4	26000	6850	10	10	—	—	—	—	23	—	43000
宁远县	1	4.2	—	—	3900	1900	150	150	—	—	—	—	—	—	80000
蓝山县	1	6.3	1	6.3	276	246	1	1	—	—	—	—	6	6	35000
新田县	2	5	1	4	3209	2373	9	9	851	500	6	3	548	—	20000
合计	54	122.9	22	103.7	64688	31617	1388	1315	2039	1361	469	317	3017	2119	710393

说明：表中芝山区，为现零陵区

2003 年 1 月，市政府印发《永州市农村集体土地所有权登记发证工作方案》，成立由副市长刘新普任组长，市政府副秘书长钱国平、市计委副主任唐庆生、市国土资源局局长唐定奇、市建委副主任刘国器任副组长，市直有关部门负责人为成员的领导小组，领导小组下设办公室，唐定奇兼任办公室主任。各县（区）政府成立相应的领导小组，具体负责本县（区）集体土地所有权登记发证工作的组织、协调及权属纠纷调处工作。各乡镇政府成立集体土地所有权登记发证工作组，由主要负责人任组长，具体负责本乡镇辖区内土地确权登记发证的组织实施等各项工作。2003 年 3—11 月，基本完成新田县农村集体土地登记发证试点工作。12 月，全面铺开各县（区）农村集体土地登记发证工作。按照《土地登记规则》的要求，以 1995 年土地详查基础资料为根本依据，结合运用土地利用现状数据库建设数据、图件资料，实行内、外作业同时进行；数据统计与图件调绘更新同时进行；集体土地所有权登记和发证同时进行。2005 年 4 月，全面完成全市农村集体土地所有权登记发证工作。全市 11 个县（区）、1 个林场，188 个乡镇、5101 个村，动员 1870 人参与，支付专项经费 1.24 亿元，全市应发集体土地所有权证 1.81 万本（其中村集体土地所有权证 5126 本，乡镇集体土地所有权证 465 本），已发村集体土地所有权证 4974 本，占全市总村数的 97.5%；已发村集体飞地所有权证 2266 本，占飞地总数为 18.7%；调处土地权属纠纷 200 余起。经市、省检查验收，达到程序合法、操作规范、手续完备、资料齐全、权属明晰、面积准确、界址清楚的要求。至 2011 年，发放国有土地使用证 19.6 万本，农村宅基地使用证 51.33 万本。

1987—2015 年，全市国有土地使用权登记发证 24.52 万本；集体土地所有权登记发证 9028 本，发证率为 93.8%；农村集体土地宅基地使用权发证 49.37 万本。市国土资源局档案室有各类地籍档案密集架 35 个、40 万卷（件）档案材料。

二、办证专项行动

2013 年 8 月 30 日，市委常委会议决定开展中心城区住宅小区办证专项行动，研究部署中心城区 103 个住宅小区土地分户办理工作。随后，成立专项行动领导小组，抽调 29 名工作人员组建 5 个工作小组，并在电视、报刊发布“关于中心城区开展小区办证专项行动的公告”。工作人员进驻各住宅小区宣传、答询、讲解有关登记、办证事宜，在市政务中心设立国土资源局登记办证绿色通道，增派专人及时受理，依法办理登记、发证手续。

截至 2015 年 12 月 20 日，中心城区 103 个住宅小区中，符合办证条件的 92 个小区有住房 5.43 万套，已售住房 5.21 万套，办理土地分户证 5.18 万套，办理房产分户 5.19 万套。经市专项行动办公室研究确定：需依法追缴调整土地容积率差价款的44个住宅小区，全部追缴到位的23个小区，部分到位的3个小区，追缴土地差价款5315.8万元；欠缴土地出让金的有12个小区，缴清10个小区，追缴土地出让金6093.31万元；19个小区超用地红线建设，报市政府同意进行分类处理。

第三节　土地统计

一、土地统计综合年报

1987年8月，国家土地管理局、国家统计局联合下发《关于建立和执行土地报表制度的通知》，印发国土年度综合统计报表样表。如国土年综1表《土地利用现状分类面积》；国土年综2表《耕地面积变化情况》；国土年综3表《各类建设用地当年增加面积》；国土年综4表《城镇建设用地当年增加面积》；国土年综5表《土地利用现状分类（概查）面积》。同时，要求凡已完成土地利用现状详查工作的县（市），必须将土地利用详查成果，作为初始土地统计依据，以后逐年将土地变更情况填入上述各表，完成年度土地统计。未完成或正在进行土地利用现状详查工作的县（市），可暂以概查数作为基数填报，并规定填报截止日期为当年的12月25日，上报截止时间为次年的1月5日。

1988年7月，国家土地管理局、国家统计局联合发布《土地统计报表制度实施办法》，省国土管理局随即召开各地、州、市土地统计工作会议，贯彻文件精神，并组织各地、州、市土地统计工作责任人和专业统计工作人员进行土地统计工作专业培训。1988年10月，零陵地区国土局组织开办县（市、场）土地统计年报专业培训班。从乡镇、县（市、场）开始，与统计部门做好数据衔接工作，以确保年报数据平衡。每年12月份，省国土管理局召开各地（州、市）土地统计年报会议，集中进行土地年报统计上报和省级汇总。

1993年7月26日，国家土地管理局发布《土地利用现状调查地（市）级汇总技术规程》，1994年省国土测绘管理局统一部署，全省启动“土地详查后续工作”，首次开展土地变更调查登记，要求土地详查汇总数据统一调查变更，截至1994年12月31日。并要求建立乡镇级土地统计台账。1995年10月，零陵行署召开土地详查领导小组会议，决定地、县（市）各级土地详查领导班子机构不散，充实加强技术力量，全面铺开土地详查后续工作，以土地详查成果数据为基数，根据逐年建设用地审批数据资料和详查调绘图斑，实地逐个进行变更调查、修改、补绘、登记，逐次测算，统计汇总，建立乡镇级土地变更调查登记统计台账。1996年10月，国家土地管理局颁发《国家土地管理综合报表制度（试行）》启用国土年综01-09表式，即01表《土地资源利用变化情况》；02表《城市（镇）建成区土地利用结构变化情况》；03表《各类建设用地情况》；04表《土地开发复垦情况》；05表《城镇国有土地出让地价情况》；06表《国有土地使用权出让、出租、抵押情况》；07表《房产、地产及农业旅游等项目开发情况》；08表《土地案件查处情况》；09表《土地管理机构及人员情况》。上述9种年报表，各县（市）经土地变更调查后填报，由地（州、市）国土管理部门汇总报省国土测绘管理局。1999年，省国土测绘局下发《关于认真开展1999年土地变更调查工作的通知》，要求各市（州）国土管理局按照通知精神，切实加强领导，建立健全土地变更调查制度，严格标准，严格要求，确保土地变更调查质量，及时上报市、州及分县（区）土地利用现状平衡表的数据联盘，市、州土地利用变化情况分析报告，市、州及分县（区）建设用地变更汇总表。市国土管理局要求各县（区）国土局在10月中旬前完成土地变更调查和数据汇总，市国土管理局在10月底集中时间汇总上报省国土测绘局。

2000年，市国土管理局转发省国土资源厅《关于开展2000年土地变更调查工作的通知》，建立健全土地变更调查日常登记、统计制度，确保土地变更调查成果的真实准确。2001年，市国土资源局转发省国土资源厅《转发国土资源部关于开展2001年土地变更调查工作的通知》，重申国土资源部对2001年土地变更调查统计分析的基本要求：

（一）以2000年土地变更调查结果为基础，以图件更新为重点。

（二）各类土地尤其是建设占用耕地的变化情况，必须以现状为准进行变更。凡实地已发生变化的，即使已经依法办理有关用地手续，也不应进行变更。但要分清楚实际变更的新增建设用地：（1）属于本变更调查年度（上年11月1日到本年10月31日）批准的；（2）属于本变更调查年度以前批准的；（3）属于未经批准的占地面积和占用耕地面积，要做好图件、数据、实地“三者一致”。

（三）土地开发复垦、整理经过验收合格后，应及时进行变更调查，在农业结构调整中，由耕地改为其他农用地，经认同土地耕作层未破坏易于复耕的，以及生态退耕，应按现状地类调查，但不作为减少耕地考核；闲置的建设用地，未利用地或被破坏的耕地，开发、整理成园地经认同能调整成耕地的，应按实际现状进行调查。

市国土资源局要求各县（区）国土资源局在10月底前完成逐级汇总各县的土地利用现状变更表；建设用地变更汇总表；土地开发复垦整理、结构调整、生态退耕等情况调查表；土地利用变化情况分析报告（含文件格式软盘）；以及技术报告、图件绘制。市国土资源局11月上旬上报省国土资源厅。

由于全国部分地区规定 1996 年同一时点变更调查，因县改市、撤乡并镇等使行政界线、控制面积发生很大变化，尤其是个别地方因土地变更调查不到位等，急需结合年度土地变更调查进行土地利用现状更新调查。方案由所在省（区、市）审批，并报国土资源部备案，凡独立一个县（市）进行土地利用现状更新的，辖区控制面积不变；辖区变动的，相邻县（市）要相互协调，与相邻县（市）接边后，方可纳入各级数据汇总；土地利用现状更新调查必须与土地利用现状数据库建设同时考虑，一并进行；从 2001 年开始，各地按照《2001 年土地利用变化情况分析报告主要内容》统一撰写格式、统一分析口径和统一基本内容，重点分析建设占用耕地、占补平衡及生态退耕的情况和原因。并转电子文件同书面报告，上报省国土资源厅。

2006 年 10 月 18 日，市国土资源局转发省国土资源厅《转发国土资源部关于开展 2006 年度土地变更调查工作的通知》，要求以 2005 年度土地变更调查结果为基础，启用土地利用总体规划修编已经确认后的基础数据，作为当年变更调查数据，按照《2006 年全国土地变更调查实施方案》的要求，对各类土地利用现状变更情况进行调查，尤其是认真调查生态退耕情况。

二、土地统计时段

国土统计综合年报，因表格分类变化不同及不同时段土地概查、详查汇总调整、变更调查、第二次土地调查而分 3 个时段。

（一）第一时段

以 1986—1993 年农业区划土地概查为基数，以一年的 1—12 月为统计年度，依据当年建设用地报批占用土地面积，土地开发、整理、查处违法用地及耕地增减等土地利用现状数据进行增减调整，获得该年度土地利用现状分类变更数，填报国家规定的 5 种年综报表。

（二）第二时段

1994—2013 年，以土地详查地（市）级汇总、详查后续变更调查表为基数，根据国家土地管理局 1993 年 7 月 26 日发布的《土地利用现状调查地（市）级汇总技术规程》，在收集、整理县（市）级土地详查成果的基础上，按照规程要求，系统地、科学地进行全区土地利用现状调查汇总，汇总零陵地区土地利用分类面积。1995 年，全区各县（市）土地详查变更后续工作全面完成。

1986—1993 年部分年份零陵地区年土地利用现状分类（概查）面积一览表

表 1-5-5　　单位：亩

年份	土地总面积	耕地			园地	林地	牧草地	城镇村及工矿用地	交通用地	水域	未利用土地	
		合计	水田	旱地							小计	其中：可垦荒地
	0500	0510	0511	0513	0520	0530	0540	0550	0560	0570	0580	0589
1986	33396197	5076073	4002600	1073473	247523	19773081	1911899	893875	184346	1409126	3900274	—
1987	33396200	5051380	3967690	1083690	242650	22169890	1911800	887400	183200	1407900	3908300	—
1988	33396200	5019686	4024879	994807	284321	19936117	1926135	882856	188355	1409207	3749523	—
1990	33396200	5032706	3949424	1083282	310799	20036594	1887520	881852	188677	1399222	3658830	—
1992	33396200	5045835	3958368	1087467	355332	20148601	1885763	890737	189868	1401391	3478673	—
1993	33396200	5046527	3928461	1088466	362174	20067681	1970170	899463	190713	1402814	3456258	—

1994—1997年零陵地区（永州市）土地利用现状分类（详查）面积一览表

表 1-5-6 单位：亩

年份	辖区面积	1. 耕地		2. 园地		3. 林地		4. 牧草地		5. 居民点及工矿用地		6. 交通用地		7. 水域		8. 未利用土地		备注
		面积	%	面积	%	面积	%	面积	%	面积	%	面积	%	面积	%	面积	%	
1994	33503392.5	4957097.6	14.8	599304.8	1.79	20582764.4	61.43	35320.8	0.11	1088641.1	3.25	185661.7	0.55	1475753.2	4.40	4578848.9	13.67	汇总数
1994	33382963.6	4951733.5	14.8	598737.0	1.79	20503767.8	61.42	35320.8	0.11	1088285.3	3.26	185346.1	0.56	1473464.3	4.41	4546308.8	13.62	年统数
1995	33503392.5	4928494.5	14.71	669053.0	2.00	20584813.4	61.44	35123.4	0.11	1122434.9	3.35	191183.7	0.57	1482170.1	4.42	4490119.5	13.40	后继变更数
1996	33382965	5157750	15.45	678555	2.03	20485095	61.36	35100	0.11	1134135	3.40	191370	0.57	1479360	4.43	4221615	12.65	年统数
1997	33382969	5157740	15.45	678558	2.03	20485095	61.36	39098	0.11	1134143	3.40	191364	0.57	1479360	4.43	4221611	12.65	规划基数

（三）第三时段

2013年12月30日后，第二次全国土地调查主要数据正式发布，根据中共中央、国务院要求和全国土地调查办公室的安排，省政府同意省国土资源厅、省统计局联合发布湖南省2013年度土地变更调查主要数据成果公报。第二次土地调查主要数据成果公布后，各级政府、各有关部门编制规划和计划，在不动产统一登记、卫片执法检查等工作中发挥重要作用。各市、县（区）政府自2013年起，按第二次土地调查数据成果建立健全年度土地变更调查报告制度和主要数据成果公报制度。

永州市2013年土地变更主要一览表

表1-5-7

土地类型	面积（公顷）	面积（万亩）
耕地	362572.82	543.86
园地	71207.55	106.81
林地	1417927.44	2126.89
草地	80518.45	120.78
城镇村及工矿用地	108763.66	163.15
交通运输用地	25991.64	38.99
水域及水利设施用地	95836.88	143.76
其他土地	63101.63	94.65
农用地	1943534.08	2915.30
建设用地	128623.42	192.94
未利用地	153762.57	230.64

永州市2014年土地变更主要一览表

表1-5-8

土地类型	面积（公顷）	面积（万亩）
耕地	363348.94	545.02
园地	70975.35	106.46
林地	1416938.67	2125.41
草地	79994.02	119.99
城镇村及工矿用地	109405.61	164.11
交通运输用地	26225.14	39.34

续表1-5-8

土地类型	面积（公顷）	面积（万亩）
水域及水利设施用地	95792. 39	143. 69
其他土地	63239. 95	94. 86
农用地	1943253. 31	2914. 88
建设用地	129518. 34	194. 28
未利用地	153148. 42	229. 72

永州市 2015 年土地变更主要一览表

表 1-5-9

土地类型	面积（公顷）	面积（万亩）
耕地	363068. 24	544. 60
园地	70596. 55	105. 89
林地	1416507. 62	2124. 76
草地	79779. 19	119. 67
城镇村及工矿用地	110724. 38	166. 09
交通运输用地	26288. 48	39. 43
水域及水利设施用地	95712. 58	143. 57
其他土地	63243. 03	94. 86
农用地	1942182. 29	2913. 27
建设用地	130904. 84	196. 36
未利用地	152832. 94	229. 25

第四节　土地权属调查

1993 年，全区有土地权属单位 5511 个，其中农村行政村 5168 个，国营农林牧渔茶场 75 个，独立工矿企事业单位 268 个。按土地权属性质分：全区共有国有土地 34. 98 万亩，共有农村集体土地 2971. 54 万亩，占全区土地总面积 88. 6%。零陵地区毗邻广东、广西 2 省行政境界线 2 条 15 段长 678 公里，连接 3 地市行政境界线 3 条 12 段长 682. 8 公里，本地区内县级行政境界线 9 条长 1359 公里。全区查出土地权属纠纷4678处，通过境界双方协商调处3865处，其中省地县权属纠纷调处429处，乡村权属纠纷调处3436处，签订土地权属文书1.93万份。

2006年7月至2011年1月，永州市域各县（区、场）深入开展第二次农村土地、城镇工矿、开发园区各类土地面积及土地权属和基本农田的调查。

2012年8月至2015年8月，永州市进行农村集体土地所有权确权工作，涉及5193个行政村、4.54万个村民小组，涉及土地28.02万宗，权属界线58.63万条，有争议土地2314宗。

一、省外权属纠纷调处

1987年，零陵地区各县（市）先后成立国土管理局，国土管理局积极配合地区调处纠纷办公室和县（市）、乡镇各级政府，组织境界双方村民协调处理重大山林、土地权属纠纷。

1988年4月，零陵、桂林两地区召开首次团结协商联席会议，在桂林地委书记龙川与零陵地委书记唐盛世共同倡议下，以互谅互让、共同协商为原则，处理两地区历史遗留109处山林权属纠纷，至1995年陆续处理完毕。

1990年5月20日，零陵、桂林两地区在桂林市召开处理边界地区土地权属纠纷座谈会，零陵地区副专员郑邦淳及永州市（县级，现零陵区）市委副书记，道县、东安县委副书记到会；桂林地区副专员兰世琦及全州县、灌阳县政府副县长参加会议。5月22—23日，在零陵地区永州市（现零陵区）召开桂林、零陵两地区第4次团结协商联席会议，桂林地委书记蒋毅，行署专员吴盘俊、副专员兰世琦及桂林行署秘书长、公安处长、调处办主任等到会；零陵行署专员吴海森、副专员郑邦淳及地委秘书长、行署办主任、公安处长，调处办主任等出席会议，并达成协议，形成会议纪要。经过4个多月的努力，截至10月5日，零陵地区东安县与桂林地区全州县两县长达73.5公里边界地带44起山林、土地、水利权属纠纷全部调处完毕，并达成安定团结协议。

1993年5月4—5日，湖南和广西两省（区）国土局在零陵地区永州市（现零陵区）联合召开相邻县（市、场）土地详查境界技术接边协调会，就双方涉及19个县（市、场）土地境界接边有关问题取得一致意见，并形成《广西壮族自治区、湖南省关于做好土地利用现状调查接边工作协调会议纪要》，共同商定4点技术处理意见：以江河、湖泊、大型水库水面为界的真实位置难以划准，可标只供面积量算界线；飞地按国家规程办理；跨界的独立工矿、部队、集镇等土地权属界线难以表达划清的，可按行政管辖范围划定；其他未尽事宜由双方协商处理。

1993年8月11日，湖南、广东两省共同行文《关于认真做好土地利用现状调查接边工作的通知》。

二、省内权属调查

1990 年 5 月 11 日，衡阳市政府与零陵行署在祁阳县召开祁阳、祁东等县（市、场）边界土地权属协调会议，并形成《衡阳市、零陵地区七县（市、场）境界权属协调会议纪要》。纪要要求衡阳市、零陵地区各级成立境界土地权属协调工作小组调处土地权属纠纷。

2014 年，省土地发证办公室发布《湖南省农村集体土地所有权土地权属界线接边方案》，再次重申土地权属界线接边工作，对于依法保护土地权利人的合法权益，维护边界地区和谐稳定具有重要意义，并明确要求：权属境界双方通过农村集体所有权界线接边工作，完成相邻调查单位之间的农村集体所有权权属调查，确保土地所有权权属合法、界址清楚、面积准确，做到文书、数据、实地三者一致。

至 2015 年 8 月底，永州市农村集体土地确权登记土地面积 202. 78 万公顷，涉及土地 28. 02 万宗，权属界线 58. 63 万条；有争议土地 2314 宗，调处有争议土地 2103 宗。

第六章　用地管理

第一节　三项建设用地计划管理

1987 年 5 月，零陵地区国土管理局、地区计划委员会联合召开各县（市）国土局、县（市）计委负责人参加的全区首次建设用地、计划管理工作会议。传达贯彻省非农业建设用地计划工作会议精神，研究零陵地区非农业建设用地计划管理和当年全区国家建设用地、乡镇集体建设用地、农民建房用地（以下简称“三项建设用地”）计划安排，同时，根据省政府下达全区非农业建设用地总指标 1.67 万亩（其中耕地 5800 亩，非耕地 1.09 万亩）要求，分解下达当年各县（市）三项建设用地计划控制指标。全区各县（市）贯彻执行《建设用地计划管理暂行办法》精神。是年，下达全区非农建设用地指标 1.67 万亩，其中耕地 5800 亩，全区实际征用土地 7674 亩，占计划指标的 45%，其中耕地 2178 亩，占计划指标的 37%，三项建设用地情况是：国家建设用地计划指标 7340 亩，实际征用土地 2862.4 亩，占指标的 39%，其中耕地实用 1134 亩，占计划的 44%；乡镇集体建设用地计划指标 4060 亩，实际用地 1135.7 亩，占计划的 27.97%，其中耕地实用 393 亩，占计划指标的 28%；农民建房用地计划指标 5330 亩，实际用地 3675.9 亩，占计划指标的 68.96%，其中实用耕地 652 亩，占计划的 36%。当年全区节约非建设用地计划指标 9026 亩，其中节约用耕地 3622 亩。

1988 年，省委、省政府确定零陵地区为改革开放过渡试验区，三项建设用地在年初切块计划指标内由地区审批，这给用地计划管理增加了难度和压力。因此，全区采取四个方面措施，切实加强土地审批工作的管理：（1）层层分解下达建设用地计划。5 月初，地区迅速将省计委、省国土管理局下达全区的非农建设用地计划指标（草案）分解下达到各县（市），各县（市）计委、县（市）国土局根据本县（市）实情研究，在 6 月底前分解下达到各乡镇。（2）切实保证重点项目建设。采取“三保三控”的办法，即：确保国家重点项目用地指标、确保城市建设用地开发建设、确保乡镇企业集体建设用地；地区严格控制各县（市）各项目用地计划定额总指标，县（市）严格控制建设占用耕地指标，乡镇严格控制建房转用地。当年，地区在下达计划分配指标时，预留 2200 亩国家重点项目建设占用耕地指标，并对冷水滩市、道县南北的 2 个支撑点重点城市，在分配指标时给予适当照顾。(3) 层层检查严格管理。地区对县（市）、县（市）对乡镇，层层实行定期检查，严格管理各项建设用地进展情况，如发现多占、乱占等问题，及时制止，上报处理。(4) 抓好计划指标的落实和统计。坚持按规定进行建设用地月报、年报、统计汇总和上报。及时掌握用地计划执行情况，做到统计准确，上报及时。

根据省国土局在岳阳市召开的建设用地会议精神，地区国土局认真研究，贯彻落实。1988 年 6 月 20 日至 7 月 16 日，地区国土局组织两个检查组，检查 11 个县（市）22 个乡镇。全区建设用地计划实施管理情况良好：1—6 月总用地 1472 亩，其中耕地 442 亩，占省下达指标的 8.86%。

1988 年 1—6 月零陵地区各市、县建设用地计划执行情况表

表 1-6-1　　　单位：亩

单位名称	总用地				国家建设				乡（镇）村集体建设				农民建房	
	合计	其中		占地指标下达%	小计	其中		占地指标下达%	小计	其中		占地指标下达%	耕地	占地指标下达%
		耕地	非耕地			耕地	非耕地			耕地	非耕地			
永州	182.81	24.55	158.26	9.62	149.85	21.63	127.72	17.16	29.28	—	29.28	6.97	2.92	1.62
冷水滩	175.18	87.81	87.87	4.38	168.53	82.06	86.47	5.81	6.26	4.86	1.40	1.25	0.39	0.23
祁阳	352.71	163.04	189.67	18.27	293.10	139.06	154.04	62.36	43.46	9.20	34.26	6.58	14.78	6.43
东安	224.27	56.75	167.52	18.53	217.59	50.37	167.22	47.80	1.87	1.87	—	0.62	451	3.22
双牌	69.62	32.95	36.67	12.00	68.61	31.94	36.67	21.44	—	—	—	—	1.01	1.44
道县	31.42	21.42	10.00	2.42	29.75	19.75	10.00	5.81	—	—	—	—	1.67	1.11
江永	9.93	7.55	2.38	1.18	7.84	4.96	2.38	1.67	—	—	—	—	2.59	2.88
江华	255.06	9.15	245.91	28.98	244.11	—	244.11	54.25	1.80	—	1.80	1.20	9.15	11.44
宁远	64.44	19.86	45.08	5.28	49.50	4.42	45.08	12.38	—	—	—	—	14.94	8.79
新田	21.56	10.17	11.39	2.73	21.13	9.74	11.89	8.13	—	—	—	—	0.43	0.36
蓝山	85.19	9.50	75.69	11.36	81.60	5.91	75.69	25.50	—	—	—	—	3.59	3.59

说明：表中的永州系县级永州市，指现零陵区

1988 年，省政府下达全区非农业建设用地计划指标 1.7 万亩，其中耕地 5000 亩，当年实际用地 1.12 万亩，占计划用地指标的 65.66%，其中实用耕地 3032.99 亩，占计划指标的 60.66%。按三项建设用地分：（1）国家建设用地计划指标 7800 亩，其中耕地 1800 亩。国家建设实际用地 7775.76 亩，占用指标 99.69%；其中实际用耕地 2708.4 亩，占用指标达 150.46%。（2）乡镇集体建设用地计划指标 4000 亩，其中耕地 1400 亩。乡镇集体建设实际用地 473.17 亩，占指标的 11.83%；其中耕地 43.76 亩，占指标的 3.12%。（3）农村个人建房用地计划指标 5300 亩，其中耕地 1800 亩。农村个人建房实际用地 2914.04 亩，占指标的 54.98%；其中用耕地 280.83 亩，占计划指标的 15.6%。1989 年，省政府严格控制各地（市）非农业建设用地，当年下达零陵地区非农业建设用地指标 1.35 万亩（其中耕地 3900 亩），比上年减少 3500 亩，下降 20.58%（其中耕地比上年减少 1100 亩，下降 22%）。地、县（市）在执行计划用地中，按照轻重缓急，统筹安排建设项目，严格制止计划外项目用地，对停建、缓建项目，分别视情况暂停征地或收回土地使用权，严格控制城镇（含工矿区）非农业人口个人建房用地，农民个人建房提倡利用空坪隙地或在原宅基改造，乡镇村办企业主要从内部挖潜改造，尽量少占或不占耕地。是年，全区实际征用土地 3986.46 亩，占省计划指标的 29.53%，其中耕地 494.59 亩，占省计划指标的 12.68%。双牌县是零陵地区的山区小县，农用地面积少，耕地面积更少，该县国土局在审批建设用地中，严格把住用地计划关、限额指标关、审批关、选址关。1989 年地区下达该县用地计划指标 480 亩，其中耕地 130 亩。该县实际用地 117.67 亩，仅占计划的 24.5%，节余用地指标 362.33 亩，为实际用地的 3.08 倍；其中用耕地 22.32 亩，仅占计划指标的 17.2%。

1990 年，全区各级国土管理部门积极参与非农业建设工程前期可行性论证和初步设计评审工作，坚持能用非农地的不用耕地、能少用地的不新占多用地，既保证建设用地，又节约农用地保护耕地。是年，省下达全区非农建设用地计划指标 1.28 万亩，其中耕地 3600 亩。该年全区实际报批用地 5400 亩，占计划的 42.19%；其中耕地占用 924 亩，占计划 25.67%。1991 年，地区国土局指导各县（市）国土局在修订村镇建设规划的基础上划定基本农田保护区，在保护区内严禁制砖、烧瓦、采矿、葬坟及取土，严控审批该类非农建设项目 247 个。当年全区非农业用地计划 1.19 万亩，实际报批用地 3237 亩，占计划的 27.2%；其中耕地计划 2798.59 亩，实际占用 792 亩，占计划的 28.3%。1992 年，全区实行建设项目的全程管理，各县（市）国土局主动参与项目用地的选址、定点、项目论证、设计审查等前期管理，跟踪中期检查、后期核查验收各环节。是年，全区建设用地 6398.25 亩，比省分配计划指标 1.23 万亩减少 5901.75 亩，节约 47.98%；其中用耕地 1496.29 亩，比计划指标 1870 亩减少 373.71 亩，节约 19.98%。1993 年，地区国土局举办建设用地培训班，加强对建设用地全程管理和法律法规的学习，贯彻执行国务院《关于严格制止乱占、滥用耕地的紧急通知》，先后 3 次对全区各类开发区进行检查，撤销不规范开发区 5 个，面积 1.17 万亩，核减耕地面积 2040 亩，合并开发区 3 个，面积 3000 亩，补办开发区内可行性项目 10 个，力求做到既不超计划用地，又确保重点项目建设用地。如冷水滩宋家洲电站，是外商投资项目，需占用土地 1130 亩，而冷水滩已无当年用地指标，又如冷水滩、祁阳城区 6 个重点工程项目亟待开工建设。经申报，省国土局派人来实地考察后，批准追加全区国家建设用地指标 2300 亩，其中耕地 1000 亩。是年，省分配全区建设用地计划指标 1.34 万亩（含追加指标），其中耕地 4000 亩，当年实际征用土地 9389 亩，占计划的 70.06%；实际用耕地 3612 亩，占计划的 90.3%。1994 年，地区及各县（市）继续严控非农业建设用地计划，切实加强建设项目全程管理。1994 年，省下达全区非农业建设用地计划指标 1.01 万亩，其中耕地 3300 亩，当年全区实际获批用地 7641.64 亩，占计划的 76.04%，其中耕地 2392.2 亩，占计划的 72.49%。

1995 年，省下达全区非农业建设用地计划指标 9100 亩，其中耕地 3200 亩，当年全区实际报批用地 7763 亩，占计划 85.3%；其中耕地 2042 亩，占计划的 63.81%。1997 年 4 月，中共中央、国务院《关于进一步加强土地管理，切实保护耕地的通知》，作出冻结建设占用耕地审批的决定。市政府召开会议贯彻落实此通知，并先后下发 8 个专题文件。1999 年 1 月 1 日起施行的《中华人民共和国土地管理法实施条例》规定："建设占用土地，涉及农用地转为建设用地的，应当符合土地利用总体规划和土地利用年度计划中确定的农用地转用指标"。当年，全市报批用地项目 37 个，农用地转用 586.15 公顷，占计划指标 730 公顷的 80.3%；其中批准耕地 307.25 公顷，占计划指标 310 公顷的 99.1%。

2004 年，省政府下达全市农用地征地转用计划指标 235 公顷，其中耕地 147 公顷。当年，实际批准农用地转用项目 15 个，占用农用地 174.49 公顷，其中占用耕地 99.43 公顷。2007 年，市国土资源局根据市委、市政府要求，为缓解土地供需矛盾，局党组召开专题会议，围绕解放思想、改革创新、保护资源、保障发展展开大讨论，在原有措施的基础上，研究制定 11 项措施：一是科学合理安排用地指标。对用地项目进行全面摸底调查，按照新增建设用地计划指标重点保障市以上重点工程、重点招商引资项目、承接沿海产业转移的重要工业项目以及与人民群众生活密切相关的水、电、路、讯等城市基础设施项目和经济适用房、廉租房等民生工程项目用地需求，对项目进行排序，把有限的指标用在关键项目上。二是凡挂靠能源、交通、水利、矿山等圈外选址的项目用地，以及受环境污染等方面制约，必须在圈外选址用地，积极争取省里的调控指标来解决项目用地问题，既可节约用地指标，又可节约新增费等费用。三是对废弃的矿山用地、闲置未利用地、低效利用的国有土地，通过置换等方式来盘活存量土地，用于解决新的项目用地。四是结合新农村建设，组织开展对原分散的宅基地以及其他集体建设用地进行整理复垦，把农村集体建设用地减少与城镇建设用地增加进行挂钩，既拓宽建设用地供应渠道，又改善农民生产生活条件。五是针对本地荒山、荒地较多，而全省未利用地指标有一定结余的特点，争取省国土资源厅支持，在引导项目选址上下功夫，鼓励开发利用未利用地，做活“山”字文章，既可在用地指标上得到充分保障，又可大大降低用地成本。六是依法稳妥行使农村集体建设用地审批权，允许符合乡（镇）土地利用总体规划的建设用地使用权作价入股、联营兴办企业。七是提倡县（区）储备一定的建设用地，确保项目落地急需。八是对重点项目、关键性工程，争取省国土资源厅支持，适当启用先行用地办法。九是充分利用“百日行动”查处的违法用地补办手续不占用地指标的政策。十是试行先征后转，为房屋拆迁、处理地上矛盾腾出时间。项目一来，申办农用地转用审批手续，即可落地。十一是加强建设用地投资强度、容积率、开工竣工时间的批后监管，确保土地得到充分利用。2008 年，省国土资源厅发布《湖南省土地利用年度计划管理办法》规定：土地利用年度计划实行分级管理；依据土地利用总体规划，严格控制建设用地总量，切实保护耕地，特别是基本农田；严格执行国家下达的土地利用年度计划，以土地供应引导需求，节约集约利用土地。土地利用年度计划包括：新增建设用地计划（分为城镇建设用地指标和能源、交通、水利、矿山、军事设施等单独选址的建设项目用地指标），包括新增建设用地总量和新增建设占用农用地及耕地指标；土地开发整理计划，包括土地开发补充耕地指标和土地整理、复垦补充耕地指标。当年，省国土资源厅下达永州市非农建设用地指标 435 公顷，实际审批用地 1171 公顷，是省下达指标的 2.7 倍。同时推进城乡建设用地增减挂钩滚动使用指标 260 公顷，在祁阳县、宁远县、江华县、道县、蓝山县、东安县实施面积 285 公顷。全市争取审批的指标，确保永蓝、厦蓉、道贺高速公路等国家、省、市重点项目用地。

2011 年，把保障项目用地作为服务永州经济发展的首要抓手，全程跟卷预审报批，大力推进节约集约用地。当年，省政府下达全市新增建设用地指标 450 公顷，其中占用耕地指标 160 公顷。是年，经国土资源部、省国土资源厅审批建设用地 136 宗，面积 1869.5 公顷，是省政府原安排计划指标的 4 倍多；其中建设占用耕地 879.9 公顷，完成计划补充耕地 921 公顷，结余耕地指标 21.1 公顷。保障洛湛铁路等基础设施项目、承接产业转移项目和民生项目建设用地。2012 年，市国土资源局开展“项目建设年”“工业企业服务年”活动。当年，省国土资源厅原下达计划指标560公顷，其中占用耕地指标220公顷，由于积极争取，当年经省政府审批建设用地项目144宗，面积1243.3公顷，其中占用耕地指标382公顷。核减占用耕地500多亩，保障神华永州火电、华盟万商红商贸物流中心、湛江无水港等一批重大项目用地。

2015年，省国土资源厅《关于下达2015年土地利用计划的通知》，下达永州市2015年土地利用计划。

永州市2015年新增建设用地计划一览表

表1-6-2　　单位：公顷

地区	城镇村新增建设用地	城镇村新增建设占用农用地	其中耕地	备注
永州市	1012	840	596	—
永州市本级	388	322	229	含永州经开区奖励计划10公顷
祁阳县	96	79	56	—
其中：金洞管理区	20	17	12	—
东安县	45	37	27	—
双牌县	40	33	24	—
道县	60	50	35	—
江永县	55	46	32	—
其中：回龙圩管理区	10	8	6	—
宁远县	65	54	38	—
蓝山县	46	38	27	—
新田县	85	71	50	含国家扶贫开发工作县计划20公顷
江华县	102	85	60	含国家扶贫开发工作县计划20公顷

永州市 2015 年度国有建设用地供应计划情况表

表 1-6-3 单位：公顷

用途 区县	合计	其中新增	商服用地	工矿仓储用地	住宅用地						公共管理与公共服务用地	交通运输用地	水域及水利设施用地	特殊用地
					小计	其中新增	廉租房用地	经济适用房用地	商品房用地	其他用地				
合计	1235. 76	1235. 76	143. 87	367	345. 17	206. 12	12. 51	0. 00	198. 4	134. 26	131. 98	239. 29	3. 45	5. 00
市本级	465. 11	465. 11	43. 29	118. 52	139. 16	80. 29	0. 00	0. 00	56. 70	82. 46	19. 23	141. 91	3. 00	0. 00
祁阳县	96. 31	96. 31	6. 67	61. 17	17. 53	4. 39	4. 39	0. 00	9. 79	3. 35	5. 94	5. 00	0. 00	0. 00
东安县	93. 09	93. 09	19. 85	18. 00	20. 12	12. 84	1. 22	0. 00	12. 84	6. 06	14. 00	21. 12	0. 00	0. 00
双牌县	55. 97	55. 97	7. 34	16. 86	18. 59	18. 59	4. 60	0. 00	8. 68	5. 31	13. 18	0. 00	0. 00	0. 00
道县	105. 47	105. 47	17. 44	22. 56	30. 84	12. 23	0. 00	0. 00	22. 49	8. 35	19. 03	10. 60	0. 00	5. 00
江永县	75. 14	75. 14	12. 13	24. 68	15. 26	10. 85	0. 00	0. 00	12. 41	2. 85	5. 98	17. 09	0. 00	0. 00
宁远县	98. 08	98. 08	6. 73	25. 47	24. 83	22. 85	2. 30	0. 00	20. 34	2. 19	23. 05	18. 00	0. 00	0. 00
蓝山县	72. 20	72. 20	24. 92	12. 30	24. 05	20. 69	0. 00	0. 00	14. 86	9. 19	6. 91	3. 57	0. 45	0. 00
新田县	63. 46	63. 46	1. 91	24. 54	17. 87	13. 29	0. 00	0. 00	13. 77	4. 10	14. 14	5. 00	0. 00	0. 00
江华县	110. 93	110. 93	3. 59	42. 90	36. 92	10. 10	0. 00	0. 00	26. 52	10. 40	10. 52	17. 00	0. 00	0. 00

说明：1. 土地用途按照《土地利用现状分类》（GB/T 21010—2007）一级类统计；“新增”指新增建设用地（含当年新增建设用地）；

2. 市辖区未单独编制国有建设用地供应计划的，供地计划情况直接统计在市本级，不单独统计；

3. 具体供地项目详见供地计划文本中的宗地表

2015年，市国土资源局严格执行计划监管，全力保障项目建设用地。1—10月，经国土资源部、省国土资源厅批准全市建设用地总面积5582.36公顷（包含国务院批准的涔天河水库扩建工程用地面积4115.33公顷）；市级审批集体建设用地项目4个，面积2.09公顷；临时用地项目1个，面积0.68公顷。当年，省国土资源厅下达全市新增建设用地计划指标982公顷，实际使用新增建设用地589.76公顷，占计划的60.06%。

第二节 用途管制

1997年，中共中央、国务院发布《关于进一步加强土地管理 切实保护耕地的通知》，文件规定对农地和非农地实行严格用途管制。1999年1月1日，全国人大常委会颁布实施新的《中华人民共和国土地管理法》。推行土地用途管制制度是实施新《土地管理法》的核心工作，实施用途管制，必须强化土地利用总体规划的宏观调控作用，建设用地由单一的计划管理转变为以土地总体规划为龙头的土地用途管制。根据耕地锐减的严峻形势和适应新《土地管理法》实施要求，永州市编制《永州市土地利用总体规划（1997—2010年）》，规划于1998年编制完成。2000年1月，市政府下发文件，全面实施《永州市土地利用总体规划》。规划严格控制建设用地目标，全市1997—2010年新增建设用地控制总量2.71万公顷，其中占用耕地4867公顷。城镇（含独立工矿）建设占用土地1.14万公顷，其中占用耕地2020公顷；交通建设占用土地6079公顷，其中占用耕地1362公顷；水利设施占用土地6877公顷，其中占用耕地1402公顷；农村居民建房占用土地2738公顷，其中占用耕地83公顷。

永州市2000年各类非农建设用地控制一览表

表1-6-4 单位：公顷

用地项目	1997—2000年			2001—2010年			1997—2010年			年均占用耕地
	合计	耕地	非耕地	合计	耕地	非耕地	合计	耕地	非耕地	
一、居民占用地	3683	939	2744	8167	1019	7148	11850	1958	9892	139.9
1. 城市	690	300	390	1003	355	648	1693	655	1038	46.8
2. 建制镇	2172	614	1588	5247	606	4641	7419	1220	6199	87.2

续表1-6-4

用地项目	1997—2000 年			2001—2010 年			1997—2010 年			年均占用耕地
	合计	耕地	非耕地	合计	耕地	非耕地	合计	耕地	非耕地	
3. 农村居民	821	25	796	1917	58	1859	2738	83	2655	5.9
二、独立工矿	455	48	407	1822	97	1725	2277	145	2132	10.4
三、交通用地	1542	431	1111	4537	931	3606	6079	1362	1417	97.3
四、水利设施	1923	581	1342	4954	821	4133	6877	1402	5475	100.1
五、其他用途	21	0	21	39	0	39	60	0	60	0
合计	7624	1999	5625	19519	2868	16651	27143	4867	22276	347.6

1998 年，全市按规划和年度计划共报批用地项目 37 个，农用地转用 2348.6 公顷，其中核减耕地面积 12 公顷，同时按“占一补一”的原则，开发耕地 300 公顷。1999 年，计划指标非农建设用地 730 公顷，其中耕地 124 公顷，报批用地项目 37 个，农田地转用 586.15 公顷，其中核减耕地 2.75 公顷。

2000 年，计划指标非农建设用地 807 公顷，其中耕地 372 公顷，实际报批用地 698.88 公顷，其中占用耕地 343.97 公顷。

1997—2005 年，全市新增建设用地 4796.11 公顷，年均新增建设用地 532.9 公顷，是规划年度控制指标（1938.52 公顷）的 27.49%。其中全市新增建设用地累计占用耕地 1708.51 公顷，年均新增建设占用耕地 347.64 公顷，相当于规划年度控制指标（636.59 公顷）的 54.61%。

2008 年，市委书记黄天锡率市直相关单位负责人到市国土资源局专题调研国土管理工作，根据市委中心学习组会议精神，围绕解放思想、改革创新、保护资源、保障发展、缓解土地供需矛盾，研究制定 11 项土地用途管制措施。当年上报审批圈内项目 31 个，面积 283.28 公顷；同时组织报批永蓝、厦蓉和永贺等高速公路等圈外重点项目用地，利用省控制指标 1997.41 公顷。2009 年，为实施市委、市政府“项目兴市”战略，切实保障用地需求，上报省国土资源厅和国土资源部审批圈外重点项目用地 5082.64 公顷，是当年省国土资源厅下达计划指标 435 公顷的 11 倍多。2010 年，争取省国土资源厅、国土资源部审批项目土地 3582.22 公顷。

2011 年，审批项目用地 136 宗，面积 1869.5 公顷，是当年计划指标 450 公顷的 4 倍多。2012 年，审批项目用地 144 宗，面积 1243.3 公顷。2013 年，审批项目用地 1581.46 公顷。2014 年，获批项目用地 139 宗，面积 1177.75 公顷。当年又追加审批涔天河水库扩建工程用地 4115.33 公顷。

2015 年，报省国土资源厅、国土资源部审批项目用地 5582.36 公顷。

市国土资源局贯彻实施新《中华人民共和国土地管理法》，一方面强化土地利用总体规划的宏观调控，推行土地用途管制，节约集约用地，切实保护耕地。另一方面，着力保障发展，保证重点能源、交通、生态等项目用地需求。2007—2015 年，全市累计下达用地计划指标 5152 公顷，实际审批用地面积 2.64 万公顷，是计划指标的 5.12 倍。

第三节　土地征用管理

一、征地补偿

1983—1985 年，依据《湖南省国家建设征地办法》，零陵地区及各县（市）城镇建设委员会相继内设征地拆迁办公室。

1986 年 10 月 24 日至 11 月 17 日，地区征地拆迁办公室组织各县（市）征地拆迁办主要负责人 15 人，对各县（市）征拆工作进行交叉检查，1987 年 1 月 14—17 日，召开全区征拆工作交流、汇报评比大会。一年多的时间，全区的 512 个国家建设项目征地 994 起，计 9496.99 亩，其中水田 2208.75 亩，菜地 204.83 亩，水塘 242.38 亩，熟地 1310.18 亩，茶林 2120.33 亩，荒山 2381.64 亩，其他 1028.85 亩。拆迁房屋 586 户，5.67 万平方米。1987 年 2 月 6 日，将零陵行署建委内设征地拆迁办公室、地区农业区划委员会办公室、农业局所属土地管理站 3 个机构合并成立零陵地区国土管理局。1988 年 5 月 8 日，零陵地区国土管理局内设征地事务所，负责指导、管理全区各县（市）征地拆迁事务工作。

1997 年 5 月，市国土管理局内设征地拆迁事务所，直接负责市城区土地征用拆迁补偿安置工作，并负责指导、管理市辖各县（区）土地征拆工作。1998 年 9 月，市政府出台《关于征地拆迁安置用地的会议纪要》。纪要规定土地补偿费：（1）征用稻田，按征地前三年平均年产值的 5 倍计算补偿，本次核定的平均年产值为 1300 元；（2）征用水塘、水库、宅基地、成片果园按邻近稻田计算；（3）征用旱土、经济林按邻近稻田补偿标准的 50%计算；（4）征用荒山、荒地按邻近稻田补偿标准的 20%计算。

2000 年 3 月，成立永州市人民政府征地拆迁管理办公室，办公室设在市国土局，主要负责市城市规划区内各项建设用地的征地拆迁工作，负责制订全市征地拆迁安置标准，负责指导全市的征地拆迁业务工作，负责监督、检查全市征地拆迁安置补偿费及管理费的收支情况。是年，市国土管理局为进一步进行和完善征地制度，保证全市征地拆迁补偿安置工作依法有序进行，下发文件《关于加强征地拆迁管理工作的通知》。通知强调，征用农村集体所有土地，是政府行为，各地必须依照征用土地制度，由县级以上地方人民政府统一征地。县级以上人民政府土地行政主管部门，根据职责及法定的征地批准权限和程序，代表政府负责组织征地的审查报批和具体实施工作，依法拟定征收方案和征地补偿安置方案，确保农村集体经济组织和农民的合法权益。

2004 年，新征农民集体土地 204.87 公顷，应付征地款 5847.7 万元，实付 5847.7 万元，3 个月内支付率 100%。1999—2003 年，拖欠农民集体土地补偿款建设项目 6 宗，面积 91.52 公顷，拖欠资金 450.05 万元，2004 年 10 月清欠 450.05 万元，清欠率 100%。

2005 年 6 月，市政府依据新《中华人民共和国土地管理法》，制定发布《永州市征地拆迁补偿安置办法》，大幅度调整提高征地补偿、安置补偿标准。（1）征用水田、专业菜地、旱地、鱼塘（池）补偿费为该土地征前三年平均年产值的 6~8 倍；征用果园、茶园、经济林、渠坝及水库分别按邻近水田补偿标准的 40%~60% 计算补偿；荒山、荒地及未利用地按邻近水田标准的 20%补偿。（2）征用水田、专业菜地、旱地、鱼塘（池）的安置补助费按照被征用的耕地数除以被征地单位平均每人占有的耕地数计算，每个需要安置的补助费为该耕地被征前三年平均年产值的 4~6 倍，但是最高不得超过 15 倍；征用果园、茶园、经济林分别按邻近水田安置补助费标准的 70%~100%计算；征用不需恢复重建的渠坝及水库等农田水利用地，按邻近水田的安置费的 40%~45%计算；征用村民宅基地、乡（镇）村公共设施、企业用地按邻近水田安置费的 20%补助；征用荒山、荒地不支付安置补助费。以冷水滩区为例，征用每亩稻田以前为 0.65 万~1.95 万元，调整为 1.3 万~3.25 万元，最高增加 1.3 万元。

依据新《中华人民共和国土地管理法》和建设用地实施“五统一”用地管理的规定，2000—2003 年，中心城区征用集体土地 6606 亩，拆迁房屋 109 户，面积 1.6 万平方米。全市新增建设用地征地补偿费 5477 万元，全部足额付清。前三年拖欠的 451 万元征地补偿欠款 100%清欠。

2005 年，根据省政府办公厅发布的《湖南省征地年产值标准》，市政府发布《永州市征地年产值标准》：（1）水田一类 1650 元/亩，二类 1400 元/亩；旱土 1050 元/亩；专业菜地一类 2600 元/亩，二类 2300 元/亩；专业鱼塘一类 2200 元/亩；二类 1900 元/亩。祁阳、道县、宁远、江华、江永、新田按以上标准下调 15% 执行。（2）经批准占用基本农田的，其补偿标准按法定最高标准执行，统一年产值按同地类的最高标准计算。（3）其他土地包括果园、林地、茶园、藕池等仍按2003年《永州市征地拆迁补偿安置办法》文件规定执行。

根据2009年《湖南省人民政府关于公布湖南省征地补偿标准的通知》文件精神，2010年，市政府公布《永州市征地补偿标准》。补偿标准包含土地补偿费和安置补助费两项费用之和，被征收土地上的附着物和青苗补偿仍按现行规定标准执行。

2013年，市政府印发《关于调整永州市征地补偿标准的通知》。

永州市2009年征地补偿标准一览表

表1-6-5　　单位：元/亩

市州	县市区	补偿标准						地类修正系数			
		Ⅰ	Ⅱ	Ⅲ	Ⅳ	Ⅴ	Ⅵ	旱土	经济林	草地、林地	园地
永州市	冷水滩	43560	39533	34304	32121	29260	—	0.6	0.55	0.45	0.6
	零陵	41745	36590	32670	31415	28433	26720	0.6	0.55	0.45	0.6
	祁阳县	35937	31372	27943	25160	23176	—	0.6	0.55	0.45	0.6
	东安县	34304	29803	26473	26105	24160	22176	0.6	0.55	0.45	0.6
	双牌县	32409	28152	25007	24176	23253	—	0.6	0.55	0.45	0.6
	道县	32409	29634	27786	26567	24176	23562	0.6	0.55	0.45	0.6
	宁远县	32409	29634	27786	26567	24176	23562	0.6	0.55	0.45	0.6
	新田县	32409	27786	26867	24176	23562	—	0.6	0.55	0.45	0.6
	江永县	32409	26397	26116	24176	22253	—	0.6	0.55	0.45	0.6
	江华县	32409	26397	26116	24176	24176	22253	0.6	0.55	0.45	0.6
	蓝山县	32670	26473	24160	22176	22176	—	0.6	0.55	0.45	0.6

永州市2013年征地补偿标准一览表

表1-6-6　　单位：元/亩

县区	补偿标准			地类修正系数			
	Ⅰ区	Ⅱ区	Ⅲ区	旱地、园地	林地	荒山、荒地	裸地
冷水滩区	52200	47500	43000	0.8	0.6	0.5	0.3
零陵区	50000	42000	38000	0.8	0.6	0.5	0.3

续表1-6-6

县区	补偿标准			地类修正系数			
	Ⅰ区	Ⅱ区	Ⅲ区	旱地、园地	林地	荒山、荒地	裸地
祁阳县	43100	38000	33000	0.8	0.5	0.5	0.3
东安县	41100	36000	31000	0.8	0.5	0.5	0.3
双牌县	40000	34000	31000	0.8	0.5	0.5	0.3
道　县	40000	36000	32000	0.8	0.5	0.5	0.3
宁远县	40000	36000	32000	0.8	0.5	0.5	0.3
新田县	40000	35000	31000	0.8	0.5	0.5	0.3
江永县	40000	34000	31000	0.8	0.5	0.5	0.3
江华县	40000	34000	31000	0.8	0.5	0.5	0.3
蓝山县	40000	34000	31000	0.8	0.5	0.5	0.3

二、征用审批权限

1987年5月，《湖南省土地管理实施办法》颁布实施。该办法依据《中华人民共和国土地管理法》，结合本省具体情况和实际需要，对审批权限进行了调整。其中第十条规定国家建设征用土地的审批权限：（一）征用耕地2亩以下，其他土地10亩以下的，由县、市人民政府批准；（二）征用耕地5亩以下，其他土地15亩以下的，经县级人民政府审查，报上一级人民政府批准；（三）征用耕地1000亩以下，其他土地2000亩以下的，以及征用城市专业菜地、精养鱼池的，经省辖市、自治州人民政府或省人民政府派出机关审查，报省人民政府批准；（四）征用耕地1000亩以上，其他土地2000亩以上的，由省人民政府报国务院批准。1987年，零陵地区国土管理局及各县（市）国土管理局相继成立，各级国土管理部门贯彻执行《中华人民共和国土地管理法》和《湖南省土地管理实施办法》，按规定的审批权限严格核查非农业建设项目用地，逐级上报审批。

1992年4月，颁布修正的《湖南省土地管理实施办法》规定：征用耕地3亩以下、其他土地10亩以下的，由县（市）政府批准；征用耕地10亩以下、其他土地30亩以下的，以及征用城市专业菜地、精养鱼池3亩以下的，经县（市）政府审查，报上一级政府或者省政府派出机关批准；征用耕地1000亩以下、其他土地2000亩以下的，以及征用城市专业菜地、精养鱼池3亩以上的，经设区的市、自治区州政府或省政府派出机关审查，报省政府批准；征用耕地1000亩以上、其他土地2000亩以上的，由省政府报国务院批准。

2000年3月31日，湖南省人大常委会九届十四次会议通过的《湖南省实施〈中华人民共和国土地管理法〉办法》。其中第十五条规定：建设占用土地涉及农用地转为建设用地的，按照下列规定办理农用地转用审批手续：（一）国务院批准的建设项目，省人民政府批准的道路、管线工程和大型基础设施建设项目，报国务院批准；（二）在村庄、集镇（不含县级人民政府所在地的城镇）土地利用总体规划确定的建设用地规模范围内，为实施该规划，按照土地利用年度计划将农用地一次或分批转为建设用地的，报设区的市、自治州人民政府批准。前款规定以外的建设项目占用土地涉及农用转为建设用地的，报省人民政府批准。其中第十六条规定：具体建设项目需占用土地利用总体规划确定的国有未利用地的：（一）不足1公顷，由县（市）人民政府批准；（二）1公顷以上，不足4公顷的，由该区的市、自治州人民政府批准；（三）4公顷以上的，由省人民政府批准。其中第三十条规定：建设项目施工和地质勘查需要临时使用土地的批准权限为：（一）临时使用基本农田的，由省人民政府土地行政主管部门批准；（二）临时使用其他耕地的，由设区的市、自治州人民政府土地行政主管部门批准；（三）临时使用其他土地的，由设区的市、县（市）人民政府土地行政主管部门批准。2004年8月28日，全国人大常委会第十一次会议作出《关于修改〈中华人民共和国土地管理法〉的决定》。其中对农用地转为建设用地作出如下规定：建设占用土地涉及农用地转为建设用地的，应当办理农用地转用审批手续。省、自治区、直辖市人民政府批准的道路、管线工程和大型基础设施建设项目、国务院批准的建设项目占用土地，涉及农用地转为建设用地的，由国务院批准。征收基本农田、基本农田以外的耕地35公顷以上的，其他土地超过70公顷的，由国务院批准。涉及农用地转用征收前款以外的土地，由省、自治区、直辖市人民政府批准，报国务院备案。在土地利用总体规划确定的城市和村庄、集镇建设用地规划范围内，为实施该规划而将农用地转为建设用地的，按土地利用年度计划分批次由原批准土地利用总体规划的机关批准。在已批准的农用地转用范围内，具体建设项目用地可以由市、县人民政府批准。

2012年，《湖南省实施〈中华人民共和国土地管理法〉办法》（修正本）第三十二条规定：农村村民建住宅，应当向集体土地所有者和村民委员会提出书面申请，经乡（镇）人民政府审核，报县级人民政府批准。涉及使用农用地的，应当按照本办法第十五条规定的权限办理审批手续。农村村民使用本集体经济组织以外的集体土地建住宅的，应当依法办理土地征用手续。

2014年1月26日，省政府办公厅转发省国土资源厅《关于规划和改进农村宅基地管理的若干意见》规定：宅基地审批管理由县级人民政府负责。2014年9月26日，市政府办公室印发《关于切实做好农村宅基地管理工作的通知》，规定：优化审批服务。宅基地审批管理由县（区）政府（含管理区、开发区，下同）负责。对符合宅基地申请条件的，县（区）政府应自受理申请之日起 45 个工作日内办结。各地要抓紧制定完善审批管理办法，优化审批流程和管理方式，为群众提供方便快捷的审批服务。同时，要严格规范收费行为，禁止在宅基地审批过程中收取除权证工本费以外的一切行政事业性、服务性费用。

第七章　土地市场

第一节　国有土地有偿使用

1954—1987 年，城镇国有土地长期实行无偿、无限期使用的行政划拨制度，这一时期土地基本特征是：非商品、无价值、使用无期限、不可流动。改革开放以来，随着经济体制改革的不断深化，这种土地制度的弊端日益显露，导致土地利用严重失控，土地资源严重浪费，土地收益严重流失。

1987 年 1 月 1 日，《中华人民共和国土地管理法》正式颁布实施。1988 年修订的《中华人民共和国土地管理法》明确规定：国有土地和集体所有的土地的使用权可以依法转让；国家依法实行国有土地有偿使用制度。

1990 年 5 月，国务院出台《城镇国有土地使用权出让和转让暂行条例》，以行政法规的形式，确立国家实行城镇国有土地使用权出让、转让制度，并对土地使用权出让、转让、出租、抵押和终止作出了具体的规定。规定土地使用权出让最高年限为居住用地 70 年，工业用地 50 年，教育、科技、文化、卫生、体育用地 50 年，商业、旅游、娱乐用地 40 年，综合或者其他用地 50 年。1992 年 4 月，省政府召开全省国土工作会议。会后，零陵地区贯彻落实全省国土工作会议精神，并在道县、新田县、祁阳县开展土地使用权制度改革试点，拉开全区土地使用权制度改革的序幕。1993 年 3 月 12 日，行署印发《零陵地区城镇国有土地使用权管理暂行办法》，对土地使用权出让、转让、出租、抵押、终止、划拨等进行规定。1993 年 3 月 13 日，行署办公室印发《关于成立零陵地区土地使用制度改革领导小组的通知》，成立零陵地区土地使用制度改革领导小组，由常务副专员朱泽民任组长，领导小组下设办公室，地区国土管理局局长唐际绍兼任办公室主任，副局长杨福兼任办公室副主任。4 月 8 日、5 月 22 日、7 月 2 日，祁阳县、永州市（县级，现零陵区）、江华县分别成功拍卖国有土地使用权。6 月 25 日，地区国土管理局下发通知，成立零陵地区土地估价委员会和零陵地区土地估价委员会办公室。7月，冷水滩市政府办根据国家土地管理有关政策，出台《关于办理土地使用权出让手续的通知》，指出国有土地使用权出让是指市人民政府以土地所有者身份，遵照土地所有权与土地使用权分离原则，将土地使用权在一定年限内出让与使用者，并由土地使用者向政府交纳土地出让金的行为。对商业、金融、旅游、服务业、商品房和涉外工程建设用地等采取土地使用权有偿有期限出让办法。8月，永州市（县级市，现零陵区）通过宣传、严肃执法、建立规范的地产市场等方式，对城镇国有土地隐形市场开始进行清理整顿。

1994年7月，《中华人民共和国城市房地产管理法》正式颁布实施，对土地使用权出让、划拨、转让、抵押、租赁等进行了明确规定，并规定“国家依法实行国有土地有偿、有限期使用制度”。国家机关用地和军事用地，城市基础设施用地和公益事业用地，国家重点扶持的能源、交通、水利等项目用地，可以由县级以上人民政府依法批准划拨，除法律、行政法规另有规定外，划拨土地使用权没有使用期限的限制。11月24日，零陵地区行署印发《关于加强土地有偿使用收入管理的通知》，明确不准用地单位直接与农民征地，国土部门代表政府行使土地出让权，土地有偿收入由财政部门统一管理。1998年8月，新修订《中华人民共和国土地管理法》颁布，规定从1999年1月1日起，开征新增建设用地土地有偿使用费，专项用于耕地开发。

2001年10月22日，国土资源部出台《划拨用地目录》，明确和细化划拨用地的范围。规定：“对以营利为目的，非国家重点扶持的能源、交通、水利等基础设施用地项目，应当以有偿方式提供土地使用权。”“以划拨方式取得的土地使用权，因企业改制、土地使用权转让或者改变土地用途等不再符合本目录的，应当实行有偿使用”。

11月21日，市委、市政府印发《关于永州市城市规划区集中开展土地市场清理整顿的通知》，开始在城市规划区开展土地市场清理整顿，并成立永州市土地市场清理整顿领导小组，随后成立永州市土地市场清理整顿领导小组办公室、清查组、法规处理组、办案组、财务组等工作班子。11月25—26日，召开全市第一次土地市场清理整顿会议。12月1日，市政府印发《永州市城市规划区土地市场清理整顿若干问题的处理办法的通知》。

2001年，根据省政府《关于加强土地市场建设和管理的意见》要求，经市编办批复同意，永州市土地储备中心成立，隶属于市国土资源局，具体负责土地收购、储备和土地出让前期工作。

2002年4月5日，市政府下发《永州市地产市场管理暂行办法》，对土地使用权出让、转让、抵押、出租等进行规定。11月12日，市国土资源局印发《关于加强土地使用权招标拍卖管理的通知》，就加强土地使用权招标拍卖管理提出要求。2007年，市国土资源局与市国资委共同印发《关于市属涉及划拨土地使用权的国有资产处置有关事项的通知》，与市中级人民法院联合下发《关于认真执行最高人民法院、国土资源部、建设部〈关于依法规范人民法院执行和国土资源房地产管理部门协助执行若干问题的通知〉的通知》，明确法院与国土资源部门处置土地的职责范围。2008年1月31日，国土资源部修订和出台《工业项目建设用地控制指标》，规定工业项目所需行政办公及生活服务设施用地面积不得超过工业项目总用地面积的7%。严禁在工业项目用地范围内建造成套住宅、专家楼、宾馆、招待所和培训中心等非生产性配套设施。工业企业内部一般不得安排绿地。但因生产工艺等特殊要求需要安排一定比例绿地的，绿地率不得超过20%。5月29日，监察部、人力资源和社会保障部、国土资源部联合修订出台《违反土地管理规定行为处分办法》，对非法低价或无偿出让土地；对土地出让过程中出现的5种违法违规行为及非法转让土地行为，明确要追究责任。2009年3月1日起，永州市全面运行土地市场动态监测与监管系统。

2010年9月，市本级在全市率先使用省国土资源厅的网上交易平台，实施网上挂牌交易。2012年，国土资源部颁布《闲置土地处置办法》，对闲置土地的调查、认定、处置、利用、预防和监管等工作流程进行规定，并明确法律责任。该《办法》首次明确出让的建设用地必须是土地权利清晰、安置补偿落实到位、无法律经济纠纷、土地开发利用规划条件明确、具备动工开发所必需条件的“净地”，禁止“毛地”出让。2013年9月，启动市中心城区城市地价调查与监测工作。10月，市国土资源局制定《永州土地利用动态巡查工作方案》，部署并按计划全面开展土地动态巡查工作，加强土地供后监管。12月，市政府出台《永州市中心城区规划区内国有建设用地使用权出让实施细则》。2014年4月，永州市开展追缴开发小区超容积率价款工作，研究制定《开发小区超容积率补缴土地出让金差价款追缴进度表》。6月，成立永州市国土资源局批而未供和闲置土地清理处置工作领导小组，开始对批而未供和闲置土地进行调查摸底和清理处置。7月9日，市政府发布《关于实施永州市城区及18个建制镇基准地价的通告》，实施更新后的市中心城区及18个建制镇基准地价。7月，成立永州市土地管理委员会、永州市城市规划区土地问题协调处理领导小组。7月22日，市国土资源局制定《开展地价出让国有建设用地使用权和矿业权专项清理整治工作实施方案》，启动低价出让国有建设用地使用权和矿业权专项清理整治工作。12月30日，市政府颁布实施《永州市国土资源管理规定（试行）》。

2015年9月，市国土资源局出台《关于进一步加强中心城区国有建设用地供应及供后监管的实施意见》。

第二节 国有企业土地资产处置

1994年，按照国务院、省政府的要求，以及零陵地委、行署安排部署，零陵造纸厂作为全地区企业破产改制试点工作结束。根据试点工作中出现的新情况新问题，1994年8月25日，零陵行署印发《零陵地区企业改革实施办法（试行）补充规定》的通知，要求在全区2013家企业（其中全民所有制企业397家，集体所有制企业1616家）全范围、深层次逐步推进企业改制工作。

按照国务院统一部署，抓好企业兼并、破产、改制重组、股份合作等企业改革中的土地资产处置和管理，是进一步深入土地使用制度改革的重要环节。地区国土管理部门主要从四个方面开展并落实这项工作。（一）依法界定土地产权。国营、集体、股份制企业等涉及改革的，都依照法律法规界定土地权属，做到权属合法，界址清楚，面积准确。（二）科学评估地价，确认土地资产量。根据企业土地用途科学评估和正确认定土地资产值。（三）合理处置土地资产。本着有利于盘活土地资产，保证国有土地资产保值增值的原则，因地制宜采用出让、租赁、作价入股等方式处置土地资产。（四）合理分配土地收益，加强企业国有土地运营监管。在充分体现国家利益基础上，考虑企业实际困难和经济承受能力，遵照国家有关法律法规，经地区行署批准，国土管理部门代表政府将国有土地使用权出让资金优先安置企业职工。

1997年，全市处置29个（其中市属4个）破产企业的土地资产，土地收益9600万元。1999年，市国土管理部门对全市企业土地资产进行年检，查实国有和集体企业1373个，土地面积198.51万平方米，土地资产总值达18.22亿元，为强化企业土地资产管理和深化土地使用制度改革提供可靠数据。

2000年，市国土资源局处置市区10个工业企业61.95亩土地，收取出让金1426.79万元，经市政府批准减免出让金1146.66万元用于企业安置职工。2002年，市国土资源局处置市级20家300亩土地资产，盘活资金1.2亿元，以土地收益安置下岗职工5000余人。2004年，市、区两级改制企业39家，处置变现土地42宗，面积1085.7亩，企业收益3.47亿元。2007年12月25日，市政府印发《关于进一步规范市属国有企业改革中企业国有资产处置有关问题的通知》。通知指出：由市国资委、市财政局、市国土资源局、市规划建设局、市房产局、市产权交易中心等相关部门领导和专家组成国有资产处置会审委员会，负责改革企业国有资产产权转让。会审委员会对改革企业的范围、价格、转让条件、转让方式等议定会审意见，并组织工作组具体实施。依法将房产和土地统一整体处置，将资产处置资金全部缴入国库，再通过预算安排市属国企改革专项资金。至 2015 年，市国土资源部门依照上述通知精神，在市属国有企业改革中参与处置土地 45 宗，成交额 3.45 亿元。

2002—2015 年，市本级国有企业改制土地资产处置成交 221 宗，土地面积 5331.76 亩，成交额 27.33 亿元。

永州市市本级 2002—2015 年国企改制土地资产处置一览表

表 1-7-1

年份	成交宗数	出让金（万元）	面积（亩）
2002	3	1030.2	8.19
2003	17	7579.43	258.9
2004	54	37863.8	1682.9
2005	38	33691.6	1540.8
2006	11	8660.1	285.2
2007	20	16855	294.6
2008	8	2552	50.16
2009	12	6748.9	42.84
2010	17	27869.1	324.5
2011	13	23980.5	124.5
2012	12	44713	245.8
2013	3	9371	55
2014	6	19014	174.77
2015	7	33333.64	243.6
合计	221	273262.27	5331.76

第三节　地价

一、基准地价

1998 年 7 月 24 日，市政府发布《关于实施永州市建成区基准地价的通告》，将冷水滩区的基准地价分为 8 个等级，芝山区（现零陵区）的基准地价分为 6 个等级，并制定各个等级的商服、住宅和工业用地的基准地价和土地有偿使用费标准。其中商服一级区段价为3200元/平方米，住宅用地一级区段价为784元/平方米，工业用地一级区段价为448元/平方米。

永州市1998年建成区基准地价一览表

表1-7-2

级别	街道名		区段价（元/平方米）			土地有偿使用费（元/平方米·年）		
	冷水滩区	芝山区	商服	住宅	工业	商服	住宅	工业
一	零陵中路（丰园宾馆—珍珠路口）、觅湘路、潇湘西路	—	3200	784	448	64	9	7.2
二	零陵中路（丰园宾馆—北路跨线桥）、中山路、凤凰路（桥头—金鑫宾馆）、（黄泥井市场路、解放路（进口—祁剧院）	—	2200	560	320	44	6.4	5.1
三	伍家院路、零陵南路（珍珠路口—虎岩公园）	前进街、正大街、人民路、芝山路、中山路（大旅社—新街口）	1500	460	288	30	5.3	4.6
四	珍珠路（路口—通化街路口）、零陵南路（虎岩公园—轻机厂）、零陵北路（铁路跨线桥—春江路）、清桥路、凤凰路（金鑫宾馆—中心标志）、潇湘东路、沿江中路（清桥广场—区工行）	南津中路、黄古山中路、潇湘中路	1000	360	240	20	4.1	3.8
五	零陵北路（春江路口—忠烈宾馆）、梅湾路（清桥路口—双舟路口）、沿江路（区工行—曲河大桥）	南津南路、南津北路（黄古山花坛—虎啸路口）、百万庄、潇湘东路	700	295	207	14	3.4	3.3
六	滨江南路、西区路、珊瑚西路、双舟路、梅湾路（双舟路口—逸云路）、百业街、珍珠路（复烤厂—通化街口）、梧桐路（花坛—珍珠路）、凤凰路（中心标志—湖塘路）、沿江路（河东大市场—清桥广场）、逸云路、育才路、翠竹路、富强路、铁塔路、冷溪路、宋家洲	中山南路、解放路（新街口—七层坡路口）、黄古山东路、羊角山路、东门洞路、虎啸路	500	246	172	10	2.8	2.8

续表1-7-2

级别	街道名		区段价（元/平方米）			土地有偿使用费（元/平方米·年）		
	冷水滩区	芝山区	商服	住宅	工业	商服	住宅	工业
七	东陵路、零陵南路（轻机厂—四〇九队）、梧桐东路、复兴路、文昌路、岚正路、公安路、沿江南南路（曲河大桥—啤酒厂）、百花路	潇湘西路、康济大道、芝山北路、回龙塔路、萍州东路、日升大道、芝麻坪路	350	180	126	7	2.1	2.0
八	零陵大道（啤酒厂—虎啸路口）、湖塘路	工农路（塑料厂—烟厂）、萍阳路	250	150	105	5	1.7	1.7

2000年，按照市政府《关于加强城市规划区内土地一级市场管理的通知》要求，市中心城区开始基准地价更新工作。2001年，根据国务院《关于加强国有土地资产管理的通知》及国土资源部《关于整顿和规范土地市场秩序的通知》精神，基准地价原则上每三年更新一次。2004年12月31日，市政府发布《关于更新永州市城区基准地价的通告》，在原来的基础上进行了更新。

永州市2004年城区商业用地级别基准地价一览表

表1-7-3

级别	区片号	范围		基准地价	
		冷水滩区	芝山区	元/平方米	万元/亩
Ⅰ级	商—1	文昌路—湘江西路—潇湘西路—零陵中路—解放路口—零陵中路—潇湘西路—湘桂铁路线—文昌路	—	3200	213
Ⅱ级	商—2	潇湘西路—湘江西路—珍珠路—湘桂铁路线—潇湘西路—零陵中路—解放路口—零陵中路—潇湘西路	—	1500	100
	商—3	大桥西路—湘江西路—文昌路—湘桂铁路线—凤凰路—大桥西路			
	商—4	双洲路—梅湾路—梅湾市场路—湘江东路—清桥路—大桥东路—湘江东路—大桥东路—百业街—双洲路			
Ⅲ级	商—5	珍珠路—湘江西路—西区路—零陵中路—珍珠路	芝山路—中山北路—潇水路—芝山路	1050	70
	商—6	凤凰路—珊瑚路—紫金路—梧桐路—凤凰路—湘桂铁路线—凤凰路			

续表1-7-3

级别	区片号	范围		基准地价	
		冷水滩区	芝山区	元/平方米	万元/亩
Ⅲ级	商—7	向荣路—湘江西路—大桥西路—零陵北路—向荣路	芝山路—中山北路—潇水路—芝山路	1050	70
	商—8	大桥东路—湘永路—兴旺路—柳河街—湘江东路—大桥东路			
	商—9	梅湾路—逸云路—湘江东路—梅湾市场路—梅湾路			
Ⅳ级	商1-0	育才路—逸云路—梅湾路—双洲路—百业街—大桥东路—湘江东路—育才路	南津中路—潇水路—中山北路—芝山路—古城路南段区域—黄古山路	570	36
	商—11	宋家洲	人民路两侧区域		
	商—12	清桥路—湘永路—兴旺路—柳河街—湘江东路—清桥路			
	商—13	湘江西路—狮子口路—零陵南路—西区路—湘江西路	—		
	商—14	站前南路—站前大道—梧桐路—珍珠路—紫霞路—凤凰路—梧桐路—紫金路—珊瑚路—珍珠路—湘桂铁路线—珍珠路—站前南路	—		
Ⅴ级	商—15	逸云路—湘江东路—永州大道—湘江东路—育才路—逸云路	南津北路（黄古山路花坛—湘口馆路）两侧，黄古山路（黄古山路花坛—香零山路）两侧	450	30
	商—16	湘江西路—长丰大道—零陵南路—舜皇路—站前大道—站前南路—珍珠路—零陵中路—零陵南路—狮子口路—湘江西路	潇水路—（湘江西路—工农路）两例		
	商—17	梧桐路—站前大道—湖塘路—春江路—珊瑚路—九嶷路—湘江西路—向荣路—零陵北路—凤凰路—紫霞路—珍珠路—梧桐路	司马塘路—芝山路—潇水路—湘江东路—司马塘路		
	商—18	凤凰路—湘桂铁路线—珍珠路—珊瑚路—凤凰路	南津南站—百万庄3号路—南津南路—百万庄1号路—百万庄路—永州宾馆区域—潇水路—南津南路		
	商—19	—	中山中路—太平街口—中山中路—东门巷路—解放路—正大街—人民路—中山中路		
Ⅵ级	商—20	其他区域	其他区域	315	21

<table>
<tr><th rowspan="2">级别</th><th rowspan="2">区片号</th><th colspan="2">范围</th><th colspan="2">基准地价</th></tr>
<tr><th>冷水滩区</th><th>芝山区</th><th>元/平方米</th><th>万元/亩</th></tr>
<tr><td>Ⅰ级</td><td>住—1</td><td>大桥西路以东100米—湘江西路—潇湘西路以南100米—湘桂铁路线—凤凰路—大桥西路</td><td>—</td><td>600</td><td>40</td></tr>
<tr><td rowspan="3">Ⅱ级</td><td>住—2</td><td>建设路以东100米—湘永路以南100米—双洲路以东100米—梅湾路以东100米—翠竹路以南100米—湘江东路—建设路</td><td>—</td><td rowspan="3">525</td><td rowspan="3">35</td></tr>
<tr><td>住—3</td><td>凤凰路以东100米—湘桂铁路线—下河线铁路专用线—零陵北路以南100米—凤凰路</td><td>—</td></tr>
<tr><td>住—4</td><td>潇湘西路以南100米—湘江西路—珍珠路（规划中）以南100米—湘桂铁路线—潇湘西路</td><td>—</td></tr>
<tr><td rowspan="5">Ⅲ级</td><td>住—6</td><td>站前大道—紫霞路以北100米—凤凰路以东100米—珊瑚东路以南100米—珍珠路以北100米—站前南路以南100米—站前大道</td><td>—</td><td rowspan="5">450</td><td rowspan="5">30</td></tr>
<tr><td>住—7</td><td>大桥西路以东100米—零陵北路以南100米—向荣路—湘江西路—大桥西路</td><td>—</td></tr>
<tr><td>住—8</td><td>零陵中路以西100米—珍珠路以南100米（规划中）—湘江西路—西区路以南100米—零陵中路</td><td>—</td></tr>
<tr><td>住—9</td><td>育才路以东100米—进贤路以南100米—湘江东路—翠竹路以南100米—梅湾路以东100米—双洲路以东100米—湘永路以南100米—建设路以东100米—湘江东路—育才路以东100米</td><td>—</td></tr>
<tr><td>住—10</td><td>宋家洲区片</td><td>—</td></tr>
<tr><td rowspan="2">Ⅳ级</td><td>住—11</td><td>站前大道—湖塘路以北100米—湘江路以东100米—珊瑚路以南100米—九嶷路以东100米—湘江西路—向荣路以东100米—湘桂铁路—凤凰路以东100米—紫霞路以北100米—站前大道</td><td>—</td><td rowspan="2">420</td><td rowspan="2">36</td></tr>
<tr><td>住—12</td><td>凤凰路以东100米—湘桂铁路—西区路以南100米—湘江西路—舜皇路以南100米—站前大道—站前南路以南100米—珍珠路以东100米—珊瑚路以南100米—凤凰路</td><td>—</td></tr>
</table>

续表1-7-3

<table>
<tr><th rowspan="2">级别</th><th rowspan="2">区片号</th><th colspan="2">范围</th><th colspan="2">基准地价</th></tr>
<tr><th>冷水滩区</th><th>芝山区</th><th>元/平方米</th><th>万元/亩</th></tr>
<tr><td rowspan="2">Ⅳ级</td><td>住—13</td><td>永州大道—湘江东路—进贤路以南100米—育才路以东100米—湘江东路—永州大道</td><td>—</td><td rowspan="2">420</td><td rowspan="2">36</td></tr>
<tr><td>住—14</td><td>湘江西路—长丰大道—零陵南路以西100米—南甸路以北100米—湘江西路</td><td>—</td></tr>
<tr><td rowspan="2">Ⅱ级</td><td>住—15</td><td>湖塘路以北100米以北—春江路以东100米以东—珊瑚路以南100米以北区域</td><td rowspan="2">南津中路以东100米—潇水路以南100米—中山北路以东100米—人民路以南100米—湘江东路—司马塘路以南100米—芝山路以西100米—古城路南段区域—黄古山路以北100米—南津中路</td><td rowspan="2">375</td><td rowspan="2">60</td></tr>
<tr><td>住—16</td><td>湘江西路—南甸以北100米—零陵南路以西100米—长丰大道—站前大道—舜皇路以南100米以南区域—湘江西路</td></tr>
<tr><td rowspan="4">Ⅵ级</td><td>住—17</td><td>—</td><td>南津北路（黄古山路花坛—湘口馆路）两侧黄古山路（黄古山路花坛—香零山路）两侧</td><td rowspan="4">300</td><td rowspan="4">20</td></tr>
<tr><td>住—18</td><td>—</td><td>湘江东路—古城路以北100米—芝山路以西100米—司马塘路以南100米—湘江东路</td></tr>
<tr><td>住—19</td><td>—</td><td>人民路以南100米—中山北路以东100米—太平街以南100米—湘江东路—人民路</td></tr>
<tr><td>住—20</td><td>—</td><td>潇水路以南100米—南津南路以东100米—百万庄3号路以南100米—百万庄路以西100米—永州宾馆区域—潇水路</td></tr>
<tr><td>Ⅶ</td><td>住—21</td><td>—</td><td>其他区域</td><td>255</td><td>17</td></tr>
</table>

2008年1月，市国土资源局启动市中心城区基准地价更新工作。4月，经投标、开标、评标，最终确定湖南众联评估有限公司为该次基准地价更新技术单位；6月，技术单位制作《永州市土地定级与基准地价更新技术报告》，经组织专家咨询论证、提交市长办公会议审议、征求相关单位意见、召开更新听证会等流程，广泛听取社会各界对基准地价更新初步成果的意见和建议，经讨论修改，形成初步上报成果；2009年6月，市国土资源局将市中心城区及18个建制镇基准地价更新成

果报请省国土资源厅审核；经省国土资源厅批复同意后，2009 年 11 月 20 日，市政府发布《关于实施永州市城区及 18 个建制镇基准地价的通告》。

2013 年 3 月，全市开展中心城区及 18 个建制镇新一轮基准地价更新工作。技术单位湖南众联评估有限公司通过外业调查、内业测算等程序，出具初步成果。2013 年 9 月，市政府对更新成果进行审查。2013 年 10 月，市法制办主持召开基准地价更新听证会，广泛听取民意，针对听证会代表提出的意见，技术单位对更新成果进行修正完善后，经报市政府批准，报请省国土资源厅对基准地价更新成果进行审查。2014 年 5 月，省国土资源厅批复同意永州市基准地价更新。2014 年 7 月 9 日，市政府发布《关于实施永州市城区及 18 个建制镇基准地价的通告》。

永州市城区及 18 个建制镇 2009 年基准地价一览表

表 1-7-4

一、商业用地基准地价		
级别	区域范围	价格（元/平方米）
冷水滩区		
Ⅰ	文昌路—湘江西路—潇湘西路—湘桂线—觅湘路—零陵中路—文昌路	3000
Ⅱ	凤凰路—湘江西路—文昌路—湘桂线—凤凰路	1500
	湘江西路—新华街—湘桂线—又一巷—湘江西路	
	百业街—双洲路—梅湾路—舜皇路—湘江东路—湘永路—清桥路—百业街	
Ⅲ	凤凰路—紫霞路—珍珠路—珊瑚路—凤凰路	800
	下河线路—凤凰路—零陵路—湘桂路—零陵北路—下河线路	
	新华街—伍家院路—狮岩路—零陵中路—湘桂线—新华街	
	育才路—逸云路—湘江东路—舜皇路—梅湾路—双洲路—百业街—清桥路—湘江东路—育才路	
	清桥路—湘永路—湘江东路—清桥路	
Ⅳ	月岩路—湘桂线—凤凰路—紫霞路—珍珠路—湖塘路—凤凰路—湖跃路—月岩路—凤凰路—湘桂线—珍珠路—珊瑚路—凤凰路	420
	珍珠路—珊瑚路—传芳路—西区路—潇湘大道—紫霞路—珍珠路	
	狮岩路—湘江西路—轻机路—零陵中路—狮岩路	
	长丰大道—零陵南路—南甸路—湘江西路—长丰大道	
	永州大道—湘江东路—逸云路—育才路—湘江东路—永州大夏	
	宋家洲	

续表 1-7-4

级别	区域范围	价格（元/平方米）
Ⅴ	万寿路—下河线路—铁路线—月岩路—湖跃路—凤凰路—湖塘路—万寿路	420
	凤凰路—湖塘路—珍珠路—紫霞路—潇湘大道—淡岩路—凤凰路	
	西区路—潇湘大道—城南路—湘江西路—长丰大道—零陵南路—南甸路—湘江西路—轻机路—零陵路—西区路—湘桂线—珍珠路—珊瑚路—传芳路—西区路	
	永州大道以东区域	
	宋家洲	
Ⅵ	其他区域	300
	零陵区	
Ⅲ	芝山路—中山中路—潇水中路—前进街—芝山路	800
Ⅳ	黄古山中路—芝山路—徐家井路—潇水中路—中山中路—人民路—沿江路—司马塘路—古城路—黄古山中路（不含芝山路—中山中路—潇水中路—前进街—芝山路区域）	420
Ⅴ	沿江西路—萍阳路—潇水西路—工农路—沿江西路	330
	南津路—黄古山中路—古城路—司马塘路—沿江路—宗元路—南津路	
	南津路—百万庄—号路—春牛坪路—东门巷路—中山南路—太平街—解放路—新街—沿江路—人民路—中山中路—潇水中路—徐家井路—芝山路—黄古山中路—南津路	
Ⅵ	其他区域	300

二、住宅用地基准地价

级别	区域范围	价格（元/平方米）
	冷水滩区	
Ⅰ	双洲路—湘永路—清桥路—舜皇路—湘江东路—双洲路	600
Ⅱ	下河线路—湘西西路—伍家院路—将军路—湘桂路—铁路线—下河线路	495
	建设路—湘永路—双洲路—湘江东路—建设路	
	双洲路—梅湾路—逸云路—湘江东路—舜皇路—清桥路—湘永路—双洲路	
Ⅲ	育才路—湘江东路—建设路—湘永路—双洲路—梅湾路—逸云路—湘江东路—育才路	420
	紫金路—紫霞路—盘王路—珊瑚路—紫金路	
	春江路—湘桂线—铁路线—下酒线路—春江路	
	伍家院路—将军路—湘桂线—西区路—零陵路—轻机路—湘江西路—伍家院路	
	宋家洲区域	

续表1-7-4

级别	区域范围	价格（元/平方米）
Ⅳ	凤凰路—湖塘路—珍珠路—紫霞路—潇湘大道—西区路—传芳路—珊瑚路—珍珠路—湘桂线—凤凰路（不含紫金路—紫霞路—盘王路—珊瑚路—紫金路区域）	345
	长丰大道—零陵南路—南甸路—湘江西路—长丰大道	
	永州大道—湘江东路—育才路—湘江东路—永州大路	
Ⅴ	其他区域	285
零陵区		
Ⅲ	芝山路—中山中路—潇水中路—前进路—芝山路	420
Ⅳ	黄古山中路—芝山路—徐家井路—潇水中路—中山中路—人民路—沿江路—司马塘路—古城路—黄古山中路（不含芝山路—中山中路—潇水中路—前进街—芝山路区域）	345
Ⅴ	沿江西路—萍阳路—潇水西路—工农路—沿江南路	285
	南津路—黄古山中路—古城路—司马塘路—沿江路—宗元路—南津路	
	南津路—百万庄一号路—春牛坪路—东门巷路—中山南路—太平街—解放路—新街—沿江路—人民路—中山中路—潇水中路—徐家井路—芝山路—黄古山中路—南津路	
Ⅵ	其他区域	240

三、工业用地基准地价

级别	区域范围	价格（元/平方米）
冷水滩区		
Ⅰ	文昌路—湘江西路—潇湘西路—湘桂线—文昌路	320
Ⅱ	文昌路—下河线路—铁路线—湘桂线—文昌路	280
	又一巷—湘江西路—伍家院路—铁路线—又一巷	
	紫金路—珊瑚路—盘王路—紫霞路—紫金路	
	建设路—湘永路—双洲路—梅湾路—逸云路—湘江东路—建设路	
Ⅲ	凤凰路—湘桂线—珍珠路—珊瑚路—传芳路—西区路—潇湘大道—紫霞路—珍珠路—湖塘路—凤凰路（不含紫金路—珊瑚路—盘王路—紫霞路—紫金路区域）	240
	育才路—湘江东路—建设路—湘永路—双洲路—梅湾路—逸云路—湘江东路—育才路	
	下河线路—铁路线—湘桂线—春江路—下河线路	
	湘江西路—轻机路—零陵中路—将军路—伍家院路—湘江西路	
	宋家洲区域	

续表1-7-4

级别	区域范围	价格（元/平方米）
Ⅳ	其他区域	210
	零陵区	
Ⅱ	宗元路—南津路—福寿亭路—春牛坪路—东门巷路—中山路—沿江路—宗元路	280
Ⅲ	南津路以北、春牛坪路—东门巷路—中山路—沿江路以东区域、萍洲路以东区域	240
	沿江路—柳子街—桃江路—沿江路	
Ⅳ	其他区域	210

四、永州市建制镇基准地价

乡镇名	一级区域	基准地价（元/平方米）			二级区域	基准地价（元/平方米）			三级区域	基准地价（元/平方米）		
		商业	住宅	工业		商业	住宅	工业		商业	住宅	工业
花桥	湘花街（市场路—幸福路）	320	253	240	1. 湘花街（幸福路—中心小学）2. 幸福路 3. 市场路	256	235	216	其他区域	218	214	204
普利桥	1. 普利街（车站—普利桥）2. 寿福路	400	316	240	普利街（普利桥—保险公司）	320	235	216	其他区域	288	214	204
牛角坝	1. 湘山路（派出所—中心完小）2. 市场路（市场—新镇政府）	340	269	240	1. 湘山路（中心完小—蓝江）2. 湘山路（派出所以南）	272	226	216	其他区域	245	205	204
黄阳司	1. 同心路（信用社—南街）2. 南街（同心路—中心医院）	360	284	240	1. 同心路（信用社—湘桥路）2. 市场小区片 3. 南街（中心医院—桔园小区）	288	240	216	其他区域	259	218	204
高溪市	高溪市街（居委会—铁路）	350	277	240	高溪市街（居委会以北，铁路以南）	280	235	216	其他区域	252	214	204
上岭桥	冷竹路	470	371	240	向阳路	376	274	216	其他区域	338	249	204
岚角山	岚天路	420	332	240	市场路	336	245	216	其他区域	302	223	204
蔡市	滨江路（镇政府—蔡市西路）	380	300	240	蔡市西路	304	235	216	其他区域	274	214	204
伊塘	三二二国道（加油站—卫生院）	350	277	240	紫竹街	280	230	216	其他区域	252	209	204

续表1-7-4

乡镇名	一级区域	基准地价（元/平方米）			二级区域	基准地价（元/平方米）			三级区域	基准地价（元/平方米）		
		商业	住宅	工业		商业	住宅	工业		商业	住宅	工业
竹山桥	龙门大道	370	292	240	322 国道	296	226	216	其他区域	266	205	204
菱角塘	金牛大道	320	253	240	其他支路	256	226	216	其他区域	230	205	204
邮亭圩	1. 福田大道中央转盘半径 50 米范围内区域 2. 福田大道（转盘—福田茶场办公楼）	450	356	240	1. 福田大道（入口—中央转盘）2. 太平路（转盘 50 米外—镇政府）	360	226	216	其他区域	324	205	204
富家桥	永福大道	360	284	240	其他支路	288	254	216	其他区域	259	231	204
接履桥	S1830（镇政府—G322 路口）	355	280	240	322 国道（税务所—益康大药房）	284	235	216	其他区域	256	214	204
黄田铺	G322（国土所—派出所）	320	253	240	1. 白龙街中路 2. 白龙街北路	256	226	216	其他区域	230	205	204
珠山	湘桂路（322 国道）	500	395	240	珠山路、文明街、正大街	400	274	216	其他区域	360	249	204
石岩头	1. 楚雄路（国土所—镇政府）2. 农贸市场片	330	261	240	文明路（楚雄路—新世纪发型设计）	264	216	216	其他区域	238	205	204
水口山	紫金街	320	253	240	老街、半边街	256	226	216	其他区域	230	205	204

说明：1. 基准地价基准日为 2009 年 5 月 1 日；

2. 具体范围请参照查看相关图件资料；

3. 永州大道两侧区域参照各区最低级别的基准地价执行

永州市城区及 18 个建制镇 2014 年基准地价一览表

表 1-7-5

一、商业用地基准价		
级别	区域范围	级别价（元/平方米）
（一）冷水滩区		
I	零陵北路—湘桂铁路线—潇湘西路—湘江西路—凤凰路—零陵北路	5800

续表 1-7-5

级别	区域范围	级别价（元/平方米）
Ⅱ	零陵北路—清泉路—湘江西路—凤凰路—零陵北路	4250
	潇湘西路—湘桂铁路线—梅山路—湘江西路—潇湘西路	
	清桥路—湘永路—双洲路—梅湾路—翠竹路—湘江东路—湘永路—清桥路	
Ⅲ	清桥路—湘永路—湘江东路—清桥路	3300
	清桥路—湘江东路—育才路—逸云路—湘江东路—翠竹路—梅湾路—双洲路—湘永路—清桥路	
	长丰大道—金水路—南甸路—湘江西路—长丰大道	
	春江路—湘桂铁路线—零陵北路—清泉路—湘江西路—春江路	
	凤凰路—紫霞路—珍珠路—梧桐路—洛湛铁路线—西区路—传芳路—珊瑚路—凤凰路	
	西区路—零陵南路—梅山路—湘江西路—轻机路—零陵南路—西区路	
Ⅳ	宋家洲	2420
	西区路—洛湛铁路线—舜皇大道—零陵南路—长丰大道—金水路—金林路—猎豹路—南甸路—湘江西路—轻机路—零陵南路—西区路	
	珊瑚路—传芳路—西区路—湘桂铁路线—凤凰路—珊瑚路	
	春江路—湖塘路—传芳路—湘跃路—洛湛铁路线—梧桐路—珍珠路—紫霞路—凤凰路—湘桂铁路线—春江路	
	春江路—湘桂铁路线—九嶷大道—湘江西路—春江路	
	育才路—逸云路—湘江东路—永州大道—湘江东路—育才路	
Ⅴ	永州大道—城南大道—阳明大道—湘江东路—永州大道	1500
	长丰大道—零陵南路—舜皇大道—潇湘大道—长丰大道—珍珠南路—城南大道—零陵南路—新田街—湘江西路—长丰大道	
	湖塘路—传芳路—湘跃路—湘桂三路—天龙路—九嶷大道—湘桂铁路线—春江路—湖塘路	
	湘江西路—九嶷大道—湘桂铁路线—湘江西路	
	生态新城	
Ⅵ	九嶷大道（铁路线以北段）以东区域	900
	高科园天龙路以北区域	
	潇湘大道—舜皇大道—湘桂铁路线—城南大道—珍珠南路—长丰大道—潇湘大道	
	城南大道与零陵南路交汇处西南区域	
	生态新城区域阳明大道东侧	

续表1-7-5

级别	区域范围	级别价（元/平方米）
	（二）零陵区	
Ⅱ	黄古山中路—司马塘路—古城路—潇水中路—中山路—芝山路—黄古山中路	4250
Ⅲ	阳明大道—萍洲路—芝山大道—黄古山路—阳明大道	3300
	南津中路—黄古山中路—芝山路—中山路—潇水中路—南津中路	
	潇水中路—古城路—人民路—中山路—潇水中路	
Ⅳ	阳明大道—黄古山东路—南津中路—潇水东路—阳明大道	2420
	阳明大道—日升大道—湘江东路—古城路—司马塘路—芝山路—萍洲路—阳明大道	
	永州大道—（日升大道至永连公路）两侧 20 米	
	南津南路—潇水中路—中山路—人民路—古城路—太平街—中山路—东门岭路—百万庄一号路—百万庄三号路—南津南路	
	潇水西路—古城山路—零陵卷烟厂—萍阳北路—潇水西路	
Ⅴ	香零山路—潇水东路—南津南路—百万庄三号路—百万庄一号路—东门岭路—中山路—太平街—古城路—香零山路	1500
	永州大道—政通一路—湘江东路—日升大道—永州大道	
	阳明大道—政通一路—永州大道—日升大道—阳明大道	
	潇水西路—石城山路—湖湘路—桃江路—萍洲路—柳宗元路—朝阳大道—扬梓塘路—萍阳南路—潇水西路	
	阳明大道以东区域	
Ⅵ	桃江路—萍洲路—萍阳北路—湖湘路—桃江路	900
	袁家碣路—扬梓塘路—朝阳大道—袁家碣路	
	工业园片	

二、住宅用地基准价

级别	区域范围	级别价（元/平方米）
	（一）冷水滩区	
Ⅰ	育才路—湘永路—湘江东路—翠竹路—育才路	2580
Ⅱ	育才路—湘永路—湘江东路—永州大道—中兴路—育才路—湘江东路—翠竹路—育才路	2010

续表1-7-5

级别	区域范围	级别价（元/平方米）
Ⅱ	湘江西路—南甸路—金水路—长丰大道—湘江西路	2010
	西区路—珍珠南路—金竹路—洛湛铁路线—西区路	
	紫霞路—盘王路—珊瑚路—紫金路—湘桂铁路线—潇湘西路—湘江西路—清泉路—零陵北路—湘桂铁路线—凤凰路—紫霞路	
Ⅲ	永州大道—中兴路—育才路—湘江东路—永州大道	1570
	长丰大道—金水路—南甸路—零陵南路—长丰大道	
	清泉路—湘桂铁路线—九嶷大道—造纸厂—湘江西路—清泉路	
	春江路—湘跃路—珍珠路—梧桐路—铁路线—金竹路—珍珠南路—西区路—湘江西路—潇湘西路—铁路线—紫金路—珊瑚路—盘王路—紫霞路—凤凰路—湘桂铁路线—春江路	
Ⅳ	湖塘路—洛湛铁路线—梧桐路—珍珠路—湘跃路—春江路—铁路线—万寿路—湖塘路	1230
	永州大道以东区域	
	宋家洲	
	西区路—洛湛铁路线—舜皇大道—零陵南路—南甸路—湘江西路—西区路	
Ⅴ	湖塘路—湘桂三路—天龙路—九嶷大道—铁路线—万寿路—湖塘路	960
	长丰大道—零陵南路—舜皇大道—潇湘大道—长丰大道—珍珠南路—城南大道—零陵南路—新田街—湘江西路—长丰大道	
	九嶷大道—湘桂铁路线—湘江西路—造纸厂—九嶷大道	
	生态新城	
Ⅵ	九嶷大道（铁路线以北段）以东区域	750
	高科园天龙路以北区域	
	潇湘大道—舜皇大道—洛湛铁路线—城南大道—珍珠南路—长丰大道—潇湘大道	
	城南大道与零陵南路西南区域	
	生态新城区域阳明大道东侧	
	（二）零陵区	
Ⅱ	阳明大道—萍洲路—芝山大道—芝山路—司马塘路—古城路—潇水中路—中山路—芝山路—黄古山路—阳明大道	2010
Ⅲ	阳明大道—杨万里路—绿影路—萍洲路—古城路—司马塘路—芝山路—芝山大道—萍洲路—阳明大道	1570
	南津中路—黄古山中路—芝山路—中山路—潇水中路—南津中路	
	潇水中路—古城路—人民路—中山路—潇水中路	

续表1-7-5

级别	区域范围	级别价（元/平方米）
Ⅳ	阳明大道—日升大道—绿影路—杨万里路—阳明大道	1230
	永州大道两侧 100 米	
	阳明大道—黄古山东路—南津中路—潇水东路—阳明大道	
	南津南路—潇水中路—中山路—人民路—古城路—太平街—中山路—东门岭路—百万庄一号路—百万庄三号路—南津南路	
	潇水西路—石城山路—零陵卷烟厂—萍阳北路—潇水西路	
	阳明大道（萍洲东路—潇水东路）以东区域	
Ⅴ	香零山路—潇水东路—南津南路—百万庄 3 号路—百万庄 1 号路—东门岭路—中山路—太平街—古城路—香零山路	960
	潇水西路—石城山路—湖湘路—桃江路—萍洲路—柳宗元路—朝阳大道—杨梓塘路—萍阳南路—潇水西路	
	阳明大道—政通一路—永州大道—日升大道—阳明大道	
	永州大道—政通一路—湘江东路—日升大道—永州大道	
Ⅵ	桃江路—萍洲路—萍阳北路—湖湘路—桃江路	750
	袁家碣路—杨梓塘路—朝阳大道—袁家碣路	
	工业园区域	

三、工业用地基准地价

级别	区域范围	价格（元/平方米）
	（一）冷水滩区	
Ⅰ	文昌路—湘江西路—潇湘西路—湘桂线—文昌路	360
Ⅱ	文昌路—湘江西路—清泉路—湘桂线—文昌路	315
	潇湘西路—湘江西路—西区路—湘桂线—潇湘西路	
	紫金路—珊瑚路—盘王路—紫霞路—紫金路	
	建设路—湘永路—双洲路—梅湾路—逸云路—湘江东路—建设路	
Ⅲ	凤凰路—湘桂铁路线—珍珠路—珊瑚路—传芳路—西区路—洛湛铁路线—紫霞路—珍珠路—湖塘路—凤凰路（不含紫金路—珊瑚路—盘王路—紫霞路—紫金路区域）	280
	育才路—湘江东路—建设路—湘永路—双洲路—梅湾路—逸云路—湘江东路—育才路	

续表1-7-5

级别	区域范围	价格（元/平方米）
Ⅲ	春江路—湘江西路—清泉路—零陵北路—春江路	280
	湘江西路—轻机路—零陵中路—西区路—湘江西路	
	宋家洲区域	
Ⅳ	高科园、长丰工业园及其他区域	245
（二）零陵区		
Ⅱ	宗元路—南津路—福寿亭路—东门岭路—中山路—古城路—宗元路	315
Ⅲ	萍洲路—古城路—宗元路—南津路—福寿亭路—东门岭路—中山路—古城路—香零山路—潇水东路—沙洲路—萍洲路	280
	萍阳路—柳子街—桃江路—萍洲路—萍阳路	
Ⅳ	河西工业园及其他区域	245

四、建制镇基准地价

建制镇	级别	路名	范围描述	价格（元/平方米）		
				商业	住宅	工业
花桥街	1	湘花街	市场路—幸福路	320	253	240
	2	湘花街	幸福路—中心小学	256	235	216
		幸福路				
		市场路				
	3	其他区域		218	214	204
普利桥	1	普利桥	车站—普利桥	400	316	240
		寿福路				
	2	普利街	普利桥—保险公司	320	285	220
	3	其他区域		288	214	204
牛角坝	1	湘山路	派出所—中心完小	340	269	240
		市场路	市场—新镇政府			
	2	湘山路	中心完小—蓝江	272	226	220
		湘山路	派出所以南			
	3	其他区域		245	205	204

续表1-7-5

建制镇	级别	路名	范围描述	价格（元/平方米）		
				商业	住宅	工业
黄阳司	1	同心路	信用社—南街	360	284	240
		南街	同心路—中心医院			
	2	同心路	信用社—湘桥路	288	240	216
		市场小区片				
		南街	中心医院—桔园小区			
	3	其他区域		259	218	204
高溪市	1	高溪市街	居委会—铁路	350	277	240
	2	高溪市街	居委会以北铁路以南	280	235	216
	3	其他区域		252	214	204
上岭桥	1	冷竹路		470	371	240
	2	向阳路		376	274	216
	3	其他区域		338	249	204
蔡市镇	1	滨江路	镇政府—蔡市西路	380	300	240
	2	蔡市西路		304	235	216
	3	其他区域		274	214	204
伊塘	1	322 国道	加油站—卫生院	350	277	240
	2	紫竹街		280	230	216
	3	其他区域		252	209	204
竹山桥	1	龙门大道		370	292	240
	2	322 国道		296	226	216
	3	其他区域		266	205	204
菱角塘	1	金牛大道	镇北路—车站路	320	253	240
	2	金牛大道	车站路—菱角塘大道	256	226	216
	3	其他区域		230	205	204
邮亭圩	1	福田大道	中央转盘—福田茶场	320	253	240
		福田大道	国家电网—中央转盘			
		梅溪大道	中央转盘—镇政府			
		太平西路	中央转盘—客运站			

续表1-7-5

建制镇	级别	路名	范围描述	价格（元/平方米）		
				商业	住宅	工业
邮亭圩	2	福田大道	防疫站—国家电网	256	226	216
		梅溪大道	镇政府—太平村活动中心			
		太平西路	客运站—派出所			
	3	其他区域		230	205	204
富家桥	1	永福大道		360	284	240
	2	其他支路		288	254	220
	3	其他区域		259	231	204
接履桥	1	X039	322 国道路口—镇政府	355	280	240
	2	G322	税务所—民康大药房	284	235	216
		X039	322 国道路口—乐乐幼儿园			
	3	其他区域		256	214	204
黄田铺	1	322 国道（国土所—派出所）		320	253	240
		石棚大道				
	2	白龙街中路		256	226	216
		白龙街北路				
	3	其他区域		230	205	204
珠山	1	湘桂路（322 国道）		500	395	240
	2	珠山大道、正大街		400	274	216
	3	文明街、其他区域		230	205	204
石岩头	1	楚雄路	国土所—镇政府	330	261	240
		农贸市场片				
	2	文明路		264	216	220
	3	其他区域		238	205	204
水口山	1	紫金街		320	253	240
	2	老街、半边街		256	226	220
	3	其他区域		230	205	204

说明：1. 基准地价基准日为 2013 年 10 月 1 日；

2. 岚角山镇在中心城区规划范围内，参照城区相应级别范围执行

二、土地评估机构

1993年6月25日，地区国土管理局下发通知，成立零陵地区土地估价委员会和零陵地区土地估价委员会办公室。1994年3月18日，地区国土管理局下发《关于印发省政府〈关于加强土地估价管理有关问题的通知〉的通知》，要求各县（区）没有成立土地估价机构的，要尽快成立，已经成立的，要正常运转。并对前段非土地部门进行的评估进行一次全面清理。1999年，国土资源部下发《关于土地评估机构与政府主管部门脱钩的通知》，要求按照“政企分开、政事分开”的原则，开展土地评估中介服务机构的脱钩改制。2001年7月3日，市国土管理局批复同意永州市土地估价事务所的土地价格评估资格脱钩改制，由陈小文等人出资设立永州市众联土地评估咨询有限公司，独立承担法律责任。

截至2015年底，在全市备案开展土地估价业务的评估机构共有12家，分别是：湖南友谊土地评估有限公司、湖南华信求是评估公司、湖南新融达土地评估有限责任公司、长沙永信评估咨询有限责任公司、湖南志成土地评估有限公司、湖南众联评估有限公司、永州天元评估有限公司、祁阳拓达土地评估咨询有限公司、永州通达评估有限公司、湖南新大地不动产评估咨询有限责任公司、湖南新星土地评估有限公司、湖南思远四达土地评估咨询有限公司。

三、土地估价结果确认与备案

1994年，省政府下发《关于加强土地估价管理有关问题的通知》，规定土地估价机构评估的土地价格，必须按土地估价管理权限报省、地（州、市）、县土地管理部门审查确认，审查确认后的土地估价结果，是土地登记、国有资产登记以及土地使用权出让、转让、出租、抵押的有效依据，土地估价工作依照估价立项、估价委托、地价评估、审查确认的程序进行。1995年9月5日，地区行署办公室印发《零陵地区土地价格评估管理规定》。

2008年12月16日，省政府下发《关于公布取消、调整的行政审批项目和保留的行政许可项目目录的决定》，取消土地估价结果备案制度。2011年，市国土资源局印发《关于加强冷水滩中心城区国有土地使用权出让评估管理有关问题的通知》，对需要委托评估的项目、评估机构的选择、评估流程、费用支付和日常监管等事项均予以明确。

2014年，省国土资源厅办公室《关于进一步规范国有建设用地使用权出让地价评估管理的通知》，就加强地价评估管理提出几项要求：（1）预先确定多家备选机构，通过公开方式确定单宗地块评估机构；（2）评估机构独立客观公正出具土地估价报告，对估价结果负责；（3）评估机构负责对出具的出让地价评估报告保密，除委托方外不得提交给其他机构和个人；（4）出让土地估价报告由报告出具方履行电子备案程序，取得电子备案号，没有取得电子备案号的为无效报告，不得作为集体决策确定出让底价的依据。

四、土地市场建设

1993年3月12日，行署印发《零陵地区城镇国有土地使用权管理暂行办法》，对土地使用权出让、转让、出租、抵押、终止、划拨等进行规定。土地使用权出让、转让、出租、抵押等交易无固定场所。1995年7月14日，行署办公室印发《关于成立永州市地产市场及其管理机构的通知》，成立零陵地区地产市场和零陵地区地产市场管理委员会。行署要求，各县（市）建立公开有形的地产交易市场，市场建设达到“五有”，即有机构、有正式编制、有固定交易场所、有规范交易程序、有系列较完整的管理办法。至当年底，全区各县（市）均建立地产交易机构，当年全区进入地产市场交易1100宗，交易额3200万元。1998年，市政府印发《永州市产权交易管理暂行办法》和《永州市产权交易中心业务范围的通告》。

2000年1月7日，经省政府财贸领导小组《关于同意成立永州市土地招标拍卖公司的批复》批准同意，成立永州市土地招标拍卖公司。2001年，根据省政府《关于加强土地市场建设和管理的意见》的要求，经市编办批复同意，成立永州市土地储备中心，隶属于市国土资源局，具体负责土地收购、储备和土地出让前期工作。6月26日，为加强城市规划区内土地一级市场的管理，充分发挥土地资产的效益，促进中心城区的城市建设和经济发展，市政府印发《关于加强城市规划区内土地一级市场管理的通知》。9月29日，市委、市政府出台《永州市市属国有集体企业产权交易若干规定（试行）》，规定市属国有集体企业产权的办事机构、交易条件、交易程序和相关优惠政策。

2002年4月5日，市政府印发《永州市房地产市场管理暂行办法》，明确市国土资源局是地产交易市场的主管部门，市地产交易中心是地产交易市场的承办机构，土地使用权的招标、拍卖由市国土资源局统一组织实施。11月12日，市国土资源局印发《关于加强土地使用权招标拍卖管理的通知》，指出土地使用权的招标、拍卖活动由市、县国土资源行政主管部门组织，在市、县政府制定的地产交易有形市场公开进行，严禁场外进行国有土地使用权招标、拍卖活动。2008年，《湖南省土地市场交易规则》规定：县级以上人民政府国土资源行政主管部门负责本行政区域内土地交易管理。县级以上人民政府设立的土地交易机构，隶属于同级国土资源行政主管部门。2009年3月1日起，全市全面运行土地市场动态监测与监管系统。

2012年11月，市政府印发《永州市中心城区收回国有土地使用权补偿办法》，规定收回国有土地使用权的，对原土地使用权人依法按市场评估价进行货币补偿，或按等面积等价值补差进行土地置换，或部分货币补偿、部分按等面积等价值补差进行土地置换。具体补偿方式由原土地使用权人选择。2013年12月26日，市政府印发《永州市中心城区规划区内国有建设用地使用权出让实施细则》，冷水滩区、零陵区、凤凰园经济开发区土地一级市场经营性用地出让均纳入市本级国有建设用地土地使用权交易市场，保留零陵区、凤凰园经济开发区的工业用地使用权出让权。提出国有建设用地使用权必须达到“净地”出让，严禁“毛地”出让。并明确出让的工作流程。2014年1月6日，永州市公共资源交易中心揭牌独立运行。相应的土地使用权网上挂牌出让由市国土资源局土地资源交易中心移交永州市公共资源交易中心。市公共资源交易中心为市政府直属事业单位，内设办公室，信息监督科，政府采购交易科，建设工程交易科，国土资源、国有产权及无形资产交易科5个科室，是市中心城区（含冷水滩区、永州经济技术开发区）进行公共资源交易的唯一有形市场和服务平台。8月15日，市政府印发《永州市中心城区收回国有土地使用权补偿办法》，规范土地使用权收回补偿的方式、收回补偿定价原则和收回补偿程序。

五、土地市场清理整顿

根据国务院、省政府和省国土资源厅的部署，2001年11月2日，市委、市政府组织召开清理整顿土地市场动员会；2001年11月21日，市委、市政府印发《关于永州市城市规划区集中开展土地市场清理整顿的通知》，并成立永州市土地市场清理整顿领导小组，随即成立永州市土地市场清理整顿领导小组办公室、清查组、法规处理组、办案组、财务组等工作班子，主要是对城市规划区内1992年后各类建设用地进行全面清理整顿。2001年11月25—26日、12月11日分别召开全市土地市场清理整顿工作会议。2001年12月1日，市政府印发《永州市城市规划区土地市场清理整顿若干问题的处理办法》。

到2002年，市城市规划区土地市场清理整顿工作取得明显成效，清查各类建设用地1.31万宗，面积2.64万亩，查出有问题的土地3563宗。

2003年2月28日，市国土资源局印发《永州市进一步治理整顿土地市场秩序工作方案》。2003年6月23日，再次召开全市土地市场清理整顿会议，会议要求回收土地面积1亩以下、金额10万元以下的授权市国土资源局集体研究处理，1亩以上、金额10万元以上的由市土地清理整顿领导小组研究处理。12月22日，市国土资源局印发《永州市城市规划区个人未使用土地处置方案》，明确个人未使用土地的处置方式、处置程序等。

截至 2004 年底，市中心城区累计收回土地使用权 284 宗，面积 2615.55 亩。

第四节　土地交易类型

根据国家有关土地法律、法规和政策规定，土地交易类型分为 4 种，即土地使用权出让、土地使用权转让、土地使用权抵押、土地使用权出租。永州市各类土地交易情况如下。

市本级 2003—2015 年中心城区土地使用权挂牌出让成交一览表

表 1-7-6

年度	成交宗数	出让金（亿元）	面积（公顷）	年度	成交宗数	出让金（亿元）	面积（公顷）
2003	49	1.79	31.42	2010	35	7.68	122.4
2004	40	2.88	67.01	2011	37	7.71	79.42
2005	38	3.40	43.26	2012	26	7.52	56.17
2006	37	2.83	37.34	2013	27	12.62	187.1
2007	37	5.35	61.69	2014	16	9.28	95.96
2008	33	3.58	101.94	2015	17	15.3	89.62
2009	33	3.08	52.60	合计	388	83.02	1025.93

市本级 2007—2015 年中心城区土地使用权转让一览表

表 1-7-7

年度	宗数	成交价款（亿元）	面积（公顷）	年度	宗数	成交价款（亿元）	面积（公顷）
2007	630	1.25	13.2	2012	1051	4.03	46
2008	583	1.32	19.4	2013	1120	3.83	47.52
2009	514	1.27	4.8	2014	1206	4.15	50.25
2010	703	3.93	34.14	2015	1108	3.76	45.2
2011	991	0.47	3.81	合计	7906	24.01	264.32

市本级 1997—2015 年中心城区土地使用权抵押一览表

表 1-7-8

年度	宗数	面积（公顷）	年度	宗数	面积（公顷）
1997	14	17.69	2007	64	151.86
1998	41	218.3	2008	51	125.12
1999	42	45.3	2009	89	64.23
2000	67	76.54	2010	57	395.26
2001	44	25.64	2011	86	290.5
2002	24	82.59	2012	77	395.13
2003	47	277.43	2013	88	100.89
2004	41	89.6	2014	71	250.82
2005	90	91.78	2015	92	345.62
2006	88	197.3	合计	1173	3241.6

第五节　土地动态监测与监管

2008 年 1 月，国务院印发《关于促进节约集约用地的通知》，要求建立健全土地市场动态监测制度。要对土地出让合同、划拨决定书的执行实施全程监管，及时向社会公开供地计划、结果及实际开发利用情况等动态信息。国土资源部门要对土地供应和开发利用情况进行定期评价分析，研究完善加强土地调控、促进节约集约用地的政策措施。2009 年 3 月 1 日起，全市全面运行土地市场动态监测与监管系统。至 2009 年 6 月 18 日，全市各县（区）国土资源局基本完成 2007 年后的土地供应数据录入上报工作。2013 年 10 月，根据省国土资源厅办公室《转发国土资源部办公厅关于建立图例利用动态巡查制度加强建设用地供后开发利用全程监管的通知》，永州市建立土地利用动态巡查制度，加强建设用地供后开发利用的全程监管，市国土资源局及时出台《永州市土地利用动态巡查工作方案》，成立永州市土地利用动态巡查工作领导小组。

2015 年 9 月，市国土资源局作出《关于印发〈关于进一步加强中心城区国有建设用地供应及供后监管的实施意见〉的通知》，要求市本级和各县（区）做好土地供后监管和动态巡查工作，并实地核查开、竣工情况，将项目开、竣工情况及时上报土地动态监测与监管系统，消除疑似闲置土地。省政府为加强土地供应情况监管，以2015年为考核年，对考核年之前的2014年、2013年、2012年、2011年，分别按照40%、60%、80%、90%对供地率进行考核。2015年底，根据土地动态监测与监管系统提供的土地供应情况，市本级及各县（区）2011—2014年供地率均达到省考核的要求。其中：2011年度全市报批土地面积1735.11公顷，供应土地面积1604.05公顷，供地率92.45%；2012年度全市报批土地面积1319.64公顷，供应土地面积1165.22公顷，供地率88.30%；2013年度全市报批土地面积1311.04公顷，供应土地面积897.9公顷，供地率68.49%；2014年度全市报批土地面积1203.74公顷，供应土地面积671.76公顷，供地率55.81%。

第六节　土地储备

2002年3月，市政府设立由市政府办、市计委、市财政、市国土、市规划、市物价、市林业、市金融、市房产等部门负责人组建的市土地储备委员会和永州市土地储备中心。市土地储备委员会负责决策、协调、监控有关土地收购、储备和出让事宜以及资金运作。市土地储备中心受市政府委托，在市国土资源局的领导下，依据有关法律法规和运作程序，运用市场机制对收购、收回、征用的土地进行前期开发、经营和管理，纳入储备土地范围，以备调控各类非农业建设用地，有效配置土地资源。是年，各县（区）相继成立土地收购储备机构，并建立健全土地出入库制度，建立土地台账，全面开展土地储备工作。

一、储备范围

2002年4月5日，市政府印发《永州市城市规划区土地储备暂行办法》，规定土地储备范围为：城市规划区内尚未确定使用权人的国有土地；为实施城市规划而依法征用的土地；土地使用期满应依法收回的国有土地；依法收回的荒芜、闲置土地；依法责令退回的国有土地；因单位搬迁、解散、撤销、破产、改变土地用途，产业结构调整或者其他原因调整出的原划拨的国有土地及城市规划调整可置换的国有土地；以出让方式取得使用权后未按合同要求或无力开发，又不具备转让条件的土地；因实施城市规划、土地管理和旧城改造，市政府指令收购的国有土地；土地使用权人申请市土地储备中心收购的国有土地；农村集体经济组织、村民委员会或村民小组全部成员成建制转为城镇居民，原属于其成员集体所有的土地；经核准后废弃的公路、铁路、机场、矿山等用地；政府依法优先收购的国有土地；其他需要储备的国有土地。

二、储备程序

2002 年 4 月，《永州市城市规划区土地储备暂行办法》，明确收回方式储备程序、收购方式储备程序两种方式。另征用、转用方式储备程序未纳入文件发布，但在土地储备日常工作中参照国家建设征用、转用及土地收储程序有关规定操作，进行土地收储。

三、储备资金管理

2014 年，市政府办公室印发《永州市市本级土地储备资金管理办法》，该办法主要强调：土地储备专项资金主要包括新增储备土地和征收、收购、优先购买、收回土地及进行前期开发所需费用；市财政部门负责市本级土地储备资金的监督管理。土地储备资金来源渠道为以下几个方面：从国有土地收益基金中安排；市财政临时调拨；从金融机构贷款融资；土地储备资金实行专户储存、专账核算，专款专用。

四、储备与交易

2002 年，查明市中心城区 3934 亩闲置土地，签约收回 2069 亩，依法处置 299 亩，完成房屋拆迁 3 万平方米，收回土地 181 亩，支付资金 627 万元，办理相关手续进入市土地储备库 1872.61 亩。市、县两级共储备土地 3891.8 亩。全市出让土地 1360.9 亩，获得土地收益 1.87 亿元。

2003 年，入库土地 3400 亩，完成土地出让金 1.5 亿元；处置拍卖企业改制土地 100 余亩，收取土地出让金 2700 万元。2004 年，盘活国有存量土地 153.3 公顷。市本级依法收回土地 7.86 公顷，优先收购转让土地 2.46 公顷、依法新征用土地 56.1 公顷，共入库土地 66.46 公顷。市、区两级处置企业土地 42 宗，面积 72.38 公顷，变现资产（含设备、厂房）3.47 亿元。全年招拍挂土地 51 宗，面积 1168.94 亩，成交价 3.74 亿元。2005 年，收回城市规划区土地 284 宗，面积 2615.5 亩，出库土地 3910 亩，招拍挂土地 18 宗，面积 505.37 亩，成交价款 1.28 亿元。2006 年，完成重点交通用地新征地 1.94 万亩，支付征地拆迁补偿款 3.93 亿元。全市招拍挂出让土地 53 宗 712. 57 亩，土地出让收入 3. 06 亿元，其中市本级 18 宗，面积 285. 07 亩，出让收入 2. 16 亿元。

2007 年，储备土地 100 宗，2275 亩，支付土地成本 5944 万元。其中新征用地 1104 亩，收回 438 亩，存量入库 732 亩。出让土地 1127 亩，成交价 4. 06 亿元，其中招拍挂出让土地 627 亩，成交价款 37627 万元，平均出让地价 61. 6 万元/亩，最高地价 500 万元/亩，处置企事业单位土地 18 宗，面积 282 亩，实现资产兑现 1. 45 亿元。2008 年，土地储备 19 宗，面积 230. 58 亩，支付金额 972. 66 万元。完成土地收益 7. 625 亿元，城市建设资金到位 3. 36 亿元。2009 年，土地储备共 39 宗，面积 631. 29 亩，支付金额 3817. 55 万元。其中，征收土地入库 179. 04 亩，支付土地补偿 806. 61 万元；收回土地入库 163. 58 亩，支付土地补偿 176. 64 万元；收购土地入库 189. 42 亩，支付土地补偿 2834. 30 万元；无偿收回存量土地入库 99. 25 亩。土地招拍挂出让土地共成交 40 宗，面积 782. 21 亩，成交金额 2. 97 亿元。另外，盘活城中存量、处置改制企业土地资产 19 宗，面积 97. 6 亩，实现资产兑现 8864. 1 万元。

2010 年，根据市政府办公会议纪要，市土地储备中心将 110 宗，7093. 24 亩储备土地移交市城建投资公司，为中心城区发行融资融券 15 亿元打造平台；将中心零陵区片储备土地 240 亩移交零陵区储备中心，由其管理和经营。当年，招拍挂出让土地 34 宗，面积 1835. 89 亩，出让金收益 7. 678 亿元。2011 年，储备存量土地 1671. 71 亩，支付土地成本 1802. 88 万元。其中，新增报批用地 1513. 26 亩。招拍挂出让土地 31 宗，面积达到 1048. 4 亩，出让金收益 6. 89 亿元。2012 年，一级市场土地招拍挂出让 715. 39 亩，土地收益 4. 62 亿元。其中，中心城区经营性土地招拍挂出让成交 12 宗，面积 659. 46 亩，成交金额 3. 4 亿元，入库金额 3. 12 亿元；盘活城中存量（处置资产）土地 8 宗，面积 55. 93 亩，实现资产兑现 1. 22 亿元，入库金额 1. 17 亿元。2013 年，办理入库土地手续 30 宗，面积 1915. 9 亩，补偿金额 5945. 21 万元。办理土地出库手续 32 宗，面积 2658 亩。2014 年，办理中心城区入库土地 25 宗，面积 1136. 57 亩。办理中心城区土地出库 31 宗，面积 2011. 2067 亩。中心城区经营性用地招拍挂出让 15 宗，面积 1538. 5 亩，收益 5. 54 亿元。2015 年，中心城区办理土地入库 52 宗，面积 1894. 92 亩，支付土地补偿 2927. 24 万元。办理中心城区土地出库手续 65 宗，面积 2008. 68 亩，土地收益 12. 4 亿元。

第八章　耕地与基本农田保护

第一节　耕地

零陵是南方农业开发较早的地区之一。早在唐、宋时期荒地即大量开垦。明、清采取奖励垦荒、扩大屯田等发展农业经济的系列措施，耕地面积迅速发展。至清光绪十一年（1885），零陵9县有耕地面积276.79万亩。至民国18年（1929），有耕地311.68万亩，其中水田228.9万亩。民国36年（1947）耕地增至427.7万亩[①]。至1949年土改丈量，全区有耕地444.8万亩，其中，水田375.28万亩，旱土69.5万亩，人均1.74亩[②]。

中华人民共和国成立后，零陵地区（永州市）耕地变化大体分5个阶段。

第一阶段（1949—1956年），全区耕地面积持续增加较快时期。中华人民共和国成立后，进行土地改革运动，农民翻身做主人，分得田地，人民政府鼓励垦荒，规定生荒5年、熟荒3年不交公粮[③]。农民开荒种田的积极性空前高涨，耕地面积迅速增加，至1956年，全区耕地面积达到501.15万亩，其中水田405.98万亩，人均1.7亩，比1949年增加56.35万亩，年均增加耕地8万亩。

第二阶段（1957—1962年），全区耕地锐减期。1958年，兴修水利工程，修路建房等占用了部分耕地；加上三年经济困难时期，森林大面积砍伐，水土流失严重，损毁部分耕地，人为和自然灾害诸因素影响，均导致原有耕地占用损毁和荒废，而新开垦的耕地甚少，至1962年，全区耕地面积下降到449.55万亩，比1956年减少51.6万亩，当年人均耕地1.51亩。

第三阶段（1962—1977年），该阶段全区的耕地为前增后降期。前期1962—

---

① 《零陵地区志》，湖南人民出版社，2001年12月第1版，第479页。

② 《零陵地区志》，湖南人民出版社，2001年12月第1版，第479页。

③ 《零陵地区志》，湖南人民出版社，2001年12月第1版，第480页。

1964 年，农村实行“三权四固定”，以生产队为基本核算单位，将劳力、土地、耕牛、农具“四固定”分配固定到农户，田、土、山地重新登记造册，由农民经营耕种，调动农民开荒种田的积极性，全区耕地面积得以恢复并增加。至 1964 年，全区耕地面积增加到 468.44 万亩，比 1962 年增加 18.89 万亩，年均增加 9.4 万亩，人均耕地 1.48 亩。1965 年后开展农业学大寨，开荒造“大寨田”11 万多亩，但另一方面，由于大兴农田水利建设，兴办工矿企业等非农业建设用地占用部分耕地，致使耕地相对减少。至 1977 年，增减相抵，当年耕地面积为 445.22 万亩，比 1964 年减少 23.22 万亩，其中水田 358.87 万亩，比 1964 年减少 2.28 万亩；人均耕地 1.05 亩，比 1964 年减少 0.46 亩。

第四阶段（1978—1997 年），1978 年，中共十一届三中全会后，零陵地区开始实行农村联产承包责任制，土地承包期由开始试行的 5 年延长到 15~20 年不变。

1978 年，零陵地委、行署贯彻全国第三次城市工作会议精神，“合理发展中等城市，积极发展小城镇”，在全区县（市）、乡（镇）扩展城镇化建设。1988 年，省政府确定零陵地区为湘南改革开放过渡试验区，零陵地委提出：重农、兴工、扩城的发展战略，把突出加强城市建设作为全区发展战略的重要内容。1991 年，全区有县（市）小城市 2 个、县城镇 9 个，城镇建成区总面积 52.4 平方公里。是年，全区城镇房屋总面积 1582 万平方米，比 1949 年增加 1430.34 万平方米。尤其是 1992 年以后，全国自沿海到内地大搞城镇化开发。1993 年，零陵行署发文《关于加快我区建设事业改革与发展的若干意见》，提出以地生财、滚动开发的城镇建设格局，零陵地区城镇建设出现新高潮，各县（市）及乡（镇）规划区范围迅速扩大，城郊及周边农村、交通道路两旁的耕地被占用，耕地面积迅速减少。至 1995 年，全区 11 个县（市）城关镇建成区总面积 89.7 平方公里，比 1991 年增加 37.3 平方公里，增长 71.18%。1987 年相继成立地、县（市）各级国土管理局，负责行政区域的土地调查，开发利用和建设用地计划调控、审批，统一管理工作。根据国务院《国家建设征用土地条例》，国土部门狠抓建设用地全程管理，严格限制审批非农业建设用地，尽量少占或不占用耕地。1993 年，国务院下达《关于严格制止乱占滥用耕地的紧急通知》。零陵地委、行署高度重视，贯彻执行通知精神。1995 年，召开全区耕地保护工作大会，地委、行署、人大、政协、军分区主要领导和地区国土局局长、监察局局长等有关部门主要负责人参加。会议贯彻落实国务院文件精神，把耕地保护列入行署与县（市）政府及各级国土部门领导任期目标责任制内容，并把耕地保有量作为政府领导任期政绩目标进行考核，签订目标责任书。

1987—1997 年 10 年间，零陵地区（永州市）非农建设实际用地 6.92 万亩，其中占用耕地 1.91 万亩。为确保耕地占补平衡，国土部门一方面严格限制非农建设占用耕地，另一方面大力开发耕地资源，做到“节流与开源并举”。全区开发整理耕地 18.88 万亩，核减建设占用耕地指标，保证耕地总量的动态平衡。但由于生态退耕和灾毁等因素，该阶段耕地总量呈略减趋势。

第五阶段（1997—2015 年）。1999 年，贯彻实施新《中华人民共和国土地管理法》，新法的核心是保护耕地，以规划的“土地用途”管制为切入口，建立严格、有效的耕地占补平衡保护体系。

至 2002 年，省、市、县（区）耕地保护目标检查兑现，全市耕地保有量达到 516.3 万亩，基本农田稳定在 432 万亩以上，非农业建设使用耕地 1200 亩，开发整理新增耕地 8580 亩，市、县（区）目标责任书任务圆满完成，实现全市耕地保护工作目标。

2009 年，全市保护耕地实现新的突破，全市耕地保有量连续 10 年实现占补平衡，耕地保护工作在全省考核中名列第一。

2015 年，全市实施高标准基本农田连片整治示范县项目 4 个，建设规模 13.39 万亩，投资 3.16 亿元；在建各类综合整治项目 37 个，建设规模 1.53 万公顷，总投资 4.85 亿元。年末耕地总面积为 544.6 万亩。全市连续 16 年实现耕地占补平衡。

1987—2015 年永州市（零陵地区）耕地面积一览表

表 1-8-1　　　　单位：万亩

年份	耕地面积（调查数）	其中：基本农田	备注
1987	505.14	396.77	（水田）
1988	501.97	402.49	—
1989	502.86	395.23	—
1990	503.27	394.94	—
1991	504.00	473.55	—
1992	504.58	395.84	（规定基本农田保护）
1993	504.65	392.85	—
1994	495.71	321.16	（详查汇总数）
1995	492.85	319.85	（详查后继变更数）
1996	515.77	446.25	—
1997	515.77	446.25	变更调查统计数
1998	516.34	446.25	—

续表1-8-1

年份	耕地面积（调查数）	其中：基本农田	备注
1999	515.42	446.25	—
2000	515.71	446.25	—
2001	515.73	446.25	—
2002	516.30	442.50	—
2003	506.57	442.50	—
2004	503.78	446.25	（省公报数）
2005	503.60	434.86	—
2006	492.30	432	—
2007	491.99	432	—
2008	492.25	432	—
2009	492.22	432	—
2010	497.10	435	—
2011	497.10	435	—
2012	542.57	435	—
2013	543.86	435	—
2014	545.02	435	—
2015	544.60	441.18	—

第二节　耕地保护

一、计划管理

1987年5月，零陵地区国土管理局、地区计划委员会联合召开各县（市）国土局、计委负责人参加的全区首次非农业建设用地计划工作会议，传达贯彻省非农业建设用地计划工作会议精神，研究全区非农业建设用地计划管理和当年全区国家建设用地、乡镇集体建设用地和农民建房用地（以下简称“三项建设用地”）计划安排，同时下达当年各县（市）用地计划指标1.67万亩，其中耕地5800亩。会议强调，各县（市）国土局要严格把住用地审查关，切实做到“三坚持”，即坚持集体审查、坚持实地察看、坚持征地与选址相结合，尽量不占或少占耕地。

是年，全区实际征用土地7674亩，其中占用耕地2178亩，占计划指标的37%，节约耕地计划3622亩。

1988年，地区国土管理局履行统管职责，切实加强计划用地管理，层层分解建设用地计划指标。当年省政府下达全区非农业建设用地计划指标1.7万亩，其中耕地5000亩。当年实际用地1.12万亩，节约用地指标5837.03亩，实际占有耕地3032.99亩，节约占用耕地1967.01亩。1989年，省政府严控各地、市非农业建设用地指标，当年下达零陵地区非农业建设用地指标1.35万亩，其中耕地3900亩。地区国土局在执行计划用地中，按照轻重缓急原则，统筹安排建设项目，严控计划外用地。当年全区实际征用土地3986.46亩，占计划指标的29.53%，其中耕地报批494.59亩，占计划指标的12.68%，节约占用耕地3405.41亩。1990年，各级国土管理部门积极参与非农业建设用地工程前期可行性论证，有效地保证建设用地及节约耕地。是年，省下达零陵地区非农业建设用地指标1.28万亩，其中耕地3600亩。全区实际报批非农业建设用地5400亩，占计划指标的42.19%，其中耕地占用924亩，占计划指标的25.67%，节约耕地指标2676亩。

1987—1995年，全区节约非农建设用地占用耕地计划指标3.72万亩。

1996年，全区各县（市）贯彻落实省政府耕地保护工作会议精神，加强管控。当年省下达零陵地区非农建设用地指标7760亩，其中耕地2370亩；当年实际占用耕地2043亩，为计划指标的86.2%。1999年，全市农用地实际转用4608.75亩，占当年计划指标4650亩的99.1%。

2005年，省下达全市非农建设占用耕地指标为2520亩，当年实际占用耕地2280.6亩。1996—2005年，全市各县（区）各项非农建设占用耕地3.31万亩，占计划指标的91.45%，节约耕地指标3096亩。

2006年，市政府出台《县（区）政府耕地保护责任目标考核办法》，强化各级政府保护耕地的责任。是年，全市审批各项建设用地项目43个，农用地占用面积4025.25亩，其中占用耕地1680.75亩，占耕地计划指标2025亩的83%。2008年，省下达永州市非农建设用地指标6525亩。为确保永蓝、厦蓉、京珠高速公路及湘桂铁路提质改造等国家、省重点工程项目用地，全市争取国家、省增批用地计划指标1.76万亩。当年，经省审批非农建设用地面积2.24万亩，经市审批非农建设用地面积1879.95亩，其中占用耕地面积2325亩。

2006—2015年，省下达全市各类非农建设项目计划指标8.02万亩。为确保各重点工程建设用地，经申报国土资源部、省政府批准，实际审批各项建设用地面积21.39万亩，市级审批各项建设用地面积4681.95亩，其中占用耕地3.78万亩。

二、节流与开源

（一）非农业建设用地

1987年，地、县（市）国土局成立后，根据国家有关文件精神，严格限制审批非农业建设用地，主要从三方面严格控制：严格限制项目用地面积，尽量少占农用地，尤其是耕地面积指标；严格控制建设项目的用地类型，以荒山荒地为主，尽量不占用农用地，尤其是耕地；严格审定建设项目选址位置，尽量避开耕地保护区域，选定使用荒山荒地等未利用土地区域。自1987年始，全区各县（市）国土管理部门严格管理非农业用地审批，切实保护耕地，至1990年，省下达零陵地区非农业建设用地指标4年总计6万亩，其中耕地1.83万亩，地、县（市）国土管理局根据《关于严格执行三项建设用地审批制度》等文件精神，按照保证重点建设项目，城镇建设和乡镇建设用地严格控制占用耕地的原则，4年实际用地总计2.82万亩，占计划指标的47%，其中使用耕地6629.58亩，占计划指标的36.23%，4年减少占用耕地1.17万亩。

1992年，全区开始实行建设项目全程管理，各县（市）国土部门参与项目用地的前期选址、定点、项目论证，中期跟踪、监管，后期的检查验收等各个环节，更有效地控制非农业建设用地。1993年，国务院下达《关于严格制止乱占滥用耕地的紧急通知》，零陵地区加强对建设用地全程管理和检查。是年，全区撤销开发区5个，面积1.17万亩，其中核减耕地2040亩；合并开发区3个，面积3000亩，有效地遏制盲目兴起的开发区热。到1995年，全区共计核减非农业建设用地5.54万亩，减少占用耕地1.67万亩。1997年4月，中共中央、国务院下达《关于进一步加强土地管理切实保护耕地的通知》，决定全国冻结建设占用耕地，全面清查非农业建设用地。

2013年，市政府发布《永州市农村村民建房管理办法》，引导农民尽可能利用荒山荒地和村内闲置土地建房，减少占用农用地建房。

（二）农用地开发

1987年，地、县（市）国土管理机构成立后，在建设用地管理中，一方面从严限制非农业建设用地，尤其是占用耕地，另一方面坚持征用土地与开发农用地资源相结合，做到节流与开源并举，既保证国家重点建设项目和三项建设用地需求，又开发整理新增耕地以保证耕地总量不减少。当年，全区新开发水田306亩，复垦耕地987亩。

1988年，根据省国土局文件精神，把农用地开发与建设用地计划挂钩列入目标管理，分别落实到县（市）、乡镇。全区组织1.6万多名干部下乡，组织100多万劳动力投入土地开发，开发农用地12.8万亩，为省分配任务3万亩的4.26倍，其中开发耕地5000亩。1989年，国务院批准零陵地区列为湘南农业综合开发重点项目区。“地委”“行署”紧紧抓住这个历史机遇，把农业综合开发作为办好改革开放过渡试验区的基础条件，先后6次召开农用地开发专题会议，落实项目，分配任务，确定责任目标管理办法。是年，国家和省投入零陵地区农用地开发资金1183万元，地区自筹资金1041万元，投工1876万个，实施大小开发项目3.17万处，竣工1.36万处，开发农用地6.8万亩，其中耕地2.64万亩。1990年，地、县（市）国土部门抽调100名干部深入乡镇、村组，帮助农民群众签订开发土地协议，建立土地开发基地。当年，全区开发园地2.17万亩，开发耕地2.95万亩，其中水田8880亩。

1987—1995年，全区开发农用地97.07万亩，其中耕地38.32万亩。

1996年，依据《湖南基本农田保护条例》精神，全市全面实行占用耕地与开发农用地挂钩的政策，确保耕地占补平衡。1998年，各县（区）推行开发、整理耕地奖励措施，全市开发耕地300公顷，收取造地费50万元。

（三）土地整理

1998年8月，国务院颁布新修订的《中华人民共和国土地管理法》（以下简称《土地管理法》）规定：依照土地利用总体规划，根据社会经济可持续发展的要求和本区域自然经济社会条件，对田、水、路、林综合整治，提高耕地质量，增加有效耕地面积，改善农业生产条件和生态环境。

2000年，贯彻执行新《土地管理法》，以耕地保护为中心，以实行耕地总量动态平衡为目标，以推进开发整理耕地为保证，作为全市国土管理的中心工作。是年，永州市全面完成市政府与省政府签订的永州市耕地保护目标管理责任书6项任务：耕地总量保护面积已达到515.73万亩，超过168亩；基本农田保护面积为446.125万亩，超过14.25万亩，居全省前列；当年建设占用耕地5159.5亩，节约耕地指标420.5亩；耕地开发整理新增耕地8415亩；损毁耕地复垦率达到90%（规定目标85%以上）；处理土地违法案件超额达到97%（规定95%以上）。

2002年，市国土资源局进一步加大土地开发整理力度，全面完成市、县（区）土地开发整理规划并通过省级评审验收，市级土地开发整理规划在全省第一个通过省国土资源厅专家组评审验收。成立土地开发整理中心，加强对全市耕地开发整理工作的指导和监管。从市到县（区）普遍建立耕地占用、补充（开发整理）耕地台账，并制定耕地开发整理项目各项规章制度和实施监管制度。当年有 2 个土地开发整理项目开工建设，获开发资金 200 多万元，开发整理耕地 8580 亩。2003 年，根据省国土整理中心《关于 2003 年第一批国家投资土地开发整理项目竣工验收资金审计有关问题的函》的要求，永州市实施 5 个国家重点项目，其中 3 个省转国家项目是：道县祥林铺镇上渡、江永黄甲岭乡水流界、江华涛圩镇牛牯岭，当年工程竣工，项目决算、审计，国家验收。另外实施的 2 个国家土地整理项目是零陵邮亭圩镇、富家桥镇，道县寿雁镇芽洞村。这 5 个项目面积 1560.8 公顷，投资 4833.7 万元。是年，有 4 个易地补充项目：东安、道县、零陵、新田县（区）项目面积 182.45 公顷，投资 596.4 万元。还有由市土地整理中心与市国土资源局冷水滩分局共同承担冷水滩区岚角山镇实施省返新增费土地整理项目，面积 40 公顷，投资 145.59 万元。以上三项实施土地开发整理项目面积 1783.25 公顷，投入资金 5575.91 万元。2004 年 4 月 21 日，市国土资源局为加强对项目的质量管理，组织成立“永州市土地开发整理工作监理小组”，由 11 名农业、水利注册监理工程师和 5 名专业技术人员组成，代表项目单位对全市开发整理项目工程质量实施监管、监理工作。是年，省国土资源厅《关于切实做好 2004 年第一批国家投资与省投资土地开发整理项目实施准备工作的通知》，安排永州市国家和省投资土地整理项目 7 个，面积 1530 公顷，投资 5280 万元。其中国家重点投资项目 5 个，即东安县紫溪镇、宁远县冷水镇夏壁村、双牌县五里牌镇 3 个土地开发项目及新田县知市坪乡龙卖塘村、千山村 2 个土整理项目；省投资项目 2 个，即零陵区黄田铺、新田县高山乡土地整理项目。此外，申报到省的项目还有冷水滩区伊塘镇、祁阳县白水镇、东安县紫溪镇、江永县刘家庄乡、江华白芒营镇、宁远县冷水镇夏壁村 6 个土地整理项目，以及新田县石羊镇、江永县桃乡镇建安亭村 2 个土地开发项目。这 8 个项目面积 3276.7 公顷，投资 11327.65 万元。2005 年 8 月，经市编办批准，成立永州市土地开发整理中心，为市国土资源局正科级全额拨款事业单位。2008 年 2 月，升格为副处级事业机构，定编 12 名。2006 年 10 月，永州市国土资源局土地开发整理工作领导小组成立，由市国土资源局局长秦坤任组长，市国土资源局副局长魏军才、杨建林任副组长，有关科室负责人为成员。2009 年，市政府印发《永州市农村土地整理复垦开发项目操作办法》，落实耕地保护措施，在保障发展上实现新突破。实施省以上土地整理项目 6 个，建设规模 3149.37 公顷，投入资金 7399.38 万元；组织实施市级项目 35 个，竣工 2 个，投入资金 1520 万元。自行组织 18 个占补平衡项目和 10 个储备耕地开发项目，建设规模 2320.7 公顷，投入资金 1.6 亿元。东安县充分开发“四荒”地、复垦废弃地 11.37 公顷；零陵区珠山、富家桥等 4 个乡镇利用 70 公顷废弃工矿地、旧宅基地折旧建新进行建设用地置换，推进农村土地综合整治，报省国土资源厅，年底获省国土资源厅批复。

2010年11月5日，市委书记黄天锡在全市承接产业转移大会上强调，各县（区）要高度关注两个问题：一是节约用地的问题，二是“圈地”的问题。要珍惜土地，提高土地利用率。是年，全市盘活闲置土地31宗，面积139.7公顷；组织实施城乡建设用地增减挂钩项目7个，面积265.42公顷；组织实施省、市、县土地开发、整理、复垦项目40个，投资3.384亿元；承担异地补充耕地面积1186.7公顷，获补偿资金3818万元。是年，申报省市土地开发整理项目34个，建设规模4324.95公顷，投资1.35亿元。同时，持续推进江永县千家峒乡刘家庄村土地综合整治项目建设，投入资金2000多万元，完成土地整治面积600亩；申报7个省投资农村综合整治项目，建设规模2613公顷，投资9076万元。2011年，获得国家、省土地综合整治项目资金1.38亿元。2012年，获得国家、省土地开发整理、复垦和灾毁及外地市异地耕地补充项目资金12.54亿元；组织实施省投资和市储备耕地项目建设32个，规模9.4万亩，投资3.3亿元；实施长沙、湘潭、宁乡异地补充耕地项目2万亩，合同资金2亿元。2013年，申报连片推进农村土地整治示范县：冷水滩、零陵、道县、宁远4个县（区），到位资金2.83亿元。国家、省项目安排全年实施土地开发整治项目75个，建设规模28万亩，建设资金6.57亿元。2014年，市国土资源局下发《关于开展“空心村、空心房”整治村庄的通知》，市、县（区）国土资源局组建专门班子，摸排“空心村、空心房”面积523.78公顷。2015年3月28日，市国土资源局下发《关于进一步加强“空心村、空心房”整治工作的通知》，要求各县（区）国土资源局加强组织领导，严格项目申报，筹集整治资金，维护群众权益，督查督办，严格责任追究，把“空心村、空心房”工作当作为民办实事、办大事抓紧抓好。8月，市督查办对各县（区）进行督查，各县（区）完成17%~60%的工作量不等。全市有空心房4.94万户，拆除1.81万户，完成率37%；有空心房面积523.78公顷，完成109.1公顷，完成率21%。市督查办要求各县（区）按规定时间和质量要求全面完成“空心村、空心房”整治工作任务。

2015年，市政府印发实施《永州市国土资源管理规定（试行）》10章289条。是年，全市各级各类土地综合整治项目33个，全部通过省国土资源厅评审立项。其中，连片推行农村土地整治示范县项目4个，分别是冷水滩区普利桥镇、杨村甸乡土地整治项目，涉及28个村；零陵区石岩头镇、珠山镇土地整治项目，涉及33个村；宁远县仁和镇、禾亭镇土地整治项目，涉及55个村；道县梅花镇梅花村等29个村土地整治项目。省级整治项目5个，市、县整治项目22个，省级历史遗留和自然灾害损毁土地复垦项目2个，建设总规模18.7万亩，投资4.09亿元。

依据《永州市土地利用总体规划（2006—2020）》、《永州市土地整治规划

（2011—2020）》，2011—2020 年永州市整理、复垦补充耕地规划指标总面积 4220. 18 公顷；农村居民“空心村、空心房”综合整治补充耕地 928. 51 公顷，土地开发补充耕地 4874. 82 公顷，土地复垦补充耕地 822. 97 公顷。

2003—2015 年，全市完成土地综合整治项目 338 个，完成建设规模 7. 23 万公顷，新增耕地 2334. 11 公顷，完成投资额 32. 13 亿元。

永州市 2003—2015 年完成土地整理项目一览表

表 1-8-2

项目年度（年）	项目个数（个）	完成建设规模（公顷）	新增耕地（公顷）	实际投资（万元）
2003	3	843. 42	190. 59	1616. 69
2004	2	380. 99	46. 28	699. 65
2005	10	2217. 42	337. 8	6350. 85
2006	10	4965. 3	768. 93	3515. 73
2007	32	4210. 38	278. 35	10741. 92
2008	48	4319. 66	185. 62	131066. 12
2009	30	1963. 63	73. 8	6612. 04
2010	31	3809. 6	109. 2	10377. 89
2011	30	4179. 8	136. 23	17578. 08
2012	43	12328. 35	61. 86	35320. 52
2013	29	12944. 46	47. 86	37645. 66
2014	35	7647. 15	26. 19	22733. 71
2015	35	12528. 32	71. 4	37030. 65
合计	338	72338. 48	2334. 11	321289. 51

三、规划调控

1993 年 10 月，零陵地区为贯彻落实“十分珍惜和合理利用每一寸土地，切实保护耕地”的基本国策，根据《中华人民共和国土地管理法》第 15 条“各级人民政府编制土地利用总体规划”的规定，行署转发地区国土局《关于开展全区土地利用总体规划工作的报告》，部署开展全区土地利用总体规划编制工作。1994 年 10 月编制完成地、县（市）两级土地利用总体规划；1997—1998 年编制完成市本级及县（区、场）13个单位第一轮土地利用总体规划修编；2006年5月至2010年5月，全面完成市、县（区、场）和乡（镇）三级第二轮土地利用总体规划修编。

土地利用总体规划，是根据社会经济可持续发展的要求和本区域自然、经济、社会条件对土地开发、利用、整理、保护，在时间上、空间上所做的总体战略安排和布局；是国家实行土地用途管制的依据。按规划编制年度用地计划，作为指令性计划必须严格执行。

1990年（基期年）零陵地区首轮土地利用总体规划实施，至2000年（规划目标年）耕地保护目标基本稳定在（1990年）494.25万亩。至2000年，增至495.75万亩。

1990—2000年全区非农业建设实际用地11.25万亩，其中占用耕地4.2万亩；开发补充耕地24.18万亩。

至2000年，全市耕地面积达到515.73万亩，超过规划目标19.98万亩，确保全市耕地总量动态平衡。

四、耕地保护目标责任制

1995年8月，行署召开耕地保护工作会议。“地委”、“行署”、人大、政协、军分区、纪委主要领导出席会议。在此次会议上，首次把耕地保护列入行署与县（市）政府、县（市）政府与乡镇、地区国土局与县（市）国土局双向目标责任制。由行署主要领导与县（市）政府主要领导签订责任状，将耕地总量和人均耕地占有量挂钩，到任期届满，行署组织考核，以耕地保护情况作为县（市）政府领导政绩考核的重要内容，从而将国土管理工作尤其是耕地保护列入各级政府考核之中，提高了地位，增强了责任感。地区国土局局长与县（市）国土局局长分别签订耕地保护责任状。会后，行署印发《关于加强基本农田保护的有关规定》。各县（市）政府贯彻会议精神，相继印发有关耕地、基本农田保护的文件。

1995年，行署在审批非农业建设用地中，依法核减土地面积250亩，其中耕地215亩，许多用地单位主动核减用地面积或放弃占用耕地的想法，主动要求更改选址，选用荒地。是年，全区三项建设实际用地7763亩，为当年计划指标的85.3%，其中使用耕地2042亩，为当年计划指标的63.8%，节约占用耕地1158.63亩。

2000年初，副市长张维代表市政府与省政府签订《2000年度耕地保护目标管理责任书》。当年，全市完成耕地保有量面积515.73万亩（指标为515.71万亩），超过168亩；基本农田保护面积446.25万亩（指标432万亩）；非农业建设实际占用耕地5159.5亩，节约占用耕地420.5亩；开发新增耕地8415亩，超过非农建设占用耕地3255.5亩。2002年，是省、市、县（区）耕地保护目标责任兑现年，全市各县（区）对照责任书的目标要求，落实耕地保护各项工作措施，当年全市耕地保有量达到516.3万亩，基本农田稳定在432万亩以上，非农建设使用耕地1200亩，节约110亩，开发耕地8580亩，市、县（区）《2000年度耕地保护目标管理责任书》兑现达标，完成各项指标。2006年，市政府出台《县（区）政府耕地保护责任目标考核办法》，进一步深化县（区）政府保护耕地责任。2011年，市政府下发《关于加强耕地保护严禁非法占用耕地的通知》，强调将耕地保护工作列入各级政府任期目标考核内容，将保护目标责任层层分解到乡镇、村、组，把保护的片区、地块落实责任单位和责任人，建立和完善监督检查、动态监测和考核长效机制。

2014年，市政府发布《关于2014年度全市土地管理和耕地保护、开发目标管理考核情况通报》，各县（区）完成各项目标任务。零陵区政府、道县政府、江华县政府、宁远县政府、回龙圩管理区被评为该年度全市土地管理和耕地保护目标管理先进单位。

五、耕地占补平衡

1999年，是贯彻实施新《中华人民共和国土地管理法》的第一年。新《中华人民共和国土地管理法》的核心，是保护耕地。新法是围绕确保耕地总量动态平衡而制定的宏观调控新的法律、法规管制。一方面要在保证国家重点建设顺利进行，按规划有步骤发展城镇建设的前提下，严格限制审批各项非农业建设用地，尤其是占用耕地；另一方面按照“占一补一”“先补后占”的有关规定，必须开发同等数量和质量的耕地资源，来补充占用的减少耕地面积，从而落实耕地占补平衡。永州市以推进新法的土地用途管制为切入口，严格控制非农业建设占用耕地，建立严格有效的耕地保护体系。同时，以耕地总量只能增加、不能减少为工作目标，建立健全耕地“占补平衡”机制。是年，实施新《中华人民共和国土地管理法》，全市农用地转用实际用地4183.5亩，其中核减占用耕地41.25亩，实际占用耕地1859.9亩，当年开发耕地4500亩。

为达到耕地占补平衡，积极鼓励开发、整理耕地，在保护生态环境的条件下，许多县（区）推行开发、整理耕地奖励制度。如江华县政府明文规定，凡经有关部门验收合格开发的耕地，每亩奖励800元。道县实行新开垦耕地三年内免收农业税等优惠政策，调动农民开发、整理耕地的积极性。2000年，全市非农业建设占用耕地计划指标5580亩，实际占用5159亩，节约耕地指标421亩；当年土地开发、整理新增耕地8415亩，超额完成耕地占补平衡计划。

2009年，为贯彻执行国土资源部《关于严格耕地占补平衡管理的紧急通知》，市政府在坚守保护耕地红线工作上实现新的突破。一是制定 12 条用地保障措施，推进建设用地增减挂钩置换工作，严格控制项目用地规模，推进节约集约用地；二是市、县（区）、乡（镇）三级政府层层签订耕地保护责任状，落实耕地占补平衡，实行耕地保护行政首长负责制。当年实施省以上投资土地整理项目 6 个，建设规模 4.72 万亩；组织实施市级项目 35 个，建设规模 3.48 万亩；全市耕地保有量连续 10 年实现占补平衡。耕地保护工作在全省考核中名列第一。

2015 年，全市新增非农业建设用地计划指标 1.47 万亩，其中耕地 8670 亩。全市使用新增建设用地 8846.32 亩，其中占用地耕地 3683.46 亩。全市实施高标准农村连片土地整治示范县项目 4 个，建设规模 13.39 万亩，投资 3.16 亿元；在建各类综合整治项目 37 个，建设规模 1.53 万公顷，投资 4.85 亿元；完成土地整理，复垦项目 35 个，建设规模 1.26 万公顷，投入资金 3.7 亿元。年末，全市耕地总面积 538.35 万亩，实现市政府与省政府签订的耕地保护目标管理工作责任书中明确的不少于 503.27 万亩的目标。同时，实现连续 16 年全市耕地总量保持动态平衡。

第三节　基本农田保护

一、基本农田划定

1989 年，国家土地局与农业部联合召开全国农田保护工作会议，部署划定基本农田保护区的工作。为使这项工作在全区顺利展开，地区国土局组织各县（市）国土管理局局长赴湖北荆州等地参观、学习。

1990 年初，道县国土管理局率先在寿雁镇进行划定基本农田保护区的试点，把村镇周边、公路两旁较好的连片耕地分别划为一、二类保护区，每个保护区都落实保护责任人，并制定保护措施，还创造性地把基本农田保护与村镇建设规划结合起来，合理规划利用村镇用地，该镇村民充分利用旧宅基地、空隙地建房，尽量少占或不占用耕地。地区国土局及时推广道县经验，要求其他县（市）学习道县经验。1991 年，全区由点到面建立乡（镇）、村组二级基本农田保护区划定工作体系。1992 年，全区 11 个县（市）完成基本农田保护区划定及分级保护工作。其中，长期保护的基本农田一级保护区面积 394.05 万亩。

1994 年，国务院颁布《基本农田保护条例》，对基本农田的划定、保护、监管作出法律规定。1995 年 4 月，省人大常委会颁布《湖南省基本农田保护条例》，进一步明确规定基本农田保护的目标与措施。1995 年 9 月，行署印发《关于加强基本农田保护的有关规定》，并召开有地委、行署、人大、政协、军分区主要领导出席，地区国土局局长、监察局局长和地直有关部门主要负责人参加的高规格的保护耕地专题大会。会议重点是把耕地保护及划定基本农田保护区，列入政府主要领导任期目标责任制。在此次会议上，行署主要领导与县（市）政府主要领导签订责任书。1996年10月9日，市政府印发《永州市基本农田保护办法》，在全区广大农村深入开展对耕地、基本农田保护区划定工作重要性的宣传。各县（市）相继印发加强基本农田保护的有关规定或文件。自此，基本农田保护工作纳入法制轨道，全市的基本农田保护区划定依法有序，进入实施阶段。1999年1月1日，国家颁布实施新《中华人民共和国土地管理法》。新法的核心是保护耕地。全区学习贯彻实施新法，以推行土地用途管制为切入口，以耕地总量只能增加不能减少为目标，围绕耕地保护方面主要做了两项工作。(1) 1999年12月，全面完成全市各县（区）第一轮土地利用总体规划修编，并经省级验收，批复实施。第一轮土地利用总体规划修编，为全面推行土地用途管制、合理用地、保护耕地提供科学依据。(2) 重新调整划定基本农田保护区。划定基本农田保护面积432万亩，实际保有量达到446.25万亩，保护率为86.52%，并重新逐丘、块进行登记造册，绘制基本农田保护区图件，编制基本农田保护区说明书，普遍建立基本农田保护区警示牌。各县（区）分别建立基本农田保护措施和制度。通过实施土地用途管制，宏观调控耕地占补平衡，明确全市耕地保有量稳定在503.25万亩以上，划定基本农田保护面积稳定在432万亩以上。

2004年，全市耕地保有量33.58万公顷，基本农田保有量29.1万公顷。

2010年，全市连续10年实现耕地占补平衡，耕地总量动态维持在33.14万公顷，基本农田保有量29.1万公顷。

2015年，市国土资源局、市农业局联合印发《永州市永久基本农田划定工作方案》。

二、基本农田保护规划

1994年10月，编制完成首轮《零陵地区土地利用总体规划》，同时编制《零陵地区基本农田保护规划》。规划根据1990年耕地利用现状和2000年用地目标预测，至2000年，全市耕地面积33.05万公顷（495.75万亩），其中基本农田（一、二级耕地）31.39万公顷（470.85万亩），保护率达94.98%。规划总目的是全面保护耕地，对基本农田进行特殊保护，实现耕地总量动态平衡。

1999年9月，依据《中华人民共和国土地管理法》《基本农田保护条例》，市政府组织人员在《永州市土地利用总体规划（1997—2010）》修编过程中，根据1999年5月省政府办公厅《关于重新调整划定基本农田保护区的通知》，全市同时编制《永州市基本农田保护规划》。原《零陵地区国民经济和社会发展“九五”计划和2010年远景目标纲要》确定：全市总人口2010年控制在60万人之内；国民生产总值2010年达到700亿元；耕地总量2010年达到517.89万亩。据此，全市实行特殊保护的基本农田为446.25万亩。

2006年5月至2010年5月，永州市完成市本级及县（区、场）和乡镇第二轮土地利用总体规划修编。

该次规划修编，依据1999年1月新颁布实施的《中华人民共和国土地管理法》《基本农田保护条例》，进一步强化对耕地和基本农田的保护。其耕地、基本农田调控目标是：规划期内，全市基本农田保护面积不低于434.96万亩，在确保省级规划目标落实的基础上，对市域范围内基本农田进行适当调整。总体布局划定两大基本农田集中区：（1）中北部湘江及其支流潇水、紫水等溪谷平地，包括冷水滩区、零陵区、祁阳县、东安县基本农田面积为206.1万亩；（2）中南部的沱江、宁远河流域宁道江盆，包括道县、宁远县、江永县、江华县、蓝山县基本农田面积228.86万亩。

永州市基本农田保护面积控制指标情况表

表1-8-3　　单位：公顷

县（区）	1996年耕地面积	规划期间基本农田保护面积	基本农田占耕地比率（%）
合计	343849	297500	86.5
芝山	38773	32000	82.5
冷水滩	33471	27700	82.8
祁阳	54290	48800	89.9
东安	40554	34800	85.8
双牌	8330	7500	90.0
道县	45290	38900	85.9
宁远	38507	34600	89.9
新田	18570	16700	89.9
江永	21417	17200	80.3
江华	25894	22800	88.1
蓝山	18753	16500	88.0

说明：此表中的芝山，指现零陵区

2010 年、2020 年永州市耕地保有量、基本农田保护面积指标分解情况表

表 1-8-4　　　　单位：公顷

行政区域	基期年耕地（2005 年）	耕地保有量		基本农田保护面积
		2010 年	2020 年	
全市合计	366068.32	331023	317779.3	289972
零陵区	39867.71	34750.00	34989.00	29950.00
冷水滩区	35091.81	29737.00	29918.00	25050.00
祁阳县	54099.47	49880.51	50430.12	45758.00
东安县	42471.63	39405.00	39826.00	34800.00
双牌县	9870.81	8925.00	9246.00	7400.00
道县	45719.51	42142.00	42703.00	38000.00
江永县	22861.81	20614.26	21086.49	16350.00
江华	29154.05	26362.00	26720.00	22800.00
蓝山县	21279.29	19242.00	1970.300	16500.00
新田县	21100.30	19080.00	19538.00	16700.00
宁远县	41096.41	37662.00	38066.00	33972.00
金洞管理区	2292.25	2112.49	2153.88	1842.00
回龙圩管理区	1163.27	1110.74	1132.51	850.00

该基本农田集中区域管制规则是：该区域土地主要用作基本农田和直接为基本农田服务的道路、水利、生态防护林及其他农业设施。区内一般耕地，亦按照基本农田控制政策进行管护，土地整理、复垦资金优先投入本区。不得破坏、污染区内土地或进行其他破坏基本农田的活动。

土地利用规划确定的耕地保有量、基本农田保护面积等约束性指标，分解下达到各县（区、场）严格落实，纳入市、县（区、场）国民经济和社会发展规划严格执行。

2015 年 6 月，全市实施第二轮土地利用总体规划的调整完善工作，目标是：到 2020 年，耕地保有量不低于 33.55 万公顷，基本农田保护面积不低于 28.99 万公顷。

三、基本农田保护制度举措

（一）宣传、学习

1990年，在《中华人民共和国土地管理法》宣传方面，市国土资源局重新印制《中华人民共和国土地管理法》文本521册，购置国家土地管理局监制的彩色国土宣传图片50套400张，发至各县（市）和乡（镇）、村，编写保护耕地墙报、黑板报108期，张贴宣传标语5000余条。按照省委关于保证人均耕地、粮食两个常数两项基本国策一起抓的要求，各县（市）十分重视全民国土观念教育，把《中华人民共和国土地管理法》列入普法教育内容；把国土观念教育内容编制成乡土教材，列入中小学教育课程。各县（市）党委、人大、政府主要领导亲自抓国土管理工作，县（市）、乡镇分别组织党员干部集中办土地管理学习班。

1991年，为深入开展土地国情、国策、国法的宣传教育，结合“6·25”土地日，全区国土部门先后组织数次较大规模的群众性宣传活动。县（市）委书记、县（市）长和主管国土工作的县（市）级领导组织“惜我国土，爱我中华”国土报告团巡回演讲。1993年，地区管理国土管理局召开各县（市）国土局局长会议，对国土宣传提出具体要求。地区国土局局长唐际绍亲自抓宣传，并明确一位副局长协助具体抓，成立全省第一家地州市级通讯报道组，从地区国土局和县（市）国土局抽聘通讯员30名。各县（市）国土局均成立宣传工作领导小组，制定工作方案和宣传奖励办法。是年全区国土部门干部职工在各级报刊、电视台发表新闻、通讯34篇，其中省级以上10篇；地区国土局在《零陵报》《零陵经济》《潇湘论坛》等报刊开辟“国土杯”征文专栏。1999年，是贯彻实施新《中华人民共和国土地管理法》的第一年，各县（区）分别召开国土工作会议，县（区）委书记、县（区）长到会讲新法，强调保护耕地、基本农田的重要性、紧迫性。市国土资源局凤凰园分局，祁阳、蓝山等县还把土地管理法律培训班办到居委会、村组。市国土资源局先后2次举办行政执法、学习新《土地管理法》培训班，500多人次参加培训；还购发新《中华人民共和国土地管理法》《湖南省土地管理实施办法》单行本6000本，张贴宣传挂图3000多张，散发基本农田保护宣传资料8万余份，并在客车车体上张挂宣传标语400余条。

（二）基本农田保护制度

基本农田目标管理责任制 1994年，国务院颁布《基本农田保护条例》，1995年4月，省人大颁布《湖南省基本农田保护条例》，对基本农田的划定、保护、监管均作出明确的法律规定。1995年9月，行署印发《关于基本农田保护的有关规定》，并召开耕地、基本农田保护工作会议。会议把基本农田保护区作为特殊保护对象，并列入各级政府的主要目标责任制。在此次会议期间，由行署主要领导与各县（市、场）政府主要领导，地区国土局局长与县（市、场）国土局局长分别签订耕地、基本农田保护目标责任状。全市耕地保有量指标为515.71万亩，基本农田保护面积432万亩。会后，各县（市、场）政府也相继印发加强基本农田保护的文件，各县（市、场）政府与乡（镇）政府，乡（镇）政府与村委会层层签订基本农田保护双向目标责任状。

2004年4月，成立市基本农田保护检查工作领导小组，制定《永州市基本农田保护检查工作方案》，拍摄《永州市基本农田保护》纪录片。2006年，市政府印发《县（区）政府耕地保护责任目标考核办法》，进一步强化县（区）政府保护耕地的责任，全市515万亩耕地、432万亩基本农田得到更有效保护。2009年，根据《永州市耕地保护基础建设实施方案》的要求，市政府印发《基本农田目标管理责任制度》文件。进一步强化基本农田目标管理责任制，将基本农田保护落实到市、县（区）、乡（镇）、村，农户和丘块。同时，坚持把逐级签订耕地、基本农田保护目标责任状，纳入各级政府主要领导任期目标考核内容。

2015年3月17日，市国土资源局、市农业局联合下发《永州市永久基本农田划定工作方案》。

至2015年末，全市实有耕地538.35万亩，连续16年完成耕地保有量503.27万亩目标，严守基本农田保护红线432万亩。

耕地保护管理制度　为严格土地管理，严肃依法行政，保护好耕地，特别是基本农田，从2009年起，永州市相继印发《基本农田保护联席会议制度》《基本农田质量保护制度》《基本农田公示制度》《基本农田动态监测和定期通报制度》《基本农田信访举报制度》《基本农田监督检查制度》《基本农田统计报表制度》《基本农田标志牌管护制度》《基本农田严格占补平衡制度》《基本农田计划备库制度》《基本农田保护考核奖惩制度》《新增耕地后续耕种和培肥办法》等13项基本农田保护制度，将耕地、基本农田保护目标纳入各级政府和各级国土管理部门年度绩效考评体系，建立健全领导干部离任审计、政府领导干部问责制度等相关机制。

（三）基本农田保护区管理

1990年6月，道县率先在寿雁镇开展划定基本农田保护区的试点，把村镇周边、交通道路两旁较好的耕地划分一、二类耕地保护区实行特殊保护，并在每个保护区设置耕地保护标牌，标明保护区范围、面积，标记保护责任人，保护责任等。全镇设置标牌24块，界桩168处。基本农田保护宣传墙报42处。1992年，全区11个县（市）基本完成划定基本农田保护区。1995年，行署行文明确规定，在各个村基本农田保护区周边要道处、田垅旁设置永久性保护标牌，具体标明基本农田保护范围、面积等级、保护责任人、保护目标责任等相关内容。1996 年，为切实加强基本农田保护，成立市基本农田保护领导小组，召开工作会、现场办公会，并联合农业部门对各县（区）的基本农田保护区建设进行全面检查。2004 年，全市实际耕地保有量为 503.7 万亩，基本农田保有量达 432 万亩，保护率达到 84.2%。全市建立县（区）、乡（镇）、村组三级基本农田保护目标责任制，设立基本农田保护标牌 1457 块，制订到村的目标管理责任书 1878 份，到组的 1.17 万份，到户的 44.65 万份，并对基本农田按图斑逐户逐块进行登记造册，建立档案。

2009 年，市政府专题研究并印发《永州市耕地保护基础建设实施方案》，全市投入资金 512 万元，新建标准化一、二、三类保护牌 497 块。2010 年初，下发《关于 2010 年度耕地保护标志牌建设标准和数量的通知》，要求各县（区）在上年投入建设的基础上，继续加大投资建设力度，完善设施建设。道县、零陵区、江华县、宁远县、双牌县、冷水滩区、蓝山县等共增加投入 6502 万元，建设 659 块标准化保护牌。2011 年，全市增加投入 1449 万元，建设基本农田保护区界桩 4830 块、标牌 30 块。市本级专门安排 90 万元专项资金，用于基本农田责任书、责任卡、登记台账、巡查日记等表卡制作。各县（区）自筹资金 72.6 万元，统一印制表、责任书 60.7 万份，责任卡 300 万份，标注卡 150 万份，动态巡查日志 0.3 万本，并将责任卡发放到农户，将基本农田逐丘块落实到农户，定期核查，实行标准化管理，首次实现基础资料、基本农田保护区建设、目标保护责任人“三统一”。同时，建立耕地、基本农田划定进入信息库系统，依靠现代化和科学手段规范耕地、基本农田管理。

第九章　土地执法

中华人民共和国成立至1986年，全市无统一的土地执法监察机构，遇到问题，按部门职责临时处置。1989年7月7日，零陵地区国土管理局内增设法规监察科，县（市）国土管理局相继设法规监察股，承担土地执法监察职能。

第一节　执法监察制度

1988年国家土地管理局土地管理工作要点提出：加强土地监察工作，建立土地监察制度，拟订《土地监察管理办法》。7月，省国土管理局召开会议，推广长沙市土地监察试点经验。要求各级土地管理部门加快建立执法监察机构，建立岗位责任、案件审理、巡回报告、工作奖罚等制度。

1992年，根据省国土管理局要求，零陵地区从县到乡（镇）村、组，建立监察队伍，形成四级监察网络，拥有专职和兼职土地监察员24100人。新田县建立第一个“土地法庭”。1993年，全区土地监察工作引进司法机制，健全监察网络。是年4月，地区中级人民法院与地区国土局联合下文，成立地、县（市）“土地办案室”“土地法庭”或“执行室”。全区成立土地监察大队8个，监察中队120个，有专职和兼职土地监察执法人员1500人。1994年4月，省国土管理局召开全省土地监察工作大会，参加大会的有各地（州、市）县（区）国土局局长和主管土地监察工作的副局长，监察科长、监察队长，还邀请省、地两级人民法院行政庭和执行庭领导及省直有关部门负责人及新闻单位人员。省人大常委会副主任朱东阳、省政府副省长周伯华、省政协副主席卓康宁、省高院院长詹顺初到会讲话。会议特别强调：切实加强土地监察执法已成为土地管理工作中十分紧迫的任务。大会部署近期土地监察工作主要任务：认真贯彻中共十四大和十四届三中全会精神，强化手段，完善土地监察制度。

1996年“地改市”后，成立永州市土地执法监察大队，全市各县（区）也相应调整加强土地执法监察机构，并陆续出台一系列土地执法监察、法规文件。

2002年1月，市国土资源局先后印发《国土违法案件查处制度》《国土资源违法案件会审制度》。《国土违法案件查处制度》规定执法监察人员行为规范，违法案件的查处：包括违法案件的管辖、立案、调查取证、处罚决定、行政处罚决定书的制作和送达5个方面的内容。《国土资源违法案件会审制度》规定应进行会审的违法案件范围、参加会审的人员、会审程序、行政处罚决定及其他内容等。7月，制订《国土资源执法监察错案责任追究制度》，共14条，主要是为规范执法监察行为，维护公民、法人及其他组织的合法权益。对在执法监察过程中因工作人员故意或者重大过失，致使案件处理错误，给案件当事人的合法权益造成损害或者不良社会影响的案件追责进行详细规定。10月29日，根据省国土资源厅有关文件规定，市国土资源局印发《永州市国土资源局查处国土资源违法案件立案范围》，明确市国土资源局直接立案查处的国土资源违法案件包括10类：县（区）政府违反国土资源法律法规的案件；县（区）国土资源行政主管部门违反国土资源法律法规的案件；市政府、省国土资源厅交办或指定查处的违法案件；违法行为发生地跨县（区）的案件；全市范围内有重大影响的国土资源违法案件；土地管理法律法规规定应由市国土资源局查处的案件；矿产资源法律法规规定应由市国土资源局查处的案件；测绘管理法律法规规定应由市国土资源局查处的案件；县（区）国土资源行政主管部门，请求市国土资源局或市国土资源局认为有必要直接查处的违法案件；需要由市国土资源局直接查处案情重大的、复杂的违法案件。2007年3月，市国土资源局为完善国土资源执法监察制度，先后印发《国土资源执法监察动态巡查办法》《国土资源违法案件举报管理办法》《国土资源违法案件查处内部工作程序》《国土资源执法监察督办制度》《国土资源违法案件会审制度》《国土资源执法监察报告备案制度》和《国土资源执法监察人员过错责任追究办法》。

2010年3月，市国土资源局制定《国土资源违法行为约谈通报制度》。明确在10种情形之下，市国土资源局报请市政府主管领导同意后，可代表市政府依据国土资源管理法定职责，依法对存在较严重国土资源违法问题的县（区），以约请县（区）政府主要负责人面谈，或对其国土资源违法行为予以通报等方式，督促县（区）政府依法履行国土资源管理职责。

2015年2月10日，根据永州市人民政府办公室《关于进一步加强永州市城市规划区内土地管理的通知》，市国土资源局印发《冷水滩城市规划区内国土资源执法监察责任规定》的通知，明确冷水滩分局、经开区分局、梅湾国土所和虎岩国土所的责任范围，并规定市国土资源执法监察支队履行冷水滩城市规划区内国土资源执法监察工作职责。

第二节　执法监察活动

1987年开始，由国土部门统一管理、统一行使土地执法监察职能，开展土地执法监察活动。根据国家和省政府的部署，结合永州市（零陵地区）实际，先后进行过“非农业建设用地清查”“清理越权批地”“清理砖瓦窑用地”“土地执法检查”“清理经济适用住房用地”“闲置土地清理”“治理整顿土地市场秩序”“查处土地违法案件专项行动”“土地执法百日行动”等重大专项行动。

一、执法专项行动

（一）非农业建设用地清查

第一次非农业建设用地清查。1986年3月，中共中央、国务院下发《关于加强土地管理制止乱占耕地的通知》，要求对1982年5月以来的非农业建设用地进行清理。

1987年9月16日，零陵行署召开全区非农业建设用地清理工作电话会，副专员廖奇才作报告，常务副专员吴海森讲话。会上强调各级政府，把非农业建设用地清查与完善农村双层经营摆在同等重要的位置，做到统一部署，统一安排，要求11月底前完成清理任务。

“地委”、“行署”先后召开4次会议，即2次县（市）委书记会、2次副县（市）长会，会议研究“清查”中的新问题，总结交流清查中的新经验。各县（市）政府均下发关于非农业用地清查的文件；地、县（市）、乡（镇）成立非农业用地清查领导小组，下设办公室。绝大多数县（市）和乡（镇）均是书记挂帅，主管国土工作的副县（市）长和副乡（镇）长专抓。全区抽调县（市）、乡（镇）干部2.92万人（其中县级领导203人，科局级干部1367人），组成庞大的清查工作队。建立一支非农业用地清查的专业技术队伍，共2.25万人。清查工作队和技术队伍组建后，地、县（市）、乡（镇）层层组织专门培训，培训1000多人。通过培训，提高清查人员法规观念和执法水平；“地委”、“行署”带头，层层进行清查工作的试点。地、县（市）确定13个试点乡（镇），参加试点人数2.14万人（其中县级领导156人，科局干部700人，乡镇领导1565人）；地、县（市）、乡（镇）试点结束后，以乡（镇）为单位分两批铺开。每批2500个村，一个月左右，通过以会代训、办训练班等形式，把宣传《中华人民共和国土地管理法》贯穿到清查工作全过程。同时，每个工作队员带上宣传资料，挨家挨户，边丈量边宣传，把法规送上门，以此打开清查工作局面。

1987年9月，新田县人大常委会组织县检察院、法院和政府有关部门负责人42人，分赴石羊、三井、高山、新隆、下漕洞5个乡（镇）的15个村调查非农业建设用地情况。发现农村乱占滥用土地问题十分严重。结合该次调查结果，为强化土地管理，新田县政府立即采取宣传贯彻《中华人民共和国土地管理法》、建立健全国土管理机构、全面开展非农业用地清查等措施，刹住乱占滥用土地的歪风。年底，地区国土管理局印发《关于清查非农业建设用地验收的通知》，12月上旬对各县（市）进行验收。1988年1月16—19日，省政府组织的非农业用地清理工作检查验收"湘南组"，对全区非农业用地清理工作进行检查验收。其间，听取地区国土局和宁远县、祁阳县政府的工作情况汇报，抽查九嶷山乡、逍遥岩乡、马鞍岭乡、黎家坪镇，实地复查20个单位、39户村（居）民的用地现状。检查组充分肯定零陵地区在"清理"工作中所取得的5个方面成果：（1）基本查清非农业用地的底子。全区完成"清查"任务的乡、镇、场394个，占总数的98.2%。全区城乡非农业用地33.8万亩，占全区土地总面积的1.01%，人均占有46.6平方米。其中，国家、集体单位用地7.68万亩，占总用地的22.8%，个人用地26.12万亩，占总用地的77.2%。（2）依法查处各种违法占地案件。全区查出1982年以来各种违法占地案件5.17万起，截至1987年12月底，依法处理4.94万起，占应处理的95.4%，拆除房屋974栋，面积3.8万平方米，处以罚款4.85万起，罚款金额91.5万元，依法拘役、判刑2起3人，受到党纪政纪处分8人。（3）解决一大批土地权属纠纷。各县（市）结合清查、解决3912起长期的土地权属纠纷。（4）认真抓好"两建"工作。第一是建档。在清查的基础上，把丈量登记表、过录表、各种问题处理意见等资料，分门别类立卷、装档、入柜。第二是建制。大多数乡（镇）、村根据《中华人民共和国土地管理法》之规定，结合当地实际，具体制定土地管理制度。（5）促进社会生产力的发展。各县（市）把清查出来的土地补偿费、林木青苗费、安置费等，集中用于兴办工商企业和开发性生产。全区村、组新办工商企业590个；新办养殖场168个；新办林场619个，面积15.2万亩；新办橘园4347个，面积9.21万亩；新办茶园543个，面积3.51万亩。

零陵地区 1982—1988 年 1 月非农业用地清查数据一览表

表 1-9-1

抽查结果						
实地丈量户	与原登记表对照准确率（%）	室内抽查表格	准确率（%）	抽查违法占地处理户（单位）	符合政策要求户	占（%）
居民户 240 户	95. 25	478	95. 1	163	158	97
国家单位 65 个	96. 7	230	95. 7	122	122	100

零陵地区 1982—1988 年 1 月非农业用地清查数据一览表

表 1-9-2

县（市）名称	乡镇总数（个）	总户数（万）	清查专业队伍			国土机构组建情况		
			总数（人）	其中		县局定编（人）	已到职的有（人）	乡镇已配国土管理员（人）
				县团级干部（人）	科局级干部（人）			
合　计	401	112. 4258	49882	203	1367	161	142	366
永　州	43	10. 4776	4760	15	167	23	19	53
冷水滩	31	8. 8682	5375	32	115	20	21	31
祁　阳	66	21. 5956	5856	6	28	15	15	66
东　安	35	11. 7	9800	18	45	9	7	48
双　牌	17	3. 31	1026	23	64	12	9	17
道　县	36	11	4080	11	67	15	16	36
江　永	23	6. 007	3878	12	222	10	6	17
江　华	48	7. 5211	8122	13	58	12	11	49
蓝　山	32	7. 0683	2465	21	65	15	11	26
宁　远	47	16. 2239	2882	31	350	15	14	2
新　田	23	8. 6541	1638	21	186	15	13	21

说明：表中的永州为县级永州市，指现零陵区

零陵地区 1982—1988 年 1 月非农业用地清查数据一览表

表 1-9-3

单位	城乡建设用地清查结果（国家、集体、个人）						
	1982 年以来建房数	占用土地（亩）	其中耕地（亩）	违法占地户（亩）	建房户（%）	违法占地面积（亩）	其中耕地（亩）
合　计	12.8766	34696.29	11634.02	5.1696	40.14	8663.35	3394.82
永　州	0.7598	2614.75	576.21	0.7296	96.02	1668.11	379.28
冷水滩	3.41	16577	4973	0.8943	23.12	2560	1320
祁　阳	1.08	1960.5	125.5	0.13	12	357	38.5
东　安	0.714	1285.2	220	0.0345	4.8	62.1	24
双　牌	0.1732	252	86.14	0.0982	56.7	220.9	65.5
道　县	0.9237	2165	391.48	0.6036	65.3	654.11	263.11
江　永	0.3937	778.96	180	0.3564	90.5	390	117.28
江　华	0.7228	2148.73	3404.02	0.1643	22.7	324.57	251.18
宁　远	2.6179	3926.85	623.32	0.5912	22.8	718.2	213.4
蓝　山	0.8865	1521	380	0.6105	68.9	701.9	259.7
新　田	1.195	1466.3	674.35	0.9570	90	1006.46	462.87

说明：表中的永州为县级永州市，指现零陵区

零陵地区 1982—1988 年 1 月非农业用地清查数据一览表

表 1-9-4

单位	个人违法占地案件处理情况								
	共有案件（起）	已处理案件（起）	其中						
			补办手续（起）	罚款（万元）	拆除房屋（间）	收回耕地（亩）	开田兑换（亩）	党纪政纪（人）	追究刑事责任（人）
合　计	53492	49354	31844	117.67	945	986.68	305.81	10	3
永　州	8288	8288	215	2.48	39	94	1.2	—	—
冷水滩	1362	1220	795	24.83	13	95	—	2	1
祁　阳	9560	9070	8475	8.2	25	545	8.2	—	—
东　安	2940	2835	516	—	36	17	9.4	1	1
双　牌	1980	1772	81	2.9	24	3.7	82.6	—	—
道　县	5536	4564	4532	8.76	318	22.52	12	3	—
江　永	3164	2987	1577	7.698	10	4.7	—	—	—
江　华	2337	1930	1827	23.94	24	4.92	48.5	—	—

续表1-9-4

单位	个人违法占地案件处理情况								
	共有案件（起）	已处理案件（起）	其中						
			补办手续（起）	罚款（万元）	拆除房屋（间）	收回耕地（亩）	开田兑换（亩）	党纪政纪（人）	追究刑事责任（人）
宁　远	5825	5794	4728	0. 4125	315	82. 48	31	2	—
蓝　山	6105	4842	4129	2. 1	76	77. 36	89. 5	—	1
新　田	6395	6052	4969	36. 35	65	40	23. 41	2	—

说明：表中的永州为县级永州市，指现零陵区

零陵地区 1982—1988 年 1 月非农业用地清查数据一览表

表 1-9-5

单　位	国家、集体企事业单位违法占地处理情况						
	共有案件（起）	其中乡镇企业（起）	已处理案件（起）	其中乡镇企业（起）	其中		
					补办手续（起）	罚款（万元）	收回耕地（亩）
合　计	302	155	257	138	216	17. 35	179
永　州	8	6	8	6	8	—	2. 5
冷水滩	62	43	56	39	39	3. 5	174
祁　阳	66	42	56	40	33	13. 2	—
东　安	15	11	9	6	15	—	—
双　牌	3		3	—	3	—	—
道　县	22	8	22	8	15	0. 25	2. 5
江　永	—	—	—	—	—	—	—
江　华	12	5	4	4	4	0. 4	—
宁　远	87	35	81	34	81	—	—
蓝　山	—	—	—	—	—	—	—
新　田	27	5	18	1	18	—	—

说明：表中的永州为县级永州市，指现零陵区

第二次非农业建设用地清查。1997 年 4 月，根据中共中央、国务院《关于进一步加强土地管理切实保护耕地的通知》，市政府决定对 1991 年以来的各类建设用地又一次进行全面清查。清查范围：1991 年 1 月 1 日以后，通知下发之日前批准使用或未经批准而占用的各类非农业建设用地。清查的重点是各类开发区、工商业小区、房地产开发项目（包括高尔夫球场等）用地，城镇郊区、铁路沿线、主要公路两侧用地及乡（镇）村建设用地。清查的主要内容：对具体项目、具体地块进行

“四查”，一查建设用地是否符合规划；二查用地手续是否合法；三查土地利用是否充分；四查土地交易是否依法。

全市查清1991年1月至1996年12月发生各类非农业建设用地14.35万宗，面积5.75万亩，其中违法用地8355宗，面积1.09万亩，违法用地面积占总用地面积的18.9%。

1997年6月17—18日，省国土测绘管理局在株洲市召开全省冻结非农建设占用耕地和全面清查非农建设用地工作会议，会议主要是传达全国冻结建设占用耕地和全面清查非农建设用地工作座谈会精神，进一步部署全省的冻结和清查两项工作。

为贯彻落实中共中央、国务院文件和全省冻结非农建设占用耕地和全面清查非农建设用地工作会议精神，1997年6—12月，市委、市人大、市政府组织有关部门对全市非农业建设用地情况进行全面清查，查出并解决一大批问题，使土地管理秩序有所好转，土地市场趋向规范。

1999年12月，考虑到由于历史和管理体制的原因，仍然存在越权批地、越权发证、违法占地、毁坏耕地、倒卖土地、擅自改变土地用途、划拨土地非法转让（出租）、土地闲置及欠缴土地税费和出让金等遗留问题和新产生的问题，造成政府每年流失400万元以上的土地收益，对此，市国土管理局向市政府提交《关于对城市规划区非农建设用地继续进行清查的请示》，要求对永州市城市规划区内的非农业建设用地延期继续进行清查。

（二）清理越权批地

1990年1月，国务院批转国家土地管理局《关于部分地方政府越权批地的情况报告》指出：土地管理法实施以来，部分地方政府无视法律规定，越权非法占用土地。国务院要求：对《中华人民共和国土地管理法》实施后审批建设用地的情况要进行一次清理，对清理出来的问题严肃处理。市政府根据省政府的部署，把清理越权批地作为清理违法用地的主要内容。

1990年3—12月，地区行署根据省政府《批转省国土管理局关于认真清理越权批地情况报告的通知》，制定并下发《关于进一步抓紧抓好清理越权批地工作的通知》，在全区范围内部署开展越权批地清理工作，要求对1987年《中华人民共和国土地管理法》实施以来越权批地的案件进行清查。对于清理出来的问题，要严格依法作出处理。凡越权批地的文件一律无效，在建的项目原则上停工待查，已形成的建筑物、构筑物该拆除或没收的，要拆除或没收。所有越权批地案件，都应依法追究主要负责人的责任，该给予行政处分的要给予行政处分；个别情节严重触犯刑律的，要依法追究刑事责任。

1990年4月，行署专门成立以常务副专员卞翠屏为组长的清理工作领导小组，各县、市、乡（镇）、场、所普遍成立由主要领导挂帅的领导班子。与此同时，各县（市）乡（镇）从国土、监察、司法、城建、财政等部门抽调1872名干部，组成285个清理小组，开展清理工作。清理工作分为“宣传发动；自清自查，组织专门力量进行重点清查，检查验收；整章建制”3个阶段。通过清查，全区清出越权批地案607起，面积835.96亩，其中越乡级的586起，占96.6%；越县（市）级的18起，占3%；越地级的3起，占0.4%。与此同时，对清出的905起非法占地案件，面积1266.47亩，其中耕地348.25亩，全部作出处理；对清出的越权批地案，作出处理的566件，占应处理的93%，其中拆除房屋200栋，没收房屋2栋，处以罚款133件，补办手续524件，给予党政纪处分13人，追究刑事责任2人。

1990年12月，行署结合开展的越权批地和非法占地案件清理工作实际情况，对全区6起较严重的越权批地和非法占地案件予以通报。

（三）土地执法检查

1995年，根据省人大对土地管理工作开展执法检查和省纪委、省监察厅、省国土测绘管理局《关于开展对土地管理法律法规执法监督检查的通知》的精神，地区行署办、人大办、纪检办联合下发《关于开展土地管理执法检查的通知》，并成立以地委委员、行署常务副专员朱泽民任组长，市人大常委会副主任刘庆义任副组长，地区纪委副书记易树生、行署副秘书长蔡自新、市人大二处处长陈少全、地区国土局局长唐际绍、地区监察局副局长龙再征为成员的土地管理执法检查领导小组，下设办公室，配备5人专抓该次执法检查。领导小组多次召开会议，专题研究具体问题，制定工作方案，对检查内容、依据、方法、步骤和组织领导进行安排部署。检查按“准备阶段、自查自纠阶段、地区抽查阶段”3个步骤进行。

准备阶段　7月中旬完成。主要是抽调人员组建班子，准备资料，制定方案，明确做法，宣传发动。全区11个县（市）都成立由主管国土工作的县（市）长任组长，人大领导任副组长，有关部门领导为成员的土地管理执法检查领导小组。

自查自纠阶段　8月底完成。主要是对照法规、政策，按照省、地检查的重点内容，一项一项清查，对存在的问题及时研究解决，对土地违法案件迅速查处，重点案件公开曝光，建立健全有关制度。1994年至1995年10月，全区发现各类违法占地案件1861件，其中国家单位107件，集体单位96件，个人1658件。按违法用地性质分：越权审批31件，擅自占用1311件，面积572亩；骗取批地5件，面积11.8亩；买卖和非法转让298件，面积85.26亩；其他216件，面积312.5亩。查处1802件，面积899亩，拆除建筑物25000平方米，收回土地157.2亩，复耕161亩，罚没款85万元。

地区抽查阶段 9月完成。主要由地区组织检查组采取“听”“看”“访”的方法到县（市）抽查重点单位和重点部位。1995年9月20—29日，地区组织3个检查组在全区开展土地执法检查。

1996年，省人大、省高院、省监察厅、省国土测绘局召开全省土地执法检查工作会议。3月30日，市委副书记谭政、常务副市长朱泽民、人大常委会副主任刘庆义组织市中级人民法院、市纪检委、市监察局、市国土局等部门负责人召开会议，会议传达省执法检查会议精神，并对全市土地管理执法检查进行专题部署。会议研究决定，1995年执法检查的班子不散、人员不变、劲头不减。

1996年，全市坚持各县（区）自查与市里抽查相结合，全面清查与重点清查相结合，土地执法检查与耕地保护检查相结合，并重点突出“五抓”，土地执法检查达到预期目标。（1）抓关键，保证组织领导落实。（2）抓清理，全面开展自查自纠。（3）抓重点，突破大要案件。（4）抓核心，进一步强化耕地保护。第一，划定和完善基本农田保护区。全市划定基本农田保护面积491.68万亩，保护率达99.7%，设立永久性保护标牌604个，健全保护制度。第二，实行耕地保护双向责任制。从1993年起，市政府与县（区）政府，市国土局与县（区）国土局（分局）签订耕地保护责任状，强化耕地保护。第三，颁布一系列地方政策性配套文件。自1995年起，市政府相继印发《关于加强基本农田保护的有关规定的通知》、《关于收取基本农田造地费和许可证工本费及其使用管理的通知》等文件，尤其是1996年市人大常委会颁布的第一个决定，便是《永州市关于保护耕地的决定》，提出全市基本农田保护面积400万亩的目标。第四，利用经济杠杆作用，收取造地费，控制占用耕地。1996年，全市11个县（区）收取造地费140万元，通过收取造地费，有效地控制使用耕地，保证土地的占补动态平衡。（5）抓管理，进一步理顺开发区土地管理体制。

至1997年2月，全市查出各类非法占地案件5084件，面积930亩。按“三项建设”类型分：国家单位49件，集体单位36件，个人4999件。按违法用地性质分：越权审批235件，面积88亩；擅自占地3373件，面积462亩；骗取批地2件，面积10亩；买卖和非法转让236件，面积84亩；其他1238件，面积286亩。上述案件查处5064件，拆除建筑物1.2万平方米，收回土地148亩，复耕47亩，罚没款103万元。清理闲置土地155宗，面积7267亩，其中收归国有846亩，补办手续294亩，复耕5560亩，交纳闲置费和出让金440万元。

1997年2月，省人大常委会办公厅、省高级人民法院、省监察厅、省国土测绘管理局联合印发《关于1997年全省土地执法检查工作方案》，部署1997年土地执法检查工作。方案要求以保护耕地为核心，以“四清四查”为主要内容：清理乱占滥用耕地搞非农业建设、毁田烧制砖瓦、土地闲置撂荒、土地规费收缴情况，查处乱占滥用耕地、法人违法和领导集体违法占地、土地非法交易、土地收益中的违规违纪等行为。要求市、州2—3月召开会议，总结上年土地执法检查工作，布置当年工作，制定工作方案，建立健全法制和土地执法机构，5月底报省；规定9月底前为自清自纠阶段，并向省领导小组提交总结报告；10月份接受省检查组的抽查。永州市按照全省的统一部署，抓实每个环节，尤其是自清自纠阶段，各县（区）严格按照方案要求，采用销号制措施，限时逐项整改，整改到位一项销号一项。“四清四查”工作有序推进，受到省检查组好评。

（四）闲置土地清理

2007—2015年，永州市依据国土资源部下发的《闲置土地处置办法》要求，先后3次开展闲置土地清理活动。

第一次清理 2007年8月至2008年1月。2007年8月13日，根据《湖南省人民政府办公厅关于开展闲置土地清理专项行动的通知》，市政府印发《永州市清理闲置土地专项行动工作方案》，成立由副市长荣燕明任组长，市委副秘书长黄天佑、市政府办负责人王衡平、市国土资源局局长黄海淞任副组长，市公安局纪委书记王满秋、市检察院副检察长邓忠新、市中级人民法院副院长周伟平、市财政局副局长刘亚屏、市物价局副局长蒋俊林、市规划建设局副局长廖才耀、市纪委执法监察室主任何锡浩为成员的清理闲置土地专项行动领导小组，领导小组下设办公室，由市国土资源执法监察支队长唐顺兆兼任办公室主任。同时，决定从2007年8月1日至2008年1月30日，用6个月时间，在全市规划区内全面开展闲置土地专项清理工作。该次清理的范围为：土地使用者依法取得土地使用权后，未经原批准用地的政府同意，超过规定的期限未动工开发建设的建设用地；国有土地有偿使用合同或者建设用地批准书未规定动工开发建设日期，自国有土地有偿使用合同生效或者土地行政主管部门建设用地批准书颁发之日起满1年未动工开发建设的；已动工开发建设但开发建设的面积占应动工开发建设总面积不足三分之一或者已投资额占总投资额不足25%且未经批准中止开发建设连续满1年的；法律、行政法规规定的其他情形。

清理发现，全市有闲置土地96宗，面积131.89公顷，闲置满一年不满二年的土地16宗，面积16.9公顷；闲置满二年的土地80宗，面积98.32公顷（其中收回土地使用权的土地6宗，面积2.59公顷）。按地域划分，其中市辖区44宗，面积97.39公顷。全市房地产开发闲置土地25宗，面积52.65公顷，其中市辖区房地产开发闲置土地22宗，面积49.14公顷。

2007 年永州市闲置土地清理处置一览表

表 1-9-6

单位：公顷、万元

指标名称	闲置土地总量				闲置满一年、不满二年的					闲置满二年的			
	宗数	面积	其中政府原因造成闲置的		宗数	面积	其中已处理的			宗数	面积	其中收回土地使用权	
			宗数	面积			宗数	面积	征收闲置费			宗数	面积
商服用地	—	—	—	—	—	—	—	—	—	—	—	—	—
市辖区	27	58.71	25	54.68	4	11.97	1	6.870	已收回	23	46.76	—	—
蓝山	3	1.47	0	0	2	0.66	2	0.67	3.6	1	0.81	—	—
江永	2	3.54	1	0.93	—	—	—	—	—	2	3.54	—	—
双牌	8	0.23	0	0	4	0.09	1	0.03	0.4	4	0.14	—	—
道县	2	0.82	1	0.55	—	12.71	—	—	—	2	0.82	2	0.82
小计	42	64.78	27	56.16	10	25.43	4	7.56	4	32	52.07	2	0.82
居住用地	—	—	—	—	—	—	—	—	—	—	—	—	—
祁阳	1	2.04	—	—	—	—	—	—	—	1	2.04	—	—
江永	1	1.80	—	—	—	—	—	—	—	1	1.80	—	—
双牌	2	0.77	—	—	2	0.77	—	—	—	0	0	—	—
道县	4	5.91	3	2.18	—	—	—	—	—	4	5.91	—	—
江华	1	0.27	—	—	—	—	—	—	—	1	0.28	—	—
小计	9	10.78	3	2.18	2	0.77	—	—	—	7	10.02	—	—
工矿仓储用地	—	—	—	—	—	—	—	—	—	—	—	—	—
市辖区	15	34.22	4	17.28	4	3.42	—	—	—	11	14.13	—	—

续表1-9-6

指标名称	闲置土地总量				闲置满一年、不满二年的					闲置满二年的			
	宗数	面积	其中政府原因造成闲置的		宗数	面积	其中已处理的			宗数	面积	其中收回土地使用权	
			宗数	面积			宗数	面积	征收闲置费			宗数	面积
新田	1	0.60	—	—	—	—	—	—	—	1	0.60	—	—
祁阳	1	2.94	—	—	—	—	—	—	—	1	2.94	—	—
双牌	5	2.74	—	—	—	—	—	—	—	5	2.74	—	—
小计	22	40.50	4	17.28	4	3.42	—	—	—	18	20.41	—	—
其他	—	—	—	—	—	—	—	—	—	—	—	—	—
市辖区	2	4.45	2	4.45	—	—	—	—	—	2	4.45	—	—
新田	9	7.35	—	—	—	—	—	—	—	9	7.35	—	—
祁阳	1	0.47	—	—	—	—	—	—	—	1	0.47	—	—
双牌	2	0.17	—	—	—	—	—	—	—	2	0.17	—	—
东安	2	0.24	—	—	—	—	—	—	—	2	0.24	—	—
江华	7	3.14	—	—	—	—	—	—	—	7	3.14	4	2.51
小计	23	15.82	2	4.45	—	—	—	—	—	23	15.82	4	2.51
合计	96	131.89	36	80.07	16	29.61	—	—	—	80	98.32	6	2.59

市辖区2007年闲置土地清理处置一览表

表1-9-7

单位：公顷、万元

指标名称	闲置土地总量				闲置满一年、不满二年的					闲置满二年的			
	宗数	面积	其中政府原因造成闲置的		宗数	面积	其中已处理的			宗数	面积	其中收回土地使用权	
			宗数	面积			宗数	面积	征收闲置费			宗数	面积
商服用地	27	58. 72	25	54. 68	4	11. 96	1	6. 87	已收回	23	46. 76	—	—
工矿仓储用地	15	34. 22	4	17. 28	4	3. 42	—	—	—	11	14. 13	—	—
其他	2	4. 45	2	4. 45	—	—	—	—	—	2	4. 45	—	—
合计	44	97. 39	31	76. 40	8	15. 39	1	6. 87	已收回	36	65. 34	—	—

市辖冷水滩区 2007 年闲置土地清理汇总一览表

表 1-9-8

序号	用地单位	用地位置	取得方式出让/划拨	批准用途	用地面积（平方米）	闲置原因	闲置时间	处理情况
1	熊芬清等 8 人	零陵北路 4—3 号	出让	商服用地	2427.7	政府原因	已满 2 年	—
2	冷水滩面粉厂	零陵北路	出让	商服用地	1240	政府原因	已满 2 年	—
3	市大众朝阳房地产公司	下河线文昌路	出让	商服用地	49383	政府原因	已满 2 年	—
4	阳建国、周双凤等 3 人	零陵北路	出让	商服用地	1623.7	政府原因	已满 2 年	—
5	左智宇、尹腊梅、草宏发	冷区梓塘路	出让（挂牌）	商服用地	16000	政府原因	已满 2 年	—
6	湖南省零陵监狱	永州大道北侧	出让	商服用地	41501.8	政府原因	已满 2 年	—
7	冯刚等 27 人（火车新站 A—7—1）	传芳路与站前北路交叉口	出让	商服用地	12830	政府原因	已满 2 年	—
8	湖南恒伟药业有限公司	珊瑚路与东陵大道交会处	出让（拍卖）	商服用地	63133.65	政府原因	已满 2 年	—
9	超越房地产	育才路与进贤路交会处东北角	出让	商服用地	10666.6	政府原因	已满 2 年	—
10	青松房地产公司	翠竹路与进贤路交会处东北角	出让	商服用地	19103	政府原因	已满 2 年	—
11	唐华平	育才路东侧	出让	商服用地	2737	政府原因	已满 2 年	—
12	湖南省烟草公司永州公司	梧桐路与珍珠路交叉处西北角	挂牌出让	商服用地	37412.7	政府原因	已满 2 年	—
13	唐梁民等 8 户	银象路西侧	挂牌出让	商服用地	22786.78	政府原因	已满 2 年	—
14	永州市中大房地产公司	凤凰路与梧桐路交会处西南角	挂牌出让	商服用地	40431.4	政府原因	已满 2 年	—
15	欧阳德、成向忠	紫霞路南侧 1 号门面	挂牌出让	商服用地	145.94	政府原因	已满 2 年	—
16	周芳、陈少华	紫霞路南侧 2 号门面	挂牌出让	商服用地	98.9	政府原因	已满 2 年	—
17	李巧云、肖晓玲	紫霞路南侧 3 号门面	挂牌出让	商服用地	98.8	政府原因	已满 2 年	—

续表1-9-8

序号	用地单位	用地位置	取得方式出让/划拨	批准用途	用地面积（平方米）	闲置原因	闲置时间	处理情况
18	王晓春、周新平、蒋琼	紫霞路南侧5号地块	挂牌出让	商服用地	497	政府原因	已满2年	—
19	珊瑚信用社	珊瑚西路与蝉鸣路交叉处	协议出让	商服用地	542	政府原因	已满2年	—
20	永州市凤凰凡达装潢责任有限公司	梧桐路北侧	协议出让	商服用地	19133.33	政府原因	已满2年	—
21	永州市凡达装潢有限公司	梧桐路南侧	协议出让	商服用地	33333.33	政府原因	已满2年	—
22	冷水滩三联房地产开发有限公司	春江路西侧	协议出让	商服用地	65266.67	政府原因	已满2年	—
23	海南新港湘永房地产开发有限责任公司	冷水滩区珊瑚西路	出让	商服用地	16993.7	政府原因	1年以上不满2年	—
24	卜红、唐斌、李安等60人（C—1）	冷水滩区西区路北侧	出让	商服用地	20667	政府原因	1年以上不满2年	—
25	市兆泰房地产开发有限公司（A—8—1）	冷水滩区西区南侧	出让	商服用地	68701	政府原因	1年以上不满2年	已收回
26	龙兴房地产公司	育才路东侧	出让	商服用地	13266	自己原因	1年以上不满2年	—
27	超越房地产	冷竹路北侧桐木井7组	出让	商服用地	27166.6	自己原因	已满2年	—
28	永州市裕悦有限责任公司	白竹东路南侧	协议出让	工业用地	48975.78	政府原因	已满2年	—
29	永州市威狮生物工程有限公司	岚角山镇阳村	出让	工业用地	84410.42	政府原因	已满2年	—
30	永州市蓝天实业有限公司	岚角山镇阳村	出让	工业用地	33330.17	政府原因	已满2年	—
31	永州市裕丰手套有限公司	凤凰工业园林荫路北侧	协议出让	工业用地	24907.6	自己原因	已满2年	—
32	永州市红太阳商贸有限公司	凤凰工业园林荫路北侧	协议出让	工业用地	36669	自己原因	已满2年	—

续表1-9-8

序号	用地单位	用地位置	取得方式出让/划拨	批准用途	用地面积（平方米）	闲置原因	闲置时间	处理情况
33	永州市双园建材有限公司	凤凰工业园林荫路北侧	协议出让	工业用地	13226.2	自己原因	已满2年	—
34	永州市永诚齿科技术中心	凤凰工业园林荫路北侧	协议出让	工业用地	12107.5	自己原因	已满2年	—
35	冷水滩电缆有限公司	凤凰北路西侧	协议出让	工业用地	12991	自己原因	已满2年	—
36	湖南省滴水不漏事业有限公司	凤凰北路西侧	协议出让	工业用地	9417	自己原因	已满2年	—
37	湖南熙可食品有限公司	湖塘路南侧	协议出让	工业用地	6006.67	自己原因	已满2年	—
38	湖南熙可食品有限公司	湖塘路与春江路交叉处西南角	协议出让	工业用地	26000	自己原因	已满2年	—
39	永州市永旺商贸有限公司	湖塘路北侧	协议出让	工业用地	8147.8	自己原因	1年以上不满2年	—
40	永州市诚信建材有限公司	湖塘路北侧	协议出让	工业用地	6700	自己原因	1年以上不满2年	—
41	永州市瀚早建材实业有限公司	湖塘路北侧	协议出让	工业用地	13328.7	自己原因	1年以上不满2年	—
42	湖南百草药业公司	零陵北路	出让	工业用地	6043	政府原因	1年以上不满2年	—
43	永州市景新美语学校	岚角山镇阳村	出让	教育用地	17850.09	政府原因	已满2年	—
44	九嶷山专修学院	岚角山镇阳村	出让	教育用地	26666.8	政府原因	已满2年	—

永州市2007年房地产开发闲置土地处置一览表

表1-9-9　　单位：公顷、万元

指标名称		闲置土地总量				闲置满一年不满二年的					闲置满二年的			
		宗数	面积	其中政府原因造成闲置的		宗数	面积	其中已处理的			宗数	面积	其中收回土地使用权	
				宗数	面积			宗数	面积	征收闲置费			宗数	面积
商服用地	市辖区	22	49.14	20	45.10	4	11.96	1	6.87	协商收回	18	37.18	—	—
	江永	1	0.93	1	0.93	—	—	—	—	—	1	0.93	—	—
	小计	23	50.08	21	46.03	4	11.96	1	6.87	协商收回	19	38.11	—	—
居住用地	江永	1	1.80	—	—	—	—	—	—	—	1	1.80	1	0.77
	江华	1	0.77	—	—	—	—	—	—	—	1	0.77	—	—
	小计	2	2.57	—	—	—	—	—	—	—	2	2.57	1	0.77
合计		25	52.65	21	46.03	4	11.96	1	6.87	协商收回	21	40.69	1	0.77

市辖区 2007 年房地产开发闲置土地清理处置一览表

表 1-9-10　　　　单位：公顷、万元

指标名称	闲置土地总量				闲置满一年、不满二年的					闲置满二年的			
	宗数	面积	其中政府原因造成闲置的		宗数	面积	其中已处理的			宗数	面积	其中收回土地使用权	
			宗数	面积			宗数	面积	征收闲置费			宗数	面积
商服用地	22	49.14	20	45.10	4	11.96	1	6.87	协商收回	18	37.18	—	—
居住用地	—	—	—	—	—	—	—	—	—	—	—	—	—
合计	22	49.14	20	45.10	4	11.96	1	6.87	—	18	37.18	—	—

市辖冷水滩区2007年房地产开发闲置土地清理一览表

表1-9-11

序号	用地单位	用地位置	取得方式出让/划拨	批准用途	用地面积（平方米）	闲置原因	闲置时间	处理情况
1	熊芬清等8人	零陵北路4—3号	出让	城混	2427.7	政府原因	已满2年	—
2	市大众朝阳房地产公司	下河线文昌路	出让	城混（住宅）	49383	政府原因	已满2年	—
3	阳建国、周双凤等3人	零陵北路	出让	城混	1623.7	政府原因	已满2年	—
4	左智宇、尹腊梅、草宏发	冷水滩区梓塘路	出让（挂牌）	城混	16000	政府原因	已满2年	—
5	冯刚等27人（火车新站A—7—1）	传芳路与站前北路交叉口	出让	城混	12830	政府原因	已满2年	—
6	湖南恒伟药业有限公司	珊瑚路与东陵大道交会处	出让（拍卖）	城混	63133.65	政府原因	已满2年	—
7	超越房地产	育才路与进贤路交会处东北角	出让	商住	10666.6	政府原因	已满2年	—
8	青松房地产公司	翠竹路与进贤路交会处东北角	出让	城混	19103	政府原因	已满2年	—
9	唐华平	育才路东侧	出让	商住	2737	政府原因	已满2年	—
10	湖南省烟草公司永州公司	梧桐路与珍珠路交叉处西北角	挂牌出让	城镇混合	37412.7	政府原因	已满2年	—
11	唐梁民等8户	银象路西侧	挂牌出让	城镇混合	22786.78	政府原因	已满2年	—
12	永州市中大房地产公司	凤凰路与梧桐路交会处西南角	挂牌出让	综合用地	40431.4	政府原因	已满2年	—
13	欧阳德、成向忠	紫霞路南侧1号门面	挂牌出让	城镇混合住宅	145.94	政府原因	已满2年	—
14	周芳、陈少华	紫霞路南侧2号门面	挂牌出让	城镇混合住宅	98.9	政府原因	已满2年	—
15	李巧云、肖晓玲	紫霞路南侧3号门面	挂牌出让	城镇混合	98.8	政府原因	已满2年	—
16	王晓春、周新平、蒋琼	紫霞路南侧5号地块	挂牌出让	城镇混合住宅	497	政府原因	已满2年	—

续表1-9-11

序号	用地单位	用地位置	取得方式出让/划拨	批准用途	用地面积（平方米）	闲置原因	闲置时间	处理情况
17	冷水滩三联房地产开发有限公司	春江路西侧	协议出让	综合用地	65266.67	政府原因	已满2年	—
18	超越房地产	冷竹路北侧桐木井7组	出让	商住综合	27166.6	自己原因	已满2年	—
19	海南新港湘永房地产开发有限责任公司	冷水滩区珊瑚西路	出让	城混	16993.7	政府原因	1年以上不满2年	—
20	卜红、唐斌、李安等60人（C-1）	冷水滩区西区路北侧	出让	城混	20667	政府原因	1年以上不满2年	—
21	市兆泰房地产开发有限公司（A-8-1）	冷水滩区西区南侧	出让	城混	68701	政府原因	1年以上不满2年	已收回
22	龙兴房地产公司	育才路东侧	出让	商住	13266	自己原因	1年以上不满2年	—

第二次清理　2009年，经过清理，全市有闲置土地44宗面积131.44公顷，其中零陵区5宗面积14.8公顷；祁阳县6宗7.59公顷；东安县3宗1.24公顷；道县1宗44.87公顷；双牌县2宗1.67公顷；蓝山县11宗8.69公顷；江永县2宗4.4公顷；江华县9宗18.8公顷；新田县5宗29.38公顷。截至2009年9月，收回土地14宗，拟收回土地7宗，收取闲置费6宗，置换1宗，促使动工2宗，未处理14宗。

永州市 2009 年闲置土地清理一览表

表 1-9-12

序号	县区	宗数	用地单位（个人）	地块位置	取得方式（出让/划拨）	批准用途	用地面积（平方米）	征转审批时间	合同动工开发日期或建设用地批准日	开发利用情况	闲置原因	处理情况
1	零陵区	5	永州市交通局	南津北路	出让	综合	24666.67	—	—	未用	—	立案查处
			尹之军	康熙大道	出让	综合	8533.33	—	—	临时用地	—	立案查处
			石油公司	荔枝西路	划拨	工业	66666.67	—	—	废弃	—	立案查处
			金琳制药公司	零陵工业园	出让	工业	47000	—	—	未用	—	已进入司法程序
			南电北花园	南津南路	出让	住宅	1266.67	—	—	未用	—	已下决定书
			—	—	—	—	148133.34	—	—	—	—	—
2	江永县	2	江永县旅游发展有限公司	江永县凤凰路	出让	商服用地	26050	—	2004.11.5	未开发	资金短缺	已报县政府依法收回
			义志强等 10 人	江永县环城西路原造纸厂	出让	住宅用地	17978	—	2005.1.31	开发利用不足 25%	资金不足	督促筹资开发，现已开发利用 80%以上
			—	—	—	—	44028	—	—	—	—	—
3	东安县	3	东安县公安局	舜皇东路南侧	出让	办公楼	1150	1998.4.2	1998.4.24	—	未三通一平	收回挂牌出让
			农发行东安支行	舜皇路北侧	出让	办公、营业住宅	10000	1997.7.2	1997.7.21	已动工	资金未到位	—
			中国银行东安支行	舜皇路	出让	办公、营业住宅	1200	1994.11.19	1994.11.19	已动工	资金未到位	—
			—	—	—	—	12350	—	—	—	—	—
4	道　县	1	道县华盈实业有限公司	道县工业园区工业大道南、东洲路东西两侧	出让	工业	448720.5	2003.12.11 2004.6.9	2005.6.21	部分开发	资金未到位	土地置换
			—	—	—	—	448720.5	—	—	—	—	—
5	双牌县	2	永州市永连公路开发有限公司	茶林乡	划拨	—	11333.9	—	2003.6.27	未	—	正在调查
			永州市永连公路开发有限公司	麻江乡	划拨	—	5333.6	—	2003.6.27	未	—	正在调查
			—	—	—	—	16667.5	—	—	—	—	—

续表1-9-12

序号	县区	宗数	用地单位（个人）	地块位置	取得方式（出让/划拨）	批准用途	用地面积（平方米）	征转审批时间	合同动工开发日期或建设用地批准日	开发利用情况	闲置原因	处理情况
6	新田县	5	新田县鑫隆食品有限公司	龙泉路	出让	工业用地	18220	—	2004. 6. 30	未开发利用	—	未处理
			新田县鑫隆食品有限公司	银象路	出让	工业用地	22891	—	2004. 6. 30	未开发利用	—	未处理
			新田县金龙罐头食品公司	银象路	出让	工业用地	160980	—	2003. 8. 28	其中50亩未开发利用	—	未处理
			新田县天君动物药业有限公司	银象路	出让	工业用地	88512	—	2004. 4. 17	其中100亩未开发利用	—	未处理
			新嘉公路凤仪山加油站	新嘉公路	出让	商业	3150	2006. 12. 30	—	现已建围墙	—	未处理
			—	—	—	—	293753	—	—	—	—	—
7	江华县	9	县农业发展银行	沱江镇寿域路	出让	办公大楼	2314. 9	1992. 7. 28	1994. 12. 27	已平整	缺乏资金	正向上争取资金
			康复医院	沱江镇萌渚路	划拨	办公大楼	1752	1988年	2004. 1. 12	已平整	有纠纷矛盾	已储备
			工业小区办	腊树脚工业园	划拨	工业用地	18153. 9	1990年	—	已平整	工业园区改址	已出让
			县经委	沱江镇迎宾路	划拨	办公大楼	775	1983年	1987. 9. 17	已平整	未资金	已出让
			农作物病虫测报站后面地块	沱江镇苍松东路	—	—	7176. 7	1983. 6	—	未利用	未供地	已拍卖出让
			县国有林场	沱江镇豸山路	划拨	工业用地	76775. 91	1982. 11	1988. 6. 20	已平整	工厂关闭	土地储备中心已收购储备，在进行前期开发
			县化工厂	沱江镇蚂蝗塘街	划拨	工业用地	61970	1968年	1968年	已建厂	企业改制	土地储备中心已收购储备，待条件成熟进行出让
			标准塘土地	沱江镇苍松东路	—	—	7835. 1	1988年	—	未利用	未供地	土地储备中心已储备，进行了前期开发，准备出让
			县民政局	沱江镇冯乘路地税局南侧	划拨	办公大楼	11267. 11	—	1997. 12	已平整	缺少资金	土地储备中心已储备，已发布出让公告
			—	—	—	—	188020. 62	—	—	—	—	—

续表 1-9-12

序号	县区	宗数	用地单位（个人）	地块位置	取得方式（出让/划拨）	批准用途	用地面积（平方米）	征转审批时间	合同动工开发日期或建设用地批准日	开发利用情况	闲置原因	处理情况
8	蓝山县	11	蓝山县政通公司	边贸中路南段	协议出让	住宅	59730	—	—	—	被征地户上访	—
			蓝山县荆竹林场	湘粤中路	协议出让	育苗基地	4808	—	—	—	无资金建设	08 年已处置
			蓝山县五金公司	城东北路	划拨	行政办公	397. 88	—	—	—	无资金建设	08 年已处置
			蓝山县就业服务中心	南平路	划拨	行政办公	2125	—	—	—	无资金建设	08 年已处置
			闽南陶瓷厂	东方大道利黄厂房东侧	出让	工业	7326	—	—	—	企业破产	08 年已处置
			楠市烟草站正市收购点	正市办事处	划拨	住宅	2008. 3	—	—	—	已建新烟草站	拟收回
			所城烟草站	所城镇	出让	综合	277. 29	—	—	—	已建新烟草站	拟收回
			太坪烟草站梅溪收购点	大洞办事处梅溪村	划拨	住宅	635. 775	—	—	—	已建新烟草站	拟收回
			新圩烟草站	新圩镇	划拨	住宅	1922. 59	—	—	—	已建新烟草站	拟收回
			蓝山县畜牧水产局	南平路（地块一）	划拨	行政办公	6678	—	—	—	无资金建设	2009 年已处置
			蓝山县畜牧水产局	南平路（地块二）	划拨	行政办公	955	—	—	—	无资金建设	拟收回
			—	—	—	—	86863. 835	—	—	—	—	—
9	祁阳县	6	—	—	—	—	75927. 47	—	—	—	—	已收取闲置费
合计		44	总面积				1314464. 33	—	—	—	—	—

第三次清理　2014年8月—2016年6月。市委、市政府决定用两年时间对全市闲置土地进行全面清理处置，并作为依法治市、解决经济社会发展重大问题、预防腐败和检验干部执行力的重大举措来抓，把闲置土地清理处置作为节约集约专项督察的重要举措来抓，探索出闲置土地处置的“永州样本”。经2014年节约集约用地专项督察发现，全市有闲置土地404宗、面积674.47公顷。为保证上述404宗闲置土地清理处置到位，明确责任领导92名，责任人112名，责任单位43个；逐宗落实责任主体和完成时限，从相关部门抽调24名工作人员组成专门工作组，集中办公，全力以赴，处置不结束，人员不解散。同时，制定《闲置土地清理操作手册》和《闲置土地清理标准案卷》，规范统一清理处置程序；印发《永州市闲置土地依法处置到位认定标准》《永州市有偿收回闲置土地指导意见》《永州市闲置土地清理处置联席会议制度》，每10天召开1次联席会议，集体研究处置方案。要求按照国土资源部最新关于闲置土地处置到位的收回、促进动工建设和置换三种方式，确保在2016年年底前全部依法处置到位。

2015年5月，为进一步加大全市闲置土地清理处置和房地产开发小区集中整治工作力度，督促有关责任部门认真履行工作职责，市委办、市政府办联合下发《关于永州市闲置土地清理处置和房地产开发小区集中整治工作责任追究暂行办法》。7月，市纪委、市委组织部、市监察局联合行文下发《关于永州市闲置土地清理处置和房地产开发小区集中整治工作责任领导干部纪实评价量化办法（暂行）的通知》。规定：年度纪实评价的结果将作为干部实绩管理和执行力考核的重要参考依据。

2015年7月17日，市纪委、市监察局印发《关于市中心城区房地产开发小区集中整治和全市闲置土地清理处置工作责任单位履职情况的通报》，对全市闲置土地清理处置工作责任单位及责任人员进行问责处理。截至11月30日，全市闲置土地624宗，面积1001.73公顷，依法处置到位547宗，面积926.33公顷，占应处置的92.47%。其中无偿收回46宗，面积167.72公顷；有偿收回34宗，面积143.94公顷；收取闲置费44宗，面积15.93公顷，收取闲置费432.25万元。

（五）清理整顿土地市场秩序

2001年，根据《国务院关于加强国有土地资产管理的通知》《湖南省人民政府关于加强土地市场建设和管理的意见》《关于集中开展土地市场清理整顿的通知》等文件精神，市委、市政府印发《关于永州市城市规划区集中开展土地市场清理整顿的通知》，并成立由市委副书记、市长刘爱才为组长，市委副书记、市纪委书记伍华安为常务副组长，市人大常委会主任谢朝月，市委常委、常务副市长崔永平，市政协副主席邓香花，市委助理巡视员唐绩祚为副组长的领导小组。领导小组办公室设在市国土资源局，由局长唐定奇兼任办公室主任。全市开展城市规划区范围的土地市场秩序清理整顿。整顿的主要内容是：1992年1月1日以来中心城市规划区内的土地，涉及重大案件追溯到1992年以前。清理整顿的主要范围是：超出法定范围划拨供地，特别是经营性项目用地以划拨方式供地的；原划拨土地转为经营性用地（含转让、出租等）；出让国有土地（含国有企业改革土地资产处置）违背国家规定的基准地价的计算原则，擅自减免地价的；改变用地条件（含改变用途、容积率），需补交地价款而未补交，以及非法批准减免补交地价款的；未按法律规定和合同约定的条件，擅自转让国有土地使用权的；未经批准，擅自转让划拨土地使用权的；挤占挪用土地出让金、土地收益金、年租金等土地收益的；土地闲置的；以实物地租形式供地或联营联建的；以各种形式进行房地产开发的；未批占用的土地和违章建筑用地；其他违反土地管理法律法规行为的。

2002年2月28日，市委副书记、市纪委书记、市土地市场清理整顿领导小组常务副组长伍华安在市国土资源局负责人的陪同下，检查芝山区（现零陵区）、冷水滩区、凤凰园经济开发区（现永州市经济技术开发区）“三区”的土地市场清理整顿工作。截至2月28日，凤凰园经济开发区清查土地1213宗，面积286.4公顷，收回闲置土地4公顷；收缴土地收入314.04万元，其中收回土地欠款274万元。伍华安要求，下一步土地市场清理整顿工作要加强领导，要抓进度，保证质量，尽可能把实际情况搞准确，按政策办事；要运用行政、组织、法律、经济等多种手段，认真组织兑现，6月底全面完成土地市场清理整顿任务。

2002年3月1日，市国土资源局召开局务会议，学习上级有类文件和领导讲话精神，认为清理整顿工作必须强化责任，加强领导，落实目标责任制，以压力促动力，要求12个清查小组组长签下目标责任状，按照既定的工作日程落实清理整顿任务。

2002年4月，永州市城市规划区内土地市场清理整顿领导小组办公室印发《关于城市规划区内土地市场清理整顿处理兑现情况的通报》，通报肯定全市在前期完成的城市规划区内土地清查和处理兑现工作，部署下一步全面进入处理兑现阶段。截至4月30日，对发现有问题的土地，全部发出《宗地问题告知书》，计3205宗，其中芝山区（现零陵区）1250宗，冷水滩区805宗，凤凰园经济开发区（现永州市经济技术开发区）201宗，市直769宗。

经过该次清理，全市城市规划区内土地市场规范管理初见成效。(1) 摸清城市规划区的土地家底。清查各类建设用地1.3万宗，面积2.64万亩，查出有问题的土地3563宗，面积8934.1亩，查明城市规划区有闲置土地3934.1亩。对清查的土地，逐宗写出调查报告，填写清查登记表，建立台账，建立和规范土地档案。

(2) 控制城市规划区闲置土地，垄断土地一级市场。对清查出来有问题的土地，均发出《宗地问题告知书》，截至2002年，兑现3245宗，收回土地收入980.94万元，并直接签约收回闲置土地2032.26亩，进入土地储备库1835.53亩。通过清理整顿，实现建设用地“五统一”管理。(3) 印发和实施《永州市城市规划区土地管理暂行规定》《永州市地产市场管理暂行办法》《永州市城市规划区内土地储备暂行办法》等规范性文件，增强市政府调控和驾驭土地市场的权威，带动土地增值。(4) 加强土地有形市场建设，建立健全挂牌交易等制度，规范交易程序和规则。同时按照规定，对交易价格低于标定地价20%的，实行政府优先收购。(5) 加大土地招标拍卖比例，提高经营土地水平。凡是经营性的有竞争性的用地，都实行公开拍卖、招标或者挂牌出让，提高招标拍卖比例。全市有偿出让国有土地1360.9亩，收取土地出让金1.87亿元。

2003年2月20日，全国、全省进一步治理整顿土地市场秩序电视电话会议召开后，全市在前段土地清查的基础上，对进一步治理整顿土地市场秩序进行再动员、再部署。制定《永州市进一步治理整顿土地市场秩序工作方案》，成立以市委副书记、市长刘爱才为组长的治理整顿领导小组，组织专门力量，采取措施，进行整治。

2003年11月，市政府组织检查组按照国土资源部和省国土资源厅检查验收标准，对各县（区）进一步治理整顿土地市场秩序工作进行检查验收，11月22日，市政府书面提请省政府对永州市治理整顿土地市场秩序工作进行检查验收，并顺利通过省政府检查验收。

2001—2003年，通过清理整顿，全市收回闲置土地303公顷，储备土地557公顷，其中市本级储备土地227公顷。

（六）查处土地违法违规案件专项行动

2006年11月2日，省监察厅、省国土资源厅联合发出通知，要求各地集中开展一次以查处非法批地、未批先用、批少用多、非法地价出让国有土地使用权的专项行动。要求通过动态巡查、卫星遥感监测、群众举报和从新闻报道中寻找违法用地线索，对2005年1月以来的新增建设用地逐宗登记造册，各地监察、国土资源部门依据职权集中组织查处。查处要事实清楚、证据确凿、定性准确、处理恰当、手续完备、程序合法，不但处理事，还要处理责任人。部、省11月组织督查，市、州监察局、国土资源局也要组织对区、县（市）的督查。之后，永州市为加强对查处土地违法违规案件专项行动的领导，一方面组织召开全市查处土地违法违规案件专项行动工作会议，贯彻上级精神，部署工作；另一方面，成立专项行动领导小组。领导小组下设办公室，负责协调各县（区）专项行动的开展，督促检查专项行动落实情况，指导专项行动工作。办公室下设督查处理组、资料组、统计组 3 个工作组，对各工作组明确工作任务，确定专门人员。

清查发现，2005 年 1 月至 2006 年 9 月，全市新增建设用地 71 宗，批准用地面积 515.34 公顷，其中耕地面积 168.07 公顷；实际用地面积 515.34 公顷，其中耕地面积 168.07 公顷；合法用地面积 515.34 公顷，其中耕地面积 168.07 公顷。

永州市 2005 年 1 月至 2006 年 9 月新增建设用地清理汇总情况表

表 1-9-13　　单位：公顷

县区	建设用地项目数量	批准用地面积		实际用地面积		合法用地面积	
		总面积	耕地面积	总面积	耕地面积	总面积	耕地面积
市辖区	25	257.2527	71.8618	257.2527	71.8618	257.253	71.8618
冷水滩区	2	20.1545	16.766	20.1545	16.766	20.1545	16.766
芝山区	4	34.0135	5.3886	34.0135	5.3886	34.0135	5.3886
双牌县	4	3.5126	1.1536	3.5126	1.1536	3.5126	1.1536
祁阳县	9	46.3644	7.8559	46.3644	7.8559	46.3644	7.8559
东安县	3	14.43	1.2101	14.43	1.2101	14.43	1.2101
道　县	7	33.889	15.4221	33.889	15.4221	33.889	15.4221
江华县	1	8.357	3.3144	8.357	3.3144	8.357	3.3144
新田县	2	0.5341	0.3547	0.5341	0.3547	0.5341	0.3547
宁远县	8	27.72	11.8627	27.72	11.8627	27.72	11.8627
蓝山县	6	69.1141	32.8777	69.1141	32.8777	69.1141	32.8777
合　计	71	168.0676	515.3419	168.0676	515.3419	168.0676	515.3419

说明：表中市辖区指永州市中心城区，包括冷水滩区、芝山区（现零陵区）的城区及凤凰园经济开发区

2007 年 7 月 7 日，省政府办公厅转发监察部、国土资源部《关于进一步开展查处土地违法违规案件专项行动的通知》，要求对 2006 年 10 月以来开展专项行动的情况进行“回头看”检查，发现和纠正工作中存在的问题。在对专项行动进行“回头看”检查的同时，要对 2006 年 10 月至 2007 年 6 月新增建设用地情况进行清理，逐宗登记造册。

2007 年 9 月 11 日，全市召开进一步查处土地违法违规案件专项行动动员大会，总结 2006 年 10 月份以来查处土地违法违规案件工作情况，安排部署下一步查处土地违法违规案件工作。

全市 2005 年 1 月至 2006 年 9 月有 71 宗新增建设用地，其中市辖区 25 宗。

2007年查处土地违法违规案件专项行动立案查处各类违法案件93件，涉案面积68.56公顷，没收违法建筑3156平方米，拆除违法建筑202平方米，责令退还土地6.56公顷，收缴土地罚款236.5元，党纪处分4人，行政处分6人，移送司法机关11人，刑事处罚10人。

（七）土地执法百日行动

2007年9月，国土资源部、省政府分别召开电视电话会，部署土地执法百日行动。9月25日，市政府召开全市土地执法百日行动动员会，副市长荣燕明作动员报告。9月26日，《永州市土地执法百日行动工作方案》出台，明确成立以荣燕明副市长为组长，市政府办负责人王衡平、市国土资源局局长黄海淞为副组长，市直有关单位负责人为成员的领导小组。各县（区）党委、政府领导重视，逐级进行任务分解，制定工作方案，及时成立领导小组，组织工作班子。

9月27日，市国土资源局召开全市国土资源执法监察大队长会议，对百日行动进行具体安排，要求在摸清底子的基础上，对清查出的各类违法案件，特别是社会影响重大的违法违规案件，予以公开立案查处。通过清查发现，2005年1月1日后，全市“以租代征”违法行为29件，涉案面积494.26亩，其中耕地79.53亩；未批先用违法行为1件，涉案面积117.7亩。市国土资源局联合市监察局对群众举报和百日行动发现的16个典型土地违法违规案件，由市领导小组直接查处和重点督办，并在《永州日报》上公开刊登。其中，市国土资源局直接立案查处5个，市领导小组重点督办案件11个。截至2007年11月20日，市国土资源局直接查处的5宗案件中，3宗通过会审定案。11宗市领导小组重点督办的案件中，4宗下发《国土资源行政处罚决定书》，6宗下发《国土资源行政处罚告知书》《国土资源行政处罚听证告知书》，1宗移送公安和检察院处理。

2007年国庆节放假期间，全市组织城市管理综合执法局、国土资源执法监察支队在市辖区范围内进行全面巡查，发现各类土地违法违规案件50起。当场制止和拆除违章建筑29起，下发《责令停止国土资源违法行为通知书》21份。各县（区）严格按照市政府要求，对辖区范围内土地违法违规行为进行拉网式排查，发现土地违法违规行为101起，当场制止和拆除违章建筑28处，下发《责令停止国土资源违法行为通知书》100份。

2007年11月28日至12月2日，根据《永州市查处土地违法违规案件专项行动和土地执法百日行动督查方案》，市土地执法百日行动领导小组组织4个督查组对各县（区）的土地违法百日行动进行督查。督查发现各县（区）结合专项行动，组织力量开展全方位清查，并对达到立案标准的，进行立案查处，截至2007年12月10日，结案11件。

全市查处土地违法违规案件专项行动中发现，2005 年 1 月 1 日至 2007 年 12 月，“以租代征”违法行为 29 件，涉案面积 494.26 亩，其中耕地 79.53 亩；自行纠正 5 件，立案查处 24 件，均下达行政处罚决定书，结案 14 件；收缴罚款 25.8 万元，行政处分 1 人；未批先用违法行为 1 件，涉案面积 117.7 亩，罚款 28 万元。

二、土地执法模范县创建活动

（一）创建“三无”乡镇活动

1991 年，国家土地管理局提出在全国开展创建“无违法批地、无非法管地、无非法用地行为”的“三无”乡镇活动。1992 年 4 月 5 日，全省召开国土工作会议，部署该项工作。1993 年 10 月下旬，零陵地区国土局在道县召开全区各县（市）国土局长、法规股长参加的“三无一增”乡镇现场会，行署与各县（市）政府、地区国土局与县（市）国土局签订“双向”目标责任状，明确任务。各县（市）把开展“三无”乡镇创建活动纳入议事日程，县（市）政府、国土局与乡政府、国土站（办）层层签订责任状，有的乡（镇）除与村委会签订责任状之外，驻村和包片干部（包片干部一般为乡镇副职）与乡镇实行责任包干奖罚挂钩。同时，该活动还严格制定检查评比制度。截至 1993 年 9 月底，全区发生 185 起土地违法案件，比 1992 年同期下降 25%。全区出现道县寿雁、车头，新田县莲花、骥村、新隆，双牌县上梧江，东安县端桥铺，江华县白芒营，祁阳县畦关头乡等一大批“三无”乡镇。1995 年 2 月 12 日，地区国土管理局组织对各县（市）创建“三无”乡镇活动进行验收，69.6%的乡镇达标，其中道县作为全国“三无”先进县、东安县端桥铺镇作为全国“三无”先进镇受到国家表彰。

全区“三无”乡镇考核验收合格单位 36 个，分别是：祁阳县大忠桥镇、白水镇、肖家村镇、潘市镇；冷水滩区伊塘镇、高溪市镇、坪塘乡；东安县鹿马桥镇、新圩镇、端桥铺镇、大庙口镇、大江口乡；芝山区（现零陵区）珠山镇；双牌县永江乡；道县万家庄乡、白马渡镇、上关乡、寿雁镇、仙子脚镇；江永县允山镇、粗石江镇；江华县水口镇、贝江乡；宁远县上宜乡、岭头源乡、水市镇、大界乡、冷水乡；蓝山县所城镇、大麻乡、总市乡；新田县莲花乡、新隆镇、陶岭乡、骥村镇；回龙圩农场回龙圩镇。

（二）创建土地执法模范县

1998 年 7 月 20 日，省国土测绘管理局依据国家土地管理局、省政府的部署，开展全省创建土地执法模范县活动。1999 年 3 月 8 日，根据《湖南省人民政府办公厅关于开展创建土地执法模范县活动的通知》精神，市政府办印发《永州市人民政府办公室关于开展创建“土地执法模范县”活动的通知》，要求各县（区）政府成立创建“土地执法模范县”领导小组，切实加强领导，开展创建活动。1999 年 3 月 23—27 日，市国土局举办全市创建土地执法模范县活动学习班，各县（区）国土局主管法规的副局长、法监股长或土地执法大队队长以及市国土资源局法监科、土地执法监察大队副科级以上干部 30 人参加学习。之后，组织学员又赴衡南县参观学习。参观回来后，各县（区）国土资源局及时向当地政府领导汇报。各县（区）政府均下发创建活动的文件，并制定创建工作方案。特别是蓝山县，县长唐运军与开展“创建土地执法模范县乡镇”的乡（镇）长签订责任书，该县将创建工作成效作为考核乡镇党政一把手政绩的重要依据，实现“三长负责，一票否决”：即创建土地执法模范县活动，实行县长、乡镇长、村长负责制，凡创建活动验收不合格的乡镇，不能评先评优，干部不能提拔，领导不能调入县直机关工作。2001—2003 年，通过市政府申报省政府验收，蓝山县、新田县、祁阳县被评为“全省国土资源执法模范县”。其中，蓝山县被评为“全国国土资源执法模范县”。

三、重大典型案件查处

（一）永州市城市房地产开发公司非法转让土地案

1984 年，冷水滩市木材公司（以下简称木材公司）由零陵搬到冷水滩时，经请示冷水滩市国土局同意，在河东梅湾路 35 号解决划拨用地 3.92 亩。木材公司修建约 1500 平方米办公楼和约 1500 平方米职工宿舍，用于办公和住宅。2002 年 12 月，经永州市土地市场清理整顿小组清查，批准给予办理土地登记手续，颁发国有土地使用证，证号为永（冷）国用〔2002〕字第清查 01297 号，土地使用类型为划拨，确权面积为 2336 平方米。

木材市场全面放开后，国家取消对木材公司财政补贴，其职工养老保险和生活费等无法落实，该公司被冷水滩市政府列为特困企业。2002 年 5 月，冷水滩市木材公司决定利用现有土地优势进行招商引资，将梅湾路 35 号办公和住宅用地进行改造，拆旧新建一个集商贸、住宅于一体的“净菜市场”，2002 年 10 月，木材公司在主管单位和冷水滩区政府的监管下，通过公开招标，木材公司选定净菜市场建设开发商（永州市房地产开发公司唐尧顺、刘晓珊、马玉梅），开发商向木材公司交纳保证金 100 万元，2002 年 11 月 16 日，木材公司（甲方）与永州市房地产开发公司（乙方）正式签订合同，即《永州市冷水滩区木材公司旧房改建开发合同》。该合同第一条第八目规定：乙方承担土地出让费用；第二条规定：一楼门面甲方占 70%，乙方占 30%，甲方分得宿舍 24 套，每套住宅按拆旧补新 60 平方米，超出面积按 380 元/平方米补偿给乙方。2003 年 8 月 8 日，甲方与乙方又签订补充合同，将该一楼新增加地下室所有建筑面积产权100%归属乙方所有，有关地下室新增各项费用均由乙方自行负责，乙方补偿甲方人民币3万元。甲方不得干涉乙方对地下室所有权和经营自主权，并协助乙方办理各项手续和相关证件。在第二条第四目中再次规定：由乙方承担土地出让金。合同签订后，木材公司办理了将公司改建为“净菜超市”的立项审批和《房屋拆迁许可证》，同时向市规划局申请规划报建手续，没有得到批准。2005年8月22日，冷水滩区政府向市政府出具《关于减免我区木材公司土地出让金的请示》，在未得到正式批准和没有办理土地出让、转让手续的情况下，木材公司项目就开始强行建设。2003年8月拆迁，9月动工，市国土资源局多次派人调查，进行制止，并于2004年2月12日下达《责令停止土地违法行为通知书》，开发商仍继续施工建设。由于木材公司负责人提供虚假开发合同，隐瞒事实，给调查取证带来一定难度，延长调查时间，直至2004年11月17日才提供真实开发合同。后来该项目完工，建筑占地面积2163.7平方米。建设成1层门面、6层住宅和地下室共8层总面积11913.18平方米的商业住宅楼。

2004年5月22日，该项目用地经永州市众联土地评估咨询有限责任公司评估，土地面积2163.7平方米，地价474.05万元，单位面积地价2190.09元/平方米。根据合同利益分配，木材公司分得住宅24套，建筑面积2760平方米，一楼门面15间和大厅70%建筑面积1261.8平方米，合计建筑面积4021.8平方米。开发商实得住宅48套，建筑面积5520平方米，一楼门面6间和大厅30%建筑面积540.78平方米，地下室建筑面积1830.6平方米。合计建筑面积7891.38平方米。木材公司分摊土地面积936.8平方米，永州市城市房地产开发公司分摊土地面积1227.4平方米。鉴于木材公司和永州市城市房地产开发公司不提供非法所得的证据，根据国家土地管理局《关于按土地估价方法认定非法所得的请示的批复》，对于当事人拒不提供非法所得证据的，可以按照土地估价结果认定其非法所得。因此，市国土资源局认定木材公司项目非法所得为268.81万元。

永州市城市房地产开发公司与木材公司未经依法批准进行旧房改建开发的行为，违反了《中华人民共和国城市房地产管理法》第三十九条第一款的规定，属于非法转让土地行为，市国土资源局于2006年10月13日下达《国土资源行政处罚告知书》及《国土资源行政处罚听证告知书》，该单位未提出听证要求。根据《中华人民共和国城市房地产管理法》第六十六条的规定，决定给予永州市城市房地产开发公司唐尧顺、刘晓珊、马玉梅如下处罚：责令100%补交土地出让金；处以非法所得268.81万元7.5%的罚款，计罚款人民币20万元。

（二）石江流与冷水滩城中招待所非法转让土地案

该宗地位于冷水滩区潇湘西路20号，历史用地面积953.2平方米，原系冷水滩城中招待所（以下简称招待所）、基建公司、原河街居委会3个单位共同使用的划拨土地，其中招待所约占90%的土地使用权。3个单位均属冷水滩区肖家园街道办事处，2003年河街居委会合并到红旗路社区居委会。2002年4月，市国土资源局颁发“国有土地使用证”。2004年7月，这3个单位将潇湘西路20号非临街的594.14平方米住宅用地交市国土资源局公开处置。石江流于2004年7月16日在市招标拍卖会上以50.5万元拍卖竞得这宗土地使用权，并于8月16日交清50.5万元价款，2004年9月15日，与市国土资源局签订《国有土地使用权出让合同》。

2005年，招待所决定将潇湘西路20号临街房屋拆旧建新。由于石江流拍卖竞得非临街土地要由招待所的临街土地留出通道，为节约用地，招待所要求将其临街用地与石江流的用地一起联合开发。2005年5月18日，招待所、石江流与永州市大立工程公司签订《工程承包合同书》，将招待所临街门面地与石江流拍卖竞得的土地一并交给大立公司统一规划设计、施工建设，基建资金由各自负担。该工程于2005年5月29日动工，2006年5月完工，建成一栋占地面积871.28平方米的商住楼，其中石江流的594.14平方米的土地上建成6层商住楼，招待所临街土地建成一栋8层商住楼，建筑占地面积277.14平方米，两楼同为一体，负1层、1层和2层都是一体化的商铺楼层，楼上住宅共用同一楼梯间。根据肖家园办事处的证明，在分给冷水滩基建公司1套面积105平方米住房，分给红旗路社区居委会2套面积分别为105平方米、108平方米住房之后，临街商住楼剩余房地产的产权全部属招待所。

招待所的基建资金主要来源于银行贷款，为偿还银行贷款，招待所于2006年2月18日与石江流签订《房地产买卖合同》，将临街商住楼的负1层、1层和2层商铺房出售给石江流，房产面积821.42平方米，土地分摊面积103.93平方米，房地产总售价248万元。合同签订后，石江流一次性付给招待所购房款72万元，并于2006年4月5日到市房产局办理该3层楼房的“房屋所有权证”。招待所与石江流的房地产转让行为违反《中华人民共和国土地管理法》第二条第三款和《中华人民共和国城市房地产管理法》第三十九条第一款的规定，属非法转让土地性质。招待所违法转让房地产的非法所得70.8万元。

根据《中华人民共和国土地管理法》第七十三条、《中华人民共和国城市房地产管理法》第六十六条和《中华人民共和国土地管理法实施条例》第三十八条的规定，作出如下处理意见：没收招待所违法转让房地产的违法所得70.8万元，但考虑该所已改制，无法处罚到位，对其违法所得免予没收；对石江流处以招待所违法所得10%的罚款7.1万元；责令石江流履行处罚后，按评估地价的40%交纳土地出让金及税费，补办土地使用权出让转让手续。

（三）蓝山县大桥梯级电站非法占用土地案

蓝山县大桥梯级电站（以下简称电站）是一个合伙企业。2003 年，唐文跃等 5 人（电站合伙人），通过查找大量资料和现场勘查，认为在大桥乡堡城村和舜水村建蓄水坝和发电厂房地块较合适，经过反复协商，并多次召开村干会、党员会、组长会、村民代表会，于 2003 年 4 月 23 日和 26 日以电站（乙方）的名义分别与堡城村和舜水村（甲方）签订开发电站协议，甲方提供兴办电站场地的地皮（包括山林、公路、桥梁、田土）、水利资料，乙方负责补偿村民因建电站占用的田土、荒地、荒山、房屋、坟墓、竹林损失。具体补偿标准为：占用水田实行每年永久性补偿办法，每年每亩 250 公斤干稻谷，农历 8 月 30 日以乡政府农业税征收价为标准总付到村委会；旱土一次性补偿每亩 2000 元；林地一次性补偿每亩 1000 元。后又根据实际情况签订补充协议。

协议签订后，电站于 2003 年 8 月动工，到 2005 年 10 月，基本完工，大坝蓄水，第一台机组试发电，其余 2 台机组在调试中。建在舜水村的发电厂房占地面积为 1476.8 平方米（山地和河滩地），大坝和水淹区占地面积为 2.66 万平方米（稻田和林地），其中坝址用地 475 平方米，电站已付水淹区稻谷补偿折款 3.99 万元。

电站在建设过程中，2003 年 4 月 3 日办理“取水许可证”，4 月 10 日县农业局土肥站对大桥乡堡城村斗牛岭低产水田农业结构调整项目进行可行性调查；5 月 8 日，省发展计划委员会颁发《基本建设项目投资许可证》《固定资产投资项目投资许可证》，5 月 8 日，蓝山县发展计划物价委员会给予《关于同意大桥乡大桥电站立项的批复》；11 月 12 日，县质量技术监督局颁发《中华人民共和国组织机构代码证》；2004 年 6 月 1 日，县政府颁发《出让土地使用权证》，面积为 1476.8 平方米；2005 年，县工商行政管理局颁发合伙企业营业执照。

电站未经批准非法占用 26565 平方米土地建设，违反《中华人民共和国土地管理法》第 43 条、第 44 条、第 63 条的规定，属非法占地行为。市国土资源局向电站下达《土地行政处罚告知书》及《土地行政处罚听证告知书》，该站未提出听证要求。依照《中华人民共和国土地管理法》第 76 条和《中华人民共和国土地管理法实施条例》第 42 条的规定，给予如下处罚：没收在非法占有的土地上新建的建筑物和其他设施；对非法占有的 2.66 万平方米土地处以 5 元/平方米罚款，计罚款 13.28 万元。

（四）违法占用耕地建房系列案

2013 年，根据群众举报和明察暗访，市监察局、市国土资源局联合对江永县潇浦镇白水村、黄家岭乡黄家岭村村民违法占用耕地建房，新田县新隆镇龙会寺村、祁阳县白水镇两江村和肖家村镇大屋村违法占用耕地建房行为进行督办，依法进行处理。

1. 江永县潇浦镇白水村、黄家岭乡黄家岭村村民违法占用耕地建房案。2008—2012年，江永县高速公路连接线两旁村民违法占地建房75户，其中潇浦镇路段56户，黄甲岭乡路段19户，涉及土地面积9652.08平方米。截至2013年，有45户建好，30户下好房屋基础待建（全部停工）。经套合土地利用现状保护图，违法占用耕地建房73户，面积9422.8平方米；违法占用果园地建房2户，面积229.28平方米。经套合土地利用规划图，符合土地利用总体规划的57户，不符合土地利用规划的18户。之后，县政府组织相关部门，对符合土地利用总体规划的建房户，依法进行行政处罚，申报办理农用地转用手续；对不符合土地利用总体规划的，依法按程序组织拆除。县监察局根据《中华人民共和国公务员法》第五十三条第（三）项、第五十六条之规定，分别给予原分管潇浦镇国土资源工作的镇党委委员齐某某，潇浦镇分管国土资源工作的镇党委委员、武装部长熊某某和黄家岭乡党委委员、副乡长唐某某行政警告处分；县监察局根据《违反土地管理规定行为处分办法》第十六条第（二）项之规定，给予黄家岭国土资源站站长周某某行政记过处分。县监察局根据《违反土地管理规定行为处分办法》第十六条第一款第（二）项、第十八条第二款之规定，给予原潇浦镇国土资源站站长周某某行政警告处分。县国土资源局分别给予潇浦国土站站长莫某某和黄甲岭国土站欧阳某某行政记过处分。潇浦镇、黄甲岭乡党委根据《中国共产党纪律处分条例》第一百二十九条的规定，分别给予潇浦镇白水村村支书刘某某、黄家岭乡黄家岭村村支书何某某、村主任欧阳某某党内严重警告处分。

2. 新田县新隆镇龙会寺村村民违法占用耕地建房案。2008—2012年，该村新建房屋28户，占地面积3127.4平方米，其中占用耕地2736.29平方米。有11户建好竣工，15户已下好房屋基础，2户在建。占用基本农田5户，占用一般农田17户，既占用基本农田又占用一般农田2户，占用原有宅基地4户。符合土地利用总体规划6户，不符合土地利用总体规划22户。之后，县政府组织相关部门，对符合土地利用总体规划和建房条件的建房户，依法处罚后申报办理农用地转用手续；对不符合土地利用总体规划的，依法按程序组织拆除。县监察局根据《国家公务员处分条例》和《违反土地管理规定行为处分办法》相关规定，给予新隆镇分管国土资源工作的副镇长蒋某某行政警告处分；县国土资源局根据《事业单位工作人员处分暂行规定》第17条第4项规定，给予新隆镇国土资源中心所所长郑某某行政记过处分，并免去其新田县国土资源执法监察大队副大队长职务；分别给予新隆镇国土资源中心所监察员刘某某、雷某行政警告处分。新隆镇党委根据《中国共产党纪律处分条例》第127条之规定，分别给予龙会寺村党支部书记郑某某、村委会主任谢某某、村委会委员兼会计谢某某和村党支部委员、村委委员兼大桥头自然村负责人谢某某党内警告处分。

3. 祁阳县白水镇两江村和肖家村镇大屋村村民违法占用耕地建房案。2012—2013 年，白水镇两江村 6 组、7 组村民 18 户在公路旁新建房屋，占用耕地 2355. 23 平方米。有 17 户下好房屋基础，1 户建至一层。符合土地利用总体规划 2 户，不符合土地利用总体规划 16 户。2008—2012 年，肖家村镇大屋村 31 户违法新建房屋，占地面积 4659. 98 平方米，其中耕地 3934. 61 平方米。有 26 户建好竣工，5 户下好房屋基础待建。符合土地利用总体规划的 16 户，不符合土地利用总体规划的 15 户。之后，县政府组织相关部门，对符合土地利用总体规划和建房条件的建房户，依法处罚后申报办理农用地转用手续；对不符合土地利用总体规划的，依法按程序组织拆除。县纪委根据《中国共产党纪律处分条例》第 127 条之规定，分别给予白水镇分管国土资源工作的副镇长王某和肖家村镇负责国土资源工作的党委委员、组宣统委员兼政协联工委主任易某某党内警告处分；县监察局根据《国家公务员处分条例》第 20 条和《违反土地管理规定行为处分办法》第 16 条的相关规定，分别给予县国土资源局执法监察大队白水中队中队长唐某某和肖家村镇国土资源站副站长（主持工作）饶某某行政记过处分；县国土资源局根据《国家公务员处分条例》第 20 条之规定，给予白水镇国土资源站站长谢某某行政记过处分；白水镇、肖家村镇党委根据《中国共产党纪律处分条例》第 127 条之规定，分别给予白水镇两江村党支部书记兼村委会主任周某某、肖家村镇大屋村党支部书记周某某和周某某党内警告处分。

第三节　土地卫片执法检查

2000—2009 年，国土资源部先后部署开展 9 次卫星遥感图片（简称卫片）执法检查工作。主要是国家利用高清晰卫星照片，对照检查实地地类图斑，对有变化的图斑进行执法检查。2010 年 2 月，全国开展 2009 年度（第 10 次）土地卫片执法检查工作，永州市第一次被列入土地卫片执法检查范围，检查覆盖全市各县（区）。

2010 年 3 月 10 日，根据国土资源部《关于开展 2009 年度土地卫片执法检查工作的通知》和省国土资源厅《转发国土资源部关于开展 2009 年度土地矿产卫片执法检查的通知》要求，市政府办下发《永州市 2009 年度土地卫片执法检查工作方案》，成立由副市长王芳柏任组长，市政府副秘书长王衡平、市国土资源局局长黄海淞任副组长，市政府办、市监察局、市财政局、市检察院、市中级人民法院、市公安局、市规划建设局、市农业局、市水利局、市国土资源局等单位负责人为成员的领导小组，领导小组办公室设在市国土资源局。各县（区）成立相应的领导小组和工作班子，落实责任和经费，确保土地卫片执法检查工作顺利进行。3 月 2 日，国土资源部下发永州市监测图斑 1070 个，涉及面积 3.21 万亩。3 月 8 日，市国土资源局组织召开各县（区）国土资源局从事卫片执法检查工作人员会议，进行工作动员和部署，并将部里下发的卫片监测图分发给各县（区）。

4 月 7—8 日，市国土资源局举行全市土地卫片执法检查工作培训班，邀请省国土资源规划院工程技术人员讲课，各县（区）国土资源局分管卫片执法检查工作的领导、大队长和卫片执法检查工作业务骨干均参加培训。13—18 日，省国土资源规划院分管永州市片区土地卫片执法检查的副院长彭朝冰一行 3 人到零陵区、双牌县、东安县进行实地巡视。16 日，市土地卫片执法检查工作领导小组办公室根据技术指导组、督察组掌握的情况和副院长彭朝冰的巡视情况，下发《关于加快土地卫片执法检查工作进度的紧急通知》，要求各县（区）安排专人限时把资料收齐，对违法用地尽快向政府报告，进行实地测绘，立案查处。4 月 24—30 日，根据省国土资源执法监察总队的要求，省国土资源规划院技术指导组和市国土资源执法监察支队联合决定，选取江华县和零陵区作样本进行重点突破，经督导帮助，上述两个县（区）完成对资料的收集工作。并将卫片和相关图件资料进行套合比对，完成对变化图斑合法性的判定工作，完成转绘；外业核查工作；整理核查结果，进行装档，按要求填写“土地卫片图斑核查情况登记卡”；对违法用地如实向县（区）政府汇报，完成实地测绘。进一步进行统计、汇总和分析后，达到市级验收和省国土资源厅初检的工作水平。

2009 年，全市有 63 宗违法用地，面积 1461.95 亩。

2010 年 8 月底至 9 月初，对全省土地卫片执法检查工作情况进行排序，对部分土地违法严重地区的主要负责人进行约谈。2010 年 8 月 24 日，市国土资源局印发《土地卫片执法检查违法用地查处情况通报》，对各县（区）前段时间查处整改工作进行通报，并采取“倒计时、销号制”的办法督促各县（区）加大查处整改力度，以 8 月 31 日为倒计时起点，把各县（区）违法用地以表格形式列出，查处整改到位一宗，销号一宗。对逾期没有查处整改到位的案件，由市国土资源局直接立案或者上报省国土资源厅立案查处，依法追究有关人员的责任。

永州市2009年度卫片执法违法用地分类统计汇总情况表

表1-9-14　　单位：个、宗、亩

序号	行政区划名称	违法用地																			
		小计				违法批地						违法占地									
						违法批准占用				违法供地		未报即用				边报边用				未供即用	
		宗数	面积	其中耕地	其中基本农田	宗数	面积	其中耕地	其中基本农田	宗数	面积	宗数	面积	其中耕地	其中基本农田	宗数	面积	其中耕地	其中基本农田	宗数	面积
1	零陵区	2	62.81	10.67	0	0	0	0	0	0	0	2	62.81	10.67	0	0	0	0	0	0	0
2	冷水滩	6	315.72	138.65	0	0	0	0	0	0	0	5	267.22	110.1	0	0	0	0	0	1	48.5
3	祁阳县	5	42.57	15.57	0	1	2.77	2.77	0	0	0	4	39.8	12.8	0	0	0	0	0	0	0
4	东安县	2	34.63	0	0	0	0	0	0	0	0	2	34.63	0	0	0	0	0	0	0	0
5	双牌县	4	99.15	47.96	0	0	0	0	0	0	0	1	42.64	0	0	3	56.51	47.96	0	0	0
6	道　县	6	376.72	110.32	0	0	0	0	0	0	0	4	199.52	95.82	0	2	177.2	14.5	0	0	0
7	江永县	1	55.2	44.9	0	0	0	0	0	0	0	0	0	0	0	1	55.2	44.9	0	0	0
8	宁远县	10	194.41	110.74	0	0	0	0	0	0	0	5	71.64	5.6	0	5	122.77	105.14	0	0	0
9	蓝山县	22	69.2	13.05	0	0	0	0	0	0	0	21	65.48	13.05	0	1	3.72	0	0	0	0
10	新田县	3	152.8	55.13	0	0	0	0	0	0	0	1	30	23.84	0	1	14	4.26	0	1	108.8
11	江华县	2	58.74	7.6	0	0	0	0	0	0	0	2	58.74	7.6	0	0	0	0	0	0	0
合计		63	1461.95	554.59	0	1	2.77	2.77	0	0	0	47	872.48	279.48	0	13	429.4	216.8	0	2	157.3

至2010年8月24日，各县（区）违法用地查处整改情况如下。

零陵区：有违法用地2宗，均处罚到位，收取罚款39.23万元，组织资料申请补办手续。

冷水滩区：有违法用地案件6宗，5宗下达处罚决定书，1宗处罚到位，收取罚款80.62万元，移送行政处分4人，组织资料申请补办手续。

祁阳县：有违法用地5宗，3宗下达处罚决定书，2宗案件处罚到位，收取罚款1万元，组织资料申请补办用地手续。

东安县：有违法用地2宗，均处罚到位，收取罚款8.6万元。

双牌县：有违法用地4宗，均处罚到位，收取罚款51.89万元。

道县：有违法用地6宗，均处罚到位，收取罚款163.2万元，移送监察机关行政处分3人，组织资料申请补办用地手续。

江永县：有违法用地1宗，自行纠正整改到位。

宁远县：有违法用地10宗，5宗处罚到位，收取罚款104.04万元，组织资料申请补办用地手续。4宗案件下达处理决定书，1宗自行整改到位。

蓝山县：有违法用地22宗，17宗处罚到位，收取罚款19.11万元，5宗案件下达处理决定书。

新田县：有违法用地3宗，处罚到位2宗，收取罚款59.48万元。

江华县：有违法用地2宗，均处罚到位，收取罚款50.7万元，移送监察机关行政处分1人，组织资料申请补办用地手续。

2011年5月30日，市国土资源局党组书记、局长黄海淞主持召开紧急会议，专题研究、调度全市2010年度土地矿产卫片执法检查工作，全市有东安、江永、双牌、冷水滩、祁阳、新田6个县（区）的违法用地占用耕地的比例超过15%，全市违法用地占用耕地的比例为19.27%，两项比例均超过国土资源部规定。如果各县（区）在6月30日之前不能全部查处整改到位，将被问责。

6月13日市政府组织3个督察组，分赴县（区）进行督查，并印发《永州市土地矿产卫片执法检查督查通报》，截至6月18日，具体情况如下。

东安县：部下发的监测图斑99个，其中违法图斑58个，占用耕地面积68.8亩，疑似新增建设用地图斑7个，占用耕地面积14.4亩，疑似违法占用耕地占新增建设用地占用耕地比例为87.76%。经实地核查、分割或合并后，共有地块68个，其中违法地块17个，面积14.6亩，实际违法占用耕地占新增建设用地占用耕地的比例为35.43%。17宗违法用地立案查处，9宗违法用地均查处到位，罚款19.8万元，行政处分2人，组卷报批。拆除复耕土地15.7亩，申请验收。所有合法用地、实地伪变化地块资料初步整理。

双牌县：部下发的监测图斑29个，其中违法图斑7个，占用耕地面积23.6亩，疑似违法占用耕地占新增建设用地占用耕地比例为26.16%，经实地核查、分割或合并后，有地块15个，其中违法地块3个，面积23亩，实际违法占用耕地占新增建设用地占用耕地比例为25.66%。3宗违法用地面积47.1亩查处整改到位，且组卷到省国土资源厅报批。罚款42.17万元，给予行政处分3人，其中行政记过1人，行政警告2人。所有合法用地、实地伪变化地块资料初步整理。

冷水滩区：部下发的监测图斑238个，其中违法图斑56个，占用耕地面积263.5亩，疑似新增建设用地图斑5个，占用耕地面积50.9亩，疑似违法占用耕地占新增建设用地占用耕地比例23.47%。经实地核查、分割或合并后，共有地块60个，其中违法地块23个，占用耕地面积323.2亩，实际违法占用耕地占新增建设用地占用耕地的比例为18.65%。所有的合法用地、实地伪变化地块资料初步整理，对所有违法用地地块进行立案查处，有9宗违法用地查处到位，罚款77.28万元。补办手续面积210.5亩。移送纪检部门追究行政责任3人，落实2人。重点加强对3个违法占用耕地面积大的项目组织报批工作，李达故居、骄阳小学、湘桂铁路复线安置户项目组织资料、筹措资金报批。

祁阳县：部下发的监测图斑351个，其中违法图斑28个，占用耕地面积32.3亩，疑似新增建设用地图斑14个，占用耕地面积213.7亩，疑似违法占用耕地占新增建设用地占用耕地比例为17.99%。经实地核查、分割或合并后，有地块173个，其中违法地块39个，占用耕地面积166.1亩，实际违法占用耕地占新增建设用地占用耕地的比例为12.8%。实地伪变化地块资料初步整理。除湘桂铁路用地和拆迁安置用地2宗违法用地之外，37宗违法用地立案查处，有13宗查处到位，罚款10.5万元，移送公安部门追究刑事责任4人，移送纪检部门追究行政责任5人。有8宗违法用地组织资料到市报批。

新田县：部下发的监测图斑38个，其中违法图斑6个，占用耕地面积4.5亩，疑似新增建设用地图斑2个，占用耕地面积2.7亩，疑似违法占用耕地占新增建设用地占用耕地比例为15.96%。经实地核查、分割或合并后，有地块24个，其中违法地块7个，占用耕地面积3.21亩，违法占用耕地占新增建设用地占用耕地比例为5.61%。7宗违法用地处理到位3宗，罚款36万元，组织相关报批资料，安排专人报批。所有的合法用地、实地伪变化地块资料均整理归档。

江永县：部下发的监测图斑53个，其中违法图斑38个，占用耕地面积24.6亩，疑似新增建设用地图斑3个，占用耕地面积5.5亩，违法占用耕地占新增建设用地占用耕地比例为28.03%。经实地核查、分割或合并后，有地块32个，其中违法地块6个，占用耕地面积3.6亩，实际违法占用耕地占新增建设用地占用耕地的比例为4.45%。6宗违法用地有1宗拆除到位，拆除面积1560平方米。合法用地、实地伪变化地块资料初步整理。

零陵区：部下发的监测图斑212个，其中违法图斑28个，无耕地面积，疑似新增建设用地图斑2个。经实地核查、分割或合并后，有地块108个，其中违法用地5个，占用耕地面积0.53亩，实际违法占用耕地占新增建设用地占用耕地的比例为0.9%。有1宗违法用地查处整改到位，且组卷到省国土资源厅报批，罚款11.5万元。其余4宗查处整改当中。

道县：部下发的监测图斑94个，其中违法图斑3个，无占用耕地面积，疑似新增建设用地图斑1个，占用耕地面积12.8亩，疑似违法占用耕地占新增建设用地占用耕地比例为13.52%。经实地核查、分割或合并后，有地块35个，其中违法地块7个，面积37.9亩，实际违法占用耕地占新增建设用地占用耕地比例为46.96%。7宗违法用地均整改到位，罚款63.15万元。所有的合法用地、实地伪变化地块资料初步整理。

蓝山县：部下发的监测图斑157个，其中违法图斑31个，占用耕地面积7.3亩，疑似新增建设用地图斑14个，占用耕地面积15.5亩，疑似违法占用耕地占新增建设用地占用耕地比例为8.56%。经实地核查、分割或合并后，有地块82个，其中违法地块23个，面积6.1亩，实际违法占用耕地占新增建设用地占用耕地的比例为2.5%。1宗违法用地查处整改到位，罚款13.42万元。合法用地、实地伪变化地块资料初步整理归档。

宁远县：部下发的监测图斑137个，其中违法图斑11个，无占用耕地面积。经实地核查、分割或合并后，有地块65个，其中违法地块11个，面积18.09亩，实际违法占用耕地占新增建设用地占用耕地比例为37.5%。1宗违法用地查处整改到位，拆除违法建筑物310平方米，所有的合法用地、实地伪变化地块资料整理归档，装订成册。

江华县：部下发的监测图斑231个，其中违法图斑56个，占用耕地面积68.2亩，疑似新增建设用地图斑5个，占用耕地面积4亩，疑似违法占用耕地占新增建设用地占用耕地比例为11.56%。经实地核查、分割或合并后，有地块190个，其中违法地块4个，占用耕地面积12.2亩，实际违法占用耕地占新增建设用地占用耕地的比例为2.3%。合法用地、实地伪变化地块资料初步整理。

金洞管理区：部下发的监测图斑12个，11个合法图斑，没有违法图斑，1个疑似新增建设用地图斑，不占耕地。经实地核查、分割或合并后，有地块16个，其中违法地块4个，占用耕地面积7.48亩，实际违法占用耕地占新增建设用地占用耕地比例为42%。对4个违法用地图斑的村民建房组织资料报批，所有的合法用地、实地伪变化地块资料初步整理。

回龙圩管理区：部下发的监测图斑 1 个，为违法图斑，面积 1.7 亩，无占用耕地面积，该宗地没有查处到位，未组卷报批。

全市大部分县（区）存在着违法用地查处未到位，违法用地组卷报批不及时，合法用地资料收集不全，实地伪变化地块说明表述不准，卷宗资料整理归档不规范等问题。市督查通报下发后，各县（区）对照问题找差距，迅速行动，大力整改，补充完善相应资料。

2010 年 6 月 17 日，省国土资源执法监察总队副总队长谢光辉一行到永州市督促指导卫片执法检查工作，重点听取全市卫片执法检查中违法用地查处整改情况汇报，对永州市卫片执法检查工作给予充分肯定，并强调整改工作必须做到“三个不放松”，即高度重视不放松、查处整改不放松和工作细节不放松。

2011 年 9 月 5 日，省土地矿产卫片执法检查验收组一行 5 人到永州市检查验收 2010 年度土地卫片执法工作情况。省检查验收组充分肯定永州市工作实效，认为基础工作做得扎实，宣传培训措施得力，图斑地块判定准确、整改查处落实到位，数据填报真实规范、组卷归档整齐有序，完全符合部、省对此次土地矿产卫片执法检查工作要求。经整改后，全市违法用地占用耕地面积占新增建设占用耕地面积比例下降至 2.57%，查处率 100%，整改率 98.3%。所有县（区）违法占用耕地比例均下降至 6%以下，其中零陵区、冷水滩区、祁阳县、东安县、双牌县、道县、江永县、宁远县、蓝山县、新田县、江华县、回龙圩管理区、金洞管理区的比例分别为 0.11%、5.47%、1.51%、3.48%、0%、2.02%、3.61%、5.57%、1.6%、4.91%、2.36%、0%、0%。省检查验收组组长余少华用“领导有力，行动迅速，措施给力，工作扎实，进展顺利，成效显著”24 字概括永州市卫片执法检查工作成效。

2012 年 2 月 20 日，根据国土资源部《关于开展 2011 年度土地矿产卫片执法检查工作的通知》和省国土资源厅办公室《转发国土资源部关于开展 2011 年度土地矿产卫片执法检查的通知》要求，市政府办印发《永州市 2011 年度土地矿产卫片执法检查工作方案》。28 日，市委常委、市政府副市长蒋善生在全市国土资源会议上强调，要提高思想认识，加强组织领导，严格责任落实，强化督促检查，对在卫片执法检查中发现的每一宗违法用地，都要按时查处整改到位。

2 月 29 日至 3 月 5 日，全市组织两个督查组对各县（区）土地矿产卫片执法检查工作进行督查督办。

6 月 8 日，省执法总队审理处贺龙泉处长在全省国土资源领域违法形势预警暨土地矿产卫片执法检查工作推进会议上通报了全省 1 月至 5 月违法形势，零陵区土地违法用地面积与上年同期相比增加16倍，排全省第7，违法用地形势相当严峻。12日，召开全市土地矿产卫片执法检查查处整改工作推进会。19—26日，市国土资源执法支队会同省规划院技术人员到各县（区），对自然资源部下发的407个疑似违法用地图斑逐一进行内业核查。江永县、祁阳县、双牌县、道县等4个县的违法占用耕地比例超过15%，分别为32.19%、17.18%、16.45%、15.95%。28日，市国土资源局下发《关于加快土地卫片执法检查中违法用地查处整改和报批的紧急通知》，要求各县（区）必须在6月30日前查处整改报批到位。

7月15—20日，市卫检办组织2个核查组对各县（区）2011年度土地矿产卫片执法检查数据成果进行审核。

10月19—20日，市卫检办组织3个检查验收组对各县（区）的土地矿产卫片执法检查工作进行验收。

至2012年10月29日，各县（区）违法用地查处整改情况：零陵区有违法用地5宗，面积76.38亩，立案5宗，全部结案。冷水滩区有违法用地13宗，面积117.3亩，其中耕地面积10.6亩，立案13宗，全部结案。祁阳县有违法用地12宗，面积97.07亩，其中耕地面积30.39亩；立案11宗，面积95.88亩，其中耕地面积29.4亩，全部结案。东安县有违法用地8宗，面积361.1亩，其中耕地面积22.2亩，立案8宗，全部结案。双牌县有违法用地10宗，面积245.51亩，其中耕地面积71.5亩；立案9宗，面积206.61亩，其中耕地面积52.3亩，全部结案。道县有违法用地8宗，面积97.21亩，其中耕地面积22.71亩，立案13宗，全部结案。江永县有违法用地24宗，面积160.7亩，其中耕地面积54.5亩，立案24宗，全部结案。宁远县有违法用地14宗，面积82.76亩，其中耕地面积45.56亩；立案13宗，面积66.36亩，其中耕地面积32.66亩，全部结案。蓝山县有违法用地8宗，面积192.5亩，其中耕地面积5.2亩，立案8宗，全部结案。新田县有违法用地27宗，面积154.9亩，其中耕地面积19.1亩；立案25宗，面积145.9亩，其中耕地面积19.1亩，全部结案。江华县有违法用地11宗，面积222.48亩，其中耕地面积8.4亩；立案10宗，面积214.78亩，其中耕地面积5亩，全部结案。回龙圩管理区有违法用地1宗，面积8.9亩，尚未结案。金洞管理区有违法用地1宗，面积3.7亩，其中耕地面积2.4亩，尚未结案。

2013年5月22日，根据国土资源部《关于开展2012年度土地矿产卫片执法检查工作的通知》要求和省土地矿产卫片执法检查工作领导小组办公室统一部署，市政府办下发《关于开展2012年度土地矿产卫片执法检查工作的通知》，制定工作方案，成立由市委常委、副市长蒋善生任组长，市政府副秘书长王衡平，市纪委副书记、市监察局局长许洋名，市国土资源局局长黄海淞任副组长，市中级人民法院副院长盘树峰、市人民检察院副检察长邓忠新、市发改委副主任谢江南、市公安局副局长周礼功、市财政局总会计师谢交发、市监察局执法监察室主任李四君、市住建局副局长周英杰、市交通运输局副局长欧阳佳赐、市林业局副局长首才雄、市农业局副局长田焕福、市安监局总工程师韩俊民、市国土资源局党组成员、执法监察支队支队长蒋剑为成员的领导小组，领导小组办公室设市国土资源局。各县（区）分别成立领导小组和工作班子，落实责任和经费。29日，在土地疑似违法图斑暂未下发的情况下，市卫检办下发《关于做好2012年度土地矿产卫片执法检查有关前期工作的通知》，开展对2012年度土地变更调查中的77宗违法用地查处整改工作。

6月5—7日，全市组织3个督查组对各县（区）土地矿产卫片检查工作进行第一次实地督查，对督查中发现的问题当场交办，明确要求案件查处要坚持既查事又查人的原则，做到“行政处罚、行政处分、刑事处罚”3个到位，案件执行到位率要达到90%。

7月5日，召开全市土地矿产卫片执法检查工作调度会议，调度前段时间工作进展情况，安排部署查处整改工作。为确保全市土地矿产卫片执法检查上报的各类数据真实、准确，市卫检办印发《关于做好2012年度卫片执法检查工作数据审核把关工作的通知》，同时下发《永州市2012年度土地矿产卫片执法检查数据审核方案》，实行层层把关，逐级落实责任，对上报的数据实行集体会审，建立层层审核签字制度，市卫检办对县（区）上报的数据实行逐宗审核和全面审查。

8月6—11日，市国土资源执法监察支队会同省规划院技术人员对初审发现违法占用耕地比例较高的道县、祁阳、零陵、冷水滩4个县（区）2012年度土地卫片执法检查数据再次进行审查分析。14日，省执法总队贺龙泉处长一行4人到永州对土地卫片执法检查工作进行督查，强调要抓好对重点县区、重点图斑的查处整改工作，严格数据审核，督查组还对祁阳、新田两县进行实地督查。28—30日，市卫检办组织开展市级数据审核，要求县（区）带上地块卷宗、查处卷宗和举证资料到市进行集中审核，如实填写永州市2012年度土地卫片执法检查地块审核意见表、审核不通过地块表、实地为农用地核查记录表、疑似违法图斑面积与实际面积差异表、违法占用耕地面积统计表，形成永州市数据审核报告。

9月9—13日，市卫检办组织3个验收组分赴各县（区），从工作开展情况、图斑核查情况、案件查处情况、数据审核情况等4个方面对2012年度土地卫片执法检查工作开展情况进行验收。截至25日，各县（区）违法用地查处整改情况：零陵区有违法用地3宗，面积95.2亩，其中耕地面积17.37亩，查处整改到位率为100%。冷水滩区有违法用地9宗，面积51.15亩，其中耕地面积13.34亩，查处整改到位率为85.7%。祁阳县有违法用地15宗，面积115.72亩，其中耕地面积31.73亩，查处整改到位率为66.6%。东安县有违法用地18宗，面积34.8亩，其中耕地面积9.24亩，查处整改到位率为15.5%。双牌县有违法用地5宗，面积24.92亩，其中耕地面积2.25亩，查处整改到位率为100%。道县有违法用地7宗，面积170.55亩，其中耕地面积57.63亩，查处整改到位率为75%。江永县有违法用地2宗，面积40.2亩，其中耕地面积4.05亩，查处整改到位率为100%。宁远县有违法用地2宗，面积8.36亩，其中耕地面积5.31亩，查处整改到位率为100%。蓝山县有违法用地1宗，面积2.1亩，其中耕地面积1.53亩，查处整改到位率为100%。新田县有违法用地5宗，面积11.24亩，其中耕地面积5.14亩，查处整改到位率为0。江华县有违法用地19宗，面积120.77亩，其中耕地面积11.16亩，查处整改到位率为78.6%。

2014年1月2日，根据省国土资源厅办公室《关于加强土地卫片执法检查和土地变更调查工作衔接的通知》精神，市国土资源局党组成员、副局长李文乾主持召开全市土地卫片执法监督检查与土地变更调查衔接工作会议。市国土资源局党组成员、支队长蒋剑，各县（区）国土资源局分管副局长、执法监察大队长、地籍股长、卫片专干参加会议。

3月3日，省国土资源执法监察总队印发《2014年全省国土资源执法监察工作要点》，明确“以卫片为龙头，构建依法查处新格局”。11日，市国土资源局召开全市国土资源执法监察工作暨2014年卫片执法检查安排部署会议。12日，市国土资源执法监察支队印发“2014年永州市国土资源执法监察重点工作责任分解表”，将卫片执法检查工作分解至每季度。

4月3日，国土资源部召开2014年土地矿产卫片执法监督检查工作部署暨培训视频会议，对2014年土地矿产卫片执法监督检查工作作出具体部署，就有关政策和技术要求进行培训。市国土资源局组织分管领导及用地、耕保、地籍、地址勘查、矿产开发、矿产储量等科室的负责人，执法支队全体人员计192人次参加培训。20—21日，省国土资源执法监察总队举办2014年土地矿产卫片监督检查培训。市国土资源局组织各县（区）从事卫片执法检查工作的人员参加集中培训。

5月19日，根据省土地矿产卫片执法检查工作领导小组办公室《关于开展2014年土地矿产卫片执法监督检查工作的通知》要求，市政府办下发《关于开展2014年土地矿产卫片执法监督检查工作的通知》，成立领导小组，对全市卫片执法检查监督工作进行统筹安排和部署。同时各县（区）成立相应的领导小组，制定具体工作方案，组建专门工作班子，明确分工，落实责任。

9月1—4日，市卫检办组织3个督查组对各县（区）土地矿产卫片检查工作开展情况进行第一次实地督查，对督查中出现的问题当场交办，明确要求案件查处要坚持既查事又查人的原则，做到“行政处罚、处罚处分、刑事处罚”3个到位，案件执行到位率要达到90%。18日，召开全市卫片执法监督检查工作推进会。24—30日，市国土资源局开展2014年卫片执法监督检查数据集中审核上报，组织法规、地籍、规划用地、耕保、执法支队等业务科室共11人，会同省遥感中心2名技术人员，按照制定的审核方案，对在线填报数据结合卷宗资料逐宗审核。将审核发现的问题及时反馈给相关县（区）。26日，省土地矿产卫片执法检查工作领导小组办公室印发《关于按时保质完成2014年土地矿产卫片执法监督检查工作的紧急通知》，要求在10月10日22：00前上报2014年土地矿产卫片执法监督检查初报数据成果，严格按照《关于做好土地卫片执法监督检查非立案处理工作的通知》要求上报举证资料，认真推进查处整改，科学开展审核验收，实行县级集体会审、市级全面审核、省级重点审核三级审核制度，积极开展警示约谈。30日，省土地矿产卫片执法检查工作领导小组办公室印发《关于开展湖南省2014年土地矿产卫片执法监督检查验收工作的通知》，明确卫片执法监督检查验收标准。市土地矿产卫片执法检查工作领导小组办公室下达《关于按时保质完成2014年土地矿产卫片执法监督检查工作的紧急通知》，采取书面数据审核验收和实地检查验收相结合的方式进行验收。

10月9日，全市完成市级数据审核在线填报工作。国土资源部下发永州市2014年土地卫片执法监督检查疑似违法用地图斑共658个，面积8588.92亩（其中耕地3576.55亩）。各县（区）对部下发疑似违法用地图斑逐一进行内、外业核查。经分割或合并后，全市有地块1194个。其中合法地块792个，面积1858.25亩，其中耕地832.92亩；违法地块402个（含历史用地、设施农用地、临时用地和其他情形用地），面积6730.67亩，其中耕地2743.63亩。对所有的违法用地，分门别类进行查处整改，非立案处理85宗（主要是村民建房），自行纠正到位；立案查处121宗，下达处罚决定书116份，立案率58.73%，结案79宗，未结案42宗，结案率65.28%，履职到位率100%。截至10月17日，全市罚款608万元，没收建筑面积15.87万平方米，拆除违法建筑物面积0.48万平方米，没收违法所得28.98万元，建议给予党纪政纪处分4人，落实1人，移送追究刑事责任4人，落实1人，申请法院强制执行19件。完全整改到位193宗，未完全整改到位13宗，整改到位率93.68%。17日，市土地矿产卫片执法检查工作领导小组给各县（区）政府下发《关于开展永州市2014年土地矿产卫片执法监督检查验收工作的通知》，要求各县（区）在10月20日开展自评并形成自评报告。20—23日，根据《关于开展湖南省2014年土地矿产卫片执法检查验收工作的通知》要求，市土地矿产卫片执法检查领导小组安排3个验收组对县（区）卫片执法检查工作进行验收，并形成自评报告和验收工作报告上报省卫检办。对验收程序、内容、重点、注意事项、必须实地查看的地块，以及需要收集的资料作详细说明，统一验收标准和评分尺度。验收组严格按照省里验收标准，逐项严格评分、查漏补缺，对验收发现的问题，当场进行交办，限期迅速整改到位。从验收评估情况来看，除个别卷宗归档方面存在资料收集不全的问题之外，整个卫片执法检查工作组织领导、图斑核查、案件整改查处和数据填报等情况，符合政策要求和验收标准，县（区）无“一票否决”问题存在。

2015 年 2 月 11 日，国土资源部下发《关于开展 2014 年度土地矿产卫片执法监督检查工作的通知》。28 日，国土资源部召开 2014 年度土地矿产卫片执法监督检查工作部署暨培训视频会议。

3 月 6 日，市政府常务会议研究安排 2014 年度土地矿产卫片执法监督检查工作。9 日，市土地矿产卫片执法检查领导小组下发《关于加快 2014 年度土地矿产卫片执法监督检查违法用地查处整改的通知》。11 日，召开 2015 年全市国土资源工作会议。对开展 2014 年度土地卫片执法监督检查工作进行动员部署并提出具体工作要求。19 日，省土地矿产卫片执法检查工作领导小组办公室印发《湖南省 2014 年度土地矿产卫片执法监督检查工作方案》。

4 月 8—9 日，省国土资源厅召开全省 2014 年度土地矿产卫片执法监督检查工作会议，总结 2013 年度土地矿产卫片执法监督检查工作，对被约谈的 9 个县（市、区）人民政府的 2013 年度土地矿产卫片执法监督检查工作及约谈情况进行通报；部署安排 2014 年度土地矿产卫片执法监督检查工作，对 2014 年度土地矿产卫片执法监督检查工作的相关政策、工作要求、工作方法及技术流程进行说明。9 日，市政府办公室印发《关于开展 2014 年度土地矿产卫片执法监督检查工作的通知》，就时间安排、数据核查、成果报送等提出相关工作要求。24 日，市国土资源局下发《关于直接立案查处和重点督办一批国土资源违法违规案件的通知》，对 14 宗重大典型案件进行公开查处，其中市直接立案查处 6 件、挂牌督办 8 件，所有案件查处结果全部公开曝光。22—30 日，为全面掌握各地土地卫片执法监督检查工作开展情况，省国土资源厅对各市州土地卫片执法监督检查工作进展情况及实地核实部分遥感监测图斑开展实地督查。

5 月 7 日，省国土资源厅根据土地卫片执法监督检查实地督查的工作情况，下发《关于做好 2014 年度土地卫片执法监督检查工作的紧急通知》。

6 月 1 日，市政府组织召开闲置土地处置和 2014 年度土地卫片执法监督检查警示约谈会议，冷水滩区、零陵区、祁阳县、东安县就土地卫片执法监督检查作表态发言。15 日，市国土资源局下发《关于开展 2014 年度土地矿产卫片执法监督检查数据集中审核上报的通知》，成立数据审核小组，明确工作职责和审查内容，实行层层把关，逐级落实责任，实行“县级集体会审、市级全面审核”二级审核制度。截至29日，土地卫片方面，全市立案查处134宗，涉案面积1064.96亩，其中耕地205.61亩，结案132宗，未结案2宗，结案率98.51%。全市罚款1424.19万元，没收违法建筑物面积24.08万平方米，拆除违法建筑物面积5.89万平方米，没收违法所得1万元，建议给予党纪政纪处分8人，落实6人，移送追究刑事责任3人，落实2人，履职到位率100%。

7月8日，市土地矿产卫片执法检查领导小组下发《关于开展永州市2014年度土地矿产卫片执法监督检查验收工作的通知》。27—31日，根据《关于开展湖南省2014年度土地矿产卫片执法检查工作的通知》要求，市土地矿产卫片执法检查领导小组组织3个验收组，采取书面审查和实地检查两种方式，对全市2014年度卫片执法监督检查工作进行全面验收。除个别卷宗归档方面存在资料收集不全、个别案件查处整改不到位的问题之外，整个卫片执法检查工作的组织领导、图斑核查、案件整改查处和数据填报等情况，符合政策要求和验收标准，县（区）无“一票否决”问题存在。

第四节 土地法制宣传

一、日常宣传

（一）宣传重点

1987—1989年，永州市主要宣传《中华人民共和国土地管理法》《湖南省实施〈中华人民共和国土地管理法〉办法》《中共中央国务院关于加强土地管理制止乱占滥用耕地的通知》和《湖南省人民政府关于严禁乱占滥用耕地的布告》。

1990—1998年，永州市主要宣传《中华人民共和国的国有土地使用权出让和转让暂行条例》《湖南省城镇国有土地使用权出让和转让实施办法》《基本农田保护条例》《中华人民共和国城市房地产管理法》《湖南省基本农田保护条例》《中共中央国务院关于进一步加强管理切实保护耕地的通知》。

1999—2000年，永州市主要宣传1998年新修订的《中华人民共和土地管理法》《湖南省实施〈中华人民共和国土地管理法〉办法》。

2001—2003年，永州市主要宣传《国务院关于加强国有土地资产管理的通知》《湖南省人民政府关于加强土地市场建设和管理的意见》《国土资源部招标拍卖挂牌出让国有土地使用权规定》等法律法规和规章。

2004—2008 年，永州市主要宣传《关于深化改革严格土地管理的决定》《关于加强土地调控有关问题的通知》《工业用地招标拍卖挂牌出让制度有关问题的通知》《招标拍卖挂牌出让国有建设用地土地使用权规定》《工业用地招标拍卖挂牌出让有关问题的通知》等调控政策、法规。

2009—2012 年，永州市主要宣传《土地调查条例实施办法》《土地复垦条例》《国有土地上房屋征收与补偿条例》《土地复垦条例实施办法》。

2013—2015 年，永州市主要宣传《关于下放部分建设项目用地预审权限的通知》《不动产登记暂行条例》《节约集约利用土地规定》《关于做好不动产权籍调查工作的通知》。

（二）宣传方式

培训宣传　永州市以国家和省颁布的法律法规为教材，层层举办培训班。1988 年，地区国土局为县处级干部和县（市）乡（镇）干部举办学习《中华人民共和国土地管理法》培训班 25 期。1990 年，地区国土管理局举办干部培训班专门学习《中华人民共和国城镇国有土地使用权出让和转让条例》。1993 年，行署副专员朱泽民、地区国土管理局局长杨素美在厦门参加国家土地管理局组织的培训班；1995 年，市国土管理局对乡镇干部举办《基本农田保护条例》培训班。1997 年 10 月，市国土管理局组织市干部职工学习贯彻中共中央国务院下发的《关于进一步加强土地管理切实保护耕地的通知》。1998 年底，市、县国土管理局举办新修订的《土地管理法》学习班 20 期，培训乡镇负责人 100 余人。2000 年 2 月，市国土资源局组织全市 118 个乡镇 200 个村和 23 所小学开展耕地保护和地质灾害防范的培训。2004—2006 年，国务院《关于深化改革严格土地管理的决定》和《关于加强土地调控有关问题的通知》下发后，市、县（区）国土局层层组织培训。2006 年，开办全市国土资源执法监察培训班，64 名新调入的执法人员和各县（区）执法大队长参加培训学习。2008 年，市国土资源局对全市乡镇党政负责人和市县（区）干部职工及乡镇国土所人员进行土地管理培训，培训人员 1 万余人。2009 年，市国土资源局组织该系统 45 岁以下干部职工 280 人集中到湖南师大资环学院学习，每期 60 人，学习时间 3 个月。2011 年，搭建干部培训基地和业余党校平台 2 个，开办培训班 12 期，教育培训干部职工 2300 人次。2013 年，市国土资源局特邀国土资源部武汉督察专员为全系统干部职工培训土地管理知识。2015 年，市国土资源局组织“以讲促学”教育培训班，举办 26 期。

1987—2015 年，市、县（区）二级举办各类培训班 656 期，培训干部职工 9 万余人次。

媒体、网络和手机短信宣传　1987—2005 年，通过传统媒体宣传有关土地管理，报刊专题报道31次，日常报道212篇和永州电视台播出报道58篇。2006—2015年，市国土资源局充分利用新媒体，网络和手机短信等现代信息化技术宣传土地管理。《永州日报》专题报道21次，日常报道199篇；永州电视台播出报道158篇，手机短信35万条；永州网、永州新闻网报道269条。

户外宣传 各级国土部门采用标语、横幅、展板、宣传单、宣传手册、出动宣传车、树立永久性标语牌、散发宣传资料等形式，开展户外宣传活动。1987—2015年，悬挂标语、横幅、展板、宣传单120万条，出动宣传车1500台次，印发各种宣传资料80万份，树立永久性标语牌520块。

二、“6·25”土地日宣传

1991年5月24日，国务院常务会议决定：每年6月25日为全国“土地日”。1991—2015年，24个“土地日”。全市根据国家每年推出宣传主题，结合市、县（区）具体情况，开展各种形式的土地日宣传活动。宣传主题：1991年，土地与国情；1992年，土地与改革；1993年，土地与经济；1994年，土地与市场；1995年，土地与法制；1996年，土地与发展——保护我们的生命线；1997年，土地与国家——爱护我们的生命家园；1998年，土地与未来——集约用地，造福后代；1999年，依法行政，合理用地；2000年，保护耕地——为了美好的明天；2001年，规划土地，利国利民；2002年，规划土地市场，促进经济发展；2003年，规划土地市场，促进可持续发展；2004年，坚持科学发展观，珍惜每一寸土地；2005年，节约集约用地，促进科学发展；2006年，依法合理用地，促进科学发展；2007年，节约集约用地，坚守耕地红线；2008年，坚守耕地红线，节约集约用地，构建保障和促进科学发展的新机制；2010年，土地与转变发展方式——依法管地集约用地；2011年，土地与转变发展方式——促节约、守红线、惠民生；2012年，建设高标准基本农田，保障国家粮食安全；2013年，珍惜土地资源，节约集约用地；2014年，节约集约利用土地，转变土地利用方式；2015年，节约集约利用土地，推动土地利用方式根本转变。

三、普法宣传

“一五”普法（1986—1990年）。1986年国家开展全民普法活动，国土管理部门尚未建立。1988年，省国土管理局与省司法厅联合下发《关于广泛深入宣传贯彻土地管理法》的通知，要求“一五”普法期间，在学习“九法一条例”的同时，增学《中华人民共和国土地管理法》和《湖南省实施〈中华人民共和国土地管理法〉办法》。1990年举办《中华人民共和国土地管理法》培训班25期，发放“两法”宣传资料328万份。

“二五”普法（1991—1995年）。国土管理系统成立普法领导小组，除宣传“两法”外，增加国家新颁布的《城镇国有土地使用权出让和转让条例》《中华人民共和国城市房地产管理法》《基本农田保护条例》。参加省国土管理局（国土测绘管理局）培训班4期，培训320人次。

“三五”普法（1996—2000年）。市、县（区）国土管理局均成立普法领导小组，制定普法宣传规划、年度计划。利用媒体开辟专栏、播放专题节目，出专刊简报，发放宣传资料，张贴标语、飞播标语和制作悬挂横幅宣传，使土地法律法规逐渐深入人心。

“四五”普法（2001—2005年）。2001年4月，市国土资源局成立“6月宣传普法月”领导小组，负责组织全市国土资源部门的普法活动，制订普法方案，普法宣传工作纳入国土资源局目标管理责任制，比重占10%。2001年，为扩大国土资源管理宣传，市国土资源局与市共青团组织冷水滩与零陵联城长跑比赛，参加人数1万人。2002年，市国土资源局结合“6·25”土地日举行招拍挂土地出让现场会，竞标业主50人与现场观摩会人员200人共同参加，自此，杜绝过去以计划和行政划拨供地的模式。2003年，市国土资源局按照省国土资源厅统一部署，以宣传《中华人民共和国矿产资源法》为普法重点。发放宣传资料3万份，张贴标语和飞播标语450条次，制作悬挂横幅200条，出专刊简报15期，出动宣传车3台连续在零陵区、东安县、冷水滩区、祁阳县宣传1个月以上；2004年10月，永州电视台连续1个月播放潇湘河道采砂权拍卖会筹备过程和拍卖成交现场，在全市影响很大。市国土资源局干部职工每年参加全市组织的“四五”普法知识考试，参考150多人，合格率100%。

“五五”普法（2006—2010年）。2006年2月20日，市国土资源局成立“五五”普法领导小组，领导小组办公室设在局法规科。2006年4月16日，制定《永州市国土资源局“五五”普法规划》，将“五五”普法工作纳入年度工作计划和年度工作目标考核。这5年，结合全市社会经济发展实际，重点宣传普及《中华人民共和国土地管理法》《中华人民共和国矿产资源法》《中华人民共和国测绘法》等与人民群众密切相关的法律法规；结合各种节日活动，积极利用“4·22”地球日、“6·25”全国土地日、“8·29”测绘日、“12·4”全国法制日等重大法制宣传日，有计划有组织地开展国土资源法律法规和耕地保护基本国策宣传。为了干部职工更好的学习运用法律法规，编印《国土资源常用法律法规手册》和《永州市国土资源规章制度汇编》，同时购置《“五五”普法读本》750多册发给干部职工。

“六五”普法（2011—2015年）。定期与市委法治办、党校、法院和市政府法制办等单位联系，汇报普法相关工作。结合各种节日活动，开展主题宣传。订阅《国土资源报》《国土资源管理实用手册》《“六五”普法读本》和编制《国土资源动态》分别赠送市委、市人大、市政府、市政协领导，分发全局干部职工，其中购置《“六五”普法读本》790册，编印《国土资源动态》32期。市国土资源局搭建干部培训基地和业余党校2个平台，培训干部职工2300人次；组织“以讲促学”教育培训活动26期。利用电视、手机短信、局网站、标语、横幅、宣传单、宣传手册、展板、咨询服务等形式进行普法宣传。印发宣传资料15万份，张贴标语450条，制作悬挂横幅200条，《永州日报》专题报道10次，日常报道99篇，永州电视台播出报道58篇，编发手机短信5万条，永州网、永州新闻网报道国土资源局工作269条。

第五节　行政复议、听证

一、行政复议

1991年，行署依据国务院《行政复议条例》，授予地区国土管理局受理当事人依法申请复议的土地行政处罚事件、承担依法提起诉讼的土地行政复议案件的立案应诉工作、承办行署交办的有关土地权属争议案件的复议案件的立案应诉具体事宜、指导县（市）土地管理部门的立案应诉工作等4项职责。

1991年7月22日，地区国土管理局受理并处理第一起土地类行政复议，新田县城关镇综合加工厂不服新田县国土局行政处置案，经审理予以维持。

1996年，根据省国土测绘管理局《关于认真做好土地管理行政复议应诉工作若干意见》的精神，市国土管理局明确公民、法人和其他组织可以申请行政复议的6种土地管理行政行为：土地权属管理行为、审批土地行为、作出土地行政处理决定行为、土地行政处罚行为、采取土地行政强制措施及其他。

1991—2015年，全市国土地资源系统受理行政复议案89起，维持率达90%。市本级应对行政复议案件40起，维持率达95%。

二、听证

1996年10月1日，《中华人民共和国行政处罚法》开始施行。该法规定，行政机关作出行政处罚前，当事人有要求举行听证的权利。执法机关为保障法律、法规的公平合理，有责任举行听证，广泛听取各方面的意见和质询。1997—2015年，市国土资源局依当事人申请举行听证会28起。

2004年5月1日，国土资源部颁布的《国土资源听证规定》开始施行，明确基准地价制订和调整、土地规划编制和修编、拟定区域性征地补偿标准，国土资源部门必须依职权组织听证；重大土地资源违法案件查处、征地拆迁补偿和征地行为，当事人要求听证的，国土资源部门必须依申请听证，充分听取当事人的意见和要求。2006年7月12日，因永蓝高速公路建设，市国土资源局组织召开零陵区、双牌县、宁远县、蓝山县土地利用总体规划编修听证会。2007年12月3日，市国土资源局组织召开调整冷水滩河东育才路与沿江北路交汇口东南角用地听证会。

2004—2015年，市国土资源局先后组织土地征收补偿标准、基准地价调整、土地利用总体规划修编等听证会32起。

第六节　土地行政诉讼

1990年10月1日，《中华人民共和国行政诉讼法》开始实施。1993年11月23日，地区中级人民法院首次公开审理非法炒卖土地牟取暴利一案，王某不服地区国土局作出的《土地行政处罚决定书》，向地区中级人民法院提起行政诉讼，经审理，以维持地区国土局《土地行政处罚决定书》而告终。1993—2015年，市本级应对各种行政诉讼案件140起，维持率达95%。

典型案例如下：

案例一　2012年10月26日，市国土资源局发出“国有建设使用权网上挂牌出让”公告，决定在省国土资源交易系统以网上交易方式公开挂牌出让湖塘路与春江路东南角2号地。同时在网上公开“湖塘路与春江路东南角2号地挂牌出让竞买须知”，内容包括：出让人、出让原则、竞买资格；标的起始价；网上挂牌截止；成交确认手续办理；网上挂牌中止和终止。伍某等7人和第三人某公司、张某、匡某、屈某、杨某参加竞买，2012年10月30日，登录系统交易过程中，第三人某公司、匡某无法报价，伍某等7人在交易没结束之前就出现交易成功界面。市国土资源局交易中心接到第三人某公司、匡某的电话报告，称该交易系统出现故障，无法报价后，于2012年11月30日向竞买人下发紧急通知，即作出中止湖塘路与春江路东南角2号地交易行为。2012年11月3日，向公安部门报案。2012年12月11日，委托湖南省鉴真司法鉴定中心进行鉴定。

伍某等7人不服，向冷水滩区人民法院提出行政诉讼。2014年10月9日，冷水滩区法院作出《行政判决书》，认为交易系统存在软件设计漏洞，市国土资源局在接报后根据竞买须知和湖南省国土资源厅网上挂牌出让国有建设用地使用权规则的相关规定作出中止交易的行为，并不违法，驳回伍某等7人的诉讼请求。2014年11月28日，伍某等7人不服，向市中级人民法院提起上诉。2014年12月24日，市中级人民法院作出《行政判决书》驳回上诉，维持原判。

案例二 姜某系冷水滩区珊瑚乡湖塘村村民，其认为市国土资源局出让给第三人某公司的国有土地使用权中部分土地没有征收。2015年6月，姜某向冷水滩区法院提起行政诉讼，请求区法院确认土地出让违法。2015年8月20日，冷水滩区法院经审查认为，农民集体所有的土地由村民委员会或村民小组经营、管理，土地是否征收，应由土地权利人主张权利。姜某不是土地权利人，与市国土资源局土地出让的行政行为没有利害关系，姜某不是合格的诉讼主体。冷水滩区法院作出《行政裁定书》，驳回姜某的起诉。

姜某对冷水滩区法院裁定不服，向市中级法院上诉。2015年10月15日，市中级人民法院认为，姜某未提供该村村民推选授权的诉讼代表资料；未提供任何证据证实其在该宗土地上有村组划分的责任田、有自己种植的菜地、果树等，无法证实其是该宗土地的土地权利人或实际使用人，故姜某既不是诉讼行政行为的相对人，也不是所诉行政行为的利害关系人，依法不具备行政诉讼主体资格。市中级人民法院作出《行政裁定书》，驳回上诉，维持原判。

第七节 国土资源信访

1987年，零陵地区国土管理局成立之初，信访工作由局办公室负责，无专职信访工作人员。

2004年，市委、市政府印发《关于实行依法信访的决定》，市公、检、法联合印发《关于依法维护全市信访工作秩序的意见》。市国土资源局参加市领导信访接待日活动，在涉及国土、城建、征地拆迁等方面接待来访2500人次，接办信访件528件，办结479件，余49件交由相关县（区）国土资源局调查处理；按照省、市集中处理信访突出问题及集体性事件联席会议要求，排查摸底锁定46个重点上访户，单独建立滚动台账，明确专门负责的领导和工作人员，严格实行承包案件责任制，当年完成省、市联席办交办信访案55件，办结44件；建立健全信访、登记、办理、督办台账，当年全市国土资源部门接待来信来访5650人次，其中，市本级接待上访 2500 人次。

2006 年 3 月，省国土资源厅《关于印发湖南省国土资源信访工作规定的通知》要求：县级以上国土资源部门应当确立信访工作机构或配备与工作任务相适应的专职人员，其主要职责是受理、交办、转送国土资源信访事项，承办本级政府和上级国土资源部门交办的国土资源信访事项，协调处理重要的国土资源信访事项，督促检查国土资源信访事项的处理，研究分析信访情况，开展调查研究，及时向本部门提出完善政策、解决问题的建议。2007 年 6 月，市国土资源局印发《永州市国土资源局处置群体性上访事件应急预案》。为进一步维护社会稳定，及时化解群体性上访积案，市国土资源局成立“永州市国土资源局处置群体性上访事件指挥小组”。由局长黄海凇任指挥长，各科室、直属单位主要负责人为成员。下设 4 个工作小组：直接接谈组，由分管局领导和相关县区局领导负责接待洽谈为主；政策法律宣传组，由法规科、信访科人员负责宣传有关法律政策；维护秩序组，由涉及相关科室人员维护群体上访秩序；事态观察取证组，由执法监察支队、监察室组成，监督事态发展状况，随时上报研究处置情况。2009 年 5 月，市国土资源局转发省国土资源厅《关于开展“国土资源信访积案化解年”活动的通知》，落实化解信访积案“四个到位”：组织领导到位、制度建设到位、排查化解到位、沟通协调到位 。

2004—2010 年，市国土资源局接待群众来访 416 批 1373 人次，来信 51 件；省、市交办信访件全部办结；集中解决中心城区 20 个土地遗留问题。

2012 年，全市国土资源部门按照市委书记张硕辅“五个落实”的要求（源头杜绝矛盾要落实，日常排查化解要落实，积案化解工作要落实、重点人员稳控要落实，各级干部责任要落实），全面部署，突出重点，加重责任追究，严格督查督办。市国土资源局下发《关于持续做好信访维稳工作的通知》，要求各县（区）国土资源局，市局各科室、直属单位按照通知精神，把信访维稳工作抓紧抓好。2014 年，市国土资源局将信访工作作为“一把手”工程来抓，强化领导责任，主要领导对该部门的信访工作负总责，分管领导负直接责任，其他领导成员“一岗双责”，按分工负责分管业务方面的信访工作，各业务单位负责人对涉及该单位职责范围的信访事项负全责。坚持局领导公开轮流值班接访制度，每周一为局领导信访接待日。依据《国土资源领域通过法定途径分类处理投诉请求清单及主要依据》等工作指南，强化一线工作人员处理信访问题“四到位”工作能力。

2015 年，市本级来信来访量大幅下降，接待来信来访 44 批 167 人次，同比下降 36%、52%；全年没有发生群体事件和恶性事件；网上处访深入开展，处理网上信访 92 件。

第二篇

地质矿产

第一章　基础地质

第一节　区域地层

永州市区域地层从新元古界青白口系高涧群始到新生界第四系，除缺失志留系、中三叠统、上侏罗统、新近系（原称“第三系”），其他时代地层均有分布①。

一、青白口系高涧群

高涧群属新元古代青白口纪晚期沉积，为海盆沉积序列，其分布在双峰—衡阳一线以南的湘南地区称大江边组（Qbdj），呈整合接触伏于在“南华系”泗洲山组之下，仅在桂阳桥市大江边见出露。厚度633米，为一次深海下斜坡凹陷内滞流还原环境沉积。岩性为一套深灰、灰黑色板岩、炭质板岩、夹薄层扁豆体状细晶白云质大理岩，未见底，地层年代为7.9亿至7.8亿年。

二、南华系

南华系属新元古代中、晚期一套在严寒气候条件下形成的冰碛岩沉积系列，其南区分布在零陵—耒阳—茶陵一线周边及以南区域，主要为正常海洋与海洋冰川混合沉积类型，由下而上分为三组。

（一）泗洲山组（Nh_1s）

是华南地区南华纪最早的冰成地层，其代表剖面在桂阳桥市大江边泗洲山，永州市区域未见出露，属深海盆地与下斜坡地带冰筏与海洋混合沉积，岩性为灰绿色

---

① 《零陵地区志》，湖南人民出版社，2001年12月第1版101页“零陵地区从震旦系到第四系……”；《中国区域地质志（湖南志）》，地质出版社，北京市2017年7月第1版36~37页“青白口系高涧群……湘东南区，位于零陵、耒阳一线以南的湘东南地区……”

含砾板岩与深灰色条带状板岩互层，厚度551.5米。

（二）天子地组（$Nh_{1-2}t$）

属陆缘斜坡浊积扇外缘浊流沉积，以紫红、灰绿色条状板岩、绢云母板岩与灰绿色中厚层粉砂岩、屑杂砂岩为主，在江华县码市一带发育较好的条带状赤铁—磁铁石英岩。厚度超过1500米。

（三）正园岭组（Nh_3z）

属陆缘斜坡浊积扇内扇水道滞留沉积，岩性为灰绿色厚层状至块状浅变质长石岩屑砂岩，灰绿色中至厚层浅变质石英砂岩，厚度417~683米，至郴县、江华一带较薄而砂岩颗粒变粗。

三、震旦系

震旦系属新元古代晚期形成的地层，为一套温暖气候条件下形成的碳酸盐岩建造，偶见基性火山岩，在永州市区域分布广、发育全，与下伏南华系正园岭组呈整合接触，与上覆丁腰河组呈整合接触，主要地层组合如下。

（一）埃歧岭组（Z_1a）

属震旦系下统，为灰绿色中层浅变质石英岩屑杂砂岩，条带状板岩，硅质岩。为边缘海盆低密度浊流与半深海硅质岩沉积交替，厚度40~231米。由郴州市郴县狮子口—江华梅子沟一带向东南方向硅质岩变少，以下伏正园岭组含砾板岩结束，本组硅质岩出现为界线。

（二）丁腰河组（Z_2d）

属震旦系上统，为深海—半深海硅泥质沉积，以灰黑色、白色条带状硅质岩，硅质板岩，偶夹砂质板岩，厚度1.3~21.9米，该组顶界硅质消失，而与寒武系香楠组炭质板岩、石煤层夹砂岩分界，测得该组等时线年龄6.12亿年。

四、寒武系

下古生界寒武系分布广，横向变化大，沉积类型多，古生物开始大量繁殖，尤以三叶虫最多。沉积物以具有重力沉积为特征的砂板岩为主，主要分布于江华和宁远、蓝山、江永九嶷山山区一带及东安北部舜皇山山区，地层序列自下而上为4组。

（一）香楠组（$C_{1-2}x$）

根据江华县水口镇香楠剖面创名，为一套浅变质砂岩为主，夹板岩及炭质板岩，厚度大，江华花江 715.6 米，蓝山陈家源一带 698 米。具水平微细层理，块状层理，古岩相为距陆缘不远的边缘海盆环境堆积而成，测得该组等时线年龄 556Ma。

（二）茶园头组（$C_{2-3}cy$）

根据邵阳市新宁县清江桥茶园头剖面创名。以深灰、灰色浅变质厚层中、细粒石英砂岩，长石石英杂砂岩夹绿泥石绢云母板岩，砂质板岩，岩性稳定，近源浊积岩特征明显，见有腕足类化石，江华水口 1204.9 米，蓝山陈家湾 1154.6 米。

（三）小紫荆组（$C_{3-4}xz$）

根据宁远县小紫荆剖面创名。代表剖面是宁远县小紫荆至蓝山县新层场剖面，主要岩性为灰黑色，灰绿色浅变质中、细粒石英砂岩、夹板岩、灰岩及硅质岩，浅变质砂岩与板岩组成复理石韵律，碳酸盐岩透镜体很不稳定，该组厚度，江华贝江 1263.8 米，蓝山陈家源一带 1455 米，变化大，其规律呈东薄西厚趋势。

（四）爵山沟组（Coj）

在井冈山市厦坪乡爵山沟创名。其代表剖面在宁远县鲁塘村。该组岩性主要为灰绿色厚层至块状浅变质细粒—中细粒浅变质砂岩，长石、石英杂砂岩、夹薄层—中厚层板岩，为次深海沉积。在都庞岭一带，总厚度 895.2 米，蓝山县陈家源一带 2587.6 米，局部含火山碎屑砂砾岩，产小腕足类，海绵骨针等属寒武系化石，但在都庞岭地层中曾采获笔石类化石，推测时代为芙蓉世—早奥陶世，因此爵山沟组为一跨时岩石地层单位。

五、奥陶系

奥陶系属下古生界中期，地层发育比较完整，露头良好，化石丰富，沉积类型有以碳酸盐岩为主，富产头足类、三叶虫的介壳相，也有以碎屑岩为主富含笔石相，分布在永州市域的地层有三组。

（一）桥亭子组（$O_{1-2}q$）

以邵阳市双峰县桥亭子剖面创名，广泛分布于湘中及湘南地区，并见于湘西北武陵山区。岩性稳定，为青灰色，灰绿色钙质板岩，砂质板岩夹细、粉砂岩，岩石水平纹层理和条带发育，呈复理石韵律层，为开阔陆架，海盆沉积序列，笔石化石保存完好，并具腕足类，甲壳类化石。

（二）烟溪组（$O_{2-3}y$）

以益阳安化县烟溪剖面创名，为黑色碳质板岩，炭质硅质板岩，夹粉砂质板岩，厚 108~160 米，广泛分布于祁阳县、东安县、零陵区、新田县、双牌县、江永县等湘南地区，在永州市辖域时，又称双江口组（祁东县四明山双江口剖面），城步组，富含保存完好的笔石化石，该组处于水流不畅，陆源物质供应欠充分的滞流海盆缺氧的还原环境。

（三）天马山组（O_3t）

以邵阳市双峰县湄水桥东天马山剖面创名，岩性稳定，底下部板岩稍多，往上浅变质砂岩增加，砂岩与板岩互层，常组成复理石韵律层，含长石，最大厚度为3020 米，该组为纯笔石相地层，所含笔石群种多为浊流沉积特征。在宁远县棉花坪有中酸性火山岩夹层，在东安县大庙口谢家塆亦有剖面出露，未见顶底，当时命名称苏水冲组，后归于天马山组。

六、泥盆系

上古生界泥盆系，分布广泛，发育齐全，且有不同沉积类型和比较完整的地层剖面，各门类化石较丰富。地层厚度变化大，湘中—湘南区为 676～2191 米，湘西北仅 106～606 米，与下伏地层呈角度不整合或平行不整合接触。泥盆系亦为重要含矿层位，除产铁矿外，还赋存多种金属和非金属矿产。泥盆系在永州市区域分 12 个地层组。

（一）源口组（D_1Y）

在江永县源口水库公路侧剖面创名，在距泥盆系底界 50～70 米处石英砂岩夹粉砂岩和页岩中，采得三层孢子囊穗植物化石，确认为下泥盆统地层可靠依据。该地层分布在道县、江华县涔天河、江永县源口一带，以紫红色碎屑岩为特征，自下而上由砂砾岩、石英砂岩、粉砂质泥岩构成一个完整的碎屑岩系列沉积旋回，其厚度在江永县为 289 米以上，到宁远县半山水库、双牌县打鼓坪一带渐薄，厚度仅 2 米。

（二）跳马涧组（D_2T）

以长沙跳马涧大屋湾剖面创名，该地层广泛分布于江华、江永、道县、宁远、蓝山、双牌、新田县等地。跳马涧组在该区域整合接触伏于源口组之上，其余各地均呈高角度不整合接触。岩性上部为紫红色，灰白色砂质泥岩、页岩，下部为灰白色石英砾岩、石英砂岩。富产鱼类、双壳类和腕足类化石，厚度 100～250 米，在宁远县半山水库石英砂岩剖面，厚 201. 7 米，原创名半山组，后归属于跳马涧组。

（三）易家湾组（D_2Y）

以湘潭市易家湾创名，其标准剖面在娄底市涟源县茅塘乡沙河，代表盆地相区沉积，易家湾组特征：该组地层广布于湘中、湘南区，岩性以灰绿、灰色厚层页岩，泥灰岩为主，往上部泥质减少钙质增加，在新田县黄公塘下部夹较多粉砂质页岩，厚度28米。江永县龙安岭一带厚7米。该组岩性以泥灰岩，泥岩为主，上部夹少量含泥质灰岩，厚度达198.9~537米，含丰富化石，尤以腕足类最繁盛，尚有双壳类、层孔虫、苔藓虫等，其时代属中泥盆系晚期。

（四）黄公塘组（D_2H）

根据新田县黄公塘白云岩剖面创名。黄公塘组以阳明山、塔山以南的部分地区最发育，岩性单一，特征稳定，以厚层、巨厚层白云岩为主，夹白云质灰岩和生物屑泥晶灰岩，属局限台地相沉积。

（五）棋梓桥组（D_2q）

以湘潭市湘乡市棋梓桥镇万罗山灰岩剖面创名，该地层广泛分布于湘中、湘南的碳酸盐台地相区，是铅、锌、黄铁矿等重要层控矿产赋存层位，在祁阳县黎家坪、新田县黄公塘及湘南大多数地方均有分布，岩性以浅灰、灰色厚层至块状粒屑灰岩，层孔虫灰岩为主，夹白云质灰岩，白云岩，厚度500~1000米，普遍发育台缘生物礁，棋梓桥组是一个岩性单调的跨泥盆世中、上统的穿时地质体。

（六）巴漆组（$D_{2\text{-}3}b$）

创名于广西象州大乐乡巴漆村，其代表剖面郴州市嘉禾县石古元水库地层。分布于湘中、湘南区的台盆相区。岩性以深灰、灰黑色薄层粉砂质与黑色薄至中层硅质岩构成韵律层。化石以牙形刺为主，腕足类和珊瑚稀少。巴漆组顶界与佘田桥、榴江组底界线一致，故巴漆组顶界也是穿时的，其下部底界属于中泥盆统，故该组的最大时限为中泥盆统顶部至上泥盆统佘田桥阶顶部。

（七）榴江组（$D_{2\text{-}3}l$）

在广西鹿寨县寨沙镇（旧榴江县城）创名，以邵阳市邵东县佘田桥自发堂—造仁堂剖面为标准命名为自发堂组，后引归入广西榴江组。该地层仅分布于湘中—湘南的台盆相区，以富含薄层硅质岩为特征，分别整合于易家湾组、巴漆组或棋梓桥组之上，在零陵区寨梓岭、冷水滩区村家塘、新田县麻塘窝等地，往北至东安县花桥，岩性以灰黑色薄层硅质岩、泥灰岩渐变为粉晶灰岩增多，硅质含量减少，厚度达468.2米。该组富含竹节石、牙形刺及少量腕足类化石，属中泥盆世末到晚泥盆世早期。

（八）佘田桥组（D_3S）

以邵阳市邵东县佘田桥镇东北约5公里的衡邵公路旁剖面为代表创名，广泛分布于湘中及湘南地区。以泥灰岩、页岩及含泥质灰岩为主，整合接触于榴江组之上。在新田县大坝一带，上部灰绿、深灰色薄层陆屑泥晶灰岩与深灰色中层泥晶粉晶粒屑灰岩呈往复式不完全韵律。化石丰富，主要有牙形刺、腕足类、珊瑚、菊石、介形虫等。在佘田桥之顶相当层位，普遍存在生物集群绝灭，其在黎家坪剖面具有代表性，夹一层厚数厘米至数十厘米黑色页岩，代表该顶部地层一次缺氧事件，可作为大区域地层对比。与上覆长龙界组泥页岩呈整合接触，与下伏榴江组黑色硅质岩、紫红粉砂岩呈整合接触。

（九）七里江组（D_3ql）

原创名娄底市冷水江市锡矿山七里江石英砂岩，其代表剖面为冷水江市锡矿山南矿井下剖面。七里江石英砂岩是灰岩的硅化产物，且将已硅化并与之连续沉积的未硅化灰岩（老矿山灰岩）统称为七里江硅化灰岩。主要分布于湘中及湘南地区，以厚层灰岩为主，在涟源田心坪至新邵孙家桥一带，最厚达300余米，往南至道县车头乡庙后—神岩水库剖面，岩性为灰、浅灰色厚至巨厚层生物屑砂屑灰岩、生物屑泥灰岩、深灰色亮晶晶粒屑灰岩，厚度178.6米，含丰富腕足类及珊瑚有孔虫化石，与下伏佘田桥组呈整合接触，与上覆长龙界组呈整合接触。

（十）长龙界组（D_3C）

原名长龙界页岩，改称长龙界组，以冷水江锡矿山老江冲剖面为代表。该地层广泛分布于湘中、湘南地区，具有由北往南泥质减少、钙质增多的特征。该组根据其岩性和厚度可分两种类型：当其下伏地层为以台盆相为主沉积的佘田桥组时，则以泥质岩为主，厚度巨大达300米；当其下伏地层为碳酸盐台地相沉积的棋梓桥灰岩时，则以薄层灰岩、泥质灰岩为主，厚度仅数十米。在新田县木井塘、道县神岩一带厚度43.7米。为灰、灰黄色薄至中层生物屑泥灰岩、夹中层泥晶灰岩。在宁远县龙板桥厚度在120~180米，化石主要为腕足类。与上覆锡矿山组青灰岩呈整合接触，与下伏七里江组灰岩呈整合接触。

（十一）锡矿山组（D_3X）

由娄底市冷水江锡矿山欧家冲剖面创名，广泛分布于湘中、湘南的邵阳—永州—郴州片区。该组地层自上而下在永州分为两个组段：上段为灰色、浅灰、灰黑色、厚层或中厚层灰岩、白云质灰岩夹白云岩，由江永县、道县往东泥砂质逐渐增多，至新田县白杜村、龙塘一带为泥灰岩相变区，以泥灰岩、泥质灰岩为主，产珊瑚、层孔虫及腕足类等海底栖生物化石。下段以新田县木井塘标准剖面为主，岩性以灰白至深灰色中厚至巨厚层状灰岩为主，次为白云质灰岩。灰岩多具鲕状结构，顶部夹黄绿色页岩与泥灰岩，厚度最大达400米以上。道县、江永县、江华各地显著变薄，该组原创名木井塘组，后归并为锡矿山组。产珊瑚、层孔虫及腕足类、浮游生物化石多。与上覆孟公坳组泥灰岩呈整合接触，与下伏长龙界组页岩呈整合接触。

（十二）孟公坳组（D_3M）

以邵阳市邵东县界岭孟公坳剖面创名，以新邵县田心乡马栏边剖面为代表剖面，分布于湘中（邵阳—衡阳亚区）、湘南（道县—郴州亚区），具由北往南碎屑岩减少的特点。在道县—郴州亚区，碎屑物质显著减少，在永州市域新田县木井塘剖面，下部以灰黄色薄层泥灰岩为主夹瘤状含泥质灰岩、钙质泥岩及少量鲕状灰岩，中部夹较多薄中层泥晶灰岩。上部为深灰色薄中层泥晶灰岩夹生物屑灰岩，厚110.9米，与下伏锡矿山组毗邻分布。呈连续整合沉积，与上覆马栏边组灰岩呈紧合接触。

七、石炭系

晚古生界石炭系在湘南发育全，出露完整，层序清楚，古生物化石丰富且赋存多种沉积矿产。主要分布在江华沱江—道县—宁远—新田和东安—祁阳一带，与下伏泥盆系呈整合接触。自下而上分为6个组。

（一）马栏边组（c_1m）

下石炭统马栏边组命名剖面在邵阳市新邵县田心乡马栏边水库。该地层在永州—郴州亚区，以郴州市桂阳县天鹅坪大塘背剖面为代表：下部以深灰色厚至巨厚层生物屑泥晶灰岩、泥晶亮晶砂屑灰岩为主，夹灰色薄层泥灰岩。上部白云质灰岩明显增多。以深灰色厚至巨厚层亮晶砂屑白云质灰岩为主，夹砾屑灰岩、生物屑泥晶白云质灰岩。岩石中鸟眼构造发育，砂屑灰岩呈透镜状。在零陵区、道县、江华一带如江华桥头铺八弓田剖面，厚91~440.6米。该组化石丰富，腕足类、珊瑚、有孔虫、牙形刺等属于石炭世早期。其下部的古生物化石带与下伏泥盆系上统化石有类同，因而该组具有明显穿时性。

（二）天鹅坪组（c_1t）

下石炭统天鹅坪组以郴州市桂阳县天鹅坪大塘背标准剖面创名。道县、零陵区等地，该组上部夹不稳定的无烟煤一层，江华涛圩夹磷块岩2~4层。原江华县三百工村剖面称大圩组，为一套深水沉积相。由一套黑褐色薄层硅质岩夹灰黑色薄至中层含泥质灰岩互层组成，厚72.3米。产丰富牙形刺、腕足类、珊瑚等古生物化石，属早石炭世中期，后归属于天鹅坪组。但其剖面岩性与桂阳大塘背剖面有显著差别。

（三）石磴子组（c_1s）

下石炭统石磴子组原称石磴子灰岩段，后创名统称石磴子组，代表剖面邵阳市新邵县田心乡马栏边水库剖面修测，为一套粒屑滩沉积为主，夹潮间带沉积，厚度184.8~293.8米，以深灰、灰黑色中至巨厚层亮晶砂屑灰岩，粉晶生物屑灰岩，生物屑泥晶灰岩，细晶灰质白云岩，古生物化石以珊瑚为主，有腕足类蜓类、有孔虫、牙形刺等。属于早石炭世纪晚期。

（四）测水组（c_1c）

下石炭统测水组，命名剖面在邵阳市双峰县梓门桥镇北约2公里之测水河东岸湾头。包括下部块状灰岩和上部含煤层两部分。在零陵区、东安县、冷水滩区、祁阳县一带可以零陵区三坛峰剖面为代表，上部为紫红色钙质页岩、粉砂质页岩及薄中层泥质粉砂岩；中上部为灰白色薄—厚层细砂岩、铁质细砂岩与粉砂质页岩，厚度60.8米，常夹菱铁质结核及劣质薄煤，亦含黄铁矿颗粒；下部夹泥灰岩，底部为钙质页岩，产珊瑚、腕足类、双壳类及海百合等古生物化石。

（五）梓门桥组（c_1z）

下石炭统梓门桥组命名剖面在邵阳市双峰县梓门桥镇北约2公里的湾头公路东侧，广泛分布于邵阳—永州—郴州片区，为一套浅海碳酸盐岩沉积与下伏测水组及上覆大埔组均呈整合接触，以浅灰色、灰色厚层至块状中细晶白云岩为主，夹粒屑泥粉晶灰岩、白云质灰岩，厚度150~200米，化石以大个体底栖生物为特征、有腕足类、珊瑚、牙形刺、有孔虫、苔藓虫、双壳类等，从化石表明应属早石炭世晚期，但其顶界地层是穿时的，可穿越早、晚石炭世界线。

（六）壶天群（cph）

上石炭统壶天群以湘潭市湘乡市壶天镇正为里—塘家井测制剖面为代表，该群岩性又分为两段，下段以浅灰色厚层至块状白云岩为主夹灰岩，又称大埔组；上段以灰色、浅灰色厚、巨厚层灰岩为主夹白云岩，又称马坪组。壶天群主产蜓类、有孔虫及腕足类、珊瑚等化石。以蜓类等化石组合分析，壶天群上段马平组时代为晚石炭世晚期，但其顶部又跨时代入船山世，其地层组合在下段仅在祁阳县五丸子塘局部见出露，大铺组与下伏梓门桥组为平行不整合接触。

八、二叠系

上古生界二叠系，在市区域发育良好，化石丰富，且含有以煤为主的多种重要矿产。自下而上又分为：船山统，为台地相碳酸盐沉积；阳新统，为台盆—开阔台地相硅质、碳酸盐沉积；乐平统，其下为三角洲—沼泽、泻湖相含煤碎屑沉积，其上为台盆相硅质夹碳酸盐沉积。其包括4个组。

（一）栖霞组（P_2q）

创名地点在南京东郊栖霞山，在湖南的代表剖面娄底市涟源水洞里灰岩与栖霞组具有相同的岩性和生物组群。岩性主要为一套灰至灰黑色中厚至巨厚状生物碎屑泥晶灰岩，含燧石结核柱并有黑色页岩及薄层硅质页岩夹层，产蜓类化石，一般厚39.5~100米。

（二）孤峰组（P_2g）

创名于安徽省泾县孤峰镇，在湖南与之相当的地层惯称“当冲组”在邵阳市双峰县双板桥四方井剖面，其岩性、厚度变化大、相变明显。在邵阳—永州—郴州一带南部小区，孤峰组为一套台盆相硅质泥质沉积，岩性为灰黑色含铁锰质的硅质岩、硅质页岩、硅质灰岩等。在永州的米筛一带最厚可达124.7米，所含化石主要为菊石、牙形刺、腕足类，与下伏栖霞组呈整合接触。

（三）龙潭组（P_3lt）

创名地点在南京附近龙潭镇。湖南衡阳市常宁斗岭组含煤碎屑岩地层亦代表湘中、南的龙潭组。永州市区域地层龙潭组以祁阳县茅竹乡富里铺剖面为例，地层发育好，与下伏孤峰组呈整合接触，可分出下部不含煤段、上部含煤段和顶部海相岩段。下部不含煤段厚165米，以灰绿色粉砂岩、长石、石英砂岩为主，次为砂质页岩，含炭质页岩等组成的4~5个或更多沉积旋回构成，含菱铁矿结核和条带。上部含煤段厚40~80米，主要为粉砂岩、细、中粒砂岩及炭质页岩、粉砂质泥岩夹煤层组成3~8个或更多不甚完整的沉积旋回。该段含煤三层，局部可达开采厚度。顶部海相岩段，一般厚度5~50米。为泥灰岩、钙质页岩、黑色页岩等，多含菱铁矿结核或薄层，富产海相双壳类、腕足类、头足类化石。

（四）大隆组（P_3d）

创名地点在广西合山市大隆村，娄底市连源市七星街测制剖面具代表性。主要分布在邵阳—永州—郴州小区。岩性为灰、深灰色至灰黑色硅质岩、硅质灰岩、硅质泥岩、菱形节理发育，富产头足类、菊石化石。该组属二叠世晚期，与下伏龙潭组呈整合接触，与上覆三叠系大冶组呈整合接触。

九、三叠系

中生界三叠系发育不全，分布稀少，在市域内缺少中三叠统；下三叠统仅在零陵区西南局部见出露；上三叠统主要分布在祁阳县观音滩等地。

（一）大冶组（T_1d）

创名地点在湖北大冶县城北铁山，张家界市桑植县洪家关为测制代表剖面。下三叠统大冶组仅在零陵区西南部见出露。岩性以灰、浅灰色薄、中层泥灰岩为主，夹薄层灰岩及灰岩透镜体，底部为灰白色钙质泥岩，厚180~210米，具台缘斜坡及浅海陆架沉积相特点，与下伏大隆组呈整合接触。

（二）三丘田组（T_3Sq）

创名地为江西萍乡市安源“三丘田统”演变而来。上三叠统三丘田组分布较广泛，湘中—湘东南均有出露，在长沙市浏阳橙潭江一带厚达588米，往西南至祁阳县观音滩厚度仅几米。岩性主要以石英砂岩、粉砂岩、泥岩组成韵律结构为特征，间夹煤层。以广盐型双壳类及植物化石为特征，属淡化泻湖至沼泽沉积相。

（三）造上组（T_3Zs）

创名地点在长沙市浏阳县澄潭江造上村。上三叠统造上组分布较广，湘中—湘东南均有出露。其中以醴陵—衡阳—零陵一带发育最好，永州市区域地层主要分布于祁阳县观音滩，河埠塘、黄泥塘、沙井等地。厚度达70米，是市域主要的含煤地层之一。岩性分上、下两部分：下部由砂岩鲕状砂岩、泥岩组成，呈砂泥质交互水平微层理；上部由砂质泥岩及介壳灰岩组成，含煤六层，含双壳类、叶肢介、昆虫等化石，属低能淡化泻湖相沉积。该组地层直接超覆于前上三叠统下伏地层之上，呈平行不整合接触。

十、侏罗系

中生界侏罗系在市区域地层中缺少上侏罗统，下、中侏罗统主要分布于祁阳县黄泥塘、沙井、冷水滩区黄阳司与易家桥—冯家冲一带，亦是永州市域最重要的含煤地层之一。还有耐火材料、建筑材料等矿产。在宁远县柏万城等其他各地亦有零星分布。海相和陆相两类沉积均有，动、植物化石丰富，地层含有五组。

（一）石康组（J_1Sh）

创名地在长沙市浏阳县文家市石康，下侏罗统石康组分布较广，以零陵区冯家冲、祁阳县观音滩露头甚多，其余各地亦有分布。岩性下部为红色砾岩，中部为泥质粉砂岩，具鲕粒结构；上部为灰白色黏土岩、黑色炭质泥岩、夹煤层。以淡水型双壳类比较发育，在祁阳县黄泥塘发现较多鱼类化石，称之为雨母山鱼群。局部尚见少量半咸水属种，它们与淡水型分子间互产出而不混生。属湖泊—沼泽含煤泥质碎屑沉积相。

（二）高家田组（J_1g）

创名地点在株洲市醴陵县高家田。下侏罗统高家田组在市域各地均有出露，厚142米，岩性下部为灰色、深灰色泥质粉砂岩；上部为黄褐色细粒长石、石英砂岩、黄绿色、紫红色粉砂质泥岩与粉砂岩互层。产醴陵蛤、珠蚌等淡水双壳类与植物化石，属湖泊—泥炭沼泽沉积相，与下伏石康组，呈整合接触。

（三）千佛岩组（J_2q）

命名于四川省广元县嘉陵江东岸千佛岩。原称千佛岩层。其代表剖面为浏阳跃龙剖面，又称跃龙统，后归属于千佛岩组。岩性主要为灰白色长石、石英砂岩与紫红、黄绿色粉砂岩、泥岩组成韵律层、岩层厚达 294.8 米。含钙质团块。属种单调，为淡水型双壳类，干燥—半干燥气候条件下淡水湖泊沉积。与下伏高家田组呈整合接触。

（四）沙溪庙组（J_2SX）

命名于四川省合川县沙溪庙，原零陵区一带的该地层称阳路口组，据其岩性、岩相现统归于沙溪庙组。该地层受燕山运动剥蚀，仅见于残余厚度由 100～1000 米不等。岩性为灰白色中厚层状长石、石英砂岩与紫红色粉砂质泥岩组成韵律层，祁阳县沙井及零陵区阳路口，残留厚度 230 米。产淡水双壳类、叶肢介、介形类等化石，属淡水河湖相沉积，时代属中侏罗世。与上覆白垩系栏垅组紫红色粉砂岩全角度不整合接触。

（五）两江口组（J_2L）

创名地点在蓝山县两江口，系指角度不整合于泥盆系之上的一套中酸—酸性火山岩及火山碎屑岩。分布极为局限，仅见于蓝山两江口至下庙垅；系火山熔岩及火山碎屑沉积，厚度大于 815.7 米，出露面积 30 平方千米未见顶。岩性为浅灰色流纹质晶屑凝灰岩、流纹质熔凝灰岩，底部见 12 米火山质角砾岩，获少量裸子植物孢粉化石。此外，宁远—道县—江永一带局部见玄武质火山角砾——集块岩及玻基辉橄质火山角砾岩。主要根据层位及构造界面对比将该组时代定为中侏罗世早中期，属燕山运动主幕产物。

十一、白垩系

中生界白垩系地层在湘东南地区发育最完整，为陆相红色碎屑岩沉积，俗称“红尘”，以衡阳盆地为主体，往南广泛分布于零祁盆地、道江盆地，多呈北东向构造。主要古生物群组有介形虫、轮藻、双壳类、孢粉，此外还有植物、叶肢介、脊椎动物等。

（一）下白垩统（k1）

其地层自下而上分为东井组、栏垅组、神皇山组。

东井组（k_1d）　创名地点在衡阳市衡阳县白水乡东井垅，其变化规律是：往祁东县同乐一带沉积物较细，为紫红色钙泥质粉砂岩、粉砂质泥岩，厚度达 800 余米；北面东井垅一带沉积物变粗，夹杂砂岩及泥砾岩；在江华码市、竹市一带岩性为棕红色中至厚层钙质粉砂岩及杂砂岩，厚度仅数十米。该组岩性较稳定，富含钙质，层理不清晰，或显断续水平层理，泥裂构造较常见。产较丰富双壳类、介形类、轮藻化石，属半干旱滨—浅湖砂泥质沉积，局部与上覆栏垅组呈整合接触。

栏垅组（K_1l） 创名地点在衡阳市衡阳县白水乡栏垅，以衡阳盆地北西翼的祁东县东井一带该地层最为发育，其厚度达800米，往南西端祁阳县一带显著变薄，厚度仅数米至数十米，岩性为紫红色、棕红色厚层，块状钙质砾岩，钙质含砾岩屑砂岩，砂砾成分具近源性，分选差，属山麓洪积扇砂砾岩相沉积。局部与下伏侏罗系沙溪庙组砂岩呈角度不整合接触，与东井组呈整合接触。

神皇山组（k_1SH） 创名衡阳市衡阳县神皇山。下白垩统神皇山组分布范围广，省内各大、中型盆地均有沉积，在市域的道江盆地，其厚度1627～1995米，岩性为：上段紫红色、棕红色长石、石英砂岩，含砾砂岩、粉砂岩；下段紫红色砾岩、砂砾岩及砂质泥岩组成韵律层，富产介形类、轮藻、叶肢介及双壳类化石。其顶底、夹河流砂泥岩相，中部主属滨湖砂泥岩相沉积。与上覆罗镜滩组呈角度不紧合接触。

（二）上白垩统（k_2）

其地层自下而上分为罗镜滩组、红花套组、戴家坪组、车江组。

罗镜滩组（K_2lj） 创名湖北宜昌市罗镜滩，其代表剖面长沙市浏阳秀山头地层。该地层在湖南大小盆地分布较为广泛，其他各地亦有分布，以西南端向北东方向厚度由薄显著增厚，达800～1000米，其南部各盆地100～600米，在南部道县、宁远县一带厚13.1～392米，岩性主要为棕红色厚层状钙质砾岩、砂砾岩、钙质细、粉砂岩及少量混积岩组成，具不清晰的透镜状层理或断续平行层理，属河流湖滨，洪积扇砂砾碎屑岩相沉积。呈角度不整合于下白垩系神皇山组之上。

红花套组（K_2hh） 创名于湖北宜都县红花套。其衡阳市衡南向阳桥测标准剖面。地层在省内诸盆地分布较广泛，在永州市出露面积小，仅分布在道县新花园水库刘家林场一带，各处岩性大体一致，其上、下以砖红色巨厚层状含钙泥质粉砂岩为主，中部夹较多粉砂岩及泥岩，水平层理发育，属河流洪积扇—滨湖碎屑—混积岩相沉积。与上覆、下伏地层呈连续整合接触。

戴家坪组（k_2di） 创建命名地点在衡阳市衡东县戴家坪剖面。在零祁、道江盆地祁阳县、零陵区、冷水滩区、道县等地，多为零星分布，岩性为紫红色粉砂质泥岩夹薄至中层钙质粉砂岩，夹杂色泥岩及砾岩，产介形类、轮藻类等化石。属湖盆砂、泥岩、泥灰岩相沉积，与上覆车江组呈整合接触，与下伏红花套组呈整合接触。

车江组（k_2c） 创建命名地为衡阳市衡南县车江镇牛头山剖面，以衡阳盆地发育较好，零祁盆地见紫红色灰质粉砂岩、砂质泥岩，砂质泥灰岩组成韵律层，厚442米。属河湖三角洲砂泥岩相沉积，与下伏戴家坪组呈整合接触。与上覆枣市组呈整合接触。

十二、古近系

湖南省新生界古近系属陆相沉积，主要分布于衡阳、洞庭盆地，其他盆地均为零星分布。古近系分为湘北区、湘西、湘中南区。1997 年《湖南省岩石地层》将湘西、湘中南一套砂泥质为主体的地层划分为枣市组、茶山坳组与高岭组。其中枣市组与茶山坳组主要分布于衡阳、茶市、株洲盆地，其中湘南各地均有零星分布。岩性以紫红色泥岩、粉砂质泥岩为主，含钙高，常有钙质结核，属晚白垩系末期—古新世早期滨湖—浅湖相泥、砂岩沉积。

永州市域古近系，地质勘查尚未发现该期标准化石，未确认古近系枣市组、茶山坳组地层露头。因而未对古近系与白垩系（红尘）划界，但依据古近系枣市组、茶山坳组紫红色砂、泥岩地层广泛、零星分布于湘中南地域的分布规律及其与白垩系“红尘”共有的岩性特征，并与下伏白垩系呈整合接触关系。由此，永州市域在古新世早期仍可能有零星枣市组地层沉积。

十三、第四系

永州市域第四系地层发育齐全，从更新世至全新世均有沉积，但岩层分布局限在湘江、潇水其及支流的两岸阶地及冲沟、坳谷零星出露，面积约 1500 平方公里，大部分为基座阶地，并具有丘陵化，砂、黏土具红壤化现象，其成因主要为冲积、残坡积等。地层分区主要依据岩性结构、风化物特征、重矿物、黏土矿物成分组合、孢粉、古脊椎动物化石，古地磁极性自下而上划分：下更新统洞井铺组；中更新统新开铺组、白沙井组、马王堆组；上更新统白水江组；全新统桔子洲组、峤岭组。

（一）洞井铺组（QP_1D）

命名剖面为长沙市洞井铺，永州市出露零陵区上横石潇水河谷第四系剖面是市域保留最早的第四纪堆积地层。

构成五级基座阶梯，具强丘陵化，基底高出湘江水面 64 米，阶梯高出水面 70~76 米。

湘江流域阶地对比情况表

表 2-1-1

阶地级别	长沙		霞流		零陵（上横石）		永兴		阶地特征
	阶面（米）	基底（米）	阶面（米）	基底（米）	阶面（米）	基底（米）	阶面（米）	基底（米）	
T_1	8～10	—	17～26	5	12～20	—	14	—	多为内叠阶地，局部基座阶地，阶面平坦，由 Qp_3b 堆积物组成
T_2	12～25	2～3	30～37	7～13	30～32	20～24	23～26	21～22	多为基座阶地，下游有时为内叠阶地，微丘陵化，由 Qp_2m 组成
T_3	37～53	11～23	40～50	30	40～46	18～32	30～31	29	基座阶地，具丘陵化，由 Qp_2b 组成
T_4	52～83	40～63	60	59	62	48～52	—	—	长沙为上叠或基座阶地，其他地区大部分为基座阶地，丘陵化较强，由 Qp_2x 组成
T_5	44～63	22～53	—	—	70～76	64	70	68	长沙为埋藏阶地，其他地方为基座阶地具强丘陵化。由 Qp_1d 组成

在长期风化侵蚀下，风化堆积物形成顶盖残留，岩性为紫红色砾石层，厚 2～10 米，砾径 2～12 厘米，最大达 20 厘米，基底为灰岩，与下伏古近系呈角度不整合接触与上覆新开铺组呈角度不整合接触。

（二）新开铺组（QP_2x）

于 1：20 万地层总结使用长沙新开铺建名，系河流沉积、堆积物自湘江岸傍阶地断续分布，见于零陵区南上横石湘江河谷第四系剖面，由于后期的风化剥蚀，仅见下部残存的砾石层，构成四级基座阶梯，具强丘陵化，基底高出河水面 48～52 米，阶梯高出水面 62 米，砂砾石成分大部分为紫红，灰白色石英砂砾岩，变质砂岩等，砾径 3～10 厘米，大者 25 厘米，磨圆度中等，基底为灰岩，与下伏洞井组呈角度不整合接触，与上覆白沙井组呈平行不整合接触、局部为不整合接触。

（三）白沙井组（QP_2b）

以长沙白沙井创名，并以白沙井地层为标准剖面。永州市域该层组，仅分布湘江、潇水及沱江流域两岸三级基座阶地，具丘陵化，基底高出河水面 18~32 米，阶梯高出河水面 40~46 米，在长期风化侵蚀作用下，形成顶盖残留，为灰黄色砂砾石层，厚 2~6 米，砾石成分主要为浅紫红色、浅黄色细粉砂岩，少量石英脉，含砾粗砂岩，角岩等，砾径 2~9 厘米，最大达 20 厘米，磨圆度较好，呈圆状，次圆状，分选差，在中上游山区局部发育有泥石流沉积，零陵区城南白沙井组与下伏白垩系角度不整合接触，与上覆马王堆组呈平行不整合接触。

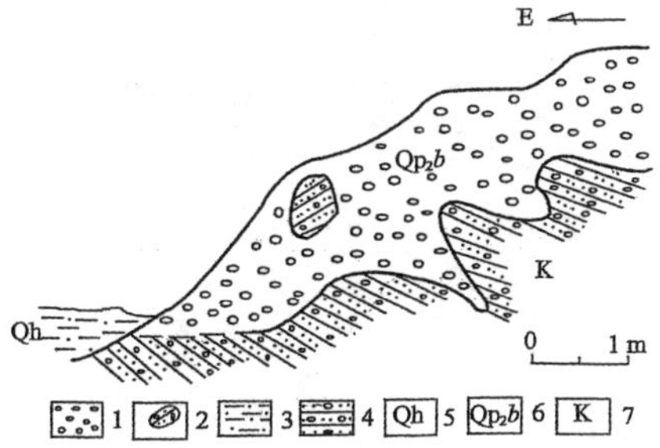

1—砾石层；2—被包裹红层砂砾岩；3—砂质黏土；4—砂砾岩；5—全新统；6—白沙井组；7—白垩系

图 2-1-1　零陵城南白沙井组与白垩系角度不整合

（四）马王堆组（QP_2m）

以长沙马王堆标准剖面命名。主要沿湘江及其支流分布，构成二级基座阶梯，高出河水面 20~30 米，厚 4~17 米。冲积物发育二元结构：下部为灰黄色砾石层，砾径 1~6 厘米，大者达 20 厘米，磨圆度较好，分选较差，上部为黄褐色网纹状含粉砂质黏土层；网纹构造发育，厚 1~5 米，与下伏白沙井组为平行不整合接触，局部与基岩呈角度不整合接触，与上覆白水江组呈平行不整合接触。

（五）白水江组（QP_3b）

创名来自岳阳市湘阴白水江沿岸地层，永州市域大小河流及其支流两侧有零星分布，构成一级内叠基座阶地，局部嵌于马王堆组和桔子洲组之间形成嵌于阶地，阶地面呈微波状起伏，较平坦，阶地高出河水面 12~20 米，厚 6~10 米。岩性下部为黄褐色石层，砾石成分以石英砂岩为主，砾径 0.5~2 厘米，大者 5~6 厘米，磨圆度较好，砂质胶结、松散；上部为橘红色粉砂质黏土，具不明显的网纹构造，厚 5.8 米。

（六）桔子洲组（Qhj）

沿大小河流域两岸漫滩、心滩及冲沟、坳谷冲积而成，一般为沙滩或沙砾滩，砾石成分复杂，分选差，漫滩一般具二元结构，上部为灰色砂质黏土、砂土；下部为砾石，堆积物松散、无胶结、沉积厚度 0.5~5 米，属河流相冲积。

（七）峤岭组（Qhq）

主要分布于市域东部的龙泉桥、下川、石嘴、楠市镇、永家桥等地，系由泥盆、三叠纪碳酸盐岩经长期风化就地堆积、残积形成，厚度0~3米，为红、橙色黏土，局部含粒径0.5~1厘米以下的铁镁质结核，黏土中网纹构造发育，红壤化程度较强。

第二节 岩浆岩

永州市岩浆岩以酸性岩为主，自加里东期至燕山期均有活动，岩体出露面积1224平方公里，占全市总面积6%。主要分布4个岩带：越城岭北东向岩带、阳明山—塔山东西向岩带、都庞岭—铜山岭—九嶷山北西向岩带、花山—姑婆山—禾洞东西向岩带。基性岩分布宁远东部、道县东南部和江永回龙圩一带，主要为浅成、喷出的辉绿岩—玄武岩，超基性岩体规模小。

一、时代划分

市域最老岩浆岩即下古生代加里东早期出露的越城岭岩体；最新是与早白垩系地层里侵入接触的基性和酸性浅成、喷出岩。岩浆岩活动强度首推燕山早期，其次是加里东期、印支期，燕山晚期较弱。加里东期，岩体出露面积221平方公里，占岩浆岩出露总面积13%。主要产状岩基，包括越城岭岩体、都庞岭、九嶷岩体，冷家、沙子岭岩体等。

印支期：岩体出露面积47平方公里，占4%。主要产状小岩基，包括阳明山、园石山、土坳、塔山、大宁等岩体。

燕山早期：岩体出露面积943平方公里，占77%。主要产状岩基、岩株、岩脉，包括冷家岭、舜皇山、羊和平、桐梓山、大江背、都庞岭岩体、月岩、金鸡岭、螃蟹木、姑婆山、铜山岭、祥林铺、禾洞等岩体。

燕山晚期：岩体出露面积12平方公里，占1%。主要产状为岩脉、岩筒，包括道县虎子岩玻基杆辉岩群、宁远东部基性岩群、川塘石英斑岩群、贵李园花岗斑岩、石英斑岩群、桥头石英斑岩群、金鸡岭岩体内花岗斑岩群、西山外围花岗斑岩群等。

二、岩体特征

（一）岩性

加里东期岩体一般为偏基性黑云母二长花岗岩、黑云母花岗岩。

印支期岩体属正常的钙碱系列花岗岩，接近二长花岗岩，岩体内局部可出现二长花岗岩，过渡带发育，边缘带宽度一般小于200米。

燕山早期第一阶段岩体，大都是典型的钙碱系列黑云母花岗岩，境内北部少数岩体经受蚀变影响而为二云母花岗岩，岩体规模一般都比较少，相带分异较好。

燕山早期第二阶段岩体，主要有细—中粒黑云母花岗岩、角闪石黑云母花岗闪长斑岩、花岗斑岩、石英斑岩等。

燕山晚期岩体，主要为酸性浅成、喷出的花岗斑岩、石英斑岩脉、石英斑岩、凝灰岩、安山岩；浅成、喷出的基性岩、煌斑岩等。均为零星分布，岩体少，多为脉状、岩筒状。

（二）副矿物

岩浆期生成副矿物有锆石、独居石、钛铁矿、铌钛矿、磷钇矿、褐钇铌矿、钍石、磷灰石、铬尖晶石、金红石、黑稀金矿等。

热液阶段及岩浆晚期对早期岩体矿化作用生成的重矿物有黑钨矿、白钨矿、锡石、方铅矿、黄铜矿、黄铁矿、辉钼矿、辉铋矿、绿帘石、褐帘石、石榴石、重晶石、电气石、黄玉、萤石等。

表生阶段生成的氧化物有白铅矿、白钛矿、孔雀石等。

（三）岩石化学

依据查氏分类以铝过饱和成分为主，只有少数碱性组分较高，暗色组分较低的岩体属正常成分，一般属Ⅱ类3科，即SiO_2饱和富碱性岩石；少数属Ⅱ类4科（SiO_2过饱各中碱性岩石）；个别属Ⅰ类1科（SiO_2强烈过饱和岩石）；SiO_2大于69%，一般在73%，除风化蚀变较强的斑岩之外，一般12.7%~14%。Fe、M、Ca等基性组分较一般酸性岩体。$FeO/Fe_2O_3$3.8，比一般酸性岩大得多。说明境内一些主要岩体生成深，厚度是比较大的。$FeO+Fe_2O_3+MgO$高达12。包括大多数基性岩在内，境内岩浆岩中的铁大于镁。碱性组成K_2O+Na_2O（除斑岩体及基性岩体之外），一般大于7.5%，略高于戴里和黎彤的平均成分，特别是K_2O含量比较高。Na_2O/K_2O一般0.56~0.67。

境内浅成花岗斑岩和石英斑岩体与主体相比较，一般有下列特点，SiO_2变化不大，或略低一些；Al_2O_3比主体高2%；$CaO+FeO+Fe_2O_3$一般各较主体增高0.5%。

但其遭受强烈水化作用后含量低一些；MgO 较主体一般高 10.3%；Na_2O+K_2O 一般比主体低 2%；F_2O/Fe_2O_3、$FeO+Fe_2O_3/MgO$、Na_2O/K_2O 的比值都较主体低。因此，境内各时代斑岩体一般较主体略偏基性。

（四）微量元素

境内加里东期岩体微量元素一般均低，仅沙子岭岩体例外，但硫化物矿床成矿元素铜（Cu）、铅（Pb）、锌（Zn）、钙（Ca）出现率高，锡（Sn）出现率也比较高；半金属和重矿化剂砷（As）、铅（Pb）、铋（Bi）偶见谱线，而铋（Bi）比一般酸性岩略高。

印支期岩体内，除铁族元素低，其他元素比加里东期微量元素的含量普遍高。

燕山早期岩体　第一阶段岩体系境内富含金属成矿元素的岩体；第二阶段除铜山岭和祥林铺岩体外，比较富含铌（Nb）、钽（Ta）、锆（Zr）等稀有元素，其他金属成矿元素较燕山早期第一阶段及印支期低，但出现率都较它们略有增高。

燕山晚期岩体　酸性岩中，铁族元素除钴（Co）、钪（Sc）之外，都比一般酸性岩高，铍（Be）的含量仅低于燕山早期第一阶段岩体，钛（Ti）是一般酸性三分之一，富含硼（B）等矿化剂，亦富含钇（Y）、镱（Yb）、镧（La）、锆（Zr）等稀有稀土元素，含量是一般酸性岩的 25～100 倍。硫化矿床典型成矿元素钨（W）、铜（Cu）、锌（Zn）比一般酸性岩依次增高 2～7 倍，只有钼（Mo）和锡（Sn）含量和一般酸性岩接近。

境内基性岩除铬（Cr）、镍（Ni）、钴（Co）、铜（Cu）、铯（Cs）等元素较高外，其他元素含量一般都比较低。

三、岩浆岩与矿产

（一）岩体成矿特征

加里东期岩体为成矿围岩，有脉型钨、锡、铍、萤石、重晶石、伟晶岩型的铍、水晶等矿产。

印支期岩体中及其外接触带，有较丰富的脉型钨锡矿，少数岩体有舒畅晶岩型钨、锡、铍等矿，但规模较小。另外，印支期岩体外围一般有中温热液的铅锌矿，并伴生铜，常为陡倾斜的脉状矿体，也有顺层交代碳酸盐形成的缓倾斜似层状矿体。

燕山早期第一阶段岩体　花岗岩风化壳型的稀土矿产，以钇族稀土为主，其次铈族稀土。这一时期生成的岩体，一般为岩基和岩株。与碳酸盐类岩石接触，常形成规模较大的矽卡岩型钨锡铋钼矿床；与下古生界浅变质岩接触，生成脉状钨锡矿，在岩体中常有石英脉型及云英岩型钨锡矿。所产伟晶岩一般矿物成分较简单，产钾长石、水晶。岩体外围有一系列铅锌矿点、铅锌矿床，部分岩体内外接触带有铀矿床。

燕山早期第二阶段岩体　有关矿产除与第一阶段一样外，还以产铌、钽和含铜的有色金属矿产为特征。此时期花岗岩、花岗斑岩风外接触带，一般都含铜（或含砷）、钨、铅、锌、锑的矿化或矿床（铜山岭岩体、祥林铺、高挂山花岗斑岩体），在铜山岭岩体外围还有锰帽型的锰矿床，中温热液的黄铁矿等。

燕山晚期岩体　花岗斑岩和石英斑岩，除贵李园岩体含铌钽外，尚未发现和矿产有直接生成联系。西山岩体周围花岗斑岩铅锌的含量高，与周围铅锌矿化有一定联系。燕山晚期基性岩普遍含铬尖晶石，由于超基性岩少见，铬难以形成工业矿床。但这些岩体一般含镍较高，某些岩体可能形成次生富集风化壳镍矿床。

（二）岩体成矿规律

加里东期岩体与矿产的生成联系不明。境内普遍出现的矿产有钨、锡、铅、锌、锑，以印支及燕山早期第一、二阶段为最重要；锡则以燕山早期第一阶段为主；铅锌自印支期—燕山晚期均有产出，但以燕山早期第二阶段和燕山晚期酸性岩体为最重要；铍与印支期—燕山早期第二阶段岩有关；铜、钼矿主要与燕山早期第二阶段岩有关；铬、镍只在燕山晚期基性岩中聚集。

岩性与矿产的关系，境内岩浆岩以酸性岩为主，均属钙碱性花岗岩族，岩性变化较简单，从花岗闪长岩—二长花岗岩—花岗岩变化，尤以后者为最多，与成矿关系较密切者为花岗闪长岩和花岗岩。主要矿种有钨、锡、铅、锌、稀土和铌组等。

四、主要岩浆岩体

（一）越城岭花岗岩体

位于市西北边缘，岩体面积1425平方公里，市域内出露面积27平方公里。展布方向与加里东褶皱轴一致，系加里东期至燕山早期的花岗岩复式岩体。

加里东期越城岭主体花岗岩体　该岩体二个矿带分布清楚，过渡带分布在岩体中部，占岩体总面积90%以上，岩性为中粒似斑状黑云母花岗岩。矿物成分：钾长石30%~45%，斜长石15%~25%，石英30%~35%，黑云母3%~5%，白云母1%。副矿物主要有钛铁矿、锆石、独居石；其次在过渡带有磷钇矿、钒钛矿，金红石、磷灰石、磁铁矿等；边缘带有少量钍石。

此外，人工重沙中还常见电气石、锡石、白钨矿、黑钨矿、绿帘石、石榴石等。

加里东期冷家花岗岩体 分布于越城岭加里东主体花岗岩北东角，出露面积2平方公里，为细中粒斑状黑云母花岗岩。矿物成分：钾长石38%~40%，斜长石21%~25%（An14—20），石英28%~36%，黑云母3%~4%，白云母2%~3%。

主体以后的侵入体加里东期补充侵入体 主要分布在主体西部的片麻状花岗岩中，其他部位也有出露。岩性为细粒似斑状花岗岩，局部具片麻状构造，与主体界限不清。矿物成分：微纹长石、微斜纹长石40%，斜长石25%，石英30%，黑云母4%。副矿物主要有锆石和磷灰石。

（二）阳明山花岗岩体

分布于市内东北部，呈北东东向展布，形两头大、中间小哑铃状，面积94平方公里，市域内出露面积42平方公里。岩体侵入于奥陶系地层中，接触面较弯曲、倾向围岩。

印支期阳明山主体花岗岩体 岩性特征：岩体过渡带主要为中粒斑状白云母花岗岩，个别地段出现中粒斑状白云母二长花岗岩。矿物成分：钾长石30%~40%，斜长石20%~34%（An11—18），石英25%~40%，黑云母1%~2%，白云母3%~6%。副矿物：过渡带主要有钛铁矿、锆石，其次有金红石、锐钛矿、独居石、磷钇矿、电气石等，含量都比较低；边缘带主要有锆石，其次有钛铁矿、金红石、红柱石、独居石、磷钇矿、铌铁矿、锡石、毒砂、电气石等。

燕山早期桐梓山二长花岗体 分布于阳明山岩体之南，侵入于奥陶系中，外接触带有角岩化，出露面积0.8平方公里。矿物成分：钾长石26%~32%，斜长石53%~37%（An8—16），石英26%~30%，黑云母6%~8%，少量角闪石。次生矿物有绿泥石、绿帘石、黝帘石、绢云母、白云母、黏土矿物等。副矿物主要有锆石、钛铁矿、磁铁矿、榍石等，其次有金红石、钍石、白钨矿、铌铁矿、绿帘石等。

脉岩 阳明山岩体内有细粒二云母花岗岩、细粒白云母二长花岗岩、花岗斑岩、钠长斑岩、石英脉、辉绿岩脉等。

（三）都庞岭花岗岩体

位于市区中段西部边缘，构成都庞岭山脉的主体部分，出露总面积274平方公里，其中，道县及江永境内出露面积54平方公里。都庞岭岩体是一个多期多次侵入的花岗杂岩体，主要有西部的加里东期二长花岗岩，称都庞岭西体；东部的燕山早期花岗岩，称都庞岭东体；还包括附近的月岩岩体和主体期以后补充侵入体及各种岩脉。

燕山早期都庞岭东体花岗体 分布于都庞岭花岗岩体的东部，出露面积196平方公里，市域内54平方公里。岩性特征：边缘带岩性为细粒斑状黑云母花岗岩、中细粒斑状黑云母花岗岩和不等粒黑云母花岗岩组成。矿物成分，边缘带：钾长石

35.8%、斜长石24.7%、石英35.1%、黑云母3.3%、白云母0.5%。过渡带：钾长石36.2%、斜长石24.2%、石英35.5%、黑云母3%、白云母0.5%。副矿物：有磁铁矿、钛铁矿、独居石、锆石，普遍含有褐钇铌矿等稀有矿物。中部和东部钨锡矿物含量也比较高。

都庞岭东体补充期侵入体 侵入于东体主体之中，主要为微细粒斑状黑云母花岗岩及细粒黑云母花岗岩组成。矿物成分：钾长石35%，斜长石25.7%，石英35.5%，黑云母3.4%，白云母0.5%，矿物成分和主体大体一致。副矿物富含独居石和黑钨矿、锡石等。

脉岩 都庞岭西体中岩脉少见，东体较西体稍为发育，其中以石英脉及细粒花岗岩脉多见。此外尚有花岗斑岩脉、含矿石英脉、伟晶岩脉等。

燕山早期月岩花岗岩体 位于都庞岭岩体北东约1.5公里月岩林场附近，面积1.5平方公里。月岩岩体是都庞岭东体的一个岩支，其特征与东体相似。月岩岩体之东，沿沟而下，奥陶系地层接触变质带宽达4公里。近接触带500米以内有斑点状云母石英角岩、云母石英角岩，角岩化砂岩带远接触有角岩化石英砂岩、角岩化长石石英砂岩带。岩体由细粒及中细粒花岗岩组成，普遍遭受后期的钠长石化或云英岩化。矿物成分：钾长石含量30%，斜长石28%，石英29%，白云母13%。岩石薄片中见石榴石及金红石等副矿物。

（四）九嶷山花岗岩体

分布于市区东南部，呈东西向展布于道县、江华、宁远、蓝山四县交界的九嶷山区，总面积954平方公里。自西而东包括下列主要岩体：九嶷岩体、螃蟹蟆岩体、金鸡岭岩体、沙子岭岩体、水莲角岩体、西山岩体、两江口火山岩和主体期后补充侵入体，主体外围的小岩体群等。这是一个自加里东期至燕山晚期多次活动形成的巨大花岗杂岩体。

加里东期九嶷岩体二长花岗岩体 九嶷岩体呈北西向，分布于九嶷山花岗岩体西端，面积127平方公里，侵入于震旦、寒武系地层中，跳马涧组沉积不整合覆于其上。岩性特征：边缘相带为细粒、中细粒角闪石黑云母二长花岗岩，分布宽400~800米。矿物成分：钾长石22.5%、斜长石40.8%、石英26.5%、黑云母8.3%、角闪石1.9%。副矿物：主要有磁铁矿、锆石，还有少量钛铁矿、磷钇矿、独居石、锆石、锡石、黑钨矿，普遍见有磷灰石、绿帘石。

加里东期砂子岭花岗闪长岩体 位于九嶷山岩体中部，呈南北向长条状分布于所城、紫良源、沙子岭、大桥一带。由于受燕山期金鸡岭岩体及西山岩体蚕蚀及后期区域性断层的破坏，使岩体变成一些不规则的残块。岩体侵入于震旦系、寒武系地层中。岩性特征：边缘带面积10平方公里，以二长花岗岩为主，有时出现花岗闪长岩。中粒似斑状结构，岩体北部斑晶多达20%~30%，斑晶以长石为主。矿物成分：斜长石40%~45%（An40—44，具环带构造）、钾长石10%~20%、石英20%~25%、黑云母10%~18%、角闪石2%~5%。过渡带占岩体总面积83%，以花岗闪长岩为主，局部可变为二长花岗岩。矿物成分：斜长石40%~45%（An40—44），钾长石10%~20%，石英20%~25%，黑云母10%~18%、角闪石2%~5%。副矿物：含量比较低。由北往南副矿物略有增加，副矿物组合比较简单，主要有：钛铁矿、锆石、磷灰石、褐帘石、磁铁矿，另见微量钍石、榍石，有时出现后期矿化的黄铁矿、毒砂、辉钼矿、方铅矿、辉铋矿、黄铜矿、绿帘石。

燕山早期金鸡岭花岗岩体 位于九嶷山脉中段，分布于癞子山、九峰、麻江源、大古源、荆竹一带，出露面积390平方公里。岩体侵入于九嶷山隆起的核部，长轴延长方向为北西向，南北两侧侵入于震旦系、寒武系地层中，并使之发生接触变质。岩性特征：岩体由黑云母花岗岩组成，岩性单纯，钾长石含量远大于斜长石。边缘带不发育，主要见于北部，过渡带也主要分布于北部。内部带分布于岩体中部偏南的天平顶、太古源、豆平等地，约占岩体面积40%，为粗粒似斑状黑云母花岗岩。矿物成分：钾长石48%、斜长石（An10—38）13%、石英30%、黑云母5%。过渡带主要出露于岩体北部及高山顶，面积约占岩体面积50%。矿物成分：钾长石44%、斜长石（An6—38）20.5%、石英31%、黑云母4%~5%。边缘带为中粒似斑状或中细粒似斑状黑云母花岗岩，主要出露于岩体北部边缘及少数高山顶（如畚箕窝）。一般宽100~300米，少数地方仅1米多。矿物成分：钾长石42%、斜长石（An10—26）20%、石英30%、黑云母4%。副矿物：岩体中普遍出现的副矿物主要有钛铁矿、磷钇矿、独居石、锆石、褐钇铌矿、锡石、磁铁矿、磷灰石等，伴生有少量的钍石、黑稀金矿、黑钨矿、黄玉、绿帘石、黄铁矿、辉钼矿、白钨矿等。

金鸡岭岩体补充侵入体 见于癞子山、正冲、大湾，呈小岩株状产出，单个岩体面积小于1平方公里。补充侵入体与主体之间无截然界限，二者之间一般有宽2~5厘米的过渡带。岩性特征与主体外表相似，不同点是粒径细小。基质为微、细粒结构。矿物成分：钾长石14%、斜长石11%、石英17%，以及少量黑云母组成。副矿物组合，岩石化学和微量元素特征与金鸡岭主体一致。

燕山早期螃蟹蟆、上竹瓦等花岗岩体 螃蟹蟆岩体侵入于金鸡岭主体内西部，出露面积43平方公里。另外在九嶷岩体中、上竹瓦等地，还有一系列小岩株，其特征与螃蟹蟆岩体相似，出露面积11平方公里。岩性主要为细、中粒黑云母花岗岩，与金鸡岭主体接触有细微粒结构的冷凝边（出露宽数米）。矿物成分：钾长石34.5%、斜长石（An12—16）30%、石英35%、黑云母3%、白云母少量、微量。

副矿物：主要有钛铁矿、磷钇矿、独石、变种锆石不等，其次有褐钇铌矿、铌铁矿、黑铌矿、锡石、钍石，再次为磷灰石、黑稀金矿、细晶石。

燕山早期西山花岗岩和花岗斑岩体　位于九嶷山岩体东半部，分布于蓝山县浆洞乡，东南延伸入郴州市临武县内，南部伸入广东连县和连山县境。为大规模浅成、喷发过渡类型岩体。东西向长达37公里，南北宽25公里，总面积681平方公里，其中永州市265平方公里。岩性特征：内部带为细粒斑状黑云母花岗岩，斑晶含量40%～60%，斑晶成分：钾长石20%～30%、石英15%～20%，斜长石（An34—45）5%～25%、暗色矿物0～3%。过渡带为花岗斑岩，基质显微细晶和粒晶结构。矿物组合有铁杆栏石—角闪石—黑云母，伊丁石—黑云母，辉石—普通角闪石，普通角闪石—黑云母，磁铁矿—黑云母，放射状黑云母、斜长石，黑云母—石英。边缘带为次晶屑凝灰质流纹斑岩，具斑状和晶屑砂状双重结构。斑晶含量35%～55%。斑晶成分：钾长石10%～30%、石英15%～25%、斜长石5%～15%、暗色矿物0～3%，具反应边和暗化边。副矿物：主要为磷灰石、锆石、钛铁矿、磁铁矿、独居石、石榴石等。常见的矿物有锐钛矿、榍石，及蚀变矿物黄铁矿、绿帘石、毒砂、辉钼矿、褐帘石等。少见的有磷钇矿、金红石、电气石、方铅矿、钍石、镁橄榄石等。

两江口上侏罗世火山岩系　分布于蓝山县浆洞乡两江口、庙龙冲、垮塘、狮子塘一带及连县丰阳乡等地，面积24平方公里。经实测总厚度438～706米，其中火山岩厚387和692.38米。以浆洞剖面为例：岩性有英安斑岩、英安流纹质凝灰熔岩、流纹质英安斑岩，厚140.03米。晶质凝灰质流纹斑岩、流纹质凝灰岩、火山角砾岩等，厚552.35米。

燕山早期水莲角花岗岩体　水莲角花岗岩体即雪坑岩体（龙头岭岩体），北北东向展布，面积约10平方公里。侵入于寒武系地层中，并发生角岩化。岩性特征：内部带为细、中粒似斑状黑云母花岗岩。矿物成分：钾长石40%～45%，环带状斜长石25%～30%（晶体内部An大于40，边部An28），石英25%，黑云母5%。副矿物：主要为磁铁矿、磷灰石、锆石。过渡带为微云英岩化二云母花岗岩。矿物成分：钾长石40%、斜长石25%～30%、石英10%～15%、黑云母1%～2%、白云母3%。副矿物：主要为锆石、黄玉磷灰石。边缘带斑晶大小（2.5～18）毫米×12毫米，基质粒径0.02～0.05毫米，斑晶和基质各约占50%。岩石的化学特征、微量元素与西山岩体相似。

燕山晚期花岗岩岩株、岩枝、岩脉　九嶷山花岗杂岩体内，花岗斑岩脉分布颇广，主要见于金鸡岭岩体内的有正冲、大湾、紫良源、大西源等地和西山岩体内部及周围的长铺、所城、两江口一带。矿物成分：钾长石45%～50%，斜长石25%，石英25%~30%，黑云母2%，个别含铁橄榄石。主要副矿物：磁铁矿、钛铁矿、石榴石、锆石、磷灰石、黄铁矿，其次为独居石、锐钛矿，再次为磷钇矿、辉钼矿、金红石等。

脉岩 九嶷岩体中的闪斜煌斑岩脉，见于上竹瓦南1.8公里，脉宽3米，脉与图岩界线清楚。矿物成分：斜长石54%，钾长石15%、石英6%、黑云母及绿泥石25%，及少量褐石、磷灰石。（1）金鸡岭岩体中的含砂石英脉：主要发育于岩体的西部，含钨锡石英脉，包括螃蟹蟆、正冲、狮子头等含钨锡石英脉群及九峰、婆婆岩、板塘之西等地的含钨锡石英脉。主要工业矿区为锡石，并伴生黄铜矿、绿柱石、辉钼矿等。（2）金鸡岭岩体、螃蟹蟆岩体、西山岩体中的花岗伟晶岩脉：金鸦岭岩体中有两岔河—住龙门—黄河伟晶岩群；大西源—高塘坪伟晶岩群；七里冲伟晶岩群；螃蟹蟆岩体中有螃蟹蟆—羊角冲伟晶岩群。西山岩体中主要分布在浆洞—小牛皮河一带。矿物成分：以微斜长石、石英、黑云母、白云母为主，有弱绢云母化、绿泥石化，偶见绿柱石。（3）金鸡岭岩体中的辉绿岩脉：分布于岩体的西部，断续出露长十余公里，厚10厘米至3米。矿物成分：斜长石大于50%（An55—56），此外有辉石和磁铁矿。

同禾田、回龙庙花岗斑岩群 分布于沱江和洪塘营之间的丰村大岭背斜内的同禾田、大头冲、回龙庙一带。岩体侵入于寒武系浅变质岩中，个别侵入中泥盆统跳马涧组中，围岩蚀变不明显。在20余平方公里面积内发现花岗斑岩体十余个，岩体北东向展布、长宽一般1~10米，面积100余平方米。岩石颜色灰白色，斑状结构，斑晶由斜长石、钾长石、石英、黑云母组成。斑晶含量多，斜长石含量比钾长石多。黑云母含量高达12%。

（五）燕山早期祥林铺酸性斑岩群

该岩群自西向东包括祥林铺、土岭、审章塘一带的一系列花岗斑岩和石英斑岩体。已发现数十个，最大的土岭、白岗岭岩体出露面积达0.3~0.4平方公里，岩体呈脉状、囊状、透镜状。

岩性特征：较大岩体的边部为石英斑岩、内部为花岗斑岩，小岩体一般为花岗斑岩。石英斑岩：斑状结构，基质微晶结构，斑晶含量一般为7%~15%，由石英、蚀变长石、黑云母组成。花岗斑岩：斑状结构，基质具微粒花岗结构，斑晶含量一般22%~25%，最高达50%。由钾长石20%~25%，石英13%~19%、黑云母1%~2%组成。

副矿物组合较为复杂，但各矿物含量较低，富含金属硫化物。主要有磁铁矿、褐铁矿、石榴石、电气石、磷钇矿、独居石、锆石、萤石、黄铜矿、白铅矿及微量绿帘石、辉铜矿、白钨矿、锡石、毒砂、角闪石等。

（六）燕山晚期贵李园和川花塘酸性斑岩群

分布于九嶷山穹隆北麓道县东南部和宁远的西南部、水市、贵李园、太阳洞、川花塘一带。

岩性特征：贵李园第一次侵入的石英斑岩：灰白色、斑状结构，斑晶含量25%~35%，由石英、长石、黑云母、白云母组成。贵李园第二次侵入的石英斑岩、流纹斑岩：岩石呈白色，斑晶含量比第一次侵入减少，基质极细呈致密状，呈隐晶泥质结构。斑晶石英2%~6%，长石1%~4%，白云母1%~2%，基质由隐晶质的多水高岭石组成，含量达85%~89%。川花塘石英斑岩、流纹斑岩岩性与贵李园第二次侵入体相似。白色，斑晶含量15%~25%，由石英11%~15%、长石3%~5%，黑云母1%~2%组成，基质由显微石英及泥质物组成，含量75%~85%。

副矿物：主要有磷钇矿、独居石、黄玉、铌钽铁矿、锆石等。

（七）燕山早期铜山岭花岗闪长斑岩体

位于市境内西南部大源岭背斜北部倾伏端。侵入于泥盆系、石炭系地层中，并使上三叠系地层发生接触变质，接触面倾向围岩，倾角30°~45°，岩体呈北东东向展布。分为三个岩体，东部Ⅰ号岩体面积11平方公里，两个小岩体分别为0.6和0.4平方公里。

铜山岭花岗闪长斑岩体　岩性特征：岩石具斑状结构，岩体主要由角闪石、黑云母长石组成。矿物成分：Ⅰ号岩体东体平均含量：斜长石42%（An44—50），钾长石12%，石英39%，黑云母6.5%，角闪石0.5%。西体：斜长石42.5%（An38—40）、钾长石15%，石英35%，黑云母6.5%，角闪石1%。斜长石Ⅱ号岩体47.3%（An39—42），Ⅲ号岩体40%（An39—42），钾长石：Ⅱ号为17.5%、Ⅲ号12%，石英：Ⅱ号为30%、Ⅲ号40%。黑云母：Ⅱ号为5.2%、Ⅲ号8%。角闪石：Ⅱ号微。副矿物：以锆石为主。绝大部分样品仅见钛铁矿、独居石、锆石、磷灰石。Ⅰ号岩体还见微量钍石、黄铜矿，偶见褐钇铌矿、锡石、石榴石。Ⅰ号岩体锆石平均含量西体较东体高3倍。

铜山岭岩体周围的石英斑岩体　分布于铜山岭岩体北部及东北部外接触带。距铜山岭岩体5公里内，发现20多个石英斑岩及花岗岩体侵入上泥盆至上三叠统地层中。岩体较大者0.2平方公里，小者只数平方米，岩体呈脉状及其他不规则状。石英斑岩和花岗岩呈渐变关系，二者无明显区别，岩石呈斑状结构，斑晶大小一般0.2~1.4毫米，含量一般小于10%，由石英、长石及黑云母组成。

脉岩　铜山岭岩体脉岩不发育，仅见少量石英及细晶岩脉，石英脉见于东体北侧及东侧，走向340°，厚度小，一般无矿化，偶见铜铅锌矿化。细晶岩脉出露于Ⅰ号岩体的边缘带中，走向60°~100°，厚20厘米至5米，被云英岩脉切穿。矿物成分：微纹长石 49%~69%、斜长石 9%~27%、石英 25%~27%、黑云母 2%~3%。

（八）印支期园石山花岗岩体

位于市境西南角燕子山核部，总面积 66 平方公里。市域出露面积 5.3 平方公里。岩体与寒武系和下泥盆统呈侵入接触关系，接触面倾向围岩。内部带为中粗粒似斑状黑云母花岗岩；过渡带为中细粒似斑状黑云母花岗岩；边缘带为细粒及中粗粒似斑状黑云母花岗岩。市域内只出露边缘带及过渡带，边缘带宽 200~500 米。

中粒似斑状黑云母花岗岩：斑晶约占 20%，由半自形宽板状微斜纹长石和粗大的石英组成。大小一般 5~15 毫米，基质粒径 1.3~3.15 毫米。矿物成分：钾长石 30%、斜长石 29%（具环带消光 An24—29）、石英 32%、黑云母 9%。

副矿物：主要有独居石、磷钇矿、钛铁矿、锆石，其次有少、微量钇解石、褐钇铌矿、泥钽铁矿、黑钨矿、锡石、磷灰石和铜铅锌硫化物。本岩体副矿物含铌和稀土矿物较普通。园石山岩体中有较多的伟晶岩及石英脉型钨（W）、锡（Sn）、铍（Be）矿点，外接触带有毒砂、铜、铅、锌矿点。此外，岩体中的铌钽稀有矿物分布比较普遍。

（九）姑婆山花岗岩体

该岩体位于市境最南端，出露于萌渚岭之西南段，总面积 678 平方公里，其中市境内出露面积 114 平方公里。根据相互穿插关系，燕山早期岩体划分两个侵入阶段，第一阶段分布于岩体东部，称东体；第二阶段分布于西部，称西体。

燕山早期姑婆山东体花岗岩体 市境内出露面积 53 平方公里。岩性特征：边缘带宽 10~100 余米，西部宽 400~800 米。为细、中细粒似斑状黑云母花岗岩，斑晶是钾长石。过渡带东部出露 500~1500 平方米，西部宽度大些，为中粒似斑状黑云母花岗岩。斑晶由钾长石及石英组成。内部带为中粒、粗中粒似斑状黑云母花岗岩。斑晶由钾长石和石英组成，各相矿物平均成分：钾长石 39.8%、斜长石 25.7%、石英 30.7%、黑云母 3.6%。副矿物：主要有磁铁矿、钛铁矿、独居石、钍石、褐钇铌矿、锆石等，其次还有磷钇矿、铌铁矿、黑钨矿、锡石、褐帘石、磷灰石等。

燕山早期姑婆山西体花岗岩体 主要出露于姑婆山岩体的西段中部，侵入于姑婆山东体之中，市境内出露面积 109 平方公里。岩性特征：岩性稳定，相带分异明显。以斑状黑云母花岗岩为主，斑晶含量一般 10%~20%，局部达 20%~25%。主要为钾长石及少量石英组成。矿物成分：钾长石 39.6%，斜长石 27.4%、石英 30%、黑云母 4%。副矿物：主要有磁铁矿、褐铁矿、独居石、锆石等。其次有磷钇矿、钍石、褐钇铌矿、铌钇矿、锡石、黑钨矿、铌铁矿、褐帘石、磷灰石等。

燕山早期的补充侵入体 穿插于姑婆山东体和西体中，为细粒斑状黑云母花岗岩。大斑晶长1~1.5厘米，宽0.6~0.8厘米，由板状钾长石组成，含量3%~4%；小斑晶粒径2.4~4毫米，由钾长石和斜长石、石英组成，含量32%~41%。基质粒径0.3~0.6毫米。矿物成分：钾长石40%、斜长石27.9%、石英28.5%、黑云母3.3%。副矿物含量较低，主要有褐铁矿、磁铁矿、锆石。

茶冲花岗斑岩体 位于姑婆山岩体的西部，湘桂边界附近的茶冲一带。岩体呈脉状近东西向展布，长3公里，并有分枝复合现象。茶冲南部的小岩体也有呈囊状、透镜状者，岩体由花岗斑岩和石英斑岩组成，具斑状结构。基质多为显微纹象结构，部分为微粒花岗结构、球粒结构。斑晶含量17%~27%，部分高达45%，颗粒大小0.6~2.5毫米，由石英（13%~18%）、钾长石（4%~7%）、斜长石（2%~4%）、黑云母（0~1%）组成。

脉岩 姑婆山岩体内脉岩不发育，有少量细粒花岗岩和伟晶岩等脉岩。细粒花岗岩脉：分布于姑婆山岩体的各个部位。岩性与第二阶段补充侵入体相似，二者可能是同源不同产状的侵入体。岩脉走向多北东30°~60°，厚2~6米。伟晶岩脉：见于姑婆山东体红花源、车头源林场等地，分布稀疏。岩性与主体相似，脉体中富含稀土副矿物。每立方米含量：褐钇铌矿61.37克，钍石1.37克、独居石14.15克、钻石196.6克、钛铁矿0.89克、少量锡石和磷钇矿等。

（十）禾洞花岗岩体

位于市境东南角湘粤边界地区，属太堡—禾洞复式岩体的一部分。禾洞岩体为燕山早期产物。大部分出露在广东连山县境内，永州市境内出露面积约30平方公里。岩体西北部与震旦系、寒武系及中下泥盆统呈断层接触或侵入接触。接触面倾向围岩，倾角60°~80°，与其上复的下白垩统为沉积接触关系。

燕山早期主体花岗岩体 岩性特征：内部带出露面积占岩体的大部分，为粗粒黑云母花岗岩，粒径5~10毫米，矿物成分：钾长石49.5%、斜长石20.5%、石英26.5%、黑云母3.5%。过渡带出露宽度0.5~7.5公里，由中粒黑云母花岗岩组成，粒径1.5~4毫米。矿物成分：钾长石45%、石英32%、斜长石18%（An10—19）、黑云母3%~5%。边缘带出露宽度窄，一般50~70米，岩体东部自接触带向内依次为石英斑岩、花岗斑岩、细粒斑状花岗岩。岩体西北部的石英斑岩为霏细斑岩和球粒斑岩所代替。副矿物：主要有磁铁矿、钛铁矿、锆石，其次有锐钛矿、榍石、磷灰石、褐钇铌矿、钍石及微量的绿帘石、褐帘石、独居石、电气石、白铅矿、石榴石等。

燕山早期补充侵入体 分布于巾子山、雷公坪、桃马坪、大龙山等地，共12处，最大巾子山岩体达4平方公里，与主体呈侵入接触关系。岩性与岩体边缘带相似，为细粒斑状黑云母花岗岩。斑晶为微斜长石和少量石英，粒径1.5~5毫米，含量5%~25%。基质粒径0.15~0.13毫米。矿物成分：微斜纹长石55%、斜长石

20%（Aa12）、石英20%~25%、黑云母1%、磁铁矿2%及微量锆石、磷灰石等。

脉岩 （1）二长岩脉：见于禾洞坪、北东向延长1.7公里，宽0.4公里，岩石具压碎结构及残余二长结构。矿物成分：钾长石50%~55%，斜长石35%~40%（An6—7），普通角闪石8%，榍石1%，磁铁矿1%，磷灰石小于1%，岩体有较微弱的阳起石化、碳酸盐化、去钙钠长石化。副矿物主要有：磁铁矿、绿帘石、褐帘石、榍石、锆石、磷灰石、赤铁矿及微量钛铁矿、锐钛矿、钍石、方铅矿、黄铜矿等。（2）石英二长岩脉：见于大龙山，出露面积0.5平方公里，侵入于禾洞主体中又被花岗斑岩切穿。半自形粒状结构，局部见二长结构。矿物成分：微斜微纹长石45%~50%、更长石35%~40%、石英5%~10%、黑云母1%。（3）正长岩脉：主要见于禾洞坪附近，大部分呈北东向展布，共见21处。矿物成分：微斜微纹长石40%~45%、更长石30%~35%、碱性角闪石3%~5%、黑云母1%，碱性辉石微量，榍石3%，褐帘石1%，石榴石1%~2%。（4）花岗斑岩脉：以锂鱼尾最发育，共见7处。大多呈北东向展布，倾向北西，倾角65°—85°、脉长5~6公里，宽20~40米。斑晶由钠长石、石英、钾长石组成，粒径0.5~3毫米，含量20%~25%。矿物成分：钾长石75%、斜长石10%~15%（An8）、石英5%~10%、黑云母5%。（5）细粒花岗岩脉：共有8条，北东—南西向展布，一般长1~2公里。岩石呈浅红色细粒花岗结构，粒径小于1毫米，岩石中含少量磷灰石、锆石、磁黄铁矿。（6）辉绿岩脉：共有7条，北东走向，长度不等。深灰绿色、辉绿结构。矿物成分：斜长石50%~55%（An50—62）、普通辉石10%~45%、少量黑云母、角闪石。磁铁矿达8%，钛铁矿达3%~5%。（7）石英脉：北东—南西走向，倾向西，倾角70°~85°。一般是多次形成的石英脉，断续延长可达数公里，局部具弱铅锌矿化。（8）细晶岩脉：较为少见。矿物成分：微斜微纹长石43%、斜长石25%（An28）、石英30%、黑云母1%。

（十一）江永东南部基性岩群

回龙圩玻基橄辉岩和煌斑岩体 位于江永县之南回龙圩附近。岩体侵入于岩关阶下段灰岩中、附近浮土厚，岩体呈孤立露头出露，面积0.1~0.2平方公里。岩体由三种不同岩石组成，南部为独立的云煌斑岩体，宽50米，长150米；北部由闪辉正煌岩和玻基橄辉岩组成，相间出现，接触关系不清。岩体的生成时代推测为燕山晚期。（1）云煌斑岩：深灰色、半自形粒状结构，块状构造。矿物成分：钾长石54%、黑云母6%~8%、铁泥质38%~40%。基质为铁泥质。岩体含金云母、铬磁铁矿、辉石等重矿物，含微量磷灰石、锆石。（2）闪辉正煌岩：褐灰色、半自形粒状结构，部分具斑状结构。矿物成分：钾长石57%~64%、辉石24%~29%、橄榄石2%~3%、少量石英、方解石、绿泥石、磁铁矿。岩体中含铬铁矿、普通辉石、透辉石、磁铁矿。部分样品中有角闪石、榍石、石榴石、黑云母、金云母。（3）玻基橄辉岩：深灰色，玻基斑状结构。斑晶含量 8%~9%，粒径 0.45~1.6 毫米。由橄榄石 4%~5%，普通辉石 2%~3%，金云母或黑云母 2%组成。基质由玻璃质 35%~52%和普通辉石 36%~40%，杆沸石 0~10%及少量长石、金云母、磁铁矿、铁泥质等组成。岩体中含铬铁矿，少量磁铁矿、辉石、磷灰石、角闪石、蛭石及微量辰砂、锆石。

谷母溪闪辉煌岩群　分布于江永县城南东黄甲岭附近，谷母溪至虎脑山一带，围绕铜山岭岩体南西弧形分布，长 10 公里、宽 3.6 公里，出露煌斑岩体 30 余个，均为闪辉云煌岩。生成时代推测属燕山晚期。岩石灰色、灰黑色，自形态变余粒状结构。岩体含铬铁矿、褐铁矿、辉石、锆石等重矿物。部分样品见有闪角石、石榴石，黄铜矿，偶见白铅矿、毒砂、蛭石、雄黄、金红石、铬云母、磷灰石等。副矿物组合大体和回龙圩岩体相似。

（十二）道县东南部基性岩群

虎子岩基性岩群　位于道县城东南 2 公里，由两个岩体组成：（间距 250 米）东岩体长 610 米、宽 25~300 米；西岩体长 180 米、宽 60 米，在平面上呈哑铃状。岩性特征：岩体主要为喷溢—超浅成—浅成侵入的基性杂岩体。岩石类型大致分为四种：（1）玻基橄辉质熔角砾岩：分布于岩体膨大部分的中心部位或岩体的下盘，呈灰绿色角砾状构造，空洞构造较常见。熔岩角砾多为玻基橄辉岩，约占 40%~60%，其次为变玻质约占 20%~50%；再次为灰岩、泥灰岩，局部有砂岩、页岩、板岩、片麻岩角砾，含量 5%~40%。（2）玻基橄辉岩：是组成虎子岩岩体的主要岩石，灰绿色玻基斑状和变余斑状结构，斑晶为橄榄石（15%~30%），普通辉石（小于 5%），局部有紫苏辉石（3%~5%），偶见长石和黑云母。斑晶粒径 1~3 毫米，基质为普通辉石（20%~60%）和变玻质（20%~40%），局部含黑云母（2%~10%）。次生矿物有蛇纹石、绿泥石、方解石、石榴石，滑石等。（3）橄辉斑岩：呈脉状，主要分布在东体的西段，灰绿色，风化后黄绿色，斑状及变余斑状结构，斑晶以橄榄石为主（15%~25%），次为普通辉石、透辉石、黑云母等，基质为变余半自形、它形粒状显微嵌晶结构。由钾长石（10%~40%），普通辉石和透辉石（3%~48%）、黑云母（0~10%）等组成。（4）橄辉质胶结的灰岩角砾岩：出露不广，分布于岩体西段和西体北端。主要为灰岩碎块（60%~90%），被少量微辉质熔岩胶结，灰岩大多已大理岩化。岩体中基性、超基性岩包体的特征：包体的主要组成为辉长岩占 40%，辉石岩、橄榄岩共占 60%。局部见强硅化含铬尖晶石橄榄岩，偶见煌斑岩、蛇纹岩等。副矿物特征：人工重砂中除有较多的基性岩造岩矿物外，还富含黄铁矿、铬尖晶石等矿物和少量锆石、钛铁矿、磁铁矿，局部有重晶石、方铅矿、白钨矿、黄铜矿、辉铋矿等矿化。

龙岭头基性岩群 位于道县之东南蚣坝之北约6公里，包括龙岭头和小塘虎2个岩体，近东西向展布。龙岭头岩体似脉状，走向长720米，宽25~130米，岩体呈漏斗状。龙岭头岩体南西1.7公里的小塘虎岩体长400米，宽20~50米，特征与龙岭头岩体相似。岩体的两侧有0.5~10米的硅化破碎带，破碎物由灰岩、泥灰岩、砂岩角砾、断层泥、铁泥质组成，角砾具棱角状、半棱角状。岩性特征：龙岭头岩体的岩石类型，主要为玻基橄榄辉石岩，玻基辉石岩、含长玻基橄榄辉石岩，局部有熔岩角砾岩。副矿物：主要有铬尖晶石、磷钇矿、磁铁矿、褐铁矿、钛铁矿及少量金红石、石英、黄铁矿、赤铁矿、锆石等。

（十三）宁远东部基性岩群

分布于宁远东部和新田西南部。南北长50公里，东西宽20公里，已发现基性岩体100余个，以宁远保安圩一带分布较为密集。岩体分布受北东向及南北向的大断裂带控制，多为爆发式、喷出或溢出体。岩体大者1500米×500米，小者仅数平方米。据56个岩体统计，出露面积0.1~0.6平方公里者6个，0.05~0.1平方公里者4个，0.01~0.05平方公里者22个，小于0.01平方公里者24个。岩体平面出露形态有圆形、椭圆形脉状和其他不规则形状。

（十四）其他小岩体、岩群

在市域内，除上述主要岩体岩群之外，还有一些零星分布的小岩体。

和城花岗斑岩群 位于宁远南部汪井和城银山一带，呈岩墙状产出。岩性主要为花冈斑岩，斑晶主要为斜长石25%~35%，黑云母5%~7%，基质占55%~60%，主要由长石、石英组成，微粒花岗结构。长石常蚀变成绿帘石、绢云母、高岭石。副矿物：主要有锆石、磷灰石、帘石，偶见磷钇矿。

兰岭山花岗斑岩体 位于蓝山和郴州嘉禾交界的兰岭山穹窿核部。岩墙状产出，东西向展布，长6公里。

朱家源和刘家安山质角砾凝灰岩 位于宁远东部基性岩群之中，产于泥盆、石炭系灰岩中，出露面积200米×50米和150米×80米。岩石呈紫灰色，具岩屑、玻屑砾状结构，玻质胶结，局部见气孔构造。由具流纹构造的安山岩屑、脱玻化的玻屑和霏细物（25%~30%）及火山碎屑、铁泥质（70%~75%）组成。并见有较多的灰岩角砾，大小0.5~3厘米，次棱角状，岩石具轻微绿泥石化，与之接触的灰岩有微弱的硅化。

猫儿山安山岩 见于道县之西北乐福堂猫儿山附近，见3处，侵入于中泥盆统棋子桥组中，岩体出露长100~300米，宽10~20米。岩石呈灰黑色、灰色、黄绿色，遭受强烈的风化和蚀变，原岩成分已改变，结构尚保留。斑晶主要由长石假象，其次为角闪石假象组成，呈柱状、板状、菱形等外形，由黏土矿物和绿泥石所取代。个别岩体中见辉石及黑云母等矿物。斑晶含量82%~85%，基质具变余交织结构、微粒结构，主要由长石，角闪石假象及少量石英组成。长石和角闪石也由黏土矿物，绿泥石、铁泥质组成。基质中还有大量次生的石英，粒径0.01~0.06毫米。

第三节　构造

永州市地处祁阳弧形构造之南翼，南岭纬向构造带中段北侧。东邻耒阳—临武南北向构造带，西北部为新宁南北向构造带，西南为广西山字形构造东翼。

从震旦纪至第四纪的漫长地质历史中，经历若干次地壳构造变动，几个区域性不整合明显地存在，反映永州市在这一历程中，至少经历过晚陶世之后，早泥盆世之前的加里东运动，早三叠世与晚三叠世之间的印支运动，侏罗纪与白垩纪之间的燕山运动。

由于多次复杂的构造运动，造成永州市主要构造体系有：东西向构造体系，南北向构造体系，扭动构造体系，旋卷构造体系。还有一些体系未归属及性质不明的构造。

市域地层构造活动不仅具有长期性、复杂性，而且具有阶段性、继承性，致使各类构造形迹相互掺杂，侵扰、交接、重叠，间而彼此复合、迁就、归并或者联合改造成新的构造形式。

一、东西向构造

永州市位于南岭纬向构造带中段北侧，东西向构造形迹不甚明显，仅有加里东期的东西向构造变种——九嶷弧，但从岩浆活动的空间展布其全貌，在市域由北而南划出3个东西向构造带。

（一）阳明山—塔山东西向构造带

该带位于北纬26°00′~26°10′，塔山、阳明山一带，为一轴向近东西向隆起，核部由寒武系、奥陶系组成，其边部为下中泥盆统所环绕，在轴部有印支期花岗岩侵入。该隆起于阳明山西坡急速倾伏。波及永州市有青皮源背斜，花园湖向斜，白竹塘压性断裂。

花园湖向斜：位于宁远县北，由上奥陶统上组组成轴部，轴向东西，伸长8公里。

青皮源背斜：位于新田县北之福音山。中奥陶统组成背斜轴部，轴向东西，伸长5公里。

白竹塘压性断裂：位于双牌县城东，断裂走向近于东西，倾向南倾角70°~80°，伸长7公里。

（二）都庞岭—铜山岭—九嶷山东西向构造带

该带位于北纬25°05′~25°30′。有都庞岭东体燕山早期侵入的花岗岩，铜山岭燕山早期侵入的花岗闪长岩，祥林铺燕山早期侵入的花岗斑岩、石英斑岩群，同禾田—回龙庙花岗斑岩群，九嶷山西体加里东期侵入的二长花岗岩，金鸡岭燕山早期第一次侵入的中、粗粒斑状花岗岩和第二次侵入的细、中粒花岗岩，沙子岭加里东期侵入的花岗闪长岩和西山燕山早期侵入的花岗岩，以及两江口上侏罗统火山凝灰岩。这些岩体除个别轴向呈东西向伸长外，多数呈北东、北西或呈南北向。但总体方向保持东西向排列，成为南岭花岗杂岩带的一个组成部分。

（三）花山—姑婆山—太堡东西向构造带

该带位于北纬24°50′以南。自西向东，主要有花山金子岭、乌羊山燕山早期花岗岩，姑婆山燕山早期第一次中、粗粒斑状花岗岩，第二次细、中粒斑状花岗岩，大宁印支期花岗岩，永和加里东期花岗闪长岩，以及太堡加里东期花岗闪长岩、禾洞燕山早期花岗岩，小的岩体有花岗斑岩、石英斑岩、煌斑岩以及辉绿岩等岩群、岩脉。除个别英斑岩脉呈明显东西向外，其他多具圆形、椭圆形，或不规则状，有的呈南北向伸延，但其空间展布仍为东西向。该带仅在市域南部。

二、南北向构造

南北向构造，在市内十分发育。三叠纪以前地层全部卷入。其中，主要分布于紫荆山、阳明山隆起以南，表现为强烈的线状褶皱及与之相并行的冲断裂，为一个规模大的复向斜、一个规模大的复背斜。而紫荆山、阳明山以北多褶祁阳弧形构造所占据，仅在弧形构造之西有一个规模较小的牛头寨南北向构造带。

（一）双牌—道县南北向构造带

该带位于东经111°20′~111°40′，北起紫荆山以南，经道县、沱江南下出省，为一北窄南宽的复向斜。主要为泥盆纪、石炭纪地层组成。线状褶皱及与轴线相并行的压性断裂特别发育，其中有两个上三叠统侏罗系构造盆地。

主要褶皱构造有：（1）紫荆山背斜：核部由上奥陶统组成，边部为下、中泥盆统所环绕，是短轴状，长轴方向南北，伸长35公里，东西宽20公里，两翼地层倾角20°~45°。西翼受断裂切割，破坏了完整性。（2）单江向斜：位于紫荆山背斜东侧，北起双牌以北，南至打鼓坪，为夹长形，伸长35公里、轴部由中泥盆统跳马洞组及棋子桥组组成，两翼为下泥盆统或中泥盆统跳马涧组，地层倾角 10°～20°。于双牌附近，向斜东翼被新华夏系断裂截切，缺失下泥盆统。(3) 湾夫向斜：位于紫荆山西侧，轴向南北，北端被弧形构造断裂截切，向南扬起，伸长约 9 公里，轴部由下石炭统大塘阶组成。两翼为下石炭统岩关阶段及上泥盆统锡矿山组，两翼地层倾角为 30°～40°。(4) 大井向斜：位于道县新车—大井，向南伸入铜山岭矿区北区。大井以北，轴向南北，轴部由上、中石炭统组成，大井以南，轴线偏南西，轴部由下二叠统栖霞组组成，两翼为下石炭统大塘阶或岩关阶，伸长约 20 公里。(5) 赤坝背斜：位于道县西营江—上渡。轴线略呈反 S 形，南北两段走向近南北，中段走向北东，脊线缓慢起伏，核部为中泥盆统棋子桥组，翼部为上泥盆统佘田桥组及锡矿山组，伸长约 20 公里。(6) 西边岭—河路口背斜：位于江永县铜山岭东侧至江华河路口附近。轴部总体方向南北，核部地层主要为中泥盆统棋子桥组脊线明显抬起地段，有跳马涧组出露。背斜轴部的形态南北有较大差异，北部核部浑圆，南段则出现背斜尖削成梳状向斜，宽敞或屉状的隔挡式次一级小褶曲。此背斜西翼平缓开阔，地层倾角一般为 15°～20°，东翼陡且狭窄，地层倾角一般为 30°～45°。背斜轴面向西倾斜，长 70 余公里。(7) 岭江渡—桥头铺—涛圩向斜：轴线大致呈南北，北段轴向北 10°东，其北端与紫荆山辐射状构造斜接，中段轴线出现偏拐，弯曲成弧形，其中沱江明显。轴部地层为下石炭统大塘阶桥门梓组，在岭江渡—桥头铺为上泥盆统锡矿山组。西翼地层倾角陡，一般 30°～45°，东翼舒缓宽敞，次级褶皱发育，地层倾角一般 30°，全长 86 公里。此外，还有周冲—黄甲岭向斜、坦口向斜、石枧向斜、猫儿山向斜、新车背斜、寿雁背斜、午田背斜、大岭脚向斜、祥林铺向斜、雷家洞向斜、江永—富川向斜、大兴塘背斜、长春向斜、松光岭背斜、秦岩向斜。

主要断裂构造有：(1) 回龙圩—富川压性断裂：北段走向北偏东，南段走向近于南北，倾向西。截切地层为下石炭统岩关阶及上泥盆统锡矿山组、佘田桥组、棋子桥组。回龙圩以西断裂带有玻基橄辉岩侵入。该断裂向东南延伸与上江圩—黄甲岭压性断裂复合。(2) 上江圩—黄甲岭压性断裂：北段走向近于南北，南段走向舒缓弯曲，大致呈北 25°东走向、断裂向西倾斜，倾角 50°，截切中，上泥盆统及下石炭统，西盘棋子桥组逆冲于东盘下石炭统之上。该断裂与回龙圩压性断裂归并后，向南延伸出市不远即恢复其南北走向。(3) 东岭—亭路压性断裂：北端与新华夏系断裂斜接，使其北段走向发生偏拐，为 15°，至新车以南走向总体仍为南北向，倾向东，截切地层为中泥盆统棋子桥组，上泥盆统佘田桥组、锡矿山组。下石炭统岩关阶、大塘阶，沿线地层重复、挤压破碎，伸长 40 公里。(4) 营江—桥头铺—东边岭压性断裂：断裂大体为南北走向，北端与紫荆山辐射状构造的压扭性断裂发生扭结，而改变成曲线，于道县城西南为南北走向，向南伸延之桥头铺以南，被华夏系断裂构造错移。截切地层主要为中泥盆统棋子桥组，上泥盆统佘田桥组、锡矿山组，全长 53 公里。（5）宜山—沱江—涛圩压性断裂：该断裂于岭江渡以北，受华夏式构造冲断裂影响彼此迁就、归并，走向波状弯曲，北端被马蹄截切后，去向不明，至岭江渡以南恢复南北向延伸，沱江附近被华夏式断裂错断，断裂面倾向西，倾角 50°~60°，截切地层有中、上泥盆统，及下石炭统。南端切入姑婆山花岗岩体。断裂带沿线地层挤压破碎，局部地段有较多方解石脉穿插，伸达姑婆山花岗岩体后，断裂面有大量石英脉充填，两侧硅化破碎。全长 108 公里。（6）红星—桥市压性断裂：断裂南北两段，均有华夏系断裂发生迁就，归并，全线略呈 S 形，断裂几乎全被覆盖，地层缺失甚多，切割的地层为中泥盆统—下石炭统，断距逾 500 米。全长 34 公里。此外，该带断裂构造还有：白石山断裂、白塘压性断裂，大源江压性断裂、桥头—石枧压性断裂、罗坪压性断裂、水美压扭性断裂、道县压性断裂、高塘—小田压性断裂、马皮洞—大明山压性断裂、峰湾断裂、历山脚压性断裂、红星—松光岭压性断裂。

盆地构造有：（1）黑头山构造盆地：位于铜山岭以北，黑头山的西北坡，叠加在大井向斜的西南端，其西北以断裂为限，下石炭统逆掩于下、中侏罗统之上，而成半地堑式构造盆地，长约 6 公里，宽 400~1200 米，盆地内地层向北西倾斜，倾角 10°。（2）火石岩构造盆地：位于江华沱江镇之东火石岩。东翼上叠统下侏罗统，不整合于下石炭统之上，西翼为上泥盆统所逆掩，伸长 11 公里，最大宽度 800 米，一般 200~300 米。

（二）宁远—江华南北向构造带

该带位于东经 111°40′~112°25′。东接耒阳—临武南北构造带，西邻双牌—道县南北向构造带，南延入广东、广西境内，向北至阳明山后逐渐消失。总体上为南北向的复式背斜。两端出露下古生界。南端萌渚岭、九嶷山为一隆起，由震旦系、寒武系组成。向北至道县四马桥、宁远水市、汪井及蓝山毛俊一线以北，又急速倾伏，拗褶，出现由上古生界泥盆系、石炭系组成的一些开阔性南北向短轴背斜。随后被华夏式构造及紫荆山辐射状构造所截。再往北至五峰山、通天连山复又隆起，并构成以寒武系、奥陶系为核心的南北向隆起。整个隆起带宽约 100 公里。

褶皱构造有：（1）四马桥向斜：向南扬起，向北倾伏，轴线近南北，至四马桥西北为华夏系的枇杷所—沱江—天堂圩压扭性断裂所截而成一半封闭式的向斜。轴部由下石炭统岩关阶组成，两翼开阔为泥盆系下、中、上统，倾角 10°~20°。扬起端及东翼中泥盆统跳马涧组，厚 10 余米，由花岗岩质粗岩屑组成，西翼跳马涧组由南至北递增厚 1~200 米，出露长 21 公里，宽 10 公里。（2）汪井向斜：轴向南北，向南扬起，向北为九嶷元帚状构造切截。轴部由中泥盆统棋子桥组上泥盆统佘田桥组组成，翼部为下泥盆统及中泥盆统跳马涧组，两翼次级褶皱较发育，地层倾角30°，其两翼由于受新华夏系压扭性断裂的截切，使下古生界地层逆掩于中泥盆统祺子桥组之上。出露宽约8公里，伸长15公里。（3）所城向斜：位于蓝山县城南。轴向南北，北端扬起，轴部为中泥盆统棋子桥组、上泥盆统佘田桥组，南部还出露下石炭统。向斜东翼及南端，被燕山早期的西山花岗岩体掠吞。向斜西翼与加里东期的沙子岭花岗闪长岩呈断裂接触，两翼为一些狭窄的褶皱复杂化，尤以西翼明显，产状较陡50°~80°，东翼在30°~50°，为不对称之向斜。（4）毛俊向斜：轴向近南北，向南扬起，向北倾伏，轴部为中泥盆统棋子桥组，两翼为下泥盆统跳马涧组。新华夏系北北东断裂斜切向斜轴部。（5）小圩—新圩向斜：由下、中泥盆统—下石统岩关阶大塘阶组成，轴线大致南北，北段因华夏式构造的干扰，偏为北北东向，中段、南段轴线多已断失，仅新圩见有片断，两翼倾角15°~35°，该向斜内的岩性和其两侧，与双牌—道县南北向构造带中的沱江向斜相比有较大差异，主要表现为中泥盆统棋子桥组—下石炭统岩关阶灰质成分增高，沉质偏低，并夹较多的白云质。最明显的是本向斜内之锡矿山组下段为致密状灰岩，上段为泥质灰岩夹泥质岩薄层，而沱江向斜则为灰岩夹泥灰岩，或泥灰岩夹粉砂岩、页岩。（6）天堂—水市向斜：轴向近乎南北，中段略有弯曲。北段与华夏式构造斜接，并为中上侏罗统、白垩系的构造盆地覆盖一部分。南段伸至水市西南逐渐扬起，轴部地层为下石炭统大塘阶，西翼地层倾角为25°~60°不等，东翼有次一级褶皱出现，向斜出露宽约10公里，伸长20公里。（7）茶盘坳背斜：由寒武系组成，近南北向隆起，向北倾伏，两侧为汪井向斜及所城向斜，寒武系组成一系列的东西向同斜倒转褶皱。（8）黄家湾—洪洞村背斜：轴线南北，核部由上泥盆统锡矿山组组成。两侧由下石炭统大塘阶及岩关阶组成枧头圩—云潭向斜及下富柏—竹峰向斜。（9）新田—蓝山短轴背斜群：北抵“塔山穹窿”之南缘，南迄“西山穹窿”之北缘，沿此一线，自北而南有：小岗—大岭短轴背斜、新圩短轴背斜、陶岭短轴背斜，尖风岭短轴背斜、陶岭短轴背斜，百头岭短轴背斜，雷公岭短轴背斜。这些短轴背斜的分布大致呈南北方向展布，单个背斜多为南北走向。雷公岭背斜核部由寒武系组成，其余各背斜核部均由中、上泥盆统组成，翼部为棋子桥组、佘田桥组、锡矿山组。岩层产状平缓，倾角在30°以下，雷公岭背斜翼部倾角较陡，30°~40°，局部超过40°。

（三）牛头寨南北向构造带

该带位于市域西北角。主要由南北向或近南北向褶皱压性（兼压扭性）断裂组成，卷入地层有震旦系、寒武系、奥陶系及泥盆系、石炭系。褶皱发育于元古界及下古生界地层中，断裂切割震旦系至上古生界石炭系。（1）牛头寨背斜：位于东安县以北，许家冲以南，轴向近南北。南端在高屋岭倾伏。许家冲以北，轴向受其他构造形迹影响，转为北30°东，向北延伸。背斜四周为泥盆系不整合，核部为震旦系下统江口组，西翼为震旦系上统、寒武系及奥陶系下统下段，为一褶皱轴面向东倾斜之紧闭型背斜，在背斜西翼之北段有花岗斑岩脉侵入。（2）小牛头寨—江田压性断裂：位于牛头寨背斜之东翼，走向北10°东，断裂切割寒武系、奥陶系、泥盆系等地层。断裂沿线岩层挤压，形成10~100米的挤压破碎带。在钱江中以西破碎带宽100余米，破碎角砾岩带有硅化黑色板岩透镜体，长达150米。北西向、北北东向裂隙，充填辉锑矿脉。该带还有：烟竹山压性断裂、中田—南木江压性断裂、金江压性断裂、毛坪里断裂、杨村甸压性断裂、园月岭—郝陂桥压性断裂。

三、扭动构造

（一）华夏系构造

永州市有3个北东向隆起带：紫云山—牛头寨—四明山隆起带、都庞岭—紫荆山—阳明山隆起带、九嶷山—萌渚岭隆起带。这3个隆起带之间为2个凹陷区，即零陵—祁阳凹陷区，江永—宁远凹陷区。这3个隆起带和2个凹陷区，都呈北50°~60°东展布，构成市域突出的华夏系构造格架。但由于后期弧形构造及其他一些构造严重破坏、干扰，华夏系构造褶皱和断裂保存下来的形迹其走向发生一些变化，其轴向除印支期、燕山期生成的华夏式构造外亦如此。

紫云山—牛头寨—四明山隆起带 位于市域西北部，由于弧形构造破坏，致使华夏系构造形迹难寻，但在其前泥盆纪地层中尚有一些遗迹，如紫云山东北端的寒武系、奥陶系岩层走向有呈北40°~50°东。华夏系构造的存在，还可从晚古生代以来的沉积岩相厚度得到证明。如该隆起之东南祁阳、零陵及东安等地泥盆系及下石炭统的岩相与西北侧邵阳、武冈境内有一定的差异，二叠系及三叠系在西北侧相当发育，而祁阳、零陵、东安等地少见，反之侏罗纪煤系在永州市出露较多。

都庞岭—紫荆山—阳明山隆起带 尚保留华夏系构造形迹，但都庞岭一带华夏系构造后来又被卷入联合弧形构造，而紫荆山区华夏系构造则成辐射状构造的砥柱，其构造形迹也受到一定歪曲变形。

萌渚岭—九嶷山隆起带 位于永州市南部华夏系构造，形迹都被改造为“九嶷弧”弧形构造。紫荆山区及都庞岭华夏系构造有紫金山隆起和都宠岭隆起。（1）紫金山隆起：由寒武系、奥陶系组成。褶皱发育，线性强、呈紧密型，并伴之以为数甚少的压性断裂。褶皱有：大叶漯背斜、南漯向斜、五星岭—盘家洞向斜、老光冲向斜、上梧江背斜、单江口向斜、五色漯背斜、小岱向斜，严家—胡交漯背斜、五峰山向斜。五星岭—盘家洞向斜：轴线北30°东，舒缓波状弯曲，东北端止于大河江；中部于双牌水电站附近被泥盆系覆盖；轴部由上奥陶统上组构成。两翼倾角陡缓不一，一般为50°~80°，局部30°，次级褶皱发育，出现紧闭型挤压带，伸长52公里。上梧江背斜：轴向北60°东，东北段于福禄湾附近，由中奥陶统硅质岩组成核部，轴面倾向西北，倾角40°~60°，东南翼地层全部倒转，西南段轴线位置不清，轴部由下奥陶统组成，两翼倾角为50°~80°，伸长17公里。小岱向斜：轴线微弯曲，走向约北45°东，脊线由西南向东北逐渐扬起，两翼倾角多为50°~70°，次一级褶皱发育，伸长约15公里。严家—胡交漯背斜：轴线稍有左右波动，走向大致为北50°东，轴面近直立，两翼倾角60°，核部为上奥陶统下组，东北受紫荆山辐射状构造之旋钮断裂所截，西南被下、中泥盆统覆盖，出露长22公里。（2）都庞岭隆起：包括都庞岭北段韭菜岭及东侧大楼梯，东南侧高泽源等地，为都庞岭联合弧形构造所包容，边界被下、中泥盆统所掩盖。主要构造形迹有韭菜岭倒转向斜、坦里源向斜、南冲背斜、高泽源向斜、香草源—焦山源背斜。韭菜岭倒转向斜：轴向北25°东，核部由上奥陶统中组组成，两翼为上奥陶统上组。北端不整合于下、中泥盆统之下，南端于韭菜岭南侵入于花岗岩中，往西南于大远之又西重新出露，但形迹多为中、下泥盆统所覆盖，西翼地层倾角较陡，时而倒转，并有次级褶皱出现，东翼较缓。但次级小褶皱发育，有的呈束状，断续伸长20公里以上。坦里源向斜：轴向北30°东。由上奥陶统上组组成轴部，翼部为上奥陶统中组，两端均被下、中泥盆统覆盖，伸长10公里。南冲背斜：轴向北30°东，核部由上奥陶统下组组成，伸长10公里。高泽源向斜：轴向北60°东，间或稍有舒缓弯曲，向斜轴部为上奥陶统下组，两翼地层50°~70°，伸长约20公里。香草源—焦山源背斜：轴向大致为北60°东，间或稍有舒缓弯曲。轴部由寒武系上组组成，两翼地层倾角50°~70°，西南延伸出市，西北被泥盆系覆盖，出露长9公里。

（二）华夏式构造

根据著名地质学家李四光关于“华夏式构造”的定义，是指那些延伸方向及力学地质与华夏系相同，而发育时期相当于燕山晚期的构造形迹而言。华夏式构造是一种较新的构造，大致和新华夏系产生的燕山晚期相当。

道县—中和华夏式构造带 该带构造形迹以压扭性断裂及与断裂有生成联系的中、上侏罗统构造盆地为主，褶皱构造次之。常叠加于旋扭构造（紫荆山辐射状构造）及新华夏系构造（水市—火烧铺断褶）之上，某些灿裂构造切割白垩系。（1）褶皱：有上关向斜，位于道县城东南，轴向呈北50°东，由东北向西南逐渐倾伏，并与南北向构造相斜接。向斜轴部由大塘阶石钉子段组成，两翼倾角10°~30°，伸长5公里，在向斜轴部有玻基橄辉岩侵入。（2）断裂构造：有五峰山—青口压扭性断裂、白马渡—两文洞压扭性断裂、白芒铺—中和压扭性断裂、七里岗中上侏罗统构造盆地。五峰山—青口压扭性断裂：东北段被武家滩压性断裂错动位移，走向北

45°东，倾角东南，倾角30°，西南段与南北向构造截接，走向旋即改为北30°东，末端与宣山—土岭压性断裂复合而匿迹。北断裂切割奥陶系，泥盆系，全长34公里。白马渡—两文洞压扭性断裂：断裂西南端在岭江渡附近与南北向构造宣山—土岭压性断裂重接，归并，东北端则在截切上奥陶统后消失。东北段向东南倾，东南盘逆冲西北盘之上。西南段转而北西倾，倾角40°~45°，西北盘的上泥盆统佘田桥组，逆冲于东南盘的下白垩统、中上侏罗统之上，伸长28公里。白芒铺—中和压扭性断裂：被紫荆山辐射状构造旋扭断裂毛梨坳—油湘压扭性断裂截切成两段，错移约7公里。该断裂两盘兼具反时针方向扭动性的压扭，全长30公里。

七里岗中上侏罗统构造盆地：位于道县城东南，呈长轴状，外形不甚规则。总体长轴方向为北30°东，中段被白垩系红色构造盆地所覆盖，东缘不整合于下石炭统之上，西缘为白马渡—两文洞压扭性断裂所逆掩，全长19公里。

松柏—四马桥华夏式构造带 该带南西、北东延长70公里，在北西、南东宽十余公里的范围，以北45°东的压扭性断裂居显要，规模较大，伴之出现的并东向褶皱为次，规模较小。在蚣坝一段，该带构造形迹与紫荆山辐射状构造的旋回面重接，但两头彼此之间显示斜接复合关系，两者之间相互掺杂，难于区分。该带褶皱构造有兴桥背斜、蚣坝向斜、苦菜园背斜、红星背斜。兴桥背斜：东北被白垩系覆盖，去向不明，西南被南北断裂所截。兴桥附近轴向北25°东。往西南逐渐拐为北55°东，总体形成向南东凸出之弧形。轴部由下石炭统关阶组成，两翼地层倾角极不稳定，缓者近于水平，陡50°以上，局部出现倒转，长约12公里。蚣坝向斜：轴线稍有弯曲，走向均为北40°东，蚣坝东北，被其自身构造体系的断裂截切终止，西南与南北向断裂构造截切。轴部由下石炭统组成，两翼地层倾角30°，伸长14公里。红星背斜：轴向北40°东，轴部由上泥盆统佘田桥组组成，两翼为上泥盆统锡矿山组及下石炭统、岩关阶。背斜东翼被平行轴线的枇杷所—沱江—天堂圩压扭性断裂切割。伸长约8公里。

涛圩—雪花顶华夏式构造带 该带位于九嶷山—萌渚岭隆起西侧，构造线呈北40°东，伸长60公里，宽10~15公里。东北段叠加于加里东期成生的弧形构造之上，关系近于重接，西南段与印支期成生的南北向构造相斜接，有的构造形迹则与南北向构造发生相互迁就、归并，后面改变方向，以至截切中断。构造形迹以北45°东向压扭性断裂最为强烈、褶皱居次，规模较小。

褶皱构造有：花地湾向斜、庙湾背斜、沙井向斜、勾挂岭背斜，甘棠背斜、欧菜坪—滑油向斜。

花地湾向斜、庙湾背斜、沙井向斜、勾挂岭背斜均位于沙井附近，轴线相互平行，背、向斜相间产出，除勾挂岭背斜核部有一小面积之寒武系出露外，全由泥盆系组成，轴线保持在40°东，轴面近于直立、脊线略有起伏，两翼地层倾角多为10°~35°，伸长6~12公里。

欧菜坪—滑油向斜：位于江华湘江口附近，呈短轴状，轴部为中泥盆统跳马涧组，翼部为下泥盆统，两翼倾角为10°~20°，轴长10公里，最宽3.5公里。湘江口—濠江口压性断裂斜截向斜，致使错移为南、北两部分，错距6公里。

码市华夏式构造带　该带位于此构造带东南角，由几条北35°~45°东的压性断裂及中、上侏罗统构造盆地、下白垩统红色构造盆地组成，为奥北山字形构造的西翼反射弧一个组成部分。断裂构造有大锡—东水村压扭性断裂，山冲—芙蓉山压扭性断裂，水井村—金子山压扭性断裂，大锡中上侏罗统构造盆地，清水—码市中、上侏罗统构造盆地，码市下白垩统红色构造盆地。

大锡—东水村压扭性断裂：该断裂截去大锡侏罗系构造之东南翼，走向北40°东，断裂面南东倾30°~50°。东南盘向西北盘逆冲，东北段断裂面较清晰，沿线强烈破碎，见角砾岩糜棱岩，局部有强硅化、黄铁矿化，伸长11公里。

山冲—芙蓉山压扭性断裂：该断裂截切清水—码市中、上侏罗统构造盆地的西北缘及码市下白垩统红色构造盆地的西北边缘，走向呈北35°东，倾向北西，倾角50°以上。西北盘强烈向南东逆冲震旦系上统逆掩于白垩统之上，在地貌上形成巍峨峻岭；而其东南侧平缓低伏。沿线可见不同程度的硅化破碎带，以中段为最强，宽20~30米，地形上呈悬崖陡壁，出露长40公里。

水井村—金子山压扭性断裂：走向北40°东，倾向倾角不明，为一向北弯曲的正弦曲线。其凹面震旦系、寒武系向凸面的中、上侏罗统，下白垩统强烈逆冲，并切穿燕山早期禾洞花岗岩体，断裂沿线破碎、硅化，首尾均有强烈硅化破碎带，并与一个小硅化破碎带构成雁行排列。推测两盘都作相对逆时针方向扭动。市内出露长26公里。

大锡中上侏罗统构造盆地：为一典型的半地堑式构造盆地，长轴稍弯曲，东北段呈北45°东，西南段呈北30°东，长12公里，宽1公里，西北边界与伏震旦系成不整合，东南侧为大锡—东水村断裂所限，盆地内地层做南东向倾斜，倾角25°~35°。

清水—码市中、上侏罗统构造盆地：为地堑式弧形构造盆地，长轴近似南北，地层产状平缓稳定，倾向正东，倾角5°~10°，面积30平方公里。

码市下白垩统红色构造盆地：分布于江华东南部边境，长轴延伸方向北45°东，向北东伸向广东省境内，西南段不整合于中、上侏罗统之上，其西北侧及东南侧分别为山冲—芙蓉村压性断裂及水井村—金子山压扭性断裂所控制，为一断陷盆地，市内出露长18公里、宽10公里。

（三）新华夏系构造

永州市新华夏系构造，主要发育于都庞岭、紫荆山、阳明山隆起，其两侧构造形迹，以压扭性断裂为主，褶皱次之，并有白垩系红色构造盆地伴随。构造线走向呈北25°~30°东，但往往由于其他构造体系干扰，构造线方向有些偏拐，局部地段呈北40°东，都庞岭南侧已被改造为都庞岭联合弧形构造；而在道县—宁远一带又被改造为紫荆山辐射状构造之一部分。

此外，在市域西北部及东南部零散分布一些新华夏系构造形迹，主要由压扭性断裂组成。

由北而南分为以下构造带：

大庆坪—杨村甸新华夏系构造带 该带位于零陵区西北部，有九条北30°东的压扭性断裂及两个短轴背斜零散分布，与弧形构造呈斜接，并截切弧形构造，使断裂及褶皱发生错动，东南盘相对西北盘向北错移。

都庞岭—紫荆山新华夏系构造带 该带位于都庞岭与越城岭控制地域以北25°~40°东，压扭性断裂为其主要构造形迹，紫荆山隆起之西侧尤为集中，被卷入之地层自下奥陶统至下石炭统，部分至上三叠统侏罗系、白垩系，都庞岭东侧新华夏系构造形迹多数被改造为联合弧形构造的成分，残留痕迹仅有数条北20°~30°东压扭性断裂。

（四）多字型构造

市域发现两个多字型构造，均为低序次构造。

零陵黄田铺多字型构造 位于零陵西、祁阳弧之南翼，弧顶向东凸之内凹部位，是祁阳弧的低序次构造，由于泥盆统及下石炭统构成数个北30°~50°东的短轴背向斜，其中部分褶曲为北东向断裂所破坏，仅保存其部分背向斜构造形态。主要褶曲有：鹿鸣塘向斜、古头冲背斜、高峰店向斜、码珂村背斜、倘塘向斜、地脚岭向斜等。

宁远仁和圩多字型构造 位于宁远及仁和圩之间，在南北长10余公里，东西宽2公里的范围内，下石炭统灰岩构成3~4条孤立的长条形山脊。这些背斜，轴向都作北45°东。

（五）弧形构造

祁阳弧 该弧在永州市仅出露其南翼，占据紫荆山、阳明山隆起以北市域的几乎全部。构造形迹总体上呈一向东凸之弧形构造，南端受阻于紫荆山、阳明山隆起，其东南以红岩—五里牌—福田新华夏构造带为界。向北延至邵阳地区。卷入地层有震旦系、白垩系，由一系列呈弧形展布的背斜、向斜、压性断裂以及低序次旋卷构造、多字型构造组成。弧南段构造线走向为北20°～25°东，北段构造线方向北20°～30°西，东两侧尚不对称，其褶皱和断裂发育程度，由东向西逐渐减弱。根据其褶皱及断裂发育程度不一、强度各异，大致分为东、西两个带。东带相当于“祁阳弧”的内弧部位，西部相当于“祁阳弧”的外弧部位。（1）东带：该带位于鹿马桥—兰家村—石山脚一线以东，这一地区分布泥盆系—白垩系，总体上为一复式向斜构造，其中次级褶皱十分发育。褶皱有：两头井向斜、仙背岭—大王岭背斜、龙桥—高溪市向斜、汪家排—杨家村背斜、刘家排—文星坝倒转向斜，赖头山古头冲背斜、枧桥院—红石山向斜、木梓桥背斜、大竹塘斜、吊石岩向斜、天子地背斜、香花村背斜、零陵背斜。断裂有：龙口村断裂、瞰塘村—白王冲断裂、花桥—木梓桥—砖力塘断裂、邓家岭—南镇断裂、风池坪—寄生亭断裂、慧塘—罗城断裂、拨毛冲—杨村甸断裂、冯家冲—宣溪断裂、窑村—管家村断裂、黄阳司—滴水岩断裂、黄甸村断裂、扶塘庙—高林桥断裂、珍珠岭断裂、赵家岭—株木山断裂、老埠头—粟塘断裂、观塘村断裂。构造盆地较具规模的有：黄阳司上三叠统—侏罗系构造盆地、易家桥上三叠统—侏罗系构造盆地、香花坝上三叠统—侏罗系构造盆地、孟公山上三叠统—侏罗系构造盆地、梅溪上三叠统—侏罗系构造盆地、高溪市白垩系红色构造盆地、竹木町白垩系红色构造盆地、蔡家埠白垩系红色构造盆地、零陵白垩系红色构造盆地。（2）西带：该带由鹿马桥—兰家村—石山脚一线以西的一个复背斜及复向斜组成，其特点是下古生界—上古生界及中生界等地层全部卷入弧形构造之中，褶曲多为梳状或箱状。该带东部主要为牛头寨—鲤鱼塘背斜及其该背斜南段的一些短轴背、向斜组成的低序次多字型构造。该带西部为复向斜。褶皱有：地村向斜、广岭脚背斜、大岭向斜、牛头寨—鲤鱼塘背斜、紫溪市—白果村向斜、铜古岭—龙家背斜、向鸽岭向斜、下塘福—秦家向斜、丁家—落脚底向斜、龙河田—五里牌向斜。断裂有：白竹山断裂、水岭断裂、三渡水—大花塘—李家村断裂、大塘—向容断裂、都塘断裂、小江口—人仕町断裂、五里牌—新村压性断裂、水口山—鹅公坝断裂、水市桥断裂。

九嶷弧　该弧是东西向构造的变种。位于永州市南部九嶷山—萌渚岭隆起，北起边界为下、中泥盆统掩盖，其北部边缘横跨南北向构造，有四马桥向斜、汪井向斜、蓝山向斜、毛俊向斜。东部为金鸡岭燕山早期花岗岩鲸吞，南部为粤北山字形构造西翼射弧相邻。该弧由震旦系、寒武系浅变质岩组成，构造形迹以紧密的线状褶皱、同斜倒转褶皱及与其轴线相平行的冲断裂为主。构造线自西南向东北，由北东向改变为北东东向，横跨汪井向斜后，构造线即改变为东西向，南东东，在图面上构成一向北凸之弧形，弧的褶皱轴面多向弧的凹面倾斜。褶皱有：灯盏窝倒转背斜、白石塘向斜、其昌岭—同禾田倒转背斜、黑冲—塘家源向斜、马鹿寨倒转背斜、花山背斜、鲁塘倒转向斜、廖洞倒转背斜、东海倒转向斜、小棉江向斜、桐子坪倒转背斜、长冲岭倒转向斜、茶盘坳倒转背斜、猪塘冲向斜、成沙源背斜、大石坪复向斜、杨家洞倒转背斜、清山排顶—湘江口向斜、两岔河—尖峰背斜、河坝底—贝江向斜、大山分背斜、黄沙—庙冲背斜、上塘向斜、新铺—果子坪向斜、黄楠背斜、张家洞向斜、大东门—鸭婆大背斜、草王岭背斜、雷公岭向斜、小锡—双鱼头背斜。断裂有：大江冲源压性断裂、黑冲—坪冲压性断裂、横冲压性断裂、产子头压性断裂、梨树坪压性断裂、猫子冲压性断裂、屯冲压性断裂、湘江口—水口压性断裂、中央冲压性断裂、凌江压扭性断裂、田坪—豪江压性断裂、黄沙—鲁桂口压性断裂、新铺—小鲁桂压扭性断裂、深冲压性断裂、老龙祖压性断裂、先河口断裂，长坪寨断裂。

都庞岭联合弧形构造 该构造位于市西南边境、都庞岭东南一侧，其西南延伸出市，东北于道县红岩一带与紫金山辐射状构造相斜接，系古老华夏系褶皱隆起，在纬向构造的夹击下，朝着S形构造形变过程中脱胎而出的终局产物。还有新华夏系构造及南北向构造形迹的掺杂，彼此侵扰、干涉、迁就。构造形迹发生的扭动，正好与紫荆山辐射状构造的扭动一致，即外旋层相对于内旋层都是逆时针方向转动的，二者之间有其成生联系。褶皱有：坪地尾向斜、上江圩向斜、桃川向斜。断裂有：红岩—莲花压扭性断裂、黄沙源压性断裂、会潭—大远压扭性断裂、井边压性断裂、久佳—富隆压扭性断裂、夏层铺—桃川压扭性断裂。

（六）北北西向构造

市东部出现两条北北西向的断裂构造，规模巨大，延长均在100公里以上，沿途地层重复、缺失，挤压破碎，具明显压性兼扭性的特征。沿走向断续出露，已被其他构造形迹、迁就、归并（如紫荆山辐射状构造、祁阳弧形构造）利用，但纵观全貌仍保持其北北西方向展布。出现的北北西断裂构造有邵阳—蓝山压性断裂、祁阳—临武压性断裂。

四、旋扭（卷）构造

市内旋扭构造有紫荆山辐射状构造、神下涡轮状构造、芹菜塘涡轮状构造、湘源帚状构造、九嶷元帚状构造、香花岭帚状构造。

（一）紫荆山辐射状构造

该构造位于市区中部，零陵以南，道县、宁远以北，包括整个紫荆山穹窿及其边缘，面积约4000余平方公里。该构造是古老的华夏系褶皱隆起，朝着“S”构造形变过程中，受纬向构造道县东西向坳褶牵制，其砥柱为紫荆山穹隆，白寒武系、奥陶系组成，其边缘褶皱和旋扭断裂，是迁就或改造华夏系构造，南北向构造。新华夏系构造的构造形迹，多发生于边缘泥盆系、石炭系中。边缘褶皱及旋扭断裂在紫荆山东南表现特别明显。构造线往东南弯曲呈弓形，向穹窿内部收敛，而向外围撒开，褶皱比较紧密，岩层倾角较陡，断裂为一系列压扭性断裂，大致与褶皱轴线平行。

褶皱有：岩门前—廖冲向斜、排龙山背斜、花古岭背斜、新塘村向斜、梯子岭背斜、牛路口向斜、雷口关向斜。

断裂有：马子涨—黄腊洞压扭性断裂、岩门前—石枧坪压扭性断裂、倪家洞压扭性断裂、蔡里口压扭性断裂、毛梨坳—油湘压扭性断裂、晓睦塘—后江桥压扭性断裂、大地里—圩坪口压扭性断裂、沙子田压扭性断裂、铜古岭—兴桥压扭性断裂、内岭—白芒铺张扭性断裂、茶子元—白芒铺压扭性断裂、林江—营江压扭性断裂、虎头岩压扭性断裂、司空岩压扭性断裂、打鼓坪—乐福堂压扭性断裂、白竹田压扭性断裂、桥头—红岩压扭性断裂、庄岭—沙田压扭性断裂。

（二）神下涡轮状构造

位于宁远以东神下一带，由一些弧形褶皱及压扭性弧形断裂组成，面积约 500 平方公里。

褶皱有壳形嘴向斜、云雾山短轴背斜、宁远—大界背斜、螺丝岭—龙板桥向斜。

断裂有：平石头断裂、风吹落带—冷水铺断斜、半年洞—土地塘张扭性断裂、横窝岭压性断裂、盘石—株木山张扭性断裂。

（三）九嶷元帚状构造

该构造位于宁远九嶷山脚下，汪井向斜中，由三条压扭性断裂组成。

九嶷元压扭性断裂：走向均为北 15°东，南走向圆滑转拐成南东方、进而转为南东东西，倾向南西，倾角 45°～50°，伸长 15 公里。北沿途压碎角砾岩发育，但断裂面时隐时现，依据两盘地层的位移，及低序次的挤压带结构面特征确认，它兼具扭性、两盘相对作逆时针方向扭动。

梯子洞压扭性断裂：断裂大致呈北 20°西走向，倾角北东东，倾角 30°～60°。北端与九嶷元压性断裂归并，南端向南延伸渐趋消失，总体走向线舒缓弯曲。东北盘（上盘）相对于西南盘（下盘）向北西方向斜冲，其断裂带有花岗闪长斑岩及花岗斑岩侵入。

东安头压扭性断裂：断裂略呈向两凸之弧形，首部靠拢九嶷元压扭断裂，尾部伸向南后消失，沿线强烈压碎，角砾岩带宽盘相对作逆时针方向斜冲，断裂带上岩石破碎，两盘见次断裂挤压带。在毛梨坳附近，主干断面弯拐处，有煌斑岩侵入致裂隙并发型基性熔凝灰岩充填，后者具碳酸盐化和角砾岩化。

（四）芹菜塘涡轮状构造

该构造位于冷水滩之东，祁阳弧形构造向东弯曲的内侧偏南部位，面积 20 平方公里，内旋作反时针方向旋扭卷构造，由芹菜塘背斜、张家铺—堰井边向斜、大路曹家—管家冲背斜，周家冲向斜 4 个弧形弯曲的褶皱面组成，褶皱轴面呈放射状，向中央集中，向四周敞开，形如涡轮。

（五）香花岭帚状构造

位于蓝山县新圩—太平圩一带，香花岭短轴背斜南缘，由一些向北西撒开，而向东南收敛的压扭性断裂组成，外旋向撒开的西北方向扭动，其内旋向收敛的东南方向扭动，即内旋为反时针方向扭动。

断裂有：桐木岭压扭性断裂、新圩—加禾压扭性断裂、新圩邹家压扭性断裂、可富岭压扭性断裂、下元压扭性断裂。

（六）湘源帚状构造

该构造位于九嶷山西体加里东二长花岗岩体与金鸡岭燕山早期花岗岩体之间，主要由正冲压扭性断裂、半边岩压扭性断裂、湘源压扭性断裂三条断裂组成。三条断裂向北西收敛，而向南东撒开，断裂主要截切燕山早期花岗岩。其内旋向收敛方向扭动，外旋向撒开方向扭动。

第二章　矿产资源

永州市位于南岭有色金属矿成矿带（国家级）中段北缘，土地面积2.24万平方公里，占湖南省总面积的10.58%。区内地层出露齐全，岩浆活动强烈，成矿条件好。民国以前，境内发现的矿种有金、银、铜、铁、锡、锑、煤等十余种。新中国成立后，1957年开始，经地质部门全面系统普查勘探，发现的矿种不断增多，至1978年，全市发现矿种50种，其中有工业矿床的20种；1980年，发现4种；1990年，发现矿种65种；至2015年底，全国已有168个矿种，永州市发现的矿种有75种，其中探明的54种，有30种纳入矿产资源储量平衡表。上表的矿产资源潜在价值1967.07亿元，未上表的矿产资源潜在价值1397.79亿元。列全省第一位矿种有锰、稀土、锂、铷、铯、熔剂灰岩、水泥黏土。锰，保有资源储量6611.4万吨矿石，占全省储量25.7%，潜在价值330.57亿元，找矿潜力巨大；稀土，保有资源储量10.43万吨，占全省储量100%，潜在价值83.45亿元；锂、铷、铯，保有资源储量分别为26.9万吨、10.87万吨、6000吨，占全省储量的100%，潜在价值1110.75亿元；熔剂灰岩，保有资源储量1.15亿吨，占全省储量21%，潜在价值57.59亿元。保有资源储量列全省第二、三、四、五位的有锡1.3万吨、铋1.9万吨、钨2.8万吨、铁矿石1.17亿吨、铅24.23万吨、锌59.7万吨、钼1.1万吨、铜2.4万吨等。建材用花岗岩、大理石，建筑用砂、砾石等资源丰富。煤炭保有资源储量1790万吨，占全省煤储量的0.6%；石油、天然气、钾盐等还未发现。

2015年永州市主要矿产地及储量一览表

表2-2-1

矿种	主要矿产地	储量（万吨）
铁	冷水滩区、祁阳县、道县、江永县、宁远县、蓝山县	5954.59
钛	江华县	0.95
锰	零陵区、冷水滩区、东安县、道县、江永县、蓝山县	5409.67
铜	江华县、江永县	4.58
铅	道县、江华县、江永县、宁远县、蓝山县	30.05
锌	道县、江华县、江永县、宁远县、蓝山县	33.67

续表2-2-1

矿种	主要矿产地	储量（万吨）
钨	东安县、道县、江华县、江永县	2.85
锑	东安县、宁远县	1.71
锡	道县、江华县	1.34
铋	江华县、江永县	0.29
钼	江华县	0.09
银	江华县、江永县、宁远县、蓝山县	0.09
煤	冷水滩、祁阳县、江永县	4184.87
溶剂用灰岩	东安县	4618.24
冶金用白云岩	东安县	1136.30
耐火黏土	零陵区、祁阳县	176.60
硫铁矿	江永县	123.60
磷矿	江华县	358.60
云母	祁阳县	463.20
水泥用灰岩	零陵区、江华县、祁阳县、东安县、蓝山县	61618.97
高岭土	祁阳县	463.20
稀土	江华县	14.75
铌	江华县	0.58
锂	道县	26.91
锆	江华县	3.05
铷	道县	10.87
铯	道县	0.60
镉	江华县、江永县、蓝山县	0.11
硒	江永县	0.01
碲	江永县	0.01

第一节　主要矿种储量开发与分布

一、零陵锰矿区

零陵锰矿分氧化锰和碳酸锰，2015年，已探明储量约9000万吨，其中氧化锰4000万吨，碳酸锰5000万吨，主要分布在珠山、水口山、石岩头、梳子铺、黄田铺等5个乡镇，90余个行政村，矿区面积200平方公里，勘探矿区面积69平方公里，发现锰矿床14处。其中珠山水埠头村的碳酸锰经普查，已探明储量5000万吨，远景储量过亿吨。锰矿区内除原有东湘桥锰矿经改制挂牌竞价出让3个采矿权外（成交价2238万元）。2005年9月，其余的民采氧化锰矿区经规划设置11个采矿权上报省国土资源厅，省国土资源厅批复设立零陵区五里牌等11个锰矿采矿权出让计划。2006年10月，经评审，对部分矿权设置进行调整，最终确认整合为9个采矿权，进行公开招拍挂出让，碳酸锰3个采矿权也成功挂牌出让，均为零陵区锰业有限公司获得矿权。2013年，零陵区水埠头矿区锰矿详查探矿权由湖南发展集团矿业开发有限公司以5100万元价格竞得，之后，湖南发展集团矿业开发有限公司又与永州市富士锰业有限公司共同出资设立湖南发展永州富锰新材料有限公司，由湖南发展永州富锰新材料有限公司持有水埠头矿区锰矿详查探矿权，申请分设为色背冲矿段、陈家湾矿段、天晏岭矿段3个探矿权，分设后准备转采。

二、道县后江桥锰铅锌矿区

该矿区位于道县公坝镇、横岭乡境内，矿区面积23平方公里。经省地勘局409队1970年、1980年两次报告查明，矿体36个，资源储量主要为铁锰矿石量2982万吨，铅锌金属量68万吨，为大型铁锰铅锌矿区，因水文地质条件复杂，不易开采。矿区内现设有道县冶炼厂所属道县锰矿采矿权1个，主要开采地表的露天锰矿，已引进北京江南广德公司进行合作，并办理采矿权变更登记手续。

三、道县湘源锡矿区

该矿区位于道县洪塘营乡境内，矿区面积36平方公里，钨金属量5000吨，为特大型铷锂矿和中型钨锡矿区。矿区内有国有道县湘源锡矿采矿权1个，探矿权3个。2015年，引进温岭市亿林投资有限公司，变更登记为湖南厚道矿业有限公司，同时将该矿特大型铷锂矿资源纳入省国土资源厅矿保开发项目。

四、江华河路口钨锡矿区

江华河路口钨锡矿区规划面积28平方公里，根据普查，发现矿体34个，分布于麻子湾、石浪冲、北沟3个矿段，该矿区为矽卡岩型钨锡矿床，以白钨矿为主，伴生有锡矿石和磁铁矿石。2015年矿区保有储量为矿石量227.2万吨，钨和锡金属量9600吨，平均品位为钨0.33%，锡0.15%。2005年以前，由于证照发放不科学，采矿权设置不合理，先后有10个矿山以开采铁、铅、锌矿为名办理采矿登记手续，但实际开采钨矿。为有效地保护和规范开采河路口钨锡矿区的矿产资源，市、县主管部门对河路口钨锡矿区开展大规模的专项整顿和规范矿产资源开发秩序工作，关闭矿区内的10个采矿点。在整治规范的同时，江华县按照上级要求编制《河路口钨锡矿区开发利用规划》和《河路口钨锡矿区资源整合实施方案》，并报国土资源部批准，将矿区内的10个采矿权整合成3个钨矿采矿权，于2013年进行招拍挂出让，由湖南骏宏矿产投资有限公司竞得。3个钨锡矿采矿权整合为1个采矿权，矿区面积4.67平方公里。

五、江华姑婆山稀土矿区

该矿区属花岗岩风化壳离子吸附型稀土矿床，分布在河路口矿区，矿区规划面积25.25平方公里。查明工业矿体20个，上表资源储量10.43万吨。保有稀土资源量为9.7万吨（稀土氧化物），矿体平均品位达到0.11%，矿区地形条件优越，具备较好的开采条件。2011年前，有1个稀土采矿权，为国有企业，矿区面积0.11平方公里。2011年8月26日，江华县与中国五矿公司、中国稀土公司在长沙签署协议书，成立五矿稀土（江华）有限责任公司，并持有该稀土采矿权。2014年9月，矿区面积变更为11.74平方公里。

另外经民采发现，蓝山地下储有离子吸附型稀土，保守估计有储量7万吨，至2015年尚未设立探矿权。

六、东安黄泥洞、大庙口马头桥锑矿区

黄泥洞属湖南新龙矿业有限责任公司矿权区，开采指标2000吨/年。马头桥锑矿位于东安县紫云乡境内，是舜皇山—高挂山钨锑矿成矿带的重要组成部分之一。矿区位于新宁县高挂山的西部，矿区面积约1平方公里，地表有非法采矿坑口9个，见矿坑口2个，控制矿脉仅1条，矿脉厚度达1米，见矿情况良好，极具开发价值。马头桥锑矿产在舜皇山—高挂山钨锑成矿带之内，其中马头桥锑矿属大脉型矿床，地表见1条矿脉厚度达1米，根据马头桥非法采矿的4#坑口、8#坑口控制的这条矿脉延深在100米以上，延长达300米。富矿厚度达30厘米，锑品位23.28%，整个矿脉厚度0.5~1.2米，延走向、斜深比较稳定。锑334资源量600吨，远景储量2000吨。

七、东安荞麦冲锰矿区

东安荞麦冲锰矿位于东安县大江口乡境内，是省国土资源厅2005年探矿权、

采矿权价款拨款40万元的地勘项目—东安县春芽町锰矿普查的荞麦冲矿段。经过一年多普查，对荞麦冲矿段约2平方公里矿体加密控制；通过施工浅井、探槽等工程手段，初步查明荞麦冲矿段锰矿储量60万吨，远景储量还可增加。2015年，设立采矿权1个，为原野锰业公司获得矿权。

八、蓝山铁锰矿区

1979年，湖南地质局409队在蓝山县早禾、毛俊乡一带开展以铁锰矿为主要目标的地质找矿工作，提交《蓝山县毛俊铁锰矿区普查地质报告》，初步查明毛俊矿区铁锰矿资源情况。1991年起，中南地堪局长沙地质调查研究所开展太平铁锰矿区的详查工作，1994年，提交《湖南省蓝山县太平铁锰矿区详查地质报告》，在此基础上，该所进一步开展对蓝山全境内铁锰矿资源调查。1997年，向省地质矿产厅申请探矿权，取得蓝山太平至早禾、火市、毛俊一带35.6平方公里铁锰矿探矿权。2007年2月，探矿权已到期，但未提交普查报告。其间，中南地堪局、长沙地调所等单位对蓝山县铁锰矿资源开展全面普查找矿工作，基本查明蓝山铁锰资源情况。勘查表明，蓝山铁锰矿属堆积型矿床，呈层状，似层状赋存于第四系黏土层中，主要分布在太平、早禾、火市、田心、毛俊等乡镇，含矿区面积约40平方公里，矿层一般厚几米至几十米，埋层一般为几米，可分为块状矿（占总量的10%以下）和土状矿（占总量的90%以上）两种矿石类型。全区圈定块状锰铁矿体5个，土状矿体9个，探明块状矿石量约为300万吨，土状矿石约1亿吨以上。块状矿石呈结核状、块状、肾状、豆粒状及蜂窝状，主要金属矿物有赤铁矿、褐铁矿、硬锰矿、软锰矿，脉石矿物有高岭土、埃洛石、石英等。全矿区平均品位为：全铁27%、锰7%、磷0.1%，平均含矿率为21%；土状锰铁矿呈微—细粒结构、松散土状结构，主要金属矿物有褐铁矿、赤铁矿、软锰矿、硬锰矿，脉石矿物有高岭土、铝土矿等。全矿区平均品位：全铁33%、锰7%、磷0.1%。据初步查明，尖风岭太平地区储有铅、锌、铜、钨、锡、锑等矿产尚未完成普查。民采显示，探矿前景可观，有可能寻找到大、中型多金属矿床。

九、宁远县新开锑矿区

该矿区位于宁远县中和镇，为宁远县1958年开办的一个乡镇集体老矿山，矿区面积约1平方公里，1984年，省地矿局审查批准资源储量为1.03万吨，为中型锑矿。该矿山虽经50多年的开采，还有1000吨的储量，价值约7000万元，加之老矿的基础设施还在，开发条件较好。

十、铜山岭矿区

该矿区位于湖南省有名的南岭东西向成矿带中段的铜山岭—九嶷山东西向钨锡多金属成矿带西段，成矿条件十分优越，新发现韭菜岭锡钨矿、空树岩金矿、梯子洞锑矿、魏家钨金属矿等矿（化）点10余处。道县魏家钨矿处于南岭成矿构造带中段，矿区勘查面积6平方公里，控制矿体走向长400米，倾向展布宽600米，厚85.02~181.55米。初步估算，333+334钨资源量26万吨，属超大型规模，潜在经济价值约500亿元。被列入2010年国土资源部全国地质勘查成果通报和中国地质调查局2010中国地质调查十大进展，成为全国地质找矿“攻深找盲”的成功范例。该项目由中国地调局、武汉地质调查中心、省国土资源厅分级组织，省地勘局所属湖南地质调查院、416地质队、418地质队、湖南省物勘院、409地质队等地勘单位分别承担或参与实施。

十一、祁阳、冷水滩区煤矿区

主要位于祁阳县、冷水滩区境内，祁阳—冷水滩煤矿，规划面积898.42平方公里，有采矿权17个，其中祁阳为煤炭资源比较丰富的县，拥有上表资源储量1799.7万吨，未上表资源储量252.8万吨，总计2052.5万吨。

十二、黄金矿

位于江华、江永等地，江永县白沙界金矿普查项目由中国人民武装警察部队黄金第11支队进行勘查。

十三、铀矿

位于江华、蓝山、宁远交界处，蓝山县桐木垒地区铀矿普查项目由湖南省核工业地质局303大队勘查。

十四、铅锌矿

2015年开始，对江永县铅锌矿，零陵区大庆坪、安乐铅锌矿普查区进行勘探；对祁阳县长冲、丁家冲、米塘铅锌矿普查区进行勘探；对道县审章塘、响鼓石铅锌矿普查区进行勘探。

十五、氧化锰矿

冷水滩区据民采显示储有上亿吨氧化锰矿，主要分布在老埠头、高溪市、黄阳司、伊塘等地。

第二节 黑色金属矿产

市域内黑色金属矿产主要有铁、钛、锰，其中，铁为中小型矿床和矿点，钛具有世界优势，锰矿为大型矿床。

一、铁

主要分布在冷水滩区、祁阳县、道县、江永县、宁远县、蓝山县、江华县 7 个县（区），15 个矿区，累计查明资源储量矿石量 5954.59 万吨，累计采损量 331.9 万吨。

其中，冷水滩区高溪市矿区 15.33 万吨，祁阳县大村甸矿区 53.6 万吨，道县滴水营矿区 14.66 万吨，道县后江桥矿区 814.7 万吨，江永县庵堂岭矿区 9.2 万吨，宁远县老匡家矿区 15.8 万吨，蓝山县太平矿区 1672.4 万吨，蓝山县毛俊矿区 1439.7 万吨，蓝山县小富岭矿区 420.9 万吨，蓝山县毛俊矿区井头矿段 56.1 万吨，蓝山县大塘矿区 738.2 万吨，蓝山县杨家坊矿区 180 万吨，江华县洪水冲矿区 47.2 万吨，江华县大竹源矿区 462.9 万吨，江华县野鸡脚矿区 13.9 万吨。

二、钛

1 个矿区：江华县姑婆山矿区，累计查明资源储量金属量 9500 吨。

三、锰

主要分布在零陵区、冷水滩区、东安县、道县、江永县、蓝山县 6 个县（区），10 个矿区，累计查明资源储量矿石量 5409.67 万吨，累计采损量 4900 吨。

其中，零陵区东湘桥矿区 826.84 万吨、水埠头矿区 3675.57 万吨、老埠头矿区 26.76 万吨、马头岭矿区 11.4 万吨、朝阳—富家桥矿区 24.1 万吨，冷水滩区高溪市矿区 22.76 万吨，东安县荞麦冲矿区 64.13 万吨，道县后江桥矿区 717.6 万吨，江永县高塘矿区 8.3 万吨，蓝山县田心矿区 32.2 万吨。

第三节　有色金属矿产

市域内有色金属矿产主要有铜、铅、锌、钨、锑、锡、铋、钼等，多为中小型矿床和矿点。

一、铜

主要分布在江华县、江永县，4 个矿区，累计查明资源储量金属量 4.58 万吨，累计采损量 2.13 万吨。

其中，非伴生矿 2 个矿区：江永县铜山岭矿区 4.39 万吨，江永县庵堂岭矿区 459 吨；伴生铜 2 个矿区：江永县大泊水矿区 401.33 吨，江永县庵堂岭矿区 1097 吨。

二、铅

主要分布在道县、江华、江永、宁远、蓝山 5 个县，12 个矿区，累计查明资源储量金属量 30.05 万吨，累计采损量 8.5 万吨。

其中，道县后江桥矿区 1.58 万吨、砂子冲矿区 1300 吨、铜山岭矿区 5.17 万吨、大泊水矿区 1.01 万吨，江永县庵堂岭矿区 3.39 万吨，宁远县清水桥矿区 7300 吨、癞子山矿区 4.35 万吨，蓝山县雪坑矿区 2.17 万吨、太平矿区 2.46 万吨、毛俊矿区 5.47 万吨、大塘矿区 3.28 万吨，江华县野鸡脚矿区 3000 吨。

三、锌

主要分布在道县、江华、江永、宁远、蓝山 5 个县，10 个矿区，累计查明资源储量金属量 33.67 万吨，累计采损量 5.92 万吨。

其中，道县后江桥矿区 3.48 万吨、砂子冲矿区 900 吨，江永县铜山岭矿区 3.33 万吨、庵堂岭矿区 5.17 万吨，宁远县清水桥矿区 2200 吨、县癞子山矿区 3.42 万吨，蓝山县太平矿区 4.05 万吨、毛俊矿区 10.08 万吨、大塘矿区 3.68 万吨，江华县野鸡脚矿区 1600 吨。

四、钨

主要分布在东安、道县、江华、江永4个县，8个矿区，累计查明资源储量金属量2.85万吨，累计采损量9000吨。

其中，原生矿5个矿区：东安县大坝田矿区1000吨、椅子界—大松岭矿区7000吨、赵家岭矿区5200吨，道县湘源矿区2500吨，江华县河路口矿区1.19万吨；伴生矿3个：江永县庵堂岭矿区73吨，江华县河路口矿区210吨、桥头铺矿区鲁子田矿段370吨。

五、锑

主要分布在东安县、宁远县，2个矿区，累计查明资源储量金属量1.71万吨，累计采损量1.12万吨。

其中，东安县线江冲矿区7200吨，宁远县新开矿区9900吨。

六、锡

主要分布在道县、江华县，5个矿区，累计查明资源储量金属量1.34万吨，累计采损量8300吨。

其中，原生矿3个矿区：道县湘源矿区6937.94吨，江华县河路口矿区2937吨、野鸡脚矿区439吨；砂矿1个：江华县姑婆山矿区636.46吨；伴生矿1个：江华县河路口矿区2457吨。

七、铋

主要分布在江华县、江永县，2个矿区，累计查明资源储量金属量2900.91吨，采损量1030.61吨。

其中，江永县铜山岭矿区2708.91吨，江华县桥头铺矿区鲁子田矿段192吨。

八、钼

1个矿区：江华县桥头铺矿区鲁子田矿段，累计查明资源储量金属量909吨。

第四节 贵金属矿产

市域内贵金属矿产主要有银，为矿化点。6个矿区，分布在江华、江永、宁远、蓝山4个县，累计查明资源储量金属量862.55吨，累计采损量545.51吨。

其中，非伴生矿3个矿区：江永县铜山岭矿区242.93吨、庵堂岭矿区189吨，宁远县癞子山矿区127.42吨；伴生银3个矿区：江永县铜山岭矿区139.71吨、庵堂岭矿区161吨，蓝山县太平矿区2.49吨。

第五节 固体燃料矿产

2015年，市域内固体燃料矿产主要有煤，20个矿区，分布在冷水滩区、祁阳县、江永县3个县（区），累计查明资源储量矿石量4184.87万吨，累计采损量1755.86万吨。

其中，在冷水滩区有7个矿区：易家桥矿区143.1万吨，黄阳司矿区竹山园井田177.54万吨，黄阳司矿区同乐滩井田93.36万吨，东风矿区112.3万吨，香花坝矿区189.72万吨，卫星矿区马迹观井田16.6万吨，卫星矿区莲花观井田154.78万吨。在祁阳县有12个矿区：沙井矿区二井田176.62万吨，沙井矿区四井田168.16万吨，沙井矿区五井田696.7万吨，观音滩矿区一井田133.5万吨，观音滩矿区二井田315.7万吨，观音滩矿区三井田99.88万吨，三口塘矿区485.9万吨，黄泥塘矿区黄泥塘井田815.63万吨，黄泥塘矿区河埠塘井田164.85万吨，东方红矿区畔泥冲井田50.5万吨，沙井矿区三井田59.8万吨，塘华矿区49.4万吨。在江永县1个矿区：桃川矿区80.82万吨。

第六节 非金属矿产

市域内非金属矿产主要有熔剂用灰岩、冶金用白云岩、耐火黏土、硫铁矿（矿石）、硫铁矿（伴生硫）、化工用白云岩、磷矿、云母、水泥用灰岩、建筑石料用灰岩、制灰用石灰岩、水泥配料用砂岩、高岭土、水泥配料用黏土等，多为中小型矿床和矿点。

一、熔剂用灰岩

2 个矿区：东安县老鸭山矿区，保有资源储量矿石量 4618. 24 万吨，累计采损量 342. 36 万吨；东安县羊角寨矿区，保有资源储量矿石量 6837. 8 万吨。

二、冶金用白云岩

1 个矿区：东安县紫溪矿区，保有资源储量矿石量 1136. 3 万吨，累计采损量 70. 7 万吨。

三、耐火黏土

主要分布在零陵区、祁阳县，4 个矿区，累计查明资源储量矿石量 176. 6 万吨，累计采损量 14. 3 万吨。

其中，零陵区香花坝耐火黏土矿区 28. 3 万吨，邮亭圩耐火黏土矿区 68 万吨、马脊观耐火黏土矿区 77 万吨，祁阳县杨彩塘矿区 3. 3 万吨。

四、硫铁矿（矿石）

2 个矿区：江永县庵堂岭矿区，累计查明资源储量矿石量 123. 6 万吨，累计采损量 3. 73 万吨；江华县洪水冲矿区，累计查明资源储量矿石量 227 万吨，累计采损量 39. 3 万吨。

五、硫铁矿（伴生硫）

1 个矿区：江华县桥头铺矿区鲁子田矿段，累计查明资源储量矿石量 48 万吨。

六、化工用白云岩

1 个矿区：江华县涛圩矿区，累计查明资源储量矿石量 565. 99 万吨。

七、磷矿

1 个矿区：江华县涛圩矿区，累计查明资源储量矿石量 358. 6 万吨，累计采损量 2. 2 万吨。

八、云母

1个矿区：祁阳县茶盘口矿区，累计查明资源储量矿石量463.2万吨，云母835吨。

九、水泥用灰岩

主要分布在零陵区、江华县、祁阳县、东安县、蓝山县5个县（区），10个矿区，累计查明资源储量矿石量6.16亿吨，累计采损量1737.99万吨。

其中，零陵区椅子山矿区4285万吨、够背岭矿区710万吨、石山头矿区5000吨，江华县高石山矿区1.89亿吨，祁阳县黎家坪矿区834万吨、曾家巷矿区1.57亿吨，东安县白炭岭矿区2573万吨、普华矿区2553.52万吨、王师岭水泥用灰岩矿15712.8万吨，蓝山县岩口矿区411万吨。

十、建筑石料用灰岩

1个矿区：零陵区石山头矿区，累计查明资源储量矿石量2.1万吨。

十一、制灰用石灰岩

1个矿区：祁阳县企业矿区，累计查明资源储量矿石量2.74万吨。

十二、水泥配料用砂岩

2个矿区：零陵区淹岭砂岩矿，累计查明资源储量矿石量150万吨；东安县琦岭矿区，累计查明资源储量矿石量680万吨。

十三、高岭土

1个矿区：祁阳县茶盘口矿区，累计查明资源储量矿石量463.2万吨。

十四、水泥配料用黏土

主要分布在冷水滩区、祁阳县，4个矿区，累计查明资源储量矿石量1481万吨，累计采损量124万吨。

其中，冷水滩区冷水滩矿区338万吨，祁阳县四方亭矿区23万吨、新塘排林矿区737万吨、曾家巷矿区383万吨。

第七节　水气矿产

永州市的水气矿产主要有湘源温泉，位于湘源锡矿矿区坦心坪。离道县县城59公里，1971年，地质队在矿区探矿时发现有热水流出。1975年，湘源温泉风景区天池开始修建钢筋混凝土简易浴室。经湘源温泉国家环境分析检测中心和国家水利监督检查测试中心检测分析，水温常年恒定为42°，属低硫温泉。泉水的pH值、总硬度、氰化物、六价铬、含硫量等8项指标均符合国家标准，对人体皮肤无损害，且含有硅、锰、锌、铜、硒等16种人体所需要的微量元素，对多种疾病有一定疗效。泉水既可以饮用，又可沐浴，日出水量3200吨。

2000年，道县县委、县政府将温泉作为重大旅游资源加以开发利用，硬化进入风景区的9000米道路，建成冬池、夏秋池各1个，贵宾池20个。浴池面积600平方米。步行桥、八角亭等休闲观景点全部竣工，湘源宾馆投入使用。湘源温泉连接九嶷山风景区的公路建成。

第八节　稀有稀土分散元素矿产

市域内稀有稀土分散元素矿产主要有稀土、铌、锂、锆、铷、铯、镉、硒、碲等，其中稀土矿为全省唯一矿产，储量占全省的100%。

一、稀土

3个矿区，分布在江华县，累计查明资源储量14.75万吨。

其中，轻稀土氧化物2个矿区：河路口矿区1600吨，姑婆山矿区14.35万吨。独居石砂矿1个矿区：姑婆山矿区2400吨。

二、铌

1个矿区：江华县姑婆山矿区，保有资源储量金属量5800吨。

三、锂

1个矿区：道县湘源矿区，保有资源储量金属量26.91万吨。

四、锆

1个矿区：江华县姑婆山矿区，保有资源储量金属量3.05万吨。

五、铷

1个矿区：道县湘源矿区，保有资源储量金属量10.87万吨。

六、铯

1个矿区：道县湘源矿区，保有资源储量金属量6000吨。

七、镉

主要分布在江华县、江永、蓝山3个县，累计查明资源储量金属量1092.5吨，累计采损量165.31吨。

其中，江永县铜山岭矿区911.3吨，江永县庵堂岭矿区83吨，蓝山县太平矿区98.2吨。

八、硒

1个矿区：江永县铜山岭矿区，保有资源储量金属量82.71吨。

九、碲

1个矿区：江永县铜山岭矿区，保有资源储量金属量44.73吨。

第三章　矿产资源规划

第一节　区域地质调查与矿产资源勘查

一、区域地质调查

1949 年 10 月中华人民共和国成立以来，省地矿系统及所属单位对永州市先后开展 1∶20 万、1∶5 万及 1∶25 万地质、矿产调查工作。区内 1∶20 万地质、矿产调查已全部完成，1∶5 万地质、矿产调查工作除石期市、西头村、双牌等图幅外，已覆盖全区约 85%的面积。

1962—1965 年，省地质局完成 1∶20 万桂阳幅区域地质、矿产调查；

1972—1974 年，省地质局完成 1∶20 万零陵幅区域地质、矿产调查；

1973—1974 年，省地质局完成 1∶20 万道县幅区域地质、矿产调查；

1974—1976 年，省地质局完成 1∶20 万江永幅区域地质、矿产调查；

1983—1987 年，省地矿局四一八队完成花桥、芦洪市、一渡水幅、大庙口、芦洪市、东安县 6 个图幅的 1∶5 万地质、矿产调查；

1991—1995 年，省地矿局区调队和湘南地质大队等单位完成 1∶5 万沱江、洪塘营、码市、蓝山县、所城、大桥、湘江口、水市、蚣坝、江华县、马市街 11 幅区域地质调查；

2003—2008 年，省地质调查院完成江永县、沱江、洪塘营、大桥、湘江口、大圩、江华县、马市街 8 个图幅的 1∶5 万矿产地质调查；

2006—2009 年，湖省地质调查院完成寿雁、上江圩、蚣坝、水市 4 个图幅的 1∶5 万矿产地质调查；

2001—2003 年，省地质调查院完成 1∶25 万道县幅区域地质调查；

2009—2011 年，省地质调查院完成 1∶25 万永州市幅区域地质调查。

2011—2015 年，武汉地质调查中心完成夏层铺、桃川镇、源口和麦岭村 4 个图幅的 1∶5 万矿产地质调查；

2011—2015 年，省地勘局四〇九队完成邮亭圩、黄家渡、大河江和荒塘 4 个图幅的 1∶5 万矿产地质调查。

二、矿产资源勘查

2011—2015 年，市国土资源局向省国土资源厅汇报，获批省级两权价款项目 75 个，争取上级地质找矿资金 1.48 亿元；商业性探矿权完成勘查投资 1.95 亿元。

永州市 2011—2015 年勘查投资情况表

表 2-3-1

年度	申报项目数（个）	下达项目数（个）	下达财政资金（万元）	投入地勘资金（万元）
2011	15	11	2938	5363
2012	56	25	4594	5300
2013	30	24	3183	4050
2014	24	8	2213	3327
2015	12	7	1906	1500
合计	137	75	14834	19540

2015 年，全市有矿种 75 个，其中探明的 54 种，有 30 种纳入矿产资源储量平衡表。列全省第一位矿种有：锰、稀土、锂、铷、铯、熔剂灰岩水泥黏土。保有资源储量列全省第二、三、四、五位的有锡、铋、钨、铁、铅、锌、钼、铜等。建材用花岗岩、大理石、建筑用砂、砾石等资源丰富，后备资源充足。

2015 年，由于地勘投入的不断加大，陆续找到一批大矿、好矿。祁零盆地整装勘查项目零陵区水埠头矿区锰矿普查项目，探获原生碳酸锰矿石 2537.8 万吨。整装勘查区内冷水滩区桎塘冲矿区预查初步估算区内碳酸锰矿石 360 万吨；零陵区野牛冲矿区锰矿预查初步估算区内碳酸锰矿石 2128 万吨；零陵区新宅里矿区锰矿预查初步估算区内碳酸锰矿石 2151 万吨。

道县魏家钨矿探矿权探获三氧化钨资源量（金属）29 万吨，达超大型钨矿床。商业探矿权道县审章塘铅锌矿详查，据专家初步估算，三氧化钨资源量（金属）约 10 万吨。

蓝山太平矿区铁锰矿详查项目已探明铁锰矿石量 2570 万吨。毛俊矿区铁锰矿详查，探明铁锰矿石量 9500 万吨。蓝山境内花岗岩饰面石材矿资源丰富，经勘查获保有花岗饰面石材岩矿资源量（矿石量）1253 万立方米，设立 16 个矿权。

由省核工业地质局三〇三大队牵头，地质矿产勘查局 418 队协作实施的湖南省大湾地区铀铅锌钨锡矿整装勘查项目，截至 2015 年，共探获铀矿资源量（金属）

为1865.11吨。

至2015年，祁零盆地锰成矿区，开展新宅里、栗皮冲、野牛冲、桎塘冲等勘查项目，预计提交品位较高、大型以上规模的碳酸锰矿产地1~2处，提交碳酸锰矿石资源量5000万吨以上；姑婆山—鹰阳关等成矿带，提交大、中型锡多金属矿床1~2处，提交锡资源量4万~6万吨，铌钽矿3000~5000吨；湖南省大湾地区铀铅锌钨锡矿整装勘查区预计可提交大型铀矿1个，中型铀矿2个，中型钨锡多金属矿1个，提交铀资源量4.2万吨以上，铅金属量3万吨，锌金属量3万吨，银金属量5吨，锰铁矿石量500万吨；新田县知市坪矿区铁锰矿普查项目提交中至大型铁锰矿1处。

第二节 矿产资源总体规划

2009年，市政府根据《中华人民共和国矿产资源法》及其配套法规《全国矿产资源规划》《中华人民共和国环境保护法》《矿产资源规划管理暂行办法》《湖南省矿产资源总体规划（2008—2015年）》，按照国土资源部《关于开展第二轮矿产资源总体规划编制工作的通知》、省国土资源厅《关于开展第二轮市县矿产资源总体规划编制工作的通知》要求和《永州市国民经济和社会发展第十一个五年计划纲要》，编制《永州市矿产资源总体规划（2008—2015年）》（以下简称《规划》）。

一、《规划》编制

2009年4月，市政府成立《规划》编制领导小组，印发《规划》编制工作方案，明确《规划》编制的目的与指导思想、主要任务、《规划》期限及《规划》编制的工作程序；市国土资源局和《规划》编制领导小组分别组织专家对《永州市矿产资源总体规划编制工作方案》等进行审查，并报省国土资源厅备案，明确《规划》编制的工作思路和技术方法。5月，《规划》编制单位先后到省国土资源规划院、省国土资源信息中心、省国土资源厅规划处、市国土资源局、市统计局、市经委、市林业局、市水利局、市规划建设局、市环保局、市旅游局、市档案局等有关部门和单位收集资料，到各县（区）、主要矿山及矿业企业作现场调查，并与有关专家座谈，征求规划意见。全面收集市矿产资源勘查、开发利用与保护、矿山生态环境保护的现状资料及各相关部门、行业、矿山或矿业企业对促进全市矿业经济发展的建设性建议。

2009年6月至2010年8月，开展《湖南省矿产资源总体规划实施评估报告》《永州市矿业经济发展研究报告》《永州市矿业结构调整与优化研究报告》《永州市矿山生态环境保护与恢复治理研究报告》和《永州市矿产资源规划实施保障体系研究报告》5个基础专题的研究工作。其间，规划编制单位几批次向市矿产规划领导小组和有关单位征求意见，并向市政府作阶段成果汇报。

2010年9月，根据基础专题研究成果，综合考虑市内各行业及部门的专项规划意见，编制《规划》。编制单位在专题研究基本完成后，起草《规划》文本的编写提纲，连同专题研究报告呈送《规划》编制办公室进行审定。在《规划》编制过程中，编制单位向有关部门领导汇报工作进展情况，与有关专家交换意见。将《规划》文本初稿提交《规划》领导小组初审。根据初审意见，进行修改和完善，报省国土资源厅审查。

二、矿产资源调查评价

永州市矿产资源调查评价包括基础性、公益性地质调查和重要矿产资源远景调查评价两个部分。

（一）基础性、公益性地质调查

规划期内，配合国家完成安排在永州市的基础性公益性地质调查评价工作，主要完成永州州幅1∶25万区域地质调查和13幅1∶5万区域地质和矿产远景地质调查，包括江永县、沱江、洪塘营、湘江口、大桥、福利、大圩、江华县、码市市街、富川、大山口、桂岭圩、太保村幅。

（二）矿产资源调查评价

以铁、锰、铜、铅、锌、钨、锡、锑等为重点，以重点成矿区带为主要对象，落实部、省358地质找矿实施方案，全市划定矿产资源重点调查评价区2个，即“舜皇山—阳明山锰钨锑铜铅锌矿调查评价区”和“都庞岭—九嶷山铁锰钨锡铅锌铀矿调查评价区”。按照“总体部署，分步实施、突出重点”的原则，在公益性地质矿产调查评价的基础上，为发现新的矿产地提供找矿靶区，引导后续矿产资源勘查布局。

三、矿产资源勘查规划

在国家对矿产资源勘查的宏观调控和产业政策指导下，永州市利用社会多渠道资金的基础作用，开展以经济效益为目标的商业性矿产资源勘查工作，目的是逐步确立企业在商业性地质勘查中的主体地位，促进矿业可持续发展。

（一）勘查矿种

重点支持的勘查矿种：对铀、煤、铁、锰、铜、铅、锌、金、银、铌、钽、水泥原料、饰面石材等矿种的勘查。

商业性限制勘查的矿种：对铀、钨、锡、稀土、锑、煤等矿种的商业性勘查行为。

（二）勘查规划分区

勘查规划区包括重点、限制、禁止三类。共设置勘查规划区 20 个，面积 15284.61 平方公里。其中，6 个重点勘查区，3 个限制勘查区，11 个禁止勘查区。

重点勘查区　东安县舜皇山—牛头寨钨锑铜铅锌成矿远景区，面积 1044.5 平方公里；祁零盆地锰矿整装勘查区，面积 2965.6 平方公里；羊角塘—阳明山铜铅锌成矿远景区，面积 3146 平方公里；都庞岭北东向钨锡多金属成矿远景区，面积 778 平方公里；江永—蓝山钨锡铅锌稀土铀多金属成矿远景区，面积 5727.7 平方公里；蓝山太平铁铅锌矿成矿远景区，面积 361.8 平方公里。

限制勘查区　祁阳金洞县级自然保护区，面积 100.01 平方公里；江永回龙圩县级自然保护区，面积 17.9 平方公里；江华大龙山县级自然保护区，面积 74.3 平方公里。

禁止勘查区　东安舜皇山国家森林公园分布区；永州市城区；祁阳县小鲵省级自然保护区；大江林场自然保护区；阳明山国家森林公园分布区；双牌水库水源森林保护护区；都庞岭生态林自然保护区；江永县源口自然保护区；九嶷山国家森林公园分布区；蓝山板塘国家级自然保护区；涔天河水库保护区。

此外，铁路、高速公路等两侧 1000 米范围内，交通主干线两侧 200～500 米范围内（露天开采矿可视距离 5000 米、地下开采矿 2000 米）、军事禁区、重要水源地的一级保护区、国家法律法规规定不得进行矿产勘查的其他区域均设为禁止勘查区。

（三）勘查规划区块

依据成矿地质条件、找矿信息、资源特点、矿业权设置现状，按照科学布局、优化结构的要求，划定勘查规划区块，为合理设置探矿权提供依据，促进矿区的整体勘查。永州市划定矿产资源勘查规划区块 35 个。其中预查勘查规划区块 7 个，普查勘查规划区块 27 个，详查勘查区块 1 个。勘查矿种有铀、铁、锰、钨、锡、铜、铅、锌、金、地下水等。总面积 2219.67 平方公里。

四、矿产资源开发利用总量调控

（一）开发利用方向

鼓励开采铁、锰、铜、铅、锌、水泥灰岩、溶剂灰岩、饰面石材等矿产，在符合规划准入条件的前提下，可优先设置采矿权。

限制开采煤、钨、锡、离子吸附型稀土等矿产，严格控制采矿权总数，严格控制其年度开采总量；难利用矿产必须由相应选矿技术取得突破的深加工企业进行开采。

禁止开采可耕地范围内的砖瓦用黏土矿，在规划期内不得新设采矿权，原有采矿权尽快注销。

（二）矿产资源总量调控

根据国家产业政策和宏观调控方向，结合永州市矿产资源特点、开发利用现状、社会经济水平以及矿产品供需状况，选择煤、铁、锰、稀土及水泥灰岩等15种矿产作为开采总量调控对象。

能源矿产 煤：规划期内，禁止开采禁采区内的煤炭资源，关闭生产能力为3万吨/年及以下的矿山，不再新建生产能力低于9万吨/年的矿井，适当扶持低灰、低硫、低瓦斯煤矿开发。2015年，原煤产量控制在130万吨。

金属矿产 铁、锰：鼓励开采优质锰矿和储量大、埋藏浅、开采条件简单的铁矿，2015年铁矿石产量达到28.07万吨，锰矿石产量达到116.98万吨。钨、锡、锑、稀土：规划期内维持产能、产量动态平衡；对资源确已枯竭的矿山，依法关闭。规划期内，钨、锡、锑、稀土等矿种产量执行国家调控指标。铜、铅、锌、银：鼓励开采铜、铅、锌矿和回收共伴生银，满足市内选冶企业的需求。

非金属矿产 重点鼓励开采水泥用灰岩、熔剂灰岩、高岭土、冶金白云岩等市场需要的优质非金属矿产，减少砂石黏土开采量。

五、矿山生态环境保护规划

（一）矿山地质环境保护

依据《永州市矿产资源总体规划（2008—2015年）》，全市划分29个禁采区（总面积1529.37平方公里），11个限制开采区（总面积657平方公里）；禁采区内不得新建矿山，已有开采矿山由县级以上政府予以关闭；在限采区内，未经国家和省政府授权部门批准，不得新建矿山，不得扩大矿山开采规模。

2008—2015 年永州市矿山地质环境保护分区一览表

表 2-3-2

编号	矿山地质环境保护分区	所在行政区	面积（平方千米）
B-01	舜皇山国家森林公园禁止开采区	东安县大庙口镇	102.8
B-02	东安县城区禁止开采区	东安县白牙市镇	10.06
B-03	永州市城区禁止开采区	冷水滩区	79.94
B-04	祁阳县城区禁止开采区	祁阳县浯溪镇	35.48
B-05	小鲵省级自然保护区禁止开采区	祁阳县下马渡镇	88.47
B-06	零陵区城区禁止开采区	芝山镇	33.92
B-07	大江林场自然保护区禁止开采区	祁阳县凤凰乡	86.12
B-08	阳明山国家森林公园禁止开采区	双牌县茶林乡、麻江乡	65.33
B-09	小金洞乡风景林保护区禁止开采区	祁阳县小金洞乡	17.46
B-10	石坝水库自然保护区禁止开采区	芝山区太庆坪乡、石头岩镇	12.3
B-11	双牌县城区禁止开采区	双牌县泷泊镇	9.78
B-12	新田县秀峰湖文化旅游保护区禁开采区	新田县金陵镇	65.33
B-13	新田县城区禁止开采区	新田县龙泉镇	9.78
B-14	双牌县水库自然保护区禁止开采区	双牌县理家坪乡、上梧江瑶族乡	66.68
B-15	凤仙桥水库自然保护区禁止开采区	宁远县中和镇	4.7
B-16	仁和坝水电站自然保护区禁止开采区	宁远县仁和镇、棉花坪瑶族乡	6.2
B-17	宁远县城区禁止开采区	宁远县舜陵镇	19.63
B-18	道县城区禁止开采区	道县道江镇	14.53
B-19	都庞岭国家自然保护区禁止开采区	道县清塘镇	194.51
B-20	大远自然保护区禁止开采区	江永县千家峒瑶族乡	58.86
B-21	江永县城区禁止开采区	江永县潇浦镇	6.24
B-22	江华县城区禁止开采区	江华县沱江镇	16.1
B-23	源口自然保护区禁止开采区	江永县源口瑶族乡	90.13
B-24	水市水库自然保护区禁止开采区	宁远县水市镇	11.48
B-25	蓝山县城区禁止开采区	蓝山县塔峰镇	17.38
B-26	九嶷山国家森林公园禁止开采区	宁远县九嶷山瑶族乡	160.3
B-27	板塘国家森林公园禁止开采区	江永县大桥瑶族乡、荆竹瑶族乡、紫良瑶族乡	96.74

续表2-3-2

编号	矿山地质环境保护分区	所在行政区	面积（平方千米）
B-28	湘江庙子源自然保护区禁止开采区	江华县湘江乡	0.89
B-29	大龙山自然保护区禁止开采区	江华县码市镇	133.79
B-30	新龙矿业有限公司矿区限制开采区	东安县鹿马桥镇	83.86
B-31	崇旺煤矿—黄阳司响鼓亭煤矿区限制开采区	冷水滩普桥镇、黄阳司镇	113.34
B-32	黑山口煤矿—永红煤矿矿区限制开采区	冷水滩竹山桥镇	125.56
B-33	铁丝塘矿井—沙五井煤矿区限制开采区	祁阳县三塘口镇、观音滩镇、浯溪镇、白水镇	185.05
B-34	岩口煤矿—双发煤矿矿区限制开采区	祁阳县进宝塘镇、黄泥塘镇	124.34
B-35	大庙口铅锌矿—东安县锰矿区限制开采区	东安县大庙口镇、紫溪桥镇、白牙市镇、大将口镇	553.47
B-36	五里牌—荷叶塘锰矿—李家一下井锰矿区限制开采区	芝山区黄田铺镇、水口山镇、珠山镇、石头岩镇	311.32
B-37	道县锰矿矿区限制开采区	道县蚣坝镇	45.24
B-38	铜山岭矿区限制开采区	江永县桥头铺镇、潇浦镇、黄甲岭乡	108.57
B-39	癞子山铅锌矿—湘源锡矿矿区限制开采区	宁远县九嶷山瑶族乡、道县泗马桥镇、洪塘营瑶族乡	106.14
B-40	江华稀土矿—十八湾黑色金属矿—姑婆山野鸡脚铅锌矿矿区限制开采区	江华县河路口镇	126.31

（二）矿山地质环境整治

整治原则 坚持“因地制宜、突出特点、全面规划，分步实施”的原则，结合全市矿产资源分布情况及矿山生态环境现状制定矿山生态环境保护与治理规划；坚持“谁开发、谁保护，谁破坏、谁恢复，谁使用、谁付费”的原则，建立健全矿山生态环境保护的相关法规及管理体制，逐步建立起以矿山企业为主体的矿山生态环境保护与恢复治理的投资体制，探索新的控制矿山生态破坏环境污染的有效途径；根据全市矿山地质环境破坏影响程度，综合考虑社会效益、经济效益、环境效益。本着“轻重缓急”的原则，开展矿山地质整治工作。

矿山地质环境整治分区 矿山地质环境整治分区，划分为亟待恢复治理区、一般恢复治理区和加强保护区。

亟待恢复治理区的划分标准：矿产资源开发利用程度高，地质环境破坏严重，社会经济影响大，治理后将产生良好的社会效益、经济效益和环境效益的矿山，作为亟待恢复治理区加以重点整治。如原计划经济时期的大、中型国营矿山和群采矿区等，特别是黑色金属矿区。永州市亟待恢复治理区（H）划分4个，包括34个主要矿区。

一般恢复治理区的划分标准：矿产资源开发利用程度较高，地质环境破坏较严重。治理后将产生较好的社会效益、经济效益和环境效益的矿山作为一般恢复治理区，如群采煤矿区、非金属建材类矿区等。永州市一般恢复治理区（Y）划分7个，包括40个主要矿区。

加强保护区的划分标准：对于矿产资源开发利用地质环境较好的矿山和零星分散的对社会经济影响相对较少的，且不急于进行整治的矿山划分为加强保护区。全市划分1个加强保护区，包括多个零散建材矿山。

2008—2015年永州市矿山地质环境整治分区一览表

表2-3-3

编号	矿山地质环境整治分区	主要矿山	主要治理措施
H-01	东安县新龙矿业有限责任公司锑矿区亟待恢复治理区	东安县新龙矿业有限责任公司锑矿	加强矿山“三废”管理，规范、集中堆放废渣，对废水废液进行沉淀净化，全面落实监测制度
H-02	冷水滩区崇旺煤矿—黄阳司响鼓亭煤矿区亟待恢复治理区	冷水滩区崇旺煤矿、响鼓亭煤矿、大塘煤矿、水口桥煤矿、零陵煤矿	妥善处理工农矛盾，对受损房屋进行赔偿、监测；加强废渣、废水综合利用；落实矿山监测制度
H-03	祁阳县铁丝塘矿井—沙五井煤矿区亟待恢复治理区	祁阳县祁阳煤矿铁丝塘矿井、藕塘冲、沙五井、良如皂、后塘、沙井、河南皂、官山冲、张家塘、冬瓜皂、沙五井、沙二井、矮龙皂、联营、鸭蛋皂、小李山煤矿	规范开采、对受损房屋进行赔偿、监测；加强废渣综合利用；落实矿山监测制度，制定防灾预案
H-04	芝山区五里牌—荷叶塘锰矿——李家—下井锰矿区亟待恢复治理区	芝山区五里牌—荷叶塘、李家—下井、东湘桥、太婆冲、长冲、程家—刘家、毛溪桥、大科甸、坦复—雨脚塘、燕子冲、杨梅塘—大柏塘、罗家锰矿区	优化设计、合理开采，及时回填采空区并复绿，加强“三废”管理以提高其综合利用率，防止泥石流及崩塌、滑坡等地质灾害发生，制定防灾预案，落实矿山监测制度
Y-01	冷水滩区黑山口煤矿—永红煤矿区一般恢复治理区	冷水滩区黑山口煤矿、玉皇山煤矿、石龙皂煤矿、永盛矿业有限公司永红煤矿	对采空区进行回填；修建沉淀池，对废水进行沉淀与净化处理；加强废渣综合利用；落实监测制度

续表2-3-3

编号	矿山地质环境整治分区	主要矿山	主要治理措施
Y-02	祁阳县岩口煤矿、双发煤矿矿区一般恢复治理区	祁阳县岩口、双发、团结、友谊、东风、佑兴、日新煤矿	加强废渣综合利用；对废水进行沉淀与净化处理；落实矿山监测制度，对采空区地面变形重点监测，防止矿坑突水
Y-03	东安县大庙口源头铅锌矿一东安县锰矿区一般恢复治理区	东安县大庙口源头铅锌矿、东安县锰矿、荞麦冲、弹夹锰矿、塘复锰矿、东安石灰石矿、豪迈有限公司、普华实业有限责任公司、东安县舜皇水泥有限责任公司石灰石矿	对废水进行沉淀与净化处理；合理开采，及时回填地下采空区，减少废渣排放量，对废渣堆砌筑挡土墙
Y-04	道县锰矿区一般恢复治理区	道县锰矿	及时回填旧采空区并复绿；提高废渣综合利用；对废水进行沉淀与净化处理；落实矿山监测制度
Y-05	铜山岭—黄泥铺铅锌矿区一般恢复治理区	江永县银铅锌矿、黄泥铺铅锌矿及铜山岭有色金属矿、桥头铺罗坪村渣大潮湖锰铁矿	及时回填采空区并复绿；提高废渣综合利用率；对废水进行沉淀与净化处理；落实监测制度
Y-06	宁远县癞子山铅锌矿——湘源锡矿区一般恢复治理区	宁远县癞子山铅锌矿、癞子山铅锌多金属矿、挂钩山铅锌矿、道县湘源锡矿、黑洞古—半边岩铅锌矿	回填旧采空区，提高废渣综合利用率；对废水进行沉淀与净化处理；落实监测制度
Y-07	江华县稀土矿——十八湾金属矿区一般恢复治理区	江华县稀土矿、大锡乡龙安铁矿、桥市乡龙母锰矿、沱江镇洪水冲硫铁矿、河路口镇梅子湾铁矿、鑫富铁矿、十八湾金属矿、船岭脚滑石板铅锌矿、姑婆山野鸡脚铅锌矿、林氏矿业有限公司等	及时回填采空区，提高废渣综合利用率；对废水进行沉淀与净化处理；落实监测制度
J-01	加强保护区	零散分布的矿山及其他区域	加快土地复垦，落实监测制度

说明：表中芝山区，为现零陵区

第四章 矿业权管理与市场

第一节 矿业权登记

一、探矿权登记

至2015年，全市设立探矿权87个，按勘查矿种分：铅锌矿25个（其中部发证2个），锰矿12个，铀矿11个（均为部发证），锑矿6个（其中部发证3个），锡矿6个，铜矿5个，金矿、铁矿各4个，方解石矿3个，地热、矿泉水、水泥灰岩矿各2个，钼矿、硫铁矿、萤石、重晶石、高岭土矿各1个。按县（区）分：道县11个，蓝山县16个，零陵区6个，祁阳县8个，东安县7个，江华县15个，江永县9个，新田县2个，宁远县8个，冷水滩区3个，金洞管理区2个。

二、采矿权登记

1984年5月，省地质矿产局、冶金工业厅、石油化学工业厅、建筑材料工业局、轻工业厅、省工商局下发《关于发展乡镇企业的联合通知》要求：凡开办小矿，应由办矿单位提出，由县（市）政府有关矿业归口部门审核，报省矿业主管厅（局）会同省地质矿产局审批，由省地质矿产局发给开采许可证，工商局发给营业执照，方可开矿。1987年，市矿产资源管理办公室组织开展矿权补登记工作，至1989年，全区累计发放采矿许可证432个，其中国营矿山30个，乡镇集体个体采矿402个。至1995年，全区持证开采的国营矿山31个，乡镇集体个体持证开采690个。1996年，全市国营矿山25个，全部领取采矿许可证；乡镇集体矿山、个体采矿742个，领证698个。

1998年2月，国务院颁布《矿产资源开采登记管理办法》规定：国家实行采矿权有偿取得制度，发放采矿许可证的权限，由过去按矿山企业经济类型改为按矿产资源储量规模和开采矿种划分，其中国家发证的有：开采国家规划矿区对国民经济具有重要价值的矿产资源，领海及中国管辖的其他海域的矿产资源，外商投资开采的矿产资源，该办法附录所列的矿产资源；省级发证的为该办法第三条第一款、第二款规定以外的矿产储量规模中型以上的矿产资源以及国家授权发证的矿产资源；市级发证的为该办法的第三条第一款、第二款、第三款规定以外的矿产资源，以及矿区范围跨县级以上行政区域的，县级以上主管部门发证后，应向上一级主管部门备案。采矿许可证有效期大型以上最长为30年，中型最长为20年，小型最长为10年。采矿许可证登记类型为新设采矿权登记、采矿权延续登记、采矿权变更登记。采矿权登记程序为申请、受理、审批、发证。采矿许可证由国家统一印制。3月，地质矿产部下发《关于授权颁发勘查许可证采矿许可证的规定》，对《矿产资源开采登记管理办法》附录中规定的油页岩、地热、锰、铬、钴、铁、石棉、矿泉水以及矿产资源开采登记管理办法附录中除上述以外的其他矿产，其生产建设规模为中型以下的授权省一级审批发证。是年，省地质矿产厅下发的《关于委托登记办法采矿许可证的通知》规定，下列储量规模的小型矿产：油页岩、锰、钴、铬、铁、铜、铅、锌、铝、镍、钼、磷、钾、硫、锶、铌、钽、石棉、银、铂，委托市（州）审批登记，颁发采矿许可证。

2006年5月，省国土资源厅下达《关于规范采矿许可证审批发证权限有关问题的通知》，对原部分委托市（州）发证的权限全部上收，并进一步明确省、市、县采矿许可证的发证权限。其中市一级采矿许可证的发证权限为：开采在部省采矿许可证发证权限范围外，矿床储量规模为小型（含）以下的矿产资源，具体为石煤、石英砂、水泥灰岩、陶土大理石、膨润土，不含用作普通建筑材料的砂、石、黏土；开采跨区、县（市）行政区域，只能用作普通建筑材料的砂、石、黏土矿产资源。区、县（市）采矿许可证发证权限为：只能用作普通建筑材料的砂、石、黏土矿产资源。按照省国土资源厅《关于规范采矿许可证审批发证权限有关规定的通知》颁发采矿许可证。9月，市国土资源局依据省国土资源厅《关于规范采矿权审批发证权限有关问题的通知》，下发《关于规范采矿权审批发证权限的紧急通知》规定：国土资源部和省国土资源厅文件规定属于省国土资源厅或国土资源部发证权限且原由市、县两级发证的，一律按规定在省国土资源厅或国土资源部办理登记手续；属于市级发证权限，且原由县级发证的，自市国土资源局《关于规范县级采矿权设立、取得登记发证程序的通知》下发之日起，一律按管理权限在市国土资源局办理采矿权审批登记手续；上收采矿权发证权限的矿山企业，在2006年12月底前，按管理权限到审批机关办理采矿许可证换证手续。至2015年底，全市持证矿山632个。

2015年永州市持证矿山一览表

表 2-4-1　　单位：个

县（区）	合计	发证权限		
		省部级	市级	县级
宁远县	107	5	0	102
道县	49	5	6	38
东安县	45	8	0	37
冷水滩	42	0	2	40
零陵	70	12	0	58
祁阳县	98	4	2	92
双牌县	15	0	0	15
江华县	57	16	3	38
江永县	57	3	4	50
新田县	47	0	0	47
蓝山县	45	2	14	29
合计	632	55	31	546

第二节　矿业权监督管理

一、探矿权监督管理

2009年，市政府办下发《关于支持地质找矿工作的通知》，争取铜山岭—祥霖铺地区钨锡铜铅锌多金属矿评价、江华县赵家矿区铅锌矿普查、蓝山县犁头嘴矿区铅锌矿普查、东安县地村地区锰矿预查4个全省两权价款地质勘查项目。预期资源量300万吨，经济价值150亿元。通过省国土资源厅领导和专家现场踏勘指导，由省地勘局409队承担的零陵区水埠头锰矿普查项目，发现亿吨以上储量的碳酸锰原生矿。是年，全市申报蓝山县和江华县两个铀矿普查新立项目，申报蓝山县小富岭铁锰矿普查项目、江永县石盘田铁矿普查项目、蓝山县杨家坊铁锰矿普查项目、零陵区龙禾田锰矿普查项目等9个探矿权普查项目。市国土资源局组织省地勘局409队编制《永州市矿产资源勘查规划（2007—2020）》。全市首次出让蓝山县大塘铁锰矿探矿权、蓝山荆竹沙落铜矿普查探矿权、蓝山小富岭铁锰矿普查探矿权、宁远县老匡家铁矿探矿权，实现价款2346.2万元。

2010年，完成上年度探矿权年检工作。年检探矿权项目44个，面积516.03平方公里，投入资金1426.39万元，完成钻探1.49万米，坑探789.9米，槽探3.67万立方米，浅井35米。投入勘查技术人员915人/月（其中高级职称225人/月；中级职称315人/月；初级及以下职称375人/月）。市国土资源局组织人员对零陵大庆坪铅锌矿、祁阳茅竹锰矿普查、长冲铅锌矿和丁家冲铅锌矿普查等探矿权等进行实地检查；配合省国土资源厅完成祁阳曾家巷矿区水泥用石灰岩矿探矿权的野外验收，组织专家对蓝山县犁头咀铅锌矿探矿权和宁远县老匡家铁矿探矿权详查项目进行野外验收。市国土资源局对省国土资源厅下发的“蓝山县小富岭矿区铁锰矿普查”“江华桥头铺矿区铅锌多金属矿普查”“道县蒋家塘—上渡矿区锑资源普查”“蓝山县沙落矿区铜矿普查”“蓝山县大塘矿区铁锰矿普查”“宁远县横窝岭铅锌矿矿产普查”“蓝山县太平矿区锰铁矿详查”“蓝山县毛俊矿区锰铁矿详查”“道县螃蟹木锡矿普查”“东安县云头山锑矿勘查”“道县崩塘铅锌铁多金属矿普查”“蓝山县杨家坪地区铀矿普查”“宁远县金鸡岭地区铀矿普查”“道县猫儿岭萤石多金属矿普查”“道县审章塘矿区铅锌多金属矿普查”“道县小蓬江矿区铅锌矿普查”“江华县大锡金矿普查”“宁远县癞子山矿区铅锌矿普查”“江永县石盘田矿区铁矿普查”“江华县大墟镇沟边寨—铅山界矿区铅锌矿普查”“江华县大中铅金矿普查”等22个探矿权受理调查函予以回复，调查面积187.42平方公里。为配合市委、市政府引进信德集团这一高科技、低能耗、低污染的先进制造业，市国土资源局组织省煤田地质局第三勘探队和省地勘局409队对全市方解石和石灰岩矿资源进行专项调查。初步查明全市方解石的分布、品质和规模情况。南六县相对资源储量较大的方解石矿有8处，主要分布在江永县夏层铺镇5处、宁远县禾亭镇蒋家塘及冷水镇冯家1处、道县新车圩莫家湾1处、新田县石羊镇1处；北五县（区）零星分散的方解石矿有6处，主要分布在冷水滩区平塘1处，零陵区塘付、下家渡、珠山各1处，东安县水岭、横塘各1处。估算方解石矿资源量375.4万吨，其中单个最大矿石床属新田县石羊镇方解石矿，资源储量68万吨。是年，省国土资源厅下达2010年两权价款地质勘查项目第一批任务书，明确4个地质找矿项目落户永州，设计编制经费1610万元。其中整装勘查项目2个，勘查面积3550平方公里，分别为湖南省祁零盆地锰矿整装勘查，勘查面积2951平方公里；湖南省大湾地区铀铅锌锡矿整装勘查，勘查面积599平方公里，预期成果分别提交333+334锰矿石资源量8000万吨、333+334铀金属资源量5000吨、333+334铅+锌+锡金属资源量7万吨，经济价值约100亿元。

2011年，全市完成年度探矿权年检。矿产资源勘查项目52个，属于省国土资源厅发证的41个，面积371平方公里；属于国土资源部发证的11个，面积226.3平方公里。全市探矿权完成勘查投资2160.61万元（其中：国土资源部发证探矿权投资1266.53万元；省级发证探矿权投资894.08万元）。投入勘查技术人员772人/月（国土资源部发证探矿权433人/月；省级发证探矿权289人/月）。市国土资源局收到省国土资源厅探矿权受理调查函4件，即江华县坪山矿区铅锌多金属矿普查、零陵区大庆坪铅锌矿普查、江华县桥头铺矿区铅锌多金属矿普查和江华县桥头铺镇矿区鲁子田矿段钼矿详查，均按规定及时回复上报。截至年底，市国土资源局共审查31个探矿权并签署核查意见上报，单独完成商业性探矿权野外验收5个，分别是江华县桥头铺矿区铅锌矿多金属矿普查、蓝山县大塘矿区铁锰矿普查、蓝山县小富岭矿区铁锰矿勘查、祁阳县七里桥镇塘华煤矿普查和宁远县老匡家矿区铁矿详查；配合地质研究所完成江华县姑婆山矿区稀土矿资源储量核实、江华县高石山矿区水泥用石灰岩矿详查、新田县大桥边矿区铅锌矿预查野外验收。为确保祁零盆地碳酸锰矿整装勘查、大湾地区铀铅锌钨锡矿整装勘查2个整装勘查项目工作质量，实现整装勘查区找矿重大突破，市国土资源局与相关领导和技术人员深入实地现场办公，依法维护地质勘查秩序，协调处理项目实施的外部环境关系，调处地质勘查中各类矛盾纠纷，配合省国土资源厅监督项目工作任务执行情况，不定期抽查项目工作质量。3月31日，市国土资源局局长黄海淞陪同省国土资源厅总工程师彭悦、处长李国清一行深入道县祥霖铺魏家钨多金属矿矿区现场办公，对勘查环境问题向道县县委、县政府提出交办要求，县委常委、政法委书记乌进甫当场表态落实省国土资源厅领导意见，尔后，成立专门班子，县委、县政府跟班服务，县、乡、村安排5人常驻找矿区，发现问题当场解决。为落实《湖南省国土资源厅地质勘查质量管理年活动实施方案》的通知精神，市国土资源局下发《关于开展全市探矿权检查的通知》，对设置的55个探矿权进行全面清理，建立清理工作责任制和管理台账，及时解决巡查中发现的问题。全市55个探矿权中52个探矿权均按规定提交年度实施方案、开工报告。江华县大竹源矿区铁矿详查（西段）、江永县铜山岭农场河源铅锌矿普查、道县响鼓石铅锌矿普查等3个探矿权未按规定提交年度实施方案和开工报告，年检年审认定为不合格，并下发限期整改通知书，限期整改到位。市国土资源局配合省国土资源厅地质勘查处，对驻永州市的地质勘查单位省地质矿产勘查开发局409队和省煤田地质勘查局第三勘探队的地质勘查资质进行检查，经检查认定省地质矿产勘查开发局409队为优、省煤田地质勘查局第三勘探队为良。

2012年，对全市59个探矿权进行年检年审工作，投入勘查资金5363.1万元、投入勘查技术人员730人/月。并将上年度探矿权年检年审结果在《永州日报》予以公布，接受社会各界监督。市国土资源局配合省国土资源厅地质勘查处对祁零盆地整装勘查区、大湾地区铀铅锌钨锡矿整装勘查区进行质量监审和7个省级价款项目阶段性工作野外验收，即零陵区水埠头矿区锰矿普查、江华县高石山矿区水泥用石灰岩矿详查、新田县大桥边矿区铅锌矿预查、蓝山县犁头咀矿区铅锌矿普查、祁阳县米塘矿区铅锌矿普查、大湾地区铀铅锌钨锡矿整装勘查郑家垅地区铀矿普查、东安县地村矿区锰矿普查，4个终止勘查、2个继续下一步勘查工作、1个准备转采。组织全市地质专家对道县审章塘矿区铅锌多金属矿普查和零陵区大庆坪矿区铅锌矿普查2个商业探矿权野外验收，并形成验收意见。是年，全市申报地质勘查项目56个，获得批准项目25个，预计投入资金4594万元。申报当年省级两权价款项目30个，经过初步筛选，参加专家立项论证的项目24个。申报矿种为铜、铅、锌、金、银、锡、铁、锰、铀、铌、钽、煤、稀土、高岭土、地下热水等，获得批准立项实施项目12个，预计投入资金3669万元，中央基金项目立项2个，预计投入资金925万元。申报下年度省级两权价款项目24个，省国土资源厅审批的两权价款项目受理21个，技术审查通过11个。全市新增省级两权价款项目12个：东安县木里江矿区铅锌矿普查、江华县杨家冲铅锌多金属矿普查、宁远县银山嘴矿区铅锌矿预查、祁阳县草鱼塘矿区铅锌矿普查、祁阳县大井坳矿区铅锌矿普查、新田县知市坪矿区铁锰矿普查、冷水滩区桎塘冲矿区锰矿普查、祁阳县卫星矿区深部煤矿普查、祁阳县黄泥塘矿区深部煤炭预查、新田县中部严重缺水地下水资源预可行性勘查、东安县新龙锑矿接替资源勘查、江华县铜山岭有色金属矿边深部找矿。为优化祁零盆地碳酸锰矿整装勘查、大湾地区铀铅锌钨锡矿2个整装勘查区探矿条件，5月，市政府下发《关于对全市支持地质找矿工作进行督查的通知》，市国土资源局对全市加强维护地质外部环境进行督查，并将督查情况予以通报。6月，省核工业地质调查院303大队完成大湾地区铀铅锌钨锡矿整装勘查区内所有矿权工作任务。10月，地质勘查开发局418队完成省级两权价款项目道县魏家钨矿预查项目。祁零盆地碳酸锰矿整装勘查，实现整装勘查区找矿重大突破。市国土资源局对已设置的74个探矿权进行清理，建立清理工作责任制和管理台账，其中部级发证14个，省级发证60个，商业性探矿权34个（部级发证5个，省级发证29个），3个探矿权转为采矿权。年度实际投入勘查资金5300.02万元。完成主要工作量：槽探4.82万立方米，坑探3209.86米，钻孔2.9万米，浅井800米。探获资源量：碳酸锰矿石量5012万吨，铅锌矿矿石量616.28万吨，煤49.4万吨，铁462.9万吨，铁锰矿石量3419.58万吨，钨资源量9.18万吨。市国土资源局对道县蒋家塘—上渡矿区锑矿普查、蓝山县小富岭矿区铁矿普查等19个探矿权的延续、保留、变更申请进行审查并签署核查意见，上报省国土资源厅。

2013年年初，对全市58个探矿权进行上年度的年检年审工作，投入勘查资金5300.02万元、投入勘查技术人员平均733人/月。年检结果：合格探矿权46个、需要整改的探矿权3个、不合格探矿权9个。5月15日，召开全市地勘工作座谈会，邀请省地质勘查局402队、408队、409队、417队、418队，省煤田地质局第三勘探队，湖南有色地质勘查局一总队、217队、247队，核工业地质局230研究所、303大队等单位参加，就永州找矿献计献策，并对如何加快勘查进度、提交勘查成果等进行座谈。市国土资源局配合省国土资源厅地质勘查处，对2个整装勘查项目（湖南省祁零盆地整装勘查区、湖南省大湾地区铀铅锌锡矿整装勘查区）和2个老矿山边深部找矿项目（东安新龙锑矿、江华铜山岭矿区铅锌矿）进行现场质量监审，并参与由省国土资源厅组织的省级两权价款项目东安县木里江矿区铅锌矿普查、冷水滩区桎塘冲矿区锰矿预查、零陵区栗皮冲矿区锰矿预查、东安县九龙塘矿区钼矿预查和市级价款项目祁阳县茶盘口矿区高岭土矿普查等5个项目的野外验收；组织地质专家对3个商业探矿权（道县审章塘矿区铅锌多金属矿详查、蓝山县杨家坊矿区铁锰矿普查、江华县大中矿区铅金矿普查）野外验收并形成野外验收意见。祁零盆地整装勘查项目零陵区水埠头矿区锰矿，探获原生碳酸锰矿石（333+333低+334+334低）2537.8万吨。10月18日，该矿权公开挂牌出让，被湖南发展集团矿业开发有限公司以5100万元的价格竞得。祁阳县茶盘口矿区高岭土矿普查项目，估算（333+334）高岭土矿资源量409.62万吨，其中（333）高岭土矿资源量290.82万吨，（334）高岭土矿资源量118.8万吨，普查报告报省国土资源厅审查。市国土资源局对祁阳县草鱼塘矿区铅锌矿普查、蓝山县大塘矿区铁锰矿详查等22个探矿权的延续、保留、变更、新立申请进行审查，并签署核查意见，上报省国土资源厅。

2014年2—4月，市国土资源局分别对江华县玉龙钼矿采矿权补充勘探、江华县牛背地矿区锡矿预查补充勘探、蓝山县杨家坊矿区锰铁矿普查等3个项目进行野外验收。11月，陪同省国土资源厅领导对江华县河路口地区资源预可性勘查、祁阳县太平圩地下热水资源预可性勘查、蓝山县太平铅锌矿采矿权补充勘探进行野外验收。12月，配合省国土资源厅勘查处对2个整装勘查项目（湖南省祁零盆地整装勘查区、湖南省大湾地区铀铅锌锡矿整装勘查区）进行现场监审，对零陵区水埠头矿区详查项目进行野外验收。市国土资源局组织相关地勘单位申报年度省级两权价款项目24个，经省国土资源厅技术专家审查通过11个项目，经省国土资源厅党组审定后，下达市矿业权价款地勘项目8个，资金2213万元。市国土资源局对全市43个探矿权（部发证探矿权3个，省发证探矿权40个）进行年检年审，年检率100%。全市探矿权完成勘查投资4050.3万元（其中部发证探矿权投资190.63万元，省级发证探矿权投资3859.67万元），较上年度减少23.58%。投入勘查技术人员773人/月（国土资源部发证探矿权220人/月；省级发证探矿权553人/月）。年检结果：需整改的探矿权有蓝山县竹管寺矿区硫铁矿普查、蓝山县梨头嘴铅锌矿普查、江华县桥头铺矿区铅锌多金属矿普查等3个项目；不合格的探矿权有：江华县沟边寨—铅山界矿区铅锌矿普查、道县响鼓石铅锌矿普查、蓝山县沙落矿区铜矿普查、江永县高烟冲—龙洞庙矿区铅锌矿普查、道县小足冲铜矿普查、江永县铜山岭农场河源铅锌矿普查、冷水滩区养叔洞矿区铅锌矿普查、蓝山县黑冲矿区金矿预查、零陵区大庆坪铅锌矿普查9个项目。市国土资源局对零陵区安乐矿区铅锌矿普查、新田县三占塘地下水资源勘查等24个探矿权的延续、变更、新立申请进行审查，并签署核查意见，上报省国土资源厅。是年，实际投入勘查资金2150.3万元。建立健全永州境内探矿权进展情况月报季报制度，对各县（区）探矿权管理情况实行月调度和季通报。

2015年，各地勘单位申报年度省级两权价款项目12个，下达永州市矿业权价款地勘项目5个，资金1433万元。另有中央财政资金项目—新田扶贫区地下水勘查（项目经费300万元）、省国土资源厅地质环境项目—新田县新圩天然矿泉水地质勘查（项目经费173万元）通过项目设计审查。全市应检探矿权43个（其中国土资源部发证探矿权3个，省国土资源厅发证探矿权40个）。全市探矿权完成勘查投资912.76万元（其中：国土资源部发证探矿权投资202.3万元；省国土资源厅发证探矿权投资710.46万元）。投入勘查技术人员296人/月（国土资源部发证探矿权19人/月；省国土资源厅发证探矿权277人/月）。该年度年检结果：需整改的探矿权有蓝山县竹管寺矿区硫铁矿普查等6个项目；不合格的探矿权有祁阳县杨柳冲矿区重晶石铅锌矿普查等11个项目。市国土资源局受理探矿权申请22个，其中新立3个、延续11个、变更5个、保留2个、注销1个。其中13个商业性项目均召开矿产专题会审会议，并及时签署核查意见表。市国土资源局参与省国土资源厅完成对东安县新龙锑矿边深部普查、王狮岭水泥灰岩普查、野猪冲锑矿预查、木里江铅锌多金属矿预查，冷水滩区桎塘冲锰矿预查，江永县清溪源铅铜多金属矿普查、水口脚铜多金属矿普查，宁远县银山咀矿区铅锌多金属矿预查等8个项目野外验收工作；完成对大湾地区钨锡铅锌铀矿整装勘查、祁零盆地锰矿整装勘查项目质量监审。市国土资源局对设置的87个探矿权进行清理，其中，省国土资源厅发证探矿权72个，面积779.4平方公里；国土资源部发证探矿权15个，面积225.13平方公里。有效期内探矿权28个，其中开工项目17个、未开工项目7个、4个项目不需野外施工。全市探矿权全年投入勘查资金1328.17万元。

二、采矿权监督管理

（一）矿产资源利用检查

1991—2003年，每年对矿山企业开展年检，检查重点是企业开采回采率、采矿贫化率和选矿回收率。2004年，对年检内容进行调整，重点检查矿山矿产资源开发利用方案实施情况、矿山地质环境保护方案执行情况，矿山企业依法开采情况，矿山储量变化情况，税费缴纳情况等。年检以县（区）国土资源局为主，市国土资源局组织抽检。2007—2015年，改为按发证权限组织年检，市国土资源局负责省国土资源厅和市级发证矿山企业的年检，县（区）国土资源局负责县级发证企业的年检，市国土资源局组织抽检。年检采用书面审查和实地检查相结合的方式进行。年检中发现采矿权人有违反矿产资源法律法规行为的，依法组织查处；对年检不合格的，责令限期整改，经复检仍不合格的吊销采矿许可证。年检结束后，国土资源部门对年检不合格矿山企业，无正当理由不接收年检的矿山企业及审核处理意见予以公告。通过年检规范矿山企业的开采行为。

（二）矿产资源动态巡查

2010年12月，市国土资源局印发《永州市矿产资源动态巡查制度》，明确动态巡查的目的是及时发现和制止矿产资源违法行为，促进矿产资源违法案件发案率明显下降。县（区）国土资源局执法监察大队是矿产资源动态巡查主体，负责对矿产资源进行全面巡查，对重点矿区、重点矿种进行重点巡查。2014年4月，省国土资源厅矿产督察员管理办公室印发《关于湖南省级矿产督察员2014年度工作计划的通知》，要求市（州）国土资源部门与矿产督察员，行使矿产资源开发利用和保护监督职能，重点监督井下开采的矿山企业。

（三）矿产资源开发秩序整顿

1996—2015年，全市开展矿产资源开发整顿，取缔非法开采小煤窑579井次，收缴非法开采矿石9876吨，收缴罚款101.8万元，取缔无证开采矿山548个，关闭非法开采矿点1049处，停产101个矿井，拆除非法开采矿山设备195台（套），拆除处理非法矿窑厂棚149处，处理越界开采矿山161个，处理非法买卖矿产资源案件21件，吊销采矿许可证28个，处理非法开采矿产资源被追究刑事责任的人员93人次。

第三节　矿产资源储量管理

一、储量核查检测

2010年11月15日，针对县（区）级发证的矿山以前未开展储量评审备案的实际情况，市国土资源局印发《关于规范零星分散矿产和普通建筑材料用砂石黏土矿产资源储量勘查和储量评审备案工作的通知》，就评审备案发证矿山的范围、类别、矿种及适用的范围、编制的储量报告类别做出规定，规范储量评审工作。

2011 年 9 月，市国土资源局印发《关于进一步加强矿山储量动态监督管理的通知》，要求各县（区）督促辖区内所有矿山企业按要求开展矿山储量地质测量工作，编制矿山储量年报；在矿山储量动态监管中发现超深越界等违法开采行为的，及时通告执法监察部门依法查处。全市完成矿山储量地质测量 79 个矿山、做储量地质报告 37 个矿山，比上年增加 234%。2012 年，全市省级发证的矿山开展该年度储量动态检测 24 个（其中省级评审备案的 7 个，市级评审备案的 17 个），做储量动态检测的矿山 20 个，由于各种原因停产不需做储量动态检测矿山 4 个；市级发证的矿山完成矿山储量动态检测并由市级评审备案的 8 个，做矿山储量动态检测的 3 个，由于各种原因停产不需编制储量年报的矿山 3 个。省、市发证矿山除停产矿山外，做储量年度检测为 100%。县（区）级发证的矿山储量动态管理没有开展，但资源储量报告评审备案工作上年已经开始，至 11 月底，经市储量评审中心评审备案的三类矿产资源储量报告 149 个。

2013 年 4 月 27 日，全省矿产资源储量管理工作座谈会后，永州市成立矿山储量动态监管质量建设年活动领导小组，市国土资源局局长黄海淞任组长，总工程师蒋文波任副组长，相关科室和直属单位负责人为成员。5 月 15 日，召开全市矿产资源储量管理工作座谈会，印发《关于做好 2013 年矿山储量年报编制工作的通知》，要求编制单位按“合理取费原则、限时原则、守信原则、杜绝做假原则”，完成野外测量和内业编制工作。8 月 15 日，市国土资源局印发《全市矿山储量动态监管质量建设年活动实施方案》，明确年度工作目标、内容和责任，落实检测单位。8 月 19 日，召开全市贯彻落实《全市矿山储量动态监管质量建设年活动实施方案》动员会，全市 14 个县（区）国土资源局、7 个检测单位、市国土资源局相关科室和直属单位参加会议。会议印发《全市矿山储量动态监管质量建设年工作安排》和《精简后的矿山储量年报提纲》等文件，学习《关于矿产资源储量评审备案管理有关问题的通知》，进一步强调矿产资源储量评审备案管理要求；各县（区）国土资源局和检测单位就如何开展质量建设年活动进行座谈，交换意见。2014 年 6 月 16—18 日，省国土资源厅储量处处长苏恩贤一行到市国土资源局调研，检查矿山储量动态监管质量建设年活动开展情况，对市国土资源局质量建设年活动的工作给予领导重视、工作扎实、措施有力、成效明显的肯定。是年，全市省国土资源厅发证矿山 80 个中应检矿山 53 个、已注销或待注销的矿山 10 个、待关闭煤矿 17 个。市国土资源局对应检矿山指定矿山储量检测单位，与应检 53 个矿山中的 22 个生产矿山签订技术服务合同，编制单位编制储量检测报告送评；31 个停产矿山由编制单位实地踏勘后写出停产证明备案，应检矿山的储量检测达到 100%。

2015 年，对 2010 以来的省级发证 80 家矿山，注销 19 家，拟注销 7 家，关闭 4 家，拟关闭 3 家，停产 30 家，以上 63 家矿山不需进行储量检测；剩余 17 家生产矿山，按要求全部编制储量报告、评审、备案，其中 14 家市国土资源局备案，3 家报省国土资源厅备案。

二、矿产资源利用调查

2009 年，全市开展矿产资源储量利用现状调查工作，需开展核查区 26 个，涉及采矿权 65 个。技术工作由省地质矿产开发局 409 队、417 队、418 队和省地质研究所、省煤田地质局第三勘探、湖南天源国土资源勘查有限公司共同承担。全市本次储量核查需经费 180 万元，市财政和矿山企业各承担 50%，市财政出资部分从矿业权价款中申请解决专项资金 90 万元。矿山企业出资标准经会审会研究，根据矿山规模大小承担 1 万元或 2 万元不等。同时，县（区）政府明确专人主抓，带领县（区）国土资源局主管领导和地勘单位技术人员深入矿山现场办公，逐个矿山做宣传解释工作。市国土资源局将储量利用调查工作纳入县（区）国土资源局年终考核内容，实行一票否决，凡没有完成或落实未到位的县（区）在年终考评时，储量工作计 0 分。市国土资源局对各县（区）该项工作落实情况及各技术承担单位工作进展情况实行一周一调度、一月一报表、一季一督查。发现问题，及时指出，及时整改。通过采取一票否决、签订责任状、强化督促检查等措施，顺利推进全市矿产资源利用现状调查工作。2010 年，全市 26 个核查区的核查任务全部完成。提前一个月完成全部核查报告的送审，排名全省第一，并在规定时间内提交所有矿区储量利用核查数据库，成为全省第一个，也是唯一一个在规定时间内完成数据库提交的市州。省项目办在编发的《工作简报》上 4 次将永州市的做法作为经验材料在全省推介，并在《中国矿业报》上发表。

三、储量登记统计

2010 年，完成冷水滩区黄阳司矿区竹山园井田大塘煤矿、江华县流车源矿区水泥配料用砂岩矿、东安县荞麦冲矿区东安县锰矿、祁阳县黄泥塘矿区河埠井田佑兴煤矿、蓝山县大桥瑶族乡堡城村婆婆岱冲花岗岩饰面石材矿、冷水滩区黄阳司矿区竹山园井田水口桥煤矿、蓝山县所城镇幼江村花岗岩饰面石材、祁阳县永鑫石材有限公司花岗岩矿王君采石场、蓝山县所城硅砂矿、江永县夏层铺矿区马蹄村方解石矿、东安县线江冲矿区新龙锑矿等 11 个矿储量报告的评审备案。

2011 年，市国土资源局受理各类《资源储量报告》《矿山储量年报》《储量核实报告》82 个，实际评审备案 79 个，因达不到受理条件退回 3 个。其中省级发证的16个，市级发证的3个，县级发证60个。另外送省国土资源厅评审5个矿山。2012年，市国土资源局受理各类《资源储量报告》《矿山储量年报》《储量核实报告》100个，实际评审备案100个。其中省级发证的17个，市级发证的8个，县级发证75个。另外送省国土资源厅评审6个矿山。2013年，市国土资源局受理各类《资源储量报告》《矿山储量年报》《储量核实报告》154个，实际评审备案147个。其中省级发证的15个，市级发证的8个，县级发证124个。另外送省国土资源厅评审6个矿山。2014年，市国土资源局受理各类《资源储量报告》《矿山储量年报》《储量核实报告》95个（省级发证2个、市级发证7个、县级发证86个），评审备案90个（市国土资源局备案63个、县国土资源局备案27个）。另外送省国土资源厅评审的年报和核实报告22个。

2015年，市国土资源局受理各类《资源储量报告》《矿山储量年报》《储量核实报告》85个（省级发证10个、市级发证14个、县级发证61个），需市国土资源局备案的24个报告评审备案20个。另外送省国土资源厅评审的年报和核实报告12个。

第四节　矿业权市场

2011年，新设采矿权必须符合矿产资源总体规划的要求，必须在已探明矿产资源储量的矿区设立，其采矿权一律以招标、拍卖、挂牌方式出让。

2014年，市级挂牌出让7个采矿权，成交价款1741万元；办理采矿权延续登记追缴采矿权价款730.79万元；全市通过招拍挂共投放县级发证矿权47个，收缴采矿权价款1257.25万元。

根据省国土资源厅、省监察厅、省财政厅、省审计厅《关于印发〈开展低价出让国有建设用地使用权和矿业权专项清理整治工作实施方案〉的函》，市国土资源局会同市监察局、市财政局、市审计局进行研究，制定下发《关于印发〈开展低价出让国有建设用地使用权和矿业权专项清理整治工作实施方案〉的函》。市国土资源局在制定工作方案的基础上，将涉及国土资源相关工作进行责任分解，明确牵头单位和责任科室，形成《低价出让国有建设用地使用权和矿业权专项清理整治工作责任分解表》，8月10日，作出《关于印发〈低价出让国有建设用地使用权和矿业权专项清理整治工作责任分解表〉的通知》，明确8月15日前完成《国有建设用地使用权自查自纠宗地信息表》的填写和矿业权出让转让台账的建立；8月16—20

日，对每宗供应的土地和出让转让的矿业权，按照清理整治内容逐项进行检查；8月21—31日，对发现的问题及时进行整改，形成自查自纠报告。

2015年底，市本级发证矿山企业100%实现有偿处置，新设采矿权100%实行招拍挂出让。为确保挂牌出让工作公正有序进行，市国土资源局对采矿权，探矿权挂牌下发通知，要求严格工作程序，挂牌出让自始至终坚持依法的原则，工作人员不得泄露参与竞买人的信息。如发现内部有影响挂牌出让的行为，由市国土资源局监察室调查处理；如发现有恶意串通，恐吓他人参与竞争的，一经查实，取消其参与竞买资格或宣布成交无效。

2011—2015年，市本级出让采矿权31个，出让探矿权15个，收取矿产资源出让金1.53亿元。

第五章　地质环境管理

第一节　地质环境

一、自然环境

（一）交通位置

永州市地处湖南省南部，北靠衡阳、邵阳两市，东临郴州，南接广东、西临广西，版图总体态势呈条状，南北向横卧于潇湘腹地。面积 2.23 万平方公里，居全省第二位。2015 年末，户籍人口 635 万。市境地理坐标：北纬 24°39′~26°51′、东经 110°06′~112°21′。

全市交通较为方便，距省城长沙约 300 公里，永州市零陵机场可空运部分城市，洛（阳）湛（江）铁路呈南北向，湘桂铁路呈东西穿越市境并在市内交会，泉（泉州）南（南宁）、厦（厦门）蓉（成都）高速公路呈东西穿越本市境。二（二连浩特）广（广州）道贺高速公路呈南北经过市境，207 国道、322 国道、216 省道、314 省道、323 省道、1812 省道等贯通市内各县（区），这些重要交通网络通达市境外四面八方，使永州市成为湖南省境内重要的交通枢纽和物资集散地之一。

（二）气象、水文

永州市属亚热带大陆性季风湿润气候区，冬冷夏热，四季分明。雨量充沛，光照充裕，无霜期长，据永州市气象局 1980—2015 年以来气象站资料统计：

气温　全年平均气温 18.3℃，历年最高气温 41.7℃（2003 年 8 月 3 日），最低气温-7.7℃（1999 年 12 月 23 日）。

降雨量　年平均降雨量 1438.1 毫米，最大年降雨量 2376.7 毫米（2002 年），最小降雨量 813.3 毫米（2011 年）。日最大降雨量 154.81 毫米（1994 年 8 月 6

日），时最大降雨量 70.9 毫米（1987 年 8 月 16 日/20 时）。降雨一般集中在 4—6 月份，暴雨多出现在 7—9 月份。

蒸发量　年平均蒸发量为 1417 毫米，最大 1731 毫米，最少 1202.7 毫米。

湿度　多年平均相对湿度 80%，最少相对湿度 11%。

水文　永州是一个河流密布、水系发达的地区。全市河流受地形地貌及构造断裂带的控制，大都是由南向北和自西向东的走向，并分为 3 个水系。湘江水系：包括全市主要河流，流域面积 21464 平方公里，占全市总面积的 96.09%。第二是珠江水系：主要是江永桃川、江华河路口一带及蓝山的一部分小河，流域面积为 77.8 平方公里。三是资江水系：只有东安南桥、大盛部分地方的小河属之，流域面积 101.3 平方公里。

（三）地形地貌

永州市位于湖南省南部，五岭北麓，湘粤桂三省（区）结合部位，三山围夹两盆地。呈北东向倾斜的山字形地貌轮廓。越城岭—四明山系雄踞西北，萌渚岭—九嶷山系矗立东南，都庞岭—阳明山系横插中部，将永州分隔成南北两大相对独立的部分。在三大山系及其支脉的围夹下，构成南北两个半封闭型的山间盆地。位于北部的零祁盆地，面积达 5702.7 平方公里，占境内盆地总面积的 45.5%。盆地内地势低平开阔，耕地连片延伸。盆地周围由北面的四明山，西北的越城岭，南面的紫金山，东南面的阳明山相环绕。东北向衡阳盆地敞口。南部道江盆地，面积 6828.47 平方公里，占境内盆地总面积的 54.5%。盆地内丘岗起伏，耕地连片，盆地东西向郴州、永兴盆地开口，西南呈狭长谷地向江永、江华南部延伸，形成串通湖广的交通走廊。盆地外围由北面的阳明山、西北的紫金山、西面的都庞岭、南面的萌渚岭—九嶷山围隔而成。西南高，东北及中部低，地表切割强烈，从全国地形看，永州位于西向倾降的第二个阶段与第三阶段的交接地带，是南岭山地向洞庭湖平原过渡的初始阶段。西北、西、西南三大山系山体巍峨蜿蜒，山峰高达千米以上。东北及中部，丘岗星罗棋布，谷盆镶嵌，海拔一般在 300 米以下。全市相对高差 1946.3 米，比降达 2.7%~20%，切割深一般为 300~700 米，最深达 800~1000 米。纵观全市地势，大体是西部和西南高，东北及中部低；以上三大山系为脊线，呈环带状，阶梯式向两大盆地倾降。

二、地质条件

（一）工程地质条件

根据岩石力学强度，固结程度，岩石透水性，富水性，岩溶发育强度和对矿山开采影响程度等因素，永州市辖区内划分为2个土体和7个岩体工程地质组。

土体 （1）松散—松软砂、砂卵石土体。为砂卵石、粉土层，主要分布于湘江、潇水、珠江的河谷阶地，系第四系全新统和更新统的冲积物，洪积物及冲积物。全新统地层以粉砂、黏质砂土、砂砾石层、卵石层为主。更新统地层以含粉土的砾石层、砂质黏土为主。该层厚度数米至数十米。根据区域工程地质资料，该土体整体力学强度较低，饱和状态容易产生液化，故主要工程地质问题为流沙、软化和沉陷。（2）黏性土土体。为黏土、粉质黏土及淤泥质土，主要分布于山间盆地，系第四系残积物，堆积物及淤积层。该层厚度数米至数十米。根据区域工程地质资料，该土体整体力学强度较低，遇水易软化，摩擦系数较小，主要工程地质问题为软土处理。

岩体 （1）软弱至较坚硬碎屑岩岩组。层位为白垩系上下统，主要岩性为紫红色厚—中薄层状钨质粉砂岩、砂岩、粉砂质泥岩、粉砂钙质泥岩、灰岩砾岩或砂砾岩，含钙质砂岩、粉砂质泥灰岩。除砾岩力学强度较高外，砂岩力学强度中等，粉砂岩及泥岩力学强度低，同时岩石胶结一般较差，抗风化能力差，易崩解碎裂。（2）较弱至坚硬碎屑岩岩组。主要层位有侏罗系、三叠系、二叠系上统、石炭系测水组，泥盆系锡矿山组上段、佘田桥组、跳马涧组等。岩性主要有砂岩、长石石英砂岩、粉砂岩、页岩等。岩石力学差异大，砂岩砾岩力学强度高，干抗压强度为79.1~174兆帕，软化系数0.43~0.86，页岩力学强度低，干抗压强度为33.7~43.9兆帕。软化系数0.33~0.81，易软化、泥化。（3）坚硬中至厚层状碳酸盐岩岩组。区内分布广。主要地层层位有二叠系栖霞组，石炭系壶天群和岩关阶，大塘阶的石磴子段和梓门桥段，泥盆系棋子桥组和锡矿山组下段等。岩性主要为灰岩，白云质灰岩、白云岩、硅质灰岩夹含泥灰岩。多为中至厚层状，少量薄至中层状。岩石力学强度高，干抗强度为63.1~289.5兆帕，软化系数0.66~1，摩擦系数0.47~1。但由于岩性主要为质纯的碳酸盐岩，岩溶强烈发育，发育大量的溶洞与深隙，引起岩溶渗漏、塌陷等工程地质问题。（4）较软弱至坚硬薄至厚层碳酸盐岩夹碎屑岩岩组。区内分布较广，主要地层层位有三叠系安源组、二叠系当冲组、石炭系下统，泥盆系上统锡矿山与佘田桥组、寒武系上统的下部，寒武系中下统等地层。岩性主要为灰岩、硅质灰岩、介壳泥岩、砾岩、泥灰岩夹钙质页岩、页岩、砂质页岩夹细粒石英砂岩、长石石英砂岩、粉砂岩，薄至厚状层。本岩组的工程地质特征：一是岩石强度差异大，质纯灰岩及砂岩坚硬，泥灰岩，粉砂岩较坚硬，页岩为软弱层；二是由于碳酸盐岩是岩组的主体岩性，因此岩溶较发育，本岩组灰岩，硅质灰岩干扰压强度为32.3~83兆帕，摩擦系数为0.4~0.7。（5）较软弱至较坚硬薄层至中厚层板岩岩组。主要层位为奥陶统上统下段和奥陶系下统，寒武系下统，震旦系上统陡山沱组。岩性主要为黑色板岩，条带状板岩、钙质板岩、砂质板岩、碳质板岩、含炭硅质板岩等。本岩组岩性绝大多数为板岩类，力学强度一般不高，板岩干扰压强为29.1~118.7兆帕，软化系数0.6~0.74，硅质板岩等力学强度较高。次生弱泥化夹层普遍，同时由于长期构造作用，造成各类弱结构面大量发育。(6) 坚硬至较坚硬薄至厚层块状变质岩与硅质岩岩组。主要层位为震旦系下统南沱组，江口组和震旦系上统灯影组。岩性主要为硅质岩，含砾砂质板岩、板岩夹浅变质含砾砂岩，含砾砂质绢云母板岩、含砾砂质千枚岩砂质板岩。该岩组力学强度变化较大，浅变质砂岩，硅质岩等力学强度较高，干抗压强度为95.8~172.7兆帕，软化系数0.77~1，板岩等力学强度较低，次生弱泥化夹层普遍，由于长期构造作用，造成各类弱结构面大量发育。(7) 坚硬花岗岩岩组。主要分布于九嶷山、阳明山、姑婆山、金鸡岭一带，岩性为中细粒黑云母花岗岩，角闪石黑云母二长花岗岩，细—中粒白云母花岗岩，中粗粒黑云母花岗岩，中粗粒斑状黑云母花岗岩，风化裂隙发育，原生裂隙不发育，新鲜岩石成块状。该岩组整体力学强高，抗压强度为80.9~236.3兆帕。但岩石表层强烈风化。主要存在的工程地质问题为地表强风化层形成滑坡、泥石流。

(二) 水文地质条件

根据岩性、赋存条件、物理性质及力学特征，市域内地下水类型分为松散堆积层孔隙水、基岩裂隙水及碳酸岩岩溶水三大类型。

松散岩类孔隙水　主要分布于湘江及其一级支流沿岸的一级阶地，如东安县、祁阳县、冷水滩区、零陵区、道县、江华县，含水量中等。其岩性与上部为黏质砂土，局部为砂质黏土，平均厚7.24米，最厚11.59米，最薄2米，下部为砂砾石，平均厚4.2米，最厚8.2米，最薄1.38米，砾石成分以砂岩、石英石和粉砂岩为主，其次是花岗岩和其他岩屑，一般直径3~5厘米，最大10厘米，磨圆度好，透水性较强，渗透系数一般1.71~24.27米/天，水位埋深一般4.51~6.8米，最深7.56米，最浅0.83米，局部微层压，易于得到河曲上游地表水补给。湘江及其一级支流沿岸的二级阶地上部为黏质砂土，砂质黏土，下部为砂砾石层，但黏质土含量高，水量较贫乏。

基岩裂隙水　碎屑岩孔隙水主要赋存于泥盆系下统、中统跳马涧组，上统锡矿山组上段及碳系下统大塘阶测水段和二叠系上统龙潭组、大降组等地层中，分布于构造褶皱带背、向斜的翼部，形成山丘陵垄脊谷地及藕脊宽谷。主要岩性为泥质粉砂岩、页岩、砂质页岩及石英砂岩等。泥盆系底部夹砾岩，锡矿山组上段、测水段中部夹泥灰岩及灰岩。

浅变质岩裂隙水主要赋存于震旦系、寒武系中上统，奥陶系下统上段和中下统等地层中，分布于马黄脊、黄泥洞、模家岭及阳明山等地背斜地区，形成中山齿峰峡谷、低山齿脊峡谷、丘陵峰脊谷地。主要岩性为板岩和浅变质砂岩、细粒石英砂岩等。

火成岩风化裂隙水主要赋存于加里东期、印支期、燕山期的火成岩体的风化裂隙带。分布于九嶷山、舜皇山、土家岭等地，形成中山脊陡坡谷地。主要岩性为细粒花岗岩、细—中粒斑状花岗岩、二长花岗岩。花岗岩风化后常呈黏土质砂或黏土质砂夹碎石。

碳酸盐类岩溶水 区内碳酸盐岩类岩溶水可分裸露型、半裸露—覆盖型和埋藏型 3 种，其中以半裸露—覆盖型分布最广。

裸露型碳酸盐岩岩溶水：市境内三叠系下统张家坪组、二叠系下统栖霞组、碳系中统黄龙组与下统栖霞组、泥盆系中统棋梓桥组，大面积裸露分布区，岩性为灰岩、白云质灰岩、硅质灰岩等。岩层表部裸露。地形切割较深，地表丘峰林立，洼地、漏斗、落水洞等广布，溶洞多呈管道状，地下河强烈发育，水量丰富，地下河流变化大。地下水化学及类型、HCO_3—Ca、HCO_3—Ca · Mg 型。pH6. 5 ~ 8，矿化度 0. 1~0. 5 克/升，硬度小于 8. 4~16. 8 德国度。

半裸露—覆盖型碳酸盐岩岩溶水：市境域内广泛发育，含水岩组为三叠系下统张家坪组、二叠系下统栖霞组、石炭系中统黄龙组与下统栖霞组、泥盆系中统棋梓桥组。岩溶地层大面积为松散层覆盖，其中溶丘，残峰、垄岗等则裸露，形成较宽阔的谷地，底部浅平，地下溶洞较发育，地下河较少见，地下水丰富，地下河流量变化中等，地下水以水平运动为主。

埋藏型碳酸盐岩岩溶水：多为上述岩溶地层被侏罗系、白垩系等第四纪前地层覆盖区，零散分布、水量中等，并具承压性质。

第二节 地质环境影响

气象、水文是自然因素中对地质灾害影响最广泛、最突出的因素，包括气温、降雨量及强度、季节变化、地表水系的发育、切割及冲刷。永州市所处的自然地理及气候带位置，决定除降雨丰沛且集中外，还常形成暴雨。降雨的时空分布不均，直接影响永州多种地质灾害的发生和时空分布。因此，降雨是本区滑坡、崩塌、泥石流、地面塌陷、水土流失及河湖淤积等多项地质环境问题产生的一个重要诱发因素。2011 年 5 月，发生在江华县白芒营乡小贝村黄家自然组岩溶塌陷，造成 3 间民房开裂不能居住，直接经济损失约 12 万元。发生塌陷主要原因是：1. 地质因素：该塌陷区下伏岩石为易溶性碳酸盐岩，地下岩溶发育为岩溶塌陷创造了条件；2. 持续性降水及暴雨：在地下水位频繁波动情况下，上覆土体厚度因地下水作用产生变化，当土体不能承受上覆压力时，发生岩溶塌陷。2013 年 8 月 16 日，蓝山县所城镇山田村狮子岭自然组发生较大级泥石流地质灾害，冲毁民房 7 间，淹埋 1 头大水牛，冲毁部分稻田，经评估造成直接经济损失约 110 万元。这次泥石流的产生原因，主要是连续几日的暴雨，灾害点最后形成 8 个小型滑坡，滑坡大多呈半椭圆形，堆积物以块石为主，最大巨石直径约 4 米，堆积物厚 2~4 米，呈长条形，部分呈扇形，泥石流沟坡降 10%，长约 1000 米。同时，辖区内气候条件十分有利于岩体的风化作用，使砂岩体表石遭受强风化，以致形成较厚的残坡积层和强风岩，为地质灾害发育奠定基础；雨水渗入地下后，使岩体水分饱和、软化并变为塑性，降低岩土体的抗剪强度和增加岩土体的容量。

自然地理及地质环境因素主要包括地形地貌、岩土性质、岩层结构及构造、水文地质及风化作用等。

地形地貌是崩塌、滑坡、泥石流等山地地区地质灾害和规模主控因素。不同的地貌类型控制着地质灾害类型。如江永县夏层铺、千家峒地区、江华县白芒营地区，因处于大面积灰炭底层区，溶洞较发育，易发生地面塌陷地质灾害。双牌、江华、金洞等山区地势陡峻，有利于滑坡、崩塌、泥石流等地质灾害的发育。岩土的坚固程度、风化程度及软化性、抗剪强度、颗粒大小、形状、透水性及可溶性的不同，直接影响各类地质灾害的发生。2013 年 8 月 16 日，发生于江华县两岔河乡政府中心小学内东南侧滑坡灾害点，造成坡面开裂，碎石土下滑，大树倾倒，直接经济损失约 20 万元。地质灾害类型为小型浅层携程式土质滑坡。滑体为含碎石残坡积黏土，该滑坡最大纵长 50 米，前缘宽 120 米，平均厚 6 米，体积约 3.6 万立方米，平面形态呈不规则扇形，剖面形态呈“凸”形。滑体为含碎石残坡积黏土，滑面为土岩接触面，滑床为变质砂岩。形成因素：滑体处于山坡上，山坡变质砂岩微透水，导致岩土接触面变成软弱层形成滑动面；持续性降水及暴雨。

市域内人类工程经济活动频繁，特别是改革开放以来呈快速发展之势。主要表现有工民建筑、道路修建、水利水电工程建设、探矿采矿、开荒种地、毁林造田、架电埋电缆等。这些工程经济活动都不同程度地影响着市域地质环境，更是引发各种地质灾害的重要因素。

矿产资源开发的影响，境内矿产资源种类较多，储量较大，由于长期采掘，部分采空区未及时得到回填，同时排泄大量地下水。2010 年，市属祁阳三口塘煤矿（已破产拍卖），发生矿区内村民 50 余间住房开裂、地基下沉，比较严重的 25 户，

1700平方米。赔偿住房改建费用80余万元。还导致部分稻田下沉、干裂，影响当地村民生产、生活。

露天开采的矿山，大面积破坏地表植被，导致水土流失，裸露的矿体经过雨水淋滤和冲刷，严重污染当地地下水系统。如零陵锰矿区，大面积连片无序开采导致地面植被损害严重，地形地貌严重破坏，地下水系统也遭到不同程度污染，严重影响人民生命财产安全；同时投入几个亿的资金对污染进行治理，耗资大量人力物力和财力。

兴建铁路、公路及水利设施时大量切坡，在发生暴雨时常引起边坡不稳定，从而引发一些滑坡崩塌。移民建镇与小城镇建设中，民居建筑引发的地质灾害较为普遍。尤其是村民自行切坡建房，未做地质灾害危险性评估，极易引起新的地质灾害。

第三节　矿山地质环境保护

一、矿山地质环境调查

2009—2015年，持续对全市587座矿山地质环境现状和所产生的矿山地质环境问题的类型、特征、分布状况、危害程度等进行全面的调查，并分析其产生的原因和变化趋势。查明全市存在的矿山地质环境问题：有14座矿山发生24处地质灾害，其中崩塌3处、滑坡7处、泥石流2处、地面塌陷7处、地面深陷2处、地裂缝2条、矿坑突水1次，影响范围总计46.62公顷，直接经济损失653.05万元。矿山占用破坏土地2074.17公顷，其中农田57.3公顷、其他耕地28.17公顷、林地1865.16公顷、草地66.14公顷、其他地类57.39公顷，治理恢复面积5.48公顷。全市矿山土地恢复治理潜力类型：其治理难度大的有13.57公顷，治理难度较大的有282.8公顷，治理难度较小的有1487.56公顷，治理难度小的有284.61公顷。矿山废水年产出量648.94万吨，年排放量625.24万吨；年治理量141.7万吨，治理率达21.8%；年循环利用量23.7万吨，年综合利用率达3.65%。全市矿山废渣堆、尾矿堆放地732处，废渣年产出量128.29万吨，年排放量119.55万吨，累计堆积量2748.97万吨，年综合利用量15.49万吨，年综合利用率达12.07%。矿山地质环境质量现状及保护治理现状：全市587座矿山中，矿山地质环境现状质量较好的矿山有497座、质量中等的矿山73座、质量差的矿山17座。至2015年底，部分治理的矿山有26座，未治理的矿山561座，并在此基础上对全市进行综合分区和整治分区，全市分为4个质差区、7个质量中等区、1个质量较好区；4个亟待恢复治理区、7 个一般治理区、1 个加强保护区。

二、矿山地质环境对自然环境的影响

至 2015 年，市内产生矿山地质环境问题主要有：矿山地质灾害，包括岩溶地面塌陷、采空地面变形、地裂缝、矿坑突水；占用及破坏土地资源，包括地面变形对土地的破坏，露采场、废石场及矿山工程建设占用土地资源；影响及破坏地下水系统，包括水资源枯竭、水漏失、井泉干涸；矿山废水、废渣环境污染。

全市有 14 座矿山发生地质灾害 24 处，在崩塌、滑坡、泥石流、地面塌陷、地面沉陷、地裂缝、矿坑突水 7 类矿山地质灾害中，其中地面变形影响最为严重，损失最大。

全市占用破坏土地资源对地质环境问题较为普遍，基本每座矿山都或多或少存在占用破坏土地情况，占用破坏土地资源累计 2074.17 公顷。按矿类计，黑色金属矿山最为严重，累计占用破坏土地 1727.35 公顷，占总破坏土地的 83.8%；按占用破坏方式计，以采矿场占用破坏最为严重，累计破坏土地 1470.73 公顷，占总占用破坏土地面积的 70.9%。

影响及破坏地下水资源，该类问题主要发生在岩溶发育、地下水活跃的矿区内。如祁阳县铁丝塘煤矿区、冷水滩区水口桥煤矿区等，铁丝塘煤矿区累计影响范围达 0.5 平方公里，地下水位最大下降幅度达 150 米，造成大量水井、泉干涸，给当地群众生产生活带来较大影响。

全市存在水土污染的矿山有 83 座，其中污染中等矿山的 40 座，污染较轻的矿山有 43 座。全市总污染面积 415.34 公顷，污染水体线性长度 3.52 公里。

三、矿山地质环境治理

2015 年底，市内各类矿山占用及破坏土地总面积为 2074.17 公顷，其中能源矿山（煤矿）69.98 公顷、金属矿山 1798.67 公顷、稀土矿山 8.47 公顷、非金属矿山 202.05 公顷。按行政区域分：零陵区 1629.38 公顷、冷水滩区 19.13 公顷、祁阳县 101.57 公顷、东安县 91.17 公顷、双牌县 2.34 公顷、道县 61.43 公顷、江永县 23.08 公顷、宁远县 29.53 公顷、蓝山县 11.47 公顷、新田县 21.36 公顷、江华县 83.71 公顷。按破坏方式分：采矿场占用破坏土地 1470.73 公顷，固体废料场占用破坏土地 304.32 公顷，尾矿库 62.82 公顷，地面变形破坏土地 37.81 公顷，矿山地面工程建设占用土地 198.49 公顷。

按照破坏土地方式不同，全市土地复垦采取塌陷区土地复垦和固体废料场及废渣场治理措施，进行地质环境治理。祁阳县矮龙皂煤矿（闭坑矿山）矸石堆的表面就得到自然恢复。2000 年，国家对地质环境的重视，大力推广环保砖厂，对建环保砖厂的企业和个人给予政策上优惠，大量的煤矸石都被送至环保砖厂做砖、变废为宝，一举两得。2009 年，祁阳县祁阳煤矿的煤矸石年出产量为 6000 吨，年综合利用量为 8500 吨，将以往堆积的煤矸石逐步消化。

2015 年，市域矿山废水产出量为 648.14 万吨，主要为矿坑水和选矿废水。其中矿坑水年产出量为 583.44 万吨，年排放量 571.84 万吨，年治理量 112.7 万吨，年循环利用量 11.6 万吨，治理率为 19.28%，年综合利用率 1.98%。选矿废水年产出量为 64.7 万吨，年排放量 52.6 万吨，年治理量 29 万吨，年循环利用量 12.1 万吨，治理率为 44.3%，年综合利用率 18.7%。

2015 年，市境内废渣类型为尾矿废渣、煤矸石及废石（土）。全市矿山堆积废渣 732 处，年产废渣 128.29 万吨，累计废渣 2748.97 万吨，年综合利用量为 15.49 万吨，综合利用率为 12.07%。主要采取修建拦挡坝（墙）、利用煤矸石制砖和利用废石做建筑材料的办法治理。湘潭钢铁集团有限公司东安石灰石矿、永州市观音滩煤业有限公司沙五井煤矿、江华河路口矿区多金属矿等，都采用修建拦挡坝（墙）措施进行治理；永州市观音滩煤业有限公司沙五井煤矿、祁阳县冬瓜皂煤矿、祁阳县煤矿铁丝塘矿井、祁阳县张家塘煤矿、祁阳县后塘煤矿、祁阳县良如皂煤矿、祁阳县黄泥塘矿区团结煤矿等，利用煤矸石制砖；江永县黄泥铺铅锌矿、东安县豪迈有限公司等，将废石用来修路。

第四节　地质灾害与防治

一、地质灾害

2009—2015 年，永州市各县（区）地质灾害调查与区划成果资料统计，辖区内共查明各类地质灾害隐患点 943 处（不含已发生的灾害点），其中滑坡 706 处、崩塌 60 处、泥石流 37 处、地面塌陷 107 处、地面下沉 5 处、其他类型 28 处。

地质灾害分布　滑坡、崩塌和泥石流地质灾害主要分布在地形地貌较复杂的地区，包括越城岭、阳明山、都庞岭、九嶷山、萌诸山等中、低山谷地以及其间的丘陵盆地和坡地平原附近。采空区地面塌陷主要分布在零陵区和祁阳县的煤矿、多金属矿区附近。岩溶区地面塌陷主要分布在碳酸盐岩地区，在永州北部和南部均有分布。

地质灾害灾情　2009—2015 年，全市发生地质灾害 349 处，按灾情分级标准划分，大型2处、中型3处、小型344处，直接经济损失2.83亿元。经济损失较严重的为双牌县、祁阳县、冷水滩区、零陵区、金洞管理区、东安县、新田县和蓝山县。

2009—2015年永州市发生地质灾害分布一览表

表2-5-1

灾情 行政区	滑坡（处）	崩塌（处）	泥石流（处）	地面塌陷（处）	合计（处）	占总数百分比（%）	分布范围
零陵区	47	6	1	2	56	42.74	各乡镇均有分布
冷水滩区	42	3	—	—	45	37.5	主要分布在北部
祁阳县	26	2	—	5	33	9.4	各乡镇均有分布
东安县	35	2	—	—	37	9.4	主要分布在北部和西部
双牌县	15	1	1	—	17	20.38	各乡镇均有分布
道县	6	—	—	5	11	3.45	主要分布北部和东南部
江永县	6	2	2	6	16	5.02	主要分布北部和西南部
宁远县	22	—	—	—	22	8.15	主要分布在北部和南部
蓝山县	17	—	—	2	19	8.15	主要分布在南部
新田县	15	0	1	1	17	10.66	各乡镇均有分布
江华县	20	—	4	3	27	11.6	主要分布在东部山区
经开区	13	—	—	—	13	37.5	镇均有分布
回龙圩	—	—	—	—	—	—	—
金洞	30	1	4	1	36	20.38	各乡镇均有分布
合计	294	17	13	25	349	—	—

2009—2015年永州市地质灾害灾情一览表

表2-5-2

灾情 行政区	灾情级别				灾害损失			
	大型（处）	中型（处）	小型（处）	合计（处）	死亡（人）	毁房（间）	毁田（亩）	直接经济损失（万元）
零陵区	—	1	55	56	0	20	135.8	5480
冷水滩区	1	—	44	45	—	296	87	4880
祁阳县	—	—	33	33	—	54	650.8	2006
东安县	—	1	36	37	—	56	46.05	2009.7
双牌县	1	—	16	17	—	15	260	8975
道　县	—	—	11	11	—	30	50	280

续表2-5-2

灾情 \ 行政区	灾情级别				灾害损失			
	大型（处）	中型（处）	小型（处）	合计（处）	死亡（人）	毁房（间）	毁田（亩）	直接经济损失（万元）
江永县	—	—	16	16	—	21	18	86.2
宁远县	—	—	22	22	—	23	30	928
蓝山县	—	—	19	19	—	58	33	580
新田县	—	1	16	17	—	365	150	630
江华县	—	—	27	27	—	34	40	89.9
经开区	—	—	13	13	—	34	43	605
回龙圩	—	—	—	—	—	—	—	—
金洞	—	—	36	36	—	67	78	1770.5
合计	2	3	344	349	—	1073	1621.65	28320.3

地质灾害险情　2015 年，全市仍存在隐患的地质灾害调查点 943 处，其中以江华县、双牌县和冷水滩区分布较多，分别占总数 20.8%、14.2%和 13.4%；受威胁人数较多的有冷水滩区和双牌县，分别占总数 28%和 14.7%；威胁资产最多的为双牌县，占总数 21.2%。全市险情级别为大型及其以上隐患点 19 处、中型隐患点 71 处、小型 853 处。

2015 年永州市地质灾害隐患险情一览表

表 2-5-3

险情 \ 行政区	险情级别						威胁人员及资产			
	特大型（处）	大型（处）	中型（处）	小型（处）	合计（处）	所占百分比%	威胁人数（人、占百分比%）		威胁资产（万元、占百分比%）	
零陵区	—	7	22	102	131	13.9	1180	3.0	23852	19.7
冷水滩区	1	1	8	116	126	13.4	11079	28.0	22257	18.4
祁阳县	—	1	5	22	28	3.0	2096	5.3	4893	16.0
东安县	—	—	5	19	24	2.5	988	2.5	5637	4.7
双牌县	1	2	6	125	134	14.2	5820	14.7	25571	21.2
道县	—	—	—	30	30	3.2	505	1.3	3183	2.6
江永县	—	5	3	35	43	4.6	5234	13.2	7053	5.8
宁远县	—	—	4	95	99	10.5	5022	12.7	11032	9.1
蓝山县	—	—	7	76	83	8.8	2672	6.7	10115	8.4
新田县	—	1	5	4	10	1.1	2250	5.7	4722	3.9
江华县	—	—	5	191	196	20.8	2188	5.5	5135	4.2

续表2-5-3

险情 行政区	险情级别						威胁人员及资产			
	特大型（处）	大型（处）	中型（处）	小型（处）	合计（处）	所占百分比%	威胁人数（人、占百分比%）		威胁资产（万元、占百分比%）	
经开区	—	—	—	4	4	0.4	120	0.3	172	0.1
回龙圩	—	—	—	3	3	0.3	125	0.3	85	0.1
金洞	—	—	1	31	32	3.4	339	0.9	2038	1.7
合计	2	17	71	853	943	100	39618	100	120852	100

（二）地质灾害发展趋势

永州市地貌条件较复杂，地质环境条件脆弱，矿业活动较多，人类工程经济活动日益强烈，暴雨以及极端降雨事件频频出现。自然和人类工程活动引发地质灾害将不同程度地呈加剧趋势，主要表现在以下几方面。

人类工程经济活动使地质灾害呈加剧趋势　强烈的人为活动是破坏地质环境和引发地质灾害重要因素之一。各类工程的地表和地下开挖、切坡、爆破、过量抽取地下水、蓄水和引水、滥伐山林破坏坡面植被、不合理和盲目堆载等，都严重破坏当地地质环境，直接或间接地引发大量地质灾害。全市人为活动引发的地质灾害占其总数的90%以上。全市人为活动加剧地质灾害的方式，主要为矿产资源开采和基础建设等方面。

自然条件变化使地质灾害呈加剧趋势　永州市自然条件变化，加剧地质灾害的方式，主要是气候变化大。气候特征造成永州大气降水充沛，雨量集中。因此，也造成辖区滑坡、崩塌、泥石流灾害频频发生。据调查资料，永州市多雨区一般为滑坡、崩塌地质灾害高易发区，降雨尤其是暴雨，是诱发滑坡、崩塌和泥石流灾害的主要因素，这些突发性地质灾害的发生与降水量年际变化和年内变化关联，丰水年是突发性地质灾害多发年份，反之，为地质灾害少发年份。年内变化规律呈现与年内雨季的一致性，多出现在4—7月，占全年突发性地质灾害的85.19%。

二、地质灾害防治规划

2009年，永州市委托湖南省工程勘察院制定地质灾害防治规划。

规划近期目标（2016—2023年）　开展一批重要区域、重要设施周边、道路交通沿线、大中小学校附近1∶5万专项地质灾害调查；开展永州地区地质灾害防治科学基础研究工作；开展市级气象预警系统、市级地质灾害管理信息系统、市级地质灾害应急指挥体系及市级地质灾害数据库建设；建立以地质灾害隐患点为主的群测群防网络体系，并且完善地质灾害监测预警示范区建设；实施一批重点迁避与治理工程，有效控制人为引发地质灾害加剧的趋势。

规划远期目标（2024—2028 年） 完成市级地质灾害管理信息系统、市级气象预警系统、市级地质灾害应急指挥体系及市级地质灾害数据库建设；根据地质灾害监测预警示范区的工作经验，建立专业监测站（点），达到对大型地质灾害隐患点有效监控；完成重大地质灾害点迁避与治理工程。

近期任务（2016—2023 年） 完成舜皇山国家森林公园、都庞岭国家自然保护区两处风景名胜区 1∶5 万地质灾害专项调查工作；完成境内 2 座大型、28 座中型水库区 1∶5 万地质灾害专项调查工作；完成永州境内铁路、高速公路、国道、省道 1∶5 万地质灾害专项调查工作；完成 1300 处大中小学 1∶5 万地质灾害专项调查工作；开展市、县（区）、乡（镇）、村四级地质灾害监测预警网络建设，完成地质灾害群测群防系统开发任务，完成 943 处隐患点的群测群防监测设备的布置；联合市气象等部门，开展市级地质灾害气象预警系统开发和预警理论研究；完成永州市地质灾害管理信息系统研发以及地质灾害数据库建设工作，集成永州地区地质灾害信息数据。

远期任务（2024—2028 年） 完成全市重大地质灾害点搬迁避让工程，使受威胁城镇、主要居民点、铁路和公路干线地质灾害点得到有效治理，重大工程设施、大中型工矿企业的地质灾害点基本得到有效控制；根据地质灾害监测预警示范区的工作经验，在地质灾害相对高易发地区，对危害程度为大型及以上隐患点建立专业监测站（点），达到对大型地质灾害隐患点的有效监控；建成永州市级地质灾害防治管理信息系统、地质灾害气象预警和群测群防体系，地质灾害预报成功率达 80%以上；开展县级地质灾害防治管理系统开发以及县级地质灾害气象预警及群测群防系统开发和硬件建设工作。

三、地质灾害预防与治理

2009 年，《永州市地质灾害防治规划》，对全市地质灾害易发区和重点防治区进行划分。

（一）地质灾害易发区

地质灾害易发区划分主要依据地形地貌、岩土体类型及性质、地质构造等地质环境背景条件，按不同地质灾害类型、时空分布规律及其发展趋势，结合大气降水和人类活动等动力条件等致灾因素，把孕灾条件类似、灾害发生种类基本一致、历史上地质灾害事件频率相近、灾害规模和危害程度相当的区域量化并归类划分，全市共划分出崩塌、滑坡、泥石流高易发区 6 个、中易发区 2 个、低易发区 3 个；地面塌陷高易发区 1 个、中易发区 2 个、低易发区 3 个、不易发区 7 个。

崩塌、滑坡、泥石流地质灾害易发区 (1)东安县西部以滑坡、崩塌、泥石流为主的地质灾害高易发区。该区位于永州市西北部，主要包括东安县西部边境的大庙口镇一带。地貌以侵蚀剥蚀大起伏中高山区为主，地质环境条件脆弱，地质灾害现状较发育，以滑坡为主，崩塌、泥石流次之。(2)祁阳县文富市—下马渡以滑坡、崩塌、泥石流为主的地质灾害高易发区。该区位于永州市东北部，包括祁阳县文富市镇、黎家坪镇、下马渡镇、七里桥镇、潘市镇、梅溪镇等地。地貌属侵蚀剥蚀小起伏低山区，构造上位于祁阳山字形构造盾地，地质环境条件脆弱，人类工程活动局部较强烈。区内地质灾害隐患点较发育，主要以滑坡为主。(3)紫金山以滑坡、崩塌、泥石流为主的地质灾害高易发区。该区主要位于永州市西部，包括零陵区富家桥镇、水口山镇，双牌县五里牌镇、泷泊镇、尚仁里乡、永江乡、何家洞乡等地。地貌属侵蚀剥蚀小起伏、中起伏中低山区，地质环境条件脆弱。区内地质灾害隐患点较发育，主要以滑坡、崩塌为主。(4)阳明山以滑坡、崩塌、泥石流为主的地质灾害高易发区。该区主要位于永州中部，包括双牌县茶林乡、塘底乡、麻江乡、上梧江瑶族乡，祁阳县凤凰乡、金洞镇、内下乡、晒北滩瑶族乡，金洞管理区，新田县门楼下瑶族乡，宁远县清水桥镇、柏家坪镇等地。地貌属侵蚀剥蚀小起伏、中起伏中低山区。阳明山至祁阳县白果市一带还分布有印支期花岗岩，人类工程活动强度中等，地质环境条件脆弱。区内地质灾害发育，以滑坡为主，崩塌、泥石流次之。(5)洪塘营—浆洞以滑坡、崩塌、泥石流为主的地质灾害高易发区。该区主要位于永州市东南部，包括道县洪塘营瑶族乡、横岭瑶族乡，宁远县水市镇、九嶷瑶族乡，蓝山县浆洞瑶族乡、所城镇、紫良瑶族乡、荆竹瑶族乡、大桥瑶族乡等地。该区风化残坡积物较发育，特别是花岗岩地区厚度大，地质环境条件脆弱。区内地质灾害以滑坡为主，崩塌、泥石流次之。(6)未竹口—码市以滑坡、崩塌、泥石流为主的地质灾害高易发区。该区主要位于永州市东南部，包括江华县未竹口、码市及大锡等乡镇，地貌属侵蚀剥蚀小起伏、中起伏、大起伏低中山区，地质环境条件脆弱。区内地质灾害以滑坡为主。(7)黄阳司—祁阳以滑坡、崩塌、泥石流为主的地质灾害中易发区。该区主要位于永州市东北部，包括冷水滩区东部和祁阳县中部。地貌以岩溶侵蚀和侵蚀剥蚀丘陵为主，地质环境条件脆弱。区内煤矿资源较丰富，局部矿业活动较强烈。地质灾害现状以滑坡、崩塌为主。(8)零陵—江华以滑坡、崩塌、泥石流为主的地质灾害中易发区。该区主要分布永州市中部地区，11个县(区)都有分布。地貌以山地丘陵为主，少量河谷平原，地质环境条件较脆弱。人类工程活动强度中等。地质灾害现状发育，以滑坡为主，泥石流、崩塌次之。(9)冷水滩以滑坡、崩塌、泥石流为主的地质灾害低易发区。该区位于永州市北部，包括冷水滩区大部分地区以及东安县东南部、祁阳县北部和中部。地貌以岩溶侵蚀低丘陵为主，少部分河谷平原，局部人类工程活动较强烈。地质灾害现状以滑坡为主。

地面塌陷地质灾害易发区 （1）东安—祁阳地面塌陷高易发区。该区位于永州市北部，包括东安、零陵、冷水滩、祁阳等县（区）。区内可溶岩分布广，煤矿资源丰富，采矿活动强烈，随着采矿活动的加剧，矿山地质环境将会进一步恶化，采空区地面变形将会更加严重，新的地面塌陷将呈加剧趋势。（2）祁阳县羊角塘地面塌陷中易发区。该区位于永州市东北部，包括祁阳县羊角塘镇和梅溪镇。区内主要为可溶岩区，地下溶洞、地下河较发育，受人类工程活动的影响，易形成岩溶塌陷。随着人类工程活动的增强，将会形成新的地面塌陷。（3）道县—宁远地面塌陷中易发区。该区位于永州市中部偏南位置，包括道县、宁远、新田、蓝山、江永、江华等县部分区域。区内矿业活动对矿山地质环境有持续性影响，城镇地区人口密集，人类工程活动强烈，将会加剧地面塌陷的发生。（4）五里牌地面塌陷低易发区。该区位于永州市中部，包括零陵区菱角塘镇、富家桥镇、凼底乡和双牌县五里牌镇、平福头乡、泷泊镇等部分区域。该区岩溶发育较强烈，人类工程活动较强烈，要严禁抽采地下水，地面塌陷将会得到有效控制。（5）蓝山所城地面塌陷低易发区。该区位于永州市东南部，仅包括蓝山县所城镇部分区域。区内无重要工程设施，人类工程活动对地质环境影响轻微。由于地下岩溶较发育，如不规范人类工程活动，将会引发岩溶塌陷等地质灾害。（6）江华小圩—大圩地面塌陷低易发区。该区位于永州市南部边界位置，包括江华瑶族自治县小圩镇和大圩镇。区内亦无重要工程设施，人类工程活动一般。该区要规范人类工程活动，防止地面塌陷等地质灾害发生。

除上述以外的区域为地面塌陷相对不易发区。

（二）地质灾害重点防治区

地质灾害重点防治区主要包括国家、省、市重要经济发展规划区，人类工程经济活动比较强烈，地质灾害易发程度高、危害严重的地区。根据相关原则，共划分出 7 个地质灾害重点防治区。

东安—冷水滩地质灾害重点防治区 该区位于永州市西北部，包括冷水滩区珊瑚乡、仁湾镇、南桥镇、花桥街镇、杨村甸乡以及东安县大部分乡镇。区内重点防范灾种是滑坡和地面塌陷及堤岸崩塌，重点防治的城镇是冷水滩区及东安县城，重点防治的堤岸是湘江冷水滩城区段，重点防治的交通干线是洛湛铁路、湘桂铁路及 207 国道，重点防治的风景名胜区是舜皇山森林公园、紫云山自然保护区。

祁阳地质灾害重点防治区 该区位于永州市东北部，包括祁阳县文富市镇、下马渡镇、浯溪镇、七里桥镇、茅竹镇、观音滩镇、三口塘镇、白水镇、潘市镇、梅溪镇、黄泥塘镇、进宝塘镇等地。区内重点防范的灾种为滑坡和地面塌陷，重点防治的城镇为祁阳县城，重点防治的矿山为观音滩煤矿、友谊煤矿、铜钼皂煤矿、日新煤矿及祁阳煤矿等，重点防治的交通干线是衡枣高速公路及322国道。

零陵—双牌地质灾害重点防治区　该区位于永州市西部。包括零陵区西南大部分乡镇以及双牌县五里牌镇、平福头乡、茶林乡、泷泊镇、塘底乡、麻江乡、尚仁里乡、永江乡、何家洞乡、上梧江瑶族乡等地。区内重点防范的灾种为滑坡，重点防治的城镇为零陵区和双牌县城区，重点防治的重要交通干线为洛湛铁路、衡枣高速公路207国道和322国道，重点防治的水利水电工程为双牌水库和双牌水电站，重点防治的风景名胜区为阳明山国家森林公园。

新田地质灾害重点防治区　该区位于永州市东部，包括祁阳县石鼓源乡、金洞乡、白果市乡、内下乡、晒北滩瑶族乡，金洞管理区以及新田县门楼下瑶族乡、金陵镇、骥村镇、莲花乡、龙泉镇、毛里乡、茂家乡、大坪塘乡、知市坪乡、三井乡、新圩镇、高山乡、新隆镇、石羊镇、陶岭乡等地。滑坡在区内危害较大，是重点防范的灾害类型，重点防治城镇为新田县城。

江永地质灾害重点防治区　该区位于永州市西南部，包括江永县千家峒瑶族乡、上江圩镇、允山镇、潇浦镇、夏层铺镇、桃川镇，道县西南部月岩林场、新车乡，江华县铜山岭等地。区内重点防范的灾种是地面塌陷和泥石流，重点防治的城镇是江永县城，重点防治的交通干线为洛湛铁路，重点防治的矿山是铜山岭铜矿，重点防治的风景名胜区是千家峒自然保护区。

洪塘营—浆洞地质灾害重点防治区　该区位于永州市东南部，包括道县四马桥镇、横岭瑶族乡、洪塘营瑶族乡，宁远县水市镇、湾井镇、九嶷瑶族乡和蓝山县祠堂圩乡、犁头瑶族乡、竹管寺镇、汇源瑶族乡、塔峰镇、毛俊镇、浆洞瑶族乡等地。滑坡在该区危害较严重，是重点防范的灾害类型，重点防治城镇为蓝山县城，重点防治的风景名胜区是九嶷山森林公园，重点防治的交通干线是永（州）连（州）公路。

河路口—水口地质灾害重点防治区　该区位于永州市南部，包括江华县河路口乡、两岔河乡、大圩镇、小圩镇、清塘壮族自治乡、花江乡、湘江乡、水口镇、贝江乡、未竹口乡和大锡乡等地。区内重点防范灾害类型为滑坡，重点防治的水利工程是涔天河水库。

（三）地质灾害治理

2000年，永州市成立市、县（区）两级地质灾害治理领导小组，国土、城建、水利、安检、交通、气象、民政等职能部门为成员单位。组建应急抢险机构，市级成立汛期地质灾害防治应急抢险指挥部和地质灾害应急调查小组，各县（区）组建地质灾害应急抢险小分队，为突发性地质灾害的应急抢险提供组织保证。县（区）均安排有专门机构负责地质环境监测和地质灾害防治工作。乡、镇和行政村主要领导对本辖区负总责，每个灾点安排有监测人。市、县（区）每年编制有《年度地质灾害防治方案》和《突发性地质灾害应急预案》，汛期实行地质灾害速报制度、险情巡查制度和汛期值班制度。

2000—2009 年，在国土资源部和省国土资源厅的大力支持下，永州开展并完成辖区 14 个县区（含管理区）地质灾害调查与区划项目。通过对永州市 14 个县区（含管理区）地质灾害基础调查，初步查明境内地质灾害类型、规模、形成条件、分布规律和发育特征，为全市地质灾害治理工作奠定了基础。

2010—2015 年，市国土资源局争取国土资源部专项治理资金和省级、市级财政补助，开展双牌唐家岭山体滑坡治理工程、双牌二中滑坡治理工程、双牌县茶林中学滑坡地质灾害治理、双牌县泷泊中学滑坡地质灾害治理、双牌县麻江镇麻江村泥石流地质灾害治理、东安苍子岭滑坡治理工程、东安县大庙口镇黄家岭滑坡地质灾害治理、江华县未竹口乡政府驻地滑坡治理工程等重大地质灾害隐患治理工程和应急处理工程、零陵区花果山崩塌地质灾害治理、冷水滩区市皮肤病防治所岭口麻风村滑坡地质灾害治理、冷水滩区潇湘公园滑坡地质灾害应急处置和应急勘查、金洞管理区金洞镇白沙源村小学滑坡地质灾害治理、蓝山县南屏办事处山口村滑坡地质灾害治理等 28 处重大地质灾害治理，仅 2013—2015 年投入治理资金 7130 万元。通过对重大地质灾害隐患的工程治理和应急处置，避免一些重大地质灾害发生，有效保护当地人民生命财产安全。

至 2015 年底，永州市有持证矿 632 个，由于矿产资源开采历史悠久，长期以来的无序开采，引发大量矿山地质环境问题。根据《湖南省“矿山复绿”行动实施方案》的安排，2013 年，永州市分为“第一个三年行动计划和第二个三年行动计划”开展“矿山复绿”工作。第一个三年行动计划对全市 587 个矿山的地质环境问题进行调查和摸底，筛选出重点对“三区二线”、石期河流域范围内的矿山复绿作为重点治理，分布在市内 9 个县（区），经过第一个三年行动计划治理“矿山复绿”面积达 200 公顷，复绿经费 5000 万元。重点完成零陵区燕子冲锰矿矿山等矿山复绿。第二个三年行动计划，在第一个三年行动计划的基础上以零陵区李家—下井、财家、唐家锰矿矿山省级矿山复绿示范工程建设和推进各县（区）历史遗留矿山为重点、打击非法开采行动，并将治理纳入预算。至 2015 年底，省级财政投入资金 860 万元，县（区）政府投入 420 余万元，另一方面积极组织矿山企业，按照矿山恢复治理与复绿方案要求开展复绿工作，做到开采一处、治理一处、复绿一处。

第六章 矿产资源执法

1986年前，全市矿产资源执法处于分散管理状态。1986年始，随着《中华人民共和国矿产资源法》《矿产资源补偿费征收管理规定》和《湖南省乡镇集体企业采矿和个体采矿管理办法》等文件的相继出台，矿产资源开发利用和保护进入有法可依的时期。2001年组建市国土资源局，矿产资源执法职能由市、县（区）国土资源主管部门统一行使。通过一系列矿产资源执法专项活动和典型案件的查处，全市矿产资源执法工作逐步走上规范化、法制化的轨道。

第一节 执法活动

一、执法检查

1988年，根据省地质矿产局、省法制局《关于开展矿产资源法执行情况检查的函》的精神，全市组织有关部门对矿山企业和个体采矿进行检查。检查内容有：有无乱发采矿许可证、无证开采、越界越层开采、违章开采等问题；有无无证勘查及探矿权被侵权行为；行政执法人员对不法行为是否敢于斗争，有无贪赃枉法、索贿受贿、弄权渎职、敲诈勒索等不法行为；各级政府在实施法律、法规中加强领导、认真部署、狠抓落实、排除阻力、解决难题的典型事例；对法律、法规的进一步完善有何意见与要求。

1989年，根据省地质矿产局、省法制局、省监察厅《关于开展矿产资源法规执行情况大检查的通知》的精神，“行署”成立以副专员吴海森为组长、地区有关部门的负责人为成员的矿产资源法规执行情况大检查领导小组，并下设办公室负责日常工作。11月27—28日，“行署”召开会议，专门听取汇报，研究对全区进行重点抽查的力量、方法和措施等具体问题，并从地直有关部门抽调12人分成4个组，12月1日，赴各县（市）和地直有关单位进行重点抽查。发现全区在执行矿产资源法规方面还存在问题，随后进行整改。

1995年，根据省人大城乡建设环保委和省地质矿产厅《关于开展矿产资源法律法规执行情况检查的通知》精神，全区开展矿产资源法规执行情况检查，分自查、抽查和总结验收3个阶段，对1986年以来矿业法律法规的宣传贯彻、地矿机构的地位和作用、矿业秩序的清理整顿、违法案件的查处、矿产资源补偿费征收管理等情况进行检查和总结。

1996—2015年，全市矿产资源执法采取专项检查和卫片检查方式进行。

二、矿业秩序整顿

1994年7月12日，“行署”副专员张维主持召开有关部门参加的矿业清理整顿工作会议，传达省矿业清理整顿会议精神，并部署开展全区矿业秩序整顿工作。通过4个多月的矿业整顿，到1994年11月底，全区查处248例无证开采，79例违法、违章开采的矿山矿点，关闭248个非法矿山，责令101个矿山停产整顿，拆除机械设备93台、厂棚33处，调处纠纷35起，补办采矿许可证55个，没收违法采矿的矿产品200多吨。至此，全区矿业秩序整顿的主体工作基本完成。尔后经过1个月的自查自纠，全区近80个违法开采的矿山进行停产整顿，避免乱采滥挖的回潮之风。

1995年3月、5月，全区开展巩固矿业秩序整顿成果的调研执法检查，对各主要矿区进行巡回检查和情况调研。虽然全区矿业秩序根本好转，“热点”矿山已全部降温，主要矿区持证开采率达95%以上，全区平均持证率达90%，但还存在3个方面的问题：（1）矿产品流通领域比较混乱，特别是矿产品购销，收富拒贫，直接刺激采富弃贫，以致争抢富矿、丢失贫矿，引起超界、越层等违法、违章开采；（2）有一部分砖瓦黏土、建筑用石等开采企业，对矿产资源的概念认识不清，认为黏土、石头不应是矿产资源，所以不必申办采矿许可证；（3）有些矿山，安全问题没有引起高度重视，特别是煤炭行业，连续发生多次安全生产事故。针对上述情况，5月27日，地委书记邹金鹭主持召开“地委”紧急办公会议。5月30日，“地委”办下发文件，将会议精神传达至各县市、各有关部门、矿山企业，重点开展两方面的工作：一是结合当年的煤炭行业综合治理，查处一批违反矿山安全生产法规的矿山企业，撤销因安全事故造成重大经济损失的矿山所在乡、镇的党政一把手行政职务，并责令60个有安全隐患的矿山企业停产整顿，采矿许可证到期的暂不换发新证，直至整顿后达到安全生产条件，再办理延续登记手续，方可开采；二是针对矿产品购销领域混乱而诱发矿业秩序混乱的情况，“行署”根据矿产资源及配套法规有关条款研究决定，在全区范围内实行矿产品购销、加工监督管理制度。通过矿业整顿和执法检查，全区矿业秩序基本得到稳定。至7月底，查处无证开采325

井次，越界开采10个，破坏浪费矿产资源案5个，违法购销矿产品案24个，买卖矿产资源案21个。采矿企业数控制在788个（其中国有矿山32个，集体矿山239个，个体采矿517个），发证矿山721个（其中国有矿山31个，集体矿山221个，个体采矿469个），采矿持证率91.5%，未领证的67个矿山进行整顿、调整、合并处理。

1997年年初，全市有矿山企业817家，其中国有矿山31个，集体矿山301个，个体私营矿山485个。按矿业分类，有色金属矿山91个，黑色金属矿山168个，非金属建材矿山168个，非金属建材矿山396个，能源矿山（煤矿）162个。经调查摸底，无证开采数125个，主要集中在煤炭、砖瓦黏土、砂石和铁锰矿行业，分布于祁阳、芝山（现零陵）、冷水滩、蓝山、东安、道县、宁远、江华等县（区）。5月13日，根据地质矿产部《关于贯彻实施〈矿产资源法〉进一步整顿和维护矿业秩序的通知》，市政府下发《关于贯彻实施〈矿产资源法〉进一步整顿和维护矿业秩序的通知》，要求各县（区）政府把矿业秩序的治理整顿纳入社会综合治理的范畴，特别确定铜山岭有色矿代管区，祁阳县煤矿区，东安县锑矿区，道县、蓝山铁锰矿区，江华县金属矿山区，芝山（现零陵）锰矿区及各县（区）重点砖瓦砂石矿区为矿业治理整顿的重点区域，严格执行“三不靠”和“六不准”，重点打击“矿霸”和查处机关干部及工作人员参与或变相参股办矿的违法行为，以刹住非法开采“回潮”现象。到8月底，全市关闭非法开采的矿点68处，收缴非法开采的机械设备90台（件）。特别是对于铜山岭有色代管区内的矿业秩序整顿，由市委、市政府直接指挥，市地矿局、调纠办及江华县委、县政府联合工作组到现场开展整顿工作。12月3日，省地质矿产厅下发《关于矿业秩序整顿和维护工作规划制定情况的通报》，重点指出永州市在制定辖区内矿业秩序整顿和维护工作规划中一些好的做法，如明确整顿重点、建立定期情况报告制度、设置奖惩措施、严格执行省人民政府“六不准”制度等。

1998—2001年，全市取缔无证非法矿山300个，吊销采矿许可证28个，查处越界开采、停产整顿、矿业纠纷、违法购销矿产品、有重大安全隐患等违法行为139起，收审、拘捕屡教不改的严重违法分子13人，小煤窑由1993年的100个减少到40个。1999年9月，省政府矿业秩序整顿领导小组到永州市检查验收，全市矿业秩序全部达标，排全省第二位。

2001年10月26日，市政府召开常务会议，专门听取市国土资源局关于传达贯彻全省矿产资源管理秩序治理整顿工作会议精神的汇报。同时成立由市政府副市长刘新普任组长，副秘书长钱国平、市国土资源局局长唐定奇任副组长，相关部门负责人为成员的永州市矿产资源管理秩序治理整顿领导小组。各县（区）均成立领导小组。11月7日，市政府根据省政府办公厅关于转发省国土资源厅《湖南省矿产资源管理秩序治理整顿实施方案》的通知精神，组织召开全市矿产资源管理秩序治理整顿工作会议，部署矿业秩序整顿工作。这次整顿的主要内容是：未取得勘查许可证，采矿许可证擅自勘查、开采矿产资源的，越界或者其他违法探矿、采矿的；以勘查之名，行采矿之实，以采代探，或者未经批准进行边探边采的行为；越权发证，或者不按有关法律法规的规定及发证程序发证的行为；党政机关干部职工违反“六不准”规定直接或者变相入股、参股办矿的；非法买卖矿产资源，未经批准擅自转让采矿权，违规处置矿业权，或者以承包等形式变相转让矿业权的；乱采滥挖，大矿小开，破坏浪费矿产资源和严重污染环境的；调处矿产资源重大权属纠纷。

2002年6月10—30日，按照省国土资源厅《关于开展矿产资源管理秩序治理整顿检查验收的通知》的要求，全市对前段治理整顿工作进行一次全面自查，并确定下阶段实行“分片管理，责任到人，动态监督，全程监察”的模式，使全市矿产资源秩序目标化、制度化。到2002年6月底，全市取缔无证非法矿点320个，没收矿产276吨，罚款9.7万元，拆除违法矿产棚116间，遣返民工4500多人，没收设备12台（套），依法追究刑事责任46人，追究纪律责任4人，查处超深越界矿山13个，处理影响国矿安全生产的小矿40个，关闭不具备基本安全生产条件的矿21个，调处较大矿业纠纷16宗，吊销注销违法颁发的采矿许可证28个，追缴矿产资源补偿费14.6万元。7月27日，省国土资源厅矿管处处长蒋峰到永州检查验收矿产资源管理秩序治理整顿工作，听取汇报后，对永州市此项工作表示满意，希望进一步全面推进矿业权管理制度的改革，为确保永州市矿业经济持续、健康发展，提供可靠保证。

2004年5月，根据《湖南省人民政府关于加快推进矿业权市场建设的通知》，市政府印发《关于进一步治理整顿矿产资源管理秩序全面推行矿业权有偿出让的通知》，要求各县（区）政府重视矿业权市场整顿和建设，建立政府领导负责制。对矿业权交易过程中和采矿活动中出现的违法违纪行为依法依规予以查处，要求在10月底前，搞好矿业权市场整顿工作，并书面报告市政府。凡治理整顿不力，导致矿业秩序混乱，特别是因非法采矿引发安全生产事故的，将依法追究其相关领导和人员的责任。

1994—2015年，全市先后开展清理整顿活动，冷水滩、零陵、祁阳3个产煤县（市、区）由主管工业的副县（市、区）长带队进行7~11次清理整顿工作。

三、整顿和规范矿产资源开发秩序

2005年12月，市政府根据《国务院关于全面整顿和规范矿产资源开发秩序的通知》和《湖南省人民政府关于全面整顿和规范矿产资源开发秩序的通知》精神，决定全面整顿和规范矿产资源开发秩序（以下称“整规工作”），成立由副市长荣燕明任组长，市政府副秘书长欧阳元初、市发改委主任李德勋、市国土资源局局长秦坤任副组长，市国土资源、公安、监察、财政、商务、工商、环保、安监、煤炭行管等部门负责人为成员的领导小组，下设办公室，市国土资源局副局长杨建林兼任办公室主任。12月26日，市政府印发《永州市人民政府关于开展全面整顿和规范矿产资源开发秩序的通知》，明确工作目标是：认真落实科学发展观，全面整顿和规范矿产资源开发秩序，全面遏制和纠正无证勘查开采、乱采滥挖、浪费破坏资源、越界开采、非法转让矿业权、严重污染环境等违法行为，促进矿山安全事故明显减少，布局不合理的状况得到明显改善，矿业权市场日益规范，资源开发利用规模化、集约化程度明显提高，基本建立规范有序的矿产资源开发秩序；工作重点区域是：以煤、铁、锰、铅、锌、钨、锡、锑等为重点矿种，以祁阳—冷水滩煤矿区、铜山岭代管区、江华河路口多金属矿区、零陵区东湘桥锰矿区、冷水滩锰矿区、道县湘源锡矿区、江永银铅锌矿区等矿区。整顿和规范工作重点是：严厉打击和查处违法勘查和开采行为；坚决整顿和关闭严重破坏污染环境和不具备安全生产条件的矿山；认真开展煤炭开采回采率专项检查和特定矿种专项整治；全面清查和纠正矿产资源管理违法违规行为；切实调整和优化矿山布局；不断规范和发展矿业权市场；认真研究和建立矿产资源管理的长效机制。

2005年12月26—27日，市政府在零陵区召开全市整顿和规范矿产资源秩序工作会议，对全市整规工作进行安排部署，会议由市委常委陈金荣主持，副市长刘新普作报告。各县（区）汇报整顿和规范矿产资源开发秩序工作方案，其中零陵区作典型发言。

2006年1月1日至11月30日，全市开展集中整顿。一是组织排查摸底。全面清理矿产地情况和勘查、采矿许可证发放情况，全面排查无证勘查开采、持过期无效证照勘查开采、证照不全勘查开采、开采矿种与采矿许可证不符、越界勘查开采以及以采代探等情况，予以综合、统计和汇总。二是制定整治措施。针对摸底排查出来的问题，分门别类研究制定有针对性的整治措施。三是整改落实到位。根据整改方案，落实整改措施，限期整改到位。7月10日，根据市政府第104次常务会议精神，组织召开全市整顿和规范矿产资源开发秩序电视电话会议，对下阶段矿产资源整治工作提出具体要求。同时，制定《永州市矿产资源开发秩序集中整治方案》对列入全市重点整治的六个矿区（江华县河路口矿区、零陵区锰矿区、蓝山县铁锰矿区、铜山岭矿区、东安钨矿区、宁远牛头江铀矿区）逐个制定整治方案，提出整治措施，明确责任人和时间要求。为加大对省挂牌督办的重点矿区——河路口矿区的整治力度，还专门制定《江华河路口矿区综合治理整顿工作方案》。至9月28日，省政府要求关闭的10家煤矿关闭，非煤矿山的整治取得阶段性成果，基本达到方案要求。

2007年3月，根据省国土资源厅《关于印发湖南省矿产资源开发利用年度检查暂行办法的通知》精神，全市矿山年检工作按照分级负责的原则实施，其中县（区、场）国土资源部门负责本级颁发的采矿许可证的矿山年检工作；由省国土资源主管部门颁发的采矿许可证且矿区范围不跨市的以及由市国土资源局颁发的采矿许可证的矿山，县（区、场）国土资源局负责初审后报市国土资源局年检；东安县新龙矿业有限公司、711矿蓝山大湾分矿，由县、市初审后，报省国土资源厅实施年检工作。5月，根据省国土资源厅《关于修改完善矿产资源整合实施方案的通知》和省整规办《关于进一步规范矿产资源开发整合实施方案编制和审批工作的通知》精神，制定《永州市矿产资源整合实施方案》，方案明确国土资源部门负责对整合区域内的资源和矿业权设置情况进行调查摸底，组织审查报批矿产资源整合实施方案和矿区整合实施方案，划定矿区范围，依法办理采矿许可证；工商部门负责对整合后矿山依法办理企业名称核准和注册（变更）登记手续；环保部门负责对整合后矿山的环境影响评价报告进行审批，对严重破坏生态、污染环境的矿山提请当地政府予以关闭；安全监管部门负责矿山安全监管监察，对整合后矿山安全生产条件进行审查，依法办理安全生产许可证，对不符合安全生产条件且限期整改后仍达不到安全生产条件的矿山提请当地政府予以关闭；煤炭行业主管部门负责制定煤炭资源规划方案，并对整合煤矿生产设计进行审批，督促煤矿整改、完善生产系统，依法办理煤炭生产许可证；公安部门负责矿山爆破物品管理，依法核定整合后矿山的爆破物品用量，严肃查处非法买卖、持有爆破物品行为；电力部门负责整合矿山的用电监管，严禁向违法生产矿山供电和转供电；监察部门负责对矿产资源整合工作中存在的滥用职权、失职、渎职、弄虚作假、徇私舞弊等违法违规行为进行查处，严肃追究有关人员的责任。市整顿和规范矿产资源开发秩序领导小组负责组织有关部门加强督促检查，及时发现和解决矿产资源整合工作中的有关问题，严防整合矿山弄虚作假、超能力生产、整合工作流于形式、走过场。对于不能按期完成整合任务的县（区），一律暂停其用地和矿业权的审批。

2008年2月28日，在全省国土资源工作会议上，永州市被省政府授予2007年度维护矿产资源管理秩序先进单位称号，跨入全省先进前列。

四、超深越界开采矿产资源专项整治

2010年9月14日，为深入贯彻落实省政府2010年“8·16”关于整治矿山超深越界开采专项行动电视电话会议精神，召开全市国土系统整治矿山超深越界开采专项行动工作动员会，对全市整治矿山超深越界专项行动工作进行动员部署，市整治办主任、市国土资源局副局长蒋复琨作动员报告，要求各县（区）按照省政府文件、电视电话会议精神和省国土资源厅培训会议的要求，对持证矿山先进行一次全面的排查摸底，利用矿业权实地核查资料的图件、矿山年检图件等资料和矿山自查情况实地检查，对发现有超深越界嫌疑的矿山聘请有地勘、测绘资质的单位立即进行实测，查清超深越界的事实，即行立案查处。同时确定冷水滩、祁阳煤矿区24个煤矿、零陵锰矿区12个锰矿、东安锑矿区1个锑矿、江华河路口稀土矿区1个稀土矿共38个省国土资源厅发证的重点矿山为本次全市整治矿山超深越界开采的重点，重中之重为冷水滩、祁阳的24个煤矿。

9月26日，市政府根据省政府办公厅印发的《湖南省整治矿山超深越界开采专项行动工作方案》，印发《永州市整治矿山超深越界开采专项行动工作方案》，成立由市委常委、市政府副市长张正任组长，市政府副秘书长王衡平、市国土资源局局长黄海淞任副组长，市安监、公安、财政、监察、工商、煤炭行管、国土资源等部门负责人为成员的永州市整治矿山超深越界开采专项行动领导小组，下设办公室，由市整治办主任、市国土资源局副局长蒋复琨兼任办公室主任。方案明确专项行动工作目标是：2010年9—12月，在全市范围内开展一次持证矿山开采现状普查，凡超深越界的一律责令退回许可范围内开采；坚决关闭超深越界且拒不整改或屡整屡犯、存在重大安全隐患、资源已经枯竭的矿山，促进矿产资源开采秩序的根本好转；落实安全生产共同责任，加强安全生产监管，预防和遏制重大安全事故的发生；坚持标本兼治，建立长效机制，开创资源开发利用率高、环境污染少、安全有保障的新局面。整治重点是：（1）煤炭开采矿山。（2）非煤矿山：国有或国有控股大矿周边的矿山；小矿密集、矿权重叠和资源纠纷突出地区的矿山；重要建筑物、构筑物周边的矿山；县区交界地带的矿山。（3）媒体披露、群众举报有超深越界嫌疑的矿山。（4）冷水滩区煤矿区、祁阳县煤矿区、零陵区锰矿区、东安县锑矿区、江华县河路口稀土矿区等是此次整治矿山超深越界开采专项行动的重点矿区。重点矿区以外的其他矿山利用矿业权实地核查、年检等资料进行一次普查，核实是否存在超深越界开采行为。

2010年9月14—30日，全市13个县（区）相继成立整治矿山超深越界开采专项行动领导小组及办公室，县（区）政府制定下发《整治矿山超深越界开采专项行动工作方案》，各县（区）分别召开相关部门和行政区域内各矿山业主参加的动员会，进行宣传和部署，落实专项行动工作经费，全市落实经费140.7万元（含市本级66万元）。

2010年9月30日至10月8日，矿山企业自查自纠，并向所在县（区）国土资源、安监、煤炭管理等部门提交由矿山法定代表人、驻矿安监员和乡镇国土资源管理所签字认可的最新采掘工程平面图和井上井下对照图。对于在自查自纠阶段主动退回并打好永久性封闭的超深越界行为，可以从轻、减轻或免于处罚；对隐瞒不报、不主动整改的，依法从重处罚。

2010年10月10—15日，县（区）政府委托有矿山测量资质和地勘资质的技术单位对整治重点矿山开展井巷工程测量。技术单位根据测量结果，对被测矿山是否超深越界开采出具由实测技术人员签字、技术单位技术负责人签字、技术单位法定代表人签字盖章的测量鉴定意见，出具《矿山超深越界鉴定书》。县（区）国土资源部门根据技术单位的测量鉴定意见核实后，分矿山填报《县（区）超深越界开采矿山基本情况一览表》，并登记造册，经县（区）政府审查后，报市专项整治行动领导小组办公室。经全市各县（区）对623个矿业权进行实地核查，发现超深越界开采矿山151个。其中，冷水滩16个（煤矿2个，采石场14个），零陵8个锰矿，祁阳96个（煤矿6个，采石场和砖厂90个），东安采石场28个、蓝山采石场1个，江华稀土矿1个，江永银铅锌矿1个。各县（区）按要求聘请有资质单位对超深越界嫌疑矿山进行实测，出具实测图和鉴定意见书。道县国土资源局开始聘请省煤勘三队对大唐方解石矿进行实测，认定为越界开采，但为确保执法工作的准确，后又组织省煤勘三队、省天源国土资源勘查公司、县国土资源测绘院等资质单位进行井下再次实测，最终认定大唐方解石矿未越界，前次实测错误出在坐标数据转换上，并予以纠正。

对存在超深越界行为的矿山企业，区别不同情况，分别作出以下处理：对超深越界情节严重的矿山，县（区）政府整治矿山超深越界领导小组办公室列出名单，提请县（区）政府予以关闭，县（区）政府在收到报告后7日内做出关闭决定，相关部门凭关闭决定及时吊（注）销相关证照；对保留的矿山企业，除予以行政处罚外，县（区）政府责令其停产整顿，并在越界处打好永久性密闭，填写由国土资源部门及现场执法人员、驻矿安监员、有关的相邻矿山企业签字认可的《矿山永久性密闭验收认定书》，并交市、县（区）专项整治行动办公室备案。对擅自打开密闭或整改验收不合格的，一律予以关闭；对生产规模或矿区面积过小的矿山，凡符合矿产资源总体规划和国家产业政策的，按照自愿、合法的原则，鼓励指导其余邻近矿山整合。对应整合而无法达成整合协议的，区分情况予以关闭或不再办理采矿许可证延续登记手续。

2010年10月13—17日，分3个检查组对全市13个县（区）开展检查。对已查实的151个超深越界矿山进行分类处置，按要求全部查处、整治到位，其中立案查处19个（收缴罚没款72.6万元，实行密闭矿山9个，关闭矿山1个，追究党纪责任1人），实行数据变更与换证处理矿山132个。

12月20日，市专项整治行动领导小组办公室制定检查验收标准，组织市国土资源局、市安监局、市煤炭行管办、市财政局、市公安局、市监察局、市工商局相关人员对各县（区）的专项整治行动工作进行检查验收，并根据检查验收情况作出处理。对先进单位和个人，给予表彰和奖励；对检查验收不合格的县（区），市政府领导对其主要负责人和分管负责人进行约谈；对在专项整治行动中玩忽职守、徇私舞弊的工作人员，市专项整治行动领导小组办公室按照《湖南省违反矿产资源管理规定责任追究办法》的规定，提请纪检监察部门追究党纪政纪责任。

2010年12月25—28日，省整治办对永州市矿山超深越界排查实测工作进行检查。检查组听取专项整治行动工作汇报，查阅相关文件资料和矿山档案，对冷水滩区大塘煤矿、零陵区珠山镇太婆冲锰矿、祁阳县官山冲煤矿等3个矿山企业进行现场检查。发现存在4个问题：（1）在矿山超深越界开采排查实测过程中，超深越界的巷道和采场被漏查漏测，没有上图。如永州市冷水滩区大塘煤矿在-21水平有2处分支巷道有越界现象，原测量成果附图没有显示，需进一步核实，零陵区珠山镇太婆冲锰矿报告编制简单，附图表示不全，无图示图例，需补充完善。（2）对矿山企业私自设置的密闭，普遍没有打开进行测量，且没有上图。已经上图的密闭没有说明是有关监管部门，还是矿山私自施工的密闭。如祁阳县官山冲煤矿多处密闭没有实测上图。（3）超深越界巷道密闭墙质量不高，厚度达不到要求，不严实，部门密闭没有经过监管部门验收认定，甚至出现越界巷道内生产设施（电缆、铁轨、通风管道等）尚未拆除的现象，矿山随时可能开启密闭再次超深越界开采。如冷水滩区大塘煤矿在+62水平处有1处新打密闭，无法对密闭内巷道进行检查，需进一步核实。（4）矿山测量过程中基准点控制精度不高，误差较大，不符合技术规范。如零陵区珠山镇太婆冲锰矿矿区内控制点已经破坏，无法对原测量成果进行检核，测量精度无法确定；祁阳县官山冲煤矿原测量单位用罗盘进行定向，不能满足矿山超深越界检测精度要求。针对上述存在的问题，省整治办要求整改：对有超深越界开采嫌疑的矿山，进行重点补充排查，确保排查无死角、无盲点，进一步加强监管，尤其应加强对矿区边缘巷道的监管，防止超深越界开采；对矿山企业私自施工的密闭，应经过监管部门验收确认，拍照存档，越界巷道内的生产设施应予以拆除，密闭墙应设置明显标志，打开后无法恢复原状；对存在超深越界开采的矿山，应从严查处。对资源枯竭、造成重大安全隐患的超深越界矿山，应提请政府坚决予以关闭；规范矿山档案管理，做到一矿一档，文、图、表一致；因停产、积水等原因没有进行排查实测的矿山，在其恢复生产前，应进行补充排查实测，并将排查实测、处理结果报省整治办备案，否则不得恢复生产；对本次现场抽检的冷水滩区大塘煤矿、零陵区珠山镇太婆冲锰矿、祁阳县官山冲煤矿排查实测中存在的问题，应抓紧时间，认真整改到位。

2011 年 2 月 21—24 日，市整治办结合省整治办提出具体的整改要求，分 4 个检查组对各县（区）专项工作进行督查，并印发督查通报。3 月 1 日，在市国土资源局召开全市矿产资源秩序整治督办工作会议，组织学习省整治办《关于对永州市超深越界排查实测工作检查的反馈意见》和《关于做好整治矿山超深越界开采专项行动迎检工作的通知》，总结前段工作，指出存在的问题，安排部署下一段工作，市整治领导小组副组长、市国土资源局局长黄海淞在会议上要求各县（区）严格按照省整治办的意见，强化责任，限期整改，对整改工作不到位的，由市政府对县（区）政府主要领导和分管领导进行约谈，并冻结该县（区）的矿业权审批。3 月 28—30 日，市整治办组织检查组对各县（区）专项行动工作进行检查验收，各县（区）均按照省整治办的要求整改到位，均达到检查验收标准。

五、安全生产专项行动（“打非治违”）

2012 年，根据市政府办公室印发的《永州市 2012 年度“打非治违”集中行动工作方案》和《永州市安全生产“打非治违”专项行动实施方案的通知》，市国土资源局对全市查处矿山超深越界开采、打击非法开采矿产资源以及违法经营 3 个方面，开展 3 项工作：各县（区）对照专项行动实施方案，并抽调专人，成立工作班子。各县（区）国土资源部门拨出专项经费达 140 万元，市国土资源局拨款 2 万元作为执法监察支队查处东安县非法采矿的专项经费。仔细排查，不留死角。各县（区）国土资源部门对 628 个露天非煤矿山进行排查，其中冷水滩区 45 个，祁阳县 86 个，零陵区 72 个，东安县 54 个，双牌县 12 个，道县 60 个，江永县 39 个，宁远县 140 个，新田县 37 个，蓝山县 32 个，江华县 51 个，出动排查执法人员 666 人次，关闭不符开采条件的露天矿山 29 个。严查严处、整治到位。按照《湖南省整治矿山超深越界开采专项行动工作方案》，通过排查，全市发现超深越界矿山 151 个。在排查的基础上，区分原因，逐一研究对策，分别查处、整治到位。其中立案查处 19 个，收缴罚没款 72.6 万元，实行密闭矿山 9 个，关闭矿山 1 个，追究党纪责任人员 1 名。实行数据变更与换证处理矿山 132 个，所有矿山都与国土执法部门签订守界承诺书，实行挂牌生产。对井下开采的矿山按要求在界内进行密闭，埋设界桩。露天开采矿山退回界内的，设立界桩。

2012 年，按照市安委办的工作安排，市国土资源局负责对零陵区安全生产工作督导。3 月，制定《永州市国土资源局关于督导零陵区开展“打非治违”集中行动工作方案》。先后3次由局党组成员、副局长李文乾和局党组成员、支队长蒋剑带队到零陵区督导安全生产工作，并及时向市安委会汇报督导情况。10月16日，在零陵区“10·15”重大矿难事故发生后，市国土资源局印发《关于吸取零陵区“10·15”重大矿难事故教训，认真抓好当前安全生产工作的紧急通知》；10月29日，下发《关于开展矿山安全生产专项督查的通知》，分别由3名局党组成员带队，组织3个督查组对全市矿山安全生产工作落实情况进行专项督查，重点督查全市所有煤矿和非煤矿山生产企业自10月16日起一律实行停产整顿措施落实情况、全市所有井下开采矿山实行超深越界监管包矿驻点责任制落实情况、全市非法开采重点区域实行包矿驻点责任制落实情况、“打非治违”专项行动开展情况，检查结束后，及时总结，指出安全生产隐患，提出改进意见和措施，督查总结上报市安委办。

2013年，根据市政府办公室印发的《永州市深入开展安全生产“打非治违”行动工作方案》，市国土资源局下发《2013年“打非治违”专项行动工作方案》，明确市国土资源局成立由局党组成员、执法支队长蒋剑任组长，局党组成员、工会主席秦春林和局党组成员、总工程师蒋文波任副组长，潘尚福、张榕、吴东红、龙华俊为成员的“打非治违”专项行动领导小组，领导小组办公室设市执法监察支队，负责“打非治违”专项行动日常协调工作，龙华俊兼任办公室主任，李国鹏为联络员。本次全市“打非治违”专项行动，分安排部署、调查摸底、案件查处、检查验收4个阶段进行。“打非治违”专项行动出动执法人员4216人次，出动运输车辆和切割机324台次，收缴电动机134台、柴油机384台。零陵区对全区所有锰矿企业实行停产整顿，不达到要求，不准复工。东安县对全县所有非法开采井硐全部密封，每个井硐均明确责任领导、责任人负责巡查落实。市国土资源局组织人员明察暗访，发现祁阳县三口塘镇的祁阳煤矿欲非法开采，即告知祁阳县国土资源局，加强监管，严防该煤矿非法开采。此次专项行动，达到预期目标。

2014年1月16日，市委召开推进千亿矿业经济座谈会，各县（区）分管领导和市直相关部门负责人参加会议，市委书记陈文浩到会讲话。会后，市国土资源局组织各县（区）国土资源局对非法开采矿点进行排查摸底，排查出非法开采矿点212处。其中冷水滩区58处，永州经济开发区9处，零陵区59处，东安县39处，祁阳县21处，蓝山县10处，道县5处，新田县3处，宁远县、双牌县各2处，江华县、江永县、金洞管理区、回龙圩管理区各1处。非法开采矿种主要以锰矿、碳质页岩居多，其中锰矿105处，碳质页岩74处，铁锰矿7处，锑矿1处，高岭土2处，其他均为采石场和砖厂。在摸清全市非法开采的情况后，市国土资源局对212个非法采矿点进行整治，明确整治期限，落实整治责任人，经过一年的整治，回填非法矿点55处，复绿105处。3月，市国土资源局下发《2014年安全生产“打非治违”专项行动工作方案》，成立由局党组成员、执法支队长蒋剑任组长，局党组成员、总工程师蒋文波和局党组成员、纪检组长陆享国任副组长，潘尚福、张榕、胡小明、王和春为成员的“打非治违”专项行动领导小组。这次专项行动的工作任务是：及时制止并依法查处无采矿许可证（包括持过期采矿许可证）采矿、超深越界采矿、不按开发利用方案开采矿产资源的违法行为；及时制止并依法查处无证勘查、以采代探的违法行为；及时发现并治理地质灾害隐患点；重点抓好冷水滩区、零陵区、东安县、祁阳县、蓝山县等县（区）的非法开采锰矿或碳质泥岩的整治。8月，省国土资源厅、市政府分别印发“六打六治”专项整治工作方案。市国土资源局按照要求，制定下发“六打六治”工作方案，要求各县（区）配合当地政府开展好专项整治工作。9月9日，在“六打六治”专项行动期间，湖南都市频道报道东安县黄泥洞林场非法开采问题，市国土资源局即提请市政府向东安县政府下发交办函，尽快进行整改。东安县政府组织国土资源局、黄泥洞林场等部门对黄泥洞锑矿区内的非法矿点再一次进行拉网式排查，排查出非法矿点或矿硐137处。除2处因办案需要做矿山资源损失价值评估暂没封闭外，全部按3米厚度用水泥砼封闭到位，投资360余万元。对现场人员、工棚、矿产品、机械设备等，按照矿山整治“六个不留”要求一律进行处置，捣毁非采工棚15个，驱散人工水洗矿点民工8人，砸毁废弃柴油机3台，砸烂人工水洗矿木桶8个。9月22日，根据《湖南省“六打六治”打非治违专项行动工作方案》和《永州市“六打六治”打非治违专项行动工作方案》精神，市安监督局、市国土资源局联合下发《永州市非煤矿山“六打六治”打非治违专项行动实施方案》，明确工作内容是：打击无证开采、超越批准的矿区范围采矿行为，整治图纸造假、图实不符问题；打击无证探矿行为，整治以采代探问题；打击尾矿库非法建设、运行的行为，整治危库、险库、病库；打击无资质施工行为，整治层层转包、违法分包、以包代管问题；打击不贯彻落实《非煤矿山企业安全生产十条规定》行为，整治违反十条规定行为；打击不执行严防八类（中毒窒息、火灾、透水、爆炸、坠罐跑车、冒顶坍塌、边坡垮塌、尾矿库溃坝）非煤矿山生产安全事故行为，整治八类事故隐患。该次专项整治行动的重点区域为：冷水滩区黄阳司镇、竹山桥镇、高溪市镇、普利桥镇、伊塘镇，祁阳县大忠桥镇、观音滩镇、肖家村镇、白水镇、大村甸镇、三口塘镇，东安县紫溪镇、大江口乡荞麦冲矿区，零陵区珠山镇，蓝山县楠市镇等地非法开采碳质页岩（俗称煤矸石）矿区；东安县黄泥洞锑矿区；零陵区珠山锰矿区，东安县大江口、紫溪锰矿区，道县蚣坝镇后江桥村锰矿区；江华县河路口多金属矿区。

2014年，全市开展“打非治违”集中整治行动66次，立案查处非法开采案件24件，扣押机械设备22台，捣毁机械设备19台，捣毁工棚90个，砸毁柴油机51

台、电动机 49 台，切割洗矿机 25 组，捣毁洗矿摇床 30 张，切剪电线水管 4 万余米，遣散非法开采人员 400 余人。各县（区）还开展了非法采矿点的环境恢复治理工作，回填矿点 32 处，复绿矿点 80 处。同时，对 2013 年度矿产卫片执法监督检查的 35 个违法图斑全部按照“三不留一封闭”的要求整治到位。

2015 年，根据市安委会印发的《永州市“九打九治”打非治违工作方案》，市国土资源局下发《2015 年安全生产“九打九治”打非治违工作方案》，要求全市国土资源部门结合矿产卫片执法检查图斑数据、日常动态巡查掌握的情况、矿山超深越界检查图件等，按照市安委会“九打九治”打非治违行动的职责分工，集中开展打击以下违法行为：打击无证勘查开采行为：无证采矿行为；矿山企业采矿许可证过期失效后擅自开采行为；以采代探行为；无证勘查行为；勘查许可证过期失效后擅自勘查行为。打击矿山超深越界开采行为：煤矿超深越界开采行为；非煤矿山超深越界开采行为。该次专项行动从 3 月份开始，到 12 月底结束，分动员部署和自查自纠阶段、集中打击整治阶段和巩固深化阶段 3 个阶段进行。全市开展集中整治行动 36 次，立案查处非法开采案件 18 件，移送公安机关查处 3 件，扣押、捣毁机械设备 18 台，捣毁工棚 10 个，砸毁柴油机 12 台，切割洗矿机 28 组，切剪电线水管 3500 余米，遣散非法开采人员 180 余人，刑事拘留 3 人。

第二节　典型案件查处

一、非法开采矿产资源案

道县蒋某等 5 人无证采矿案。2011 年 4 月，上述 5 人在未依法取得采矿许可证的情况下，擅自在道县审章塘乡松柳村高岭土矿区非法开采高岭土矿资源。2011 年 4 月 6 日，道县国土资源局执法监察人员在动态巡查中发现其非法开采矿产资源行为，并于 4 月 6 日、4 月 16 日、4 月 21 日、6 月 9 日先后 4 次下达《责令停止国土资源违法行为通知书》。是年 4 月 6 日，道县国土资源局依法对该矿立案查处，责令其停止非法开采行为。但蒋某等 5 人拒不停止非法开采行为，继续非法开采高岭土矿资源，并销售外地牟取利益。2011 年 8 月 29 日，根据省国土资源厅出具的《矿产资源价值鉴定书》，认定其非法采矿破坏的矿产资源价值 12.2 万元。

根据《中华人民共和国矿产资源法》第三十九条、《湖南省矿产资源管理条例》第三十七条之规定，道县国土资源局 2011 年 6 月 28 日向蒋某等 5 人作出行政处罚，要求其立即停止非法开采高岭土矿产资源违法行为，并处以 10 万元罚款。

2011 年 7 月 4 日，道县国土资源局将上述案件有关材料移送道县公安局。到 8 月 23 日，道县公安局先后对蒋某某等 5 人进行刑事拘留。

2012 年 10 月 31 日，经道县人民法院审理后认为，蒋某等 5 人已构成非法采矿罪，其中 4 人分别判处有期徒刑 1 年，缓刑 1 年，并处罚金人民币 3 万元；1 人判处有期徒刑 1 年 6 个月，并处罚金人民币 3 万元。

二、越界开采矿产资源案

祁阳县大忠桥镇胜利采石场越界开采案。该采石场位于祁阳县大忠桥镇双河村四组。2013 年 7 月，该采石场办理采矿许可证，采矿许可证证号为 C4311212010077130071191，开采权人为祁阳县大忠桥镇胜利采石场，法人代表为黄某；开采矿种为石灰岩；开采方式为露天开采；生产规模为 500 吨/年；矿区面积为 0.02 平方公里；有效期为 2013 年 7 月 22 日至 2016 年 7 月 22 日。

2015 年 3 月，根据省国土资源厅下发的矿产卫片执法监测疑似图斑，祁阳县国土资源执法监察大队对该石场开展动态巡查，发现该矿有越界开采嫌疑。3 月 19 日，向该矿下达《责令停止国土资源违法行为通知书》，并委托祁阳县矿产事务所对该采石场进行检测，经鉴定该采石场有小范围越界开采石灰岩行为，并加工出售，违法所得 1.5 万元。5 月 15 日，祁阳县国土资源局决定对该采集场进行立案调查，下达《责令停止国土资源违法行为通知书》，并根据《中华人民共和国矿产法》第四十条、《湖南省矿产资源管理条例》第三十八条之规定，依法对大忠桥镇胜利采石场作出行政处罚，责令其立即停止越界开采行为，退回原开采范围，没收违法所得 1.5 万元，对越界开采矿产资源行为处以 5000 元罚款。

第三节　矿产卫片执法检查

2011 年，永州市首次开展矿产卫片（卫星遥感图片，下同）执法检查工作。

2011 年 4 月，根据国土资源部《关于开展 2010 年度土地矿产卫片执法检查工作的通知》和省国土资源厅《关于开展 2010 年度土地矿产卫片执法检查的通知》，永州市成立由市委常委、副市长张正任组长，市政府副秘书长王衡平、市国土资源局局长黄海淞任副组长，市政府办、市监察局、市财政局、市公安局、市人民检察院、市中级人民法院、市发改委、市住房和城乡规划建设局、市交通运输局、市林业局、市农业局、市安监局负责人为成员的土地矿产卫片执法检查工作领导小组，领导小组下设办公室，办公室设市国土资源局。各县（区）成立相应的领导小组，组建专门工作班子，落实责任和经费，确保土地矿产卫片执法检查工作顺利进行。矿产执法检查对象和内容：以2010年度全国土地变更调查遥感监测成果和163个全国重点矿区遥感监测成果为依据，对国土资源部统一制定并下发的县级行政区域内的矿产疑似违法图斑数据，各县（区）组织核查、整改和查处。经核查发现，2010年度遥感影像仅涉及江华、零陵、东安3个县（区），有监测图斑10个，其中江华县、零陵区、东安县分别为7个、2个、1个。这10个矿产疑似图斑中，江华县河路口镇等2处非法开采点属于废弃采场，作非立案查处，江华县河路口镇、零陵区珠山镇、东安县大江口镇等8处非法开采点立案查处，罚款29.95万元，没收违法所得12.99万元，全部查处整改到位，并按要求做好内业整理和填报工作，做到“一图斑、一档案”。

2012年2月，根据国土资源部《关于开展2011年度土地矿产卫片执法检查工作的通知》和省国土资源厅办公室《转发国土资源部关于开展2011年度土地矿产卫片执法检查的通知》精神，永州市成立由市委常委、副市长蒋善生任组长，市政府副秘书长王衡平、市国土资源局局长黄海淞任副组长，市中级人民法院、市检察院、市政府办、市发改委、市监察局、市财政局、市公安局、市住房和城乡规划建设局、市交通运输局、市林业局、市农业局、市安监局负责人为成员的土地矿产卫片执法检查工作领导小组，领导小组下设办公室，办公室设在市国土资源局。各县（区）成立相应的领导小组。国土资源部下发永州市2011年度矿产疑似违法图斑共34个，其中东安县14个、冷水滩区9个、江华县2个、零陵区1个、宁远县3个、新田县1个、蓝山县4个。经实地核查后，全市有合法图斑13个，违法图斑7个，实地伪变化图斑14个。上述7个违法图斑均立案查处，罚款9.1万元，没收违法所得5万元，全部查处整改到位。

2013年，根据国土资源部《关于开展2012年度土地矿产卫片执法检查工作的通知》要求和省土地矿产卫片执法检查工作领导小组办公室的统一安排部署，永州市印发《永州市人民政府关于开展2012年度土地矿产卫片执法检查工作的通知》，各县（区）对照该通知，成立由政府主要或分管领导任组长的工作领导小组，县（区）国土资源部门组建专门的工作班子，明确职责分工，落实工作责任。2012年度全市有68个矿产卫片图斑，其中合法图斑25个，违法图斑21个，伪变化图斑22个。对上述21个违法图斑，非立案处理2个，立案查处19个，结案19个，立案率90.48%，结案率100%，整改到位率85.7%。全市处罚款54.5万元，没收违法所得4.9万元，没收矿产品1600吨，移送公安部门追究刑事责任1人。

2014年，根据湖南省土地矿产卫片执法检查工作领导小组办公室《关于开展

2014 年土地矿产卫片执法检查工作的通知》要求，市政府印发《永州市人民政府办公室关于开展 2014 年土地矿产卫片执法监督检查工作的通知》，各县（区）对照该通知，采取措施，查处整改，完成土地矿产卫片执法监督检查各项工作任务。国土资源部下发永州市 2014 年矿产疑似违法图斑 35 个，其中零陵区 1 个、冷水滩区 3 个、祁阳县 4 个、东安县 5 个、双牌县 1 个、道县 7 个、江永县 2 个、宁远县 8 个、蓝山县 1 个、新田县 1 个、江华县 2 个。经实地核查后，全市有合法图斑 15 个，违法图斑 13 个，实地伪变化图斑 7 个，违法图斑占总图斑数比例为 37. 14%。对上述 13 个违法图斑按照“三不留、一封闭”的要求，全部查处整改到位，整改到位率 100%。其中非立案处理 1 个，立案查处 12 个，结案 12 个，立案率 92. 3%，结案率 100%。全市处罚款 11. 6 万元，没收违法所得 3. 8 万元，没收违法采出矿产品 8000 吨。

2015 年 4 月，根据国土资源部《关于开展 2014 年度土地矿产卫片执法监督检查工作的通知》和省土地矿产卫片执法检查工作领导小组办公室《关于印发湖南省 2014 年度土地矿产卫片执法监督检查工作方案的通知》要求，市政府印发《永州市人民政府办公室关于开展 2014 年度土地矿产卫片执法监督检查工作的通知》，要求各县（区）对国土资源部下发的 2014 年度遥感监测变化图斑中的矿产疑似违法图斑全部进行实地核查，市国土资源局根据套合国土资源部监管平台数据和省国土资源厅反馈情况，结合内外业核查结果，下发复核图斑，并对矿产疑似违法图斑全部进行实地核查。对于矿产疑似违法图斑做到“一矿一档”。2014 年度矿产卫片执法监督检查工作顺利通过省级验收，市本级和各县（区）无一被国土资源部或省政府约谈和问责。

第三篇

测 绘

第一章 基础测绘

中华人民共和国成立后，永州市（零陵地区）基础测绘[①]由中国人民解放军总参谋部测绘局（以下简称总参测绘局）、国家测绘总局、长江水利委员会及部分行业单位在辖区内逐步施测各等级大地控制网和 1∶5 万的比例尺地形图。1974 年 1 月，湖南省测绘局成立，开展全省 1∶1 万比例尺地形图测绘。自 20 世纪 90 年代后，由于 GNSS（全球导航卫星系统）、卫星遥感航空摄影及数字化测图等新的测绘技术的普及利用，颠覆传统的测绘方式。进入 21 世纪，得益于测绘技术的更新以及省、市财政的投入，永州市的基础测绘事业取得突破性进展。

第一节 控制测量

一、平面控制网

1955—1962 年，总参测绘局、国家测绘总局在零陵地区完成一、二等三角锁网布测，共施测一等三角点 13 个、二等三角点 103 个。1999 年，永州市受省国土测绘局的委托，对辖区范围内的一、二等三角点进行全面普查，查出已毁坏一等三角点 2 个，二等三角点 22 个。20 世纪 50 年代末至 90 年代初，总参测绘局、国家测绘局、省测绘局为测绘 1∶5 万、1∶1 万比例尺地形图，以及各县（市）为城乡规划建设测制大比例尺地形图的需要，在永州市辖区内加密四等及以下三角点、导线点数千个，其分布密度基本满足各行业及各部门对测绘工作的需求。

为实现国家“十五”期间大地测量发展的总体目标和满足地方测绘基础框架建

---

① 1993 年 11 月，国家测绘局政策法规处编印《中华人民共和国测绘法·名词解释》，称“基础测绘是指为国民经济和社会发展以及国家各个部门和各项专业测绘提供基础地理信息而实施测绘的总称”。2002 年 8 月，修订后的《中华人民共和国测绘法》第 11 条规定：本法所称基础测绘，是指建立全国统一的测绘基准和测绘系统，进行基础航空摄影，获取基础地理信息的遥感资料，测绘和更新国家基本比例尺地图、影像图和数字化产品，建立、更新地理信息系统。

设的需要，建立起准确、可靠的区域性 WGS-84 地心坐标系统和高精度似大地水准面，真正实现 GPS 测量在几何意义上的三维定位功能，国家测绘局于 2004 年启动华东、华中区域大地水准面精化项目。该项目涉及湘、沪、鲁、苏、皖、豫、鄂、陕 8 个省（市），总面积达 114 万多平方公里。根据国家测绘局安排，湖南省境内的 A、B 级 GPS 和二等水准由黑龙江测绘局和海南测绘局负责，C 级 GPS 和三等水准由省国土资源厅负责，具体由湖南省第一、第二测绘院实施，其中永州市由省第一测绘院承担。省第一测绘院和省第二测绘院立足国家 GPSA 级和 B 级控制网，建成覆盖全省的 GPSC 级控制网点，平均每个乡镇有一个 GPSC 级点，所有 GPSC 级点均开展Ⅲ等水准联测，形成完整的Ⅰ、Ⅱ、Ⅲ等水准路线网。永州市内有Ⅰ横荔线、Ⅱ零道线、Ⅱ高零线，Ⅲ邵井线等，基于 GPSA、B、C 级网，建成湖南省似大地水准面精化模型，模型内符合精度±3.1 厘米，外部检验精度±4.1 厘米，为后续 HNCORS 系统的建设奠定基础，项目于 2006 年 10 月 20 日通过验收。为建立起 1980 西安坐标系和 WGS84 坐标系之间的转换关系，在 GPSC 级网观测时联测省内 29 个三角点，项目完成后，全省三角点随即基本处于弃用状态。在该项目中，永州市境内无 GPSA 级点，有 GPSB 级点 11 个，GPSC 级点 52 个，一等水准点 23 个、二等水准点 167 个、三等水准点 50 个。

2008 年 10 月，HNCORS（湖南省卫星定位连续运行基准站系统，下同）投入建设，2011 年 8 月 28 日，试运行。2014 年 7 月，HNCORS 展开二期工程及兼容北斗升级建设。先后接入长株潭 CORS9 个基准站以及国家现代测绘基准体系 12 个国家站，形成有 122 个基准站的基准站网。站点的分布情况如下图 3-1-1。

HNCORS 建成之初在永州市设 11 个基准站，后因工作需要增加 3 个，共 14 个基准站。这 14 个基准站中，有 3 个国家站分别为湖南江华站、湖南金洞站、湖南祁阳站，11 个省级站分别为永州东安站、永州道县站、永州江永站、永州零陵站、永州蓝山站、永州冷水滩站、永州宁远站、永州祁阳站、永州双牌站、永州新田站、永州小圩站。

二、高程控制网

高程控制网由连接各高程控制点的水准路线组成。1967—1991 年国家测绘局实施国家第二期一等水准网项目，在零陵地区辖区内布测一等水准路线Ⅰ衡荔，埋设水准点 32 座，二等水准路线Ⅱ新敖、Ⅱ新蓝、Ⅱ白望、Ⅱ蓝白、Ⅱ蓝连、Ⅱ道新、Ⅱ道白、Ⅱ零道、Ⅱ高零共 9 条，埋设水准点 221 座。2015 年，为实施国家现代测绘基准体系基础设施建设一期工程项目，国家测绘地理信息局安排技术单位对永州市的一等水准路线Ⅰ衡荔进行复测，埋设一等水准点 27 座。

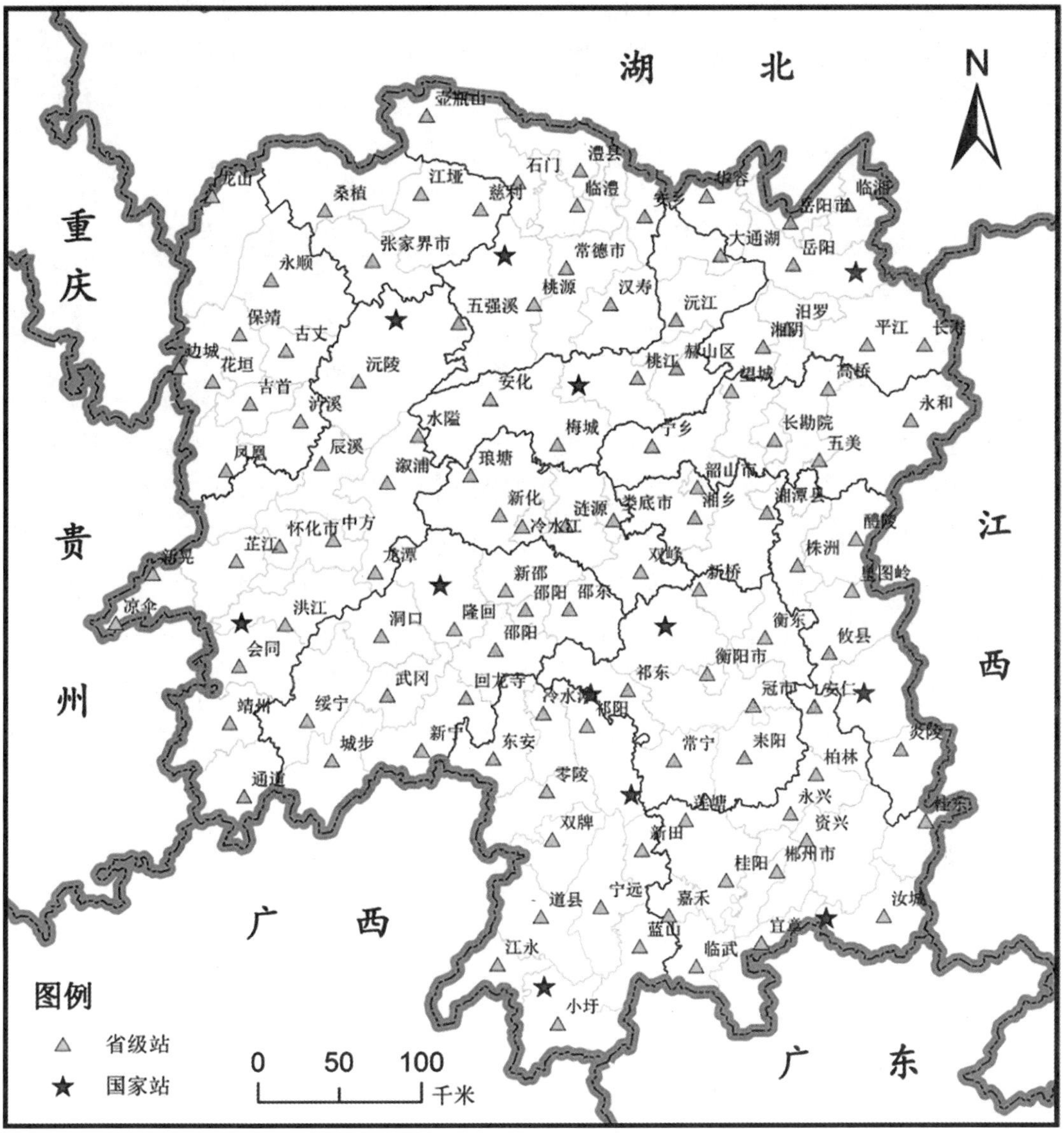

图 3-1-1

三、平面坐标系统与高程基准

永州市辖区位于东经 110°06′～112°21′，绝大部分地区位于高斯投影三度带第 37 度带中央子午线两侧，经计算只有少数县（区）如宁远县、新田县、蓝山县、金洞管理区的投影变形超过 2.5 厘米/公里，在进行大比例尺地形图测绘时需要移动中央子午线至合适的位置，并计算出与“1954 年北京坐标系”或“1980 西安坐标系”的转换参数。市中心城区（冷水滩区和零陵区）2008 年以前采用“1956 年黄海高程系”，2008 年以后采用“1985 国家高程基准”。

宁远县于2006年委托湖南省第一测绘院测制城关镇1:500地形图时，为解决投影变形过大的问题，采用独立坐标系1980西安坐标系任意投影带，中央子午线为111°20′。

第二节　国家基本比例尺地形图施测与更新

一、1:5万比例尺地形图

永州市1:5万比例尺地形图共75幅。1958—1985年，由总参测绘局采用航摄综合成图法测制第一代1:5万比例尺地形图，采用1954年北京坐标系，1956年黄海高程系，等高距为10米。第二版1:5万比例尺地形图于1989年完成。以后国家测绘局基于各省1:1万地形图采用缩编模式对1:5万地形图进行更新，从2010年起至2015年共生产更新了4个版本的1:5万比例尺地形图，分别为2011版（2010生产）、2013版（2013生产）、2015版（2012年生产）、2016版（2015年生产），这4个版本的地形图均采用2000国家大地坐标系和1985国家高程基准，可以在全国地理信息资源目录服务系统（http：//www.webmap.cn）网站查询。除最早的1:5万地形图图幅编号采用老的编号外，后续更新的地图编号均采用新的国家标准。如图名为冷水滩区的图幅编号为：G49E008015（老编号：G-49-044-C）。

二、1:1万比例尺地形图

永州市1:1万地形图涉及标准图幅共计887幅，自1974年1月湖南省测绘局成立以来，省第一、二、三测绘院开展多轮更新，形成多个版本的成果。

第一版数据于1977—1993年完成，前后历时16年，涉及犬木塘、衡阳、地矿、道县、湘南、江华等6个测区，由省测绘局第一测量队（现省第一测绘院）、省测绘局第二测量队（现省第二测绘院）和省测绘局航测内业队（现省第三测绘院）共同完成，成果均采用1980西安坐标系和1985国家高程基准。2003—2005年省国土资源厅统一组织对该版纸质图纸进行扫描矢量化。

第二版数据，“十一五”至“十二五”期间省国土资源厅组织完成1:1万地形图第一轮更新，永州市涉及宁远、祁阳和道县3个测区，更新内容均涵盖数字正射影像（DOM）、数字高程模型（DEM）、数字线划图（DLG）、数字栅格地图（DRG），成果坐标系统均为2000国家大地坐标系和1985国家高程基准，第一次实现1:1万基础地理信息“4D”产品全覆盖。（1）祁阳测区航摄资料由西安华测航摄遥感有限公司于 2008 年 12 月至 2009 年 11 月获取，第一次采用国产 SWDC-4 航摄仪，影像地面分辨率为 0.4 米，控制测量、内业采集、外业调绘等工作由省第一、二、三测绘院于 2010 年 12 月共同完成；（2）宁远测区航摄资料由中测新图（北京）遥感技术有限责任公司于 2007 年 11 月至 2008 年 12 月摄影，采用传统胶片航摄仪，影像为黑白影像，地面分辨率为 1 米，后续地形图测制工作于 2013 年 12 月由省第一、二、三测绘院共同完成；（3）道县测区航摄资料由北京天元四维科技有限公司于 2011 年 9 月至 2011 年 12 月摄影，采用国产 SWDC-4 航摄仪，影像地面分辨率为 0.4 米，控制测量及地形图编制工作由省第二测绘院于 2014 年 12 月完成。

第三节 城镇基础测绘

一、中心城区基础测绘

（一）规划建设部门

1988 年 9 月，冷水滩市建委委托中南工业大学测量教研室，测绘 1：1000 地形图 41 平方公里；1997 年 4 月永州市建委委托铁道部第四勘察设计院，采用航测成图的方法，对永州市中心城区 154.5 平方公里范围，测制 1：1000 地形图；2007 年 9 月至 2008 年 4 月，永州市规划建设局委托湖南省地质测绘院，对城市规划控制区 353 平方千米范围进行航空摄影测量，完成 1：1000 航测数字化地形图测量，该项目共布设四等 GPS 点 86 个，四等水准线路 894.54 千米，平面系统采用 1980 年西安坐标系，高程系统采用 1985 国家高程基准。

（二）国土部门

1998 年 5 月由湖南省国土测绘管理局和武汉测绘科技大学联合在永州市开展《GPS 技术建立行政区多城镇不均匀合级联网研究》项目试验网完工，该项目联测 15 个已知国家等级三角点，布测 GPS 二、三等点 378 个，采用 PowerAdj2.0 中文 Windows95 版软件进行平差，分别提供 1954 年北京坐标系和 1980 年西安坐标系两套成果。2012 年 9 月至 2013 年 12 月，为服务于全市农村集体土地确权登记发证项目，冷水滩区、零陵区、新田县、蓝山县、宁远县相继委托湖南省地质测绘院对各自辖区范围内进行 0.2 米分辨率航空摄影并制作 1：2000 正射影像图。

2012—2013年永州市部分县（区）0.2分辨率航空摄影基本情况表

表3-1-1

县（区）	起止时间	完成面积（平方米）	坐标系统	高程系统
冷水滩区	2012.9—2013.12	1218	1980年西安坐标系	1985国家高程基准
零陵区	2012.9—2013.12	1980	1980年西安坐标系	1985国家高程基准
新田县	2013.1—2013.12	1000	1980年西安坐标系	1985国家高程基准
蓝山县	2013.9—2013.12	1798.5	1980年西安坐标系	1985国家高程基准
宁远县	2013.1—2013.2	700	1980年西安坐标系	1985国家高程基准
合计	—	6696.5	—	—

2013年5月至2014年9月，因数字永州地理空间框架建设的需要，湖南省第二测绘院对市中心城区规划控制区外围657平方公里范围，采用航摄成图的方法测制1∶2000的数字线划地图（DLG）和数字高程模型（DEM）。

二、县（区）基础测绘

祁阳县基础测绘 2012年10月至2013年5月，祁阳县委托湖南省测绘科技研究所对县城区及黎家坪镇城区进行航空摄影测量，比例尺为1∶2000，完成图幅56幅。

东安县基础测绘 1994年，东安县委托湖南省第一测绘院采用模拟法成图测制县城城区范围内24平方公里1∶500地形地籍图；2013年7—12月，县政府委托湖南省地质测绘院对县城及各乡镇进行1∶1000地形图测绘，采用全野外数字化成图，共施测面积117平方千米，布设四等GPS点178个，布测四等水准线路101.9千米，采用1980年西安坐标系，1985国家高程基准。

江永县基础测绘 1995年4月，江永县委托湖南省第一测绘院对县城区进行地籍调查测量，共编绘1∶500比例尺地形图113幅，面积6.7平方公里。2009年9月，江永县委托湖南天源国土资源勘查有限公司对江永县城区进行地籍调查，共完成8.8平方公里地形地籍测量，规划区1∶500地形测量11平方公里，完成权属调查宗地数5854宗。

江华县基础测绘 1994年8月，为适应初始地籍调查和变更地籍调查的需要，江华瑶族自治县国土资源局委托武汉测绘科技大学地测学院，建立包括县城沱江镇及桥头铺、大路铺、白芒营、涛圩、河路口5个建制镇在内的由37个GPS点构成的地籍测量GPS控制网；1997年8月，全市地籍测量GPS控制网联网，江华又在岭东的小圩、大圩、水口、码市4个建制镇布测12个GPS点，完善该县地籍测量

GPS控制网。

宁远县基础测绘 1994年，宁远县国土局委托技术单位对舜陵镇4平方公里范围进行1∶1000比例尺地形测量；2006年6月至2006年12月，委托湖南省第一测绘院采用全野外数字化成图技术，完成县城关镇（舜陵镇）1∶500比例尺地形图430幅，面积18.4平方公里。采用1954年北京坐标系，中央子午线为111°20′，任意带高斯正射投影。共施测E级GPS点18个、一级控制点79个、二级控制点167个。布设四等水准网，实际施测四等水准线路105.4公里，联测各级控制点215个，采用1985国家高程基准。

新田县基础测绘 1995年，新田县委托湖南省第一测绘院完成县城2.5平方公里范围内1∶500的地形地籍测绘，共布设Ⅳ等三角点3个，Ⅳ等GPS点13个，采用1954年北京坐标系，1956年黄海高程系；2004年，新田县委托湖南省地质调查研究院完成新田县城8平方公里的1∶500地形地籍测绘；2010年，新田县委托湖南省地质调查研究院完成对县城9平方公里1∶500地形图修补测；2010—2011年，该县利用财政部、国家测绘局老少边穷地区基础测绘专项补助经费项目，对全县所辖17个乡镇的集镇周边17.2平方公里范围进行1∶500地形图测量，共布设5个GPSE级控制网，E级GPS控制点53个，124个Ⅰ级GPS控制点，75个Ⅱ级GPS控制点，并联测了四等水准，提供1980西安坐标系及国家2000大地坐标系两套成果。

蓝山县基础测绘 2008—2009年，蓝山县国土资源局委托武汉科岛地理信息工程有限公司采用全野外数字化测图技术，对县城及5个建制镇15.795平方公里的范围进行地形地籍测量。采用1980西安坐标系和1985国家高程基准，共测制1∶500地形地籍图298幅、测设四等GPS控制点34个、一级GPS控制点124个、四等水准线路179.8公里；2008年，蓝山县委托永州市勘测设计院对县城工业园进行1∶1000全数字化测图，采用1954年北京坐标系和1985国家高程基准，测区范围28.7平方公里，共生产图幅137幅；2013年，蓝山县委托中南局湖南地质勘查院对新圩等8个乡镇进行1∶2000全野外数字化测图，采用1980年西安坐标系和1985年国家高程基准，测区范围29.23平方公里，生产1∶2000地形图77幅。

道县基础测绘 1995年，道县委托资兴矿务局测绘队完成县城道江镇1∶500的比例尺地籍测绘，面积9平方公里；2005年8月至2006年12月，道县委托湖南省第一测绘院完成县城23.2平方公里1∶500的地籍图测绘，并布测四等控制点19个、Ⅰ级GPS点140个、Ⅱ级GPS点235个，施测四等水准路线108.627公里。

双牌县基础测绘 1995年，为满足初始地籍调查和变更地籍调查的需要，县国土管理局委托湖南省第一测绘院完成县城3.3平方公里范围内1∶500的地形地籍测绘，共布设Ⅳ等三角点3个，Ⅳ等GPS点15个，采用1954年北京坐标系，1956年黄海高程系；2008年，县国土资源局委托长沙市凤雅信息科技有限公司完成县城及建制镇5.6平方公里的1∶500地形地籍测绘，共生产图幅88幅。

金洞管理区基础测绘 2008年10月，金洞管理区委托湖南省资源规划勘测院对场部所在地金洞镇2.2平方公里的范围实施1∶500地形地籍测量，共施测四等GPS点4个，一、二级导线点40个，四等水准路线30公里。采用1980年西安坐标系，1985年国家高程基准，为减少投影变形采用任意带坐标，将中央子午移至112°30′。

回龙圩管理区基础测绘 2008年3月，回龙圩管理区委托湖南省国土资源规划院开展第二次土地调查（农村、城镇），完成城区和农村全域的地籍测量，四等GPS加密、老控制点联测、1985国家高程基准高程联测。

第二章　专业测绘

第一节　界线测绘

中华人民共和国成立后，由于行政区域界线没有依法勘定，地方政府不能有效行使管理权限，资源权属之争如土地、草场、森林、矿藏、水源等事件屡屡发生。1981 年 5 月，国务院颁布《行政区域边界争议处理办法》，1989 年 2 月，国务院颁布《行政区域争议处理条例》，为处理边界权属争议提供法律依据。永州市 2 条省际边界线约 800 公里；3 条市际边界线约 900 公里；19 条县（区）边界线 1525 公里。这些边界线均沿袭“习惯线”和“争议线”。这 24 条边界线上，存在较大的“争议纠纷”300 余处，争议面积 20 多万亩。

1995 年 11 月，国务院决定从 1996 年起，用 5 年时间完成全国省、县两级陆地行政区域界线的勘定任务。1996 年 8 月，国务院勘界工作领导小组办公室印发《省级行政区域界线勘界测绘技术规定》。1996 年 12 月 31 日，省政府下发《湖南省人民政府关于开展勘定行政区域界线工作有关问题的通知》。通知指出，全面勘界不是重新调整行政区划，而是依照国务院有关规定，明确行政区域界线走向的位置，即核定法定线、勘定习惯线、解决争议线。通过勘界，在实地树立界桩，并用现代测绘技术手段形成准确反映实际边界线走向的文件和地形图，按照规定的程序确定省、县两级行政区域界线。

1997 年 1 月，湖南省勘界工作领导小组办公室制定《湖南省市、县行政区域界线勘界测绘技术规定》。此规定指出，勘界测绘的目的是：通过获得和表述市、县界线的位置走向等信息，为边界管理提供基础资料和科学依据。勘界测绘的内容包括：界桩的埋设与测定；边界线标绘；边界协议书附图绘制；边界线走向和界桩位置说明的编写；界线详图集的编纂和制印；勘界测绘成果整理等。此规定对界桩的埋设与测定提出了要求。界桩的类型分为四面型、三面型、两面型三类。边界重要地点竖双面型界桩；三交点（三省、三市、三县交会点）竖三面型界桩；四交点（四县市边界交会点）竖四面型界桩。界桩点的平面坐标和高程则要求实测。

为加强勘界工作领导，永州市及各县（区）均成立勘界工作领导小组，勘界工作领导小组办公室设在市、县（区）民政局，市和各县（区）国土管理局作为领导小组成员单位之一，积极组织并参与勘界工作。

湘桂线永州段的勘界测绘 1996 年 9 月 10 日，根据两省（区）勘界办指定，广西壮族自治区测绘局起草《湖南省与广西壮族自治区行政区域界线勘界测绘技术设计书》，湘桂线的勘界测绘工作正式启动。按照两省（区）协商分工，湘桂线的界桩埋设和勘界测绘分东南、西北两个地段进行，西北段（湘桂黔三省、区交汇点至 16 界桩）由湖南省勘界办负责实施，广西壮族自治区有关的县配合，勘界测绘委托湖南省国土测绘局承担。界线东南段（16 号桩至湘粤桂三省、区交汇点）由广西壮族自治区测绘局承担。湘桂线共设计埋设界桩 35 座，实际埋设 32 座，其中东南段 019 号和 029 号界桩实地未埋设，026 号界桩为木桩。1996 年 12 月 21 日至 1997 年 4 月 16 日，在两省（区）组织和各县（区）配合下，承担勘界测绘的作业单位历时 4 个月时间，完成湘桂线的勘界测绘工作。

湘粤线永州段的勘界测绘 按照国务院勘界办印发的《省级行政区域界线勘界测绘技术规定》执行。广东省负责起草湘粤线界线测绘技术设计书，提交两省勘界办联合审定后提交国务院勘界办备案。勘界测绘工作由两省分段承办。湖南省负责西段，湘粤桂三省边界交汇点至湘粤线 7 号界桩；广东省负责东段，湘粤线 7 号界桩至赣湘粤三省边界交汇点。勘界测绘的质量检查、验收，由广东省勘界办牵头，两省联合进行。2001 年 5 月由国务院做出裁决，湘粤线勘界实现全线贯通。

永州市的勘界工作历时近 5 年，至 2000 年 6 月，包括 2 条省界、3 条市界（邵永线、郴永线、衡永线）及 19 条县界在内，全市 24 条边界线全部勘定和测绘完毕，做到按时、保质完成工作任务。

第二节 地籍测绘

一、土地利用现状调查

（一）第一次土地利用现状调查（土地详查）

根据国务院和省政府的统一部署，零陵地区自 1988 年 5 月开始在新田县进行土地详查试点，随后，全区分 3 批进行。1989 年，开展第一批祁阳县、金洞林场、回龙圩农场土地详查；1990 年，开展第二批永州市（即现零陵区）、冷水滩市（即现冷水滩区）、东安县、双牌县、道县土地详查；1991 年，开展第三批江永县、江华县、蓝山县、宁远县土地详查。于 1993 年，相继全面完成全区 13 个县（市、场）的土地详查工作，经过湖南省专家组对全区 13 个县（市、场）土地详查各项成果的检查验收，永州市（现零陵区）、道县、宁远县、江永县（含回龙圩农场）、双牌县、蓝山县、东安县 8 个县（市、场）为省级优秀成果；祁阳县（含金洞林场）、冷水滩市、新田县、江华县 5 个县（市、场）为省级优良成果。其主要成果资料有数、图、综合报告三大项。县级土地详查数据汇总 13 套；县级土地面积测算图表 13 套。1：10000 国际分幅土地利用现状图 1834 幅；1：10000 国际分幅土地权属界线图 1834 幅；1：10000 乡镇（场）土地利用现状图 398 幅；1：50000 县（市、场）土地利用现状及分区图 12 幅；1：100000 县级土地利用现状及分区图 1 幅；1：50000 县（市、场）土地权属界线接合图表 13 幅；县（市、场）土地详查报告 13 套；县（市、场）土地详查工作、技术总结 13 套；乡镇（场）土地利用现状调查说明书 398 本；村级土地权属文书 19258 份；零陵地区土地详查报告集《零陵国土》1 套；零陵地区土地详查数据集 1 套。

（二）第二次土地调查（农村部分）

2006 年，国务院下发《关于开展第二次全国土地调查的通知》。通知要求三年内完成第二次土地调查具体工作：农村土地利用现状调查；城镇地籍调查；土地调查数据库及管理系统建设。

永州市农村土地利用现状调查为 13 个县级调查单位（11 个县区、2 个管理区）。2008 年 3 月开始，基础图件由省下发统一制作的 1：10000 比例尺正射影图像和第一次土地利用现状调查数据库图、数。在完成外业数据调查和更新后，采用中地公司 MAPGIS 平台建立市和县（区）两级土地利用现状数据库，实现对土地利用现状数据、土地权属数据和基本农田等数据的电子化管理，满足市、县（区）级国土资源日常变更等业务需要，提供对各级土地数据到地块的查询检索、统计汇总、分析输出、及时调用和定期备案等功能。2010 年 10 月，全市所有县、区（管理区）第二次土地调查农村部分完成。

2010 年永州市第二次土地调查成果情况表

表 3-2-1

单位	标准分幅土地利用现状图（幅）	基本农田分布图（幅）	县级土地利用挂图（幅）	合作单位
冷水滩区	15	15	1	省地质测绘院
零陵区	3	10	1	省国土规划院
祁阳县	11	11	1	省遥感中心
双牌县	9	9	1	长沙风雅信息科技有限公司
道县	3	3	1	省第一测绘院
江华	15	15	1	省遥感中心
江永县	3	10	1	湖南天源国土资源勘查有限公司
宁远县	13	13	1	省第一测绘院
蓝山县	9	9	1	长沙风雅信息科技有限公司
新田县	3	3	1	省资源规划设计院
东安县	6	6	1	省国土规划院
回龙圩管理区	—	—	—	省国土规划院
金洞管理区	5	5	1	省资源规划设计院

二、市本级城镇地籍调查

（一）第一次城镇地籍调查

在首轮土地利用现状调查完成之后，1995 年在永州市（现零陵区）和冷水滩市相继开展城镇地籍调查。

1995 年 4 月至 1996 年 3 月，冷水滩市国土局与湖南省涟邵矿务局勘测工程处合作，开展地籍调查。地籍调查包括地籍测量和权属调查，其中地籍测量分为控制测量和地籍勘丈，冷水滩市的城镇地籍测量的控制测量采用半站仪（光电测距仪+经纬仪），利用武汉测绘科技大学测量工程学院 1994 年完成的永州（现零陵区）、冷水滩两市 GPS 地籍测量四等平面控制网作为首级控制，施测一级导线点 58 个，二级导线点 222 个，一级图根导线点 496 个，二级图根导线点 1090 个，四等水准 30.7 公里。地籍勘丈采用全解析法，使用武汉瑞得测绘自动化公司的 RDMS 数字测图系统进行内、外业一体测图，完成 1：500 地籍测量 17.8 平方公里、绘制地籍

图 402 幅、宗地图 4564 幅，形成面积量算，汇总统计及勘测资料 95 本。

永州市（现零陵区）的第一次地籍调查 1995 年开始，1996 年结束。技术合作单位为湖南省涟邵矿务局勘测工程处，所采用的测量方式和成图技术均与冷水滩市相同，共完成 1∶500 地籍测量面积 16 平方公里。

（二）第二次城镇地籍调查

2007 年，根据《国务院关于开展第二次全国土地调查的通知》精神和国务院第二次全国土地调查领导小组办公室《关于印发第二次全国土地调查总体方案的通知》的要求，湖南省第二次土地调查领导小组办公室作出《关于印发湖南省第二次土地调查实施方案的通知》。该实施方案明确农村土地现状调查、城镇地籍调查、土地调查数据库及管理系统建设三项任务，并明确市及各县级单位完成任务的时间。

2008 年 6 月冷水滩区的第二次城镇地籍调查工作开始，至 2009 年 9 月结束，技术承担单位为湖南省地质测绘院。城镇地籍测量采用全野外、全要素数字化测绘。平面控制测量采用 GPS 和全站仪施测、地籍图测绘采用全站仪采集碎部点坐标、画草图，内业输出坐标根据草图连线，使用南方 CASS2008 版软件成图。完成地形地籍图测绘面积 86.7 平方公里，40 厘米×50 厘米标准图幅 2305 幅，施测一级 GPS 点 616 个、二级导线点 298 个、图根控制点 1.06 万个，五等水准线路 280.5 公里，完成权属调查 1.91 万宗地。

零陵区第二次城镇地籍调查，2008 年 10 月开始，至 2009 年 10 月结束，技术承担单位为湖南天源国土资源勘查有公司。测量方法及技术要求均与冷水滩区相同。完成地形地籍图测量测绘面积 30.1 平方公里，施测 E 级 GPS 点 18 个，一、二级导线点 538 个，四等水准线路 66.66 公里，完成权属调查 1.2 万宗地。

第三节　房地产测绘

2000 年，房产测绘多为当地房地产管理局产权管理部门下设的测量队实施，仪器设备较简陋，钢尺丈量，手工绘图。2003 年 10 月，永州市房屋测绘管理所成立，其主要职责是负责全市房屋面积计算的管理工作，负责冷水滩区域内房屋户籍图幅修测、补测工作，负责房屋测量和房产面积计算的具体工作。

2003—2006 年，房产测绘逐步进入法制化、规范化轨道。全市所有房产管理部门均成立专门的房产测绘机构，使用先进的测绘仪器进行房产测量和绘图。市本级完成珍珠花苑、银竹家园、中亚家园、舜德花园等规模比较大的住宅小区建筑项目657万平方米房产测绘工作，为房屋产权发证提供基础资料。

2007—2010年，房产测绘管理进一步规范。按照《房屋登记办法》规定，实现测绘业务由原来的案件管理模式向楼盘表管理模式转变。依法进行房产测绘，完成中胜家园、颐园小区、时代花园等数十个大型建筑项目共580万平方米房产测绘。2008年市本级完成测绘面积300.8万平方米。2010年市本级完成测绘面积759.3万平方米。

2011—2015年，测绘质量管理制度进一步完善。房屋产权办证测绘、商品房面积测算、房屋翻建测绘及二手房交易测绘等业务全面开展，房屋测绘管理部门强化测绘成果质量管理，不断提高测绘专业水平，维护业主合法权益。2011年完成星城花园、理想城、江南数码广场等180个建筑项目150万平方米房产测绘。2012年完成香河地产、宏旺地产、永恒汽贸等200个建筑项目181.9万平方米房产测绘。2013年完成西南花园、渝州地产、志恒地产等148个建筑项目190万平方米房产测绘。2014年完成锦华地产、中置建业、煌佳地产、恒伟药业等88个建筑项目99万平方米房产测绘。2015年，完成华源府第、海盟地产、人和地产、中联国际等85个建筑项目81万平方米房产测绘。

第四节　地质与矿产勘查测量

1958年，湖南省地质局区域地质测量大队成立，负责全省区域地质矿产调查测绘，至1976年，完成零陵地区1∶20万比例尺区域地质调查测绘，零陵地区行政区域范围内地质测量、矿产主要分布在零陵、道县、耒阳和贵阳4个图幅上。湖南省地质研究所在1∶20万比例尺区域地质调查的基础上，首编1∶50万比例尺《湖南省地质图》《湖南省花岗岩图》《湖南省构造体系图》。其中1∶20万比例尺的区域地质调查测绘，建立零陵地区的地层系统，在1∶20万比例尺零陵幅、道县幅区域地质调查中划分寒武系、奥陶系。通过对化石标本的采集与分析确定奥陶系的层序，并运用地质力学观点对全区的主要构造行迹进行综合、分析与构造系统的划分；查明零陵地区各类岩浆岩的产状、规模，对各个岩体侵入期、侵入范围进行圈定；对零陵地区区域内的矿产地、新发现的矿（化）点进行统计、标注和注释，形成零陵地区境内的区域地质调查报告和矿产调查报告，为零陵地区区内找矿提供依据。

1986 年，地矿局航测分队根据上述资料首编 1∶50 万比例尺《湖南省重力成果系列图》，这套重力成果系列图包括布格异常图、均衡异常图、剩余异常图、区域重力异常及重力工作图等，为地矿、测绘等部门提供一套图种齐全、内容丰富的区域重力成果资料。

1995 年，湖南省地质矿产厅区域地质调查所完成《湖南岩石地层》《湖南省花岗岩类岩体地质图》（说明书）和《湖南省花岗岩单元—超单元划分及其成矿专属性》研究报告，对零陵地区地层、岩浆岩的详细划分，以及区内地层演化、岩浆活动及其与成矿的关系进行详细阐述。

2008—2015 年，省地矿局 409 队对已有的资料进行收集、总结和二次研究，在永州市境内开展大河江幅、黄家渡幅、邮亭圩幅、荒塘幅 1∶5 万基础性矿产地质调查和水系沉积物测量，面积达 1848 平方公里，完成导线剖面测量 89 千米。对区域内发现的各个矿床、矿（化）点进行登记，建立铅、锌、锡等主要矿种与主要类型的找矿模型，圈定找矿远景区 6 处。在锰矿、水泥用灰岩矿、高岭土矿、铁矿、金矿、铅锌矿、钨锡矿等地质矿产勘查测量中先后开展永州市祁零盆地整装勘查、零陵区水埠头锰矿详查、东安县王狮岭水泥用灰岩矿详查、金洞管理区茶盘口高岭土矿详查、蓝山县小富岭铁锰矿普查、蓝山县黑冲金矿预查、冷水滩区养叔洞金铅锌多金属普查、江华县平河锡矿详查等矿山测量项目 80 余个。找出水埠头碳酸锰大型矿床 1 处，王狮岭水泥用灰岩大型矿床 1 处，茶盘口高岭土大型矿床 1 处，平河锡矿中型矿床 1 处。完成 1∶1000、1∶2000、1∶5000 比例尺地形图测绘 130 平方公里，航空摄影测量数字线画图 30 平方公里，完成地质剖面测量 100 千米，勘探线剖面测量 200 千米，巷道测量 50 千米，探槽测量 1000 条。

第三章　数字城市建设

第一节　数字永州地理空间框架建设

2011年8月23日，市政府将《关于申请将永州市列为全国数字城市地理空间框架建设推广城市的函》和《数字永州地理空间框架建设立项建议书》上报省国土资源厅。2011年9月19日，省国土资源厅将《湖南省国土资源厅关于推荐永州市参加2011年数字城市地理空间框架建设的请示》报送国家测绘地理信息局。2011年11月16日，国家测绘地理信息局下发《关于数字永州地理空间框架建设推广项目立项的批复》，标志着数字永州地理空间框架项目建设正式启动。

2012年5月15日，《数字永州地理空间框架建设工程设计书》通过专家评审。同时，省国土资源厅与市政府签订省、市共建共享协议，明确该项目由国家测绘地理信息局、省国土资源厅、市政府三方合作，按照"需求牵引、设计统一、共同投资、资源共享"的原则，由市国土资源局负责组织实施。

2013年4月，完成数字永州地理空间框架建设推广项目招投标工作，湖南省地质测绘院、湖南省第二测绘院、湖北金拓维信息技术有限公司成为数字永州地理空间框架建设项目的技术服务单位。

2013年5—6月，在市国土资源局的组织下，湖南省第二测绘院、湖南省地质测绘院、湖北金拓维信息有限公司编制各子项目的技术设计书、软件需求规格说明书等，并共同编制《数字永州基础地理数据库标准》。

2014年9月2日，数字永州地理空间框架建设项目由市政府发函给省国土资源厅申请验收；9月25日，数字永州地理空间框架建设项目通过省国土资源厅的组织的专家验收。依托该项目，建立全市多尺度、强现势性的基础地理空间数据体系；建成全市权威、唯一和通用的地理信息公共服务平台；制定长效运行的政策机制；开发土地资源综合监管、地质灾害预警、土地动态执法监察、园林绿化、财政预算审批、公众服务等6个典型应用示范。建设成果可以形象地概括为“1网、1库、1平台、1机制和6应用”。基础数据生产和整合情况，见表3-3-1。2015年11月，《数字永州地理信息公共服务平台》科技成果项目，荣获2015年中国地理信息产业优秀工程银奖。

2014年数字永州地理空间框架建设项目一览表

表3-3-1　　　　单位：平方公里

序号	承担单位	项目名称	内容	数量
1	湖南省第二测绘院	基础地理信息数据制作	1：2000DLG 成图	657
			1：2000DEM 制作	1010
2		地名地址采集建库	城区及建制镇以外范围	22000
3			城区及建制镇	110
4		三维建模	城市三维景观模型	6
			三维地形场景	1010
5	湖南省地质测绘院	基础地理信息数据制作	DGPS/IMU 数码航空摄影	1010
			1：2000 正摄影像图制作	1010
6		基础地理信息数据整合与入库	1：500DLG 整合建库	115
			1：1000DLG 整合建库	353
			1：2000DLG 整合建库	657
			1：2000DEM 整合建库	1010
			1：2000DOM 整合建库	1010
			1：10000DEM 整合建库	22000
			1：10000DOM 整合建库	22000
			1：10000DLG 整合建库	22000

第二节　数字县域基础地理信息工程建设

按照国家测绘地理信息局及省委、省政府的要求，2011年，永州市启动数字县域地理信息基础工程（简称“数字县域”）建设工作，基于数字永州“市县一体化”建设模式，采用以市带县、以市管县，分年度分批次开展数字县域地理信息基础工程工作。

一、数字道县地理空间框架建设

2011 年 7 月，道县政府向省国土资源厅行文申请启动数字道县地理空间框架项目建设，11 月通过省国土资源厅批准。2012 年 5 月，完成数字道县地理空间框架建设项目的技术设计书评审并与市国土资源局签订市、县共建共享合作协议书；12 月完成项目的招投标工作，湖南省第一测绘院、湖北金拓维信息技术有限公司中标。

2014 年 9 月 25 日，数字道县地理空间框架建设项目通过省国土资源厅组织的专家验收。

数字道县地理空间框架建设项目基础数据涵盖全县域 1：10000 的 3D（DLG 数字线划图、DOM 数字正射影像图、DEM 数字高程模型）数据、控规区及 9 个建制镇的 1：2000DOM、DEM 数据、开发区 1：2000DLG、规划区 1：1000DLG 数据、建成区 1：500DLG 数据、全域地名地址数据、城市核心区和重点工程区域三维建模、道县主次街道全息街景影像。并具备专题信息加载、空间分析、可视化输出等服务功能及二次开发接口，依托政务内网与互联网分别进行在线服务，实现分布式数据管理与更新。平台与道县“地籍管理”“房产档案”“城市规划”等专题应用系统成功实现互联互通。

二、数字宁远地理空间框架建设

2013 年 12 月，数字宁远地理空间框架建设项目向省国土资源厅提出申请，2014 年 3 月省国土资源厅批复同意启动建设，2014 年 8 月项目设计书通过专家评审，2014 年 10 月宁远县发改委核准同意招投标，2016 年 6 月通过省国土资源厅验收。

数字宁远地理空间框架建设项目完成 30 平方公里 1：2000DEM 制作、17.5 平方公里 1：2000DLG 采集、40 平方公里 1：500 和 1：1000DLG 整合采集、九嶷山核心景区约 2 平方公里三维建模、2510 平方公里地名地址数据提取及补充采集完成 17.5 平方公里 1：2000 地理实体数据、40 平方公里 1：500 和 1：1000 地理实体数据、2510 平方公里 18 至 20 级影像电子地图、2470 平方公里 18 至 19 级和 40 平方公里 20 级矢量电子地图、2510 平方公里路网数据制作、2510 平方公里地理国情普查数据整合。

数字宁远项目建成多尺度、多类型的地理空间数据，比例尺包括 1：500、1：1000、1：2000 和 1：10000，从数据类型上包括数字线划图、数字正射影像、数字高程模型、地名地址数据、电子地图数据、景观三维模型、道路网、公交以及城管地理信息系统、市场与质量监督管理系统、规划管理地理信息系统、地质灾害管理分布系统、教育资源分布与可达性分析系统的专题数据。

三、其他数字县域地理信息基础工程建设

截至2015年底，相继启动数字祁阳县（含金洞管理区）、数字新田、数字东安地理信息基础工程项目建设，省国土资源厅分别下发《关于数字祁阳（含金洞管理区）地理信息基础工程建设项目的批复》《关于数字新田地理信息基础工程建设项目的批复》《关于数字东安地理信息基础工程建设项目的批复》。

第四章　地图编制与出版

第一节　地图集

1998年12月，湖南地图出版社编制出版永州市历史上第一本地图册《永州市地图册》。该地图册为32开本，资料引自1998年8月编制出版的《湖南省交通地图集》，全市及下辖2个区9个县各有一幅地图。

此外，永州市（现零陵地区）及其下辖县（或区、市）的单页地图也往往在《湖南省行政区划标准地名图集》（2014年9月编制出版）、《湖南省普通地图集》（1964年编制出版）、《湖南省地图集》（2000年12月编制出版）、《湖南省地图册》（1987年9月第一版，2001年8月第二版，2004年12月第三版）、《湖南省交通地图集》（1998年8月编制出版）、《湖南省交通地图册》（1998年9月第一版，2005年12月第二版）、《湖南省城镇地图册》（1996年8月编制出版）、《中国文物地图集·湖南分册》（1997年9月编制出版）、《湖南省旅游地图集》（2007年4月编制出版）、《湖南省旅游地图册》（2002年9月编制出版）、《简明湖南省地图册》（2000年3月编制出版）等全省性地图集（册）中出现。2009年3月，编制出版的《大湘南地图册》也有永州市及其下辖县（区）的地图。

第二节　挂图

1976—1978年，湖南省测绘局地图制图室和地图印刷厂，编制印刷《零陵地区地图》《零陵县地图》《东安县地图》《双牌县地图》《祁阳县地图》（当时属于衡阳地区）、《道县地图》《江永县地图》《江华瑶族自治县地图》《宁远县地图》

《新田县地图》《蓝山县地图》，为全开大小、七色印刷、内部使用。这是第一次编制出版零陵地区及所属县的挂图，着重表示行政区划、道路、水系、地貌以及与农业生产关系密切的内容。

1995—2000 年，全省进行县级境界勘定和撤区（县级政府派出机构）并乡设镇工作，其间零陵地区撤地设市。1998—2001 年，为反映行政区划调整成果，由省民政厅主导，永州市及下辖县（区）民政局主持，湖南地图出版社编制出版全开大小、四色印刷永州市及下辖县（区）《行政区划图》。图上内容着重表示行政区划、居民地、交通、水系、地貌、植被、公共设施等，为行政管理、公共服务、生产生活提供一览性的地理信息服务。

2015 年，全省各市、县（区）进行乡镇调整、行政村合并工作。为反映这次乡镇行政区划、基层自治组织调整成果，湖南地图出版社编制出版永州市及下辖县（区）的新版《行政区划图》。这些图以第一次全国地理国情普查成果为基础资料，反映新的乡镇行政区划界和建制村管理界线，反映基础设施（铁路、公路、水利设施等）建设的成就。这批图印制在纸上并双面覆膜以便于悬挂，各地还有一定数量印制在丝绸上，便于携带。

此外，2000 年、2013 年湖南地图出版社还编制出版《永州市地图》《永州市政务地图》。《永州市地图》主要反映全市的行政区划、道路交通、地形地貌、河流水库、旅游资源；《永州市政务地图》主要反映冷水滩城区、零陵（芝山）城区及各县城的街道、河流、政府机构、学校、医院、工业企业、商贸中心等，还附有《永州市域图》。

第三节 桌面图

1993 年 3 月，湖南地图出版社编制出版四开《零陵交通旅游图》，是零陵地区第一张公开出版发行的桌面图。该图正面为《零陵地区交通及景区景点分布》和东安、祁阳、双牌、新田、道县、江永、江华、宁远、蓝山 9 个县的县城图，背面为《永州市区交通图》和《冷水滩市区交通图》。以推介景区景点、提供交通信息为主。

1994 年 12 月，湖南地图出版社编制出版四开《零陵经贸旅游交通图》。该图正面为《零陵地区交通及风景区、景点示意图》和主要企业的介绍，背面为《永州市（县级，现零陵区）区交通图》《冷水滩市区交通图》和东安、祁阳、双牌、新田、道县、江永、江华、宁远、蓝山 9 个县的县城图。在推介景区景点、提供交通信息的同时，展现著名企业的形象。

1998 年 4 月，湖南地图出版社编制出版四开《永州市芝山区交通旅游图》，正面是《永州市芝山区区域图》和著名企业的图片、文字介绍，背面是《永州市芝山区城区图》。

2003 年 3 月，湖南地图出版社编制出版四开《永州市商贸交通图》。该图正面为芝山（现零陵区）城区、冷水滩城区地图、单位名录，背面为《永州市地图》和东安、祁阳、双牌、新田、道县、江永、江华、宁远、蓝山 9 个县的县城图。在推介景区景点、提供交通信息的同时，对著名企业进行重点介绍。

2004 年 10 月，湖南地图出版社编制出版对开《永州市商务交通旅游图》。该图正面为《永州市地图》和东安、祁阳、双牌、新田、道县、江永、江华、宁远、蓝山 9 个县的县城图，背面为芝山（现零陵）城区、冷水滩城区地图，两面均有单位名录和重要企业的介绍和图片。提供商务、交通、旅游的资讯。

2012 年 4 月，市国土资源局主编，湖南地图出版社编制出版对开《永州市全景地图》。该图正面为《冷水滩城区图》《零陵城区图》，背面为《永州市域图》和东安、祁阳、双牌、新田、道县、江永、江华、宁远、蓝山 9 个县的县城图，两面均图文并茂地推介著名企业。

2012 年 5 月，永州市旅游外事侨务局主编，湖南地图出版社编制出版对开《中国永州旅游交通图》。该图正面为《冷水滩城区旅游示意图》《零陵城区旅游示意图》和全市的行、住、吃、购资讯，背面为《永州市旅游景区分布图》和旅游资讯（包括旅游推荐线路、自驾旅游线路、各旅游景区的介绍、民俗风情等）。围绕旅游六大要素（吃、住、行、游、娱、购）来提供空间地理位置及相关信息，是真正意义的旅游交通图。

2015 年 3 月，湖南地图出版社编制出版对开《道县交通旅游图》，正面是《道县交通图》，背面是《道县城区图》，两面均围绕旅游六大要素（吃、住、行、游、娱、购）提供空间地理位置及相关信息。

2015 年 4 月，永州市旅游外事侨务局主编，湖南地图出版社编制出版条三开《永州自驾游地图》。该图正面为《永州市区位交通图》《永州自驾游精品线路图》，背面为《永州市智慧旅游图》《冷水滩城区旅游功能图》《零陵城区旅游功能图》，两面均图文并茂地介绍永州旅游的相关资讯，并且景区景点带有二维码，便于游客扫描链接相关网站了解更详细信息。这张地图把传统地图与互联网联系起来，确立了纸质媒介与新媒体的合理分工。

第五章 测绘行政管理

1997年4月，省八届人大常委会第27次会议通过修订的《湖南省测绘管理条例》规定："省人民政府国土测绘行政主管部门负责管理全省的测绘工作"，"设区的市、自治州人民政府和地区行政公署以及县级人民政府管理测绘工作的部门负责管理本行政区域内的测绘工作"。

1997年，永州市国土管理局设立测绘管理科，同时加挂永州市人民政府测绘行业管理办公室牌子。其主要工作职责是：（一）负责全市测绘行业管理工作；（二）贯彻落实国家、省有关测绘法律、法规、规章，组织制定全市测绘行业发展规划和年度计划，并组织实施；（三）统一管理全市基础测绘、界线测绘、地籍测绘、工程建筑测绘及其他测绘项目，加强对测绘市场的监督管理；（四）承担测绘计量、测绘产品质量有关管理工作；（五）负责全市地图编制出版的管理及审查、报批、组织和指导全市测绘标志的保护，归口管理全市航摄和遥感计划及报批工作；（六）负责全市测绘部门资格审查及报批工作。

2004年5月，省十届人大常委会第九次会议审议通过《湖南省实施〈中华人民共和国测绘法〉办法》规定："县级以上人民政府测绘行政主管部门负责本行政区域内测绘工作的统一监督管理。"该办法将原条例规定的"管理测绘工作的部门"改为"测绘行政主管部门"，并将"负责管理本行政区域内的测绘工作"改为"对测绘工作实行统一监督管理。"

第一节 测绘资质管理

一、测绘许可证

1986年1月，国家测绘局发出《关于加强测绘管理工作的通知》要求：根据国务院关于发布《工业产品生产许可证试行条例》的通知，"凡从事各种测绘业务的单位和组织，均应由省、自治区测绘局和直辖市测绘处进行资格审查、登记注册，并发给测绘许可证”。1986 年 6 月，国家测绘局正式颁布《测绘许可证试行条例》，要求“凡从事测绘生产的单位必须经过资格审查，取得测绘许可证，才具有从事测绘生产的资格”，条例规定：“各省、自治区测绘局和直辖市测绘处负责审核、发证和监督管理”。

1987 年 2 月，省政府发布《湖南省测绘管理办法》规定：“从事各项测绘业务的单位和个人，必须提出申请，填写《测绘资格审查登记表》，经主管部门审查，省测绘局批准，发给《测绘许可证》”。1987 年 3 月，省测绘局制定《测绘许可证实施细则（试行）》，规定《测绘许可证》资格分甲、乙、丙、丁 4 个等级。1997 年，市政府办公室下发《关于印发永州市国土管理局职能配置、内设机构和人员编制方案的通知》，明确测绘行业归口国土部门管理。当年，经市国土管理局统计，全市有 35 家测绘资质单位，其中乙级 1 家，丙级 14 家，丁级 20 家；从业人员 384 名，其中高级工程师 7 名，工程师 76 名，助理工程师 128 名，辅助人员 104 名。

二、测绘资格证书

1993 年 7 月 1 日起实施的《中华人民共和国测绘法》规定：“承担测绘任务的单位必须具备与所从事测绘工作相适应的技术人员、设备和设施，由国务院测绘行政主管部门或者省、自治区、直辖市人民政府管理测绘工作的部门对其测绘资格审查合格后，方可承担测绘任务。”国家测绘局随后发布《测绘资格审查认证管理规定》，并于 1995 年 7 月 1 日起实行。按照规定，《测绘资格证书》取代《测绘许可证》，分甲、乙、丙、丁 4 级。甲、乙级测绘资格标准由国务院测绘行政主管部门制定；丙、丁级测绘资格标准由省、自治区、直辖市人民政府管理测绘工作的部门制定。甲级《测绘资格证书》的审批和发证由国务院测绘行政主管部门负责。

截至 1998 年 9 月，永州市辖区内有 35 个测绘单位经过审批，取得《测绘资格证书》，测绘从业人员登记在册的有 384 人（其中高级职称 6 人，中级职称 76 人）。

1998 年永州市测绘资格持证单位情况表

表 3-5-1

测绘单位	负责人	地址	电话	邮编	证书
核工业中南三〇三测绘院	何安良	蓝山县 641 信箱	2911303 2911292	425808	乙
省煤田地质局第三勘探队	夏武成	冷水滩区珍珠路 256 号	8412529	425002	丙
市国土局测绘队	唐仕杰	冷水滩区双洲路	8327946	425002	丙
新田国土局测绘队	邓智春	龙泉镇滨河西路	4712237	425700	丙
市勘测设计院	唐欣华	冷水滩区河东沿江路	8323678	425002	丙

续表3-5-1

测绘单位	负责人	地址	电话	邮编	证书
市公路局测绘队	蒋仕民	芝山区芝麻坪 2 号	6224886	425006	丙
江永县水电勘测设计室	欧阳绪卿	江水县潇浦镇城北路 24 号	5722097	425400	丙
江华铜山岭有色矿	陈炎生	江华桥头铺镇	2656303	425516	丙
市水文局勘测队	唐一平	芝山区花果山 68 号	622174	425006	丙
道县水电局测绘队	涂胜喜	道江镇胜利街 11 号	5222592	425300	丙
祁阳县征地事务所	王顺生	祁阳县祁羊路	3222301	426100	丙
祁阳县勘察测绘院	谢阳平	浯溪镇民生路 48 号	3222672	426100	丙
市永利永电勘测设计院	左金格	芝山区芝山路 73 号	6224859	425006	丙
东安水泥厂测绘队	唐付兰	白牙市镇建设东路	4216430	425900	丙
新田城乡规划设计室	胡今顺	龙泉镇秀峰小区	4712871	425700	丙
江永城乡规划设计室	吕云斌	江永县城关镇永新路	5723915	425400	丁
东安县房地产测绘队	陈建国	白牙市镇建设中路	4212371	423900	丁
道县交通局测绘队	唐大甫	道江镇道州中路 227 号	5220416	425300	丁
道县国土局测绘队	阳仕杰	道江镇文化路 18 号	5223455	425300	丁
宁远县国土局测绘队	郑生龙	舜陵镇九泉南路	7222425	425600	丁
江永县国土局测绘队	毛小卫	潇浦镇永新路	5723639	425400	丁
东安县国土局测绘队	廖达明	东安县白牙市镇	4212415	425900	丁
东安县水利水电设计室	庚用宇	白牙市镇龙溪路 39 号	4212329	425900	丁
东安县经济开发区测绘队	蒋黎明	白牙市镇八角岭	4219020	425900	丁
湘铜东安石灰石矿	李年喜	东安县白牙市镇	4212501-2143	425900	丁
道县城镇规划局测绘队	欧　鹰	道江镇文化路 36 号	5229760	425300	丁
江华城乡建设规划办测绘队	宋小林	江华沱江镇建委大院	2322354	425500	丁
市第一市政工程公司	周善生	芝山区南津南路	6222759	425006	丁
蓝山县国土局测绘队	黄群策	蓝山县湘粤路 19 号	2213558	425800	丁
蓝山县地形勘察测量队	雷玉卿	塔峰镇塔峰街	2213592	425800	丁
双牌国土局征地事务所	王先军	泷泊兴隆街 169 号	7723268	425200	丁
江华国土局土地管理事务所	廖江平	沱江镇春晓路 54 号	2325223	425500	丁
江永县银铅锌矿	刘建基	江永县城关镇永回路 39 号	5723027	425400	丁
祁阳县水利水电勘测设计室	谢永耀	城关镇溪路 85 号	3222554	426100	丁
金洞林场测绘队	周登族	金洞镇人岭街 5 号	3858049	426191	丁

三、测绘资质证书

2004 年 5 月，湖南省第十届人大常委会第 9 次会议通过《湖南省实施〈中华人民共和国测绘法〉办法》规定：“申请甲级测绘资质的单位，应向省人民政府测绘行政主管部门提出申请……自受理之日起 20 日完成初审、提出初审意见，报国务院测绘行政主管部门审查、核发测绘资质证书”。“申请乙、丙、丁级测绘资质的单位，应向所在地设区的市、自治州人民政府测绘行政主管部门提出申请……自受理之日起 20 日内完成初审、提出初审意见，报省人民政府测绘行政主管部门审查……审查合格，核发测绘资质证书；审查不合格，应书面说明理由并退回全部申请资料”。

2015 年底，永州市辖区有测绘资质持证单位 42 家，其中乙级 5 家、丙级 10 家、丁级 27 家。

2015 年永州市测绘资质持证单位情况表

表 3-5-2

序号	等级	单位名称
1	乙级	湖南省煤田地质局第三勘探队
2	乙级	永州市勘测设计院
3	乙级	永州宏达勘测有限公司
4	乙级	湖南省地质矿产勘查开发局 409 队
5	乙级	永州市国土资源规划设计测绘院
6	丙级	永州市回龙圩管理区测绘队
7	丙级	东安县国土测绘队
8	丙级	祁阳县征地事务所
9	丙级	湖南省永州市水利水电勘测设计院
10	丙级	宁远县城乡土地测绘队
11	丙级	江华瑶族自治县土地管理事务所
12	丙级	新田县国土资源局测绘队
13	丙级	永州市公路勘测设计院
14	丙级	道县国土资源勘测规划设计院
15	丙级	祁阳县勘察测绘院
16	丁级	永州市湘科测绘有限公司
17	丁级	祁阳县房产测量事务所
18	丁级	永州市国土资源局冷水滩分局测绘队

续表3-5-2

序号	等级	单位名称
19	丁级	江永县规划建设测绘队
20	丁级	道县房屋产籍测绘事务所
21	丁级	江永县房地产测绘事务所
22	丁级	东安县城乡规划勘察设计室
23	丁级	东安县房地产产权产籍测绘队
24	丁级	双牌县土地征用事务所
25	丁级	江华瑶族自治县城乡规划办公室
26	丁级	新田县农村规划办公室
27	丁级	双牌县房地产测绘事务所
28	丁级	宁远县房地产测绘事务所
29	丁级	永州市房地产测绘事务所
30	丁级	道县水利水电勘测设计室
31	丁级	永州市中达测绘地理信息有限公司
32	丁级	新田县城乡规划设计院
33	丁级	祁阳县矿产事务管理所
34	丁级	江华瑶族自治县房地产测绘事务所
35	丁级	蓝山县房地产测绘事务所
36	丁级	江永县国土测绘队
37	丁级	蓝山县国土资源局测绘队
38	丁级	永州市金洞林场测绘队
39	丁级	冷水滩区城乡规划办公室
40	丁级	蓝山县城乡规划办公室
41	丁级	永州市零陵区房地产测绘事务所
42	丁级	零陵区国土测绘事务所

四、证书年检

2009年，测绘资质证书年度检查按照法律法规的规定，检查主体是省级以上测绘地理信息行政主管部门。永州市配合工作，对辖区内的测绘资质单位进行日常的监督管理和年度检查的组织工作，并在业务上督促和指导辖区测绘资质单位按规定的要求和格式准备年度检查有关资料，并通过测绘资质管理信息系统按时上报。

永州市测绘资质证书有效期不超过5年。实行测绘资质年度报告公示制度，测绘资质单位应当于每年2月底前，通过测绘资质管理信息系统，按照规定格式向测绘地理信息行政主管部门报送本单位上一年度测绘资质年度报告，并向社会公示，任何单位和个人均可查询。实行测绘资质巡查制度。实行测绘地理信息市场信用管理制度。

第二节 测量标志管理

中华人民共和国成立后，军队和地方测绘系统在永州市辖区内共建立永久性测量标志445座（不含因专业或专项程测绘而设置的测量标志）。其中一等三角点13座、二等三角点103座；Ⅰ等水准点44座、Ⅱ等水准点161座、Ⅲ等水准点47座；GPSB级点12座，C级点65座。1991年，省测绘局组织进行测量标志普查，发现永久性测量标志地上标志破坏率97.9%、一、二等三角点破坏率16.7%，一、二等水准点破坏率3.8%，洞庭湖区三、四等三角点破坏率达52.3%[①]。

一、测量标志普查

根据《中华人民共和国测绘法》《中华人民共和国测量标志保护条例》和国家测绘局发布的《测量标志保护条例实施办法》《湖南省测绘管理条例》等有关法律、法规的规定，以及省国土测绘管理局文件《关于开展全省测量标志普查维护工作的通知》精神，1998年8月，永州市全面开展测量标志普查维护工作。各县（区、场）组织500多人参与普查工作，投入资金20多万元。截至1999年6月，按照省国土测绘管理局下发的“点之记”（测绘中记载大地点位情况的资料），全市测量标志普查维护工作全面完成。这次普查全市共完成测量标志普查点455个。其中确认完好的一等三角点11个；二等三角点73个；三等三角点9个；四等三角点2个；Ⅰ等水准点22个；Ⅱ等水准点158个；Ⅲ等水准点4个；GPS点88个；共计367个。普查发现已破坏的一等三角点3个；二等三角点39个；三等三角点4个；四等三角点4个；Ⅰ等水准点8个；Ⅱ等水准点27个；GPS点3个；共计88个。完好率80.7%，破坏率19.3%。

---

① 《湖南省志·国土资源志（1978—2002)》，珠海出版社，2009年1月第1版，第790页。

1998 年永州市测量标志普查情况表

表 3-5-3

单位名称	完好的三角点				破坏的三角点				完好的水准点				破坏的水准点				完好的 GPS 点	破坏的 GPS 点	小计
	一等	二等	三等	四等	一等	二等	三等	四等	Ⅰ	Ⅱ	Ⅲ	Ⅳ	Ⅰ	Ⅱ	Ⅲ	Ⅳ			
东安县	2	9	—	—	—	3	—	—	—	13	—	—	—	1	—	—	14	—	42
祁阳县	—	10	—	—	1	—	1	1	7	—	—	—	1	—	—	—	—	—	21
冷水滩区	2	1	—	—	—	5	—	—	2	—	—	—	2	—	—	—	—	—	12
芝山区	1	6	—	—	—	5	—	—	13	7	—	—	5	4	—	—	—	—	41
双牌县	1	8	—	—	—	2	—	—	—	16	—	—	—	2	—	—	—	—	29
道县	2	10	1	—	—	4	—	—	—	21	—	—	—	—	—	—	—	—	38
新田县	—	7	—	—	—	—	—	—	—	19	—	—	—	3	—	—	22	—	51
宁远县	—	7	—	—	—	11	—	—	—	9	—	—	—	—	—	—	22	2	51
蓝山县	—	1	6	2	—	7	3	2	—	36	—	—	—	1	—	—	30	1	89
江永县	2	3	2	—	—	—	—	—	—	—	4	—	—	—	—	—	—	—	11
江华县	1	7	—	—	2	2	—	—	—	37	—	—	—	16	—	—	—	—	65
金洞林场	—	4	—	—	—	—	—	—	—	—	—	—	—	—	—	—	—	—	4
回龙圩农场	—	—	—	—	—	1	—	—	—	—	—	—	—	—	—	—	—	—	1
小计	11	73	9	2	3	39	4	4	22	158	4	—	8	27	—	—	88	3	455
合计	—	—	—	—	—	—	—	—	—	—	—	—	—	—	—	—	—	—	455

二、维护与保管

1998 年 8 月至 1999 年 6 月，永州市测量标志普查对确认完好的测量标志，重新绘制“点之记”并委托新的保管人，对完好的标志点都进行维护，砌好保护井，竖立警示牌，对已经破坏的测量标志点均做了详细的记录，普查成果均用图件、图表、照片等形式整理立卷建档，一式 3 份（县、市、省管理部门各 1 份）。成果资料非常完整，便于保管和使用，并建立健全有关保护制度，为今后进一步保护和使用测量标志奠定良好的基础。县（区）除完成省国土测绘管理局规定的一、二、三等三角点和Ⅰ、Ⅱ、Ⅲ等水准点普查外，还完成四等三角点、Ⅳ等水准点及 GPS 点的普查与维护。

2012 年 11 月 12 日，市国土资源局测绘科接祁阳县国土资源局汇报：位于祁阳县浯溪镇六合岭村的国家 B 级 GPS 点祁阳（1974）因连日降雨引起山体滑坡导致地表开裂，已危及点位标志的安全。经实地踏勘及调查了解，该点位所处地块属于祁阳县燃料公司土地，2003 年该单位因破产还债经县人民法院公开拍卖给自然人邹三益和蒋善清，2011 年业主开始开发该宗土地，施工过程中也发现该座测量标志并向县国土资源局报告，祁阳县国土资源局派人去现场进行必要的维护，但由于人为施工及连续降雨的影响导致该点面临损毁，后经市国土资源局向省国土资源厅行文请示，同意将该点进行迁建，并由直接责任人员承担 3 万元的搬迁费。2010 年 11 月，道县桥头乡桥头村委会因修建桥头边贸市场向县、市、省三级主管部门报批申请迁建桥头 U497C 级 GPS 点，得到批复后，按要求迁建桥头 U497C 级 GPS 点。

截至 2015 年底，全市重点建档立卡保护测量标志 332 座。

2015 年永州市重点建档立卡的测量标志一览表

表 3-5-4

单位	三角点		GPS 点		水准点			合计
	一等	二等	B 级	C 级	Ⅰ	Ⅱ	Ⅲ	
冷水滩区	—	—	0	5	6	0	1	12
零陵区	—	—	1	4	24	9	4	42
祁阳县（含金洞）	—	—	2	8	14	0	8	32
东安县	—	—	1	6	0	14	9	30
双牌县	—	1	1	3	0	17	5	27
道县	—	—	1	7	0	16	3	27
江永县	—	1	0	4	0	0	4	9
江华	1	—	3	11	0	43	3	61
宁远县	—	—	1	9	0	10	7	27
蓝山县	—	—	1	6	0	33	3	43
新田县	—	—	1	2	0	19	0	22
合计	1	2	12	65	44	161	47	332

第三节　基础测绘规划

2006 年，以《中华人民共和国测绘法》关于基础测绘的定义及国家对基础测绘实行分级管理的原则为依据，按照《湖南省实施〈中华人民共和国测绘法〉办法》，省测绘行政主管部门部署各市（州）、各县（区、市）基础测绘规划编制工作。市政府成立以副市长荣燕明任组长，市政府副秘书长欧阳元初、市国土资源局局长秦坤任副组长，市直相关部门主要负责人李德勋、刘尤碧、周作生以及市国土资源局陈满喜、王淑姣、文良军、黄建陵为成员的基础测绘规划编制工作领导小组。领导小组下设办公室，办公室设在市国土资源局，黄建陵兼任办公室主任。2006 年 12 月，市政府委托湖南省测绘科技研究所编制永州市第一版基础测绘规划。

2006 年 12 月，依据《中华人民共和国测绘法》《湖南省实施〈中华人民共和国测绘法〉办法》《永州市城市总体规划（2001—2020）》《永州市信息化“十一五”规划（草案）》《市县基础测绘规划编制规程》等法律、法规及规范性和指导性文件，以依法编制、统筹规划、统一标准、共建共享为基本原则，通过全面收集永州市的基础测绘资料并深入调查研究，完成《永州市基础测绘规划》编制工作。项目规划分近期规划（2006—2010 年），即永州市基础测绘“十一五”规划；中期规划（2011—2015 年），即永州市基础测绘“十二五”规划；远期规划（2016—2020 年），即永州市基础测绘“十三五”规划。

2006—2010 年永州市近期基础测绘投入预算一览表

表 3-5-5

项目	单位	单价（元）	工程量	投资额（万元）
D 级 GPS 网施测	点	7410	40	29. 64
三等水准网施测	公里	1596	80	12. 76
1：1000 数字线划图（航测）	平方公里	39706	160	754. 41
1：500 地籍测量	平方公里	177932	12	213. 52
1：500 地籍更新	平方公里	83732	30	251. 2
GIS 系统软硬件建设	—	—	—	100

2011 年，市国土资源局委托市国土资源规划设计测绘院编制永州基础测绘“十二五”规划，以 2011 年为基准年，2011—2015 年为规划期，在地域空间上分为永州市区和各县两个层次，永州市市区为冷水滩区和零陵区，各县为东安县、祁阳县、双牌县、新田县、道县、宁远县、江永县、江华县、蓝山县。规划的主要内容包括：建设和维护与国家测绘基准相统一的永州市测绘基准；进行永州市厘米级区域似大地水准面精化；1：500～1：2000 基本比例尺地形图、影像图和数字化测绘产品的测制、更新及其数据库建设；数字永州地理空间框架的建设、运转、维护及更新。

2011—2015 年永州市中期基础测绘重大项目投资一览表

表 3-5-6

项目名称	年份	具体项目	金额（万元）
永州市连续运行卫星定位综合服务系统运营维护	2011—2015	10 个（HNCORS）基准站点运营管理维护	1031.1
2000 国家大地坐标系的转换	2011—2015	建立 2000 国家大地坐标系，基础测绘成果转换为 2000 国家大地坐标下的成果	51.68
厘米级区域似大地水准面精化	2011	1800 平方公里范围内建立 91 个 C 级 GPS 网；700 公里二等水准；区域似大地水准面精化建模	298.45
	2012	20 个 E 级 GPS 点测量；100 公里四等水准测量	21.67
城镇地籍调查	2013	主城区现有 114.7 平方公里城镇地籍数据变更调查	1198.76
	2012—2015	329.30 平方公里城镇地籍调查	5802.87
影像数据更新	2012	主城区城市规划用地范围 444 平方公里；1∶1000DLG 修测与补测、DEM、DOM	1158.86
	2013	主城区外的城市规划区约 566 平方公里；1∶2000 航测图及 DEM、DOM	521.97
	2014—2015	全市（不含主城区）范围航测图	4648.84
综合地下管线系统的建立及地下管线探测	2012—2014	主城区 444 平方公里综合地下管线勘测	200
	2015	数据整理入库	50
	2015	三维管网综合管理系统	50
数字永州地理空间框架	2011—2012	基础地理信息数据采集、更新	50
	2013	支撑环境	200
	2014	数据处理与集成建库	232.84
	2014	地理信息公共平台	350
	2015	应用示范	350
	2015	系统维护	60
一乡（镇）一图	2011—2015	编制系列乡镇版工作地图	3719.95
测绘应急服务平台建设及运行	2011—2015	现代化装备建设等	200

2015年12月，为贯彻《全国基础测绘中长期规划纲要（2015—2030）》文件精神，落实《关于做好测绘地理信息“十三五”规划编制工作的通知》要求，市国土资源局委托市国土资源规划设计测绘院编制永州市测绘地理信息“十三五”规划，以2016年为基准年，2016—2020年为规划期，在地域空间财政预算上分为永州市区和各县两个层次，永州市市区为冷水滩区和零陵区；各县为东安县、祁阳县、双牌县、新田县、道县、宁远县、江永县、江华县、蓝山县，以及回龙圩管理区、金洞管理区、永州市经济技术开发区。主要规划内容包括：维护和完善永州市现代化基础测绘基准体系；进一步推进全市1∶500、1∶1000、1∶2000等大比例尺基础地理信息数据建设；完成“数字城市”向“智慧城市”的升级建设。

2016—2020年永州市远期基础测绘规划项目一览表

表3-5-7

项目名称	建设时间	建设内容	金额（万元）
新型测绘基准体系建设工程	2016—2018	永州市似大地水准面精化二期工程	189.3
大比例尺基础地理信息更新与测制	2017—2020	1∶500DLG更新测量与补测（主城区115平方公里更新测量，35平方公里新测）	2016.5
	2016—2020	1∶1000DLG（860平方公里新测）	2633.5
	2016	全市区1∶2000航空摄影测量	560.4
	2016—2020	全市区1∶2000DOM制作	97.7
永州市地理空间数据交换共享平台	2016	数据中心基础设施建设	150
	2017—2018	地理信息数据库群融合与建设	120
	2018	应用服务软件系统	200
	2018	保障体系建设	75
“智慧城市·数字永州”时空信息云平台	2017	大数据中心	200
	2017—2018	地理信息公共服务系统建设	200
	2017—2020	基础支撑环境建设	105

续表3-5-7

项目名称	建设时间	建设内容	金额（万元）
数字县城地理信息基础建设工程	2016	祁阳县、宁远县、新田县	2240
	2016—2017	江永县、江华瑶族自治县、蓝山县、东安县	
	2017—2018	双牌县	
城市地下三维管网普查和系统建设	2016—2020	永州市主城区与九个县城建成区	1216.1
永州市基本地理国情常态化监测工程	2016—2017	地理国情数据库及监测云平台	550
永州市应急测绘与防灾减灾测绘工程	2016—2020	现代测绘应急服务与技术装备	300
	2016—2020	应急测绘应急服务平台	150
新农村用图工程与市县、乡镇地图编制	2016—2020	行政村 1：1000 比例尺地形图测制（300 个主要行政村）、市县地图	1110.6

第四节　测绘市场管理

中华人民共和国成立后，在计划经济体制中的基础测绘由国家测绘系统和军队测绘系统分工负责，其他专业测绘和重大项目测绘由各部门及地方政府负责。至 20 世纪 90 年代中期，永州市测绘市场规模还很小，且为行业内部业务，尚没有市场管理的概念。

1995 年 7 月，国家测绘局为培育和发展测绘市场，规范测绘市场行为，依据《中华人民共和国测绘法》颁布《测绘市场管理暂行办法》，第一次对测绘市场管理作出规定。湖南省测绘市场管理有一个逐步建立和发展的过程。1987 年，省政府颁发《湖南省测绘管理办法》规定：“个人经营的测绘业务为：比例尺大于 1：5000 地形测量，四等以下控制测量，编制经过批准的地形图或专题图。”1996 年，省人大常委会审议通过的《湖南省测绘管理条例》，对市场经营的测绘业务不再限制，不论单位或个体测绘业者只要具备规定的资质条件，取得测绘资格证书，就可以承担测绘资格证书规定的测绘业务。从此开始，永州市的测绘市场进入起步阶段。当时主要有 2 个测绘单位，即永州市国土测绘队和永州市勘测设计院，陆续承担市区及各县的征地测绘和规划测绘。大型的地形测绘和地籍测绘项目仍由省级的测绘单位承担。1997 年底，永州市国土管理局设立测绘管理科，同时加挂永州市人民政府测绘行业管理办公室牌子，其主要工作职责之一就是负责全市测绘市场管理工作。

2004 年 5 月，省人大常委会审议通过的《湖南省实施〈中华人民共和国测绘法〉办法》，对测绘市场规定“七不准”，即：不得超越资质等级许可的范围从事测绘活动；不得以其他测绘单位的名义从事测绘活动；不得允许其他单位以本单位的名义从事测绘活动；不得将承担的测绘项目转包他人；不得使用不具备相应资格的人员从事测绘活动；不得使用未经检定合格的测绘设备和仪器从事测绘活动；不得采取不正当竞争手段承揽测绘项目。《办法》还规定：“测绘成果不得擅自复制、转让或转借，复制保密测绘成果，必须按照原密级管理。受委托完成的测绘成果，受委托单位未经委托单位同意，不得复制、翻印、转让、出让。”这一举措，对规范全市早期测绘市场具有重要意义。但随着市场的进一步壮大，资质单位及从业人员增多，永州市测绘市场的乱象也逐步显现，如无证测绘、超资质范围测绘、分包转包及低价竞争现象时有出现，进一步规范和管理测绘市场任重而道远。

一、测绘产品质量监管

2006 年，省国土资源厅委托湖南省测绘产品质量监督检验授权站对全省测绘资质单位分批开展测绘产品质量定期监督检查工作，永州市共 17 家测绘资质单位接受省国土资源厅检查。检查内容：一是质量管理基本情况，包括质量管理体系基本情况及其运行有效性，项目设计与生产关系，所采用测绘规范、规程和标准的有效性，测量人员专业技术培训情况，仪器设备状态，测绘档案管理等情况的检查；二是产品抽样检测，抽取 1~2 个近两年生产的测绘项目进行产品质量检测。经检验后，由省测绘产品质量监督检验授权站做出合格与否判定，检验结论作为年度注册的依据和社会信用信息之一。通过检查，各测绘单位质量保证体系逐步健全，测绘产品质量基本都在合格以上；部分丙、丁级测绘单位无检验机构、无专职检验人员，个别连质量管理规章也没有的现象都及时进行整改。

2007—2015 年，除配合省国土资源厅开展测绘产品质量定期监督检查工作外，市国土资源局根据省国土资源厅部署，每年均开展测绘产品质量检查，各测绘资质单位先行自查，市国土资源局抽查，抽查率为 50%，对照《湖南省测绘资质监督检查考评细则》给测绘资质单位进行评分，评分不及格的单位，在年度注册时，建议给予缓期注册、取消部分业务范围、降级或吊销资质证书的处理。

二、测绘成果保密

2007 年 7 月，省国土资源厅、省国家保密局在全省联合开展测绘成果保密检查，对涉密测绘成果的保管、使用和加工等环节的保密工作进行全面检查，重点检查全省 2004—2007 年期间涉密测绘成果的索取、使用、保管和对外提供等情况。采取自查自纠、市级组成检查组普查、省级检查组抽查的形式进行，检查结果向全省通报。通过检查，增强了涉密测绘成果保管、使用和加工单位的保密意识，发现涉密测绘成果保密工作存在的不足，及时采取措施改进，消除涉密隐患，严防失、泄密事件发生。

2007—2015 年，根据《中华人民共和国保守国家秘密法》《中华人民共和国测绘成果管理条例》等相关法律、法规的规定，市国土资源局逐步建立和完善以下制度：(1) 测绘成果汇交制度。(2) 测绘成果保管制度。要求做到“四有”：有领导负责、有专人管理、有专房专柜、有规章制度。每年测绘资质年度注册都要求测绘资质单位提供测绘成果保管落实情况报告，每两年开展一次测绘成果保密检查，检查测绘成果保管情况，检查测绘成果使用登记台账，检查测绘成果保管人员是否持证上岗。(3) 测绘密级成果使用申领、审批制度。法人及其他组织需利用国家秘密级以上基础测绘成果应向测绘行政主管部门提出申请，明确用途，经批准方可提供，并签订保密协议责任书。(4) 培训制度。组织多批次测绘管理部门、测绘资质单位参加省厅组织的涉密测绘培训，加强保密意识。

三、地图市场监管

2006 年 7 月，市国土资源局根据省国土资源厅统一部署，在全市开展政府部门网站地图检查工作，省国土资源厅提供全国和湖南省标准地图，要求党政机关及所属事业单位对本单位网站进行全面自查，同时要求各县（区）国土资源局对县级党政机关及所属事业单位网站地图进行检查，市国土资源局负责抽查。之后，市国土资源局将网站地图的检查工作列为日常工作。2008 年，发现东安县人民政府网站使用不标准的中国行政区域示意图，及时函告东安县人民政府进行纠正。

2014 年，市国土资源局除网站地图的检查作为日常工作外，不定期开展“问题地图”专项治理工作，检查范围包括网络地图和实物地图，网络地图以互联网检查为主，实物地图派遣工作组明察暗访，重点检查各旅游区、交通站场地图挂图，中小学教辅资料地图插图，图书馆、书店等所有地图插图。检查内容不仅包含错绘、漏绘中国版图信息，还包括是否经过审核出版。

第四篇

机构队伍

第一章　国土资源管理机构

1949 年中华人民共和国成立至 1980 年，零陵地区无专门国土管理机构，先后由中共零陵地委农村工作部、零陵地区行政公署办公室、农村办公室及零陵地区农业局确定人员负责国土管理有关工作。

1980 年以后，零陵地区农业区划领导小组办公室（后更名零陵地区农业区划委员会办公室），零陵地区行署城乡建设委员会内设征地拆迁办公室，地区农业局内设土地管理站，这 3 个机构先后负责全区土地管理有关工作。

1987 年 2 月 6 日，成立零陵地区国土管理局，为零陵地区行政公署直属局级机构，负责全区土地、城乡地政的统一管理工作。

1995 年 11 月，经国务院批准，撤销零陵地区设立地级永州市。1996 年 4 月，零陵地区国土管理局更名为永州市国土管理局。

2001 年，中共永州市委、永州市人民政府《关于印发〈永州市机构改革方案的实施意见〉的通知》，明确不再保留永州市国土管理局、永州市地质矿产局，组建永州市国土资源局。永州市国土资源局是主管全市土地资源、矿产资源等自然资源的规划、管理、保护、合理利用和测绘事业的市政府工作部门。

第一节　土地管理机构

一、分设机构

1980 年 11 月，成立零陵地区农业区划领导小组办公室，为零陵地区行政公署农村办公室直属科级机构，承担全区土地资源的调查、规划和综合开发工作。1984 年，零陵地区农业区划领导小组办公室更名为零陵地区农业区划委员会办公室，归口零陵地区行政公署农村经济委员会管理。

1983 年 12 月，零陵地区行署城乡建设委员会内设征地拆迁办公室，地区农业局内设土地管理站，负责全区土地征用和部分管理工作。

二、零陵地区国土管理局

1987年2月6日，零陵地区编制委员会印发《关于成立零陵地区国土管理局的通知》，将零陵地区行署城乡建设委员会内设的征地拆迁办公室、农村经济委员会管理的农业区划委员会办公室和地区农业局所属的土地管理站3个机构合并成为零陵地区国土管理局，为零陵地区行政公署直属局级机构，归农村口管理，下设办公室、土地管理科、农业区划科（对外保留零陵地区农业区划委员会办公室名称），负责全区土地、城乡地政的统一管理工作。其主要职责是：贯彻执行国家关于土地和资源的法律、法规和方针政策，负责拟定全区土地管理实施办法；负责组织全区国土资源的综合考察、开发、利用和国土规划编制的审批，指导国土整治工作，组织有关部门编制全区土地利用总体规划，审查各县（市）土地利用总体规划，负责制定全区年度土地利用规划；主管全区土地调查、统计、登记、发证工作；管理全区土地征用和划拨工作，承办需要零陵行政公署批准及需由“行署”报呈上级政府批准的征、拨用地的审查、报批；对全区各级各部门的土地利用情况进行检查监督，解决土地利用中的重大问题，并做好协调工作；会同有关部门解决土地纠纷，查处全区城乡违法占地案件。同年4月17日，零陵地区编委发文《关于调整零陵地区地方志编纂委员会办公室机构级别及地区国土管理局归属问题的通知》，将地区国土管理局归农村口管理改为行署办公室管理。5月2日，正式启用“零陵地区国土管理局”印鉴，挂牌办公。1987年底，全区11个县（市）成立国土管理局、80%的乡（镇）建立国土管理所。

1988年5月8日，设立零陵地区征地事务所，为零陵地区国土管理局直属科级事业单位。1989年4月10日，零陵地区征地事务所改为零陵地区国土局测绘队，负责全区地籍、征地、拆迁的测绘工作。是年7月7日，地区国土管理局增设法规监察科，加强对地籍及城乡建设用地的法规监察。

1993年2月20日，成立零陵地区地产公司，为独立核算、自主经营、自负盈亏的全民所有制预算外企业，隶属零陵地区国土管理局直接管理。是年6月17日，地区国土管理局设立财务科，负责本级财务管理及指导全区县（市）国土系统财务管理工作。

1994年1月19日，设立零陵地区土地事务所，为独立核算、自负盈亏的科级事业单位，归口零陵地区国土管理局管理。

1995年，零陵地区国土管理局内设办公室、地籍管理科、土地管理科、区划科、法规监察科、财务科5科1室和测绘队、土地事务所2个科级事业单位。

三、永州市国土管理局

1995 年 11 月，经国务院批准，撤销零陵地区，设立地级永州市。1996 年 4 月，零陵地区国土管理局更名为永州市国土管理局。

根据《中华人民共和国土地管理法》《城市房地产管理法》和国务院批准的国家土地局的“三定”方案，永州市国土管理局主要职能有 11 项：组织各县（区）和各部门贯彻落实有关土地的方针、政策和法规，并实施监督检查，保证“十分珍惜和合理使用每一寸土地，切实保护耕地”的基本国策落到实处；优化土地配置，合理利用土地资源；统一管理全市土地和城乡地籍、地政工作，查处土地权属纠纷；根据国民经济和社会发展规划、计划，组织编制土地利用规划、计划和土地后备资源开发规划、计划，并按管理程序上报下达；主管全市土地征用、划拨、出让工作；管理土地市场和土地资产，会同有关部门制定土地市场管理的规章制度，规范土地市场；提出全市深化土地管理体制和土地使用改革方案，及时总结经验，不断完善各项改革措施；主管土地科学技术工作及土地科技成果的上报审批工作，组织、指导土地管理法规宣传和教育培训工作；主管全市测绘行政工作，指导测绘业务的开展；管理局机关和直属单位的人事工作，指导土地管理系统队伍建设；承办市人民政府和上级业务主管部门交办的事项。

四、地、市国土管理局领导人名录

1987—2001 年零陵地区国土管理局领导名录

表 4-1-1

时间	职务	姓名	任职时间
1987 年 6 月至 1996 年 3 月	局长	杨素美	1987 年 6 月—1993 年 1 月
		唐际绍	1993 年 2 月—1996 年 3 月
	党组副书记、副局长	杨　福	1993 年 10 月—1994 年 10 月
	副局长	杨　福	1987 年 6 月—1994 年 10 月
		关寅生	1989 年 5 月—1995 年 12 月
		刘依期	1991 年 3 月—1995 年 12 月
		王淑姣	1993 年 8 月—1996 年 3 月
		蒋友生	1995 年 7 月—1996 年 3 月
	区划委专职副主任	王满生	1991 年 3 月—1994 年 9 月
	副处级纪检员	文良军	1995 年 12 月—1996 年 3 月
	调研员	杨　福	1994 年 10 月—1996 年 3 月
	助理调研员	王满生	1994 年 9 月—1996 年 3 月

1996—2001 年永州市国土管理局领导名录

表 4-1-2

时间	职务	姓名	任职时间
1996 年 4 月至 2001 年 9 月	党组书记、局长	唐际绍	1996 年 4 月—2001 年 9 月
	党组成员、副局长	王淑姣	1996 年 4 月—2001 年 9 月
		蒋友生	1996 年 4 月—2001 年 9 月
		张福堂	1997 年 8 月—2001 年 9 月
	党组成员、纪检组组长	文良军	1996 年 4 月—2001 年 9 月
	土地执法监察大队大队长	唐顺兆	1998 年 3 月—2001 年 9 月

第二节　地质矿产管理机构

20 世纪 50 年代至 80 年代中期，全区矿产工作归口地区经委管理。1986 年 10 月，建立零陵地区矿产资源开发管理办公室。1990 年，全区各县（市）均建立矿管机构。1994 年，建立零陵地区地质矿产局。1996 年零陵地区撤区建市后，更名为永州市地质矿产局。1998 年，市及县（区）共有矿管机构 12 个，人员 172 人，其中技术人员 59 人。

一、零陵地区矿产资源开发管理办公室

1993 年，地区矿产资源管理局由省地矿局管理移交零陵行署管理，有人员 12 人。1994 年 8 月，更名为零陵地区地质矿产局，由副处级升格为正处级，有干部职工 13 人，下设办公室、业务科（后改为矿产监察科）、法规科。

二、永州市地质矿产局

1996 年，撤区建市，零陵地区地质矿产局更名为永州市地质矿产局，有干部职工 13 人，下设办公室、政策法规科、矿产监察科、财务科。1998 年，全局有干部职工 14 人，其中有党员 12 人，大专以上文化的 6 人，有技术职称的 11 人。

三、地区（市）矿产管理局领导人名录

1987—1996 年零陵地区矿产资源开发管理办公室（零陵地区矿产资源管理局）领导名录

表 4-1-3

时间	职务	姓名	任职时间
1987 年 3 月至 1993 年 8 月	副主任	桂昭明	1987 年 3 月—1990 年 3 月
	主任	桂昭明	1990 年 4 月—1990 年 11 月
	副主任	桂昭明	1990 年 12 月—1993 年 8 月
	主任	谢昭雄	1990 年 12 月—1992 年
1993 年 9 月至 1996 年 5 月	局长	彭　峰	1993 年 9 月—1996 年 5 月
	副局长	桂昭明	1993 年 9 月—1996 年 5 月
		王云飞	1993 年 9 月—1996 年 5 月
1996 年 6 月至 2001 年 10 月	局长	彭　峰	1996 年 6 月—2001 年 10 月
	副局长	桂昭明	1996 年 6 月—2001 年 10 月
		王云飞	1996 年 6 月—1998 年 2 月
		贺礼志	1997 年 11 月—2001 年 10 月
	助理调研员	王云飞	1998 年 3 月—2001 年 10 月

第三节　测绘管理机构

1995 年之前，全区测绘行政管理工作主要由建设部门管理。1989 年 4 月 10 日，零陵地区征地事务所更名为零陵地区国土局测绘队，负责全区地籍、征地、拆迁的测绘业务工作。

1995 年，测绘行政管理由国土部门履行职能，地区国土管理局设立测绘科。其主要职能是：负责全市测绘行政管理工作，贯彻落实国家和湖南省有关测绘法律、法规、规章并监督检查；统一管理全市基础测绘、界线测绘、地籍测绘工作，负责房地产测绘及其他项目的管理；承办全市测绘单位和个人的测绘资格审查及发证；管理全市测绘市场，协调公共关系；承办全市测绘产品质量的管理工作；承办全市测绘技术质量争议的仲裁；负责全市违反《中华人民共和国测绘法》行为的行政处罚和测量标志管理。

第四节　市国土资源局

2001年10月，永州市组织实施新一轮机构改革，决定不再保留市地质矿产局和市国土管理局，将矿产资源行政管理职能与国土管理职能合并，新组建永州市国土资源局。

一、主要职责

（一）承担保护和合理利用土地资源、矿产资源等自然资源的责任。组织拟订全市国土资源规划，开展全市国土资源经济形势分析，提出全市国土资源供需总量平衡的建议，参与全市宏观经济运行、区域协调、城乡统筹的研究并拟订涉及国土资源的调控措施。编制并组织实施全市国土规划，拟订全市国土资源领域资源节约集约利用和循环经济的措施并组织实施。

（二）承担规范国土资源管理秩序的责任。负责组织贯彻执行国家、省、市有关国土资源管理的方针、政策和法律法规，起草国土资源管理地方性规范性文件。推进国土资源系统依法行政，指导县（区）、乡（镇）国土资源部门行政执法工作，调查处理国土资源违法案件。

（三）承担优化配置国土资源的责任。编制和组织实施全市土地利用总体规划、土地利用年度计划、土地整理复垦开发规划和其他专项规划、计划。指导和审核县（区）、乡（镇）土地利用总体规划编制工作；组织矿产资源的调查、评价，编制矿产资源保护与合理利用的规划、地质灾害防治、矿山环境保护和地质遗迹保护等其他专项规划并监督检查规划执行情况。参与报市以上人民政府审批的涉及土地、矿产相关规划及城市总体规划的审核。

（四）负责规范国土资源权属管理。依法保护土地资源、矿产资源等自然资源所有者和使用者的合法权益，组织承办和调处重大权属纠纷，指导国土资源确权，承担国土资源登记资料的收集、整理、共享和汇总管理，提供社会查询服务。

（五）承担全市耕地保护的责任，确保规划确定的耕地保有量和基本农田面积不减少。牵头拟订并组织实施耕地保护规范性文件，组织实施基本农田保护，监督占有耕地补偿制度执行情况。指导未利用土地开发、土地整理、土地复垦和耕地开发的监督工作。组织实施土地用途管制、农用地转用和土地征收征用，承担报市以上人民政府审批的各类用地审核、报批工作。

（六）承担及时准确提供全市土地利用各种数据的责任。组织实施地籍管理办法，组织全市土地资源调查、地籍调查、土地统计和动态监测，组织实施国家、省和市重大土地调查事项，指导全市城乡地籍、土地分等定级和土地登记工作。

（七）承担节约集约利用土地资源的责任。组织实施国家和省土地开发利用标准，管理和监督城乡建设用地供应、政府土地储备、土地开发和节约集约利用。按规定组织实施土地使用权出让、租赁、作价出资、转让、交易、抵押和政府收购储备土地等管理办法，建立基准地价、标定地价等政府公示地价制度，协同有关部门监督管理农村集体建设用地使用权的流转。落实国家禁止和限制供地目录、划拨用地目录等，承担市政府审批的改制企业的国有土地资产处置。

（八）承担规范土地、矿产权和测绘市场秩序的责任。规范和监管土地市场和建设用地，监管县（区）地价；规范和监管矿业权市场，组织对矿业权人勘查、开采活动进行监督管理；统一管理全市测绘市场，规范测绘市场行为，规范和监管涉及国土资源事项相关社会中介机构行为，依法查处违法行为。

（九）负责矿产资源开发的管理。依法管理矿业权的审批登记发证和转让审批登记，负责矿区的管理，承担保护性开采的特定矿种勘查开采管理工作，组织编制实施矿业权设置方案。

（十）依法实施地质勘查行业和矿业资源储量管理。指导全市地质调查评价、矿产资源勘查，监督地质勘查项目实施，管理地质勘查资质、地质资料、地质勘查成果，指导、协调、监管全市公益性地质调查和战略性矿产勘查工作。

（十一）承担地质环境保护的责任。组织实施矿山地质环境保护，依法监督管理古生物化石、地质遗迹、矿业遗迹等重要保护区、保护地，依法管理水文地质、工程地质、环境地质勘查和评价工作，监测、监督防止地下水过量开采和污染，监督城市地质、农业地质、旅游地质的勘查、评价工作。

（十二）承担地质灾害预防和治理的责任。组织、协调、指导和监督地质灾害防治工作。指导应急处置，制定并组织实施重大地质灾害等国土资源突发事件应急预案。

（十三）依法依规征收国土资源收益，规范、监督资金使用。依法依规组织土地、矿产资源专项收入的征管，配合有关部门拟订收益分配制度，指导、监督全市土地整理复垦开发资金的收取和使用。参与管理土地、矿产等资源性资产，参与管理国家出资形成的矿业权权益，负责有关资金、基金的预算草案编制和财务资产管理与监督。

（十四）负责统一监督管理全市测绘工作。组织并管理基础测绘、行业区域界线测绘、地籍测绘和其他重大测绘项目、重大测绘科技项目。依法初审测绘单位的等级资质，管理测绘任务登记；依法审查对外提供属于国家秘密的测绘成果和外国组织、个人来永州测绘的事项；依法管理本市地图编制工作，审查向社会出版、展示的本市地图，管理并审核地名在地图上的标示。

（十五）管理市本级基础地理信息数据，根据授权审核发布本市重要地理信息数据，会同有关部门编制永州市行政区界线标准样图，组织指导基础地理信息社会化服务；管理全市的国家测绘基准和测量控制系统，指导监督各类测绘成果的管理和测量标志的保护。

（十六）承办市人民政府交办的其他事项。

二、队伍建设

1980—1986 年，湖南省农委、编委、财政厅分配零陵地区农业区划办事机构事业编制 31 名，其中地区区划办 5 人，冷水滩市、东安县、道县、宁远县、江华县、江永县、新田县农业区划办各 3 人，蓝山县、双牌县各 2 人，永州市（指现零陵区）1 人。

1984—1986 年，零陵地区地、县（市）城乡建设委员会征地拆迁办公室共有干部职工 48 人，其中地区拆迁办 3 人、冷水滩市 9 人、永州市（指现零陵区）7 人、祁阳县 6 人、道县 5 人、宁远县 4 人、江华县 3 人、江永县 5 人、蓝山县 4 人、双牌县 2 人。同期，全区土地管理站有干部职工 21 人，其中地区 3 人、永州市（指现零陵区）4 人、宁远县 3 人、江华县 3 人、蓝山县 2 人、东安县 4 人、双牌县 2 人。

1987 年，零陵地区及 11 个县（市）国土管理局成立。是年，全区国土管理部门定编 176 人，实际到职 160 人，占定编数 90.9%. 其中行政编制 102 人，占到职数的 64%；事业编制 58 人，占到职数的 36%。全区 382 个乡镇共配备土地管理员 423 人，其中专职管理员 159 人，占总数的 37.6%；兼职管理员 264 人，占总数的 62.4%。专职管理员中，在职乡镇干部 129 人，占 81.8%；离退休干部及农村基层干部 30 人，占 18.9%。

2004 年，机构改革时核定市国土资源局设局长 1 名、副局长 4 名、纪检组组长 1 名、总工程师 1 名，正科级领导职数 12 名、副科级领导职数 2 名。

截至 2018 年底，市国土资源局机关和直属单位有干部职工 296 人，其中在职工 230 人，离退休 66 人；在职干部职工中大学及其以上学历的 129 人，有高级职称 1 人。全市 11 个县（区）和市经开区、金洞管理区、回龙圩管理区国土资源系统共有干部职工 2620 人，其中在职 2120 人，离退休 500 人；在职干部职工中大学及其以上学历的 469 人，有高级职称 5 人。

截至2018年底，市国土资源局干部职工38人次获得市、厅级及以上各项荣誉，15项科技成果（学术论文或调研文章）获得市、厅级及以上各项奖励。

市国土资源局干部职工获得部、省级荣誉一览表

表4-1-4

姓　名	授奖单位	获奖名称	年份
彭　峰	省政府	劳模	1989
文良军	省政府	先进个人	1991
胡建国	省政府	先进个人	1991
关寅生	省政府	先进个人	1991
王满生	省政府	先进个人	1991
全洪平	省政府	先进个人	1991
丁三元	国家土地管理局	全国建设用地管理先进个人	1994
郑运生	国家土地管理局	全国土地管理宣传先进个人	1995
石欢青	国土资源部	先进个人	2001
	国土资源部	先进个人	2006
危跃军	国土资源部	全国开发区清理整顿工作先进个人	2007
蒋良铁	省委、省政府	全省抗洪救灾先进个人	2017
吕名红	国土资源部、农业部	永久基本农田划定工作先进个人	2017

市国土资源局干部职工获得厅、市级荣誉一览表

表4-1-5

姓　名	授奖单位	获奖名称	年份
文良军	省国土厅	先进工作者	1989
唐大兴	省国土厅	土地监察先进工作者	1994
匡兴旺	省国土厅	土地监察先进工作者	1994
彭峰	省地矿厅	先进工作者	1994
彭峰	省地矿厅	行政管理先进个人	1995
王云飞	省地矿厅	行政管理先进个人	1995

续表4-1-5

姓　名	授奖单位	获奖名称	年份
伍建柏	省地矿厅	行政管理先进个人	1995
蒋顺吾	省地矿厅	行政管理先进个人	1995
彭志军	省地矿厅	行政管理先进个人	1995
彭峰	省地矿厅	“二五”法制宣传教育先进工	1996
李文乾	市政府	三等功	2003
黄建陵	市政府	先进个人	2006
潘尚福	市政府	先进个人	2006
关寅生	省老科协	优秀老科技工作者	2008
唐涨国	省人力资源和社会保障厅 省国土资源厅	第二次土地调查二等功	2011
杨建林	省国土资源厅	优秀公务员	2013
唐纯	省国土资源厅	优秀公务员	2013
蒋剑	省国土资源厅	优秀公务员	2013
李文乾	省国土资源厅	优秀公务员	2014
杨建林	省国土资源厅	三等功	2014
唐纯	省国土资源厅	三等功	2014
唐涨国	省国土资源厅	优秀公务员	2016
唐纯	省国土资源厅	优秀公务员	2016
刘运程	省国土资源厅	新闻宣传工作优秀个人	2017
吕文	市政府	三等功	2017

市国土资源局获得部、省级奖励一览表

表4-1-6

年份	科技成果或学术论文获奖情况	主要研究人员	授奖单位
1991	《零陵地区待开发土地资源调查及开发研究》获优秀科技成果三等奖	文良军、王满生、杨素美、杨　福、关寅生、胡平芳、邓盛华、于肇中	全国农业区划委员会和国家农业部

续表4-1-6

年份	科技成果或学术论文获奖情况	主要研究人员	授奖单位
1991	《零陵地区待开发土地资源调查及其开发利用规划》评为优秀成果三等奖	文良军、王满生、杨素美、杨　福、关寅生、胡平芳、邓盛华、于肇中	国家土地管理局
1991	《零陵地区建立80万亩柑橘基地可行性研究》、《零陵地区建立80万担优质烟叶基地可行性研究》分别获省农业区划科技成果二等奖	—	省政府
1994	《湘南第一期农业综合开发》获湖南省农业科技进步奖二等奖	关寅生	省政府
1995	《零陵地区农业区域综合开发规划研究》获科技成果三等奖	关寅生、王满生、聂忠锋、于肇中	农业部
2015	数字永州地理信息公共服务平台获中国地理信息产业优秀工程银奖	李文乾、温小新、陈咸阳、石欢青、李忠细	中国地理信息产业协会
2015	《永州市矿产资源总体规划2008—2015》荣获第二轮矿产资源规划优秀成果二等奖	黄海淞、杨谊才、张榕	国土资源部

市国土资源局获得厅、市级奖励一览表

表4-1-7

年份	科技成果或学术论文获奖情况	主要研究人员	授奖单位
1995	宁远县城关镇地籍控制测量应用GPS技术，获一等奖	邓盛华	省国土管理局
1995	永州市城区地籍控制测量应用GPS技术，获一等奖	邓盛华	省国土管理局
1995	《零陵地区区域综合开发规划》获一等奖	关寅生	省农业区划委员会、省国土测绘管理局
1995	《零陵地区土地利用总体规划》获三等奖	关寅生	省农业区划委员会、省国土测绘管理局

续表4-1-7

年份	科技成果或学术论文获奖情况	主要研究人员	授奖单位
1998	《零陵地区土地详查地级汇总》获三等奖	唐际绍、邓盛华、杨　福、杨凤姣、王淑姣、蒋　文、于肇中	省国土测绘管理局
2015	《关于建立湘江源头矿山环境综合治理生态补偿机制的调查报告》获全省国土系统优秀调研文章评选三等奖	黄海淞	省国土资源局
2015	《文化做底，打造具有永州特色的国家森林城市》或永州市创建国家森林城市主题征文二等奖	李文乾	永州市政府
2017	《地图缓存自动更新系统研究与开发项目》获永州市科学技术进步奖二等奖	李忠细、吴修国、何满庆	永州市政府

三、干部管理体制调整

2004年，国务院决定实施省以下国土资源管理体制改革，省政府下发《关于国土资源管理体制改革的实施意见》。2004年8月，省委组织部根据国土资源管理体制改革要求，下发《关于调整国土资源主管部门干部管理体制的通知》，规定市（州）、县（市）国土资源部门的领导干部实行双重管理体制，由地方党委管理为主调整为由上一级国土资源部门党组管理为主，地方党委协助管理。市（州）、县（市）国土资源部门党组织的设立，由所在地方党委审批。机关党建工作，由所在地方党委领导。省国土资源厅对市（州）国土资源主管部门实行干部双重管理的范围为市（州）在职副处级以上（含非领导职务）干部。市（州）国土资源管理部门对区县（市）国土资源主管部门实行干部双重管理的范围为区县（市）在职副科级以上（含非领导职务）干部。市（州）、县（市）国土资源部门党政正副职、党组成员的任免和调配在征求地方党委意见后，由上级国土资源部门党组决定，其余属于双重管理范围内的干部任免和调配，由上一级国土资源部门党组决定。市（州）国土资源部门任免县（市）国土资源部门党政正职，应事先报省国土资源厅备案。市（州）、县（市）国土资源部门内设机构、派出机构的正职任免由同级国土资源部门党组决定，并报上一级国土资源部门备案。上一级国土资源部门党组在征求地方党委意见时，如对党政正职的任免意见不一致时，不能仓促作出决定，要认真协商，充分听取和考虑对方意见，在此基础上，经上级党委组织部门协调后，由上一级国土资源部门党组决定；对副职、党组成员的任免意见不一致时，由上一级国土资源部门党组决定。

2001—2018 年永州市国土资源局历届领导人一览表

表 4-1-8

届别	职务	姓名	任职时间
2001 年 10 月至 2005 年 6 月	党组书记、局长	唐定奇	2001 年 10 月—2005 年 6 月
	党组副书记、副局长	唐福元	2001 年 10 月—2005 年 6 月
	党组成员、副局长	张福堂	2001 年 10 月—2001 年 12 月
		陈满喜	2001 年 10 月—2009 年 1 月
		王淑姣	2001 年 10 月—2005 年 6 月
		贺礼志	2001 年 10 月—2005 年 6 月
		杨建林	2004 年 10 月—2005 年 6 月
	党组成员、纪检组组长	文良军	2001 年 10 月—2005 年 6 月
	执法监察支队支队长	唐顺兆	2002 年 2 月—2005 年 6 月
2005 年 7 月至 2007 年 1 月	党组书记、局长	秦坤	2005 年 7 月—2007 年 1 月
	党组副书记、副局长	唐福元	2005 年 7 月—2007 年 1 月
	党组成员、副局长	陈满喜	2005 年 7 月—2007 年 1 月
		王淑姣	2005 年 7 月—2007 年 1 月
		杨建林	2005 年 7 月—2007 年 1 月
		贺礼志	2005 年 7 月—2005 年 12 月
		魏军才	2005 年 12 月—2007 年 1 月
	党组成员、纪检组组长	文良军	2005 年 7 月—2007 年 1 月
	执法监察支队支队长	唐顺兆	2005 年 7 月—2007 年 1 月
	副调研员	朱宗炳	2006 年 10 月—2007 年 1 月
		段二喜	2006 年 10 月—2007 年 1 月
		秦春林	2006 年 10 月—2007 年 1 月
	助理调研员	欧阳贵忠	2006 年 10 月—2007 年 1 月

续表4-1-8

届别	职务	姓名	任职时间
2007 年 2 月至 2016 年 10 月	党组书记	秦坤	2007 年 2 月—2008 年 2 月
	党组副书记、局长	黄海淞	2007 年 3 月—2008 年 3 月
	党组书记、局长	黄海淞	2008 年 3 月—2016 年 10 月
	党组副书记、副局长	杨建林	2009 年 8 月—2016 年 10 月
	党组成员、副局长	唐福元	2007 年 2 月—2007 年 5 月
		陈满喜	2007 年 2 月—2009 年 1 月
		王淑姣	2007 年 2 月—2007 年 4 月
		杨建林	2007 年 2 月—2009 年 7 月
		魏军才	2007 年 2 月—2009 年 2 月
		唐涨国	2007 年 4 月—2016 年 10 月
		黄虎雄	2007 年 4 月—2016 年 10 月
		李文乾	2011 年 4 月—2016 年 10 月
	党组成员、纪检组组长	文良军	2007 年 2 月—2007 年 5 月
	党组成员、副局长、纪检组组长	蒋复琨	2007 年 5 月—2011 年 5 月
	党组成员、工会主席	秦春林	2011 年 6 月—2013 年 5 月
	党组成员、纪检室主任	袁养顺	2008 年 9 月—2013 年 5 月
	党组成员、总工程师	蒋文波	2007 年 4 月—2014 年 10 月
		温小新	2014 年 10 月—2016 年 10 月
	党组成员、不动产登记中心主任	温小新	2016 年 6 月—2016 年 10 月
	党组成员、总经济师	唐　纯	2011 年 6 月—2016 年 10 月
	党组成员、纪检组组长	陆享国	2013 年 9 月—2016 年 10 月
	执法监察支队支队长	唐顺兆	2007 年 2 月—2008 年 9 月
	党组成员、支队长	朱宗炳	2009 年 2 月—2011 年 9 月
	党组成员、支队长	蒋　剑	2012 年 8 月—2016 年 8 月
	土地开发整理中心主任	秦春林	2009 年 2 月—2011 年 5 月
	土地储备中心主任	温小新	2007 年 4 月—2008 年 5 月
	副处级干部土地储备中心主任	何　眷	2012 年 8 月—2016 年 10 月
	调研员	唐顺兆	2008 年 10 月—2015 年 2 月
		陈满喜	2009 年 1 月—2012 年 10 月
		秦春林	2013 年 6 月—2015 年 5 月
		袁养顺	2013 年 6 月—2016 年 9 月

续表4-1-8

届别	职务	姓名	任职时间
2007 年 2 月 至 2016 年 10 月	调研员	蒋文波	2014 年 10 月—2015 年 9 月
		王淑姣	2007 年 5 月—2011 年 9 月
	副调研员	段二喜	2007 年 2 月—2016 年 7 月
		秦春林	2007 年 2 月—2011 年 5 月
		朱宗炳	2007 年 2 月—2009 年 2 月
		温小新	2008 年 5 月—2014 年 9 月
		彭志君	2012 年 8 月—2016 年 10 月
		蒋建俊	2013 年 9 月—2016 年 10 月
		李之强	2009 年 10 月—2016 年 10 月
		洪　勇	2009 年 10 月—2016 年 7 月
	助理调研员	欧阳贵忠	2007 年 2 月—2010 年 5 月
2016 年 11 月 至 2018 年 12 月	党组书记	蒋良铁	2016 年 11 月—2018 年 12 月
	局长	黄海凇	2016 年 11 月—2017 年 1 月
	局长	蒋良铁	2017 年 2 月—2018 年 12 月
	党组副书记、副局长	杨建林	2016 年 11 月—2018 年 12 月
	党组成员、副局长	唐涨国	2016 年 11 月—2018 年 12 月
		黄虎雄	2016 年 11 月—2018 年 12 月
		李文乾	2016 年 11 月—2018 年 12 月
	党组成员、总经济师	唐　纯	2016 年 11 月—2018 年 12 月
	党组成员、纪检组组长	陆享国	2016 年 11 月—2017 年 8 月
	党组成员、不动产登记中心主任	温小新	2016 年 11 月—2018 年 12 月
	党组成员、纪检组组长	黄湘永	2017 年 9 月—2018 年 12 月
	党组成员、执法监察支队支队长	杨青松	2017 年 8 月—2018 年 12 月
	党组成员	陆享国	2017 年 9 月—2018 年 12 月
	副处级干部、土地储备中心主任	何　春	2016 年 11 月—2018 年 12 月
	副调研员	彭志君	2016 年 11 月—2018 年 12 月
		蒋建俊	2016 年 11 月—2018 年 12 月
		李之强	2016 年 11 月—2018 年 12 月

四、集体荣誉

永州市（地区）国土管理局、市国土资源局获得的国家级荣誉一览表

表 4-1-9

时间	荣誉名称
2007 年	全国地质灾害防治工作先进单位
2009 年	2005—2008 年度全国群众体育先进单位
2011 年	全国测绘系统依法行政先进单位

湖南省政府授予永州市政府的荣誉一览表

表 4-1-10

时间	荣誉名称
1991 年	全省农业区划先进单位
2003 年	全省耕地保护责任目标管理达标单位
2006 年	耕地保护责任目标管理达标单位
	维护矿产资源管理秩序达标单位
2007 年	耕地保护责任目标管理达标单位
	维护矿产资源管理秩序先进单位
2008 年	湖南省维护矿产资源开发秩序先进单位
	湖南省土地管理和耕地保护达标单位
2009 年	湖南省维护矿产资源开发秩序达标单位
	湖南省土地管理和耕地保护先进单位
	2005—2008 年度全国群众体育先进单位
2010 年	湖南省维护矿产资源开发秩序达标单位
	湖南省土地管理和耕地保护达标单位
2011 年	湖南省维护矿产资源开发秩序达标单位
	湖南省土地管理和耕地保护先进单位
2012 年	深入整顿和规范矿产资源开发秩序工作达标单位
	湖南省土地管理和耕地保护先进单位
	湖南省维护矿产资源开发秩序达标单位
	湖南省文明卫生单位
	2011—2012 年湖南省作风建设主题活动先进单位

续表4-1-10

时间	荣誉名称
2013 年	湖南省土地管理和耕地保护先进单位
	湖南省维护矿产资源开发秩序优秀单位

湖南省国土管理局、省国土测绘管理局授予市国土管理局荣誉一览表

表 4-1-11

时间	荣誉名称
1989 年	全省先进单位

湖南省地质矿产厅授予市地质矿产局荣誉一览表

表 4-1-12

时间	荣誉名称
1994 年	全省年度矿政执法先进单位
1995 年	全省年度矿政执法先进单位
1996 年	全省地矿行政执法工作先进单位
1998 年	矿产资源补偿费征收管理先进单位

湖南省国土资源厅授予市国土资源局荣誉一览表

表 4-1-13

时间	荣誉名称
2005 年	湖南省集体土地所有权登记发证工作三等奖
2007 年	全省国土资源行政处罚案件质量评查先进单位
2008 年	全省国土资源行政处罚案件质量评查先进单位
	国土资源信访工作先进单位
	市州国土资源工作综合考评进步奖
2009 年	国土资源信访工作先进单位
	全省国土资源综合调研信息工作优胜单位
	全省国土资源行政处罚案件质量评查先进单位
2010 年	信访工作达标单位
	全省国土资源综合调研信息工作先进单位

续表4-1-13

时间	荣誉名称
2011年	湖南省第二次土地调查先进集体
	市州国土资源工作考核先进单位
	全省国土资源综合调研信息工作先进单位
	全省国土资源财务管理工作先进单位
	全省国土资源行政处罚案件质量评查先进单位
2012年	全省国土资源行政处罚案件质量评查先进单位
	全省国土资源综合调研信息工作先进单位
	市州级国土资源信息化建设进步奖
2013年	全省国土资源行政复议工作先进单位
	市州国土资源工作考核先进单位
2014年	全省国土资源行政处罚案件质量评查先进单位
2016年	市州国土资源局绩效考核先进单位
	全省国土资源信息化工作先进单位
2017年	湖南省国土资源年鉴编纂工作先进单位
2018年	市州国土资源局绩效考核先进集体

永州市委、市政府授予市国土管理局、市国土资源局荣誉一览表

表4-1-14

时间	荣誉名称
2006年	重点建设项目组织协调管理先进单位
2007年	完成市政府主要工作目标任务先进单位
	第四届“珠洽会”组织工作优秀组织奖
2008年	安全生产目标管理先进单位
	完成政府主要工作目标任务先进单位
	2007—2008永州市政务服务中心优质服务窗口
	全市党委督查工作先进单位
	办理代表建议、委员提案先进单位
2009年	办理代表建议、委员提案先进单位
	永蓝高速公路征地拆迁工作先进单位
	邵永高速公路永州段建设协调工作先进单位

续表4-1-14

时间	荣誉名称
2009 年	全市推进依法行政暨行政程序建设先进单位
	市直行政执法优秀案卷获奖单位
2010 年	优秀政府网站
	厦蓉高速公路征地拆迁工作先进单位
	市政府工作部门绩效评估先进单位
	洛湛铁路（永岑段）征地拆迁工作先进单位
	办理代表建议、委员提案先进单位
	政务督查工作先进集体
	永州市工程建设领域突出问题专项治理工作先进单位
	2009—2010 全市政务服务中心优秀窗口
2011 年	全市信访工作先进集体
	先进基层党组织
	全市民族团结进步模范集体
	全市政务督查工作先进集体
	反腐倡廉建设先进单位
	全市党委办公室综合调研工作先进单位
	全市党委文电工作先进单位
	全市党委保密工作先进单位
	全市党委信息工作先进单位
	办理代表建议、委员提案先进单位
	全市推进依法行政暨行政程序建设先进单位
2012 年	党的十八大期间信访维稳工作先进单位
	联村建绿工作先进单位
	全市党委办公室保密工作先进单位
	全市党委办公室综合调研工作先进单位
	政务服务模范窗口
	永州市优秀政府网站
	办理代表建议、委员提案先进单位
	政务服务模范窗口
	永州市优秀政府网站
	办理代表建议、委员提案先进单位

续表4-1-14

时间	荣誉名称
2012年	政务督查工作先进单位
	全市政务公开政务服务工作先进单位
2013年	永州市十佳学习型党组织建设示范点
	政务服务模范窗口
	全市推进依法行政工作先进单位
	安全生产工作先进单位
	全市绩效评估先进单位
	永州市政务督查工作先进单位
	全市“企业服务年”活动先进单位
	办理代表建议、委员提案先进单位
	全市党委督查工作先进单位
	全市党委办公室保密工作先进单位
	全市党委办公室文秘工作先进单位
	全市党委办公室信息工作先进单位
2014年	党建工作先进单位
	政务服务模范窗口
	办理代表建议、委员提案先进单位
	农村产权制度改革工作先进单位
	全市绩效评估先进单位
	全市推进依法行政工作先进单位
	全市三项优先工作先进单位
	全市政务公开政务服务工作先进单位
2015年	创建国家卫生城市先进单位
	中心城区小区集中整治工作先进单位
	闲置土地清理处置工作先进单位
2016年	永州市优秀政府网站
	中心城区控违拆违工作先进单位
	社会管理综合治理先进单位
	市委市政府重大事项督查及优化经济环境和机关效能建设工作先进单位
	推进新型城镇化建设工作先进单位
	人大代表、政协提案办理工作先进单位

续表4-1-14

时间	荣誉名称
2016 年	市直机关党建工作目标管理先进单位
2017 年	全市抗洪救灾先进单位
	中心城区控违拆违工作先进单位
2018 年	驻村帮扶工作先进后盾单位
	全市党委办公室工作先进单位
	全市调研工作先进单位
	全市督促检查工作先进单位
	全市保密工作先进单位

第二章　局直属机构与归口单位

第一节　市国土资源执法监察支队

1997年7月9日，设立永州市土地执法监察大队，为副处级全额拨款事业单位，下设2个中队（均为正科级），核定事业编制12名。其中大队长1名、副大队长2名、副中队长2名。

2002年2月25日，市政府办下发《关于印发永州市国土资源局职能配置、内设机构和人员编制规定的通知》，将永州市土地执法监察大队更名为永州市国土资源执法监察支队，为副处级全额拨款事业单位，设立综合科、办案科，均为副科级。核定全额拨款事业编制10名。其中支队长1名、副支队长2名（正科级）、科长2名（副科级）。

2003年1月14日，市人社局批准市国土资源执法监察支队设置国家公务员职位10个，非领导职务职数5名，其中主任科员1名、副主任科员2名、科员办事员2名。

2009年5月11日，撤销市国土资源执法监察支队内设的办案科，设立执法一科和执法二科。

2013年5月14日，市编办下发《关于印发〈永州市国土资源执法监察支队主要职责内设机构和人员编制规定〉的通知》，明确执法监察支队的主要职责为：组织开展对市以下各级人民政府执行和遵守国土资源法律法规情况进行监督检查，对各县（区）国土资源主管部门履行职责的情况进行监督管理；直接查处市以下各级人民政府及各县（区）国土资源主管部门违反国土资源法律法规行为和其他重大土地、矿产、测绘违法案件。协助省国土资源执法监察总队查处本市重特大国土资源违法案件；配合纪检监察、公安、检察、法院等机关或部门依法追究国土资源违法行为当事人的党纪政纪责任和治安责任、刑事责任，依法实施国土资源违法行为行政处罚的执行；拟定全市国土资源执法监察有关规章制度和防范国土资源违法行为发生的政策性措施；负责落实国土资源执法监察相关规章制度；负责违法案件的统计、分析和通报工作；对各县（区）国土资源主管部门执法监察工作进行业务领导，对其履行职责的情况进行监督检查；负责协助、承办全市国土资源执法监察系统人员相关业务培训工作；承办市国土资源局及上级部门交办的其他事项。

执法监察支队内设综合科、审理科、执法监察一科、执法监察二科。核定全额拨款事业编制 13 名，其中支队长 1 名、副支队长 3 名、科长 4 名（副科级领导职数）。

2015 年，市国土资源执法监察支队被市政府评为中心城区控违拆违工作先进单位、中心城区小区集中整治工作先进单位、闲置土地清理处置工作先进单位；2013—2015 年，市国土资源执法监察支队连续三年被省国土资源厅评为全省国土资源行政处罚案卷质量评查先进单位。

市国土资源执法监察大队（支队）历任大队长（支队长）：

大队长　唐顺兆（1998 年 3 月—2002 年 1 月）

支队长　唐顺兆（2002 年 2 月—2008 年 9 月）

　　　　朱宗炳（2009 年 2 月—2011 年 9 月）

　　　　蒋　剑（2012 年 8 月—2016 年 8 月）

第二节　市国土资源储备中心

2002 年 3 月 8 日，成立永州市土地储备中心，为正科级全额拨款事业单位，归口市国土资源局管理。核定事业编制 8 名，其中主任 1 名高配副处级、副主任 2 名。其主要职责是：根据市土地储备管理委员会批准的土地储备计划，具体负责实施土地储备的各项工作；代表政府实施政府优先收购权，经营和管理市政府依法收回的违法用地、闲置土地及无主地，并纳入储备土地范围；对收购储备土地运行资金测算、补偿、招商洽谈以及做好投放市场的前期准备工作，通过抵押贷款等形式从金融机构取得土地收购资金，并对该资金的使用进行管理。

市土地储备中心历任主任：

唐福元（2002 年 3 月—2007 年 3 月）

温小新（2007 年 4 月—2008 年 5 月）

唐　纯（2009 年 11 月—2011 年 6 月）

何　眷（2012 年 8 月起）

第三节 市征地拆迁事务所

永州市征地拆迁事务所成立于1997年，为归口市国土资源局管理的正科级自收自支事业单位，是唯一代表市政府负责市中心城市规划区内新增建设用地征地拆迁工作的合法机构。

1997年3月4日，根据市政府办《关于印发永州市国土管理局职责职能配置内设机构和人员编制方案的通知》，核定征地拆迁事务所事业编制30名，配所长1名，副所长2名，工作人员27名。其主要职能职责为：负责市城市规划区范围内各项建设用地的征地拆迁工作；负责对征地拆迁法律、法规、政策宣传、督促和检查；负责制定全市征地拆迁补偿安置标准；指导全市征地拆迁业务工作；直接参与全市报市以上审批的国家建设项目用地的勘察选址、定点及征地拆迁工作；负责调查、协调全市有关征地拆迁纠纷等工作；负责监督、检查全市征地拆迁补偿安置费及管理费的使用情况；承办上级机关或领导交办的其他工作。

2014年9月5日，市编委印发《关于市征地拆迁事务所有关事项的函》，市征地拆迁事务所更名为永州市人民政府征地管理办公室。

2014年12月29日，市编委印发《关于市国土资源局所属事业单位分类有关事项的通知》，将市人民政府征地管理办公室划分为公益一类事业单位。

2016年5月27日，市编委印发《永州市不动产登记中心主要职责内设机构和人员编制规定的通知》，从市人民政府征地管理办公室划转23名在编工作人员到市不动产登记中心。重新核定市人民政府征地管理办公室全额拨款事业编制7名，其中主任1名、副主任1名，其他工作人员5名。主要负责指导监督征地补偿安置工作。

市人民政府征地管理办公室（原市征地拆迁事务所）历任主任（所长）：

伍远锦（1997年5月—2000年3月）

黄虎雄（2000年4月—2007年10月）

刘　磊（2007年11月—2009年9月）

徐　枫（2009年10月—2016年6月）

伍黎新（2016年7月起）

第四节　市土地开发整理中心

2005 年 8 月 16 日，成立永州市土地开发整理中心，为市国土资源局下属全额拨款事业单位。所需人员暂由局内部调剂解决，其主要负责人享受正科级干部待遇。

2008 年 2 月 15 日，市编委印发《关于永州市土地开发整理中心机构调整的通知》，为加强全市土地开发整理工作力量，搞好土地占补平衡工作，经市编委会研究并报省编办同意，市土地开发整理中心为市国土资源局管理的副处级事业机构。内设综合科、资金管理科、项目管理科，均为副科级。核定全额拨款事业编制 12 名。其中主任 1 名、副主任 2 名。副科级职数 3 名。其主要职责是：开展土地后备资源的调查研究与评价、开展土地开发整理专项规划和项目布局研究；参与编制土地开发整理规划和项目实施计划，承担市本级土地开发整理项目，并对项目实施进行技术指导；委托编制土地开发整理项目可行性研究报告、规划设计和资金预算报告；开展项目实施过程管理，选定监管单位并对项目实施方案、招投标方案进行审查；组织项目过程验收，协助开展项目验收和复核；建立土地开发信息系统，并提供信息服务，开展技术培训，建立土地开发整理项目库和耕地后备资源及耕地指标储备库；承担储备耕地指标项目的实施，为重点项目、城市基础设施建设等项目建设占用耕地指标提供有偿服务；负责土地开发整理专项资金管理和监督使用；承办上级或领导交办的其他工作。

市土地开发整理中心历任主任：

聂忠锋（2005 年 8 月—2006 年 3 月）

唐建平（2006 年 4 月—2009 年 1 月）

秦春林（2009 年 2 月—2011 年 5 月）

陆享国（2012 年 8 月—2013 年 9 月）

杨青松（2013 年 10 月—2017 年 8 月）

第五节　市地产交易中心（国土资源交易中心）

1997 年 3 月 6 日，《永州市国土管理局职能设置、内设机构和人员编制方案》

经市机构编制委员会审核，市政府批准，设立市地产交易所，为市国土资源局的正科级事业单位，核定事业编制12名，其中所长1名、副所长2名，经费从交易服务费及地价评估费中列支。明确市地产交易所的主要职责为：办理国有土地使用权转让业务，受理委托办理过户变更登记发证业务（初始登记发证在地籍地政科）；办理国有土地使用权抵押业务，并核发抵押证书；办理国有土地使用权出租业务，并核发出租证书；办理行政划拨土地使用权转让时补办出让手续；办理国有土地使用权联营、联建、入股业务；办理城镇国有土地使用权改变用途的业务；负责国有土地招标、拍卖的有关组织、服务等工作；收取城镇国有土地临时用地费（不包括城镇规划道路占用费）；会同估价机构评估地产交易的宗地地价；依法办理用于非农业建设的集体土地，因与本集体外的单位和个人以土地入股等形式兴办企业，或向本集体以外的单位和个人转让、出租、抵押附着物，而发生土地使用权交易的业务；办理或受委托办理各县（区）隶属市管的单位和企业国有土地使用权的转让业务；受委托依法查处非法土地交易行为；负责地产咨询服务，建立土地资产供需信息档案库；办理与地产交易有关的其他业务；办理局领导交办的其他事宜。

2009年12月22日，市地产交易中心更名为永州市国土资源交易中心。核定主任1名，副主任2名（1名为工人身份），副科级干部1名。

市地产交易中心历任主任：

胡远辉（2000年6月—2001年2月）

徐　枫（2006年5月—2009年7月）

刘　磊（2009年8月—2016年7月）

第六节　市矿产事务所

1997年3月4日，永州市人民政府办公室作出《关于印发永州市地质矿产局职能配置、内设机构和人员编制方案的通知》，设立永州市矿产事务所（科级），为自收自支的科级事业单位，核定事业编制6人。

2005年9月28日，根据省国土资源厅《关于永州市矿产资源储量评审机构设置的复函》，同意将永州市矿产资源储量评审中心设置在永州市矿产事务所。

2009年11月18日，市编委下发《关于永州市矿产事务所加挂永州市矿产资源储量评审中心牌子等事宜的批复》，同意在市矿产事务所加挂市矿产资源储量评审中心的牌子，增加自收自支事业编制3名，共9名编制。

2010 年 1 月，根据省、市有关文件的批复，永州市矿产资源评审中心成立，与矿产事务所、市地质环境监测站（加挂在永州市国土资源局朝阳国土所）实行三块牌子、一套人马，合署办公。核定所长 1 名，副所长 1 名。

矿产事务所历任所长：

杨青松（2010 年 1 月—2012 年 8 月）

胡战友（2013 年 8 月—2016 年 7 月）

刘　磊（2016 年 8 月起）

第七节　市国土资源信息中心

2013 年 12 月 31 日，永州市委编制委员会办公室印发《关于市国土资源局南津渡国土所加挂的“永州市国土资源信息中心”牌子更名的批复》，同意南津渡国土所加挂的“永州市国土资源信息中心”牌子，更名为“永州市基础地理信息中心”。由于市国土资源信息中心是挂靠在南津渡国土所的机构，没有相关正式文件明确其职能职责，故由市国土资源局明确信息中心主要职责为：制定、实施全局信息化规划和网络、计算机管理规章制度；负责市国土资源信息系统与数据中心的管理及维护；指导和督促各县（区）国土资源局信息建设；负责市国土资源局计算机技术维护和培训工作；负责对全局计算机软硬件进行采购、登记、维护和管理；组织指导各科室、直属单位开展电子政务工作；承办上级机关或领导交办的其他工作。

市国土资源信息中心（市基础地理信息中心）历任主任：

毛晓华（2008 年 6 月—2012 年 9 月）

熊小艳（2013 年 3 月起）

第八节　市国土资源规划设计测绘院

市国土资源规划设计测绘院的前身是零陵地区征地事务所。1988 年 5 月 8 日，零陵地区征地事务所成立，为科级事业单位，隶属零陵地区国土局，核定事业编制 5 名，实行自收自支。2004 年，资质等级调升为乙级。

1989 年 4 月 10 日，零陵地区征地事务所更名为“零陵地区国土管理局测绘队”，为正科级自收自支事业单位，并定编自收自支事业编制 8 名。

1993 年 1 月 5 日，零陵地区国土管理局测绘队增加自收自支事业编制 15 名。

1995 年 6 月 20 日，零陵地区国土管理局测绘队减少自收自支事业编制 3 名。

1997 年 3 月 4 日，依据《永州市政府办公室关于印发永州市国土管理局职能配置、内设机构和人员编制方案的通知》，零陵地区国土管理局测绘队更名为永州市国土测绘队，核定自收自支事业编制 10 名，配队长 1 名，副队长 2 名。

2009 年 5 月 11 日，市编委核定永州市国土测绘队领导职数为 1 正 2 副。

2009 年 11 月 19 日，市国土测绘队增加自收自支事业编制 4 名。

2010 年 1 月 26 日，市国土测绘队更名为“永州市国土资源规划设计测绘院”，机构规格不变。

2015 年，市国土资源规划设计测绘院被省土地综合整治局评为全省农村土地整治项目优秀设计单位和优秀测绘单位。

市国土资源规划设计测绘院历任院长：

王　作（1989 年 2 月—1997 年 9 月）

钱华团（1997 年 10 月—1998 年 9 月）

唐仕杰（1998 年 10 月—2003 年 6 月）

李忠细（2003 年 7 月—2005 年 12 月）。

以上 4 人未下发任职文件，明确为负责人。

陈保国（2008 年 4 月—2009 年 12 月任副队长、主持工作）

唐仕杰（2012 年 4 月—2013 年 10 月主持工作）

张胜林（2013 年 11 月—2014 年 3 月主持工作）

张胜林（2014 年 4 月起任院长）

第九节　市国土资源局梅湾国土所

1997 年 3 月 6 日，《永州市国土管理局职能设置、内设机构和人员编制方案》经市机构编制委员会审核，市政府批准，设立梅湾国土所，为市国土管理局的正科级事业单位，梅湾、虎岩、岚角山、七里店、南津渡、朝阳 6 个所共设定事业编制 30 名，经费从国土收入按规定提取的经费中列支，未核定科级领导职数。

2004 年 11 月 22 日，市政府印发《永州市人民政府关于国土资源管理体制改革的实施意见》，明确调整市国土资源局国土资源行政管理体制：撤销市国土资源局的梅湾、虎岩、岚角山3个直属国土所，组织市国土资源局直属分局，负责管理冷水滩区城市规划区内的土地、矿产、测绘工作。直属分局为市国土资源局派出机构。

2015年8月24日，市编委印发《关于市国土资源局有关职责和机构编制调整的通知》，调整后设立市国土资源局梅湾国土所，为市国土资源局正科级直属国土所。梅湾国土所实际配备正科级干部3名，副科级干部1名。

由于梅湾、虎岩、岚角山、七里店、南津渡、朝阳6个国土所均是市国土资源局的下属机构，没有相关正式文件明确其职能职责，故由市国土资源局明确这6个国土所主要职责为：宣传贯彻执行国家和省有关国土资源管理法律、法规、方针、政策，以及市委、市政府有关国土资源管理的决定和措施；配合各职能科室做好各项国土资源的批前准备和批后监督管理工作；负责做好辖区内土地储备、出让、转让等权属调查工作；负责本辖区内土地纠纷、信访等问题的协调、排查、处理工作；负责对本辖区内的国土资源进行动态巡查，及时发现、制止和报告国土资源违法行为，配合做好违法用地的查处工作；承办市国土资源局交办的其他工作。

梅湾国土所历任所长：

温小新（2001年3月—2002年3月）

何　眷（2003年9月—2006年4月）

雷孝魁（2006年5月—2008年5月）

周　涛（2008年6月—2010年11月）

危跃军（2012年9月起）

第十节　市国土资源局虎岩国土所

1997年3月6日，《永州市国土管理局职能设置、内设机构和人员编制方案》经市机构编制委员会审核，市政府批准，设立虎岩国土所，为市国土管理局的正科级事业单位。

2015年8月24日，市编委印发《关于市国土资源局有关职责和机构编制调整的通知》，调整后设立市国土资源局虎岩国土所，为市国土资源局正科级直属国土所。虎岩国土所实际配备正科级干部1名。

虎岩国土所历任所长：

潘尚福（2000 年 6 月—2008 年 6 月）
吕名红（2012 年 9 月—2014 年 11 月）
屈晓东（2014 年 11 月起）

第十一节　市国土资源局岚角山国土所

1997 年 3 月 6 日，《永州市国土管理局职能设置、内设机构和人员编制方案》经市机构编制委员会审核，市政府批准，设立岚角山国土所，为市国土管理局的正科级事业单位。

2015 年 8 月 24 日，市编委印发《关于市国土资源局有关职责和机构编制调整的通知》，调整后的市国土资源局岚角山国土所，为市国土资源局正科级直属国土所。岚角山国土所实际配备正科级干部 2 名。

岚角山国土所历任所长：

李艳玲（1991 年 2 月—2006 年 10 月任副所长、主持工作）。

第十二节　市国土资源局七里店国土所

1997 年 3 月 6 日，《永州市国土管理局职能设置、内设机构和人员编制方案》经市机构编制委员会审核，市政府批准，设立七里店国土所，为市国土管理局的正科级事业单位。

2004 年 11 月 22 日，市政府印发《永州市人民政府关于国土资源管理体制改革的实施意见》，明确调整市国土资源局国土资源行政管理体制：撤销市国土资源局朝阳、七里店、南津渡 3 个直属国土所，组建市国土资源局芝山办事处，负责管理芝山城市规划区内的土地一级市场。芝山办事处为市国土资源局派出机构。

2015 年 8 月 24 日，市编委印发《关于市国土资源局有关职责和机构编制调整的通知》，调整后设立市国土资源局七里店国土所，加挂市土地登记发证中心的牌子，为市国土资源局直属国土所。七里店国土所实际配备正科级干部 1 名，副科级干部 1 名。

七里店国土所历任所长：

屈晓东（2001 年 2 月—2007 年 5 月）

第十三节　市国土资源局南津渡国土所

1997 年 3 月 6 日，《永州市国土管理局职能设置、内设机构和人员编制方案》经市机构编制委员会审核，市政府批准，设立南津渡国土所，为市国土管理局的正科级事业单位。

2013 年 12 月 31 日，永编办印发《关于市国土资源局南津渡国土所加挂“永州市国土资源信息中心”牌子更名的批复》，同意南津渡国土所加挂的永州市国土资源信息中心牌子，更名为永州市基础地理信息中心。

2015 年 8 月 24 日，市编委印发《关于市国土资源局有关职责和机构编制调整的通知》，调整后设立市国土资源局南津渡国土所，加挂市基础地理信息中心的牌子，为市国土资源局直属国土所。南津渡国土所实际配备正科级干部 2 名，副科级干部 1 名。

南津渡国土所历任所长：

贺永贵（2001 年 2 月—2006 年 10 月）

毛晓华（2008 年 6 月—2012 年 9 月）

熊小艳（2013 年 3 月—2016 年 10 月）

第十四节　市国土资源局朝阳国土所

1997 年 3 月 6 日，《永州市国土管理局职能设置、内设机构和人员编制方案》经市机构编制委员会审核，市政府批准，设立朝阳国土所，为市国土管理局的正科级事业单位。

2015 年 8 月 24 日，市编委印发《关于市国土资源局有关职责和机构编制调整的通知》，调整后设立市国土资源局朝阳国土所，加挂市地质环境检测站的牌子，为市国土资源局直属国土所。朝阳国土所实际配备正科级干部 1 名，副科级干部 2 名。

朝阳国土所历任所长：

周　涛（2000 年 6 月—2004 年 11 任副所长、主持工作）

第三章　县（区）国土资源管理机构与驻永地勘单位

第一节　永州市国土资源局冷水滩分局

1987年3月13日，中共冷水滩市委、冷水滩市人民政府研究决定，将市征地拆迁办公室、农业委员会管理的区划办公室两机构合并，成立冷水滩市国土管理局，为市政府（县级）直属局（科级）。

1999年7月1日，冷水滩区编制委员会批准设立永州市国土管理局冷水滩分局土地执法监察队，为副科级自收自支事业单位，核定编制5名，人员从分局内部调剂解决。

2000年2月18日，冷水滩区人民政府决定：将乡镇（开发区）国土管理所的人、财、物实行垂直管理，明确国土管理所为正股级非法人事业单位，全区设13个国土管理所，每个所核定事业编制3~5人，合计定编39人。

2005年12月28日，冷水滩区编委批准设立"永州市国土资源局冷水滩分局测绘队"，为自收自支股级事业单位，核定编制5人，人员在分局内部调剂。

2006年12月6日，市编委批准永州市国土资源局冷水滩分局及直属单位人、财、物、事成建制上收到市国土资源局管理，上收人员149人，其中在职人员135人，退休人员14人。上收在职人员，其中分局机关49人（含原凤凰园国土分局移交21人）、国土资源执法监察大队13人、乡镇国土资源所29人、土地开发整理中心7人，矿产资源补偿征收所12人、征地拆迁事务所15人、地产交易中心10人；上收退休人员14人。纳入财政全额拨款124人（分局机关49人、监察大队13人、国土所29人、土地开发整理中心7人、矿产资源补偿征收所12人、退休人员14人）。征地拆迁事务所15人和地产交易中心10人，共计25人维持原状仍自收自支。上收人事档案149份。

2010 年 7 月 28 日，省公务员法工作领导小组批准永州市国土资源局冷水滩分局执法监察大队参照《中华人民共和国公务员法》管理。

2013 年，批准设立永州市国土资源局冷水滩分局，为永州市国土资源局的正科级派出机构，在编人员 39 名，内设 13 个机构：办公室、政策法规（信访）股、财务股、耕地保护股、规划建设用地股、地籍管理股、地产管理股、矿产开发股、矿产勘查储量股、地质环境股、测绘股、信息中心、人事教育股。设直属机构 5 个：永州市国土资源局冷水滩分局执法监察大队，参照公务员法管理的副科级全额拨款事业单位，定编 12 人；珊瑚国土资源中心所、上岭桥国土资源中心所、普利桥国土资源中心所 3 个国土中心所，共核定编制 39 人；土地开发整理中心，副科级事业单位，定编 7 人，设主任 1 名，副主任 2 名。

至 2018 年底，全局有干部职工 144 名，其中在职人员 97 人，离退休人员 47 人。在职人员中有研究生学历 2 人，有本科学历 27 人，专科学历 29 人，有高级职称 1 人。

历任党组书记、局长：

龙传荣（1987 年 6 月—1991 年 11 月）

张水发（1991 年 12 月—1997 年 12 月）

潘天首（1998 年 1 月—2008 年 5 月）

蒋　剑（2008 年 6 月—2012 年 7 月）

温小新（2012 年 9 月—2014 年 10 月）

曾祥德（2014 年 11 月起）

第二节　永州市国土资源局零陵分局

1987 年 5 月 20 日，成立永州市（县级）国土管理局；1996 年 6 月，更名为永州市国土管理局芝山分局；2002 年 7 月，更名为芝山区国土资源局；2011 年 6 月，更名为永州市零陵区国土资源局；2015 年 10 月，更名为永州市国土资源局零陵分局。局机关核定内设机构 7 个：办公室、政策法规股（信访股，行政审批股）、人事财务股、规划建设用地股（耕地保护股）、测绘与地理信息股（土地利用股）、不动产登记股、矿产开发管理股（加挂矿产资源储量勘查股、地质环境股牌子），下设区国土资源执法监察大队、征地拆迁管理办公室、土地开发整理中心、土地储备中心、信息中心、不动产登记中心、国土测绘事务所等 7 个事业单位（其中国土资源执法监察大队、不动产登记中心为副科级事业单位)，及15个国土资源所（为国土资源局派出股级事业单位)。局机关内设办公室、财务室、人事股、机关党委(纪委)、工会、地产股、信息中心、用地股、矿开股、法规股、耕保股、地籍股、地环股、储量股、信访室等15个职能股（室)。

截至2018年底，全局有干部职工278人，其中在编在岗234人、离退休44人。有研究生学历1人，有本科学历63人。

获得的主要荣誉：

2012—2014年，连续三年被国土资源部评为全国县级国土资源部门政务信息网上公开第一名；

2012—2014年，连续三年被省国土资源厅评为县市级国土资源政务信息公开先进单位；

2018年被省国土资源厅授予信访工作先进单位称号。

历任局长：

何才祖（1988年3月—1993年2月)

唐顺兆（1993年2月—1998年2月)

秦春林（1998年3月—2006年9月)

秦春林（2006年10月—2009年2月，市国土资源局副调研员)

李　辉（2009年2月—2011年7月)

唐朝晖（2011年7月起)

第三节　市国土资源局经开区分局

1990年12月，根据湖南省体改委〔1990〕36号文件批示，凤凰园经济开发区设立“冷水滩市国土局凤凰园经济开发区国土分局”，享有同级计划单列市国土管理权限和经济调控权。

1991年7月3日，根据零陵地委、行署《建设凤凰园经济开发区有关问题》的文件，经零陵地区国土局批准，成立“冷水滩市国土局凤凰园经济开发区国土分局”，由地区国土局、冷水滩市国土局实行双重领导，定编4人。其主要职能是：负责城乡建设用地的征用、划拨、出让、拍卖及其协调管理工作；编制、修订各类建设用地和土地开发计划，土地调查、统计、定级、管理和土地权属、土地纠纷的协调处理工作，查处违反《中华人民共和国土地管理法》案件。

1996 年 4 月，撤销零陵地区设立永州市。凤凰园经济开发区党委、管委向市委、市政府具文保留凤凰园经济开发区国土分局。

1997 年 11 月，更名为“永州市国土管理局凤凰园分局”，为正科级单位，仍实行双重管理。其内设机构主要有办公室、区划办、法规监察室、地籍测绘室等。

2000 年 12 月，凤凰园国土分局撤销，土地管理权限划转冷水滩分局。

2012 年 4 月 23 日，根据永编办《关于印发永州市国土资源局凤凰园分局主要职责、内设机构和人员编制规定的通知》，设立永州市国土资源局凤凰园分局，为永州市国土资源局的正科级派出机构，全额拨款事业编制 21 名。主要职责：负责编制凤凰园经济开发区辖区范围内土地利用年度计划；负责开发区辖区范围内土地利用总体规划修编，参加开发区辖区范围内相关专项规划的论证；在职权范围内参与开发区辖区内建设项目用地的规划选址，在职权范围负责承办开发区辖区范围内农用地转、征用土地报批手续及国有土地的出让、转让、划拨、抵押前期手续；负责调处开发区辖区范围内的土地权属纠纷，负责开发区辖区范围内的国土资源执法监察工作；负责开发区辖区范围内的土地调查、土地统计工作；负责开发区辖区范围内的土地征用拆迁、安置补偿、协调工作；会同开发区财政、税务部门审核收取开发区辖区范围内的土地使用有关税费工作；承办开发区辖区范围内土地发证的前期调查工作，实施地籍管理；完成市国土资源局和市凤凰园经济开发区管委会交办的其他事项。

2015 年，根据永州市编办发《关于市国土资源局有关职责和机构编制调整的通知》文件，永州市国土资源局凤凰园分局更名为永州市国土资源局经济技术开发区分局。

至 2018 年底，全局有在编在岗人员 27 人，其中管理人员 12 人，专业技术人员 4 人，工勤人员 11 人；30 岁以下的 6 人，30~40 岁的 9 人，40 岁以上的 12 人；研究生学历 3 人，本科学历 16 人。

获得的主要荣誉：

2014 年、2015 年、2016 年，连续被省国土资源厅评为全省节约集约用地先进单位。

历任党组书记、局长：

局　长　王　勇（1993 年 6 月—1997 年 12 月）

　　　　蒋作文（1999 年 1 月—2000 年 12 月）

党组书记、局长　曾祥德（2012 年 4 月—2014 年 11 月）

　　　　　　　　唐经谓（2014 年 12 月起）

第四节　东安县国土资源局

1987年3月29日，东安县编制委员会行文，将县土地管理办公室和县农业区划委员会办公室合并，成立东安县国土管理局，为县政府直属机构，归口县政府办公室管理。负责全县土地的统一管理工作。核定事业编制7名，当时实有人数7人。

1995年12月3日，东安县编制委员会办公室发文《关于设立乡镇国土所的批复》，设立乡镇国土所，属自收自支股级事业单位，归口乡镇党委办管理，核定事业编制34名，实有人数34人。

2002年4月30日，县政府办印发《东安县人民政府办公室关于印发东安县国土资源局职能配置、内设机构和人员编制规定的通知》，将县国土管理局、县地质矿产局合并，组建县国土资源局，主管全县土地资源、矿产资源等自然资源的规划、管理、保护、合理利用和测绘事业，属县政府工作部门。下设办公室、财务股、法规股、建设用地股、地籍管理股、矿产开发管理股等，统一管理征地拆迁事务所、土地储备中心、地产交易中心、地矿征收所、执法监察大队和16个乡镇国土资源所。

截至2018年底，全局有干部职工216名，其中在职人员164人，离退休人员52人。在职人员中干部为35名，副科以上干部11名；具有本科及以上学历的43名，高级职称人员2名。

获得的主要荣誉：

2007年11月，被湖南省刑释解教人员安置帮教领导小组授予全省刑释解教人员安置帮教工作先进单位称号；

2009年，被永州市人民政府授予2008年度耕地保护责任目标管理先进单位；

2015年2月，被永州市文明办评为永州市文明单位。

历任主要领导：

临时负责人　唐祥重（1987年3月—1988年2月）

局　长　黄良智（1988年3月—1995年4月）

黄汉真（1995年5月—1997年10月）

洪　勇（1997年11月—2010年12月）

洪　勇（2009年8月—2010年12月，市国土资源局副调研员）

市国土资源局副调研员　洪　勇（2011 年 1 月—2016 年 5 月）

党组书记　文卫平（2002 年 4 月—2010 年 12 月）

党组书记、局长　唐良泗（2011 年 1 月—2018 年 1 月）

王湘钧（2018 年 2 月起）

第五节　双牌县国土资源局

1969 年 12 月，双牌县在潇水林区管理局的基础上建县。1987 年 3 月 13 日，县编制委员会印发《关于成立双牌县国土管理局的通知》，将原县建委的征地拆迁办公室、农委的区划委员会办公室两个机构合并，成立双牌县国土管理局（对外保留农业区划委员会办公室的牌子），归口县农委管理，内设办公室、农业区划股、法规监察股、地籍股等职能股室，负责全县土地的统一管理工作。1988 年正式设立乡镇国土管理站。

2002 年 4 月 12 日，根据《中共双牌县委、县人民政府关于县直机关机构改革的实施意见》，将县国土管理局、县矿管办合并，组建双牌县国土资源局，为主管全县土地资源、矿产资源等自然资源的规划、管理、保护、合理利用和测绘事业的县政府组成部门，内设办公室（政工财务）、用地耕保股（地产）、地籍规划股（测绘）、地质环境股（储量勘查）等职能股室，下设 12 个乡镇国土资源所。

县编委核定县国土资源局编制数为 89 人。其中：行政编制 8 人，参公人员编制 6 人，全额事业编制 61 人，自收自支编制 14 人。

截至 2018 年底，全局有干部职工 96 人，其中在职人员 78 人，离退休人员 18 人。其中：副科及以上干部 7 人，中共党员 42 人，女职工 19 人，大学本科及以上学历 10 人。

历任主要领导：

支部书记、局长　魏德斌（1987 年 3 月—1997 年 12 月）

唐正华（1997 年 12 月—2002 年 4 月）

党组书记　唐梅开（2002 年 5 月—2008 年 4 月）

局　　长　唐正华（2002 年 5 月—2008 年 4 月）

党组书记、局长　邓石华（2008 年 5 月—2016 年 5 月）

黄　毅（2016 年 6 月—2017 年 5 月）

乐永生（2017 年 6 月起）

第六节　祁阳县国土资源局

1987年2月28日，祁阳县征地拆迁办公室和祁阳县农业区划办公室合并，成立祁阳县国土管理局，为县政府直属机构，归口农委管理，核定事业编制15名（配干部13人）。4月23日，县直党委批准成立中共祁阳县国土管理局党支部，支部委员3人。1988年2月26日，县国土局归口县政府办管理。5月27日，县编委下文，为全县各区、乡、镇配专职国土管理员1名，共定事业编制27名。1992年5月19日，县编委批准建立区、乡镇国土管理机构；区和城关镇设立国土办公室，为股级事业单位；乡、镇、农林场及城关各办事处设立国土管理所，为副股级事业单位，共定编制100人。

1992年10月31日，成立祁阳县地产公司，属县国土局管理的全民所有制企业股级单位。1994年3月14日，成立土地事务所，为股级事业单位。1994年9月22日，成立土地估价事务所，为股级全民事业单位，与土地事务所合署办公，实行两块牌子、一套人马。1994年10月17日，成立祁阳县国土监察大队。1995年5月28日，成立地产交易中心。2001年10月，成立拓达地价评估所，土地评估业务与县国土局脱钩，估价结果由确认变为备案。

2002年1月，县国土管理局与县地质矿产局合并组建县国土资源局，并成立县国土资源局党组。有干部职工493人，其中：行政编制人员11人、机关工勤人员1人，事业编制人员481人（参公管理11人、事业单位管理人员96人、专业技术人员3人、工勤人员371人）；研究生2人、本科55人、专科201人、中专43人、高中149人；45岁以上175人，31~45岁310人，30岁以下8人。

截至2018年底，县国土资源局有干部职工606人，其中在职干部职工495人，离退休人员111人。在职人员中研究生学历2人，本科学历55人，大专学历207人。

获得的主要荣誉：

1991年11月，被地质矿产部、国家计划委员会、人事部和司法部联合评为全国矿管工作先进单位；

1995年，祁阳县土地利用总体规划被省测绘管理局评为省国土管理科技进步奖；

1995年5月，获国家土地管理局1994年度土地利用优秀成果二等奖；

1995 年 5 月，被省地质矿产厅评为省地矿行政工作先进单位；

1996 年 1 月，被省地矿厅评为省地矿系统“二五”普法先进单位；

1996 年 4 月，被省地质矿产厅评为 1995 年度矿政执法先进单位；

1996 年 6 月，被省国土测绘管理局和省人事厅联合评为省国土管理系统先进集体；

1997 年 3 月，被省地质矿产厅评为省地矿行政执法工作先进单位；

1997 年 7 月，被省国土测绘管理局评为省国土管理信访工作先进单位；

2001 年 6 月，被国土资源部和农业部联合评为全国基本农田保护工作先进单位；

2001 年 11 月，被国土资源部评为全国土地资产管理工作先进单位；

2001 年 11 月，被国土资源部评为全国地产管理工作先进单位；

2003 年 2 月，被省人民政府评为国土资源执法模范县；

2004 年 12 月，被人事部和国土资源部联合评为全国国土资源管理系统先进集体；

2005 年 4 月，被国土资源部评为全国建设用地审查报批工作先进单位；

2007 年 4 月，被省国土资源厅评为省地质灾害防治工作先进集体；

2008 年 12 月，被省委、省政府联合评为湖南省 2008 届文明单位；

2011 年 2 月，被省国土资源厅评为省第二次农村土地调查优秀成果三等奖。

历任主要领导：

局　　长　朱敦耀（1988 年 1 月—1990 年 3 月）
　　　　　吴德安（1990 年 4 月—1998 年 2 月）
　　　　　邓年生（1998 年 3 月—2002 年 2 月）
党组书记　刘开旺（2002 年 3 月—2010 年 1 月）
局　　长　杨迎春（2002 年 2 月—2004 年 11 月）
　　　　　段二喜（2004 年 12 月—2010 年 1 月）
　　　　　段二喜（2006 年 10 月—2014 年 11 月，市国土资源局副调研员）
党组书记、局长　段二喜（2010 年 1 月—2014 年 11 月）
　　　　　　　　何志刚（2014 年 12 月—2017 年 3 月）
　　　　　　　　甘小玲（2017 年 4 月起）

第七节　江永县国土资源局

1987年7月，成立江永县国土管理局。1990年成立江永县征地事务所，归口县国土管理局管理。1997年，县政府出台“三定”方案，明确县国土管理局内设办公室、测绘管理办（加挂县政府测绘行业管理办公室牌子）、计财股、地籍股（加挂县土地登记发证办公室牌子）、用地区划股、法规监察股、监察室，下设县土地执法监察大队、县地产管理所、县国土测绘队、县土地估价事务所4个二级事业单位和上江圩、黑山、黄甲岭、松柏、潇浦、千家峒、允山、高泽源、夏层铺、兰溪、桃川、源口、粗石江13个乡镇国土管理所，并设置县纪委的派驻纪检组。

2002年，县国土管理局和县矿产资源管理局合并，组建县国土资源局，主管全县土地资源、矿产资源等自然资源的宏观规划、管理保护、合理开发利用和测绘事业，属县政府工作部门。局机关内设办公室（加挂计财股牌子）、政策法规股、耕地保护股（加挂资源规划测绘开发管理股牌子）、建设用地股、地籍管理股（加挂地产管理股牌子）、信访室、规划股、地产股、测绘股、矿产储量勘测股（加挂地质环境股牌子）10个职能股室，下辖国土资源执法监察大队、地产管理所、土地开发整理中心、土地储备中心、征地拆迁事务所、土地估价事务所、国土测绘队7个二级事业单位和潇浦、允山、桃川、粗石江、夏层铺、黄甲岭、松柏、上江圩、源口、千家峒、兰溪11个基层国土资源规划管理站。同年，成立江永县国土资源局党组。

2006年，县国土资源执法监察大队升格为副科级单位，2008年，被确认为参照公务员法管理事业单位。2011年，县政府“三定”方案调整局机关内设股室，设办公室（加挂计财股牌子）、政策法规股（加挂信访室牌子）、耕地保护股（加挂资源规划开发管理股牌子）、建设用地股（加挂地产管理股牌子）、地籍管理股（加挂测绘管理股牌子）、矿产储量勘测股（加挂地质环境股牌子）、人事教育股（加挂信息中心牌子）7个职能股室。2015年，县政府“三定”方案再次调整局机构设置，局机关设办公室（加挂计财股牌子）、政策法规股（加挂信访室牌子）、耕地保护股（加挂资源规划开发管理股牌子）、建设用地股（加挂土地利用股牌子）、地籍管理股（加挂测绘与地理信息股牌子）、矿产资源储量勘测股（加挂地质环境股牌子）、政工股（加挂信息中心牌子）、不动产登记股、监察室9个职能股室，下辖县国土资源执法监察大队、县不动产登记中心（副科级，内设办公室、受理登记股、审核发证股、档案信息股、测绘股、质量监督股6个股室)、县土地开发整理中心、县土地储备中心、县征地拆迁事务所、县地产管理所、县国土测绘队、县土地估价事务所8个二级事业单位和潇浦、允山、桃川、粗石江、夏层铺、黄甲岭、松柏、上江圩、源口、千家峒、兰溪11个基层国土资源规划管理站。2016年，根据行政区划改革要求，11个乡镇国土资源规划管理站调整变更为潇浦、松柏、夏层铺、桃川、粗石江、上江圩、兰溪、千家峒、源口、高泽源、铜山岭11个国土资源所。2017年9月7日，县机构编制委员会下发《关于江永县纪委派驻监督改革有关机构编制事项的通知》，撤销县纪检组驻国土资源局纪检组和监察室，县国土资源局即二级机构纪检监察工作受县纪委驻县住建和城乡规划建设局纪检组领导。

1987年，县国土管理局有工作人员5人。随着国土资源管理工作不断加强，队伍人员不断增多，1996年乡镇国土管理机构由县局直管，乡镇国土所人员上收，年底有工作人员34人。

至2018年底，全局有干部职工127人，其中在职人员104人，离退休人员23人。大学及以上学历22人。

历任党组书记、局长：

局　长　谭家庄（1988年3月—1994年4月）

　　　　谢祯祥（1994年5月—2002年4月）

党组书记、局长　欧阳贵忠（2002年5月—2006年10月）

市国土资源局副调研员、县国土资源局局党组书记、局长

　　　　欧阳贵忠（2006年11月—2012年9月）

党组书记、局长　杨建文（2012年10月起）

第八节　宁远县国土资源局

1987年2月24日，中共宁远县委、宁远县人民政府研究决定，将设在县建委的征地拆迁办公室、农委管理的农业区划办公室、农业局所属的土地管理办公室等机构合并，成立宁远县国土管理局，为县政府的直属机构（局级），归口县农委管理，暂定事业编制15名。

1988年12月28日，成立宁远县土地管理事务所，为县国土局直属的全民股级事业单位，定编5名，经费开支实行独立核算，自负盈亏。

1992 年 10 月 16 日，县政府研究决定，全县 47 个乡镇建立土地事务管理所，为自收自支、独立核算的全民事业单位，行政上由乡镇和县国土局双重管理，业务上以县国土局管理为主。乡镇土地事务管理所所需的人员编制原则上从乡镇现有人员编制中调整配备，调整不了和工作任务较重的乡镇，由县国土局会同有关部门根据其实际情况另行确定，但最多不能超过 2 人。

1993 年 5 月 17 日，县政府研究决定，成立宁远县城乡土地测绘队，为县国土局下属独立核算、自负盈亏的全民股级事业单位，暂定编 5 名，主要用于配备测绘工程技术人员。

1993 年 5 月 30 日，成立县地产公司，为县国土局下属独立核算、自主经营、自负盈亏的全民股级事业单位，定编 12 名。

1994 年 10 月 20 日，成立县土地评估事务所，为独立核算、自负盈亏的全民股级事业单位，隶属县国土局管理，定编 4 名，人员从县国土局系统内部现有人员中调整配备。

1995 年 10 月 27 日，成立县地产交易所，为县国土局所属全民事业单位，定编 5 名，从国土局内部调整配备，所需经费从土地交易款利润中列支。

1995 年 10 月 27 日，成立县土地监察队，隶属县国土局领导的股级事业单位，定编 6 名，人员从局机关内部调整配备，其经费从按规定收取的规费收入中列支。

1995 年 10 月 1 日，因撤区并乡需要，将全县 47 个乡镇土地事务管理所合并，建立 15 个乡镇国土管理事务所，桐木漯、棉花坪瑶族乡暂不设所。

2002 年 4 月 12 日，设立县土地收购储备中心，为股级全额预算事业单位，归口县国土资源局管理，核定事业编制 8 名，其中主任 1 名，副主任 2 名，所需人员从县国土资源局经费来源、编制性质相同的下属单位调剂解决。

2002 年 5 月 29 日，县政府办发文《关于印发宁远县国土资源局职能配置、内设机构和人员编制规定的通知》，不再保留县国土管理局、县地质矿产局，组建县国土资源局，主管全县土地资源、矿产资源等自然资源的规划、管理、保护、合理利用和测绘事业的县政府工作部门。局机关行政编制定编 13 名，其中局长 1 名，副局长 3 名，纪检组组长 1 名，正副股长（主任）6 名，机关后勤事业编制 1 名。局内设 6 个职能股室，即办公室、政策法规股、耕地保护股（加挂宁远县农业区划委员会办公室牌子）、建设用地股、地籍地产管理股、资源规划测绘开发管理股（加挂矿产勘查股、地质环境股两块牌子）。

2003 年 1 月 21 日，成立宁远县土地开发整理中心，为股级自收自支事业单位，归口县国土资源局管理，核定事业编制 6 名，其中正副主任各 1 名，所需人员在县国土资源局所属事业单位调剂解决。

2007年7月6日，将土地监察大队升格为副科级事业机构，其人员编制、管理体制和经费来源维持不变。土地收购储备中心主任实行职务高配（副科级），其人员编制、管理体制和经费来源维持不变。

2007年12月26日，县土地开发整理中心由股级自收自支事业单位调整为副科级全额预算事业单位，定编6名，其中主任1名，副主任1名，所需人员从已有人员中择优聘用。

2008年8月16日，县地产交易所更名为县国土资源交易中心。

2015年4月20日，设立宁远县国土资源局工业园区分局，为县国土资源局派驻县工业园区管委会的股级全额拨款事业单位，定编5名，所需人员由县国土资源局调剂解决。

截至2018年底，县国土资源局内设11个职能股室、6个所属事业单位、下设20个乡镇（街道）国土资源所。全局有干部职工325人，其中在职人员281人，离退休人员44人。大学及以上学历61人，高级职称1人。

获得的主要荣誉：

2015年6月，被省国土资源厅评为湖南省集中连片推进农村土地整治示范县；

2018年5月，被国务院通报表彰，奖励用地指标1000亩。

历任主要领导：

党组书记、局长　郭甫清（1987年3月—1992年3月）
　　　　　　　　吕祥生（1992年4月—1995年12月）
　　　　　　　　杨解旺（1996年1月—2001年3月）
党组书记、副局长（主持工作）　陈成德（2001年4月—2001年12月）
党组书记、局长　李之强（2002年1月—2009年10月）
　　　　　　　　李之强（2009年10月—2011年10月，市国土资源局副调研员）
党组书记、局长　郑志晖（2011年11月—2016年12月）
　　　　　　　　周意恒（2017年1月起）

第九节　新田县国土资源局

1987年3月26日，成立新田县国土管理局，为县政府直属科级机构，归口县农委管理。

1997年1月，设立县国土管理局测绘队，为局下属股级事业单位，定事业编制

8 名，经费从测绘费中解决。测绘队的基本职能按国家测绘法规执行。

1997 年 6 月，县国土管理局调整为县政府工作机构，机构级别为科级。

2002 年 4 月，新田县国土管理局更名为新田县国土资源局，为县政府主管全县土地资源、矿产资源等自然资源的规划、管理、保护、合理利用和测绘事业的工作部门。

2002 年 5 月，县政府办发文，核定县国土资源局设 5 个内设机构：办公室、政策法规股、建设用地股、地籍地产管理股、资源规划测绘开发管理股；核定县国土资源局机关行政编制 13 名，其中局长 1 名，副局长 3 名、纪检组组长 1 名，正副股级干部 6 名，机关后勤服务人员事业编制 1 名；将新田县国土管理局土地监察大队更名为新田县国土资源执法监察大队，为县国土资源局所属事业单位，副科级。2002 年 4 月，在每个乡镇、办事处设立国土建设管理站（将原规划所与国土所合并），负责土地、资源、村镇建设的规划管理，实行双重管理，人事和业务以县直部门管理为主。

2003 年 4 月，设立县土地开发整理中心，为县国土资源局下属股级事业单位，核定事业编制 2 名，人员从国土资源局内部调剂解决，经费来源列入财政预算。

2003 年 4 月，设立县土地收购储备中心，为县国土资源局下属股级事业单位，核定事业编制 3 名，人员从县国土资源局或所属事业单位调剂解决，经费来源从土地出让费中提取。

2003 年 9 月，核定国土资源执法监察大队事业编制 10 名，其中大队长 1 名，副大队长 2 名，经费列入财政预算，所需人员从县国土资源局内部调剂解决。

2005 年 8 月，乡镇国土建设管理站确定为县国土资源局的派出机构，增加 23 名事业编制，所需经费全额列入财政综合预算。2007 年 9 月，城东、田家办事处所属国土建设管理站并入龙泉镇国土建设管理站，宏发圩国土建设管理站并入石羊国土建设管理站，洞心国土建设管理站并入枧头国土建设管理站，至此，原设的 23 个国土建设管理站整合为 19 个；2008 年 11 月，撤销原设置的 19 个乡镇国土建设管理站，设立龙泉、石羊、枧头、骥村、新圩、新隆 6 个中心所，均为股级事业单位，人员编制维持 48 名不变；2012 年 12 月，设立 19 个乡镇国土建设管理站，为县国土资源局派出股级事业机构，核定事业编制 68 名，同时撤销原设的 6 个中心国土建设管理站，核销其编制，乡镇国土站人员在全县 19 个乡镇国土建设管理站中调剂安排；2016 年 8 月，设立 12 个乡（镇）国土建设管理站。核定全额拨款事业编制数 68 名。

2007 年 4 月，县土地开发整理中心的人员编制由 2 名增加到 6 名，中心主任高配副科级。人员编制增加后，其机构级别、职能任务、经费渠道、隶属关系等不变。

2007 年 7 月，新田县征地事务所更名为新田县征地事务中心，为全额预算副科级事业单位，人员编制由 5 名增加到 10 名，其中主任 1 名，人员从县国土资源局下属事业单位调剂 5 人，从全县全额拨款单位具有干部身份的人员中选调 5 人。2014 年 12 月，县征地事务中心事业编制由 10 名增加到 20 名。

2009 年 11 月，设立县国土资源信息中心，为县国土资源局下属股级事业单位，核定事业编制 6 名，人员从县国土资源局下属事业单位中调剂。

2012 年 10 月，国土资源执法监察大队增加事业编制 20 名，其他编制事项不变。

2013 年 2 月，设立县地质环境监测站，为县国土资源局下属股级事业单位，核定事业编制 3 名，人员从县国土资源局下属事业单位中具有同等身份的人员中调剂解决。

2014 年 12 月，县国土资源局测绘队经费形式由自收自支调整为全额拨款，核定事业编制 10 名。2016 年 10 月，设立县测绘院，核定全额拨款事业编制 5 名，测绘院下设测绘室，核定自收自支事业编制 10 名。2017 年 10 月，新田县测绘院更名为新田县国土资源局测绘队，其他机构编制事项不变。

2016 年 8 月，在县国土资源信息中心、国土资源测绘队、县林权林地管理办公室、县房产测绘所的基础上，组建新田县不动产登记中心，为归口县国土资源局管理的副科级公益一类事业单位。

截至 2018 年底，县国土资源局下设 9 个股室、3 个副科级归口管理事业单位、5 个所属事业单位、12 个乡镇国土建设管理站（派出机构）。全局有干部职工 175 人，其中在职人员 141 人，离退休人员 34 人。大学及以上学历 52 人，高级职称 1 人。

主要荣誉：

2013 年 12 月，被省档案局评为湖南省档案工作规范化管理省特级；

2014 年 12 月，被省爱国卫生委员会评为文明卫生单位；

2016 年 6 月，被国土资源部评为全国国土资源节约集约模范县。

历任主要领导：

党组书记、局长　刘国康（1987 年 3 月—1990 年 4 月）

陈金国（1990 年 5 月—1994 年 3 月）

邓智春（1994 年 4 月—1999 年 6 月）

刘小平（1999 年 7 月—2002 年 4 月）

谢昌虎（2002 年 5 月—2003 年 9 月）

郑智新（2003 年 10 月—2004 年 12 月）
何祖育（2005 年 1 月—2008 年 5 月）
李振胜（2008 年 6 月—2009 年 5 月）
张义德（2009 年 6 月—2012 年 9 月）
柏雄文（2012 年 9 月—2014 年 8 月）
李志辉（2012 年 9 月—2014 年 8 月）
何明轩（2016 年 6 月—2017 年 8 月）
骆炉生（2017 年 9 月起）

第十节　江华瑶族自治县国土资源局

1987 年 2 月，县农业区划办公室与县建设委员会所属的县拆迁办公室合并组建县国土管理局，主管全县土地资源规划、管理、保护和合理利用工作，为县人民政府直属正科级机构，归口县农委管理，下设办公室、土地管理股、区划股（对外保留江华瑶族自治县区划办公室的牌子），定编 14 名。1991 年 5 月，内设机构增设地籍股、法规股，追加编制 4 名。次年 12 月，内设机构增设“房地产管理股”“财务股”，人员编制在局总编内调整解决。

1993 年 3 月，县国土管理局与县建设委员会合并组建江华瑶族自治县城建国土管理委员会，为政府工作部门。是年 5 月，县国土管理局与县建设委员会分设，为县政府组成部门，按原核定的县国土管理局人员编制、职能不变。

1997 年 7 月，县政府印发国土管理局“三定方案”，内设机构调整为办公室（加挂“政工纪检监察室”的牌子）、财务股、地籍股、土地规划利用股（加挂“测绘股”的牌子）、法规监察股，局机关行政定编 11 名，配后勤事业编 1 名。所属事业单位有 23 个乡镇场国土管理所、土地管理事务所、地产交易管理所，机构级别、人员编制、经费来源均维持原状。

2002 年 4 月，县国土管理局与县矿产资源管理局合并组建江华瑶族自治县国土资源局，行政编制 10 名，后勤事业编制 1 名，机关内设办公室（加挂政工股的牌子）、财务股、区划用地股、耕地保护股（加挂土地整理中心的牌子）、地籍管理股（加挂“测绘股”的牌子）、政策法规监察股、矿产开发管理股（加挂“矿产资源储量股”的牌子）、地质环境股 8 个职能股室，另按要求设置局纪检监察室，核定行政编制 10 名，配全额预算事业编制 1 名。所属股级事业单位有县国土资源执法监察大队、县矿产事务所、县地产交易管理所、县土地管理事务所及23个派出机构——乡（镇、场）国土资源所。

2011年9月，县政府重新印发县国土资源“三定”方案。核定该局机关行政编制12名、后勤服务事业编制1名。设办公室、政策法规监察股（信访办公室）、财务股、耕地保护股（县农业区划委员会办公室）、规划建设用地股、地籍管理股（测绘股）、地产管理股、矿产资源开发管理股（地质环境股）等8个内设股室。取消已由上级政府公布取消的行政审批事项；强化对涉及国土资源事务中介机构的管理；加强土地供需调控和总量平衡，落实最严格的土地管理制度，加强国土规划、土地利用总体规划和矿产资源规划的整体控制作用，加强矿产资源规划和合理开发利用管理，强化资源回采率和资源综合利用效率的监督管理。河道采砂管理职责明确由县水利局牵头，县国土资源局对保障河道内砂石资源合理开发利用负责。

2015年12月，全县机构改革，县机构编制委员会对县国土资源局有关职责和机构编制进行调整。加强和调整的职责有：对取消、下放的行政审批事项，按照责任清单的要求，建立规范高效的行政监管体制，强化事中事后监管；对全县的测绘地理信息工作指导和监督管理。内设办公室、政策法规监察股（信访办公室）、财务股、耕地保护股（县农业区划委员会办公室）、规划建设用地股、地籍管理股（测绘股）、土地利用股、矿产资源开发管理股、地质环境股、不动产登记股等10个股室。核定机关行政编制12名、后勤服务事业编制1名。全县23个乡镇（场）国土资源所调整为16个乡镇国土资源所，核定全额拨款事业编制59名，撤销县林业采育场国土资源所，归口管理全县16个乡镇国土资源所和县不动产登记中心、县国土资源执法监察大队、县土地储备中心、县土地开发整理中心、县矿产事务所、县征地管理事务所。

至2018年底，全局有干部职工139人，其中在职人员111人，离退休人员28人。在岗人员中，大学本科以上学历38人，专科学历51人；瑶族81人，壮族5人。

获得的主要荣誉：

2009年5月，被省国土资源厅评为优秀案卷；

2010年10月，被市政府评为洛湛铁路（永岑段）征地拆迁工作先进单位；

2014年9月，被省国土资源厅评为优秀案卷；

2014年12月，被市政府评为永州市文明单位。

历任主要领导：

局　长　柏兴菊（1987年2月—1990年7月）

　　　　罗日旺（1990年8月—1993年3月）

蒋作文（1993 年 4 月—1998 年 4 月）
张慧国（1998 年 5 月—2000 年 9 月）
党组书记、局长　张慧国（2000 年 10 月—2002 年 1 月）
谢明仁（2002 年 2 月—2002 年 4 月）
党组书记　唐家波（2002 年 5 月—2007 年 9 月）
局　　长　谢明仁（2002 年 5 月—2006 年 11 月）
廖树清（2006 年 11 月—2007 年 9 月）
党组书记、局长　廖树清（2007 年 10 月—2012 年 12 月）
何永亮（2013 年 1 月—2016 年 11 月）
魏远明（2017 年 2 月起）

第十一节　道县国土资源局

1987 年 4 月 20 日，设立道县国土管理局。县征地拆迁办与县农业区划办一同并入县国土管理局。全县土地管理工作由分散、多头管理开始步入依法、全面、统一管理的轨道。国土管理局成立初期，1987 年建立 36 个乡镇国土管理所，1995 年撤区并乡后，36 个乡镇国土管理所变更为 26 个。

2002 年 7 月，县国土管理局与县地质矿产局合并，组建道县国土资源局。2016 年，乡镇拆并，26 个乡镇（街道）国土资源所变更为 23 个。2016 年 6 月，不动产登记改革，成立道县不动产登记中心，为国土资源局下属的副科级公益类事业单位。

道县国土资源局是主管全县土地资源、矿产资源等自然资源的规划、管理、保护、开发、合理利用和测绘管理的县政府工作部门，机构有内设职能股室、乡（镇）国土资源所、直属事业机构。2017 年，核定行政编制 13 名，局长 1 名，副局长 4 名，执法监察大队队长 1 名，行政股室 13 名（其中兼职 4 名），机关后勤服务事业编制 1 名。

至 2018 年底，全局有干部职工 237 人，其中在职人员 195 人，离退休人员 42 人。具有本科及以上学历 56 人。

获得的主要荣誉：

1990 年，被国家土地管理局评为国土管理先进县；

2007 年 4 月，被省国土资源厅评为地质灾害防治工作先进集体；

2011 年，被省国土资源厅评为国土资源综合调研信息工作先进单位；

2011 年，被省国土资源局厅评为第二次农村土地调查优秀成果二等奖；

2016 年，被省文明委评为省文明单位；

2017 年，被省国土资源厅评为 2014—2016 年度国土资源系统信访工作先进单位；

2018 年，被省国土资源厅评为永久基本农田划定表现突出单位；

2018 年，被省国土资源厅评为《湖南国土资源年鉴》编纂工作先进单位。

历任主要领导：

局　长　刘占琏（1987 年 4 月—1993 年 6 月）

　　　　蒋良佑（1993 年 7 月—2002 年 1 月）

　　　　朱宗炳（2002 年 2 月—2006 年 9 月）

　　　　朱宗炳（2006 年 10 月—2009 年 2 月，市国土资源局副调研员）

党组书记　蒋建俊（2002 年 3 月—2009 年 2 月）

党组书记、局长　蒋建俊（2009 年 3 月—2013 年 8 月）

　　　　　　　　蒋建俊（2013 年 9 月起，市国土资源局副调研员）

第十二节　蓝山县国土资源局

蓝山县国土资源局是主管全县土地资源、矿产资源等自然资源的规划、管理、保护与合理利用和测绘行政管理的县政府组成部门。其前身为 1987 年 10 月成立的蓝山县国土管理局。

2002 年 6 月，县国土管理局与县地矿局合并，组建蓝山县国土资源局。内设 14 个股室，下辖执法监察局、边贸分局、地矿办和不动产登记中心 4 个副科级事业单位，派出 9 个国土资源所和 1 个政务中心国土窗口。

截至 2018 年底，全局有干部职工 215 人，其中退休干部职工 50 人，在职干部职工 165 人（其中公益型岗位人员 3 人，临聘人员 6 人）。干部职工中研究生学历 2 人（全日制硕士研究生 1 人），本科学历 22 人。

获得的主要荣誉：

2000 年 1 月，被省政府授予“湖南省土地执法模范县区”荣誉称号；

2001 年，被国土资源部授予“全国土地执法模范县”荣誉称号。

历任主要领导：

党组书记、局长　雷源秋（1987 年 5 月—1999 年 5 月）
潘仲平（1990 年 6 月—1994 年 10 月）
唐基雄（1994 年 11 月—1998 年 3 月）
张立新（1998 年 4 月—2003 年 3 月）
廖选希（2003 年 4 月—2008 年 3 月）
何　眷（2008 年 4 月—2010 年 6 月）
黄积文（2010 年 7 月—2012 年 11 月）
蒋勇贤（2012 年 12 月—2016 年 3 月）
唐正生（2016 年 4 月—2018 年 1 月）
李琼孝（2018 年 2 月起）

第十三节　金洞管理区国土资源局

1984 年，金洞林场实行以场带乡、场乡联营，没有设立国土管理机构。1986 年 1 月，祁阳县成立征地拆迁办公室，管理国家建设及群众建房用地，金洞林场 7 个乡镇的农技员兼任村镇规划员，业务归祁阳县建委管理。1987 年 2 月，祁阳县撤销征地拆迁办，成立祁阳县国土管理局，金洞林场为适应非农业用地清查工作开展，成立零陵地区国营金洞林场国土管理办公室，各乡镇农技员兼任国土员，业务归祁阳县国土局管理。1992 年，7 个乡镇建立土地管理事务所，由各乡镇国土员兼任所长，业务仍归祁阳县国土局统一管理。1993 年 12 月 1 日起，金洞林场的土地由零陵地区国土局统一管理，各乡镇国土所业务归口金洞林场国土办管理。1995 年，建立零陵地区金洞林场国土城建管理科，2001 年，更名为永州市金洞林场国土资源城建科，2007 年，更名为永州市金洞管理区国土资源局，人事、业务归市国土资源局管理，财政归管理区管理。2010 年，各乡镇国土所人、财、物、业务归管理区国土资源局直接管理。

截至 2018 年底，金洞管理区国土资源局有机构 12 个，其中参公管理单位 2 个、全额拨款事业单位 9 个、经费自理单位 1 个（测绘队）。有干部职工 22 人，其中在职人员 19 人，离退休人员 3 人。大学及以上学历 11 人。

获得的主要荣誉：

2011 年 1 月，被省国土资源厅评为省第二次土地调查优秀成果奖。

历任主要领导：

主任　李旭峰（1987 年 3 月—1995 年 3 月）
主任、科长　周登族（1995 年 4 月—2003 年 6 月）
科长、局长　李冬虎（2003 年 7 月—2009 年 11 月）
局　长　邓开国（2009 年 12 月—2015 年 6 月）
　　　　刘保国（2015 年 7 月起）

第十四节　回龙圩管理区国土资源局

1985 年 6 月，回龙圩农场国土办成立。1986 年 1 月，回龙圩农场国土房产科成立。2002 年 3 月，农场体制改革，回龙圩管理区国土资源局成立。

截至 2018 年底，全局有干部职工 13 名，其中在职人员 9 人，离退休人员 4 人。本科及以上学历 4 人。瑶族 8 人。

历任主要领导：

主　任　曾宪定（1985 年 6 月—1985 年 12 月）
科　长　王陈桥（1986 年 1 月—1986 年 7 月）
　　　　陈德富（1986 年 8 月—1995 年 10 月）
　　　　李宋承（1995 年 11 月—2002 年 2 月）
局　长　李宋承（2002 年 3 月—2012 年 5 月）
　　　　朱建旺（2012 年 6 月起）

第十五节　湖南省核工业地质局三〇三大队

1956 年 2 月，湖南省核工业地质局三〇三大队在衡阳组建。1964—1999 年，队部搬迁至零陵地区（永州市）蓝山县。1999 年 9 月，搬迁至长沙市，是全国组建最早的铀矿地质勘查单位之一，原名第二机械工业部第三局三〇九队第八队，后称核工业部中南地质局三〇三大队，属地管理后称为湖南省核工业地质局三〇三大队。

建队 40 多年来，足迹遍及湘、粤、桂三省，先后向国家提交铀矿床 12 个，其中大型铀矿床 3 个（坌头铀矿床为全国第一个大型岩溶型铀矿床），中型铀矿床 2

个，小型铀矿床7个，累计提交铀矿工业储量万余吨。采用土法炼铀为中国第一颗原子弹提供燃料。

全队拥有总资产11299万元，净资产5308万元，其中生产性固定资产净值2299万元。有各类设备100余台套，主要为各类钻机钻具、测量、分析仪器、测井仪器、照相机、工程施工类其他机械设备、机加工设备等。现拥有区域地质调查甲级，液体矿产勘查甲级，地质钻探甲级，固体矿产勘查甲级，水文地质、工程地质、环境地质调查甲级，地质灾害危险性评估乙级，地质灾害治理工程施工甲级，工程类岩土工程、水文地质、工程测量甲级，地基与基础专业承包壹级等资质。三〇三大队以地矿为主业，每年承接国家财政资金、省财政资金、社会商业地质资金项目20余个。在四川、云南、新疆、青海等地设立了办事处。2010年以来，三〇三大队开拓海外市场，在赞比亚、秘鲁等地取得探矿权20余个。

截至2018年底，全队有职工总数1490人，其中离退休职工835人，在职职工655人。从事地勘工作人员410人，其中各类专业技术人员300余人，高级工程师48人，中级技术职称100余人。

获得的主要荣誉：

先后荣获“全国工交战线先进单位”“全国工业学大庆先进单位”等20多项国家、省、部级授予的先进单位称号，其中“伽玛相对场”的发明与应用、“大湾矿床的发现和勘探”获全国科学大会奖。1991年，被国家授予“全国地质勘查功勋单位”荣誉称号。2010年度获得省级文明单位称号。

第十六节　湖南省地勘局四〇九队

1961年10月，湘中队与邵阳地质局合并，建立湖南地质局四〇九队，队部设在邵阳地区洞口县。建队之初有干部、职工1034人。1962年1月，队部由洞口县迁至邵阳城南沙子坡。1965年2月，队部由邵阳地区搬迁至衡阳地区衡山县东湖。1965年5月，队部由衡山县东湖搬迁至零陵地区冷水滩零陵南路。

1996年7月，该队更名为地矿部湖南省地质矿产勘查开发局四〇九队。

截至2018年底，全队有干部职工664人，其中离退休职工312人，在职职工352人，在职人员中各类技术人员126人，其中高级职称18人、中级职称48人、初级职称60人。全队拥有11个甲级资质、12个乙级资质、3个无级别资质、3个建筑资质等技术资质，通过了质量管理体系、职业健康与安全管理体系和环境保护管理体系认证，具备地质勘探安全生产许可证和建筑施工安全生产许可证。

该队共普查勘探矿区（点）232个，累计提交报告207份。其中，勘探报告35份；详查评价报告15份；初查报告162份。矿点踏勘检查简报235份，其中：钢铁基本原料、金属矿产114份，燃料矿21份，有色金属矿45份，稀有分散、放射性金属矿产2份；冶金、化工、建材及特种非金属矿产53份。编制零陵地区1∶20万地质图、零陵地区矿产分布图。此外，提交综合区调报告11份，物探成果报告37份，水文工程地质报告31份。共完成钻探工作量360300.92米，槽探277075.15立方米，坑探4312.83米，浅井10397.75米。

至2015年，该队共提交地质报告314份，累计提交锰资源量19200万吨，锡资源量14800吨，铁资源量34947万吨，煤资源量20366万吨，高岭土资源量500万吨，锌资源量0.34万吨，三氧化钨7.17万吨，铅锌金属量67万吨，水泥灰岩资源量24540万吨。新发现各类矿产地20处。

该队先后完成100余项国家重点地质勘探项目，完成普查以上勘探矿区（点）240余处。探明道县祥林铺钨矿、零陵水埠头锰矿等17处大型矿床，邵东保和堂煤矿、桂阳白沙子岭锡矿等20处中型矿床。祁阳盆地锰矿整装勘查探获碳酸锰矿资源量过亿吨，在全省整装勘查工作中率先取得找矿突破。

获得的主要荣誉：

1977年，被省政府评为大庆式企业；

1981年，被省政府评为安全生产先进单位；

2000年，《热压金刚石钻头的研究与应用》被评为湖南省科学技术进步奖；

2003年，被中华全国总工会授予模范职工之家称号；

2011年，被评为湖南省文明单位；

2012年，南非开普省波斯特马斯堡地区测绘项目获湖南省优秀测绘工程奖；

2013年，“水埠头矿区锰矿普查”获省地勘局2011—2012年度地质科学技术奖地质找矿奖二等奖；

2014年，“南非开普省波斯特马斯堡地区LOMOTENG矿区PIN_2矿段锰矿详查”获省地勘局2013年度地质科学技术奖地质找矿奖二等奖；

2014年，甘肃省文县扎窝铅锌多金属矿区地形地质测量获湖南省优秀测绘地理信息工程三等奖；

2014年，被评为湖南省文明标兵单位。

历任行政主要领导：

唐荣海（1961年10月—1964年7月）

闫宏奎（1964年8月—1968年9月）

李贵生〈革委会主任〉（1968 年 10 月—1969 年 10 月）
朱　仲〈革委会主任〉（1969 年 10 月—1970 年 8 月）
范洪泉〈革委会主任〉（1970 年 9 月—1979 年 2 月）
李志胜（1979 年 3 月—1983 年 2 月）
张林祥（1983 年 6 月—1987 年 1 月）
彭建红（1987 年 2 月—1990 年 7 月）
叶爱斌（1990 年 8 月—1990 年 11 月代队长）
叶爱斌（1990 年 12 月—1993 年 4 月）
陈三新（1993 年 5 月—1997 年 4 月）
陈新平（1997 年 5 月—1998 年 11 月）
彭建红（1998 年 12 月—2001 年 6 月）
胡承建（2001 年 7 月—2010 年 11 月）
廖凤初（2010 年 12 月起）
历任党委主要领导：
韩本全（1961 年 10 月—1962 年 6 月）
朱　仲（1962 年 7 月—1964 年 7 月）
金有德（1964 年 8 月—1965 年 3 月）
朱　仲（1965 年 4 月—1971 年 11 月
范洪泉（1971 年 12 月—1983 年 1 月）
罗雨田（1983 年 2 月—1985 年 11 月）
彭建红（1985 年 12 月—1987 年 1 月副书记主持工作）
张林祥（1987 年 2 月—1988 年 5 月）
彭建红（1988 年 6 月—1990 年 7 月）
汤鼎明（1990 年 8 月—1993 年 5 月副书记主持工作）
汤鼎明（1993 年 6 月—2004 年 2 月）
胡承建（2004 年 2 月—2004 年 11 月队长主持党委工作）
易祥成（2004 年 12 月—2005 年 6 月副书记主持工作）
胡承建（2005 年 7 月—2008 年 7 月）
易祥成（2008 年 8 月—2016 年 7 月）
蒋佑民（2016 年 8 月起）

第十七节　湖南省煤田地质局第三勘探队

1964年5月，湖南省煤炭工业局生产地质勘探队成立，队部设在长沙市省煤炭工业局内，由省煤炭工业局管辖。当时有职工192人。建队初期，中共的组织不健全，全队只有1人负责中共党务工作，队长1人。队部没有建立科室，只配备了财务、总务、调度和专业技术人员。随着规模的扩大，1972年2月18日，按组织程序成立党委。

1966年12月，队部由长沙迁往郴州地区永兴县马田圩镇，1970年3月，为加强湘桂沿线煤田地质勘探，队部由永兴县马田圩迁入零陵地区零陵县冷水滩镇西侧白竹亭大队。1975年2月15日，更名为省煤田地质勘探公司第三勘探队。1991年省煤田地质勘探公司更名为湖南煤田地质局，上收归口国家煤炭部直属管理，第三勘探队随之上收，队名未变。1998年，省煤田地质局由国家煤炭部管理改为省管，第三勘探队即更名为湖南煤田地质局第三勘探队。2003年，更名为湖南省煤田地质局第三勘探队。

省煤田地质局第三勘探队，属全额拨款事业单位。队部位于永州市冷水滩区珍珠路256号，占地104.36亩。

截至2018年底，全队有干部职工598人，其中离退休人员329人，在职人员269人。在职职工中各类专业技术人员89人，其中高、中级职称49人。

省煤田地质局第三勘探队持有气体矿产勘查甲级、固体矿产勘查甲级、地质钻探甲级、地质灾害治理工程甲级勘查、地质灾害危险性评估甲级单位、地质灾害治理工程甲级施工单位、地质灾害治理工程甲级设计单位、工程勘察乙级、测绘乙级、水工环地质调查乙级、液体矿产勘查乙级、区域地质调查乙级、地球物理勘查乙级、地质钻（坑）探（坑探）乙级等7个甲级、7个乙级资质以及地质勘探（非煤矿山）安全生产许可证。通过了GB/T19001—2000—ISO9001：2000和GB/T28001—2001质量体系认证、安全体系认证和环境管理体系认证。主要从事资源勘查、地质灾害勘查与施工，同时在矿山技术服务、工程地质勘察、基础工程、测绘、轻质建材生产的施工等业务方面也有先进经验，是一支技术密集型、多专业综合性的地勘队伍。至2017年底，为国家提交大、中型矿产地质报告70余件，探明煤炭资源储量3.8亿吨，曾远赴非洲坦桑尼亚、阿尔及利亚和刚果（布）以及东南亚国家承担煤田地质勘探援助项目。2015年，通过湖南省职业安全健康协会审批，获得安全生产标准化二级企业

（地质勘查），编号：湘AQBDZH201500012。连续5年被评为省级“重合同守信用单位”。

获得的主要荣誉：

2013年3月，获国土资源部颁发的全国矿产资源利用现状调查先进集体奖；

2013年3月，被中国煤矿体育协会评为2012年全国煤矿全民健身万里行活动先进单位；

2013年、2014年、2015年连续三年被中共永州市委、永州市人民政府评为安全生产先进单位；

2013年11月，被中共永州市委评为永州市十佳学习型党组织。

历任党政主要领导：

总支书记　董发成（1965—1970年7月）

队　　长　郭潮江（1965—1970年7月）

党委书记　史正春（1971年2月—1982年12月）

队　　长　周孝生（1971年3月—1981年12月）

　　　　　刘文达（1982年1月—1983年1月）

党委书记　刘文达（1983年1月—1987年9月）

队　　长　李先任（1984年8月—1986年7月）

　　　　　姚念明（1987年2月—1988年5月）

党委书记　刘应龙（1987年10月—1988年5月）

　　　　　樊绍宗（1988年6月—1991年5月）

代理队长　丁培灿（1988年9月—1989年1月）

队　　长　周本云（1989年2月—1992年9月）

党委书记　倪立贵（1991年6月—2005年12月）

队　　长　倪立贵（1992年10月—1993年1月）

　　　　　童武成（1993年2月—2003年11月）

　　　　　曹新苗（2003年11月—2013年4月）

党委书记　曹新苗（2006年1月—2013年3月）

　　　　　何立宏（2013年4月起）

队　　长　吴新桥（2013年4月起）

附 录

一、重要文献辑录

1. 关于成立零陵地区国土管理局的通知（零编发〔1987〕4号）

2. 关于调整零陵地区地方志编纂委员会办公室机构级别及国土管理局归属问题的通知（零编发〔1987〕17号）

3. 印发《零陵地区城镇国有土地使用权管理暂行办法》的通知（零署发〔1993〕2号）

4. 中共永州市委永州市人民政府关于确立市、区国土管理体制有关事项的通知（永发〔1996〕4号）

5. 永州市人民政府关于加强城市规划区内土地一级市场管理的通知（永政发〔2000〕12号）

6. 中共永州市委永州市人民政府关于永州市城市规划区集中开展土地市场清理整顿的通知（永发〔2001〕20号）

7. 永州市人民政府印发《关于永州市城市规划区土地市场清理整顿若干问题的处理办法》的通知（永政发〔2001〕16号）

8. 永州市人民政府关于印发《永州市城市规划区土地管理暂行规定》的通知（永政发〔2002〕5号）

9. 永州市人民政府关于国土资源管理体制改革的实施意见（永政发〔2004〕31号）

零陵地区编制委员会文件

零编发〔1987〕4号

关于成立零陵地区国土管理局的通知

为了加强对全区土地资源的调查规划和综合开发，加强对土地的集中统一管理，根据湘政办发〔1986〕34号文件精神，经“地委”、“行署”研究并报省编委批准，将现设在地建委的征地拆迁办公室、农村经济委员会管理的农业区划委员会办公室、农业局所属的土地管理站等机构合并，成立零陵地区国土管理局，为“行署”的直属机构（局级），归农村口管理，下设办公室、土地管理科、区划科（对外保留零陵地区农业区划委员会办公室的牌子）。暂定事业编制十五名（包括从合并的机构划拨的11名，即区划办5名、征地拆迁办3名、土地管理站3名）。

地区国土管理局的主要职责按照湘政办发〔1986〕34号文件的规定执行。

各县（市）的国土管理机构，可按此精神由各县（市）委、政府研究确定后设置，报“地委”、“行署”备案。

零陵地区编制委员会

一九八七年二月六日

零陵地区编制委员会文件

零编发〔1987〕17 号

关于调整零陵地区地方志编纂委员会办公室机构级别及地区国土管理局归属问题的通知

“地委”决定：

一、零陵地区地方志编纂委员会办公室由科级事业单位调整为处级事业单位，归口“行署”办公室管理；其编制由原三名调整为十五名（事业）。

二、地区国土管理局改归“行署”办公室管理。

特此通知。

零陵地区编制委员会

一九八七年四月十七日

湖南省零陵地区行政公署文件

零署发〔1993〕2号

印发《零陵地区城镇国有土地使用权管理暂行办法》的通知

各县市人民政府，地直各单位：

现将《零陵地区城镇国有土地使用权管理暂行办法》印发给你们，希认真贯彻执行。

湖南省零陵地区行政公署

1993年3月12日

零陵地区城镇国有土地使用权管理暂行办法

第一章　总则

第一条　为了推进我区土地使用制度改革，加强城镇国有土地使用权的管理，促进城市建设和经济发展，根据（中华人民共和国城镇国有土地使用权出让和转让暂行条例》(以下简称《暂行条例》）和国家有关法律、政策规定，制定本办法。

第二条　按照土地所有权与使用权分离的原则，本区实行城镇国有土地使用权出让和转让制度，但地下资源、埋藏物和市政公共设施除外。本办法所称城镇国有土地，是指对本区所属市、县城、建制镇、农村集镇，独立工矿区的规划范围内属于全民所有的土地。(以下简称土地)

第三条　凡国内外的公司、企业、其他组织和个人，除法律另有规定的外，均可依照本办法的规定取得土地使用权，进行土地开发、利用、经营。

第四条　依照本办法取得土地使用权的土地使用者，其土地使用权在使用年限内，可以依法转让、出租、抵押和继承，或者用于法律允许的其他经济活动，其合法权益受国家法律保护。

第五条　土地使用者开发、利用、经营土地的活动，应当遵守国家法律、法规，符合城市规划要求，不得损害公共利益。

第六条　“行署”国土管理部门和市、县人民政府国土管理部门主管本行政区域内土地的统一管理工作，并依法对土地使用权的出让、转让、出租、抵押和终止进行监督检查。

第二章　土地使用权出让

第七条　土地使用权出让是指市、县人民政府以土地所有者的身份将土地使用权在一定年限内让与土地使用者，并由土地使用者向市、县人民政府支付土地使用权出让金的行为。

第八条　土地使用权出让地块的位置、面积、用途、年限、用地规划等，由市、县国土管理部门会同规划、房产等管理部门共同拟订方案，按照国家建设用地的审批程序和权限审批后，由国土管理部门实施。

第九条　土地使用权出让，按照平等、自愿、有偿的原则，由市、县人民政府国土管理部门（以下简称出让方）与土地使用者签订出让合同。

第十条 土地使用权出让的最高年限按《暂行条例》第十二条执行，出让方式可采用协议、招标、拍卖三种。

第十一条 协议出让按下列程序办理：

（一）土地使用者持有效的建设项目设计任务书或者其他批准文件向国土管理部门申请，经国土管理部门审查同意后作出用地计划安排，并发给预约用地通知书；

（二）土地使用者持预约用地通知书到规划管理部门申请选址定点，办理建设用地现划许可证，（国土管理部门可参与规划部门的选址定点和用地规划审查）；

（三）土地使用者持建设用地规划许可证，到国土管理部门办理土地报批手续，由国土管理部门核定用地面积，划定用地红线，交付土地使用权出让金15%的定金后，签订出让合同；

（四）土地使用者按合同规定交付全部出让金后，15日内到国土管理部门办理土地使用权登记手续，领取土地使用证；

第十二条 招标出让按下列程序办理：

（一）市、县国土管理部门会同计划、城建、财政、物价等部门编制招标文件，发布招标公告或招标通知书；

（二）投标者购买或领取招标文件，交付投标保证金，按规定时间，密封报送投标书；

（三）国土管理部门会同编标部门及有关专家组成评标委员会，对有效标书进行评审，确定中标者，由国土管理部门发出中标证明书；

（四）中标者持中标证明书在规定日期内与出让方签订出让合同，在规定期限内不签订出让合同的，取消中标资格，保证金不予退还；

（五）中标者按合同规定支付全部出让金后，15日内到国土管理部门登记，领取土地使用证。

第十三条 拍卖出让按下列程序办理：

（一）国土管理部门会同计划、城建、财政、物价等部门编制拍卖文件，发布拍卖公告；

（二）竞买者购买或领取拍卖文件，按规定时间持单位证明或居民身份证到指定地点报名，并交付保证金后领取应价牌；

（三）出让方主持拍卖，经过叫价应价，确定出价最高的为土地使用者，当场与国土管理部门签订出让合同，按合同规定交付全部出让金后，15日内到国土管理部门登记，领取土地使用证。

第十四条 中标者或拍卖成交者所交的保证金，可以充抵出让金。未中标者和竞买未成交者所交保证金，在决标和拍卖成交次日起 5 日内原数退还（不计利息）。

第十五条 土地使用者应在出让合同签订后 60 日内支付全部土地使用权出让金，逾期未全部支付的，出让方有权解除出让合同，并依法请求违约赔偿。

开发企业可按照出让合同规定以开发指定区域国有土地或指定建造的公共建筑等方式抵付出让金。

第十六条 出让方应按照合同规定，提供出让土地使用权，未按合同规定提供土地使用权的，土地使用者有权解除合同，并可请求违约赔偿。

第十七条 土地使用者应按照土地使用权出让合同的规定和城市规划的要求开发、利用、经营土地。

第十八条 土地使用者需要改变出让合同规定的土地用途和规划要求的，应征得国土管理部门同意，报城市规划部门认可，重新签订出让合同，调整土地使用权出让金，并办理登记手续。

第三章 土地使用权转让

第十九条 土地使用权转让是指土地使用者将土地使用权单独或者随同地上建筑物，其他附着物转移给他人的行为，包括出售、交换和赠与。

第二十条 土地使用权转让需同时具备下列条件：

（一）具有土地使用权出让合同。再次转让的还应有前一次转让合同；

（二）持有国有土地使用证；

（三）已按出让合同规定的期限和条件投资开发、利用土地或投入开发资金达到投资总规模的 30%。

第二十一条 土地使用权转让应当签订转让合同，转让时，出让合同和登记文件中载明的权利和义务随之转移。

第二十二条 土地使用者通过转让方式取得的土地使用权，其使用年限为出让合同规定的使用年限减去原土地使用者已使用年限后的剩余年限。

第二十三条 土地使用权转让时，其地上建筑物及其他附着物所有权随之转让。土地使用权分割转让的，不得影响合同规定的土地用途。

第二十四条 土地使用者转让地上建筑物、其他附着物所有权时，其使用范围内的土地使用权随之转让。但地上建筑物、其他附着物作为动产转让的除外。

同一建筑物分割转让，各房产所有人占有相应比例的土地使用权。但同一建筑物所占用的土地，其使用权整体不可分割。

第二十五条 土地使用权和地上建筑物、其他附着物所有权转让，双方当事人应当在转让合同签订后 15 日内到国土管理部门和房产管理部门分别办理变更登记，换发土地使用证和房屋所有权证。未办理土地变更登记的，土地使用权转让无效。

第二十六条 土地使用权转让时，因公共利益需要或价格明显低于市场价格的，市、县人民政府国土管理部门有优先购买权。

第二十七条 土地使用权转让时或转让后，需要改变土地使用权出让合同规定的土地用途或规划要求的，应依照本办法第十八条的规定办理。

第四章 土地使用权出租

第二十八条 土地使用权出租是指土地使用者作为出租人，将土地使用权单独或随同地上建筑物、其他附着物租赁给承租人使用，由承租人支付租金的行为。

未按土地使用权出让合同规定的期限和条件投资开发利用土地的，土地使用权不得出租。

第二十九条 土地使用权出租，出租人与承租人应当签订租赁合同，并抄送国土管理部门一份。租赁合同不得违背国家法律、法规和土地使用权出让合同的规定。

第三十条 出租土地使用权和地上建筑物、其他附着物，出租人应持租赁合同在 15 日内到国土管理部门和房产管理部门分别办理登记手续，领取出租登记证。未进行登记的租赁无效。

第三十一条 土地使用权随同地上建筑物、其他附着物出租，其租价超出国家规定的指导价的，出租人必须向同级财政交付土地增值费。

第三十二条 土地使用权出租后，出租人必须继续履行土地使用权出让合同。

第五章 土地使用权抵押

第三十三条 土地使用权可以抵押。

土地使用权抵押，是指土地使用者提供可供抵押的土地使用权作为按期清偿债务的担保行为。

第三十四条 土地使用权抵押时，其地上建筑物及其他附着物随之抵押；地上建筑物、其他附着物抵押时，其使用范围内的土地使用权随之抵押。

第三十五条 土地使用权抵押，抵押人与抵押权人应签订抵押合同，并到国土管理部门和有关部门分别办理登记手续。抵押合同不得违背国家法律法规和土地使用权出让合同的规定。

第三十六条 抵押人到期未能履行债务或者在抵押合同期间宣告解散、破产的，抵押权人有权依照国家法律法规和抵押合同的规定处分抵押财产。

因处分抵押财产而取得土地使用权和地上建筑物、其他附着物所有权的，须在15日内向国土管理部门和有关部门申请，分别办理变更登记手续。

第三十七条 处分抵押财产所得，抵押权人有优先受偿权，抵押权人之间的优先顺序以在土地管理部门登记的顺序为准。

第三十八条 抵押权因债务清偿或者其他原因而消失的，当事人应向土地管理部门办理注销抵押登记。

第六章 土地使用权终止

第三十九条 土地使用者因土地使用权出让合同规定的使用期限届满、提前收回及土地灭失等原因而终止。

第四十条 土地使用权期满，土地使用权由批准出让的国土管理部门收回，土地使用者应交还土地使用证，并依照规定办理注销登记。其地上的建筑物、其他附着物所有权由市、县人民政府无偿取得。

第四十一条 土地使用权期满，土地使用者可以申请续期。需要续期的，应在期满前6个月内提出申请，经审查后，按本办法第二章的规定重新签订合同，支付土地使用权出让金，并办理土地续期登记手续。

第四十二条 市、县人民政府对土地使用者依法取得的土地使用权不得提前收回。在特殊情况下，根据社会公共利益的需要，市、县人民政府可依照法定程序提前收回土地使用权，并根据土地使用者已使用的年限和开发、利用土地的实际情况给予相应的补偿。

第七章 划拨土地使用权

第四十三条 划拨土地使用权，是指土地使用者通过各种方式依法无偿取得的土地使用权。

第四十四条 符合《暂行条例》第四十五条规定的，划拨土地使用权和地上建筑物，其他附着物所有权可以转让、出租、抵押。不符合《暂行条例》第四十五条规定的，不得转让、出租、抵押。

第四十五条 划拨土地使用权转让，转让方应按规定的基准地价的一定比例补交出让金；划拨土地使用权出租，出租方应按规定的基准地价的年平均额的一定比例补交出让金。

第四十六条 市、县人民政府可以根据城市建设发展需要和城市规划的要求，依照法定程序无偿收回划拨土地使用权，并可依照本办法规定予以出让。

第四十七条 土地使用者因迁移、解散、撤销、破产或者其他原因而停止使用土地的，国土管理部门应报请同级人民政府批准无偿收回其划拨土地使用权，并依照本办法的规定可以出让。无偿收回土地使用权时，对其地上建筑物、其他附着物，应当按照重置价格结合成新给予适当补偿。

第八章　奖罚

第四十八条　对在国有土地使用权出让、转让中作出贡献的单位和个人，由市、县人民政府给予表彰和奖励。

第四十九条　土地使用者未按使用权出让合同规定的期限和条件开发利用的，国土管理部门应给予警告，责令限期改正或处以罚款，直至无偿收回土地使用权。

第五十条　土地使用者转让或出租行政划拨土地使用权，拒绝补交土地出让金的，除责令补交出让金外，并处出让金10%~30%的罚款。

第五十一条　对未经批准擅自转让、出租、抵押划拨土地使用权的单位和个人，由市、县国土管理部门没收非法收入。并根据情节处以非法收入20%~50%的罚款。

第五十二条　当事人隐瞒、少报转让、出租、抵押全额的，国土管理部门除责令补交外，并对双方当事人各处以隐瞒、少报部分1~2倍的罚款。

第五十三条　当事人对行政处罚决定不服的，可在收到处罚决定书之日起15日内向上一级行政机关申请复议，当事人对复议决定不服的，可在收到复议决定书之日起15日内向人民法院起诉，也可以直接向人民法院起诉。逾期不申请复议，也不向人民法院起诉，又不履行处罚决定的，由作出处罚决定的机关申请人民法院强制执行。

第五十四条　严重妨碍执行公务或侮辱、殴打执法人员的，由公安机关依照治安管理法规进行处罚，构成犯罪的，依法追究刑事责任。

第五十五条　国土管理部门工作人员玩忽职守，滥用职权，徇私舞弊的，视其情节，由所在单位或上级主管机关给予行政处分，构成犯罪的，依法追究刑事责任。

第九章　附则

第五十六条　基准地价标准、协议出让土地使用权的出让金标准、行政划拨土地使用权的转让、出租补交出让金标准以及本办法规定的有关收费标准，由市、县人民政府召集物价、财政、国土等部门，根据本地实际情况制定具体标准。

第五十七条　依照本办法收取的土地出让金、土地增值费、罚款和没收非法所得，由国土管理部门代收，统一上交同级财政。

第五十八条　外商投资从事开发经营成片土地，其土地使用权管理，依照国务院《外商投资开发经营成片土地暂行管理办法》的有关规定执行。

第五十九条　本办法自公布之日起实施。

第六十条　本办法由“行署”法制办负责解释。

零陵地区行政公署

一九九三年二月一日

中共永州市委文件

永发〔1996〕4号

★

中共永州市委　永州市人民政府
关于确立市、区国土管理体制有关事项的通知

各县、区委和人民政府，市委、市政府各部委，市直有关单位：

为了适应撤区建市后国土管理工作的需要，根据有关法律法规和政策规定，结合我市实际，现就确立新的市、区国土管理体制的有关事项通知如下：

一、设立水州市国土管理局，统一管理全市土地、地籍地政、国土整治、农业区划和测绘工作，直接管理芝山、冷水滩两区城市规划区内和市属农林场所的土地。在两区城市规划区内设立七个正科级直属管理所（朝阳、南津渡、七里店、岚角山、梅湾、虎岩、凤凰园管理所），由市局直接管理。金润林场和回龙圩农场原设立的国土管理科不变，以场管为主，市局协管。

二、在两个区分别设立永州市国土管理局芝山分局、永州市国土管理局冷水滩分局。分局由市局授予除建设用地审批和土地出让以外的县级土地管理权，管理城市规划区以外的土地。两区在城市规划区以外的建设用地和土地出让，使用市局核发的批准文件和出让合同，委托分局在县级权限内代办，并报市局备查。城市规划区以外的土地出让金全部返回区里，用于农村集镇基础设施建设和土地开发。分局的人、财、物以区管为主，市局协管。

三、城市规划区以外的两区农村乡镇国土所，按原设立的不变，依法管理本乡镇的土地。国土所以分局管理为主，乡镇参与管理，其党团关系由乡镇管理。

四、在城市规划区内，为两区各提供一块适当面积的土地兴办工业小区，其土地出让金全部返回，用于小区建设。小区土地管理权仍在市局。

五、搞好工作移交及机构组建。

（一）两区原国土局和凤凰园国土管理机构的公章一律立即上交市局。其中用于土地管理的公章，使用截止日期为 1995 年 12 月 15 日。市局从 1995 年 12 月 16 日起对城市规划区内的土地行使直接管理权。新组建的分局和直属所的行政、业务印章一律由市局制发。

（二）两区原国土局及凤凰园国土管理机构的人、财、物清册和档案资料于 1996 年 7 月底以前全部移交市局（其中人员以 1995 年 12 月 13 日以前正式在编的为准），然后再根据市局、分局、直属所组建需要，统一划分和安排。

（三）市局制订新机构的组建方案，经市政府批准，于 1996 年 9 月底以前组建好。

（四）市政府组织土地清理小组，由市国土局牵头，市、区有关单位参加，对两区城市规划区内的土地进行清理，依法处置，年底前基本完成。

新的体制建立后，市、区国土部门应各司其职，协调配合，相互支持，搞好国土管理。

中共永州市委

永州市人民政府

一九九六年六月十八日

永州市人民政府文件

永政发〔2000〕12号

永州市人民政府关于加强城市规划区内土地一级市场管理的通知

芝山、冷水滩区人民政府，凤凰园经济开发区，市直各单位：

为了加强城市规划区内土地一级市场的管理，充分发挥土地资产效益，促进中心城市建设和经济发展，根据《中华人民共和国土地管理法》《中华人民共和国城市房地产管理法》的有关规定，结合我市实际，特作如下通知：

一、除兴办乡镇企业、村民建设住宅、乡（镇）、村公共设施和公益事业建设，经依法批准使用农民集体所有的土地外，在城市规划区内，任何单位和个人进行建设必须依法申请使用国有土地。用于非农业建设的集体土地不得进入市场交易。

二、市政府高度垄断土地一级市场。凡城市规划区内的建设用地一律由市政府实行统一规划、统一征地，统一开发、统一出让或划拨、统一管理，任何单位和个人不得从事土地一级市场的经营活动。对现有建设用地，由市国土管理部门组织力量进行清理。

三、城市规划区内的各类建设用地必须符合土地利用总体规划和城市建设规划。修建性详细规划要根据市政府的年度土地利用计划及时编制。经批准的各项规划，任何单位和个人不得擅自改变，确需调整时，应按程序报原审批机关批准。

四、城市规划区内新增建设用地，凡需征用农民集体所有土地的，一律由市国土局代表市政府进行统一征用，根据不同地段确定安置补偿标准，其他任何单位或个人不得向村、组或农村集体经济组织买地和协商征地补偿等事项。芝山、冷水滩区人民政府和凤凰园经济开发区管委会要协助做好有关工作。

城市规划区内的乡（镇、办事处）、村（居委会）及其他部门在征地过程中不得收取超出国家规定的任何费用。被征用土地的农村集体经济组织，应当服从国家建设用地需要，遵守国家有关征地规定，不得提出政策规定外的要求。

五、各类建设使用国有土地，除有明文规定可以划拨以外，一律通过出让等有偿使用方式提供使用权。

土地出让必须有计划地进行。土地出让年度计划由市国土局会同市计划、财政、规划等部门及凤凰园开发区、萍洲工业小区、冷水滩工业小区制订，经市人民政府批准后予以公布。

出让土地可以采取拍卖、招标或者双方协议的方式。其中有条件的，必须采取拍卖、招标方式；不能采取拍卖、招标方式的，可以采取双方协议的方式。土地的招标拍卖由市国土局组织专门公司实施，其他任何单位不得从事土地一级市场招标拍卖活动。

土地有偿使用必须由市国土局与土地使用者签订合同。

六、凤凰园经济开发区、萍洲工业小区、冷水滩工业小区范围内土地出让的前期工作由市国土局分别委托凤凰园国土分局、芝山国土分局、冷水滩国土分局办理。上述三区域的土地开发分别委托所在区域的管委会组织实施。

七、逐步建立和完善以基准地价为主体的地价体系，实行地价统一管理。基准地价由市国土局会同市物价、财政、规划管理部门组织评定，报市人民政府批准颁布，每二至三年更新一次。

宗地出让底价必须经有资质的土地估价机构评估，由市国土局确认，其中以协议方式出让的价格须报市长办公会议或市人民政府常务会议审查批准。

八、土地有偿使用费及相关费用统一由市国土局负责收取，缴市财政专户管理。其中属凤凰园经济开发区、萍洲工业小区、冷水滩工业小区范围内的土地（不包括市以上国家重点工程建设及开发用地）有偿使用费，除上缴中央、省里外全部返回，按规定的用途使用。土地有偿使用费的收、缴、管、用由市财政局会同有关部门制订具体实施办法，报市人民政府批准后执行。

九、行政划拨土地用于自行经营、出租、转让、抵押的，应补办土地出让手续，补交土地出让金或逐年收取土地收益金。收益金收取的标准及办法由市国土局会同有关部门制订，报市人民政府批准后执行。

十、经批准的建设用地，土地使用者必须按批准的用途，条件和期限开发利用土地，未按批准的用途、条件和期限开发利用土地的，按以下规定处理：

（一）凡擅自改变土地用途的，除依法处罚外，还必须按程序报原审批机关重新办理审批手续，并按新批准的用途补交出让金及相关费用。

（二）以出让方式获得土地使用权的，未达到转让条件，擅自转让土地使用权的，没收违法所得并处以罚款。

（三）凡闲置满一年（从批准之日起）的土地，要向土地使用者征收闲置费。其中以划拨方式提供使用权的土地，按该宗土地征地总费用20%征收闲置费；以出让方式提供使用权的土地，按该宗土地使用权出让金的15%征收闲置费。如果土地使用者愿意由市政府原价提前收回土地使用权，不征闲置费。

（四）凡闲置时间满二年（从批准之日起），不论是以划拨方式，还是以出让方式提供使用权的，原则上无偿收回使用权，重新安排使用。若不是土地使用者自身原因造成的闲置，允许从通知之日起，积极具备开工条件，3个月内开工建设。若逾期仍不开工的，要无偿收回土地使用权，注销原批准文件。土地上属土地使用者所有的建、构筑设施，能搬迁的自行搬迁，不能搬迁的，可给予适当补偿。

十一、必须按规定权限审批土地，依法提供土地使用权。

（一）下列建设用地，经市人民政府分管领导审查后，数量较少的报市长审批，数量较大或影响较大的，必须提交市人民政府常务会议审批：

1. 市以上国家重点工程新增建设用地；
2. 需要以行政划拨方式提供使用权的建设用地；
3. 以土地作价抵付工程款；
4. 国有企业改革中土地资产的处置；
5. 收回闲置土地；
6. 调剂、置换土地价值在100万元以上或土地面积在10亩以上的土地。

（二）上述所列以外的国家建设用地以及乡（镇）、村集体建设用地、个体私营企业用地，由市政府分管领导代表市人民政府审批。

（三）居民及村民个人建住宅用地授权市国土局审批，每半年向市政府报告一次审批情况。

（四）经批准的各类建设用地必须由市人民政府土地登记发证办公室依法登记，提供土地使用权。

十二、市政府建立土地储备制度，通过建设用地的整理、征用、收回、置换、调剂等方式，保持一定的土地储量并适度开发，适时投放市场，满足建设用地的需要，提高土地价值和利用率。土地储备金由市国土局通过滚动开发解决。

十三、市土地执法监察和规划监察机构要对建设用地使用情况进行经常性的巡回检查，及时制止和处理土地违法行为。芝山、冷水滩区人民政府和凤凰园经济开发区管委会协助做好有关工作。

永州市人民政府

二〇〇〇年六月二十六日

中共永州市委文件

永发〔2001〕20号

★

中共永州市委　永州市人民政府
关于永州市城市规划区集中开展土地市场
清理整顿的通知

芝山区、冷水滩区、凤凰园经济开发区，市直各机关、企事业单位，中央和省驻永各单位：

为规范土地市场秩序，强化土地资产管理，促进城市建设和经济发展，根据国发〔2001〕15号、湘政发〔2001〕15号文件精神和《湖南省国土资源厅关于集中开展土地市场清理整顿的通知》规定，市委、市政府决定，在永州市城市规划区范围内集中开展土地市场清理整顿。现就有关事项通知如下：

一、目的和意义

这次集中开展土地市场清理整顿，其目的在于政府垄断土地一级市场，回收闲置土地，打击土地违法交易行为，防止国有土地资产流失，遏制土地管理中违法违纪问题发生，优化土地资源配置，建立土地招标、拍卖的公开、公平、公正交易机制，增加财力，促进经济发展。清理整顿土地市场是坚持依法行政，依法治市的重大举措；是提高经营城市水平，筹措建设资金，加快中心城市建设步伐，促进全市经济发展的重要方面；是解决历史遗留问题，维护社会稳定，规范经济秩序的重要途径；是贯彻落实党的十五届六中全会精神，推进党的作风建设和廉政建设的重要措施；是落实省委省政府交给我们的一项严肃的政治、经济任务。各级各部门要充分认识清理整顿土地市场的重大意义，真正把清理整顿土地市场作为一件大事来抓。通过清理整顿，使永州市城市土地市场步入良性发展轨道。

二、范围和内容

这次土地市场的清理整顿的范围，为 1992 年 1 月 1 日以来永州市城市规划区内的土地，因涉及重大案件可追溯到 1992 年以前。

清理的内容：

（1）超出法定范围划拨供地特别是经营性项目用地以划拨方式供地的；

（2）原划拨土地转为经营性用地（含转让、出租等），但未按法律规定向政府缴纳土地收益的；

（3）出让国有土地（含国有企业改革土地资产处置）违背国家规定的基准地价的计算原则，擅自减免地价的；

（4）改变用地条件（含改变用途、容积率），需补交地价而未补交，以及非法批准减免补交地价款的；

（5）未按法律规定和合同约定的条件，擅自转让以出让方式取得的国有土地使用权的；

（6）未经批准，擅自转让划拨土地使用权的；

（7）挤占挪用土地出让金、土地收益金、年租金等土地收益的；

（8）土地闲置的；

（9）以实物地租形式供地或联营联建的；

（10）以各种形式进行房地产开发的；

（11）未批占用的土地和违章建筑；

（12）其他违反土地管理法律法规行为的。

三、方法步骤

这次城市规划区土地市场清理整顿，采取市区二级分块的方法，在市委、市政府的领导下，统一时间、统一做法、统一处理政策、统一验收。在城市规划区内、芝山区范围内的土地以芝山区委、区政府清理为主；冷水滩范围内的土地，西区工业园和河东由市里直接清理，其他土地以冷水滩区委、区政府清理为主；凤凰园开发区范围内的土地以凤凰园开发区党委、管委会清理为主。芝山、冷水滩，凤凰园自行清理的土地收益，用于解决该区域土地遗留问题和城市基础设施建设。因清理不彻底、处理不到位，验收复查出来的问题，其土地收益收归市里。

清理整顿工作分自我申报、组织清查、处理兑现、建章建制四步进行。自我申报：1992 年 1 月 1 日以后，凡在城市规划区内的土地使用者（含征用、划拨、出让、转让、出租、抵押已办理和未办理土地手续的单位和个人）在指定的地点申报。芝山范围内的土地在芝山区国土分局申报，冷水滩范围内的土地，河西工业园和河东在市国土资源局申报，其他在冷水滩区国土分局申报，凤凰园范围内的土地在凤凰园国土分局申报。申报土地需带齐土地批准文书（土地使用证、建设用地批准、出让合同）和规划批准文书（规划许可证）。组织处理：清理工作人员分组分区域逐街逐路逐块进行清理。要造册登记，弄清每宗土地来源、面积、用途、四至手续，有无违法情况等，并写出调查报告。处理兑现：清理小组根据调查情况和处理办法提出处理意见，经市国土资源局初审，报市清理整顿领导小组审核，再依法处理兑现。建章建制：主要是出台建设用地供应总量控制制度、土地收购储备制度、土地使用权公开交易制度、基准地价定期更新和公布制度、土地登记查询制度土地证书查验制度、集体会审土地制度，建立有形的土地市场，通过地产交易中心和土地储备中心，规范土地管理。

四、工作要求

1. 为保证集中时间、集中力量搞好土地市场的清理整顿，在这期间，除正常办理建设用地和清理整顿中已处理到位经批准办理的手续外，其他手续停止办理。

2. 各单位和各用地户对土地清理要主动申报，出示有关手续，积极配合清理整顿工作。闲置土地在2001年12月31日前不申报登记的，视为无主土地，按有关法律法规处理。

3. 清理整顿工作人员要认真负责，深入细致，不走过场，要严守工作纪律，秉公办事，不得徇私舞弊；要接受群众监督，对发现的违法违纪案件坚决从严查处。对工作人员监督电话为：8327690，8358574；对违法用地的举报电话为：8368040，8326773。

4. 整个清理整顿工作原则上要求在2002年1月31日前结束，涉案土地的清理整顿可适当延长。

五、加强领导

土地市场的清理整顿法律、政策性很强，必须加强领导。市委、市政府决定：成立“永州市土地市场清理整顿领导小组”，由刘爱才任组长，伍华安为常务副组长，崔永平、谢朝月、邓香花、唐绩祚为副组长，张泽槐、钱国平、邓荣卿、唐定、周友元、唐际绍、唐定奇、杨建平、乔晋平、刘尤碧、廖才耀、陈杨革、宋仁彬、蒋明良为成员。领导小组下设办公室、清理组、法规组、办案组、财务组，办公地点设市国土资源局。

从国土资源、规划建设、财政、审计、监察、城管、房产、公安法院、抽调法律意识较强、政策水平较高，敢于负责的同志组成清理队伍，具体负责清查。芝山、冷水滩区和凤凰园开发区，都要成立领导班子，由主要领导挂帅，组织有关部门抓好整个清查工作。

各县土地市场的清理整顿工作，可参照市城市规划区的做法执行。

中共永州市委
永州市人民政府
2001 年 11 月 21 日

永州市人民政府文件

永政发〔2001〕16 号

永州市人民政府印发《关于永州市城市规划区土地市场清理整顿若干问题的处理办法》的通知

芝山、冷水滩区人民政府，凤凰园经济开发区，市政府各委局、各直属单位，市直各企事业单位，中央、省属驻市各单位：

《关于永州市城市规划区土地市场清理整顿若干问题的处理办法》已经市委、市政府研究同意，现印发给你们，请遵照执行。

永州市人民政府

二〇〇一年十二月一日

关于永州市城市规划区土地市场清理整顿若干问题的处理办法

根据土地管理有关法律法规，对市城市规划区内土地市场清理整顿中的有关问题，按以下办法处理：

一、对闲置土地的处理

本办法所称闲置土地，是指土地使用者依法取得土地使用权后，未经原批准用地的人民政府同意，超过规定的期限未动工开发建设的建设用地。

1. 凡在2001年12月31日前未向市、芝山区、冷水滩区土地行政主管部门和凤凰园国土管理分局申请登记的闲置土地，经公告满一个月无人出示土地使用权证书的，由市政府依法管理。

2. 单位搬迁或撤销后，原划拨土地使用权一律由市政府无偿收回。

3. 使用划拨土地的国有、集体企业破产、倒闭成改制形成的闲置土地，由市政府无偿收回，所获土地收益优先用作企业职工安置和养老保险。

4. 以出让等有偿使用方式取得的土地，有下列情形之一的，征收相当于土地使用权出让金总额15%的土地闲置费。

（1）超过建设用地批准书规定或者合同约定动工开发建设日期满一年未满二年没有动工开发建设的；

（2）建设用地批准书或者合同未规定动工开发建设日期的，自建设用地批准书颁发之日起或者合同生效之日起满一年未满二年没有动工开发建设的；

（3）已动工开发建设但开发建设的面积占应动工开发建设总面积不足三分之一或者已投资额占总投资额不足25%且未经批准中止开发建设连续满一年未满二年的。

5. 划拨土地自批准之日起未动工开发建设满一年未满二年的，按每平方米5元征收闲置费。

6. 有下列情形之一的，由市国土资源局报经市人民政府批准，依法收回土地使用权：

（1）行政划拨土地闲置满二年未使用的；

（2）已经办理审批手续的非农业建设占用耕地，连续二年未使用的；

（3）以出让等有偿使用方式取得土地使用权进行房地产开发满二年未动工开发

建设的；

（4）为实施城市规划进行旧城改建闲置土地满二年的。

7. 由于不可抗力或市政府承诺的事项未到位满一年未满二年的闲置土地，不征收闲置费；满二年的闲置土地，土地使用者可选择下列一种方式处置，限2001年12月31日前到市国土资源局办理有关手续：

（1）由市政府收回土地使用权经出让后返还本金和利息；

（2）延长开发建设时间，但最长不得超过一年；

（3）安排临时使用，待原项目开发建设条件具备后，重新批准开发，土地增值的，由政府收取增值地价；

（4）政府为土地使用者置换其他等价的闲置土地或者现有建设用地进行开发建设。

8. 涉及抵押到期或司法部门依法解冻的闲置土地，均按上述规定处理。闲置时间从到期或解冻之日起计算。

二、对违法用地行为的处理

9. 对非法转让土地的转让方，由市国土资源局没收违法所得，并处非法所得30%以下的罚款；对直接负责的主管人员和其他直接责任人员，依法给予行政处分；对情节严重，构成犯罪的，依法追究刑事责任。

10. 对非法转让土地的受让方，违反土地利用总体规划擅自将农用地改为建设用地的，由市国土资源局责令其限期拆除在非法转让的土地上新建的建筑物和其他设施，恢复土地原状；符合土地利用总体规划的，没收其土地上新建的建筑物和其他设施，并按转让方非法所得的20%以下罚款；对直接负责的主管人员和其他直接责任人员，依法给予行政处分；构成犯罪的，依法追究刑事责任。

11. 未经批准或者采取欺骗手段骗取批准，非法占用土地的，由市国土资源局责令退还非法占用的土地，对违反土地利用总体规划，擅自将农用地改为建设用地的，限期拆除在非法占用的土地上新建的建筑物和其他设施，恢复土地原状；对符合土地利用总体规划的，没收在非法占用的土地上新建的建筑物和其他设施，并处每平方米30元以下的罚款；对直接负责的主管人员和其他直接责任人员，依法给予行政处分；对非法占用耕地数量大的，依法追究刑事责任。

12. 少批多占的，多占的土地按本办法第11条处理。

13. 有下列情形之一的，其批准文件或者合同无效，土地由市政府无偿收回，并依法给予直接负责的主管人员和其他直接责任人员行政处分；构成犯罪的，依法追究刑事责任；由此给当事人造成损失的，应依法承担赔偿责任。

（1）不按照土地利用总体规划确定的用途批准用地的；

（2）无权批准征用、使用土地的单位或者个人非法批准占用土地的；

（3）超越批准权限非法批准占用土地的；

（4）违反法律规定的程序批准占用、征用土地的。

14. 在临时使用的土地上建设永久性建筑物和其他设施的，由市国土资源局责令其限期拆除，交还土地。

15. 有下列情形之一的，由市国土资源局责令其交还土地，处以每平方米10元以上30元以下的罚款：

（1）依法收回国有土地使用权（包括收回闲置土地），当事人拒不交还土地的；

（2）临时使用国有土地期满拒不归还的；

（3）不按照批准的用途使用土地的。

三、对以土地抵工程款问题的处理

16. 未经市政府同惠，以土地抵工程款尚未办理规划、用地手续的，一律不予认可，土地由市政府收回。但市政府领导有明确批示同意办理的，限抵款的工程承包者在12月31日前持市领导批示，与市建委签订的工程承包合同和市财政局对工程的预算、决算文件等资料到市规划建设局、市国土资源局办理规划、用地手续，逾期不再补办；所欠工程款由政府从出让该宗土地收益中支付。

17. 经市政府批准以土地抵工程款二年以内未开发动工建设的土地，因城市规划需要占用，由市土地行政主管部门与抵款的工程承包者共同商定收回方案，经市政府批准后收回；满二年仍未使用的土地，由市政府收回，出让后返还本金和利息。

四、对市、区设立的开发区、指挥部土地的处理

18. 开发区、指挥部与农民集体组织签订了征地协议并付清了土地补偿费的，且符合土地利用总体规划和城市规划的，开发区、指挥部应到市国土资源局补办征、转用手续；对已付了部分土地补偿费的土地，开发区、指挥部应到市国土资源局登记，依法处置。

19. 开发区、指挥部与用地单位或个人已签订了协议或合同，并收取了全部土地出让金，但未办理土地使用权出让手续，符合规划的，开发区指挥部或者用地户应按协议（合同）的约定到市国土资源局办理土地使用权出让手续，并加收原出让金总额2%的出让金。

20. 开发区、指挥部安置给征地拆迁户的土地，尚未办理用地手续的，开发区、指挥部或者征地拆迁户应按合同的约定到市国土资源局补办用地手续。

21. 开发区、指挥部未开发建设的土地一律由市政府收回。

五、对房地产用地的处理

22. 在划拨土地上进行商品房开发或旧城改建进行商品房开发未办理土地使用权出让手续的，房地产开发商应到市国土资源局办理土地出让手续，缴纳出让金；需要转让的依法办理土地转让手续。

23. 以开发经济适用住房（含安居工程）名义取得出让土地使用权进行商品房开发建设的，房地产开发商应到市国土资源局重新办理土地出让手续，并按现行基准地价的宗地评估价补足土地出让金。

24. 房地产开发商在出让土地上进行商品房开发出售，应办理分户转让手续。如合同约定是用户办理的，用户应到市国土资源局办理土地使用权转让手续。

25. 房屋买卖只办理了房屋产权变更手续，未办理土地转让手续的，买卖双方应到市国土资源局办理土地使用权变更登记手续。

26. 划拨土地的市直管公房产权转移未办理土地使用权转让手续的，使用者应持房屋产权证到市国土资源局补办土地使用权出让、转让手续。

六、对冷水滩西区工业园土地的处理

27. 鉴于洛湛铁路和永州新火车站的建设需要，市人民政府已决定对冷水滩西区工业园的规划和用地进行调整，任何单位和个人必须服从。

28. 1999 年 1 月 28 日前，已取得土地使用权尚未使用的，包括抵付工程款、偿还贷（债）款已办理规划、用地手续的土地，一律由市政府收回，出让后退还本金和利息。

29. 闲置土地、违法用地和非法占地的均按本办法有关条款处理。

30. 已办理规划、用地手续，并投资修建建筑物、构筑物的土地，符合现行规划要求的，可以不予收回；不符合现行规划要求的，收回土地使用权，给予适当补偿。

31. 凡土地发生转让，已经办理了合法转让手续的土地，根据规划的要求，按批准转让成交价格比照现行土地价格换算土地使用面积，重新安排用地。

七、对其他问题的处理

32. 单位搬迁或者撤销后，原划拨土地经市委、市政府同意安排给其他单位使用，尚未办理土地使用权手续的，使用单位应持市委、市政府会议纪要或市委、市政府领导的批示到市国土资源局补办用地手续；对擅自转让或安排其他单位使用的，限原划拨土地使用者在 2001 年 12 月 31 日前自行改正，将土地交回市政府。拒不改正的，没收违法所得，并处违法所得 50%以下的罚款，土地及土地上的建筑物和其他设施，由市政府无偿收回；对单位直接的主管人员和其他直接责任人员给予行政处分。给当事人造成损失的，应依法承担赔偿责任。

33. 有下列情形之一的，应当到市国土资源局依法办理划拨土地使用权出让手续，缴纳土地使用权出让金。1997 年 4 月 1 日以后发生的，经依法处罚后，再补办出让手续，缴纳土地使用权出让金：

（1）以划拨土地使用权与他方合作开发建设房屋分成的；

（2）以划拨土地使用权或者连同地上建筑物和其他附着物作价入股以及与他方合资经营的；

（3）以划拨土地使用权或者连同地上建筑物和其他附着物抵债的；

（4）以划拨土地使用权连同地上建筑物和其他附着物与他方易房、易物的。

34. 取得划拨土地使用权的单位，未经批准改变土地用途与性质，以及连同地上建筑物和其他设施由本单位进行经营或者出租经营的，经市人民政府批准，可以办理土地使用权改变用途与性质和变更登记手续，并从 2000 年元月 1 日起，每年按基准地价的 2%交纳土地收益金。多层经营的，按用途、按比例计算收益金，第一层按 100%收取；第二层按第一层的 20%收取；第三层以上的按第一层的 10%收取；利用空中或地下建筑物经营的，比照第二层标准收取。对不交纳土地收益金的，由市国土资源局费令限期缴纳，逾期不交纳的处以应缴款额 10%以下的罚款。

35. 获得土地批准文书，尚未办理土地登记手续或使用 1999 年 1 月 1 日以前《国有土地使用证》未换发新证的，限用地户于 2001 年 12 月 31 日前到市国土资源局办理土地登记手续或换发新证。

36. 超越权限发放土地使用权证书的，其发放的土地使用权证书无效。土地使用者应到市国土资源局重新补办新证。

37. 已办理土地出让手续欠交土地出让金的，限土地使用者于 2001 年 12 月 31 日前到市国土资源局交足欠款。逾期不交的，由市国土资源局申请人民法院依法强制执行。

38. 凡按本办法规定应办理土地使用权等有关手续的，限有关单位和个人一律于 2001 年 12 月 31 日前到市国土资源局办理；房改房颁发《国有土地使用权证》，按永政发〔2001〕2 号文件处理。逾期不办的，由市国土资源局依法处罚。

39. 利息按人民银行的规定计算。

40. 本办法在土地清查中未涉及的问题，按有关法律法规处理，或作补充办法，按补充办法处理。

本办法自颁布之日起实施。各县、场可参照本办法执行。

永州市人民政府文件

永政发〔2002〕5号

永州市人民政府
关于印发《永州市城市规划区土地管理暂行规定》的通知

芝山、冷水滩区人民政府，凤凰园经济开发区，市政府各委局、各直属单位，中央、省属驻永各单位：

现将《永州市城市规划区土地管理暂行规定》印发给你们，请认真贯彻执行。

永州市人民政府

二〇〇二年四月五日

永州市城市规划区土地管理暂行规定

第一条 为加强城市规划区土地统一管理，促进城市建设和经济发展，根据土地管理的有关法律法规的规定，结合我市实际，制定本规定。

第二条 市人民政府对城市规划区土地实行高度集中统一管理。凡在城市规划区内从事建设需要使用土地的单位和个人，必须服从市人民政府的统一规划、统一征用、统一开发、统一出让和统一管理。

第三条 市人民政府对城市规划区建设用地实行计划供地，并建立供地信息公布制度。

市国土资源局与计划部门根据社会经济发展计划、土地利用总体规划、上级下达的土地利用年度计划，以及市区供求状况，按照“控制总量，限制增量，盘活存量”的原则，制定城市规划区内土地利用年度计划，确定每年度土地供应总量。

市国土资源局会同规划建设部门，根据年度土地利用计划与城市总体规划的要求，编制季度土地供应计划，经市人民政府批准，定期向社会发布土地供应信息。供地信息内容包括：土地的位置、面积、供地方式、规划要求、土地使用条件、地价等。

任何单位和个人从事建设需要使用土地，应根据市人民政府公布的土地供应信息申请用地。

第四条 各类建设使用国有土地，除法律法规规定可以划拨的以外，一律通过出让等有偿使用方式提供使用权。

国有土地使用权的出让由市国土资源局代表市人民政府高度垄断，严禁其他任何单位和个人出让国有土地使用权。

国有土地使用权出让要逐步缩小协议出让的范围，除市人民政府批准可以协议出让的地块外，均应实行招标、拍卖。

国有土地使用权招标、拍卖由市国土资源局组织实施，其他任何单位和个人未经市国土资源局委托不得从事国有土地使用权招标、拍卖活动。否则，市国土资源局不予办理土地变更登记。

第五条 所有建设用地项目立项、可行性研究论证时，建设用地者必须首先向市国土资源局提出建设用地预申请（以招标、拍卖方式供地的除外），没有市国土资源局出具的建设用地项目预审报告，计划部门不得立项，规划部门不得办理规划审批手续。

第六条 市人民政府建立土地储备制度。土地储备具体办法由市政府另行制订。

第七条 市人民政府建立统一规范的地产交易市场。

市国土资源局统一负责地产市场的管理、监督、检查，并设立地产交易中心承办具体事务。土地交易必须进入地产交易中心公开交易，禁止任何形式的场外交易。

第八条 市人民政府依法实行土地登记发证制度。

任何单位和个人使用国有土地或者集体建设用地，必须依法向市国土资源局申请登记、领取土地证书。未申请登记的土地使用权不受法律保护，其土地使用权不得转让、出租、抵押，房产管理部门不得为其办理房屋交易手续，不得核发《房屋所有权证》。

第九条 市人民政府对城市规划区地价实行统一管理，建立和完善以基准地价为主体的地价体系。基准地价由市国土资源局会同市物价、财政等有关部门组织编制并适时进行调整，报市人民政府批准颁布。

市人民政府设立土地出让最低保护价，其标准不低于土地征用、开发、配套成本，最低保护价由市人民政府确定并向社会公布。

第十条 土地出让金、土地租金、土地收益金等国有土地有偿使用费统一由市国土资源局代征，全额上缴市财政，任何单位和个人都无权减免。

第十一条 加强对闲置土地的管理，严禁任何单位和个人闲置土地。

凡从批准之日起闲置满一年的国有土地，由市国土资源局依法向土地使用者征收闲置费。

凡从批准之日起闲置满两年的国有土地，由市国土资源局依法收回使用权。

凡建设单位有闲置或存量土地的，原则上不得批准和提供新增建设用地。

第十二条 加强对城市规划区划拨土地使用权的管理。

划拨土地使用权经依法批准，可以转让、出租、抵押。非法转让、出租、抵押划拨土地使用权的，房产部门不得为其办理房产交易手续，核发《房屋所有权证》；银行不得以未经依法批准的划拨土地使用权作抵押物贷款；其他任何机关不得以裁定、决定及其他形式处置划拨土地使用权用于清偿债务。

经依法批准以划拨土地使用权或者连同地上建（构）筑物出租或自营的，土地使用者应当逐年向市财政缴纳基准地价 2%的土地收益金。

第十三条 加强城市规划区土地用途的管理。

城市规划区内不论划拨土地还是出让土地，都必须严格按照批准的用途使用。

凡需改变土地用途的，必须经市国土资源局和城市规划主管部门同意，并报市人民政府批准。

划拨土地改变用途的，土地使用者应到市国土资源局办理变更登记手续。

出让土地改变用途的，土地使用者应到市国土资源局重新签订《国有土地使用权出让合同》，市国土资源局应依法调整土地使用年限和土地使用权出让金标准。

第十四条 加强对企业土地资产处置的管理。

企业改制需要处置国有划拨土地使用权的，必须拟定土地使用权处置方案经市国土资源局审核，报市人民政府审批。禁止企业擅自处置国有划拨土地使用权和以其他形式将国有划拨土地使用权非法入市流转。

第十五条 加强对城市规划区集体土地的管理。

城市规划区村（居）民建住宅必须符合城市总体规划和乡（镇）土地利用总体规划。

农村集体土地流转、出租用于非农业建设或以其他形式入市流转应依法经过批准。

第十六条 市国土资源局应加强对城市规划区土地的监督检查，凡违反土地管理法律法规和本规定的行为，必须依法严肃查处，并追究有关单位主管人员和直接责任人的责任。

第十七条 市人民政府以前发布的文件与本办法相抵触或不一致的，以本规定为准。

第十八条 本规定自发布之日后30日起施行。

永州市人民政府办公室

2002年4月5日

永州市人民政府文件

永政发〔2004〕31号

永州市人民政府
关于国土资源管理体制改革的实施意见

各县区人民政府，各林场、管理区，市直有关单位：

根据《湖南省人民政府关于国土资源管理体制改革的实施意见》（湘政发〔2004〕22号）和省委组织部《关于调整国土资源主管部门干部管理体制的通知》（湘组发〔2004〕9号）精神，结合我市实际，现就做好我市国土资源管理体制改革工作提出以下意见：

一、充分认识国土资源管理体制改革的重大意义

对省级以下国土资源管理体制实行改革，是党中央、国务院在社会主义市场经济条件下，为保障国民经济平稳运行，解决国土资源管理特别是土地管理中的突出问题作出的重大决策。这对增强国家宏观调控能力，树立和落实科学发展观，推进依法行政，确保政令畅通，切实强化省人民政府保护国土资源的责任，强化执法监察职能，落实最严格的耕地保护制度，加强矿产资源管理，维护社会稳定，都具有十分重要的意义。各级各有关部门，要顾全大局，把思想认识统一到党中央、国务院，省委、省政府的正确决策上来，积极支持和配合做好这次国土资源管理体制改革工作。要通过这次改革，切实把耕地保护，合理开发利用土地、矿产资源，保护生态的任务落到实处，促进我市经济社会持续快速协调健康发展。

二、理顺国土资源管理体制

市、县国土资源主管部门是同级人民政府的工作部门，其机构编制仍由同级人民政府管理。

市国土资源局依法代表市人民政府主管本行政区域内国土资源的统一管理工作，并直接管理冷水滩区行政辖区内国土资源管理工作。

（一）调整市属国土资源行政管理体制。冷水滩区国土资源分局及其二级机构和所属国土资源所成建制上收到市国土资源局管理，分局及其所属全额拨款事业单位和国土所经费列入市财政预算，原有基数由区财政相应划转到市财政。冷水滩区国土资源分局负责管理冷水滩城市规划区以外的土地、矿产、测绘工作。撤销市国土资源局的梅湾，虎岩、岚角山3个直属国土所，组建市国土资源局直属分局，负责管理冷水滩区城市规划区内的土地、矿产、测绘工作。

撤销市国土资源局朝阳、七里店、南津渡3个直属国土所，组建市国土资源局芝山办事处，负责管理芝山城市规划区内的土地一级市场。其职能是管理年度征地、土地出让计划，并组织监督实施；审查农用地征用、转用方案和耕地占补平衡方案，并负责按程序报批；审查每宗土地出让、划拨方案，并负责按程序报批；统一编制城市规划区基准地价，并监督实施。

冷水滩国土资源分局、直属分局、芝山办事处为市国土资源局派出机构，机构级别为正科级，经费列入市财政预算。其中，芝山办事处经费由市财政局从芝山区财政划转。

（二）加强乡镇国土资源所的管理。乡镇国土资源所作为县国土资源局的派出机构，编制由县人民政府管理。

（三）根据实际情况和工作需要，县区国土资源局（分局）按乡镇或区域设置国土资源所，依法按程序履行土地、矿产资源和测绘管理职能。

（四）国土资源所所需经费分别由市、县全额列入财政预算，具体管理办法，由市编办、市人事局、市财政局、市国土资源局根据省有关规定和我市实际共同制定。在具体办法出台前，按湘编办〔1999〕12号文件规定执行。

（五）调整国土资源管理部门干部管理体制。对县国土资源局在职副科级以上干部（含非领导职务）实行双重管理体制，由县委管理为主调整为由市国土资源局党组管理为主，县委协助管理。具体按省委组织部湘组发〔2004〕9号文件执行。

（六）切实加强对国土资源主管部门机构编制的管理，合理核定编制总数，从严控制编制，坚持“凡进必考”，严把进人关。在核定的编制总数范围内进人，应事先征求上一级国土资源主管部门意见，并落实好经费。市、县国土资源主管部门不得超出核定的编制总数进人。对冷水滩区国土资源主管部门上收人员，严格按照省委组织部、省监察厅、省编办、省人事厅、省国土资源厅《关于在国土资源行政管理体制改革中切实加强干部人事财产管理的紧急通知》（湘国土资传电〔2003〕41号），以2003年12月3日前在册在编在岗人员为准。

（七）进一步规范矿产资源管理体制。县（区）不能在国土资源主管部门外设立任何形式的矿产资源行政管理机构，确保矿产资源管理职能落实到国土资源主管部门。

（八）加强国土资源财务管理。市、县人民政府要保证国土资源局机关、国土资源分局、国土资源所、全额预算拨款事业单位正常的人员、办公及专项经费支出全额纳入同级财政预算，实行收支两条线管理，人员工资进入财政统发，确保工作的正常运转，市、县国土资源主管部门应当建立会计机构，健全会计制度，配备专业人员，单独进行会计预算，严格实行收支两条线管理，加大国土资源专项资金的征收和管理力度，做到专教专用。各级财政部门要切实加强监管，并按省财政厅与省国土资源厅制定的实施办法执行。

（九）芝山区国土资源的管理体制比照县级国土资源的管理体制执行，但城市规划区内土地一级市场由市国土资源局直接管理；迴龙圩管理区国土资源管理体制比照县级国土资源管理体制管理；金洞林场除调整国土资源干部管理体制外，其他暂维持现状。

三、完善土地利用总体规划编制和审批管理体制

（一）各级政府要依法做好本级土地利用总体规划的编制和报批工作。县（区）及县级人民政府所在地城镇土地利用总体规划的编制、修改或调整，一律由省人民政府审批。

（二）除县级人民政府所在地城镇以外的乡镇土地利用总体规划的编制、修改和调整，根据省人民政府授权，由市人民政府审批。但规划中的建设用地规模、新增建设占用耕地指标、基本农田保护指标、土地用途分区图等规定内容，应事先报省人民政府核定，规划经批准后，报省国土资源主管部门备案。乡镇土地利用总体规划的修改和调整，涉及上述规定内容的，报经省人民政府批准。

（三）严格土地利用总体规划的实施管理。要提高运用规划和年度农用地转用计划进行宏观调控的权威性，强化国土资源规划职能，严格保护耕地特别是基本农田。各级国土资源主管部门要加强内设规划机构管理，编制要与职责相匹配。

四、强化国土资源执法监察职能

（一）进一步健全国土资源执法监察体制，县区设立国土资源执法监察大队，隶属同级国土资源主管部门，接受上级国土资源执法监察部门的业务领导，县区国土资源执法监察大队机构级别比照省、市国土资源执法监察机构级别相应设置。

（二）切实加大执法监察力度，对违反土地利用总体规划和矿产资源开发利用规划、违法占用耕地特别是基本农田、擅自改变土地用途、破坏浪费矿产资源等重大违法行为和群众反映强烈，影响较大的县（区）国土资源违法案件，市国土资源主管部门要直接查处，重大案件要公开曝光。

（三）切实加强国土资源执法监察队伍建设，增强执法监察人员素质，提高执法水平。认真落实国土资源执法监察报告备案、动态巡查等各项制度，建立健全全市国土资源执法监察网络体系。

五、积极稳妥推进国土资源管理体制改革

（一）加强领导。按照省政府9月2日会议精神，各级政府要切实加强领导，各相关部门要积极支持，保证全市国土资源管理体制改革工作平稳进行。市政府成立由刘新普副市长为组长，市政府办公室和组织、人事、编制、财政、监察、国土资源等部门负责人组成的市国土资源管理体制改革协调领导小组，市国土资源局负责改革的日常工作。各县要成立相应的领导机构。

（二）积极推进。这次改革采取自上而下、分步实施、积极推进的方式。县级国土资源管理体制改革工作在今年11月30日前完成。

（三）严肃纪律，体制改革期间，市以下国土资源主管部门及所属事业单位现有人员冻结，禁止突击提拔干部和提高干部的职级待遇。对违反规定，突击进人、突击提拔干部、转移资产、乱发钱物的，要坚决清退，严肃处理，并追究相关部门主要负责人的责任。同时，要加强人事档案、业务档案的管理和移交工作，防止遗失，对违反规定和纪律的，要从严查处。

（四）精心组织。各地要按照本实施意见的要求，结合本地实际，制定好具体工作方案，妥善处理好体制改革过程中出现的问题，做到思想不散、秩序不乱、工作不断、国有资产不流失，确保改革顺利进行。对改革过程中出现的问题，要认真研究解决，及时向上级国土资源主管部门报告。

永州市人民政府

二〇〇四年十一月二十二日

二、论文选登

1.《零陵地区待开发土地资源调查及开发研究》
2.《矿业——零陵最具潜力的特色工业》
3.《零陵地区农业区域综合开发规划研究》
4.《经营机制是实现农业综合开发效益的关键》
5.《零陵地区土地利用现状调查地级汇总分析报告（节选）》
6.《文化作底，打造具有永州特色的国家森林城市》

零陵地区待开发土地资源调查及开发研究

我区位于湖南省南端，与广东、广西毗邻。全区辖9县2市，316个乡，59个镇，5133个村，4964个村民小组。总人口492.55万，土地总面积2.23万平方公里。新中国成立以来，随着各项建设事业的发展，我区耕地日趋减少，但人口成直线猛增。到1987年人平耕地仅0.88亩，比1954年人平1.77亩减少了一半。为了缓解耕地与人口需求矛盾，合理利用土地资源，我区根据省农业区划委员会和省国土管理局的部署，于1988年3月至10月在全区11个县（市）全面开展了待开发土地资源的调查及开发研究，现将调查概况、资源评价及其开发意见报告如下：

一、调查概况

（一）调查对象。这次调查的主要对象是：地块面积在0.15亩以上，坡度在25°以下，林木郁闭度在0.3以下，岩石裸露率在0.2以下的荒坡隙地、废弃地、荒洲滩和荒水面。其中待开发耕地的数量、质量和分布是这次调查的重点。

（二）调查方法。这次待开发土地资源调查是由点到面分段进行的。按照湖南省国土管理局制订的《县级待开发土地资源调查及开发规划实施意见》，我们于1988年3月先在宁远县进行试点。试点结束后，召开了县（市）国土局局长现场会议，对试点工作进行了总结、评审、验收。接着，全面部署各县（市）开展资源调查及其开发研究。全区组织511名技术人员和500名乡、村主要负责同志参加，以行政村为单位，利用万分之一地形图，进行现场调绘或实地量算面积，逐块登记，分级统计汇总，并经过反复研究确定开发方向。

（三）调查成果

1. 基本查清待开发土地资源的数量。通过这次调查，查出我区现有待开发土地资源534.26万亩，占全区土地总面积的15.95%。

按成因类型分：荒坡隙地512.48万亩，占待开发土地总面积的95.92%；农村废弃地12.18万亩，占待开发土地总数的2.27%；工矿废弃地1.39万亩，占待开发面积的0.26%；河洲滩地3.9万亩，占待开发面积的0.73%；荒水面4.36万亩，占待开发面积的0.82%。

按地块大小分：大于或等于50亩的成片资源，有11754处，面积达362.37万亩，占待开发总面积的67.83%；地块小于50亩大于或等于15亩的，有3.44万处，19.15万亩，占22.30%；地块小于15亩大于或等于5亩的，有2.99万处，3.16万亩，占5.91%；地块在5亩以下的零星土地，有6.09万处，21.13万亩，占3.96%。

按海拔高程分：海拔在 300 米以下的有 195.93 万亩，占待开发总面积的 36.67%；海拔大于或等于 300 米小于 500 米的有 186.1 万亩，占 34.83%；海拔大于或等于 500 米小于 800 米的有 96.95 万亩，占 18.15%；海拔 800 米以上的有 55.28 万亩，占 10.35%。

按坡度大小分：坡度在 5°以下的有 34.02 万亩，占待开发面积的 6.37%；坡度大于或等于 5°小于 15°的有 122.09 万亩，占 22.85%；坡度大于或等于 15°小于 25°的有 183.09 万亩，占 34.27%；坡度在 25°以上的 195.06 万亩，占 36.51%。

调查表明，我区在海拔 500 米以下，坡度在 15°以下，无侵蚀或只有轻度侵蚀，土壤比较肥沃的宜农地资源，共计达 142.14 万亩，占待开发土地资源面积的 26.6%，为现有农用地的 30%。

2. 初步摸清待开发土地资源的开发方向。按照《湖南省县级待开发土地资源调查及开发规划实施意见》的要求，根据我区待开发土地资源的自然条件和社会经济条件，初步确定其开发方向是：可开发耕地的 77.16 万亩，占待开发土地面积 14.44%，为现有耕地的 17.75%；可开发果园的 64.79 万亩，占待开发土地面积的 12.13%，为现有园地 1.3 倍；可开发林地的 254.89 万亩，占待开发土地面积的 47.71%；可开发牧草地的 119.71 万亩，占待开发土地面积的 2241%；可开发养殖水面的 6.03 万亩，占待开发土地面积的 1.12%；可开发用于城乡建设用地的 11.1 万亩，占待开发土地面积的 2.07%；可开发作其他用地的 5650 亩，占待开发土地面积的 0.12%。

二、现状及评价

总的来讲，我区待开发土地资源是丰富的，开发潜力是很大的，并有以下几个特点：

1. 既分布广泛，又相对集中。我区山、丘、岗、平俱全，是以山丘为主的地貌类型。就一县、一乡、一镇来说，上述四种地貌类型基本都有。尽管地形地貌和社会经济条件存在着差异性，但全区 375 个乡、镇都有一定数量的用途不同的待开发土地资源。特别是农村的废弃地，如房前屋后，道路两旁，田头地角，沟渠两侧的零星土地、空隙地等，几乎村村皆有，广为分布。特别是大面积的荒坡隙地又相对集中。从各县（市）调查的情况看，待开发土地面积超过 50 万亩的县（市）有江永县、宁远县、江华、双牌县和永州市。尤其是可开发为耕地、园地的“精华”土地，面积超过 10 万亩的有永州市、江永县、东安县、冷水滩市、蓝山县、祁阳县。各县（市）待开发土地总量及开发农用地数见下表。

零陵地区待开发农用地一览表

表 1　　单位：万亩

分类＼单位		永州	冷水滩	东安	道县	宁远	江永	江华	蓝山	新田	双牌	祁阳
总量		74.44	33.76	49.13	38.48	67.90	70.37	58.37	15.92	22.63	84.46	18.79
农用地	合计	28.37	14.37	10.83	13.06	12.33	26.07	4.68	11.00	4.11	3.63	12.15
	耕地	14.14	6.71	0.98	9.59	5.34	21.91	4.08	9.00	1.78	1.41	2.23
	园地	14.59	7.66	9.85	3.47	6.99	4.16	0.60	3.00	2.33	2.22	9.92

零陵地区连片地块总面积超过 5000 亩的乡镇情况表

表 2　　单位：亩

单位＼分类	合计	其中	
		耕地	园地
祁阳：			
高码头乡	8611	230	8381
道县：			
东门乡	5422	1867	3555
下蒋乡	6856	6760	96
蓝山：			
城关镇	10138	6874	2199
竹管寺镇	13580	10460	3120
总市乡	5285	4404	881
楠市镇	9781	8234	1547
祠堂圩乡	6592	4191	2401
兰屏乡	5350	3199	2151
正市乡	8089	5702	2387
洪观乡	15880	8377	3066
土市乡	8258	7155	1130
田心乡	12325	3712	1328
太平圩乡	8550	7302	1248
火市乡	5230	3443	1787

续表2

单位＼分类	合计	其中	
		耕地	园地
双牌县：			
五里牌乡	5325	1770	3555
江村镇	5215	1410	3805
江华：			
上游乡	6800	3540	3160
冷水滩市：			
杉木桥乡	6180	2680	3500
珊瑚乡	11169	5169	600
永州市：			
集义乡	5640	3660	1980
福田乡	7519	5916	1603
凼底乡	9405	5855	3400
阳河乡	8250	6790	1460
何仙观乡	5060	2810	2250
大庙头乡	8250	3065	5185
富家桥镇	13110	9520	3470
大庆坪乡	5156	1740	3416
据江寺乡	7280	4690	2590
石岩头乡	5620	2570	3050
于家乡	6240	2980	3260
梳子铺乡	7132	3632	3500
南津渡乡	6450	670	5780
江永县：			
厂子铺乡	10500	5500	5000
桃川、篮溪	15000	10000	5000
粗石江、城下、清溪乡	8000		8000

2. 土地条件好，具有较好的开发价值。一是从地理位置上看，我区位于湖南省南端，地处湘江上游，是南岭山地向洞庭湖平原过渡初始地段，西与广西接壤，南于广东毗邻，是华中经济区与华南经济区的结合部。全区 11 个县（市），有 7 个县（市）与粤、桂山川相连，水域相接，边界线长达 500 多公里，主要边界通道有 11 条，其中公路干支线 10 条，铁路 1 条，同时，我区又是全省与海南省距离最近，各种联系较方便的地区。湘桂铁路经广西直达广东湛江，可转达海南省。正在建设中的"三南"公路又打开我区与赣南、闽南的通道，尤其是待开发土地资源主要分布在我区经济、文化、科技比较发达的零—祁盆地和宁—江盆地，对于开发土地资源十分有利。这种优越的地理位置，既能发挥本地的经济、文化、科技和劳力优势，又能引进先进的技术和资金，从而加快我区土地资源的开发；既能发挥本地传统技术优势，发展名、特、优产品，又便于引进新品种、新项目，实现产品的优化选择，以取得最佳经济效益；既方便把产品运往内地，站稳国内市场，又便于把产品送往国际市场参与竞争，提高土地开发的创汇能力和经济效益。

二是从水利设施来讲，我区有一定的基础。新中国成立 40 年来，共兴建大小水库 1250 座，其中大中型水库达 21 座。水库总库容达 17.5 亿立方米，蓄引堤水总量 29.8 亿立方米，有效灌溉面积达 413 万亩。我区水利工程的灌溉潜力相当之大，仅就大中型水库而言，设计灌溉面积为 143.44 万亩，现在实际灌溉 88.19 万亩，为设计灌溉面积的 61.48%，还有很大的潜力可挖。小型水利工程星罗棋布，只要抓好配套，加强管理，发挥优势，可为近期开发土地资源提供较好的条件。

三是从气候条件来说，我区位于中亚热带南缘，年温高，积温多，气温日较差大，且雨量充沛。全区年平均气温在 17.6℃~18.6℃，1 月最冷，平均气温 5.9℃~7.4℃；严冬期短，日最低温零度以下的天数只有 8~15 天。极端最低气温-4.9℃~8.4℃。南部六县的丘岗平地区有的地段未出现过-5℃以下的气温：日平气温≥0℃的积温在 6450℃~6800℃，日温≥10℃的积温在 5530℃~5860℃；多年平均降水量 1200~2000 毫米，是湖南省多雨地区之一。特别是我区水热基本同季，利用的有效性好。4—9 月是我区主要作物的生长季节，其间可以满足各种作物的用水。优越的气候条件对开发土地资源，种植各种农作物十分有利。

四是从土壤质地而论，我区待开发土地的土壤是由灰岩、砂岩、板页岩发育而成，可开发为农业用地的以红壤为主，有少量黄壤土。这些土壤的土层比较深厚，一般为 50~80 厘米。同时土壤比较肥沃疏松，有机质含量大都在 1%，有的高达 2%。土壤中的砾块含量极少，仅宜林地土壤中砾块含量大都在 25%以下。特别是村前村后，田头地角的零星荒地和废弃地，以及江河洲滩地，土壤更为肥沃疏松，具有很高的开发价值。

3. 用途多宜性，开发前景广阔。由于地形地貌的影响，我区待开发土地资源有平坦开阔的平原，也有地势起伏的岗地、丘陵，还有脉络清楚的山地。这种地貌类型造成了光热水气的再分配，使得待开发土地资源具有多宜性用途，既有利于平面开发，又有利于立体开发。根据待开发土地资源的土壤质地、地理状况、水利条件等，按其用途，可开发为耕地、园地、牧草地、养殖水面等等。但就优势来说，开发耕地是全省发展粮食作物、经济作物的最佳地带之一，如种植优质稻，产量高、米质好；种植甘蔗，不仅产量高，而且含糖量是全省最高的地区；种植烤烟，不但色泽金黄，而且化学成分含量适度；特别是开发园地，种植柑橘、枣子、桃、李更为合适，尤其是种植橙、柚是最好的地带，它具有生长快、结果早、产量高、品质好的明显优势。还有种植杉木林、竹林以及经济林是全国享有盛誉的地方。此外，不少乡村利用待开发土地资源培植香菇、蘑菇等菌类生产，经济价值也很高。

4. 开发难度较大。我区待开发土地资源数量虽然很大，但对开发来说，还存在许多障碍因素。一是缺水严重。全区 534.26 万亩待开发土地资源，有 142.14 万亩适宜开发农用地，但绝大部分缺少水利工程。现有水利工程挖潜配套的有限性和地域分布的差异性，决定了土地资源开发的难度。二是资金不足。按常规，开 1 亩水田需投资 800～1000 元，开 1 亩橘园需 600 多元，而我区目前人平纯收入不高，用于开发资金是有限的。三是资源分布不均。人口稠密、劳力充裕的地方，待开发土地资源少，而人口稀疏劳力缺乏的地方占有较多较好的待开发土地资源。全区人平待开发农用地超过 0.5 亩的有 73 个乡镇，人均不足 0.1 亩的有 4 个乡镇。资源分布不均的状况，有碍于土地资源的开发利用。

三、开发利用意见

（一）指导思想

为了贯彻落实党中央提出的农业要升温的要求，开发土地资源的指导思想是：以增加农产品总量，增强农业发展后劲为主要目标，从区情实际出发，坚持以综合效益为中心，突出粮、经、林、果 4 个重点，搞好水、电、路、肥、机 5 个配套，建立起外向型的农业商品基地，为全面振兴零陵经济打下坚实基础。按照这个思想，开发的基本路子是：水利先行，开荒扩地，挖潜增粮，以粮促畜，加工增值，出口创汇，配套开发，综合治理。这是因为，（1）国家确定开发湘南，要求我区向国家提供更多的商品粮、油、畜等农副产品；（2）我区人口逐年增加，解决吃饭和食品结构问题需要扩大耕地；（3）我区待开发土地资源数量大，质量好，并有丰富的温、光、水、气等自然条件。确立这个路子的目的是达到“四个有利”：既有利于建立我区以几项农产品为龙头的商品基地和产业支柱，增强创汇能力；有利于合理利用资源，防止水土流失，保护生态环境；有利于农村剩余劳力转移，开辟新的生产领域，调整产业结构；有利于财政增收，壮大乡村经济，致富农民。

（二）开发原则

根据我区社会经济和自然条件的特点，开发土地资源应坚持以下基本原则：

1. 因地制宜的原则。开发土地资源要遵循客观规律，充分合理利用我区农业资源优势，坚持因地制宜，其区域布局具体到一乡一村，要服从整体规划，做到宜粮则粮，宜林则林，宜果则果，宜牧则牧，使田、土、山、水各尽其用。

2. 突出重点的原则。我区待开发土地资源数量大，分布广，在开发中必须坚持突出重点，有计划，有步骤地组织实施。在统一规划的基础上，实行集中连片与零星分散，开发利用与治理保护，近期效益与长远效益相结合。成片的新开耕地，一定要有水利条件作保证，重点发展粮食生产。在抓好重点区域项目的同时，因地制宜地种植经济作物和果树，绿化荒山，取得更好的效益。

3. 择优开发的原则。要视其资源开发条件和工程投入产出率多少来确定时间布局。总的讲、要采取“三先三后”的原则：即工程量少、投资少、见效快的先开发，反之后开发；交通方便、便于经营、效益好的先开发，反之后开发；坡度平、海拔低、水源条件好的先开发，反之后开发。真正做到开发一片，成功一片，受益一片。

4. 自力更生的原则。国家确定开发湘南投入到我区的资金是有限的，而且资金主要是用于基础设施建设，只能起到“引发剂”的作用。因此，开发我区土地资源，必须坚持自力更生，依靠自己的力量，大搞劳动积累。要多渠道多形式筹集资金，用政策调动群众积极性。在完善家庭联产承包责任制的基础上，实行适度规模经营，认真处理好责、权、利关系，采取租赁、股份、专业承包等多种经营形式，保证开发沿着正确的轨道发展。

（三）开发步骤及目标

根据上述指导思想和原则，我区开发土地资源拟分两步走：第一步（1989—1995年）：这一阶段，前三年已列为国家重点开发区之一，我们要利用好这个机遇，把我区待开发土地资源处在条件好的地域作重点开发对象，建立新的粮食生产基地；后四年在突出开荒种粮这个主体的同时，也要大力开发园地、林地和水面，为粮食生产提供良好环境和雄厚的经济实力。计划在这一阶段开发耕地46万亩，园地39.3万亩，林地130万亩，水面6万亩。第二步（1996—2000年）：通过第一阶段重点开发后，粮食生产和经济作物将获得一定的效益。同时开发区的示范作用将会在全区产生极大的影响，群众积极性将会越来越高。这一阶段，计划开发耕地31万亩，园地25.5万亩，牧草地50万亩，林地124万亩，非农业建设用地5万亩，待开发土地基本开发完，少量牧草地在2000年后开发。开发目标如下表：

零陵地区土地开发规划及目标情况表

表 3　　　　单位：万亩、万元、万个

规划 \ 开发方向		耕地			园地	林地	牧草地	可养殖水面	建设用地	其他	合计
		小计	水田	旱土							
1995年前	开发面积	46	18	28	39.3	130	—	6	5	—	226.5
	总投资	32000	18000	14000	39000	39000	—	3000	—	—	113300
	总投工	3200	1800	1400	2358	3900	—	300	—	—	9758
1996年后	开发面积	31	17.8	13.2	25.5	124	120	—	5	0.57	356.07
	总投资	24400	17800	6600	25500	37200	24000	—	—	—	111100
	总投工	2440	1780	660	1530	3720	6000	—	—	—	13690
每亩投资（元）		—	1000	500	1000	300	200	500	—	—	—
每亩投工（个）		—	100	50	60	30	50	50	—	—	—

说明：①开发投资 224400 万元，含劳动投入。其中耕地、园地、水面 124200 万元；

②开发总投工 23448 万个，其中耕地、园地水面 9828 万个

通过以上两个阶段的开发，到 2000 年，全区扩大耕地 77 万亩，用 50 万亩种粮，按亩产 550 公斤计算，总产可达 2.75 亿公斤；扩大园地 64.8 万亩；扩大养殖水面 6 万亩。以亩产 125 公斤计算，每年增加鲜鱼 750 万公斤；扩大速生丰产林 254 万亩；开发非农业建设用地 10 万亩。仅新开发土地资源这一项，全区每年新增产值 5.1 亿元（80 年不变价），相当于 1988 年农业总产值的 31%。随着土地资源的开发，种植业、养殖业、加工业的全面发展，全区 100 多万剩余劳力基本可以安排，农村剩余劳动力有了出路。

（四）开发布局

根据我区实际情况，对待开发土地资源的开发利用，应建立不同的产业区域。其大体布局是：

1. 北部、中部、南部山区

所谓山区，主要是“三岭三山”：越城岭—四明山；都庞岭—阳明山：萌渚岭—九嶷山。“三岭三山”的特点是，山峦重叠，人稀地广，资源丰富，历来是我区杉、竹等用材林和漆、桐、药材的生产区。现有待开发土地资源 260 万亩，占全区待开发土地资源的 48%，其中 150 万亩为待开发林用地，100 万亩为牧草地。开发该区土地资源应以林为主，林、农、牧相结合。重点开发的目标是：越城岭—四明山建立用材林基地；都庞岭一阳明山建立用材林、经济林基地；萌渚岭—九嶷山建立用材林、经济林（含药材林）和畜牧业基地。

2. 零、祁、东盆地

这个盆地包括永州市、冷水滩市、祁阳县、东安县、双牌县的大部分乡村，这里地势低平开阔，水陆交通方便，有一定的工业基础，人口较多，经济比较富裕，是区我粮食、柑橘、经济作物和畜牧、水产的重要产区。这个区域有待开发土地资源120万亩，其中68万亩可开发为耕地和园地，开发该区土地资源以发展粮食为主，辅之种植柑橘和经济作物。其重点开发的小区是：永州市富家桥，冷水滩市岭口和山口灌区，祁阳县石喝灌区、于家冲匡家堰灌区，双牌县五里牌等，开发建立粮食生产基地；祁阳县大江边灌区、东安县松江灌区、永州市珠山区等，开发建立以粮食生产为主的综合开发基地。

3. 宁、道、江盆地

这个产业区包括道县、江永县、江华、宁远县、新田县、蓝山县大部分乡村。该区三面高山围绕，其间开阔平坦，公路四通八达，河流纵横密布，人多地广，开发潜力大，尤其是该区气候优越，是我区种植粮食、甜橙、烤烟、甘蔗的重要产区。境内有154万亩待开发土地资源，其中74万亩可开发为耕地和园地，这里开发方向应以发展粮食作物为主，结合发展烟果等。重点开发的小区是：道县东门乡、江永县潇江片、新田县立新灌区、宁远县太平片的粮食开发基地；道县乐海灌区、祥林铺片以粮食为主，橘、烟等经济作物为辅的农业综合开发基地；江永县茅草地、圣人山以粮为主，橘、柚经济作物为辅的农业综合开发基地；江华牛牯岭片、大圩片以粮为主，经济作物为辅的农业综合开发基地；宁远县中和片以粮为主，烟为辅的农业综合开发基地；蓝山县龙溪河坝灌区以粮为主的农业综合开发基地；新田县杨家洞灌区以粮为主，烟为辅的农业综合开发基地；回龙圩农场以粮为主，橘和小水果为辅的综合农业开发基地。

（五）开发措施

土地资源的开发是一项系统工程，涉及面广，任务艰巨，要抓好这项工程，必须采取有力措施。

1. 制定开发规划，做到有计划开发。这次待开发土地资源调查是在农业区划的基础上进行的。通过调查，各县（市）比较全面系统地摸清了待开发土地资源的数量、质量、分布等情况，并经过综合分析，对土地资源的开发利用提出了一个粗线条的开发意见。但在实施中，各县（市）还要根据不同区域，不同地段制定具体的开发规划。从时序讲，包括近期、中期和远景规划；从层次讲，包括县（市）、区、乡、村的规划；从项目讲，包括耕地、园地、林地、水面、牧地及非农业建设用地划规；从布局讲，包括山区、丘陵、岗地、平地和基础设施规划。通过规划，做到有计划地开发，防止盲目性，避免“你开荒我遭殃”等不良倾向出现。

2. 运用党的政策，鼓励群众开发。开发土地资源涉及权属关系、利益分配等若干政策性问题。因此，必须从政策上保证土地所有者、开发者、经营者的利益，充分调动方方面面的开发积极性。1988 年，“地委”、“行署”制定了农业开发 11 条优惠政策，1998 年又做了些修订补充，对推动全区土地资源的开发将起到巨大作用。这些政策包括：①划定江永县、道县等 10 个农业开发区引进独资客户有经营自主，资金进出自由充分权益。合资客户让利 10%~20%。补偿贸易投资者，可让客户提供产品的优惠政策。②鼓励机关、企事业单位参与开发，可以租赁土地，投资入股，所得收益不纳税，利润不上交的优惠政策。③鼓励企业建设原料和商品基地，可享受税前还贷，免税还贷，减税还贷的政策。④农村合作经济组织对已发包的荒地两年未开发的有权收回，未承包的集体开发或另行承包的政策。⑤职工搞开发可停薪保职，退休退职人员可补助开发费和提前领取退休金的政策。⑥对开发经营者经营时间可放宽到 30~70 年，经营期内使用权有转让和继承权。⑦新开发土地产出的产品自行处理的政策。⑧新开土地减免税收 5~10 年和外汇留成 60%的优惠政策。⑨开发办场 30 亩以上银行贷款贴息政策。兴办产供销一条龙，种养加一体化联合企业，优惠贷款、供电的优惠政策。这些政策的核心，是搞活土地经营权。要搞好土地资源的开发必须运用好党的政策，就是要有改革开放的思想和商品经济的观念，在坚持土地所有权不变的前提下，实行租赁经营、土地入股、有偿转让、大户承包、联合经营等形式开发。土地经营权搞活了，就能吸引资金、劳力、技术的投入。要明确经营主体，完善经营体制，一定要做到谁开发、谁经营、谁受益，处理好投资、投劳、土地、技术、管理等各个方面的分配利益，调动各方面的积极性，保证土地资源开发沿着正确的轨道健康发展。

3. 组织部门协作，推动土地开发。一是组织区划、国土等部门搞好区域规划和项目论证，在开发土地资源工作中，地、县（市）区划、国土管理部门要及时提供待开发土地资源调查结果，协助政府组织开发，发挥其参谋作用。首先，是搞好项目论证。地区规划在 1991 年前重点开发 23 个较大项目，区划和国土部门要协助开发办公室搞好开发前的论证。与此同时，要抓好中、长期土地资源开发的超前论证，建立项目库。其次，搞好协调。要组织有关部门搞好土地开发的勘测设计。在抓好论证工作的基础上，对开发项目要根据当地的光、热、水、土等自然条件，一处一处地进行综合分析，具体进行勘测设计，制定出设计任务书和图件（包括现状图、规划图、施工图等）。二是组织农、林、水等有关部门搞好技术指导。在开发土地资源中，有很多技术问题需要加强指导，其中包括：气象部门提供气象资料，进行气象服务的技术指导；水利部门提供水利配套工程建设和水土保持技术指导；农业部门提供适地适种、土壤改良、良种繁殖、植物保护、栽培技术的指导；农机部门提供机械选择、机械化配置的技术指导；林业部门提供植树造林和保护生态的技术指导。除各个部门技术人员深入开发区，直接进行技术指导外，还要协同教育部门一起，加强对农民的技术培训，把技术交给农民，培养大量的农民技术人员。三是组织金融、物资等部门搞好资金投放和物资供应等工作。开发土地资源需要大量的资金和物资设备。财政，金融部门，首当其冲的是要筹措好资金，增加对开发土地资源的贷款。同时要搞好专项资金的使用和管理，国家拨给的专项投资和贷款，要按项目、进度及时投放。对用于土地开发的耕地占用税等，要保证用于土地开发。再是要加快土地开发资金的周转速度，提高使用效益，使有限的资金发挥更大的作用。最后还要加强资金使用的监督，土地资源的开发资金做到专款专用，不得挪作他用。物资、供销等部门要积极组织货源，及时调运，优先优价安排好土地开发的生产资料的供应。

4. 围绕开发土地，抓好配套开发。待开发土地资源的开发，实质上是综合性农业的开发。因此，在开发土地的同时，必须搞好水利、交通等基础设施的配套开发。最重要的是水利建设的开发配套。当前，重点要抓好现有水利工程的配套和续建工程，使之充分发挥工程效益，改善灌溉条件，增加灌溉面积。与此同时，今后大面积的全面地开发土地资源必须兴建一批新的水利工程，尤其是大中型骨干工程，以开发水利为先导促进土地开发。在突出抓好水利建设的同时，还要抓好交通、通信、电力、水土保持以及服务设施的配套建设。

5. 切实加强领导，指导土地开发。开发土地资源，是我区开发性农业的重要方面，对于发展农业生产振兴经济具有十分重要的意义。因此，建议：（1）各级党委和政府在每年冬春，把开发土地资源当作农村中心工作来抓，每年抽调一批得力干部，深入开发第一线，加强开发工作的具体领导。（2）地、县（市）组建农业综合开发办公室，加强对开发工作的领导，协调好各方面的关系。（3）各级领导特别是身居开发第一线的区、乡领导，要层层落实责任制，做到有职、有权、有责，奖罚挂钩，确保开发任务的完成。干部的责任，主要是贯彻执行好开发土地资源的各项政策，用政策调动群众开发土地资源的积极性。干部的责任，还在于刻出样板，搞好示范，以点带面，指导开发工作。

（主要研究人员：文良军、王满生、杨素美、杨福、关寅生、胡平芳、邓盛华、于肇中。1991 年，此文获得全国农业区划委员会和农业部优秀科技成果三等奖）

矿业——零陵最具潜力的特色工业

彭 峰

零陵地处南岭成矿带中段，已发现矿种65种；产地653处，其中，大型矿床5处，中型矿床45处；已探明矿产总储量达15.1亿吨，在全省排第5位。其中，铁锰储量3500万吨，远景储量1亿多吨，居全省之冠；银占全省四分之一；铜、铅、锌、钨、锡、铋、钼等有色金属总储量801万吨，排全省第4位。全区矿产资源潜在价值达634亿元以上。尽快打开这些宝库的大门，引出大大小小的“金娃娃”，建立具有特色的工业体系，是目前经济工作研究中的重大课题。

零陵地区矿业发展已有一定规模，现有864个矿山企业，年总产值约10亿元，占全区工业总产值的12.9%。矿业布局大体是：祁阳、东安水泥资源走廊；蓝山、道县、永州、冷水滩黑色金属带；双牌、江华、蓝山石材加工带；宁远、江永、江华有色金属“金三角”，祁阳、冷水滩煤炭带；江华码市多金属矿产区；宁远水晶群落和火山岩宝石群落；道县有色金属、贵金属群落；江华河路口高品位磁铁矿等。这些地方矿产资源的开发利用，潜力很大，前景广阔。据地质专家预测论证，只要抓住当前的大好历史机遇，在5~10年内，就能逐步形成年产值5亿元，保持100年以上的建材体系；年产值15亿元，保持70年以上的黑色冶金体系；年产值5亿元，保持60年以上的有色冶金体系；年产值2亿元，保持30年以上的特种金属业体系。这样，矿业将成为全区的支柱产业，年总产值可达到30亿元以上。

怎样实现这一目标？全区发展战略应是稳住非金属建材业，大力发展装饰石材业，千方百计引进资金，加大黑色冶金和有色冶金开发力度，逐步形成以矿业为主的工业体系。充分发挥地矿部门行政职能作用，认真贯彻国家《中华人民共和国矿产资源法》，实行全面规划，科学布局，优化结构，运用现代企业制度和机制，使全区的矿业生产由粗放式向集约型转变。

（发表于1994年9月8日《湖南矿业报》）

零陵地区农业区域综合开发规划研究

零陵地区位于湖南省最南端，地处湘江上游、南岭山脉的北麓，与衡阳、邵阳、郴州及广西桂林、梧州，广东清远等地（市）毗邻，是湘、桂、粤三省（区）交界之地。地理坐标为北纬24°39～26°51′，东经110°06′～112°21′。南北长245公里，东西宽144公里，土地总面积2.23万平方公里，占全省总面积的10.6%。现有耕地28.8万公顷，其中水田23.7万公顷。全区辖永州、冷水滩2个市和祁阳、东安、双牌、道县、宁远、江永、江华、蓝山、新田9个县，总人口530万人，其中农业人口471万人。

一、农业自然资源与社会经济条件评价

（一）有利条件

1. 区位优势明显，交通比较便利。零陵地区位于华南经济区与华中经济区的结合部，是沿海的内陆，内陆的前沿地带，西南与两广的边界长达500余公里，主要通道有10条公路，1条铁路，与广州、深圳、珠海、湛江、海口等沿海城市及港澳联系比较便利；北面靠近华中经济区南部城市群（长、株、潭、衡），西北连接着娄、邵能源材料开发区。这样的地理位置，使我区处在国家"东靠西移"与"南推北进"梯级发展战略的交叉点上，有着"桥头堡"和"差转台"的作用。随着市场经济新体制的建立，生产要素冲破行政壁垒在广阔的市场流动，为零陵参与和开展跨区的横向经济联合提供了有利条件。另外，在经济平面上，零陵及周围近10万平方公里的土地上，没有较大的中心城市，属于我国中部资源丰富，但开发不够的经济低谷区。全方位开放的沿海地带和发达地区的资金、技术和人才易向低谷区集聚，劳动密集型产业易向这里转移。

2. 土地类型多样，后备资源丰富。据土地详查资料统计，全区土地总面积223万公顷，占全省总面积的10.6%，居第二位。土地类型的构成是：山地110万公顷，丘陵32万公顷，岗地40万公顷，平地32万公顷，水面9万公顷，分别占总面积的49.3%、14.3%、17.9%、14.3%和4.0%，地貌格局大体为五分山、三分丘岗、二分平原和水面。按1990年土地概查资料校核，各类土地利用的基本情况为：耕地33.55万公顷，占总面积的15.07%，居全省第3位；园地2.07万公顷，占总面积的0.93%，居全省第2位；牧草地12.58万公顷，占总面积的5.65%，居全省第3位；城镇村居民点和工矿用地5.88万公顷，占总面积的2.64%，居全省第6位；交通用地1.4万公顷，占总面积的0.56%，居全省第7位；水域9.33万公顷，占总面积的4.19%，居全省第5位；未利用土地24.39万公顷，占总面积的

10.56%，居全省第3位，全区人均占有土地面积为0.43公顷，比全省平均0.35公顷高22.86%。据1989年全区待开发土地资源调查，我区后备土地资源达35.68万公顷，且集中连片，坡度平缓，质地较好，适应性广，可以开垦为耕地、果园、林地和牧场等。

3. 气候条件优越，光热水基本同季。我区属中亚热带大陆性季风湿润气候，南部有向南亚热带延伸的特点，是全省热量最丰富的地区。全区年平均气温在17.6℃~18.6℃，比湘北高1.5℃~2℃，无霜期281~313天，比湘北长25~30天；日温≥0℃的积温6450℃~6800℃，比湘北多500℃；日温≥10℃的积温在5530℃~5860℃，比湘北多200℃~400℃；昼夜温差比湘北要大0.5℃~2℃。全区年平均降水量为1200~2000毫米之间，为全省多雨区之一。太阳总辐射量在101.5~113.0千卡/厘米^2，年平均日照时数为1360~1740小时，而且光、热、水基本同季，利用的有效性好，适宜于发展水稻、烤烟、水果、杉木、油茶、蔬菜等多种作物。我区冬季温光资源为全省之冠，最低气温0℃以下的天数只有8~15天。由于气候的地带性与地形的非地带性交错影响，形成我区丰富多样的暖区暖带资源。在山区相对高程50~110米及300~500米之间，分布着许多暖带；在道县、宁远、江永、江华盆地连片一级暖区面积有1967.5平方公里，占全省一级暖区的33%，二级暖区为9549.6平方公里，占全省的54.5%。充分利用这些暖区、暖带，发展以橙类为主的水果及建立冬春蔬菜基地，具有得天独厚的条件。

4. 农业生产条件大大改善，农村经济有一定基础。经过40多年的建设，农业生产得到了很大发展。1991年全区农业产值40.57亿元，粮食产量229万吨，生猪出栏280万头，肉类总产量23.12万吨，水产品总产量4.0万吨。全区有大小水库1250座，总库容达到17.8亿立方米，蓄引提总水量29.8亿立方米，有效灌溉面积23.06万公顷，旱涝保收面积18.28万公顷，分别占耕地总面积的80.2%和63.6%，农业机械总动力85.24万千瓦。全区有氮肥厂8家，年合成氨生产能力达到12万吨，年农膜生产能力达到1000吨。我区农业正由传统农业向商品化、基地化、集约化经营的现代农业转变，已初步形成优质米、瘦肉型猪、优质水果、优质烟和名特优产品等十大外向型商品基地，其中烟、果、蔗、林、粮、油、猪、禽八大拳头产品的商品率较高，在国内外市场占有一定比重。

5. 政策环境优越。1988年5月经国务院批准，我区被列为沿海地区向内地改革开放过渡试验区，实行一系列优惠政策和灵活措施，有力地增强了本区从省外、海外引进和开拓能力，为农业区域开发创造了良好的政策环境。湘南农业综合开发已经实施两期，为提高我区农业综合生产能力，增强农业发展后劲打下坚实基础。目前正在加紧编制的第三期农业综合开发项目计划和即将实施的世行贷款红壤开发项目，为我区进行土地资源治理开发和龙头项目带动农产品的系列开发提供新的投资机遇。因此，抓住机遇，用好用活改革开放试验区的政策，必将促进我区农村经济的快速发展，使农业登上一个新的台阶。

（二）不利条件

1. 人口增长过快，耕地矛盾突出。40 年来，零陵地区人口自然增长率达到 1.76%，1990 年人口达 519.87 万人，比 1949 年增加一个零陵地区。近几年又以两年增加一个双牌县的速度在增长。今后十年，又是零陵地区人口生育的高峰期，人口增长与经济发展的矛盾愈来愈突出，1989 年与 1986 年比较，全区人口净增 36.64 万人，每年吃掉粮食 8.3 万吨，而粮食增加只有 1.8 万吨，经济增长被人口消化，降低了经济再发展能力。到 2000 年，人口预计净增 80 万人，将大大地消耗我区的经济增量。1990 年耕地面积比 1919 年减少了 11.6 万亩，而人口却翻了一番，人均占有耕地由 1.74 亩降到 0.83 亩，有的甚至不到 0.5 亩，人地矛盾十分突出。全区约有 200 万农村劳力难以转移，就业、就读、就医困难，既障碍农民自身从落后的困境中解放出来，又为社会带来沉重负担，增加社会不安定因素。

2. 自然灾害频繁，基础承载能力弱。由于受季风气候和地理地形因素的影响，造成我区气候的年内年际变化大，灾害性天气比较多。旱涝是制约我区农业生产的主要不利因素。据资料统计，全区各地有 90%的年份会出现不同程度的旱灾，洪涝发生的概率有 40%～65%，历年平均旱灾面积 56.81 万亩。水灾面积 17.16 万亩，还有低温冰冻和风雹灾害也时有发生，常给工农业生产和人民生命财产造成严重损失。虽然加强了水利设施建设，但全区蓄水能力只占需要量的一半，而且有的水利工程长年失修，属于病险工程，渠道老化渗漏严重，利用系数低，排灌设备比较落后，在很大程度上还没有摆脱“靠天吃饭”的被动局面。交通、能源、电力是经济的先行产业，与其他地（市）比较，我区交通长期落后。1990 年每百平方公里只有公路 19.8 公里，仅相当于全省的 7.0%，已有公路路质差，油路只有 630 公里，占通车里程的 14%；铁路有 107 公里，每百平方公里只有 0.51 公里，占全省的 5.6%，且分属广州和柳州铁路局共管，过境运力大，而属本区运力小。能源短缺，电力紧张是制约我区经济发展的突出问题。在农村能耗中，电力仅占 1%，农村现有用电设备，通常缺电在 50%，供电不足影响着乡镇企业的发展。

3. 科学技术落后，劳动者素质低。据 1990 年人口普查统计，全区各种文化程度人口在总人口中所占比率均低于全省平均水平（见表），其中大学本科以上文化程度人口占总人口比率仅为全省平均的 1/3。全区文盲人数高达 118.2 万人，占全区总人口的 23.0%，比全省的 21.0%高 2 个百分点，尤其缺乏农村种、养、加能手。全区各类农业科技人员1296人，占农村人口的0.03%. 由于劳动者素质低，农业科学技术的推广和应用速度慢、渗透浅、升值小，科学技术转化为生产力的速度大大落后于现代农村经济的发展。

1990年全省与零陵地区各文化程度人口比率（%）

表4

地域	项目						
	大学本科	大学专科	中专	高中	初中	小学	15周岁以上不识字或识字很少人口
零陵地区	0.10	0.53	1.14	5.92	21.55	40.99	14.16
湖南省	0.34	0.79	1.35	6.16	22.57	42.07	12.10

二、农业资源开发潜力分析

（一）待开发土地资源丰富

全区有待开发土地资源35.62万公顷，占全省的40.8%。其中荒坡隙地31.16万公顷，占全省的41.5%；农村废弃地0.81万公顷，占全省的48.1%；工矿废弃地0.09万公顷，占全省的42.3%；河湖洲滩地0.36万公顷，占全省的12.8%，荒水面0.29万公顷，占全省的22.5%。在待开发土地资源中，可开垦为耕地的5.14万公顷，这些宜农荒地海拔高度均在500米下，其中海拔300米以下的占72.1%，坡度15°以下的占80%，大多通过一级提水、引水或其他配套工程即可解决灌溉问题。土壤以红壤为主，部分为石灰土和紫色土，土层厚度一般60~80厘米，保水保肥性能较强，分布相当集中，有利于连片开发，规模经营，建立大宗农产品商品生产基地。面积大于6667公顷的有道县、永州、江永、东安、冷水滩、蓝山、祁阳等7个县（市），连片地块333公顷以上的有31个乡镇。这些宜农荒地开垦后，按每公顷生产粮食6000公斤计算，全区每年可增产粮食3亿多公斤。我区盛产烤烟、甘蔗等经济作物，目前粮食作物与经济作物争地现象十分突出，如将2.75万公顷宜农旱土开发出来，将有助缓解这一矛盾，全区有4.32万公顷待开发园地，海拔300米以下的占77.1%，坡度在15°以下的占46.2%，15~25°的占47.3%，土层厚度在50~70厘米，光热水条件优越，利用这些待开发园地发展以橙类为主的柑橘和桃、李、梨等小水果生产的潜力很大。全区宜林、宜牧地后备资源有25.75万公顷，大部分土地条件较好，适宜多种林木生长，是发展以林为主、林牧结合的山地立体农业的最佳环境。

（二）现有耕地深度开发的潜力大

一是提高单产的潜力大。1991 年全区粮食播种面积 48.1 万公顷，每公顷产粮 4665 公斤，比全省低 432 公斤，比湘潭市低 1635 公斤，如果近期单产达到全省平均水平，每年可增产粮食 2 亿多公斤，如果达到湘潭市的水平，每年可增加粮食 7.8 亿公斤。二是低产田土增产潜力大。据“四低”资源调查统计，全区有中低产田土 23.58 万公顷，占耕地面积的 81%，如果采取工程措施与生物措施进行综合改造，平均每公顷增产粮食 1500 公斤，可新增粮食生产能力 3.5 亿公斤。三是提高复种指数的潜力大。我区冬季温光资源优越，大部分地方可发展一年三熟制，而冬播作物面积不足耕地面积的 50%，比全省平均低 20%，复种指数为 232%，比全省平均低 8 个百分点。历年来我区油菜种植面积小，单产水平低（见表）。

零陵地区 1988 年与常德、全省油菜生产情况表

表 5

地域名称	项目			
	单产（公斤/公顷）	面积（万公顷）	占耕地（%）	占水田（%）
零陵	780	0.60	2.07	2.53
常德	1200	15.41	32.00	43.42
全省	975	45.94	13.85	17.52

如果通过冬季农业开发，全区油菜种植面积和单产达到常德水平，可增加油菜籽 1.8 亿公斤。四是低产园地改造增产潜力大。全区现有果园 7.8 万公顷，未投产的幼树和低产果园约占 70%，如果使幼树适时挂果，结果园比例由 30% 提高到 70%，亩产由 0.7 吨提高到 1 吨，即使不扩大新果园，也可增加产量 12 万吨，增加产值 1.2 亿元；全区尚有 0.7 万公顷滑皮柑要淘汰，有 0.3 万公顷树龄在 30 年以上的温州蜜柑要更新，把这部分品种改造过来，仅差价增值一项就可达千万元以上。全区现有茶园 0.26 万公顷，由于基础设施差，管理水平低，单产仅为全省平均产量 1/3，全部为低产茶园。因此，改善茶园生产条件，大力发展良种名茶，提高单产和质量的潜力也很大。

（三）水利水能资源开发潜力

零陵地区是全省多雨区之一，水资源具有得天独厚的条件，不但数量多质量好，而且绝对数值大，单位占有量高。全区多年平均降水 334.3 亿立方米，河川径流量 193.5 亿立方米，占全省的 11.9%，水资源总量 195.2 亿立方米，平均每平方公里水资源量为 86.3 万立方米，人均占有量 3963 立方米，高出全国 47%，比全省多 30%；耕地每亩平均拥有 4400 立方米，高于全国 1.6 倍，比全省多 48%，目前水资源开发量为29.61亿立方米，只占资源总量的15%。全区地下水补给量55亿立方米，可开发地下水排泄量15.9亿立方米，现基本没有利用。可开发水能资源101.5万千瓦，居全省第三位，目前只开发27.9万千瓦。全区现有大、中型水利工程设计灌溉面积12.19万公顷，实际灌溉面积只7.18万公顷。这些工程已具备一定基础，只需投入较少的资金，进行除险加固，全面配套，就可增加灌溉面积5.01万公顷，获得显著的经济效益。尤其是渠道防渗硬化，减少渗漏，一股可增加20%~30%的有效水量。全区现有挂果橘园3.25万公顷，茶园0.26万公顷，大都没有灌溉条件，据对比测试，其他条件相同，只要进行喷灌，可增产30%以上，即每公顷柑橘可增产0.9万~1.5万公斤，每公顷茶园可增产1200~1800公斤。

（四）林业资源开发潜力

全区现有用材林和经济林共73.97万公顷，其中低产林18.60万公顷，占25.2%，用材林平均每公顷蓄积31.89立方米，低于全省平均水平，只有全国的40.3%，根据发展高效林业的要求，按杉每公顷年产值3750元，松阔林每公顷3000元计算，全区用材林年总产值可达19亿元，而1993年全区林业社会总产值只5.1亿元，只占全区农业总产值的8%。全区现有油茶林22.66万公顷，长期以来，由于管理粗放，品种混杂，病虫危害等原因，每公顷平均产油只36公斤，若对低产油茶林进行垦复、施肥、选用良种壮苗更新或补植等措施治理改造，按每公顷增加150公斤计，全区可增产茶油3390万公斤。

（五）畜牧业开发潜力

零陵地区草场面积大，分布广，牧草产量高，可利用草场面积77.8万公顷，现利用面积不到40%，尤其是规模较大的草场仍为处女地，这些草场如逐步开发和改良，可增加载畜量24万个黄牛单位。全区还有142.4万公顷林业用地，可种草种树，实行林牧结合，发展草食牲畜。发展生猪零陵地区有丰富的饲料资源，农民有养猪习惯和充足的劳力，又靠近广阔的华南和港澳市场，只要解决好良种、防疫、饲料加工体系，推广祁阳县种养加销联合体的经验，大力发展专业户饲养，年出栏生猪可由现在的280万头提高到400万头。目前我区用配合饲料喂养的畜禽数量还不到10%，如果有60%或更多的畜禽饲喂配合饲料，即可节省大量的劳力、燃料，每年可增加养殖畜禽上百万头，增加产值上千万元。全区畜牧业存在品种杂，生产性能低，生长慢，产仔少，出栏率低的问题。猪牛的人工授精密度不高，商品杂交猪比重不到40%，瘦肉型猪比重不到20%，如果引进改良，建立健全良种繁育体系，普遍推广人工授精，使商品猪中的杂交猪占到70%，瘦肉型猪占到50%，每年可增加产值近2亿元。推广牛的杂交改良，开展综合利用，每头牛可增加产值300~500元，每年养牛业可增加产值4000多万元。

（六）水产资源开发潜力

全区各类水域面积9.87万公顷，其中可养殖水面2.64万公顷，如果全部利用起来，单产达到与我区相邻的祁东县水平，即每公顷产鱼3930公斤，则塘库养鱼产量可达10.38万吨，相当于我区1993年水产品总量的2.2倍。全区适宜养鱼的稻田13.3万公顷，目前利用面积不到一半，如果将13.3万公顷稻田全部利用养鱼，每公顷产鱼达到750公斤，则稻田养鱼产量可达10万吨，还有开发大水面，发展围栏和网箱养鱼的潜力也很大。

三、农业区域开发规划

（一）区域农业开发指导思想、原则及主要目标

1. 指导思想

坚持党的基本路线，以建立和完善社会主义市场经济体制为指导，立足本区的资源潜力和区位优势，充分运用国务院和省政府批准的改革开放过渡试验区的各项方针政策，抓住国家投资进行农业综合开发和世行贷款进行红壤开发的机遇，以市场需求为导向，以产品产业系列开发为目标，以资源优化配置为手段，以效益为目的，大力改善农业基础设施条件，提高区域农业综合生产能力，调整农村产业结构，把增产粮棉油肉等主要农产品与增加农民收入有机结合起来，获取最佳的经济、社会、生态效益。以改革促开放，以开发促发展，努力把我区建设成为湖南省第二个商品粮生产基地和亚热带经济林果及名特优新产品生产基地。

2. 开发原则

（1）遵循自然和经济规律，合理利用我区农业资源优势，按照因地制宜，区域布局，适度规模经营，集中连片开发的原则，实行山水田林路综合治理，坚持开发利用与治理保护相结合；工程措施、生物措施和科技措施相结合，达到经济、社会、生态效益的统一。

（2）坚持以效益为中心，以市场需求为导向，选准拳头产品和主导产业，进行以龙头项目带动农产品的系列开发。龙头企业要一头连接市场，一头连接农户，实行贸工农一体化，产加销一条龙经营。逐步建立优质高效的商品生产、加工基地和功能齐全的农村社会化服务体系。

（3）不断建立和完善国家投入为导向、农民投入为主体的投入机制。坚持谁投入、谁利用、谁受益的原则，鼓励农民积极投资投劳进行农业开发，发展壮大集体经济实力。

（4）坚持择优立项，统一规划，集中投入，连片开发。严格按立项程序办事，科学论证，精心施工。农业综合开发工程建设，要坚持高起点、高标准、高质量，做到开发一片，成功一片，受益一片。

（5）建立经营式、滚动式的开发激励机制，促进土地经营使用权的流转，大力推行租赁经营、联合办场、大户承包、移民开发、公司加农户、股份合作制、中外合资开发等多种经营形式，成立开发实体，正确处理好责、权、利关系，确保开发效益的实现。

3. 主要目标

根据我区经济社会科学发展需要，到20世纪末，全区农业总产值由1991的40.57亿元增加到60亿元，粮食总产量由229万吨增加到300万吨，森林覆盖率由45.6%提高到60%，科学技术在农业和农村经济增长中的作用由35%提高到50%，农村人口控制在520万以内，农民人平纯收入达1000元，要实现上述要求，必须增强区域农业综合生产能力，大幅度提高农业和农村经济综合效益，主攻粮食、烤烟、甘蔗、水果、茶叶、畜牧（猪、牛、羊、禽）、水产（渔业与特种养育）、油料、用材林、药材等十大拳头产品，提高质量，增加产量，实现效益目标。具体规划目标见下表。

全区主要农产品开发目标规划情况表

表6

项目	年份		项目	年份	
	2000年	2010年		2000年	2010年
农业总产值	60亿元	100亿元	肉类总产	40万吨	52万吨
农民人平纯收入	1000元	2000元	生猪出栏	400万头	480万头
粮食总产	300万吨	350万吨	牛	10万头	20万头
烤烟	7.5万吨	9万吨	羊	20万只	40万只
甘蔗	75万吨	100万吨	家禽	4500万羽	6500万羽
水果	100万吨	200万吨	畜牧总产值	10亿元	15亿元
油料	11.5万吨	20万吨	水产品总量	10.5万吨	17.6万吨
林业产值	10亿元	20亿元	水产总产值	5.47亿元	12.29亿元

（二）区域布局和基地建设

1. 区域布局及开发方向

从零陵地区资源优势和区位条件出发，面向南北两大市场，相对集中、择优布点、建立基地、集约经营，增加农副产品总量和商品量，取得最佳经济效益。按照农业地域差异，为便于因地制宜、分类指导，将全区划分为山区、南部丘盆、北部岗盆和城镇近郊4个不同类型区。

山地类型区。所谓山区，主要是“三岭三山”，即越城岭—四明山，都庞岭—

阳明山，萌渚岭—九嶷山。本区包括11个县（市）的148个乡镇，土地总面积98.06万公顷，其中耕地4.63万公顷，山地87.80万公顷，分别占全区的13.6%和54.2%。该区特点是山峦重叠，地广人稀，资源丰富，交通不便，气候高寒，阴湿多雨。现有待开发土地资源17.3万公顷，占全区待开发土地资源的48%，其中10万公顷为待开发林地，6.07万公顷为牧草地，由于气候、土壤和耕作水平制约，耕地大都为低产田土。开发山区，应从农林大系统的观念出发，依据市场导向，立足山区资源特点，实行以林为主，林农牧副结合，兴办加工，搞活流通，在建设杉、松、竹用材林基地的同时，大力发展亚热带经济林果和多种经营。建立柑橘、漆树、油桐、板栗、白果、柿子、大叶茶、药材（厚朴、黄柏、杜仲）、松脂、山苍子、香菇、反季瓜菜、竹根鼠、牛、山羊等农林牧副商品生产基地。

宁、道、江丘盆区。该区包括宁远县、道县、蓝山县、江永县、江华、新田县、双牌县的143个乡镇，土地面积68.28万公顷，其中耕地14.63万公顷，低山丘岗43.24万公顷，分别占全区的43.1%和26.7%。该区特点是三面环山，其间开阔平坦，公路四通八达，河流纵横密布，土地肥沃宽广，气候资源优越，是发展优质高效农产品的一块宝地。区内有待开发土地资源10.3万公顷，其中5万公顷可开发为耕地和园地。有中低产田土12.5万公顷，占耕地的85%。连片荒地资源开发要以骨干水利工程为龙头，重点抓好涔天河大型水利项目扩建和江永占宅、蓝山毛江、宁远大坝口等中小型水库建设和现有骨干水利设施的配套，增加基础水量，完善排灌体系，使开荒和中低产田改造有水源保证，该区开发应立足资源优势和区位条件，面向两广沿海市场，围绕优质高效要求，以拳头产品和龙头产业带动农产品的系列开发，实行产加销一条龙、贸工农一体化的规模经营，建设粮、烟、果、蔗、茶、菜、油、猪、牛、禽等商品生产基地和名特优新土特产品基地。

零、祁、东岗盆区。该区包括永州市、冷水滩市、祁阳县、东安县、双牌县的73个乡镇，土地面积57.03万公顷，其中耕地14.71万公顷，低山丘岗30.85万公顷，分别占全区的43.3%和19.1%。该区地势低平开阔，水陆交通方便，乡镇企业有一定基础，经济比较富裕，是我区粮食、柑橘、经济作物和畜牧水产的重要产区。该区有待开发土地资源8万公顷，其中可开垦为耕地和园地的1.5万公顷，有中低产田土11.1万公顷，占耕地的75%。该区应以配套完善骨干水利设施，改善生产条件为基础，以改造中低产田土、低产园和低产水面为重点，适当开垦宜农荒地，围绕优质高效和集约经营，继续发挥粮食生产优势，建成商品粮、优质米生产基地；积极发展柑橘、油料、小水果、黄花、席草、百合、蔬菜、紫木耳等经济作物，大力发展生猪、山羊、家禽和塘库水面养鱼，以良种求优质，以良法求高产，以规模求效益，大幅度提高商品率。同时，兴办粮、油、饲料、食品加工企业，实现加工增值，促进农村剩余劳力转移，开拓第三产业。

城镇近郊区。该区包括城郊和集市近郊的135个乡镇，土地面积12.82万公顷，占全区的5.7%。该区特点是人多地少，交通方便、信息灵敏、集聚性强，是城乡交流的过渡地带。随着市场经济和城镇建设的快速发展，农业剩余劳力大量向工副业和城镇转移，因而文化物质生活比较富裕。城郊农业开发应充分利用资金、科技、工业、商业等有利条件，加强基础设施和服务体系建设，大力发展蔬菜、水果、畜禽、蛋品、乳品、水产品以及农副产品综合加工、贮运等项目，满足城市供应，形成区域性农业加工增值、技术推广、商品流通的辐聚中心，带动整个农村经济的振兴。

2. 基地建设

农产品生产基地选择与布局，应以资源优势和区位条件为背景，以商品生产为任务，面向市场、产销配套，按照交通串连，集中连片，分类布点，突出特色的原则，我区主要农产品开发基地规划详见下表。

全区主要农产品开发基地建设规划情况表

表7

商品基地名称	规划面积（万公顷）	布局县（市）
粮食	50	祁阳、东安、永州、冷水滩、道县、江永
油菜籽	10	祁阳、永州、江永、宁远
烤烟	4	宁远、道县、江华、新田、蓝山
甘蔗	1	道县、江永
茶叶	1	蓝山、江华、祁阳、宁远、江永
柑橘	10	祁阳、永州、东安、道县、江永、蓝山
小水果	1.5	宁远、祁阳、道县、新田
用材林	48	江华、蓝山、双牌
药材	1.3	道县、双牌、江华
油茶	10	祁阳、道县、东安、冷水滩、永州
蔬菜	8	永州、祁阳、道县、宁远、江华、蓝山
生猪	年出栏400万头	祁阳、冷水滩、东安、永州、宁远、道县、新田、蓝山
牛	年出栏10万头	蓝山、新田、江永、江华
羊	20万只	双牌、东安、江永
兔	160万只	宁远、祁阳

续表7

商品基地名称	规划面积（万公顷）	布局县（市）
家禽	4500万羽	城镇近邻
水产	2.67万公顷	永州、冷水滩、祁阳、道县、东安

（三）区域农业开发的主要措施

1. 加强领导，转变观念

农业开发必须紧紧围绕效益这个中心，树立商品经济与市场观念，依靠科技教育兴农，走优质高效的农业开发路子。农业开发是一项多部门多学科的系统工程，是推动农业持续、稳定、协调发展的战略措施，各级政府一定要加强领导，把农业开发作为一项振兴农村经济的长期任务来抓，列入重要议事日程，确定得力领导力量，发扬自力更生、艰苦创业的精神，以坚韧不拔的毅力和严肃认真的科学态度，带领和组织群众搞好农业开发，各级都要建立专门机构，稳定开发队伍，实行目标管理责任制，扎扎实实干出成效。各级领导要办好农业开发示范样板，以典型引路，推动农业综合开发健康发展。

2. 统一规划，分类指导

农业开发应遵循因地制宜的原则，按照农业地域分异规律，划分不同开发类型，分类指导，促进农业生产向区域化、专业化、商品化发展。项目区的选择要根据市场需求及其变化，立足资源优势，择优立项，科学论证，引进适用技术，形成规模效益，真正把项目区建成社会主义现代农业的样板，巩固壮大集体经营的支柱，优质农产品生产基地，科技推广的场所，致富奔小康的领头雁。

3. 健全机制，鼓励投入

农业开发要本着谁投入谁受益的原则，制订优惠政策，建立长期性的多元化的投资机制，实行“投入—回收—滚动开发”，不断发挥资金的使用效益。农民是农业开发投入的主体，国家投入只是“引发剂”，要鼓励农民自筹资金和投入劳动力进行开发。落实经营管理机制关系到开发的成败，新开发的土地资源，在确定权属的前提下，应采取大户承包，联合办场，租赁经营，移民开发，公司加农户，股份合作制，引进外资开发等多种经营形式，建立开发实体，作为农业开发的基层管理单位。项目区建成，要依靠群众自己启动生产，增加积累，形成自我发展，自我运行的管护体制，不断巩固农业开发成果。

4. 依靠科技、提高效益

农业开发要实行“资金—项目—配套”，以科学技术保障资金投向的合理性，保证开发项目效益的实现。在项目区要大力推广经济效益好的科技成果、优良品种及配套技术，加强农民群众和干部的技术培训。鼓励科技人员参与农业综合开发，领办项目区。对贡献突出的科技人员给予奖励。在一定自然条件下，产品优质的关键是技术，项目建设要与科技开发相结合，尤其要抓好优良种苗的选育培植；优质产品生产的试验示范和推广，商品生产基地的选择论证与建设；先进加工配套技术的引进和设施建设。通过服务，将生产技术落实于农户和生产经营实体，建立从初级产品到加工增值、销售服务各个环节的配套技术体系。

经营机制是实现农业综合开发效益的关键

关寅生

经营机制这项工作在我区第一期农业综合开发中是一个薄弱环节，第二期开发实施以来，我们调整了农业开发路子，实行资源开发与产品产业开发相结合，把经营机制纳入农业综合开发的议事日程，进行初步探索，创造了一些行之有效的经营形式。但从总体上讲，经营机制问题仍然没有很大的突破，不少项目区经营机制与管护措施还不够落实，影响了效益的发挥和开发成果的巩固，需要我们下大力气深入研究探索，不断总结提高，逐步完善。下面根据个人从事开发工作的实践，讲三个问题。

一、经营机制在农业综合开发中的地位和作用

农业开发是立项投资的农业系统工程建设，是实现农业特定发展目标的综合经济活动。农业综合开发的成败取决于经营机制能否落实。

首先，它关系到立项的开发任务能否顺利完成。农业综合开发经营机制说到底就是利益机制，是处理和调节农业综合开发中各方面的利益关系。农业综合开发既是一种政府行为，在市场经济条件下，又是一种复杂的经济行为。因此，要搞好农业综合开发，如期如质地完成任务，必须充分调动农民参与开发的积极性，发挥他们的主体作用，而经营机制就是实现这一目的的重要手段。

其次，它关系到农业综合开发的效益能否实现。效益是农业综合开发的出发点和归宿。基础设施和资源开发任务的完成，只创造了潜在效益，要把这种潜在效益转变为产品效益，进而实现经济效益，同样需要建立一种能协调各方面利益的经营机制。否则，不但农民得不到直接的经济实惠，财政不能增收，资金偿还困难，而且农业综合开发的社会效益和生态效益也无法实现。

再次，搞好农业综合开发经营机制，可以为农村深化改革提供示范。农村社会化服务体系建立，推行贸工农一体化的经营模式，把农产品推向市场，把农民引入

市场。只有立项投入的农业综合开发才最有条件做到。因此，积极探索经营机制，是农业综合开发部门责无旁贷的任务，这既是搞好农业综合开发本身的需要，也是发展农村经济，致富农民奔小康的需要。

二、目前我区在开发中试行的几种经营模式

在第二期农业开发中，各县（市）注意探索总结和推行适应社会主义市场规律，有利于土地、劳力、资金、技术等生产诸要素自由流动，优化组合的经营机制，取得了较好的效果。

1. 移民开发或大户专业承包。对大面积连片开发的新开荒地，采取移民开发或大户专业承包，经营者与原来田土分离，促使他们必须在新开荒地上苦心经营，专事开发，努力创造出高效益。第一期的道县桐油坪项目区就是典型例子。该项目区通过配套水利基础设施。开荒造田600亩，开荒种果及经济作物400亩，在国家投入终止的情况下，如何依靠内部机制和自身力量投产运行，是桐油坪新开发区面临的课题。他们采取移民开发，大户承包，规模经营的办法，1990年从附近村组移来46户192人，安营扎寨，专事开发，在抓好粮食生产的同时，积极发展养殖业、加工业和庭院经济，经过5年的开发努力，项目区已形成自我生存发展的经济实力，人平纯收入已超过千元。

2. 通过土地流转，实行租赁经营。如何巩固第一期农业开发成果，充分利用已开发的资源和建好的基础设施，继续投入进行产品产业开发，争取在短期内获得效益。否则，就会边开边荒，造成投入不能预期回收。江永县认真总结第一期农业开发的经验教训，经过多次研究，出台一系列鼓励开发，灵活经营的政策性措施。在开发上，坚持“多轮驱动”，吸引外商独资或联资开发，鼓励机关、团体、企事业单位参与开发，扶助乡、村、组和农户、个体私营者投入开发。在经营机制上，允许灵活多样，可以私营、联营、合作及股份制，也可以以劳代资，以地入股，以技分红。他们还拟定了土地有偿使用，有偿流转的有关规定，在维护土地所有权，明确土地使用权的基础上，允许土地使用权入股、赠送、租赁、转让、拍卖。圣人山项目区采取有偿流转土地的办法，吸引40多家单位和个体大户，租赁土地3470亩，开发种植当地拳头产品香柚，不仅加快了项目区的开发进度，提高了开发质量，而且落实了第一期回收资金债权债务，促进了资源优势向产品优势、经济优势的转化。

3. 引资开发、合股经营。冷水滩市马坪项目区，通过418万元农发资金诱发，吸引3家台商，48个单位和个体经营者，投入2150万元。开发解决了水、电、路基础设施条件，项目区先后建起2000亩优质稻基地，1000亩蔬菜基地，12个养殖场，种植优质水果8000亩台胞刘文卿、刘楚杰已在该项目区征地1965亩，投资

290多万元，开荒种果100亩，建设草场650亩，建栏舍800平方米，引进种牛200头，发展种养业。市外贸公司投资250万元，征地97亩，建成集工厂化、机械化为一体的良种养殖场，年出栏出口瘦肉型猪5万头，产值达675万元，创汇187.5万美元，并通过辐射，带动周围农户走上了致富之路，

4. 公司加农户和公司加市场、市场联农户的经营模式。一种是紧密型的，以公司为龙头，为农户提供种苗、饲料、技术、销售服务，如祁阳县十里坪、永州市果山铺生猪开发公司。另一种是松散型的，以公司为龙头，对农户实行有偿服务，如江华大圩、蓝山县城关镇等，宁远县官桥项目区创办的官桥农工商开发公司，就是公司加农户的经营模式，他们在完成资源开发和基础设施建设任务的基础上，建起了“三场一厂”，即种猪场、种鱼场、种禽场和饲料加工厂，现已初步形成了以养殖为主导、种养加相结合、农工商一体化、产供销一条龙的开发格局。三年来，公司向农户提供仔猪4500头，种鸡6万多只、种鸭4.5万只，供应市场肉鸡4.7万只，鱼苗600万尾，牛蛙4200只，饲料6000余吨，通过公司的龙头作用，已辐射带动5个种养专业村和150户种养专业大户。

5. 股份制经营，按股分红。道州蔬菜开发有限公司，就是道县东门乡于1992年由乡政府牵头、198户干部群众入股组建的。该公司采取“公司加农户”的运行方式，与农户签订经济合同，农户负责生产，公司负责产前、产中、产后服务，为农户解决生产问题和市场问题。运行三年来，有力地促进了蔬菜生产的发展，目前蔬菜种植面积达8000亩，产量达1.5万吨，产值达2250万元。他们主要抓了三个方面服务：（1）保证生产所需农资。公司主动为农户备足种子、化肥和农药、赊销给农户，指导农户及时播种，所有农资费用在农户收获后从销售的蔬菜收入中偿还。（2）加强技术指导和防病治病工作。公司聘请了4名技术人员对农户进行育苗、管理、病虫防治、良种选育全程技术指导，对种植大户实行联系点责任制，为蔬菜发展提供技术保证。（3）积极组织销售开拓市场。产品由公司统一负责收购，并向外销售。公司组织一支80人的贩运队伍，常年活跃在长沙、湘潭、株洲、衡阳、醴陵、广州、深圳、北海、武汉等大中城市，设立15个销售网点。通过外销，创造了可观的经济效益，仅1994年就外销蔬菜5000多吨，完成产值1000万元，实现利润200万元。蔬菜的大发展，不仅使农民走上了致富之路，也使公司不断发展壮大，目前公司总资产已达20多万元。

三、怎样落实好农业开发经营机制

1. 在审批立项时，要把经营机制是否确定作为重要考核内容。从立项和规划设计，就要考虑项目区采取什么样的经营形式，才有利于开发任务的完成，才能确保开发效益的实现。前两期开发，我们一般注重于资源条件和基础设施建设，对开

发什么产品产业，市场是否有销路，建立什么经营机制，往往研究注意得不够，造成项目实施后，土地权属关系还不明确，路渠规划打乱田块，种养业的计划不能落实，甚至竣工验收后，经营管护措施还没有建立，既影响了项目工程建设进度和质量，也影响开发效益的实现。第三期项目计划审批，要严格按照六定要求，既定开发任务，定投资规模，定经营形式，定质量标准，定完工时间，定奖罚来进行批复。

2. 推行专业承包、规模经营。实践证明，开发项目兼业经营，把开发种植只当作搭头，是肯定搞不好的；而实行专业承包经营，绝大多数能够成功，因为经营者只有搞好专业，背水一战，使开发与自身生存利益捆在一起，努力搞出效益来，最终才能致富。在产品开发立项时，要加强调查研究，既要了解当地的生产、交通条件，又要全面研究市场行情，选择一些有基础、有技术、有市场、科技含量比较高，质优价好的产品进行集中投入，重点开发。而且一定要有规模，产品在市场上有一定占有量，才有竞争力，才能产生规模效益。

3. 鼓励业主开发，贯彻谁开发、谁利用、谁受益的原则。确定法人，承借承还，对资金、开发效益实行全面负责。积极推行生产要素自由流动，优化组合，并制定相应的政策措施，使经营者、生产者、管理者都获得利益，只有这样，土地、资金、劳力、技术才有可能流向致富能手和大户，才能形成整体功能，产生整体高效。

4. 要建立销加产一体化的经营体制。项目区在有投入的情况下，要带头实行由产品经济向社会主义市场经济的转变，建立起适应市场规律的经营机制。加产一体化正适应了这种要求。组建龙头企业，实行经营性开发，它的作用有三：第一可把项目区开发的产品销出去：第二把产品加工后销售出去，不仅有利于发展二、三产业，把农业劳力转移出去，而且也有利于产品增值；第三销加产一体化把产加销三个环节连接起来，形成“利益均占、风险共担”的整体，有利调节风险强度，在市场竞争中立于不败之地。

5. 土地资源治理开发项目竣工验收后，要及时办理移交手续，明确管护主体，建立管护制度。主要工程设备及建筑物，其维护费和设备的更新改造资金、管护人的工资等，应坚持以工程养工程的原则，使工程长期发挥效益，形成自我完善，自我发展的运行机制，不断巩固项目区的开发成果。

（发表于《农村财政与财务》1996 年第 2 期）

零陵地区土地利用现状调查地级汇总分析报告（节选）

根据国家土地局1993年7月26日发布的《土地利用现状调查地（市）级汇总技术规程》，在收集、整理（县）市级土地详查成果的基础上，汇总出零陵地区土地利用分类面积与土地利用结构状况。

人类在一定的自然条件、生态环境和社会经济条件影响下，经过长期开发、复垦利用土地，形成了不同土地利用类型，分析研究各类土地利用特点、分布规律和地域差异，是充分合理利用、开发土地必不可少的依据。

一、我区土地利用现状分类评述

通过县（市）级土地利用现状调查及地级土地详查汇总我区土地面积2.23万平方公里（合3350.34万亩），其中耕地495.71万亩，占全区土地总面积14.8%；园地59.93万亩，占土地总面积1.79%；林地2058.21万亩，占总面积61.43%；牧草地3.53万亩，占0.1%；居民及工矿用地147.58万亩，占4.4%；未利用土地457.88万亩，占13.67%。

从土地利用结构上看，以林牧业荒草地的山地为主体，占土地总面积70%。土地利用总的格局是：七山半水分半田，半分道路半分庄园。其土地利用现状各类分述如下：

（一）耕地

耕地是人们赖以生存的主要物质基础，是农业生产最基本的生产资料，我区是以农业生产为主体的农业大区，耕地是我区土地利用中重要的一大地类。全区有耕地面积495.71万亩，占全区土地总面积14.8%。在耕地类型中分灌溉水田、望天田、水浇地、旱地和菜地五小类，其中灌溉水田有321.2万亩，占耕地面积64.79%；望天田67.13万亩，占13.54%；旱地104.69万亩，占21.12%；其余为菜地、水浇地，分别为2.7万亩、139.9亩，合占0.55%。

从耕地的数量特征看，一是我区耕地面积大、总量多。全区有耕地总面积495.7万亩，占全省总耕地的8.65%，居全省第3位。二是人均耕地多。人均耕地为0.95亩，在全省占列6位。三是耕地类型中以灌溉水田多，占耕地面积64.79%。四是耕地中坡度小于或等于5°的平田有217.1万亩，占耕地总面积的43.8%。

从耕地的分布特征看，由于我区倒“山”字形地貌条件的制约及光、热、水、气再分配的影响，使我区耕地呈明显的地域性及垂直地带性分布。一是地域性。我区耕地主要分布在南、北两大丘岗盆地内，即南部的宁、道、江盆地，包括道县的大部，宁远中部和江永的北部、江华的西北部地区；北部的零祁盆地，包括祁阳、永州大部分和冷水滩的全部及东安的南部地区。二是垂直地带性。平田分布在海拔300 米以下，相对高度<10 米，坡度<5°的溪谷冲积平地及溶蚀洼地带；坡田主要分布在相对高度 10~60 米，坡度 5~15°的丘岗地带；高岸田（望天田）分布在海拔>300 米，坡度>15 的中低山地区。

从耕地的质量状况看，一等宜农平田及菜园土分布在地势平坦开阔，坡度小于5°，相对高度<10 米的溪谷冲积平地及溶蚀洼地带，水热条件好，一般耕地交换性酸度总量在 0. 2 毫克当量/100 克。土壤有机酸含量为 2%以上，面积 217. 1 万亩，占耕地面积 43. 8%；二等宜农坡田坡土主要分布在相对高度 60~200 米，坡度 5~15°，光热条件好，有机质含量中等，但水利条件较差的丘岗地带，面积 254. 33 万亩，占耕地面积 51. 3%；三等宜农坡田坡土、高岸田分布在地势起伏大，海拔大于300 米，坡度 25°，水热条件差，土壤瘠瘦的中低山地，面积 24. 29 万亩，占耕地面积 4. 9%。

从耕地利用特征看，适种性广。我区粮食作物占用耕地最多，面积达 385 万亩，占耕地的 77. 7%。其中水稻种植面积为 320. 2 万亩，占耕地的 64. 6%；油料作物种植面积为 13. 88 万亩，占耕地的 2. 8%；棉花种植面积为 6. 45 万亩，占耕地的 1. 3%；烟叶面积为 60. 15 万亩，占耕地地 12. 13%；蔬菜面积 46. 05 万亩，占耕地 9. 29%；此外其他作物种植面积为 44. 1 万亩，占耕地 8. 9%。

全区耕地利用比较充分，大部分水田以种植水稻为主，全区双季稻种植面积达 280. 05 万亩，占水田总面积 78%，主要为稻—稻—油、稻—稻—麦、稻—稻—绿肥和稻—薯、稻—豆、烟—稻、西瓜—稻、花生—稻等复种制。

但耕地的生产率低，亩平产值仅 41 元。由于经营管理粗放，生产技术水平低，全区尚有低产耕地面积 150. 3 万亩。其中低产田 86. 55 万亩；低产土 63. 75 万亩。其次是农业基础设施差，抵御自然灾害的能力弱，干旱和洪涝灾害频繁。全区各地有 90%的年份出现部分土地不同程度的干旱和洪涝灾害，平均每年旱灾面积 78 万亩，减产粮食 5 万吨，洪涝灾害年均 17. 4 万亩，减少粮食 780 万公斤。

（二）园地

园地是我区名特优产品的重要基地，全区有园地面积 59. 93 万亩，占土地总面积 1. 79%。在园地类型中分果园、茶园及其他园地等。其中以果园为主，面积 55. 25 万亩，占园地面积的 92. 19%；茶园 4. 08 万亩，占 6. 8%；其他园地（包括桑园）仅 0. 61 万亩，占园地面积 1. 01%。

1. 果园。零陵地区水果栽培历史悠久，品种多样，以柑橘为主，其次是桃、李、柚、柿子、葡萄等140多种。中华人民共和国成立，零陵地区只是农民在屋前屋后少量栽种。1949年，我区水果面积仅1.22万亩，其中柑橘面积0.23万亩，水果产量只有2376吨，其中桔柑产量605吨，到1980年果园面积发展到16.21万亩，其中柑橘面积13.83万亩，水果产量达8889吨，其中柑橘产量5573吨。1992年发展水果面积55.25万亩，其中柑橘52.8万亩，比1949年面积分别增长45.3倍和229.6倍，比1980年分别增长3.4和3.8倍。1992年水果产量6.7万吨，其中柑橘产量5.84万吨，产量比1949年分别增长27.9倍和97.3倍，比1980年分别增长7.5倍和10.4倍。

我区水果主要分布在南、北两大盆地的潇湘河谷平地及盆地边缘丘岗地带，大部分为深厚的第四纪红土及部分耕作土壤。现有橘园面积5万亩、年产柑橘10万担以上的全国柑橘生产基地县3个，即祁阳、东安、道县。还有江永、冷水滩、永州、蓝山是我省柑橘重点基地。目前，以柑橘为主体的水果生产已成了我区农民致富，搞活经济的重要财源，柑橘生产已向规模化、基地化发展，品种已发展优质宽皮橘、沙田柚、金柑、枳、佛手、橙和柠檬等七大类122个品属。

此外小水果在零陵地区也发展很快，名特优产品很多，如道县的奈李是全省五大李子生产县之一；祁阳乌梅是全省四大梅区之一；江永的香柚、宁远的长枣等已畅销省内外及港澳等地。

2. 茶园。茶园在零陵地区栽培历史悠久，品种多、质量好，是零陵地区出口创汇的重要物资。我区温、光、气候条件适宜，土层深厚、土质好，与云南、贵州等省茶叶主产区条件相似，适宜优质茶树的生长。江华、蓝山是我省茶叶生产基地县，回龙圩茶厂、铜山岭茶厂、福田茶场是我省我区茶叶生产加工的重要基地。据1983年统计，全区共有国营茶场（厂）7个，面积0.87万亩；集体茶场457个，面积6.38万亩。重要产茶县是江华、蓝山、祁阳、宁远、江永、道县6个县。全区有茶树良种36种，主要优质品种有江华苦茶、凤凰水仙、福鼎大白等。生产加工的茶叶主要有红碎茶、江华毛尖、九嶷“嶷茶”、回峰绿茶等。1984年零陵地区红碎茶荣获国家银质奖和省优质茶叶奖。

零陵地区茶叶生产自1950年的1.22万亩缓慢发展到1972年的5.49万亩。自1973年开始迅速发展，至1979年面积发展到11.2万亩，增加了2倍，产量增加到2.46万担。根据我区温、光、气、土的优越条件及良种茶叶资源的优势。我区可发展茶园12万亩。其中优质良种茶园5万亩，产优质名茶100担以上。我区优越的自然条件，奠定了发展果、茶园地的最佳生产环境，合理地开发利用园地，可创造良好的经济效益。

（三）林地

零陵地区为中亚热带湿润季风气候常绿阔叶林区，是我国南方重要的以用材林为主的森林资源丰富地区之一。全区林地面积2058.28万亩，占土地总面积的61.43%，居全省的第三位，人均林地3.94亩。各县（市）林地面积及占地总面积比重依次是：双牌县林地面积221.57万亩，占县土地面积84.9%，占全区林地面积10.8%；蓝山县林地面积206.51万亩，占县土地面积75%，占全区林地17.9%；宁远县林地面积236.39万亩，占县土地面积62.8%，占全区林地面积11.5%；道县林地面积218.09万亩，占县土地面积59.6%，占全区林地面积10.6%；江永县林地143.29万亩，占县土地面积58.5%，占全区林地7%；祁阳县林地197.43万亩，占县面积52.2%，占全区林地9.6%；东安县林地166.65万亩，占县土地面积50.1%，占全区林地8.1%；永州市林地144.71万亩，占全市土地面积49%，占全区林地4%；冷水滩市林地71.13万亩，占市土地面积38.9%，占全区林地3.5%。全区林地面积最大是江华236.39万亩，占全区林地11.5%。林地面积最少的是冷水滩市71.13万亩，仅占3.5%和新田县83.3万亩，占4%。按人均林地来看，面积最大的是双牌县，人均林地14.1亩；其次是江华，人均林地8.73亩。面积最少的是冷水滩区，人均林地1.75亩。我区的江华、双牌、祁阳3个县是全省重点林区县，是全国速生丰产用材林基地。

在林地利用类型中，有林地1680.12万亩，占林地的81.63%；灌木林地185.23万亩，占林地9%；疏林地60.58万亩，占林地2.94%；未成林造林地108.9万亩，占林地5.29%；迹地23.2万亩，占林地1.13%；苗圃0.24万亩，占林地0.01%。

据森林资源普查，全区有乔、灌木树种127科，1542种。按林种分：用材林190种，经济林640种，防护林74种，薪炭林98种。

按林业用地分布格局，全区主要有两种类型。一种是三大山系的中山、中低山用材林水源林区。包括越城岭—四明山系、都庞岭—阳明山系、萌渚岭—九嶷山系，海拔大于300米，相对高度大于200米，坡度在25°以上，土壤为板页岩和砂岩风化形成的黄壤和山地黄棕壤。该类林地树木生长繁茂，盛产杉、松、楠竹等用材林、特种经济林及水源涵养林，该类型区有林地面积686.36万亩以上，立木蓄积量1629.16万立方米，宜发展用材林800万亩以上，建成商品用材林、水源林和药材基地。另一种类型是丘岗经济林薪炭林区。主要包括两大盆地外缘与三大山系交接地带，地势起伏和缓，坡度在5~25°，相对高度10~200米，土层深厚，多为地带性红壤、黄壤，部分为石灰土及紫色土。该地类主要植被是松、杂木、油茶等薪炭林及经济林。植被覆盖差，水土流失较严重，局部因林木滥伐导致基岩裸露。

我区林业生产的发展重在“坚持植树造林”，封山育林，同时“加强森林生态保护”。为全区获得较好的经济和社会效益。其大体上经历了 4 个阶段。一是 1950—1957 年，为林业兴旺发达时期。解放后，农民当家作主，山林分配到户，农民造林的积极性空前高涨，该时期兴办了一批国有林场，8 年共造林 218. 26 万亩，有林地面积高达 1091. 58 万亩，林木蓄积量 3804 万立方米。二是 1958—1964 年大起大落时期。由于大刮共产风，搞一平二调，乱砍滥伐林木，丘岗松杂林几乎砍光，山区林木也严重受损，全区森林资源损耗 13000 多立方米，造林平均递增-16. 4%，有林地面积下降，森林蓄积量仅 2500 万立方米。三是 1964—1980 年，为基地人工造林，森林资源继续下降期。在省委“重点营造杉木林”的指示下，全区建立了杉木林基地 123 个，油茶基地乡 74 个，掀起了人工造林高潮。16 年全区人工造林 1088 万亩，是造林成效最好的时期，但乱砍滥伐仍然严重，砍多造少，森林资源继续下降。据 1976 年统计，全区有林地为 1324. 83 万亩，林木蓄积量下降到 2223. 2 万立方米，年均下降率为 2. 31%。四是 1980—1987 年改革林业三定，实行限额采伐，同时突出了工程造林和人工造林，从而使林业萌发了生机。这一时期，全区共造林 388. 67 万亩，林木蓄积量基本稳定在 2011 万立方米。我区林地面积大，生产潜力大，发展林业前景广阔。

（四）草地

草地被誉为“绿色黄金”。零陵地区草地资源类型多，有 100 多科 300 多种可食性牧草，分布面积广，据草山普查统计，全区有各类草山草坡、灌丛草地、灌木草地、林间草地、草甸草地、田埂地角闲隙草地等共 1365. 9 万亩，按土地详查分类，有专业牧草地 3. 53 万亩，优良牧草资源 156 种，载畜量 78. 5 万头黄牛单位。

在牧草地中，天然草地 3. 52 万亩，占全区草地的 99. 87%，改良草地仅 18. 6 亩，人工草地 25. 3 亩。草地主要分布在我区南部萌渚岭山地中，以蓝山县所占面积最大，为 2. 81 万亩，占全区草地的 79. 68%。其中蓝山县的荆竹林场，有天然草地 1. 59 万亩；浆洞林场 5990. 7 亩；大桥乡 2657. 4 亩；大麻乡 2421. 8 亩。其次是江华有天然草地 5830. 4 亩，主要分布在大圩、湘江采育场等山地中。还有祁阳 1173 亩、道县 148. 8 亩。除专业草地外，在全区各县市的潇湘流域，荒山灌丛、林间闲隙地、山顶平地、田埂地角尚有连片交错或零星共生的兼营草地。

本区牧草地资源丰富，具有大力发展节粮草食牲畜得天独厚的自然条件。但长期以来，我区草地的利用率极低，牛、羊、兔等草食牲畜发展不快，品种单一，草食性牲畜生产总量只占畜禽结构的 7%。1949 年末存栏牛为 24. 95 万头，1980 年为 30. 71 万头，1992 年末存栏为 43. 03 万头，比 1949 年增加了 72%；1949 年末存栏羊 3765 头，1980 年来发展到 9636 头，增长了 156%，1992 年末存羊 3. 35 万头，增长了 248%；1949 年兔存栏 2. 43 万只，1980 年末兔存栏 11. 66 万只，增长 3. 8 倍，

1992年末兔存栏15万只，增长28.6%。我区草地资源潜力很大，充分开发利用我区牧草地资源，发展节粮草食牲畜是今后进一步研究发展的方向之一。

（五）城镇村庄及工矿用地

我区城镇村庄/工矿用地占全区土地面积比例不大，为108.86万亩，为土地总面积的3.25%。其中城镇用地7.81万亩，占7.2%；乡村宅基地87.49万亩，占80.4%；独立工矿用地9.75万亩，占9%；还有特殊用地3.81万亩，占3.5%。

1. 城镇。零陵地区现有城镇61个，其中县级市2个，县城9个，区、乡级镇61个。城镇在空间布局上基本特征是：以湘桂铁路，207国道、322国道公路为骨架，沿潇湘水系为脉络作为均匀布局，靠近铁路、公路主干线和潇湘主河道城镇较多，规模也大，远离水系和交通线的仅是偏僻山区的乡村居民点。其中沿湘桂铁路分布的有3县（市）的6个镇，占10%；沿国道、省道主干线分布的有33个镇，占54%；还有22个镇分布在县公路线上，占36%。但所有城镇同时又沿水系布局。其中分布在潇湘一、二级支流上的有46个镇，占75%；尚有15个镇仅靠近溪流分布，饮、用水条件较差，发展乡镇工业不利。

全区的城镇土地利用以两市为中心呈同心圆状分三个层次布局。第一个层次以永州市、冷水滩市为中心，它是“地委”、“行署”党政机关驻地，是全区政治、经济、文化、科研、企业及商贸集散中心，现已初具两市联城向中等城市过渡的基本框架，规划建设用地90平方公里；第二个层次即是围绕两市为中心向四周辐射的9个县的城关镇，它是各县政治、经济、文化商贸集结地，一般用地面积在2~10平方公里之间，是县城维系乡镇、村的网络中枢及联系纽带；其余乡建制镇为第三层次，疏密不等地散布于农村，是广大农村集市贸易场所和中小学文化教育基地，是向小城镇过渡的雏形，一般用地面积为0.5~2平方公里。

2. 农村居民地。在南、北两地大盆地区，一般是沿溪河、农村大路、坡脚平地呈不规则块状串布，以土木结构为主，房屋之间互相联结一体，形成一个个自然院落，最多的有2000多户，少则几十户不等，以便于农村封建宗族活动及防御匪盗侵袭。居住集中，占地面积少。但随着社会经济发展，生活水平提高，人口增加，已远远容纳不下再建更多的新房。现已有两种不良倾向：一种是一部分先富裕者瞄准交通要道建房；二是另一部分不愿离乡者占用部分责任田土建房。鉴于以上两种情况，如何先期作好乡村宅基地规划布局，是珍惜和保护耕地至关重要的大事。其次在我区的广大山区，由于山地地貌条件限制，居民点一般沿缓坡地或沟谷呈条梭形散居，多为木制平房，寨地既易于引起山火，又处于易受山洪侵袭之要塞，因此，应引导山区村民改散居为适当集中，改木板结构为砖木楼房结构，开辟荒山另建新居，严格控制占用耕地。

3. 独立工矿用地和特殊用地。我区独立工矿用地面积较大，为 9.75 万亩，占居民用地的 9%。主体是国家部属厂矿企事业单位，为数不多，但占地面积很宽，一般有 100 多亩到 500 亩不等，多分布在城镇邻近或公路主干道边，原属行政划拨土地。目前在这些独立工矿区用地范围内，仍有相当一部分土地撂荒闲置。因此，对于独立工矿区的闲散划拨土地使用权的管理和利用应提到议事日程上来。还有少部分是乡村企业，农村采石场，砖瓦窑。主要应注意保护生态环境和及时进行土地复垦。

零陵地区的特殊用地主要是风景旅游园林和军事用地，面积为 3.81 万亩，占城镇村庄及工矿用地的 3.5%。随着人民生活水平的提高，我区的旅游事业发展很快，原有的历史名胜景点用地范围扩大，并新增了一些游乐风景区。应本着合理布局、充分利用、优化配置土地资源的原则，大力发展旅游事业。

（六）交通用地

我区地处湘南边陲，是中原地区通往两广，抵达海南、港澳的交通运输要道。本区交通用地 18.57 万亩，占全区土地总面积的 0.55%。交通用地包括铁路用地 3651.6 亩，占交通用地的 2%；公路 6.95 万亩，占 37.4%；农村道路 11.2 万亩，占 60.3%；机场用地 543.7 亩，港口码头 27.9 亩，合占 0.3%。

1934 年，国民党在蔡家铺（今岚角山）修建军用机场。1938 年，又修建湘桂铁路。以后交通运输屡遭战争破坏，至 1949 年，全区除湘桂铁路外，仅有国道、省级公路干线三条，长 195 公里；县、乡公路 42 公里，有货车 6 辆，客车 1 辆。

新中国成立以后，我区交通运输业发展很快，至 1980 年 30 年来，共修建公路 157 条（段），2750 公里，公路通车里程为 4210 公里。有货车 2485 辆，客车 446 辆，比 1949 年公路里程增加 16.8 倍。1985 年间，“地委”、“行署”领导全区百万修路大军，新增公路 48 条，779.7 公里，拓宽改造公路 1990 公里，列全省之首。至 1992 年，全区计有湘桂铁路 1 条，长 105 公里；有 322、207 国道 2 条，及省道通车里程 1055 公里，县、乡公路里程 3360 公里，航道里程 495 公里。

目前，全区已达到县县有油路，乡乡通公路，村村有大道。加之湘桂铁路横穿我区西北，322、207 和三南路国道贯通我区南北东西，潇湘水系流经全区南北中，基本上形成铁路、公路、水路纵横交错的交通运输网络。现经中央军委国务院批准，将改建蔡家铺机场为军民两用机场，预计 1996 年底将开启直达广州、桂林、长沙、北京等地航班。并将修建贯穿我区中腹部的洛（阳）湛（江）铁路，将有利于我区水、陆、空交通运输直达、快速、方便贯通全国各地。

（七）水域

我区属南岭山地湿润多雨丰水区，雨量充沛，地表水丰富，地下水富集，水面宽阔。全区水域面积为147.58万亩，占土地总面积4.4%。其中河流水面44.18万亩，占水域面积的29.9%；水库水面13.1万亩，占8.9%；坑塘水面54.26万亩，占36.8%；苇地174.1亩，滩涂12.7万亩，合计占水域面积8.6%；沟渠22.56万亩，占水域的15.3%，水工建筑物面积7708.3亩，占水域面积的0.5%。在水域面积中，国有土地水域为56.95万亩，占38.6%；集体水域90.11万亩，占61.1%，还有未定权属占0.3%。

河流水面。零陵地区地表水资源分为3个水系集流区。一是湘江、潇水水系，主要河流是湘江及其一级支流潇水、白水、芦洪江、紫水河、石期河、祁水6条及二级支流宁远河、永明河、舂陵水等700条，呈树枝状贯流于全区11个县（市）。流域面积2.15万平方公里，占总流域面积的96.1%；二是珠江水系，主要是江永县桃川、江华河路口镇、蓝山县浆洞等，河流注入珠江水系，流域面积771.8平方公里，占总流域面积的3.4%；三是资水水系，仅在东安县的大水、南镇一带，溪河注入资水水系，流域面积101.3平方公里，占总流域面积的0.5%。水库1256座，其中大型水库2座，中型水库21座，小型水库1233座，中型河坝10座，中型水输泵站7处，还有大小山塘16.85万口，散布于全区丘、岗、平及低山区。

新中国成立以来，全区人民在党和政府的正确领导下，开展了大规模兴修水利建设，取得了巨大成绩。到1992年，全区共建成大小水利工程20余万处，有效灌溉面积344.2万亩，占耕地面积的69.4%。旱涝保收面积267.8万亩，占耕地面积的54%，比1949年增加25.5倍。

我区水资源丰富，1992年全区发电装机容量为34.59千瓦，年发电量11.4亿度，水资源总量为198.5亿立方米/年，人均3745立方米/年，高出全国2700立方米/年的39%；耕地亩平水资源4586立方米/年，高出全国1700立方米/年的1.7倍。我区水资源主要用于农业，占全区90%以上，全区农业需水量年平（保证率50%）28.8亿立方米，枯水年（保证率90%）35.6亿立方米；全区工业水生活用水共约3.77亿立方米。

目前，零陵地区水域资源利用存在的主要的问题是：（1）水资源开发利用较低。我区水资源丰富，密布全区山丘岗平，但由于投入不多，开发利用率低，水利工程设施少而差，与工农业生产需要不配套，每年白白流走的水资源总量达240多亿立方米。我区现已开发的蓄引提水量28.2亿立方米，占水资源总量的14.2%，低于全省19%的利用率；全区水能理论蕴藏量为218.2万千瓦，其中可供开发的水能资源101.5万千瓦，占理论蕴藏量的46.5%。目前仅开发29.7万千瓦，占可开发的27.5%；我区湘江干流通5个梯级，开发量为22.1万千瓦，现仅开发一级装机1.92千瓦，不到十分之一；潇水干流有9个梯级，可开发装机32万千瓦，白水干流有3个梯级，可开发装机6.2万千瓦。全区水域147.58万亩，其中水生养殖面积34.35万余亩，仅占23.3%。（2）水利基础设施跟不上生产发展的需要。目前，我区水利工程蓄引提总水量28.3亿立方米，但是蓄水工程控制水量只有17亿立方米，仅占蓄引提总水量的57%，平均每亩耕地不到400立方米，还相差30%。（3）水资源浪费大。我区农业用水一方面严重不足，另一方面却浪费比较严重。由于水利工程设施陈旧，加之灌水技术落后，大水漫灌串灌，大部分水被渗漏或蒸腾。全区农田水利渠系利用系数只有50%。全区还有病险水利工程399处，只要采取措施，疏通渠道，除险加固，就可增灌耕地75万余亩。

（八）未利用土地

零陵地区土地面积辽阔，未利用土地的开发利用潜力很大。全区尚有未利用土地457.88万亩，占全区土地总面积13.67%。其中荒草地124.1万亩，占未利用土地27.1%；裸土地8.11万亩，占1.8%；裸岩、石砾地177.89万亩，占38.8%，田坎130.56万亩，占28.5%；沼泽地224.4亩；砂地625.6亩；其他未利用土地17.02万亩，占未利用土地3.7%。

零陵地区未利用土地是潜在的待开发土地资源。其中海拔在500米以下，坡度小于15°的土地比较肥沃的宜农荒草地有122.1万亩，其中可开发为耕地的有77.2万亩，可开发为园地的有44.9万亩；此外，还有一些荒草地、裸土、裸岩其他可开发的宜林地、宜牧草地112.9万亩。这类土地一般分布在远离村镇的坡脚岗地、溪谷岸畔，有些连片集中面积在500亩以下，如江永的桃川镇、厂子铺；江华上游乡，双牌江村镇；永州凼底、阳河；祁阳高码头等县市乡镇。我区未利用土地集中连片，十分有利于开发和经营，其开发利用的前景广阔。

二、耕地变化情况分析（略）

三、土地详查耕地面积与统计面积对比分析

这次土地详查查实全区耕地面积495.71万亩，比较1992年全区统计耕地面积432.54万亩，增加了63.17万亩，增长14.6%。通过土地详查查实全区各县（市）耕地面积，其中增加最多的是冷水滩市，增加27.71%，其次是江永县，增加22.35%，增加较少的是蓝山县为10%和永州市增加10.04%。分析原因大致如下：

一是调查手段和方法上的原因。全区耕地统计面积，基本上是新中国成立初期在土地改革和查田定产中，采用杆、绳、弓等简单的丈量工具逐丘块人工丈量计算得到的数据，对不规则丘块则采用简单几何方法拼凑，所以丈量计算的精度都比较低。长期以来，人们一直沿用该统计数据，以误传误，一成不变，再也没有用新的科学方法重新勘丈统计过。而这次土地详查可以说是新中国成立以来规模最大，科学性强，精度要求相当高的第一次土地现状调查。采用航摄像片结合实地调绘，再用精密仪器转绘量算，以实际调绘资料为基础，采用先进的仪器设备和科学的精密计算方法，从而得到了土地详查高精度的各项数据成果。

二是人为因素。自新中国成立以来，农村历经土改、“农业学大寨”、“四固定”、联产承包责任制等几次大的农业发展高潮，极大地调动了广大农民的生产积极性，自发地和有组织地开垦了大量耕地。但在统计上报中，除大面积联片有组织开发的耕地已统计上报外，还有相当一部分耕地隐瞒未统计上报，已经这次土地详查调绘统计。而对于农田水利建设、交通道路、非农业建设用地，以及自然灾害废弃耕地，报损的较多，而部分复垦的耕地却没有统计上报。

三是详查分类与实际土地利用统计形成的误差。如在历次统计中，25°土地上的挂坡旱土，农民见缝插针的自留地，房前屋后的零星菜地，已被征用为国有土地的部队、厂矿企事业单位内临时种菜的土地，交通道路两旁的留用地，这些都不在统计上报的数据之内，而在详查中部分实地调绘作耕地汇总了。

通过上述分析可知，这次土地详查所查实的耕地及各类土地数据是科学的、真实的、准确可靠的，各地要以土地详查数据为基础，制定国民经济发展计划、规划、土地利用总体规划和年度土地利用、开发计划，优化资源配置，合理开发、利用、保护、治理土地资源，珍惜和保护耕地。

（主要研究人员：唐际绍、邓盛华、杨福、杨凤姣、王淑姣、蒋文、于肇中。1998 年，此文获省国土测绘管理局三等奖）

文化作底，打造具有永州特色的国家森林城市

李文乾

国家森林城市，是国家对一个城市在生态建设方面的最高评价，是展示一个城市对外形象的“金字名片”，也是最能反映城市生态建设整体水平的荣誉称号。市委、市政府提出创建国家森林城市的决策，既是形势所需，也是永州未来发展之要。如何打造具有永州特色的国家森林城市呢？最好的办法就是文化作底，将种树造林与永州特色文化有机结合起来，构建主题突出、体现永州特色的森林种植体系。这样，更能突出特色，使国家森林城市具有持久的生命力和持续的影响力。

一、创建国家森林城市：为了永州明天更美好

永州属于经济欠发达地区，建设国家森林城市，对于永州实现赶超崛起，统筹科学发展，增加群众福祉，打造品质活力永州尤为显得重要。

1. 提升城市形象，提高城市综合竞争力需要创建国家森林城市

森林城市是城市形象（软实力）与城市竞争实力（硬实力）的集中体现。创建国家森林城市，能更好地积累环境资本、展示城市形象、塑造城市魅力。同时，市场经济实质是竞争的经济，尤其在经济全球化的形势下，无论是国家之间的竞争，还是地区与地区、城市与城市之间的竞争都变得越来越激烈。如果说改革开放的初期，城市竞争力主要靠减免税费，发展到一定程度后就看服务型政府建立及政府的办事效率、软环境等。而随着经济的高速发展引起的环境恶化，现在更注重生态环境。什么地方生态环境好，适宜人类居住，那里的竞争力就强，就会形成投资洼地、发展高地。所以，要提升城市的综合竞争力，建设森林城市是一个重要的抓手，可以进一步增强永州的生态比较优势，增强城市凝聚力和吸引力，聚集更多的人才、技术、资金和投资者，进而赢得发展的主动权，赢得区域竞争优势。

2. 建设生态文明，走可持续发展道路的需要创建国家森林城市

党的十八大报告提出，要大力推进生态文明建设，把生态文明建设放在突出地位，融入经济建设、政治建设、文化建设、社会建设各方面和全过程。永州市地处湘江上游，属于长江、珠江两大水系水资源重点保护区，也是全国生态环境建设的重点区域之一。建设森林城市，涵养水源，防止水土流失和水体污染，对全国、全省的生态文明建设非常重要。同时，加快城市发展也必须不断总结经验，探索新的路子，决不能再走先污染后治理、边污染边治理的老路子，更不能以牺牲环境为代价来换取发展。要树立“既要金山银山、又要绿水青山”的发展理念，遵循可持续发展原则和生态经济学原则，一方面从源头上控制污染，大力发展生态经济、绿色产业、循环经济；另一方面大力发展城市森林，提高城市环境生产能力和环境质量，使城市与森林和谐共存，实现永州经济社会的可持续发展。

3. 全面建设小康永州，构建和谐社会需要创建国家森林城市

全面建设小康永州，重点在广大农村的小康。通过创建国家森林城市，开展植树造林，加快林业产业规模化发展、集约化经营，建立一批绿山富民的特色林业产业基地，不仅可以增加森林资源，增强绿化效果，保护生态环境，还能提供丰富的林产品，增加农民收入，为农村实现小康提供保证。同时，通过创建国家森林城市，能够提升产业功能，实现经济、社会、生态效益共赢，满足城乡居民日常休闲游憩需求，促进城乡一体化发展，实现人与自然的和谐共存。因此，加快森林城市建设是实现经济与资源、环境协调发展的关键，必将极大地推动和谐社会目标的实现。

4. 改善人居环境，提升百姓幸福指数需要创建国家森林城市

创建森林城市的根本目的是改善城市环境质量，提高人们的生活质量和健康水平。森林是地球的肺，城市森林就是城市的肺。森林植物能够有效吸收空气中的二

氧化碳、二氧化硫等有害气体，释放氧气、植物精气（芬多精），产生负离子，起到净化空气、控制噪声、降低热岛效应、改善气候舒适度和人居环境的作用。数据表明，城市绿化覆盖率每增加1个百分点，夏季最高温季节可降温0.1摄氏度；如果人在森林里住上一个月，可使噪声病症减轻80%。在精神层面上，它能培养人的生态意识、生态情感，协调人与自然的关系，缓解人们因工作压力大，生活节奏快，居住空间小带来的精神疲劳等，使城市居民生活舒适，提高生活质量和幸福指数。

二、创建国家森林城市：融入文化元素要做到

当前，文化建设与经济建设、社会建设前所未有地紧密交织在一起。文化的发展日益熔铸在城市发展的每一个环节中，对城市发展的影响也越来越大，并逐渐成为影响城市竞争力的核心要素。创建国家森林城市作为城市发展的一个重要方面，也必须与文化紧密结合，从一开始就要融入文化元素，植入具有永州特色的文化因子，以特色文化壮其体、固其精、养其神。

1. 文化是城市载体的灵魂。文化是人类创造的精神财富，也是现代化建设的根基。文化造就了城市的气质，有什么样的城市文化就有什么样的城市气质。如果说建筑是一座城市的骨骼，经济是它的血脉，那么文化就是它的灵魂。文化是一座城市的凝聚力和自信心的源泉。它能鼓舞人、激励人去热爱自己的城市和生活的家园，并尽力为其发展做出自己的贡献。一个城市没有文化，就好像人没有灵魂一样，又哪里有什么魅力和生命力呢？

2. 文化是城市繁荣的助推器。城市的繁荣当然首先是经济的快速发展，但经济的持续发展也有赖于文化的助推。文化是经济发展的助推器，也是城市繁荣的助推器。其一，是文化的导向赋予经济发展以价值意义。文化对物质生产、交换、分配、消费以思想、理论、舆论的引导，在一定程度上规定了经济发展的方向和方式。其二，是文化赋予经济发展以极高的组织效能。人们在一定文化的熏陶下，相互认同，从而形成社会整体，促进社会主体之间相互沟通，保证经济生活与社会生活在一定的组织内有序开展。其三，是文化赋予经济发展以更强的竞争力。经济活动所包含的先进文化因子越厚重，其产品的文化含量以及由此带来的附加值也就越高，在市场竞争中实现的经济价值也就越大。深厚的文化积淀更能使城市充满发展后劲。

3. 文化是城市居民精神的营养钵。森林不仅对人类有巨大的经济利益价值，而且为美好人格的建设，提供深厚的人文精神营养。一方面，尽管文化属于精神的范畴，但它可以通过森林这一载体，形成一种社会文化环境，对生活于其中的人们产生教化作用，为他们的价值观、审美观、是非观、善恶观涂上基本相同的“底色”，也为他们认识、分析、处理问题提供大致相同的基本点，从而化作维系社会和谐共处的巨大力量，使社会保持健康、有序、和谐发展。另一方面，由于社会是人的社会，人们生活在社会上不可避免会产生各种各样的矛盾，诸如人与自然、人与社会、人与人之间以及人自身的情感等方面的矛盾。这些矛盾要化解，离不开文化的熏陶、教化、激励作用。

三、创建国家森林城市：永州特色文化才是宝

有特色才有生命力。创建国家森林城市，也必须体现特色。为此，在绿化树种选择上要因地制宜，尊重规律，最基本的就是适地适树和适树适地规律。既要考虑树种是否适生，又要考虑本地区的生物群落和生态系统的稳定性。把不适应某地域生长的树种拿来栽植，肯定栽不活、长不好。然而，仅仅如此，还是不够的，如果种的树是“你有我有大家有”的话，就不能体现一个城市的独特品位，彰显一个城市的独特魅力。笔者认为，要打造具有永州特色的国家森林城市，必须突出四大文化特色：

1. 历史文化特色。永州是历史文化底蕴十分丰富的历史文化名城，湖湘文化、岭南文化相互交织，尤其是舜文化、柳文化影响深远。种斑竹。通过举办省、市祭舜大典和媒体的宣传，舜文化逐渐声名远播，与舜文化紧密相连的斑竹也广为人知。斑竹源于舜南巡驾崩，葬于江南发嶷之后。据《陈物志》载：“舜之二妃，曰湘夫人，舜崩，二妃啼，以啼泪飞，竹尽斑。”推其根源，乃因舜帝辛勤为民，不辞劳苦。我们取名斑竹，意含效舜之大志苦心，为万民勤耕不辍、死而后已的精神。毛泽东“斑竹一枝千滴泪”的诗句更使斑竹名播九州。种柳树。柳文化是历史馈赠永州最丰厚的文化遗产，是我们宣传推介永州最重要的文化符号。唐代文学家柳宗元谪宦永州十年，其一生主要的文学经典都是在这里创作的。同时柳宗元喜欢种柳，尤其是在柳州做刺史时，不但在自己的住宅四周遍栽柳树，还号召群众在柳江沿岸和城垣四周种植，不几年就呈现出满城翠柳绿漫漫，飘飘柳絮扬银花的景象。唐代诗人吕温写道：“柳州柳刺史，种柳柳江边。柳去柳还在，千秋柳拂天。”我们永州也可以广种既作思人树、又将惠化传的柳树，通过种柳来宣传柳文化，深化柳文化，弘扬柳文化。

2. 人文文化特色。永州人杰地灵，人文资源非常厚重。许多树木，或因名人吟咏，或因与大师结缘，变为融入人文精神的一个文化符号，被赋予了人格化的品格。种松树。孔子说“岁寒，然后知松柏之后凋也”，赞美了松树生命力顽强，经霜雪而不凋的风姿。尤其是永州“新三篇”之一陶铸的《松树的风格》，通过赞美松树“要求于人的甚少，给予人的甚多”，赞美了共产主义风格。这篇散文被选入中学语文课本，更是影响广泛。种芭蕉。怀素是中国历史上杰出的书法家，他的草书称为“狂草”，用笔圆劲有力，使转如环，奔放流畅，一气呵成。李白曾诗云

“草书天下称独步”。怀素留下了不朽的书法遗产，也留下了芭蕉叶练字的砺志故事。据传怀素在绿天庵为僧时，经禅之余，勤学书法。因无钱买纸练习，就在寺旁空地种下许多芭蕉，以蕉叶代纸练字。怀素“芭蕉叶练字”的故事自唐以来一千多年依然令人敬仰。见松树联想到共产主义风格，睹芭蕉景仰苦学书艺的怀素，岂不更有意义？

3. 旅游文化特色。旅游与文化的结合是当今旅游产业发展的趋势，更是壮大我市旅游产业，加快永州经济发展的重要举措。在创建国家森林城市中突出旅游文化特色，可以极大地促进我市旅游产业发展。种杜鹃花。经过连续举办几届阳明山“和”文化节，阳明山万亩杜鹃红已经在海内外产生比较大的影响，阳明山万亩杜鹃红成为我市重点打造推介的一张旅游名片。在今年3月4日市四届人大常委会第二十八次会议上，表决通过了《永州市人大常委会关于将香樟和杜鹃确定为我市市树和市花的决定》，确定杜鹃为我市市花。广种杜鹃正逢其时。种银杏。近几年，随着自驾游的兴起，双牌桐子坳的银杏已逐渐走出深闺，为越来越多的人所熟知，也为越来越多的人所喜爱。每年秋冬之际，从银杏叶子泛黄到完全叶落归根，到桐子坳赏银杏、写银杏、摄银杏、画银杏、尝白果、吃野菜，寻野趣的人络绎不绝，成为到永州旅游的一道崭新的亮丽风景。通过种银杏，既发展旅游产业，又能因银杏的果实产生经济价值。

4. 种植文化特色。一方水土养一方人，一方水土种一方树。突出永州种植文化特色，首要的是突出种柑橘和香樟。种柑橘。我们永州自古就有种植柑橘的习惯，柑橘产业已成为我市水果种植的主导产业，江永的香柚、道县的脐橙等柑橘品种因品质佳、口感好为全国各地的客商所喜爱，每年的种植面积和产量都在不断增加。同时橘树具有丰富的文化内涵，自古就是有名节的象征。楚国诗人屈原在遭谗被疏流放时作《橘颂》，吟咏南国橘树，以南国橘树作为砥砺志节的榜样，表达自己追求美好品质和理想的坚定信念。此后，橘树便因蕴含了志士仁人“独立不迁”“秉德无私”的品格而为人们所歌咏和效法了。种香樟。香樟是我市城乡随处可见的优良树种，不择地，四季绿，材质好，沁芳香，是制作家具的优质木材。在古代，樟树还是一种占验凶吉的树，蕴含着深刻的文化意义。今年3月4日，市人大通过决议，确定香樟为我市市树，香樟树被提升到更高的位置，种植香樟树正宜顺势而上，顺风扬帆，广泛种植。此外，金洞被评为全国“楠木之乡”，也为种植楠木、宣传推介金洞提供了最好机遇。

（此文获2015年永州市创建国家森林城市主题征文二等奖）

索 引

说明：本索引中篇、章、节名称按第一个字的汉语拼音首字母顺序排列

B

C

D

F

G

H

J

K

L

N

Q

S

T

编后记

永州市国土管理部门首轮修志是在1996年，该志稿仅为打印的送评稿，未能正式印刷出版。其上限一般追溯至事件发端，下限原则上断至1995年止。永州市地质矿产部门首轮修志是在1998年，该志稿亦仅为打印的征求意见稿，亦未能正式出版。此志稿上限一般追溯至1949年中华人民共和国成立，下限断至1998年。永州市测绘管理部门一直没有修志，1995年之前，测绘行政管理工作由建设部门管理；1989年，零陵地区征地事务所更名为零陵地区国土测绘队，负责全区地籍、征地、拆迁的测绘业务工作；1995年，测绘行政管理由国土部门履行职能，地区国土管理局设立测绘科。虽然当时国土、矿产管理部门处于组建初期，工作千头万绪，志稿没有出版成书，可喜的是为本轮修志搜集整理了近10万字的资料。直到2001年10月，土地、测绘、地质矿产部门才合并，组建国土资源管理部门。遗憾的是，合并前的地质矿产部门文书档案资料几乎散失殆尽，无从查考。2016年3月，永州市启动新中国成立以来的第二轮修志工作，由于方方面面的原因，《永州市国土资源志（1987—2015）》的编纂工作2017年9月才正式开展。编纂人员根据编委会确定的“土地管理、矿产资源、测绘、机构队伍”四大块的基本框架，认真制定志书篇目，反复征求各方面的意见，先后五易其稿，形成现在的志书篇目。在编纂过程中，编纂者多方查阅，四处走访，收集资料3100余份，3万余页，2000余万字。编纂办公室根据各位编辑的从业特点对编纂任务进行了大致分工：总纂王敦权负责凡例、概述、大事记、后记、机构队伍篇的编写和志稿的统揽修改；编辑邓盛华负责土地管理篇的编写；编辑匡兴旺负责地质矿产篇的编写；编辑李忠细负责测绘篇的编写。王敦权和匡兴旺还承担了图片的编辑及志稿的校对工作。

庆幸的是《永州市国土资源志（1987—2015）》编纂工作自始至终得到了市国土资源局党组、局领导的高度重视，成立了以黄海淞、蒋良铁局长挂帅的编委会，加强领导，部署工作，确保经费，大力推进；各科室、驻永地勘单位、市县（区）国土资源部门通力协作，使修志工作顺利进行。同时，也得到了省国土资源厅相关处室、省国土资源规划院、省第一测绘院、省第二测绘院、省第三测绘院、省地质测绘院，市方志办、市档案馆、市气象局、市水文局、市国资委等市直有关部门的大力支持和帮助。尤其是分管局领导李文乾、唐纯、陆享国、何眷和负责日常联络工作的蒋琳琳等十分关心编纂工作，帮助解决了许多实际问题，为修志工作提供了良好的条件；市史志办副主任高波和史志办的诸位专家多次亲临指导，提出了许多宝贵的意见；本部门许多离退休老同志对修志工作热情参与，主动提供了珍贵的历史资料及照片。在此，一并致以崇高的敬意和衷心的感谢！

由于本志书涉及的时间跨度较长，许多原始资料已散失，只能根据搜集到的现有资料编辑成书，加之修编如此规模的部门（专业）志书内容繁复，编纂者缺乏经验，水平有限，错漏难免，恳望各界人士指点批评，不吝赐教。

编者

2020 年 12 月